高等学校专业教材

化妆品工艺学

章苏宁　主　编

张婉萍　傅冠民　副主编

中国轻工业出版社

图书在版编目（CIP）数据

化妆品工艺学／章苏宁主编.—北京：中国轻工业出版社，2025.7
高等学校专业教材
ISBN 978-7-5019-5998-3

Ⅰ.化…　Ⅱ.章…　Ⅲ.化妆品-生产工艺-高等学校-教材　Ⅳ.TQ658

中国版本图书馆CIP数据核字（2007）第082962号

责任编辑：伊双双　　责任终审：劳国强　　封面设计：刘　鹏
版式设计：马金路　　责任校对：燕　杰　　责任监印：张京华

出版发行：中国轻工业出版社（北京鲁谷东街5号，邮编：100040）
印　　刷：北京君升印刷有限公司
经　　销：各地新华书店
版　　次：2025年7月第1版第16次印刷
开　　本：787×1092　1/16　　印张：23
字　　数：588千字
书　　号：ISBN 978-7-5019-5998-3　　定价：46.00元
邮购电话：010-85119873
发行电话：010-85119832　010-85119912
网　　址：http：//www.chlip.com.cn
Email：club@chlip.com.cn

251159J1C116ZBQ

前　言

化妆品工业是一门充满朝气的精细化学品工业。近年来，随着人们物质文化生活水平的提高，人们对化妆品的需求越来越大，化妆品工业也得到了迅猛发展，在新品种、新原料、新工艺、新设备和新技术方面都有较大的突破。为适应我国化妆品工业的发展和培养专门人才的需要，我们收集了近年来国内外大量科技文献资料，并结合作者的教学、研究成果和工作实践，编写成本书。

本书将实用工艺与理论基础相结合，目的是为轻化工程专业学生提供教学用书，同时为从事日化领域生产、开发的专业技术人员提供参考。

本书共分为三篇，第一篇为化妆品的基础理论，论述了皮肤、毛发科学、表面活性剂理论、乳化理论、化妆品流变学、设备等内容，有一定的理论深度，针对性较强，为后续内容的阐述与理解奠定了基础。第二篇为化妆品配方及制备，分别介绍了肤用、发用、功效性、口腔、美容产品以及高新技术。第三篇为化妆品性能评价及检测等相关内容。书中对化妆品的配方组成、原料、配方示例及工艺进行了介绍，对化妆品的功效评价方法及仪器进行了描述。

本书由上海应用技术学院香料香精技术与工程学院章苏宁担任主编，上海应用技术学院香料香精技术与工程学院张婉萍、傅冠民担任副主编。第一、二、四章和第三章一、二、四节由章苏宁编写；第三章三、五、六节和第五章由张婉萍编写；第六、七章由章苏宁编写；第八章至第十五章由张婉萍编写。本书在拟定编写大纲时，得到傅冠民高级实验师的热情支持和帮助；书稿完成后，香料香精化妆品工业协会上海日用化学工业研究所高希青所长、上海家化联合股份有限公司郭弈光经理对书稿的修改提出了许多宝贵意见，在此一并致谢。

在编写过程中，参考了较多的专业书籍和文献资料，均列于书后，在此谨向参考文献中列出的多位作者表示衷心的感谢。

由于作者水平和经验有限，书中难免有不妥之处，恳请读者和同行专家批评指正。

编　者

目　　录

第一篇　化妆品的基础理论

第一章　绪　　论

第一节　化妆品的定义和功效

一、化妆品的定义

化妆品广义上讲是指化妆用的物品，具体来讲主要是指为了清洁和美化人体、增加魅力、改变容貌、保持皮肤及头发健美而涂擦、散布于身体或用类似方法使用的物品。在希腊语中“化妆”的词义是“装饰的技巧”，意思是把人体自身的优点多加发扬，而把缺陷加以弥补。日本关于化妆品的定义是“为了保持人体清洁，美化人体，使之增加魅力，改变容貌，或者保持皮肤或毛发的健康，以在身体涂抹、散布等方法，或类似的方法使用，并能对身体起缓和作用的物品叫化妆品。”

欧盟的“化妆品规程”对化妆品做出了法规性的定义：“化妆品是指接触于人体各外部器官［表皮、毛发、指（趾）甲、口唇和外生殖器］或口腔内的牙齿和口腔黏膜，以清洁、发出香味、改善外观、改善身体气味或保护身体使之保持良好状态为主要目的的物质和制剂。”根据欧盟对化妆品的定义，口腔卫生用品，包括含氟牙膏均属于化妆品，但是经口吸入或注射途径摄入体内的产品不属于化妆品。从法规上，欧盟没有普通化妆品和功能性化妆品之分，药品的法规中也没有处方药和非处方药的分类，因此，不存在化妆品与非处方药的混淆和区分问题。

美国食品药物管理局关于化妆品的文件中对化妆品的解释为“化妆品是通过摩擦、倾倒、喷洒、涂布等方式导入或用于人体表面，为清洁、美化、增进魅力、改变外貌而又不影响机体结构和功能的物质。”对化妆品的分类主要包括护肤类、芳香类、眼部及眼部外修饰物、头发护理类（染发剂、香波）、除体臭剂、面部修饰剂、婴儿用产品（香波、洗液及爽身粉）、沐浴液、口腔清洁剂及防晒制品等。

2002年中华人民共和国卫生部卫生法制与监督司发布了《化妆品卫生规范》（2002年版），该规范对化妆品的定义是：“以涂抹、喷洒或其他类似的方法，施于人体表面任何部位（皮肤、指甲、口唇、口腔黏膜等），以达到清洁、消除不良气味、护肤、美容和修饰目的的产品。

化妆品对人体的作用必须缓和、安全、无毒、无副作用，并且主要以清洁、保护、美化为目的，不能影响人体构造和机能。

化妆品具有如下共性：

（1）表面活性　大多数化妆品的表面活性主要来自两个方面，其一来源于化妆品的多相分散体系中，粒子较小，表面积大，具有高表面活性；另一来自表面活性剂作为化妆品的主要辅助原料品种，常加入到各类化妆品类型中，提供了体系的表面活性。

（2）胶体分散性　在化妆品制备过程中，通常是将某些组分以极小的液体或固体微粒的形式分散于另一相介质中，形成了多相分散体系，因此，化妆品大都属于胶体分散体系，具有胶体分散性。与真溶液不同，胶体分散体系的多相具有不均匀性；组成具有不确定性；有聚结倾向从而导致的不稳定性。

（3）流变性　作为流动和具有变形性的产品，化妆品的流变性来自于其本身所具有的黏弹性结构。流变特性是膏霜类、乳液类化妆品以及牙膏等具有的共同特性，这些性质虽来自制品的内部结构，但既影响化妆品的使用，又关系到化妆品的配方设计和研制过程。

（4）高度的安全性　化妆品是人类日常生活使用的一类消费品，几乎每天使用，且有使用的持续性特征，属长期使用品。严格要求其长期使用的安全性就显得格外重要，这也成为化妆品的共同特点。实际上，对化妆品的安全性要求在原料阶段就已提出。

二、化妆品的功效

化妆品的使用对象为人体的表面皮肤及其衍生的附属器官（毛发、指甲等），其所起的主要作用包括以下几方面。

（一）化妆品的清洁功效

一些人体用洗涤用品可温和地清除皮肤及毛发上的污垢，去除口腔和牙齿上面的脏物，以及人体分泌与代谢过程中产生的不洁物质。这些产品是专门为清洁皮肤和头发而设计的，里面使用大量具有洗涤、发泡作用的表面活性剂作为主要成分，保证能够将人体各种污垢清除干净，属于化妆品的范畴，包括清洁霜、清洁奶液、清洁用化妆水、泡沫浴液、洗发香波、净面面膜、牙膏、洗面奶、洗手液、洗发香波、沐浴露等。很显然，单从数量的角度来说，清洁类的产品已经占据了化妆品产品总数的大部分。

（二）化妆品的保护作用

化妆品保护皮肤使之光滑、柔润，防燥防裂；保护毛发使之光泽、柔顺，防枯防断，使其滋润、柔软、光滑、富有弹性，以抵御寒风、烈日、紫外线辐射等的损害；增加分泌机能活力，防止皮肤皲裂、毛发枯断。对于肤用产品，其主要功效就是防止人体皮肤表面的油分、水分不过度蒸发，保持皮肤的滋润，防止皮肤干燥、开裂、粗糙。雪花膏就是其中典型的代表产品。虽然现在美容护肤化妆品的品种已经多得数不胜数，但是毫无例外统统保留着润肤功效，如雪花膏、冷霜、润肤霜、防裂油膏、奶液、防晒霜、润发油、发乳、护发素等。

（三）化妆品的营养作用

现代化妆品中，产品的功效性越来越重要。营养型化妆品具有补充皮肤及毛发营养，增加组织活力，保持皮肤角质层的含水量，维系皮肤水分平衡，补充易被皮肤吸收的营养物及清除衰老因子，减少皮肤皱纹，减缓皮肤衰老以及促进毛发生理机能，防止脱发的作用。如人参霜、维生素霜、珍珠霜等各种营养霜、营养面膜、生发水、药性发乳、药性头蜡等。

（四）化妆品的美容功效

具有美容功效的化妆品主要是指彩妆用品，可美化面部皮肤（包括口、唇、眼周）及毛发（包括眉毛、睫毛）和指（趾）甲，使之光彩耀人，富有立体感。例如粉底霜、粉饼、香粉、胭脂、唇膏、发胶、摩丝、染发剂、烫发剂、眼影膏、眉笔、睫毛膏、香水等。使用这些产品可以突出五官的轮廓，掩盖脸上的缺陷，美化人的容貌。美容功效是化妆品生存的根基。

（五）化妆品的辅助治疗功效

现代美容护肤护发用品的辅助治疗功效越来越多，主要包括祛斑、美白、去皱纹、去头皮屑、抗皮肤衰老、抗过敏、去角质、消炎止痒、除暗疮等。常见产品有雀斑霜、粉刺霜，抑汗剂、除臭剂、生发水、痱子水、药物牙膏等。例如，普通的膏霜里添加有助于减轻甚至消除色斑的活性物，可制成祛斑霜，长期使用祛斑霜对皮肤上的色斑会发生作用，日积月累有可能将色斑淡化和清除。

第二节　化妆品的分类和使用方式

化妆品的种类繁多，其分类方法也各不相同。有按用途分类，有按剂型分类，还有按使用部位、使用年龄、性别分类等。

一、化妆品的分类

（一）按化妆品用途分类

（1）清洁类　包括清洁皮肤和清洁毛发用产品，如洗面奶、清洁霜、清洁奶液、浴液、香波、洗发膏、清洁面膜、磨砂膏、去死皮膏等。

（2）保护类　包括肤用和发用两大类，具有调整皮肤水分和油分、保养和滋润肌肤，以保持皮肤健康的作用。此类化妆品也可用作美容化妆前的基础处理，也可称作基础化妆品，如雪花膏、冷霜、奶液、防裂膏、化妆水（露）、乳（蜜）、霜、发油、发乳、发蜡、护发素等。

（3）营养类　如添加了维生素、水解蛋白、中草药、透明质酸等生物活性成分的霜、膏、乳、露等，都属于营养类化妆品。

（4）美容类　美容类化妆品指用来美化和修饰皮肤、毛发、指甲等部位的化妆品，如粉底、遮盖霜、睫毛膏、唇膏、胭脂、眼影膏、唇线笔、眼影、眉笔、发胶、烫发剂、染发剂、摩丝、焗油膏等。

（5）特殊用途类　这类化妆品通过某些特殊功能以达到美容、护肤、消除人体不良气味等目的，介于化妆品与药品之间，具有严格的特殊测试和卫生安全性评价。此类化妆品包括育发、染发、烫发、脱毛、美乳、健美、除臭、祛斑和防晒九大类，如生发灵、冷烫精、脱毛露（霜）、减肥霜、祛斑霜、防晒霜（油）、粉刺霜、除臭剂、抑汗剂等。

（二）按剂型分类

按产品的外观性状、生产工艺和配方特点，可分为如下14类。

（1）乳化类产品　如清洁霜、粉底霜、奶液、发乳、清洁奶液、润肤霜、营养霜、雪花膏、冷霜等。

（2）油剂类产品　如发油、发蜡、防晒油、浴油、按摩油等。

（3）表面活性剂溶液类产品　如洗发香波、浴液等。

（4）粉状产品　如香粉、爽身粉、痱子粉等。

（5）块状产品　如粉饼、眼影、胭脂等。

（6）悬浮状产品　如水粉、香粉蜜等。

（7）液体水剂类产品　如香水、花露水、化妆水、营养头水、奎宁头水、冷烫水、除臭水等。

（8）凝胶状产品　如抗水性保护膜、染发胶、面膜、沐浴凝胶、防晒凝胶、指甲油等。

（9）气溶胶制品　如喷发胶、摩丝、喷雾香水等。

（10）膏状产品　如泡沫剃须膏、洗发膏、睫毛膏等。

（11）锭状产品　如唇膏、防裂膏、眼影膏等。

（12）笔状产品　如唇线笔、眼线笔、眉笔等。

（13）珠光状产品　如珠光香波、珠光指甲油、雪花膏等。

（14）蜡状化妆品　如发蜡。

（三）按化妆品使用部位分类

（1）毛发用化妆品类　如香波、发油、护发素、发胶、摩丝、烫发剂、剃须膏等。

（2）皮肤用化妆品类　如洗面奶、润肤乳、粉底，遮盖霜等。

（3）唇、眼用化妆品类　如唇膏、眼影、睫毛膏等。

（4）指甲用化妆品类　如指甲油。

二、化妆品的使用方式

配合各种化妆品产品形态，人们也创造出名目繁多的化妆品使用方式，大致上有以下一些。

（1）涂抹　这是最常用的方式，无论膏霜、乳液、水剂、油剂和啫喱状产品都使用涂抹方式将化妆品施用在皮肤表面上。适合于涂抹的化妆品一定要分散性良好，对皮肤表面具有亲和性，这有赖于产品里使用的表面活性剂发挥作用。

（2）冷敷　一些面膜类化妆品要求长时间作用在皮肤上才能达到满意的效果，往往采用这一方法，让养分慢慢渗透入皮肤内部。

（3）按摩　使用祛斑、美白、抗衰老等功能性护肤品的时候，如果配合按摩可以促进皮下毛细血管的血液循环，帮助有效成分的吸收。

（4）喷洒　通过喷雾的方式将产品呈雾状均匀分布在头发或者皮肤上。像香水这样的产品适于使用喷洒的方式使用。

（5）熏蒸　为了增强冷敷产品的效果，在美容院或者有条件的家庭里，可以在敷上面膜（特别是浸泡营养液的纸面膜）以后用蒸汽或者红外线加热熏蒸。加热让毛孔扩张，营养成分更容易渗透进去。

（6）超声波导入　在美容院里可以借助仪器设备的物理作用，配合使用化妆品进行美容。先将美容护肤化妆品涂抹在皮肤上，然后用超声波探头在皮肤表面缓慢移动，利用超声波高频率的振荡作用将功效成分“逼入”毛孔里面，到达皮肤深层，从里到外发挥作用。

第三节　化妆品工业的发展概况

化妆品的历史悠久，早在远古年代，人们就已经知道使用化妆品来修饰和装扮自己。

但化妆品的真正发展，是进入20世纪以来，由于化学、物理学、生物学、医药学等的空前发展，许多新的原料、设备和技术被应用于化妆品生产，加之人民生活水平的提高，对化妆品的需求量也越来越大，使化妆品的生产起了巨大变化。

一、国内化妆品的发展概况

（一）国内化妆品市场现状

化妆品既是一个产业也是一种文化，它是多种学科的结晶。随着精细化工、生物科学、材料科学的飞速发展，细胞科学在皮肤医学中的深入以及人类基因工程的启动，化妆品业向着更富有深度和广度的方向发展。

20世纪80年代初，我国化妆品销售额约为2亿元，人均年消费不足1元钱，经过十几年的培育和发展，2000年上升到350亿元，人均27元钱，可以说我国化妆品的人均消费水平上升得很快，目前已成为亚洲第二大、全世界第八大化妆品市场。随着经济的增长和人民生活水平的提高，化妆品消费将继续快速增长。

广东、上海和北京三个地区化妆品人均年消费水平达到80~100元，这一数值大大地高于全国的化妆品消费水平。但发达国家的化妆品人均消费水平为35~70美元，从而可以看出中国化妆品的人均年消费量远远低于世界发达国家，这也说明我国化妆品的消费市场有很大的上升空间。2004年我国化妆品市场销售额达到850亿元，较2000年增长1.4倍，2005年全年化妆品销售额已达960亿元。

从化妆品的分类看，护肤类的占35%，护发类的占28%，美容类的占24%，香水类的占8%，护肤类的产品仍然是化妆品消费的主流。从近几年的动向看，美容类的产品上升得很快，有专家预测到2010年美容类的产品要占到35%~40%，要占到第一位。2006年男士化妆品也有较好的发展趋势。

随着中国经济的发展，近十余年来，中国化妆品的销售额平均以23.8%的速度递增，最高年份达到41%，明显高于国民经济的增长速度。

截至2006年10月底，全国化妆品生产厂3739家，其中广东1453家，浙江341家，江苏313家，上海249家，这个数字比10年前增加了近10倍。化妆品行业内品牌化竞争格局已经形成，日益成为集产业化、市场化和国际化为一体的综合性产业。

（二）国内化妆品的消费结构

（1）护肤品　护肤品是化妆品市场中发展最快的一个分类市场。目前，市场处于多品牌竞争状态，品牌起伏较大；中档产品的市场份额有较大幅度上升，表现出较佳的市场前景。在护肤类产品销售中，膏霜、乳液等占主体地位，其次则是洗面用品和沐浴露。

（2）洗发、护发用品　洗发、护发用品市场容量渐趋饱和，增长速度开始放慢。其中，香波占据绝对主体，护发素、摩丝和定型啫喱次之。

（3）彩妆修饰类用品　彩妆修饰类用品的市场远未饱和。大多数消费者认为，美容彩妆应体现个人特色。在彩妆修饰类用品中，唇膏占据较高份额，其次则是香水。

（4）防晒用品　防晒用品使传统的淡季不淡。随着紫外线对人体皮肤危害程度增加和人们户外活动的增多，近几年防晒化妆品市场的年增长率多在20%左右，并且防晒市场呈现出系列、细分化的发展趋势。兼美容和防晒的产品层出不穷，其中抗水型防晒产品已成为一个新的消费热点。

（5）儿童专用品　儿童用品市场持续升温。生活水平提高和独生子女普及，儿童专用产品已形成新的消费热潮。与此同时，市场上30%的儿童化妆品，为年轻的女士所使用。

（6）防衰抗衰用品　21世纪中国将步入老年人社会，抗衰老化妆品将更受欢迎。

（7）运动型化妆品　为了显示整体美，众多喜好体育运动和形体健美的消费者希望防止水分流失、防臭、防汗、便于携带、保湿、杀菌等运动型产品的出现。

（8）男性专用品　男性化妆品极具市场前景及潜力。有利于男性购买产品的市场环境及配套服务正在明显改善，更多更适合中国男性的化妆新品逐步开始上市。

（9）功能性生化原料　以生物制剂、生物活性提取物、天然植物添加剂为代表的化妆品新原料，已成为产品开发的主导方向和高科技象征的主流。

随着回归自然在全球范围的兴起，国内对加有中草药成分的化妆品的研究日趋活跃。目前国内化妆品市场已有数百种中草药化妆品应市，消费者对祛斑、消痣、去皮肤色素等方面的产品需求，基本倾向选择中草药添加剂或天然原料制成的产品。

二、世界化妆品工业发展概况

目前，世界化妆品和盥洗用品的销售总额约达1500亿美元，估计今后的年增长率约为4%。在世界500强中已有六家日化企业，其中宝洁公司排名70位，已超过著名的波音飞机公司和巴斯夫化学公司。

北美的化妆品、盥洗用品市场主要集中在美国。德国在欧盟市场占有22.5%的份额，居欧盟之首；法国居第二，占19%。欧盟15国中，1997年化妆品的总销售额达400亿欧元，比1996年增长5.7%。欧盟市场中销售量最大的是发用化妆品，其次是护肤系列。近年来，彩妆产品销量增加，这得益于色调的不断翻新。男士化妆品包括香水、剃须化妆品、除臭剂、沐浴剂等均蕴藏着巨大的发展潜力。亚洲化妆品的发展速度极快，日本稳居亚太地区首位，韩国是亚太地区化妆品市场的新秀。目前，亚太地区的化妆品市场已被世界著名的几家化妆品公司所垄断，如英国联合利华、美国宝洁等。总体讲亚太地区消费水平偏低，发用化妆品是市场的主导产品；由于日照时间长，美白化妆品有一定的市场；随着环保意识的增强，绿色天然化妆品受到青睐；由于气候偏热，对香水类制品有一定的需求。

就世界化妆品的品种结构而言，护肤化妆品（包括彩妆化妆品）占据市场的份额为50%，发用化妆品占31%，香水类占18.6%。其中日本护肤品所占比例最大，西欧重点发展的是沐浴剂、抑汗除臭剂，法国则是香水。

在国外护肤品市场中，抗衰老护肤品在化妆品市场的增长占据着巨大的份额。消费者期望达到快速、明显的效果。目前这类化妆品依托先进的技术，不断推出新品，从而出现不断增长的态势。

传导系统在有效化妆品的开发中起着越来越重要的作用。根据微胶囊膜结构，纳米粒子可分为脂质体和纳米乳液（纳米载体）。活性成分的皮肤传输技术应用于产品的研制和开发，有效保留了化妆品组分的活性，实现了对皮肤的有效作用，并延长了作用时间，增强了制品的实际功效。

此外，新的工艺技术不断被引入化妆品的生产中，如新型乳化剂的研制和乳化技术应用于膏霜和乳液类制品的研制和开发，包括低能乳化、电磁波振荡连续乳化和高剪切连续乳化技术等多相乳化技术。

第四节　化妆品工业发展趋势

纵观化妆品的发展历程，1970年以前化妆品的研究重点是制造产品，相关学科为胶体化学、流变学、统计学。20世纪80年代以后步入了人和物相互调和的时代，化妆品的安全性、有用性受到极大的重视，化妆品的研究领域也扩展到皮肤学、生理学、生物学、药理学及心理学。20世纪末已推出了高安全性并具有了一定生理学功效的化妆品，如美白、保湿、防衰老、防脱发等产品。

化妆品的趋势将越来越向着更加科学、天然、安全和有效的方向发展，化妆品不仅有滋润、清洁、保湿、防晒、抗皱和护肤等作用，而且还有治疗、修复皮肤的作用，使皮肤更显年轻、自然，感觉更加细腻。

一、天然化妆品

由于科学技术的不断发展，人们发现人工合成化学品比提取天然品更容易，制造和使用也更方便，因此人工合成品日益增多，对化妆品的发展起了极大的推动作用。但是合成化学品不仅消耗了大量不可再生或再生过程很缓慢的资源，而且也给自然界带来了大量的其中包括自然界原来没有的废弃物，所造成的环境污染和毒性问题已引起人们的关注。

随着社会的发展，人们对健康生活方式的兴趣日益增强，纯天然制品已经深得人心。消费者对于保持身体和精神健康方面的兴趣越来越大，这直接导致了天然个人护理品市场的大幅增长，从而"回归大自然"的倾向迅速波及整个化妆品工业。化妆品原料经历了由天然物向合成品，继而又从合成品向天然物的二次转变。但必须指出的是，当今的天然化妆品并不是简单的复旧。现代的天然化妆品是应用先进的科学技术，通过对天然物的合理选择，对其中有效成分的抽提、分离、提纯和改性，以及和化妆品其他原料的合理配用，调制技术的研究和提高，已使当代的天然化妆品的性状大为改观，不仅具有较好的稳定性和安全性，其使用性能、营养性和疗效性亦有明显提高，在世界范围内已开始进入一个崭新的发展阶段。Market Research公司发表的一篇关于美国天然个人护理产品市场的报告指出：越来越多的证据表明，随着不含合成原料的营养滋补品和缓解压力的护理及美容产品的出现，天然产品在市场份额中的比例越来越大。与此同时，有机食品与健康产品的大量涌现，也使得天然个人护理品市场一片繁荣，护肤、护发和化妆品类产品则比以往更受欢迎。

近十多年来，以作用温和又具有一定功效的中草药提取物为天然添加剂应用于化妆品中已成为新产品开发的热点，符合当今世界化妆品的发展潮流，这类化妆品现已如雨后春笋般地涌入化妆品市场，并已逐渐为广大消费者所认知。在亚洲地区，特别是日本的消费者对含有中草药活性成分的化妆品十分崇尚，日本泛用化妆品原料（Jcm）中就已列出了114种可用于化妆品中的中草药。目前，在日本含有中草药成分的化妆品已达200种之多。欧洲各国的化妆品以添加天然药用植物萃取物为时尚，尤其最近世界卫生组织已充分肯定了中医药的治疗作用，如能对天然中草药提取物科学地加以研究、开发和应用，对美容化妆品的中草药化学成分和药理作用以及中草药化妆品的概念和产品研制理念进行研究和推广，制造出一系列无毒、无害、无副作用，具有营养和疗效的化妆品，必将对我国化妆品的发展起到积极的推动作用，促使中国具有民族特色的含中草药成分的化妆品创出品牌，更快地进入国际化妆品市场。

“食品化妆品”也是一个新的概念，大部分食品都含有不同数量和形态的高级脂肪族化合物，把它们做成化妆品必然具有“化学化妆品”的全部优点。它们在蛋白质、糖类、维生素、微量元素等的协同作用下发挥一加一大于二的作用，其在今后很长一段时间必然引领护肤化妆品新潮流。

二、仿生化妆品

仿生皮肤化妆品是最近几年提出的一个新概念。顾名思义，仿生皮肤化妆品就是用仿生技术和原理或者用仿生原料制作的化妆品。

成膜化妆品是仿生皮肤化妆品的一种代表，所谓“成膜化妆品”指的是一种相对分子质量在几万到几百万之间的高分子材料，它们涂在皮肤上干燥以后形成一层超薄微孔薄膜紧密粘贴在皮肤上，透气透湿而不影响皮肤发挥原有功能，微孔大小正好能阻挡病菌和有害物质的侵蚀。它内含的功能物质能“对内”或“对外”发挥相应作用。高相对分子质量的多糖及蛋白质是成膜化妆品的最佳材料，也是仿生化妆品的主要原料。该类原料具有抗肿瘤、抗炎、调节免疫力、抗衰老、降血糖、抗病毒、降血脂、抗凝血等生物活性，如多糖类中的玉米蜂花粉多糖、香菇多糖、松茸多糖、灵芝多糖、人参多糖、地黄多糖、竹叶多糖能有效地抑制肿瘤细胞的生长，具有较好的抗肿瘤作用；绞股蓝多糖、虫草多糖具有增强细胞免疫和体液免疫的作用；牛膝（ABPS）、银杏叶（LGBP）、油柑、黄芪、枸杞以及人参多糖都有一定的抗衰老和提高免疫力的作用。

此外，制作仿生化妆品的基材应该同时具备下列五个基本的条件：第一，在皮肤表面产生一层牢固的保护层，对外阻挡风沙尘土和有害物质（包括病菌）的侵袭，对内提供营养；不容易被蹭掉。第二，这层保护层应该透气透湿，不影响皮肤发挥原有功能。第三，它们与功能材料及辅料应有很好的相容性，不派生毒副作用。第四，能用清水洗净。第五，无毒无副作用，最好可以食用。

三、利用生物技术开发新型化妆品原料

生物技术是20世纪70年代兴起的，经过80年代的技术积累，已奠定了较坚实的基础。生物技术的发展对化妆品科学起了极大的促进作用。化妆品的护肤机理已经从传统的油膜和保持皮肤水分、着重于物理作用的护肤方法，发展到利用与生物体中新陈代谢过程相关的产物具有相同结构的天然或合成物质保持皮肤的健康状态。

生物技术时代的化妆品原料的开发应包括两大方面：一是生命科学的发展导致人们对一些生命现象的科学的认识，如对皮肤的老化现象、色素形成过程、光毒性机理，饮食对皮肤的影响等的科学解释，使人们可以依据皮肤的内在作用机制，通过适当的体外模型有针对性地筛选化妆品原料，设计新型配方，改善或抑制某些不良过程；二是利用如大肠杆菌、酵母菌、动物细胞、植物细胞等来生产一些很昂贵而又很有效的物质作为化妆品的原料。

四、抗皮肤衰老化妆品

近代细胞生物学、分子生物学的研究认为，皮肤的衰老既是人类基因预先安排的程序，但又存在由外源性的损伤加速衰老进程的问题。前者不可抗拒，针对皮肤外源性的损伤，成

为当前化妆品研究发展的热点。皮肤由胶原蛋白、弹性蛋白组成，皮肤的状态取决于蛋白质的流失与皮肤中细胞合成蛋白的能力。抗衰老的措施包括：抑制蛋白酶活性，减少蛋白酶损耗；激活细胞，增加蛋白质的合成水平。

分子生物学研究结果证实，自由基从多方面对皮肤造成损伤，加速皮肤的衰老，清除自由基已成为世界性的研究热点。高效清除自由基的新材料层出不穷，如最近研究开发的脂类氨基酸、植物络合锗、多种天然植物提取物，均有良好的自由基清除效果。

保湿也是改善皮肤状态，抵御皮肤衰老的重要步骤。神经酰胺、类脂化合物是细胞代谢的产物，这类物质可在角质细胞间建立高效双分子膜保水层，具有优异的保湿性能，现在已经可以通过人工合成的方法制备出来。

五、防晒化妆品

阳光是万物赖以生存、生长所不可缺少的，适当的紫外线照射有助于人体健康。然而，近年来的科学研究证明，日光暴晒是使皮肤老化的重要因素之一。强烈的紫外线照射会损害人体免疫系统，加速肌肤老化，导致各种皮肤病甚至产生皮肤癌。所以，为了防止紫外线对皮肤的伤害，人们需要在外露表皮涂上防晒的保护性化妆品。

事实上，太阳的紫外光全年存在，研究发现，即使在多云或阴天的时候，仍有较强能量的紫外线到达地面；春秋天到达地面的紫外线的能量并不比夏天低很多，而且紫外线能穿透衣服、玻璃到达人体皮肤。所以防晒护肤每天都需要，防晒化妆品将是近代化妆品发展中一个永恒的主题。

防晒化妆品的发展以及防晒性能的优劣，主要取决于防晒原料的发展以及性能的好坏，因此，开发安全、高效的防晒原料，将是防晒化妆品发展的主要研究方向。

从防晒新技术、新原料的发展来看，正在世界范围内展开的极具前途的研究有：复合化技术与材料在化妆品中的应用研究；超细无机微粒吸收和散射紫外线效率及其应用研究；具有优良防晒性能的黑色素（包括人工合成、天然及生物体）用于防晒化妆品的研究；富含氨基酸和高浓度酪氨酸的海洋生物用于防晒产品的防晒研究；各种植物提取物在防晒制品中的应用研究等。

目前，化妆品已深入到人们的日常生活中，成为现代文明社会中各个年龄层次的人群均不可缺少的日常用品，是人们生活美化、职业文明等的必需消费品。世界人口的逐年增长，带来化妆品消费量的提升，这些都促进了化妆品工业的发展。世界各国化妆品的产值每年都保持持续增长的势头，各大型化妆品公司每年的增长幅度还较高。化妆品行业在高速增长的同时，化妆品的安全性也日益受到重视，化妆品原料的选取，制备工艺的控制，以及有害物质的检测等过程正不断规范和严格，相关的法律法规也正在完善，化妆品的安全性是人们选择化妆品的首要条件之一。

第二章　皮肤与毛发科学

第一节　皮 肤 科 学

一、皮肤的结构

皮肤是人体的主要器官之一，它覆盖着全身，与人体的其他器官密切相连。成人的皮肤总面积为1.5~2.0m²，质量约占人体总质量的15%，厚度为0.5~4.0mm（皮下组织除外）。根据年龄、性别、部位的不同，皮肤的厚度有所差别，其中女人比男人的皮肤要薄；眼睑的皮肤比其他部位要薄（约为0.4mm）；臀部、手臂和脚掌的皮肤较厚（为3~4mm）；而儿童特别是婴儿的皮肤要比成年人薄得多，平均只有1mm厚左右。

人的皮肤由外及里共分三层：皮肤的最外层叫表皮；中间一层叫真皮；最里面的一层叫皮下组织。皮肤的结构如图2–1所示。

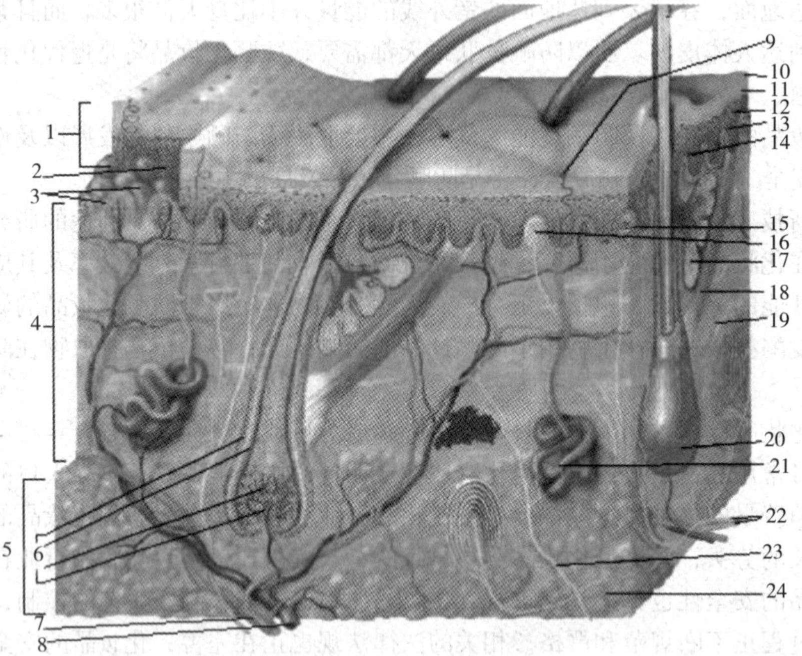

图 2–1　皮肤的基本结构示意图

1—表皮 2—表皮网状棘 3—真皮乳头 4—真皮 5—皮下组织 6—毛发 7—动脉 8—静脉 9—汗腺开口 10—角质层 11—颗粒层 12—棘层 13—基底层 14—黑（色）素细胞 15—痛觉感受器 16—触觉感受器 17—皮脂腺 18—立毛肌 19—胶原纤维 20—毛囊 21—汗腺 22—感觉神经纤维 23—自主神经纤维 24—皮下脂肪组织

（一）表皮

表皮是皮肤的浅层，由角化的复层扁平上皮构成。人体各部位的表皮厚薄不等，一般厚度为0.07~0.12mm，手掌和足趾最厚，为0.8~1.5mm。表皮由两类细胞组成：一类是角朊细胞，占表皮细胞的绝大多数，它们在分化中合成大量角蛋白，使细胞角化并脱落；另一类细胞为树枝状细胞，数量少，分散存在于角蛋白形成细胞之间，包括黑（色）素细胞、郎格汉斯细胞和梅克尔细胞。该类细胞与表皮角化无直接关系。

1. 表皮的分层和角化

根据角朊细胞的不同分化过程及细胞形态，表皮从基底到表面可分为五层，即基底层、棘层、颗粒层、透明层及角质层。薄的表皮，与厚表皮的分层相比，略有差别：基底层与厚表皮的相同；前者棘层的细胞层数少，颗粒层只有2~3层细胞，没有透明层，角质层也薄，只有几层细胞。

（1）基底层　基底层附着于基膜上，为一层矮柱状或立方形细胞，称基底细胞。它是未分化的幼稚细胞，代谢活跃，不断有丝状分裂，新生的细胞向浅层移动，分化成表皮其余几层的细胞，以更新表皮。基底细胞内尚含有不均匀的黑素细胞，其含量往往会影响到皮肤的颜色。

（2）棘层　棘层在基底层上方，一般由4~10层细胞组成。细胞较大，呈多边形。细胞向四周伸出许多细短的突起，故名棘细胞。相邻细胞的突起由桥粒相连，胞质丰富，也含许多游离核糖体。胞质内含许多角蛋白丝，常成束分布，并附着在桥粒上。光镜下能见成束的角蛋白丝，称张力原纤维。在棘细胞间可散有郎格汉斯细胞。

（3）颗粒层　颗粒层约由3~5层较扁的梭形细胞组成，位于棘层上方，细胞的主要特点是胞质内含有许多透明角质颗粒，形状不规则，大小不等。颗粒的主要成分为富有组氨酸的蛋白质。颗粒层细胞含板层颗粒多，能够将所含的糖脂等物质释放到细胞间隙内，在细胞外面形成多层膜状结构，构成阻止物质透过表皮的主要屏障。颗粒层厚度与角质层厚度一般成正比。

（4）透明层　透明层位于颗粒层上方，只在无毛的厚表皮中明显易见。此层由几层更扁的梭形细胞组成，细胞呈透明均质状，细胞界限不清，胞核和细胞器已消失。细胞的超微结构与角质层细胞相似。

（5）角质层　角质层为表皮的表层，由多层扁平、无核的角化细胞组成。这些细胞干硬，是已完全角化的死细胞，已无胞核和细胞器。在电镜下，可见胞质中充满密集平行的角蛋白丝，浸埋在均质状的物质中，其中主要为透明角质颗粒所含的富有组氨酸的蛋白质。细胞膜内面附有一层厚约12nm的不溶性蛋白质，故细胞膜明显增厚而坚固。在代谢过程中，靠近表面的细胞间的桥粒解体，细胞彼此连接不牢，逐渐脱落，即为日常所称的皮屑。

表皮由基底层到角质层的结构变化，反映了角蛋白形成细胞增殖、分化、移动和脱落的过程，同时也是细胞逐渐生成角蛋白和角化的过程。表皮角蛋白形成细胞不断脱落和更新，其更新周期为3~4周。表皮角蛋白形成细胞定期脱落和增殖，使表皮各层得以保持正常的结构和厚度。

表皮是皮肤的重要保护层。角质层细胞干硬，胞质内充满角蛋白，细胞膜增厚，因而角质层的保护作用尤其明显。棘层到角质层的细胞间隙内脂类，构成阻止物质出入的屏障。因此表皮对多种物理和化学性刺激有很强的耐受力，能阻挡异物和病原侵入，并能防止组织液丧失。

2. 树枝状细胞

（1）黑素细胞　黑素细胞是生成黑色素的细胞，由胚胎早期的神经嵴发生，然后迁移到皮肤中，具有合成黑色素的作用。它们大多散在于表皮基底细胞之间，8~10个基底细胞间有一个黑素细胞，只有少数分散于真皮中。它们在身体各部位的数目有明显差别，如前额每平方毫米约有2000个，四肢每平方毫米约有1000个。这种细胞的主要特点是胞质中有多个长圆形的小体，长0.6μm，宽0.2μm，称黑素体（melanosome）。这种小体有界膜包被，内含酪氨酸酶，能将酪氨酸转化为黑色素（melanin）。黑素体充满色素后成为黑素颗粒（melanin granule）。黑素颗粒移入突起末端，然后被输送到邻近的基底细胞内，因而基底细胞内常含许多黑素颗粒，而黑素细胞本身却含黑素颗粒少。黑色素为棕黑色物质，是决定皮肤颜色的一个重要因素。由于细胞中黑素颗粒的大小和含量的差别，并由于黑素细胞合成色素的速度不同，决定了不同种族和个体不同部位皮肤颜色的差异。黑色素能吸收和散射紫外线，可保护表皮深层的幼稚细胞不受辐射损伤。

（2）郎格汉斯细胞　郎格汉斯细胞分散在表皮的棘细胞之间。这种细胞的性质与免疫系统的树突状细胞很相似，能识别、结合和处理侵入皮肤的抗原，是皮肤免疫功能的重要细胞，在对抗侵入皮肤的病毒和监视表皮癌变细胞方面起重要作用，并在排斥移植的异体组织中起重要作用。

（3）梅克尔细胞　梅克尔细胞是一种具有短指状突起的细胞，在光滑皮肤的基底细胞层及有毛皮肤的毛盘，数量很少。梅克尔细胞可能是一个异质性的细胞群，其中有些细胞可能是感觉细胞，与神经末梢共同构成触觉感受器；其余的细胞也许对表皮细胞增殖和皮肤附属器的发生，或对皮肤内神经纤维的生长起诱导和调节作用。

（二）真皮

真皮位于表皮下面，由结缔组织组成，包括胶原纤维、弹力纤维及基质。结缔组织与表皮牢固相连，深部与皮下组织接连，但两者之间没有清楚的界限。神经、血管、淋巴管、肌肉、毛囊、皮脂腺及大小汗腺均位于真皮结缔组织内。身体各部位真皮的厚薄不等，一般厚1~2mm，是表皮的15~40倍。真皮又分为乳头层和网状层两层。

1. 乳头层

乳头层为紧邻表皮的薄层结缔组织，胶原纤维和弹性纤维较细密，含细胞较多。此层的结缔组织向表皮底部突出，形成许多嵴状或乳状的凸起，称真皮乳头（dermal papilla）（图2-1），使表皮与真皮的连接面扩大，有利于两者牢固连接，并便于表皮从真皮的血管获得营养。乳头层毛细血管丰富，有许多游离神经末梢，在手指等触觉灵敏的部位常有触觉小体。

2. 网状层

网状层在乳头层下方，较厚，是真皮的主要组成部分，与乳头层无清楚的分界。网状层由致密结缔组织组成，粗大的胶原纤维束交织成密网，并有许多弹力纤维，使皮肤有较大的韧性和弹性。此层内有许多血管、淋巴管和神经，毛囊、皮脂腺和汗腺也多存在于此层内，并常见环层小体。有的婴儿骶部皮肤真皮中有较多的黑素细胞，使局部皮肤显灰蓝色，称胎斑。

（三）皮下组织

皮下组织由疏松结缔组织和脂肪组织组成（图2-1），一般不认为它是皮肤的组成部分。皮下组织将皮肤与深部的组织连接一起，并使皮肤有一定的可动性。皮下组织的厚度因个体、年龄、性别和部位而有较大的差别。腹部皮下组织中脂肪组织丰富，厚可达3cm以上；眼睑、阴茎和阴囊等部位皮下组织最薄，不含脂肪组织。分布到皮肤的血管、淋巴管和神经由皮下组织中通过，毛囊和汗腺也常延伸到此层组织中。

二、皮肤的附属器

皮肤附属器包括毛发、毛囊、皮脂腺、汗腺、指（趾）甲及血管、神经与肌肉等。

（一）毛发与毛囊

毛发的组织结构详见本章第二节。

（二）皮脂腺

皮脂腺与毛囊关系密切，大多位于毛囊和立毛肌之间，为泡状腺，由一个或几个囊状的腺泡与一个共同的短导管构成（图2–2）。导管为复层扁平上皮，大多开口于毛囊上段。少数皮脂腺与毛囊无关，直接开口于皮肤或黏膜的表面。腺泡中心的细胞胞质内含脂滴，当腺细胞解体时，连同脂滴一起排出，即为皮脂。皮脂腺的发育及分泌活动主要受雄激素的影响，往往青春期分泌活跃。皮脂是几种脂类的混合物，具有柔润皮肤和杀菌作用。脂质成分中最多的是三酸甘油酯，该成分经过皮脂腺导管向表皮排泄过程中分解成为二酸甘油酯和单酸甘油酯。在游离脂肪酸中持有$C_{12\sim16}$者发炎性最强，有$C_{16\sim18}$者形成粉刺的作用最明显。

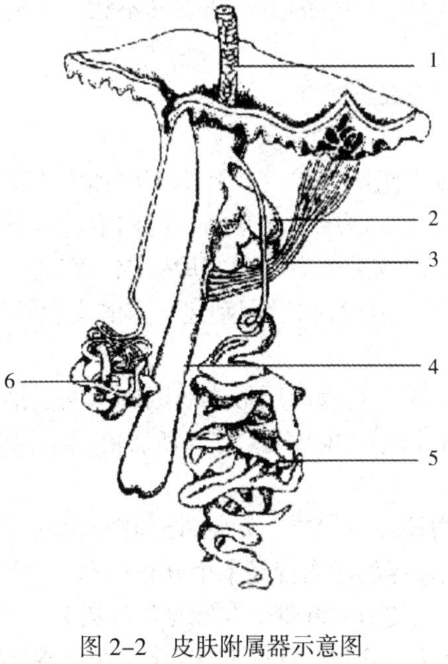

图 2–2　皮肤附属器示意图

1—毛干　2—皮脂　3—立毛肌　4—毛囊　5—顶泌汗腺　6—外泌汗腺

（三）外泌汗腺

外泌汗腺又名局泌汗腺，即通常所称的汗腺。除唇红缘、包皮内侧、龟头、小阴唇、阴蒂及甲床外，汗腺遍布全身，但不同部位皮肤内的汗腺数目有明显差别。外泌汗腺由盘曲的分泌腺、盘曲的真皮导管、垂直的真皮导管及螺旋形表皮内导管所组成。

汗腺细胞分泌的汗液除含大量水分外，还含钠、钾、氯、乳酸盐和尿素。导管能吸收分泌物中的一部分钠和氯。汗液分泌（出汗）是身体散热的主要方式，对调节体温起重要作用。外界温度高时汗腺分泌旺盛，可散发身体大量的热。

（四）顶泌汗腺

顶泌汗腺主要分布在腋窝、脐周、肛周、乳晕和外阴部等处。这种腺与上述的外泌汗腺不同，是皮肤中的另一种腺，由腺细胞、肌上皮细胞、基底膜带所构成。分泌物为较黏稠的乳状液，含蛋白质、碳水化合物和脂类等。分泌物被细菌分解后产生特别的气味，分泌过盛而致气味过浓时，则发生狐臭。这种腺在性成熟前呈静止状态，青春期后由于受性激素的刺激，分泌活跃。分泌物的作用尚未确知。

（五）指（趾）甲

指（趾）甲由甲体以及它周围和下面的几部分组织组成。甲体是长在指（趾）末节背面的外露部分，为坚硬透明的长方形角质板，由多层连接牢固的角化细胞构成，细胞内充满角蛋白丝。甲体下面的组织称甲床，由非角化的复层扁平上皮和真皮组成。甲体的近端埋在皮肤所成的深凹内，称甲根。甲体两侧嵌在皮肤所成的甲襞内，与甲床粘着十分牢固，在甲体的腹侧与甲床间有许多纵行的沟及嵴，使甲床与其下方真皮结缔组织与甲板牢固地粘着。甲根是指甲母即甲母质细胞所在的区域，周围为复层扁平上皮，其基底层细胞分裂活跃，称甲母质，是甲体的生长区。甲母质新生的细胞发生角化，并向甲体方向移动，成为构成甲体的细胞，使甲体生长。指（趾）甲受损或拔除后，如甲母质保留，甲仍能再生。甲半月的远端是甲床与甲母的分界线。各指（趾）的甲的生长速度并不相同，此外还受年龄、外界湿度和其他因素的影响。

（六）皮肤的血管、淋巴、神经与肌肉

1. 血管系统

动脉和静脉分别在真皮和皮下组织境界处，乳头下层和乳头层之间形成两个血管网。从肌膜上形成血管网的动脉上行至真皮深层的血管网，再向上行至乳头下层血管网，从这里变成终末细动脉再上行至乳头层，形成毛细血管襻之后变成毛细血管网静脉段下行进乳头下层的静脉网，再下行经过真皮深层的静脉性血管网到达下方的皮静脉。

2. 淋巴系统

皮肤的淋巴管分别在乳头下层、真皮深层形成浅网和深网。淋巴管收集流动在表皮、真皮，皮下组织中所有细胞间、纤维间的淋巴液，并与所属淋巴结相联系。

3. 神经系统

神经系统由知觉神经和植物神经所组成，知觉神经在真皮深层和乳头下层分别形成神经丛，再上行进入乳头上层。知觉神经的游离神经末梢分布在真皮上层、乳头层和毛囊周围，管痛觉。皮肤的植物神经为交感神经的节后纤维，与知觉神经成为一个神经束而分布于汗腺、立毛肌、血管等。立毛肌、血管受肾上腺素作用的神经支配，小汗腺受胆碱作用的神经支配。

4. 皮肤的肌肉

皮肤的肌肉主要为平滑肌，包括立毛肌：始于真皮上层，斜行附着在毛囊的毛囊隆起部分，收缩时皮肤上起鸡皮疙瘩。肉样肌：阴囊、乳腺之平滑肌。颜面表情肌属于真皮内的横纹肌。

三、皮肤的生理功能

皮肤覆盖了全身各部位并保护身体免受外界的刺激，使身体能够适应外界环境的变化。皮肤是一种具有多种重要功能的人体器官，一个成年人的皮肤面积约为1.6m^2。

（一）保护作用

皮肤中的真皮弹性纤维和皮下脂肪组织能够避免外界的机械撞击直接传递到身体内部。

身体中一些受到慢性机械振荡的部位，例如足部、膝盖骨和手工工人的手部具有较厚的角质层以抵御外界刺激。皮肤同时具有碱性中和能力，使皮肤表面保持弱酸性从而阻止化学毒素的侵蚀。另外，皮肤最外层的角质层和皮肤表面的脂质体是阻止水分渗入体内并同时防止体液流失的有效屏障，也是防止外界毒素侵入的有效屏障。皮肤脂质体中含有的不饱和脂肪酸具有杀菌作用，能够有效阻止皮肤表面的细菌生长。皮肤还有免疫细胞，通过免疫性反应来保护机体，例如结核菌素在人体皮肤上的反应，就为人体对细菌感知提供了有用的信息。

皮肤中的黑色素可以吸收和保护机体免受有害紫外线的辐射。皮肤的角质层、角质透明蛋白颗粒等则起到了对有害光的衍射作用。

（二）温度调节

皮肤对体温的调节主要是通过皮肤中毛细血管的扩张和收缩来改变皮肤中的血流量和控制汗液蒸发来实现的，这种调节是自动的。体温调节中心位于下丘脑，当体温降低时，皮肤收缩神经作用于毛细血管，以阻止体温的尽一步降低；当体温增高时，神经作用减弱，毛细血管扩张，热量损失增加。同样汗腺中心也位于下丘脑，以类似的方法调节体温。另外，角质层、皮下组织和身体本身也能够使体温对外界的变化起缓冲作用，避免体温的剧烈变化。皮表的立毛肌也起到体温调节的作用。

（三）感知作用

皮肤对外界环境的变化具有感知作用，皮肤能够感知挤压、触摸、温度和疼痛。皮肤中有各种感知环境变化的感受器，Meissher小体、Merkel薄片、GolgiMazzoni小体能够感知触觉；Pacinian小体感知挤压；Krause终球感知寒冷；Ruffini小球能够感知温度；末梢神经能够感知疼痛。这些感受器能够通过脊髓、脑干和下脑丘将外部刺激传输给大脑皮层。

（四）吸收作用

皮肤具有吸收作用，吸收途径主要有两个：一个是通过表皮，另一个是通过毛囊皮脂腺。类固醇类物质，例如雌性激素和雄性激素以及脂溶性物质，例如维生素A、维生素D、维生素E和维生素K能够通过皮肤吸收，但水溶性物质则由于角质层的屏障作用，不易被机体吸收。脂溶性物质的透皮吸收程度与个体的年龄、皮肤血流量、皮肤温度、角质层水含量、角质层的损伤程度和皮肤周围的温度和湿度等因素均有明显的影响。这种透皮吸收已被用于透皮药物传输系统。

（五）其他功能

皮肤还具有显示情绪作用，例如脸红、惊吓等，以及利用所含的维生素D前体通过紫外线的作用合成维生素D。

四、皮肤的颜色

（一）皮肤颜色的变化

皮肤的颜色随人种和个体而变化，也随着年龄、地域、季节和身体的不同部位而有所不同，同时受到健康和情绪压力的影响。身体的不同部位所含色素不同，手掌和足趾色素较少，阴囊、耻骨、会阴和乳头色素较多。皮肤的颜色能够反映色素的多少，决定肤色的因素有黑色素、类黑色素、胡萝卜素、氧合血红蛋白和脱氧血红蛋白。此外皮肤的颜色还受到角质层的厚度和含水量、血流量、血液中氧含量和角质细胞间的黏附性等很多因素的影响。对皮肤的反射光谱进行研究发现，“白皮肤”的吸收曲线在549~578nm之间，与氧合血红蛋白相近。这种皮肤的表皮中黑色素含量很低，皮肤的透明度很高，血管的影响显著，皮肤的颜色呈现粉色。相反，黑皮肤中包括较多的黑色素，血液中的血红蛋白含量较低。

皮肤颜色还随季节发生变化，一般认为当季节从冬天向夏天转变时，皮肤的色度从微红向浅黄变化。

与白种人对比，东亚人的肌肤黑色素吸收紫外线的能力较强，肌肤往往呈黄色，但这一分类与人群有关。总体来说，肌肤随着年龄的增长颜色会逐渐由微红向浅黄色过渡，而且不同人种之间皮肤色度会有明显的差别，例如，东亚人的皮肤与欧美人比要明显偏黄。

（二）皮肤着色机理

皮肤的颜色是由黑色素、类黑色素、胡萝卜素、氧合血红蛋白和脱氧血红蛋白共同决定的。黑色素是决定人类皮肤颜色的最主要色素，它是通过黑素细胞中的黑素粒细胞器合成出的，通过黑素细胞中的树突将合成的黑色素传递到角化细胞附近。一般在皮肤的表皮基底层以及发根和根鞘中，每7~8个基底细胞中含有一个黑素细胞，这一密度在不同种族之间是不变的。实际上不同人种之间肤色的变化是由黑素细胞中的黑素粒产生的色素决定的，即由黑素粒传递到角化细胞的数目、成熟度和在角化细胞中的分布方式决定的。

白种人肌肤中的黑素粒以块状形式被黏膜包裹，而有色人种的黑素粒均匀广泛地分布于角化细胞中。黑素细胞的形成途径是：

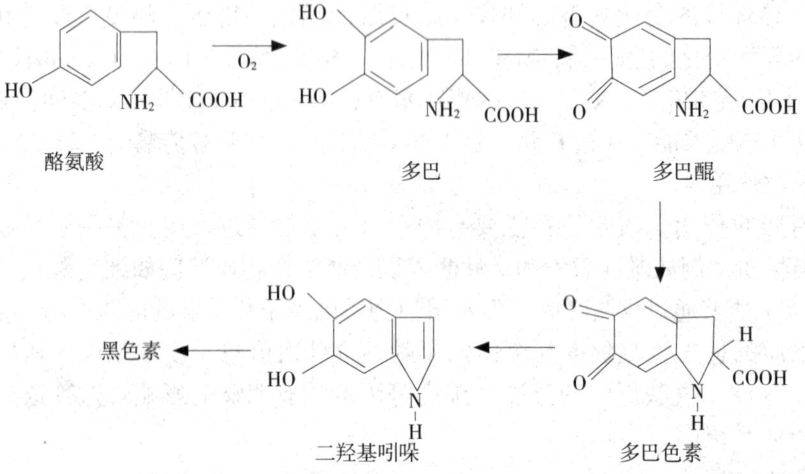

已知胡萝卜素是一种类胡萝卜色素，存在α、β、γ三种异构体形式。胡萝卜素羟基衍生物、叶黄素也是一种类胡萝卜色素。直接从食物中摄入的胡萝卜素大多数直接由肠黏膜转化成维生素A，一些类胡萝卜素没有转化成维生素A而被胃肠道直接吸收进入血液。血液中的胡萝卜素很容易沉积在角质层并在角质层厚的部位及皮下组织产生明显的黄色。一般认为女性皮肤中的胡萝卜素比男性要多。

血红蛋白存在于红细胞中，是由血红素、铁原子和珠蛋白组成的。血红蛋白能够与氧分子可逆结合，从而将氧气从肺部输送到全身各个组织。脱氧之后的血红蛋白在静脉血中使血液呈现深红色，在肺部与氧结合的血红蛋白在动脉血中使血液呈现鲜红色。血液的这种颜色能够影响到面颊等毛细血管丰富的皮肤表面色调。

（三）表达皮肤颜色的方法

色彩学将颜色分为色调、明度和彩度三个主要部分。早期最简单测试皮肤颜色的方法是采用皮肤色卡与真实皮肤相比较，但这种方法局限性大、准确性较低，现已逐渐被淘汰。目前应用较多的是采用分光光度计来表征皮肤的颜色。

决定肤色的三种主要色素的吸收率可以通过光谱曲线测出，氧合血红蛋白吸收带在542nm和576nm处，胡萝卜素谱带在482nm，脱氧血红蛋白谱带在556nm。黑色素可以使所有谱带的反射强度减弱。

五、皮肤状态的识别方法

本文提到的皮肤状态术语“正常”与皮肤病学的“正常”有所不同，皮肤病学意义上的正常也分为不同的皮肤状态。健康的肌肤也需要精确地判断皮肤的基本状态，以便于护理。这里介绍在皮肤表面进行的无损伤测定的方法，该类方法适用于评价健康肌肤的状态，并以这些方法为基础，对皮肤进行分类。

（一）评价肌肤状态的方法

1. 肌肤表面形态

肌肤的表面有许多细小的纵横交错的条纹，这些条纹形成了肌肤表面的图案，这种图案是由硅树脂通过对肌肤表面进行底片复制的方法得到的。年轻、健康、光滑的肌肤复制品具有明显的细小皮肤图案，相反老化干燥粗糙的肌肤没有明显的图案纹理，如图2-3所示。通过这种复制的方法对肌肤的变化进行放大观察，能够观察到普通外部所不能观察到的肌肤变化。实际上肌肤外部的变化正是肌肤内部变化的反应，特别是由于肌肤的角质化和肌肤老化所引起的变化。近年来这些特征图纹可以通过计算机的影像分析来进行分析解读。

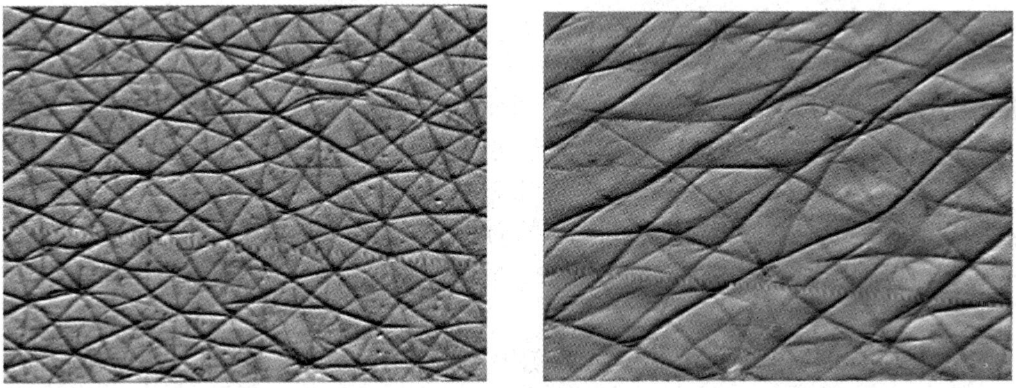

30岁　　60岁

图 2-3　不同年龄皮肤特征图纹

2. 角质层的水含量

角质层的含水量一般在10%~20%之间，用以维持角质层正常的功能和肌肤的健康状态。如果角质层中的水含量降低，皮肤将变得松弛柔软，并逐渐变得坚硬，从而产生皲裂和脱屑。实际上决定角质层水含量的主要因素是天然保湿因子（NMF）。测量角质层水含量的方法很多，但最好的方法是测量皮肤表面的高频电导率。这种方法不是直接测量肌肤的水含量，但在不出汗的前提下，电导率与肌肤角质层水含量具有良好的对应关系。根据这一测试，肌肤可以分为中性肌肤、干性肌肤和油性肌肤三种。不具有明显肌肤表面图纹的较差肌肤含水量明显偏低。

3. 经表皮的水分损失（TEWL）

角质层起到了防止皮肤水分流失的屏障作用，这种流失与汗液的分泌有所不同。TEWL值可以通过测量皮表的湿度梯度并进行计算得出。对于较差的皮肤状态，TEWL值往往较高，这说明角质层的屏障作用失效。

（二）皮肤状态的分类

从前面的叙述可知，角质层的状态是决定皮肤状态的一个重要因素，皮肤脂质体的数量是另一个重要因素。以往皮肤状态通常只根据角质层含水情况，被分为干性皮肤、中性皮肤和油性皮肤三类。过去常认为干燥和油腻是同一评价体系中皮肤截然不同的两种状态，并以此来评价皮肤的生理学参数。现在认为湿度和油腻程度是独立存在的，角质层中足够的水分含量是角质层健康和正常角质化的结果，皮肤的油腻程度由皮脂腺决定。因而新的分类方法根据皮肤脂质体和水分含量将其分为四种状态：皮肤表面脂质体含量从正常至偏低，水分含量较高的是正常皮肤；水含量较低的皮肤被称为干燥肌肤；同时含有较高的脂质体和水分的皮肤被称为油性肌肤；另外还有一种干性肌肤，具有较高的脂质体含量，被称为干-油性肌肤。判断皮肤状态对进行正确的皮肤护理是十分重要的。

六、皮肤的老化

（一）皮肤老化的外观表现

年龄的增长给人最直接的感觉就是人体最外层的器官——皮肤失去了往日的弹性和光泽。人们在渴望拥有健康身体的同时，更渴望拥有光洁、柔软的肌肤，因此抗衰老一直是化妆品开发的主题内容。

皮肤老化包括两个方面，即自然或内在老化和光致老化。就皮肤而言，自身老化是不可避免的，而外界的影响也是不可忽视的，其中日光照射加速皮肤衰老已经被科学家们所证实。两个方面的原因往往同时作用，引起皮肤老化。

皮肤老化的外观变化，主要表现在以下几个方面。

（1）在额部、眼睛的周边、眉间、唇的周边等面部及身体的各个部位有皱纹发生。皱纹多在30岁前后开始明显，随着年龄的增加，皱纹数增加，皱纹深度加深，皱纹区范围也逐渐扩大。

（2）由于真皮的弹性低下和皮下脂肪组织的支撑力低下，使支撑皮肤的肌肉弹力降低，引起皮肤松弛。

（3）随着年龄的增加，皮肤的色素沉着增加，皮肤的透明度下降，色调由红向黄转变，结果引起皮肤发暗。老化的同时，黑色素也不断沉着，皮脂的分泌量下降、角质层肥厚和水分减少等也使皮肤的透明感下降。

（4）随着老化，皮肤出现皮沟和皮丘的凹凸变浅，皮沟失去均质性，皮沟的密度减少，毛穴增大。

皮肤与其他组织一样要进行新陈代谢，需要随时补充细胞生存及合成新细胞所需要的一切物质。真皮中弹性蛋白纤维的减少，皮肤的疲劳程度，表皮中的水分、电解质的损失，都会使皮肤出现衰老的迹象。

（二）皮肤生理功能的老化

（1）角质层　作为角质层功能重要指标之一的水分含量，一般认为会随着自然老化而下降。

（2）表皮　在表皮上最明显的老化是表皮细胞的增殖活性下降，也就是表皮的更新速度，即新陈代谢功能低下。

（3）真皮　与表皮一样，真皮中主要细胞的纤维芽细胞的增殖活性随年龄增加而低下。纤维芽细胞担负着合成分解胶原蛋白、弹性蛋白和氨基多糖的功能，随着老化，这些代谢功能低下，导致胶原蛋白等构造的更新速度比原来减慢很多，在架桥形成中受到各种各样的修饰和变性影响，使弹性低下，这些变化都和皱纹的产生有关。

（4）皮下脂肪组织　随着年龄增长，皮下脂肪逐渐减少，胆固醇增加，从而加深皮肤的黄色调。皮下组织的减少对物理刺激的抵抗力低下，这也是产生皱纹和松弛的原因之一。

（5）皮脂量　一般情况下，随着年龄增长而使皮肤表面的脂肪量减少，特别是女性比男性更明显。

（6）皮肤血流量　皮肤血流量随年龄增长而减少，也因部位不同而有所差别，由此对寒冷刺激和紫外线照射的反应性也低下。

七、皮肤的护理

皮肤是人体自然防御体系的第一道防线，健康美丽的肌肤不仅使人显得年轻，富有朝气，而且能给人以美的享受。健康美丽的肌肤应该是洁净卫生，滋润，柔滑，有光泽，张力佳而富有弹性，肤色自然、纯正、有生机。因此，保护好皮肤，特别是面部皮肤，对于美化容貌、延缓衰老是非常重要的。

如何防止皮肤的老化是一个复杂的问题，要想从根本上解决老化问题是不现实的，也是不可能的。但只要重视对皮肤采用科学的方法进行护理，就能够减轻和延缓皮肤的衰老过程。科学护肤的主要措施有以下几方面。

（1）防止外界刺激　致使皮肤衰老的一个重要原因是受外界的许多不良因素的刺激，主要是受一些物理的、化学的及自然环境如寒冷、炎热、风沙和日光等不利条件的刺激，其中尤以长时间日光、紫外线的照射，对皮肤的影响最为严重。虽然日光及紫外线有强化皮肤的作用，但一定波长范围的紫外线照射，可杀伤皮肤，致使皮肤产生红斑、皮肤炎、色素沉着等症状，甚至还可引起皮肤癌。所以说，长时间的紫外线照射是使皮肤衰老的一个最重要外部因素。因此，预防日光和紫外线照射是防止皮肤衰老的一个重要手段。对于防晒现已普遍受到重视，近年来防晒化妆品愈来愈多。

（2）保证充足的睡眠　睡眠对机体的新陈代谢等生理机能都有促进作用。保持精神愉快也是非常重要的，精神状态与皮肤和头发早衰关系密切。过分焦虑忧愁对皮肤和头发是有害的，易导致早期衰老现象发生。心情舒畅，则显得人精神焕发，有助于防止皮肤的衰老。

（3）注重整个机体的保养和营养，特别要注重饮食的营养　皮肤是机体整体的一部分，与整体有不可分割的关系。要保护皮肤、延缓皮肤的衰老，就必须使得皮肤具有充足的营养。与人体相关的蛋白质、脂肪、糖、维生素、微量元素、纤维素、激素等都是维持皮肤健美的要素，只有进行合理摄取，及时补充，才能使皮肤得以滋润与营养。特别是蛋白质，能增强皮肤的弹性，延缓皮肤出现皱纹。一般营养充足的人，皮肤较不易衰老。相反，若营养不良，则皮肤就显得干燥、粗糙、皲裂等。

此外，人体是一个统一的整体，皮肤反映着机体所有的病理及生理变化，是全身健康与否的一面镜子。皮肤病可以影响到心脏，而内脏病也会在皮肤上反映出来。因而保持身体的健康也是皮肤保健的重要内容之一。

（4）注意皮肤的清洁　由于角质层的老化脱落，皮脂腺分泌皮脂，汗腺分泌汗液，以及其他内分泌和外界尘埃等混杂在一起附着在皮肤上构成污垢。这些污垢不仅会阻塞汗腺和皮脂腺，妨碍皮肤的正常新陈代谢，同时皮脂极易为空气氧化，产生令人不愉快的异味，促使病原菌的繁殖，最终导致皮肤病的发生，加速皮肤的老化。

洗脸以温水为宜，水温过热，皮肤会变得松弛，容易出现皱纹；冷水洗不干净，而且能使血管收缩，会使皮肤变得干燥。

同时也不要使用碱性过强的肥皂或其他洗涤用品，以避免对皮肤的刺激。清洁霜和清洁蜜是专为溶解和除去皮肤上的皮脂、化妆料和灰尘等的混合物而设计的清洁用化妆品，用后在皮肤上留下一层滋润性薄膜，对于干性皮肤有保护作用。但对于油性皮肤来说，最好避免使用这种性质的清洁用品。清洗后使用适合自己肤质的护肤类化妆品，使皮肤保持青春的活力。

（5）化妆品的正确选择　化妆品的正确使用是个不容忽视的问题，正确使用化妆品应不妨碍皮肤的正常排泄、呼吸等生理功能。只有科学地、有针对性地选择使用化妆品才可以起到清洁肌肤、保护皮肤、美化容貌、营养皮肤等作用。

首先，必须要根据各自的皮肤类型、生活和工作环境等来选择适合自己皮肤特点和需要的化妆品。油性皮肤的人，宜用雪花膏、蜜类、化妆水等少油的化妆品；干性肌肤，可选用冷霜、各种润肤霜等多脂的化妆品。不同季节的变化也是选择化妆品的重要依据。

其次，要注意皮肤的防晒。在强烈日光下使用SPF值适宜的防晒霜。

再次，要注意化妆品的使用方法。要保持面部皮肤的滋润、光滑、柔软，除需要补充油分外，水分也是一个重要因素。在搽用化妆品前，宜先用温湿毛巾在皮肤上敷片刻，不仅可以补充一部分水分，而且可以柔软角质层，促进皮肤的吸收功能。

另外，要防止化妆品过敏。对于不同类型或不同品牌的护肤化妆品，它们在原料和产品的配方上是有区别的，所以不能随意混合使用。若同时使用，有可能引起皮肤过敏。

第二节　毛 发 科 学

一、毛发的组织结构

全身皮肤除掌跖、指（趾）末节伸侧、唇红、龟头、包皮内侧及阴蒂外均有毛发生长。根据有无髓和有无黑色素，毛发可分为毳毛、软毛、硬毛。毳毛无毛髓和黑色素，胎生期末期即脱落；软毛有黑色素但无髓，广泛地分布在皮肤各部位；硬毛即含黑色素又有毛髓，只分布在头部、腋窝和阴部。

头发是头皮的附属物，也是头皮的重要组成部分。如图2-4所示，头发的纵向切面从下向上可分为毛乳头、毛囊、毛根和毛干四个部分。头发露在皮肤外面的部分称为毛干，埋在皮肤里面的部分称为毛根，毛根下端略微膨大的称为毛囊，毛囊下端内凹入部分称为毛乳头。在毛乳头中有来自真皮组织的神经末梢、血管和结缔组织，为头发的生长提供营养。每个毛囊都和一块立毛肌相连，当精神紧张或受到寒冷刺激时，会引起立毛肌收缩。

毛囊由内、外毛根鞘及结缔组织鞘所构成，前两者毛根鞘的细胞均起源于表皮，而结缔组织鞘则起源于真皮。

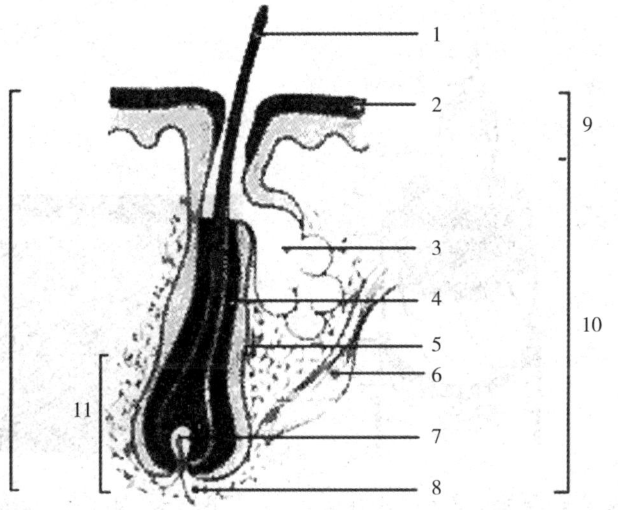

图 2-4　头发及头皮的结构示意图

1—毛干 2—角质层 3—皮脂腺 4—根鞘 5—肌纤维 6—立毛肌

7—毛乳头 8—微血管 9—表皮 10—真皮 11—毛囊 12—根

头发的生理特征和机能主要取决于头皮表皮以下的毛乳头、毛囊和皮脂腺等。

毛乳头是毛囊的最下端，连有毛细血管和神经末梢。在毛囊底部，表皮细胞不断分裂和分化。这些表皮细胞分化的途径不同，形成毛发不同的组分（如皮质、表皮和髓质等），最外层细胞形成内毛根鞘。在这个阶段中，细胞是软的和未角质化的。

皮脂腺的功能是分泌皮脂，皮脂经皮脂管挤出，当头发通过皮脂管时，带走由皮脂管挤出的皮脂。皮脂为毛发提供天然的保护作用，赋予头发光泽和防水性能。

立毛肌是与表皮相连的很小的肌肉器官，它取决于外界生理学的环境，立毛肌能舒展或收缩。温度下降或肾上腺激素的作用，可把毛囊拉至较高的位置，使头发竖起。

二、头发的化学组成和结构

头发的基本成分是角质蛋白，角质蛋白由多种氨基酸组成，其中以胱氨酸的含量最高，它们提供头发生长所需的营养成分。各种氨基酸原纤维通过螺旋式、弹簧式的结构相互缠绕交联，形成角质蛋白的强度和柔韧，从而赋予头发所独有的刚韧性能。

我们把发丝切成无数个相连的横截面进行观察，由图2-5可见，头发从外到里可分为毛表皮、毛皮质、毛髓质三个部分。

毛表皮是由扁平角质细胞交错重叠而成的鱼鳞片状结构（图2-6），从毛根排列到毛梢，包裹着内部的皮质又称为表皮层或角质层。这一层护膜虽然很薄，只占整个头发的10%~15%，但却具有重要的性能，可以保护头发不受外界环境的影响，保护皮脂并抑制水分的蒸发，保持头发乌黑、亮泽和柔韧。毛表皮由硬质角蛋白组成，膨胀力强，可有效地吸收化学成分，并可以抵抗外界的一些物理作用与化学作用。毛表皮有一定硬度但很脆，对摩擦的抵抗力差，一般所说的头发损伤，即指角质层的损伤。在过分梳理和使用不好的洗发香波时，头发的角质层很容易受伤脱落或变薄，使头发会失去凝聚力和抵抗力，使发质变脆。当阳光从表皮层的半透明细胞膜进入细胞内时，如果发质损伤，阳光射入时会发生不规则反

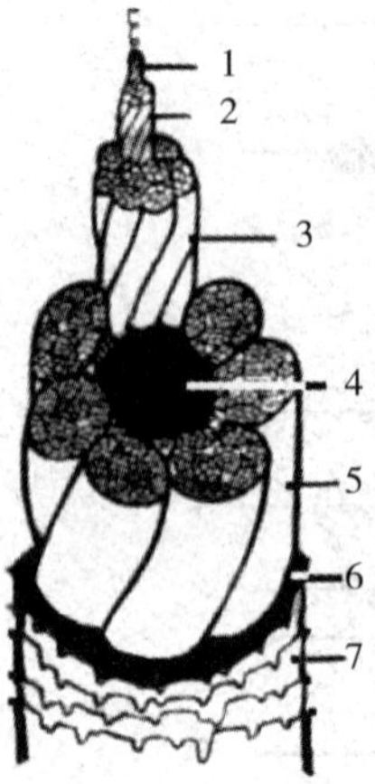

图 2-5　头发的构造示意图

1—原纤维 2—小纤维 3—大纤维

4—毛髓质 5—外纤维 6—毛皮质 7—毛表皮

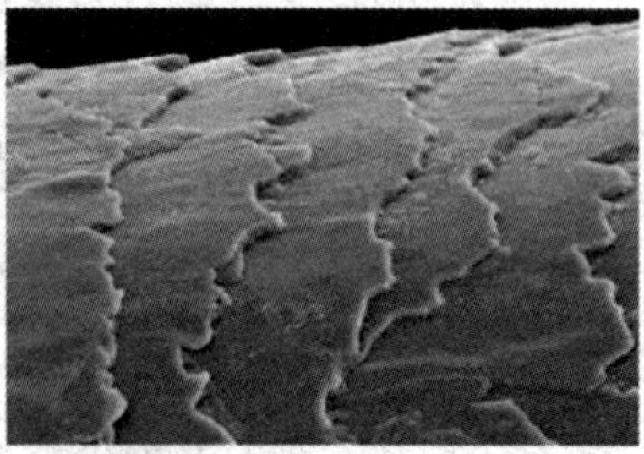

图 2-6　头发毛表皮的放大照片

射，给人一种发质粗糙的感觉，使头发变得干枯无光泽。

毛皮质位于毛表皮的内侧，是由含有许多麦拉宁黑色素的细小纤维质细胞所组成。纤维质细胞的主要成分是角质蛋白，角质蛋白由氨基酸组成。许多螺旋状的原纤维组成小纤维，再由多根螺旋状的小纤维组成大纤维，然后数根螺旋状的大纤维就组成了外纤维，这也就是毛皮质的主体。毛皮质是头发的主要组成部分，几乎占头发的85%~90%，是左右着头发性能的重要组成部分，由柔软的角蛋白构成。细胞中含有的麦拉宁黑色素是决定头发颜色的关键，中国人的头发是黑色的，这就是因为麦拉宁黑色素较多的缘故；相反欧美人拥有棕色等颜色的头发，是因为头发上的麦拉宁黑色素较少。皮质纤维的多少也决定了头发的粗细。

毛髓质位于头发的中心，是含有些许麦拉宁黑色素粒子的空洞性的细胞集合体，一至二列并排且呈立方体的蜂窝状排列着。它内部有无数个气孔，这些饱含空气的洞孔具有隔热的作用，而且可以提高头发的强度和刚性，又几乎不增加头发的质量。它担负的任务就是保护头部，防止日光直接照射进来。较硬的头发含有的髓质也多，汗毛和新生儿的头发往往没有髓质。

三、头发的化学性质

头发的主要成分是角质蛋白，约占97%。其中50%的蛋白质呈螺旋状结构，在 α-螺旋结构内，分子中的亲水基团大部分分布在螺旋周围，可以形成氢键、二硫键、盐键等。头发水解后生成 α-氨基酸，所以，头发具有氨基酸和角蛋白的双重特性，利用这些化学性质，可达到染发、卷发的目的。

（一）氢键

由于肽链上具有极性，一个肽链上的羧基中的 $>C{=}O$ 基团与另一个肽键上的酰胺基的 $>N{-}H$ 之间可能发生作用，形成氢键：

$$>C{=}O^{+}>N{-}H \longrightarrow >C{=}O{-}H{-}N<$$

在角蛋白分子中，在主链肽键之间，或侧链与主链、侧链与侧链之间都可以形成氢键。

（二）二硫键

二硫键是由两个半胱氨酸氧化成胱氨酸时形成的一种化学键，它可以在两个肽链之间，也可以在一条肽链的不同部位之间：

$$\underset{\displaystyle NH_2}{HOOCCH}—CH_2SH+HS—\underset{\displaystyle NH_2}{CH_2CHCOOH} \longrightarrow \underset{\displaystyle NH_2}{HOOCCH}—CH_2SH—HS—\underset{\displaystyle NH_2}{CH_2CHCOOH}$$

形成的二硫键能够使两个肽链之间紧密地靠近，在与这两个多肽链存在的其他键的作用下，使多肽链的结构上形成大小不等的肽环结构。

在头发的卷曲过程中，二硫键的还原断裂及其后的氧化复原起着重要的作用。

（三）盐键

盐键也称离子键，在多肽链的侧链间存在着带正电的氨基和带负电的羧基，相互之间的静电吸引作用而形成化学键。

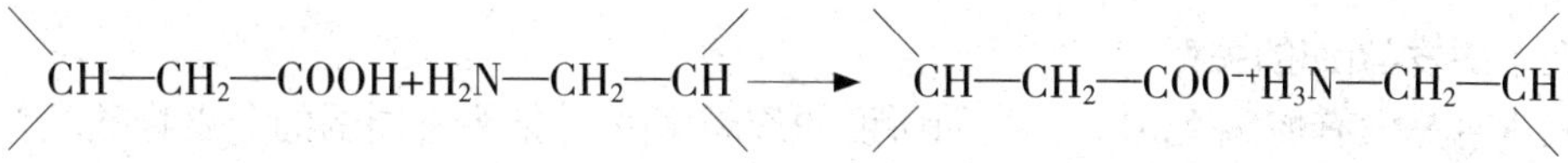

除上述几种键合之外，多肽链间还有非极性基团间的疏水键、范德华力的作用，它们都是分子间作用力。

四、头发的物理性质

头发的物理性质与其化学组成有关。将头发浸泡在水中，很快就会膨胀，膨胀后的质量比未浸泡前干重高40%左右，这种遇水膨胀现象说明头发中几乎纯粹是蛋白质成分，而脂质含量很少。头发具有强的双向性，这是由于细胞中细丝的排列与头发长轴平行的缘故。

（一）头发的吸水性

一般正常头发中含水量约占10%。将头发放置在空气中，头发会吸收或放出水分以达到与水蒸气保持平衡的状态。这种平衡受环境湿度影响很大，相对湿度高时头发的水分含量也增加。下雨时常常有发型散乱的情况，这是由于头发吸收一定的水分后，头发中的氢键被切断，发型返回原初状态。而且在冬季梳头时，会发生静电而有闪光等头发粘连的情况，这是由于干燥常常引起头发中水分流失。由此可见湿度的变化对头发的影响特别明显，水分过量头发会失去支撑力；水分过少会使头发变得散乱。

头发的长度和直径变化也与相对湿度有关。在相对湿度增大时，头发长度所增加的幅度小，而直径增加的幅度大些。

（二）头发的弹性与张力

头发的弹性是指头发能拉到最长程度仍然能恢复其原状的能力。一根头发约可拉长40%~60%，此伸缩率决定于皮质层。构成毛发纤维的角质蛋白多肽主链的空间构型在通常状态下为α-螺旋结构，在被拉长时变为锯齿状的β-折叠结构，长度约增长2倍。在撤销拉力时又返回原来长度的α-构型，这种变化仅在拉长时发生。

头发的张力是指头发拉到极限而不致断裂的力量。一根健康的头发大约可支撑100~150g的质量。

（三）头发的颜色

头发的颜色是发干细胞中色素的质粒产生的，质粒主要存在于皮质中，髓质中也有质粒存在。头发本身的自然颜色随人种有黑、褐、金、红等多种色调。但这些色调主要是由两种色素构成的，即真黑色素和类黑色素。真黑色素是黑色或棕色；类黑色素是黄色或红色。两者都是在赖氨酸酶的作用下，经一系列反应由赖氨酸生成的。

在黑色素细胞内产生的色素质粒位于真皮树突尖端部位，然后，由像手指状的树突尖转移到新生成的毛发细胞中。这些质粒本身是黑色素颗粒的最终产物，原来是无色的，随着外移，所含色素会逐渐变深。这些质粒是卵圆型或棒状（长0.8~1.8μm，宽0.3~0.4μm）。头发越黑，质粒越大。黑色人种的质粒比白色人种大而少。

头发变灰白的过程包括发干色素的损失和毛球酪氨酸酶活性的逐渐下降。白发可认为是毛发正常的老化，白色人种平均在34岁两鬓出现白发，50岁左右时最少有50%的白发。

曾有记载，由于感情上的压力，使头发迅速变白。静止期脱发症会引起黑发脱落，留下白灰头发，出现簇性秃头，而且再生发出来的是白发。实验证明，动物缺少铜或泛酸会引起灰白毛发。

（四）头发与pH的关系

头发本身是没有酸碱度pH的，我们所说的酸碱度pH是指头发周围的分泌物酸碱度。

一般情况下，头发的pH在4.5~5.5之间是最佳健康状态。因头发遇碱性表皮层会张开、分裂，头发变成粗糙呈多孔性，不能达到烫整染的效果。遇酸表皮层合拢，头发保持自然pH4.5~5.5，头发质感佳、有光泽，容易达到烫整染的效果。常用的洗发、护发和整发产品的pH见表2-1。

表 2-1　　常见发用产品的pH

剂型	pH	剂型	pH
洗发剂	6.5~7.5	染发液	9.0~10.0
润发剂	2.8~3.5	烫发剂	8.8~9.5
烫发剂	8.8~9.5	头发拉直剂	11.5~14.0

（五）其他性质

（1）形状　人的头发随人种的不同可分为直发、波浪卷曲发、天然卷曲发三种。直发的横切面是圆型，波浪卷曲发横切面是椭圆型，天然卷曲发横切面是扁形。头发的粗细与头发属于直发或卷发无关。

（2）多孔性　头发的多孔性是指头发能吸收水分的多寡而言，染发、烫发均与头发的多孔性有关。

（3）耐热性　头发的耐热性与头发的性质有密切的关系，一般加热到100℃，头发开始有极端变化，最后炭化溶解。

五、头发的生长周期

头发的生长周期分为生长期、退行期和休止期三个阶段，不同的生长阶段特点如下。

（1）生长期　也称成长型活动期。生长期可持续4~6年，甚至更长。毛发呈活跃增生状态，毛球下部细胞分裂加快，毛球上部细胞分化出皮质、毛小皮。毛乳头增大，细胞分裂加快，数目增多。原不活跃的黑色素细胞长出树枝状突，开始形成黑素。

（2）退行期　也称萎缩期或退化期，为期2~3周。毛发积极增生停止，形成杵状毛，其下端为嗜酸性均质性物质，周围呈竹木棒状。内毛根鞘消失，外毛根鞘逐渐角化，毛球变平，不成凹陷，毛乳头逐渐缩小，细胞数目减少。黑色素细胞退去树枝状突，又呈圆形，而无活性。

（3）休止期　又称静止期或休息期，为期约3个月。在此阶段，毛囊渐渐萎缩，在已经衰老的毛囊附近重新形成1个生长期毛球，最后旧发脱落，但同时会有新发长出再进入生长期及重复周期。在头皮部9%~14%的头发处于休止期，仅1%处于退行期。

头发每天生长0.27~0.40mm，每月平均1.9cm。男性头发生长速度一般较女性快。15~30岁期间生长得最快，老年时头发生长减慢。夏季生长较快。

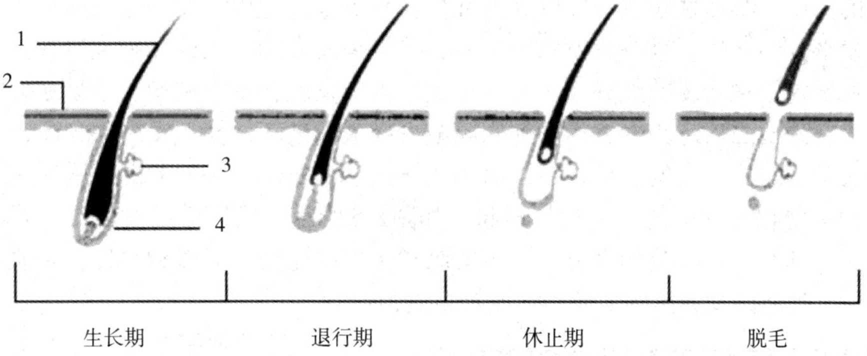

图 2–7　毛发的生长周期

1—毛发 2—皮肤 3—皮脂腺 4—毛根部

营养成分对头发生长也有影响，复合维生素 B 会影响头发生长和表皮角化。用维生素 A 处理牛头癣时，会导致脱发，其原因就是维生素 A 过量。

成人男子估计有500万个毛囊，其中100万个在头部，约有10万个在头皮部。

六、头发的损伤及护理

头发不仅保护着头皮，而且影响着美观。清洁、健康的头发和美丽的发型，可增加人的俊美，使人精神焕发。但如前所述，头发是有寿命的，由于各种因素会出现白发、脱发等早期衰老现象。因此，必须注意日常护理，使其保持清洁、健康、美观的状态。

（一）洗发

头部汗液和皮脂分泌较多，是易脏的部位。头皮上除脱落的角质层、分泌的汗液和皮脂外，还有变得干硬的化妆料，以及尘土和微生物等。头皮上堆积的脏物过多，不仅影响美观，而且会堵塞汗腺和皮脂腺，使其排泄不畅，头皮发痒，细菌也将乘虚而入在头部繁殖，使皮脂腺肿大发炎，最终导致头发断裂或脱落。完整的清洁工作能除去阻碍吸收养分的物质，后续的滋养动作才能有效吸收。因此必须经常保持头发的清洁卫生。洗头的次数应根据头发的情况而定，通常每星期1~2次即可。经常洗头不仅可以除去头上污垢，减少头屑，保持头发清洁、美观，有利于头皮健康，而且可促进新陈代谢，增强脑力等，所以洗发后使人显得格外精神焕发。但洗头次数过多，会将具有滋润头皮和毛发、抑制细菌生长繁殖的皮脂洗去，使头发变得干燥、缺少光泽、易断等，所以洗发后应搽用护发用品，以有效保护头发。

洗头最好使用洗发香波，避免或少用碱性高的皂类（如肥皂等）洗发。这是由于皂类不仅脱脂力强，能将对头皮和头发有一定保护作用的皮脂洗掉，而且由于碱的刺激，造成头皮干燥和发痒，缩短头发的寿命。同时由于皂类易和水中的钙、镁离子作用，生成难溶于水的钙盐和镁盐，这是一种黏稠的絮状物，它粘附在头发上，就会使头发发黏，不易梳理。香波是为清洁人的头皮和头发并保持美观而使用的化妆品，具有良好的抗硬水性能。它不仅对头皮及头发上的污垢和头屑具有清洁作用，而且性能温和，对皮肤和头发刺激性小，易于漂清，使头发洗后柔软、光泽、易于梳理。

（二）护发

使用护发产品，避免整烫吹风等化学作用产生伤害，修补受损发质，隔离紫外线的入侵。吹整个头发时，最适当的距离为10~15cm，勿让热风太靠近。

正常的头皮，其油性超过身体的其他部位。头皮分泌的皮脂使头发表面有一层油脂膜，可减少头发水分的散失，维持头发水分平衡，保持头发光泽、柔软和弹性，减少风吹、日晒的侵蚀。如果这层油脂膜的油分比正常少很多，则头发就会变得枯燥、容易断裂等。因此在秋冬季节或在洗发之后，头发表面的油脂膜减少或遭受破坏，使头发失去光泽，变得干燥枯萎。另外头发经漂白、染发、烫发后，由于化学药物的作用，头发的油脂膜损失严重，而且头发也受到一定程度的损伤，毛鳞片翘起，如图2–8所示。所以敷用发油、发乳、爽发膏等护发化妆品，补充头发油分和水分的不足，维护头发的光亮、柔软和弹性，是非常必要的。同时要避免过勤的染发和烫发，防止头发被过度损伤。

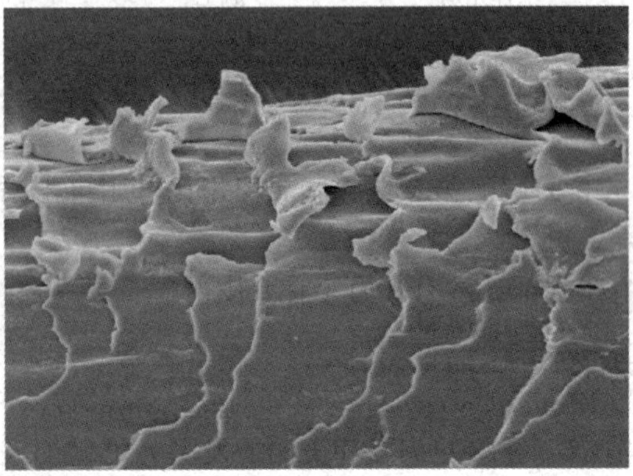

图 2–8　受损的头发表面

（三）头皮按摩

头皮上神经末梢丰富，经常进行头皮按摩，能促进头皮的血液循环，调节皮脂腺分泌，加强毛囊营养，促进头皮新陈代谢，令头发维持亮泽柔软，防止头发过早变白、脱落；同时可以松弛神经，消除疲劳，甚至延缓衰老。

梳发也是保护头发的重要因素。经常梳头能够刺激头皮，促进血液循环，还可去除灰尘和头皮屑，有利于头发的生长和保持头发清洁、整齐、光滑、润泽和弹性，给人以健康和美观。

（四）均衡营养保持良好的精神状态

头发的外观虽然是没有生命的角质化蛋白质，但它之所以会不断地生长，是因为头发上的毛乳头吸收血液中的营养，供给发根之故。人体饮食一旦出了问题（如偏食、营养不良、节食等），头发将难以呈现健康的色泽。想要拥有一头乌黑、亮丽、有弹性的头发，日常均衡的饮食相当重要。

角蛋白是一种角质化的蛋白质，每天摄取定量的蛋白质，是头发的助长剂。优良的蛋白质包括新鲜的鱼类、肉类、蛋类、大豆、豆腐、牛奶等，这些富含蛋白质的食物，经胃肠的消化吸收，可形成各种氨基酸，进入血液后，由头发根部的毛乳头吸收并且合成角蛋白，再经角质化后，就是我们的头发。这个过程充分说明，蛋白质是秀发的基础。

血液是头发的营养的主要来源，当血液中的酸碱度持于平衡状态时，头发自然会健康润泽。汽水、可乐、巧克力、饼干之类的食品，是头发的一大敌人，这些食品吃得太多，容易使血液呈现酸性反应，阻碍发质的健康，并易生头屑。平日应多摄取一些新鲜的水果，来平衡血液的酸碱度，血液的状况良好，健康的发质也就指日可待了。

白发或脱发的产生会令人尴尬，含锌的食物，如麦芽、啤酒酵母以及南瓜子等，可有效缓解这一状况。医学报告表明，动物在缺锌的状态下，容易大量脱毛并且促使新长的毛发颜色变淡，这就是人类出现白发的主要原因之一。不少临床实验也显示，原本患有严重秃头的人在一定时期食用含锌食物后，秃头的症状有明显好转。

可见，食物与头发的生长关系密切，均衡地摄取营养，可使发质自然、健康、漂亮。

（五）防晒

越来越多的人已经了解到紫外线对皮肤的害处，其实我们的头发也在同样遭受紫外线的侵蚀。头发角蛋白中的酰胺键和二硫键在强烈的日光照射下会发生断裂，使头发变得枯燥、易断等。因此当长时间强烈日光照射时，应及时使用含有润发和补充油脂的专用柔性护发品，或打阳伞、戴太阳帽等，防止日光的过分照射，同时也能降低头发受损程度。但想要完全保护秀发，还可以选用含有防晒成分的洗护产品。

（六）避免游泳对头发的伤害

游泳可导致头发发黄，这主要是由于水中加入的氯气、漂白杀菌剂以及沉淀剂等在太阳光的影响下会使头发中的角质发生变化，使头发变得枯燥且会变成红褐色。因此，做好游泳前后头发的护理很重要。

游泳前抹上抗紫外线的发胶、发乳，能减轻紫外线对头发的伤害。下水前，戴好泳帽也是一个不错的选择，橡胶质地的泳帽弹性大，能将头发紧紧贴住，不易进水，是首选。游泳后再选用适宜的香波洗头，然后使用营养护发化妆品，就可以使头发保持光泽，富有弹性。

第三章　表面活性剂理论

第一节　表面活性剂基本特征

表面活性剂是一种两亲分子，当它在溶液中以很低的浓度溶解分散时，优先地吸附在溶液的表面或其他界面上，使表面或界面张力（或自由能）显著地降低，改变体系的界面状态；当其达到一定浓度时，溶液中缔合成胶团。因而，它直接地产生润湿或反润湿、乳化或破乳、发泡或消泡、分散、加溶和洗涤作用；间接地产生平滑、匀染、杀菌、防锈和消除静电等作用。

从分子结构来看，表面活性剂分子一般总是由非极性的、亲油（疏水）的碳氢链部分和极性的、亲水（疏油）的基团共同构成的，故称它为两亲性化合物（Amphiphilic compounds）。两亲性化合物一部分易溶于水，具有亲水性质，称作亲水基（Hydrophilic group）；另一部分不溶于水而易溶于油，具有亲油性，称作亲油基（Lipophilic group），也称疏水基（Hydrophobic group）。同一分子中，极性的基团和非极性的基团分别处于分子的两端，形成不对称的结构。

这类两亲分子结构使得分子具有一部分可溶于水而另一部分易自水中逃离的双重性质。在表面活性剂水溶液体系中，两亲分子不仅会富集在界面上，而且会降低界面自由能、分子在界面上取向，形成单分子膜层，亲油端远离溶剂相向外，亲水端向液相内。随着表面活性剂浓度增加，溶液内部会形成胶束。

一、临界胶束浓度（CMC）

研究发现，一种典型的表面活性剂水溶液的物理化学性质随浓度会发生变化，当浓度增加到一定值时，所有物理性质变化均有一个转折点。这种现象的产生是由于表面活性剂在溶液中超过一定浓度时，会从单个分子缔合成为胶态的聚集物，即形成胶束引起的。这种缔合的胶束具有特殊的结构，并且这些胶束和离子之间处于平衡状态。从热力学观点看，这种具有表面活性的缔合胶体溶液和一般胶体体系不同，是稳定体系。溶液性质发生突变时的浓度，即为胶束开始形成溶液时的浓度，称为临界胶束浓度（Critical Micelle Concentration，简称CMC）。胶束形成的过程称为胶束化作用。

当体系浓度极低时，表面活性剂主要是以单个分子的形式分布于溶液的表面，同时也有少数的分子存在于溶液内。单个的表面活性剂分子溶于水后，增加了体系的自由能，为了降低体系的自由能使体系稳定，表面活性剂分子倾向于在溶液表面吸附，其亲水基受到水的吸引伸向水中，亲油基受到水的排斥伸向空气。此时，体系中表面活性剂的浓度小于它在表面上的浓度，使溶液自由能减少，体系达到稳定。当表面吸附达到饱和后，溶液表面上吸附的表面活性剂分子也相当拥挤了，脱附速度变大，表面自由能已不能再有所下降，如果溶液浓度仍继续增加，则表面活性剂分子只有通过形成分子聚集体，使其亲油基向内，亲水基指向水相，以使体系的能量达到最低（即达到另一种新的平衡状态）。据研究，每1mol—CH_2—

基团发生缔合，自由能将降低2~5kJ。因而当表面活性剂浓度达到一定值后胶束开始形成，浓度越大形成的胶束数目越多。溶液中也有单个表面活性剂分子（或离子）与胶束之间成平衡状态。

用胶束理论可对表面活性剂溶液的性质做出合理的解释。当溶液浓度在CMC以下时，溶液中基本上是单个表面活性剂分子（或离子），表面吸附量随浓度增大而逐渐增加，直至表面上再也挤不下更多的分子，此时表面能不再下降，表面活性剂分子开始聚集，该浓度是开始形成胶束的浓度，这也是各种性质开始与理想性质发生偏离时的浓度。浓度继续增加并超过CMC后，单个的表面活性剂分子或离子的浓度基本上不再增加，而胶束浓度或胶束数目增加。因胶束表面是由许多亲水基覆盖的，故胶束表面不是表面活性的，因而不被溶液表面吸附，而胶束内部皆为碳氢链所组成的亲油基团，有溶解不溶于水的有机物的能力。胶束的形成使溶液中的质点（离子或分子）数目减少，因此依数性（如渗透压等）的变化减弱。

在临界胶束浓度附近，不仅溶液的表面能有显著的变化，而且其他的物理性质，如电导率、去污能力等也有转折性的变化，如图3-1所示。

对于不同类型的表面活性剂，其溶液性质变化的解释如下：

离子型表面活性剂的表面活性离子形成的胶束带有很高的电荷，由于静电引力的作用，在胶束周围将吸引一些相反电荷的小离子，这就相当于有一部分正、负电荷互相抵消，使得溶液的电导率在CMC之后随浓度的增加而迅速下降。

非离子型表面活性剂在水中不发生电离，没有像离子型表面活性剂水溶液那样的特殊导电性。但非离子型表面活性剂水溶液的表面张力和浓度的关系也有转折点，这意味着也形成了胶束，存在CMC值。

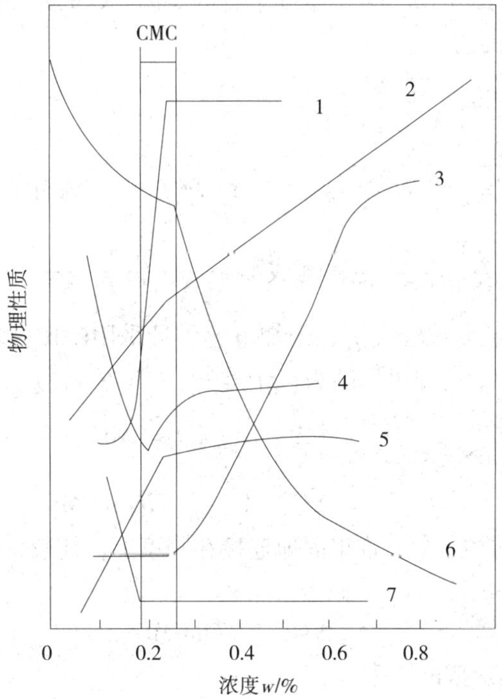

图 3-1　十二烷基硫酸钠水溶液浓度与各种物理性质的关系曲线

1—洗涤作用 2—密度 3—高频电导 4—表面张力 5—渗透压 6—电导率 7—界面张力

两亲性高聚物同低分子表面活性剂一样，由于水溶液表面吸附亲油基而使表面张力降低，在溶液内部缔合成胶束。高聚物链的非相容性排斥力，是形成高分子表面活性剂胶束的一个重要因素。

嵌段高聚物在一端为良溶剂而另一端为不良溶剂的溶剂中，溶液浓度在CMC以上时，能够形成胶束并产生相分离，显示特有的彩虹色。随着胶束的形成，大都发生黏度急剧上升，可利用这种现象制作水的增黏剂或润滑剂的增黏剂。在嵌段链的两种成分的良溶剂中，如果没有相当高的浓度就不能形成胶束，例如聚L–氨酸–γ–卞酯–乙二醇嵌段共聚物的二甲基甲酰胺溶液的CMC值是11%，而在其稀溶液中若加入去离子水，则能使聚L–氨酸–γ–卞酯链凝聚并形成胶束。另外，疏溶剂链越长、亲溶剂链越短，其CMC值就越低。

在高分子表面活性剂水溶液中，亲油基凝聚成胶束，可使不溶于水的油溶性物质变成具有可溶性。在非水溶液中，因为亲水性链作为胶核形成反胶束，使水或水性物质可能具有可溶性。

以上所有这些能形成胶束的溶液，常被称作缔合胶体溶液。

二、临界胶束浓度的确定及其影响因素

（一）临界胶束浓度的理论计算

临界胶束浓度是表面活性剂的重要参数之一，根据质量作用定律，可将胶束的形成看成是单个分子或离子与胶束处于缔合–解离的动态平衡。

1. 阴离子型表面活性剂

阴离子型表面活性剂形成胶束的过程可表示为：$nA^- + (n-z)C^+ \hat{U} A_n^{z-}$ （3–1）

A_n^{z-}是n个表面活性剂负离子和（$n-z$）个牢固结合的反离子C^+的聚合体。

胶束生成的标准自由能为：

$$\Delta G_n^\theta = -\frac{RT}{n}\ln K_n' = -\frac{RT}{n}\ln\frac{F[A_n^{z-}]}{[A^-]^n[C^+]^{n-z}} \quad (3\text{–}2)$$

式中，K_n'为平衡常数，$K_n' = \frac{F[A_n^{z-}]}{[A^-]^n[C^+]^{n-z}}$，$F = f_{A_n}/f_A^n f_c^{n-z}$（$f$为有关的活度系数）。若溶液较稀或$F$接近常数，则$K_n' = \frac{F[A_n^{z-}]}{[A^-]^n[C^+]^{n-z}}$可写成$K_n = \frac{[A_n^{z-}]}{[A^-]^n[C^+]^{n-z}}$

当n值较大（即胶束聚集数较大）、未加电解质且采用CMC区域的数据时，一般情况下溶液浓度较小，$\frac{1}{n}$、$\ln F[A_n^{z-}]$项可以略去，于是

$$[A^-] 》 [C^+] = CMC$$

则

$$\Delta G_n^\theta = \left(2 - \frac{z}{n}\right) RT\ln CMC \quad (3\text{–}3)$$

若$z=0$，即所有反离子（n个）皆牢固地连接在胶束上，使胶束的有效电荷为零，式（3–3）即可变为：

$$\Delta G_n^\theta = 2RT\ln CMC \quad (3\text{–}4)$$

2. 非离子表面活性剂形成的胶束

当体系为非离子表面活性剂时，则上式中$z=n$，即无反离子与胶束连接，式（3–3）变为：

$$\Delta G_n^\theta = RT\ln CMC \quad (3\text{–}5)$$

由式（3-5）可见，CMC越小，ΔG_m^θ越向负值移动，即形成胶束后体系的自由能降低得越低，胶束越易形成。

（二）CMC的实际测定方法

在表面活性剂浓度达到CMC时，溶液的许多物理化学性质发生突变，可以从这些性质的突变来确定CMC。但由于溶液性质、实验方法、原料的纯度等因素的影响，即使对于同一表面活性剂，它的CMC值也不完全一致，但突变点总落在一个很小的浓度范围内。常用的测定CMC的方法有表面张力法、荧光探针法、电导法、染料增溶法、折射率法和光散射法等。

1. 表面张力法

在表面活性剂溶液浓度达到CMC以前，表面活性剂溶液表面张力随浓度的增加而降低。当浓度达到CMC时，溶液内单个分子的浓度保持恒定，表面吸附达到动态平衡，吸附量不再随表面活性剂浓度的增加而增加，表面张力开始平缓下降或不再改变，在图3-1的表面张力-浓度曲线上出现明显的转折，此点即CMC。

2. 荧光探针法

一般的关于临界胶束浓度的研究多是在水溶液体系中进行的，荧光光谱可以在小浓度范围获得相应的信息。例如，以芳香稠环化合物芘作荧光探针，利用其荧光效率高，室温下具有良好的荧光可辨光谱，疏水性非常强，在水中的溶解度很低的特点，测试体系中表面活性剂的CMC值。当芘从极性环境转移到非极性环境时，其所处的微环境变化在荧光发射光谱及激发光谱上会有所反应。根据所用溶剂极性的不同，可以观察到芘发射光谱单体峰不同振动带强度的变化，为环境疏水性的变化提供了信息。

具体步骤为：首先将表面活性剂溶液配成一系列不同浓度的样品，加入芘，经加热混合后，使胶束和芘之间达到平衡，然后室温下冷却放置，并在室温条件下测试一系列不同浓度的胶束溶液的荧光光谱。随着芘分子从水相转移至胶束中的疏水相，其激发光谱的（0，0）谱带发生红移，从333nm移至338nm，且荧光激发谱带强度比值I_{338}/I_{333}对浓度也发生明显变化。根据其谱带的变化计算胶束的临界胶束浓度，I_{338}/I_{333}突变位置所对应的浓度即为CMC值。

3. 电导法

该方法适用于离子型表面活性剂，当离子型表面活性剂溶液的浓度小于CMC时，溶液的电导同强电解质溶液一样，符合公式3-6：

$$\lambda = \lambda_0 - K\sqrt{c} \qquad (3\text{-}6)$$

式中，λ_0和K均为常数。当浓度达到或超过CMC时，胶束生成。溶液的电导率在CMC之后随浓度的增加而迅速下降，从而测得CMC值。

4. 染料增溶法

许多染料在水溶液中和在有机溶液中的颜色不同。利用胶束的增溶作用，先在水中加一些染料，然后再往其中滴定较浓的表面活性剂溶液，如果胶束开始生成，则染料将从水相转入胶束的亲油“内核”，从而使溶液颜色发生改变，此时表示已达到临界胶束浓度（即滴定终点），从而可得CMC。此法操作简便，但需要选择合适的染料。

5. 折射率法

表面活性剂分子的缔合必然会引起溶液折射率的变化。折射率变化差值与浓度关系曲线上的转折点即为CMC点。该法测定CMC的误差较小。

6. 光散射法

光散射是目前研究胶束结构和性能的最有效的方法之一。该方法在亚微观水平及很稀溶液中具有高灵敏性，可以提供聚集体在稀溶液中的尺寸、尺寸分布乃至形状方面的信息。将动态激光光散射与静态激光光散射结合，可以用来研究胶体粒子在液体中的聚集与分散情况。Chu B等人对此方法进行了较为系统的介绍。

（三）临界胶束浓度的影响因素

临界胶束浓度（CMC）可以作为表面活性剂的表面活性的一种量度，也是表面活性剂溶液性质发生显著变化的一个重要参数，表面活性剂的CMC通常都比较低，尤其是非离子型的。了解影响表面活性剂CMC的因素，对表面活性剂的选用有重要意义。影响表面活性剂水溶液CMC值的因素主要包括：表面活性剂的结构，溶液中的电解质，溶液的温度，溶液中的有机物等。

1. 分子结构的影响

分子结构对CMC的影响主要包括亲油基的碳原子数和结构（支化饱和度）以及反离子的种类等。一般来说，表面活性剂疏水性增加，在水介质中的CMC值减小。

对于亲油基为直链的烷基，不论是离子型表面活性剂还是非离子型的表面活性剂，若亲水基相同，CMC值均随亲油基中的碳氢链增长而减小。当离子型表面活性剂原子数在8至16的范围内，每增加一个碳原子，CMC约下降至原值的1/2。非离子型表面活性剂中每增加两个碳原子，CMC约下降至1/10。可见，对于非离子型表面活性剂来说，碳原子数目对CMC的影响较大。在常见的一些直链烷基的表面活性剂的同系物中，亲油基的碳原子数与临界胶束浓度的关系可用经验公式3-7表示。

$$\lg CMC = A - BN \tag{3-7}$$

式中，A和B为经验常数，N为直链烷基的碳原子数。一般离子型表面活性剂的A在1.2~1.9之间，B在0.26~0.30之间，非离子型表面活性剂中A在1.8~3.3之间，B在0.49~0.55之间。

与相同碳原子数的直链烷基相比，烷基中支链或双键的存在都会使表面活性剂的亲油性降低，从而导致CMC值增大（见表3-1）。

支链上碳原子对CMC的影响量约为直链上碳原子的一半。此外，反式化合物的CMC值比顺式化合物的高。在室温和水介质的条件下，在亲油基链上引入极性基团会使CMC大大增加。分子中原子种类和个数皆相同的表面活性剂，亲水基支化程度高者，其CMC也大。

含氟表面活性剂（特别对全氟的）比同类型、同碳原子数的碳氢表面活性剂的CMC小得多，例如，$C_9H_{19}COOK$的CMC约为0.1mol/L，而$C_9F_{19}COOK$的CMC约为0.9×10^{-3}mol/L。这是因为碳氟链具有很强的疏水性，这样的表面活性剂具有很高的表面活性，因而其CMC值比相同碳原子数的未取代的表面活性剂低。

当表面活性剂亲水基团的水合能力较强时，则表现为水溶性好，因此在水溶液中，离子性表面活性剂的CMC远比非离子性的大。亲油基相同时，离子表面活性剂的CMC大约为非离子表面活性剂的100倍。两性表面活性剂CMC值约比含有相同碳原子数的非离子表面活性剂略小一点。

当表面活性剂的亲油基中烷烃基相同时，无论是离子型还是非离子型表面活性剂，不同的亲水基对CMC影响较小。一般来说，亲水基的亲水性强时，其CMC较大。例如，对于聚氧乙烯基非离子型表面活性剂，单亲油基相同时，聚氧乙烯基中氧乙烯基（EO）的数目越大，临界胶束浓度亦越大。

表面活性剂反离子的影响主要取决于反离子与胶束结合的程度，反离子结合增加会引起表面活性剂CMC的减少。反离子结合与价态成正比，与水合离子半径成反比。对于阴离子型表面活性剂组成中的金属离子，金属离子氧化数高，其CMC值低，氧化数相同时，金属离子的种类对临界胶束浓度的影响很小。在水溶液中，阴离子表面活性剂十二烷基硫酸酯的盐类CMC值按下列顺序下降：$Li^+>Na^+>K^+>N(CH_3)_4^+>N(C_2H_5)_4^+>Ca^{2+}$、$Mg^{2+}$；阳离子型表面活性剂中的阴离子种类对CMC的影响较显著，CMC值的顺序为：$Cl^->Br^->I^-$、NO_3^-。

表 3–1　　一些表面活性剂的CMC值

表面活性剂	温度/℃	CMC/（mol/L）	表面活性剂	温度/℃	CMC/（mol/L）
$C_8H_{17}SO_4Na$	40	0.14	$C_{16}H_{33}O(EO)_6H$	25	1×10^{-6}
$C_{10}H_{21}SO_4Na$	40	0.033	$C_5F_{11}COOK$	—	0.5
$C_{12}H_{25}SO_4Na$	40	0.0086	$C_7F_{15}COOK$	—	0.027
$C_{14}H_{29}SO_4Na$	40	0.0024	$C_9F_{119}COOK$	—	9×10^{-4}
$C_{16}H_{33}SO_4Na$	40	5.8×10^{-4}	$CHF_2(CF_2)_4COONH_4$	—	0.009
$C_{16}H_{33}SO_4Na$	25	1.65×10^{-4}	$C_{11}H_{23}COONa$	25	2.6×10^{-2}
$C_8H_{17}O(EO)_6H$	25	0.0099	$C_{12}H_{25}COOK$	25	1.25×10^{-2}
$C_{10}H_{21}O(EO)_6H$	25	9×10^{-4}	$C_{15}H_{31}COOK$	50	2.2×10^{-3}
$C_{12}H_{25}O(EO)_2H$	25	3.3×10^{-5}	$C_{17}H_{35}COOK$	55	4.5×10^{-4}
$C_{12}H_{25}O(EO)_4H$	25	6.4×10^{-5}	$C_{17}H_{35}COOK$	50	1.2×10^{-2}
$C_{12}H_{25}O(EO)_4H$	25	1.7×10^{-5}	$C_8H_{17}N(CH_3)_3^+Br$	25	1.4×10^{-1}
$C_{12}H_{25}O(EO)_6H$	20	8.7×10^{-5}	$C_{10}H_{21}N(CH_3)_3^+Br$	25	6.8×10^{-2}
$C_{12}H_{25}O(EO)_7H$	25	5×10^{-5}	$C_{12}H_{25}N(CH_3)_3^+Br$	25	1.6×10^{-2}
$C_{12}H_{25}O(EO)_7H$	55	2×10^{-5}	$C_{14}H_{29}N(CH_3)_3^+Br$	25	3.6×10^{-3}
$C_{12}H_{25}O(EO)_8H$	25	1.1×10^{-4}	$C_{18}H_{37}N(CH_3)_3^+Br$	25	9.2×10^{-4}
$C_{12}H_{25}O(EO)_{12}H$	23	1.4×10^{-4}	$C_8H_{17}N^+(CH_3)_2CH_2COO^-$	27	2.5×10^{-1}
$C_{13}H_{27}O(EO)_8H$	25	2.7×10^{-5}	$C_{10}H_{21}N^+(CH_3)_2CH_2COO^-$	23	1.8×10^{-2}
$C_{14}H_{29}O(EO)_6H$	25	1×10^{-5}	$C_{12}H_{25}N^+(CH_3)_2CH_2COO^-$	23	1.8×10^{-3}
$C_{14}H_{29}O(EO)_8H$	25	9.0×10^{-6}	$C_{14}H_{29}N^+(CH_3)_2CH_2COO^-$	23	1.8×10^{-4}
$C_{15}H_{31}O(EO)_8H$	25	3.5×10^{-6}	$C_{18}H_{37}N^+(CH_3)_2CH_2COO^-$	23	2.0×10^{-3}

注：EO表示—（CH_2—CH_2—OH）—。

2. 电解质的影响

无机盐对离子型表面活性剂水溶液的CMC影响显著，加入无机盐会使临界胶束浓度显著降低。电解质的存在对不同类型表面活性剂的影响顺序为：离子型>两性型>非离子型。例如，加入Na^+后，十二烷基硫酸钠的CMC显著降低，当Na^+浓度为0.2mol/L时，可使CMC下降约50%。在无机盐中起决定性作用的离子应是与表面活性剂电性相反的离子，这些离子的价数越高，作用越强烈。

3. 温度的影响

温度对表面活性剂水溶液的影响较复杂。随着温度升高，离子型和非离子型表面活性剂

CMC有时会出现最低点。这是因为温度升高，减少了亲水基的水合作用，这对胶束化作用有利，使CMC降低。然而，温度上升引起疏水基周围结构水的破坏，又不利于胶束化作用，使CMC增大。在两种因素的共同作用下，CMC出现最低点后又逐渐增高。

4. 有机物的影响

长链极性有机物对表面活性剂的CMC也有显著影响。例如，对离子型表面活性剂，醇的碳氢链越长，降低其CMC的能力越大。其他长链有机酸或胺类也有类似性质。对非离子型表面活性剂，醇浓度越大，其CMC增加得越多。例如，$C_{12}H_{35}O(C_2H_4O)_{23}H$的CMC为$9.1\times10^{-5}$ mol/L，当溶液中乙醇含量为0.9mol/L时，CMC为9.9×10^{-5}mol/L，当乙醇浓度为3.4mol/L时，CMC增至2.4×10^{-4}mol/L。这一现象与醇对离子型表面活性剂的影响结果相反。

此外，杂质对CMC值亦有很大影响。而在压力变化不大时，压力对临界胶束浓度的影响很小。

三、胶束的结构和形状

胶束的形状对表面活性剂溶液的黏度、对疏水物的增溶能力和浊点等性质产生显著影响。胶束的形状受到表面活性剂的类型、浓度、介质类型以及温度等多种因素的影响。

常见的胶束类型主要包括：球形、棒状、层状和囊泡等，如图3-2所示。

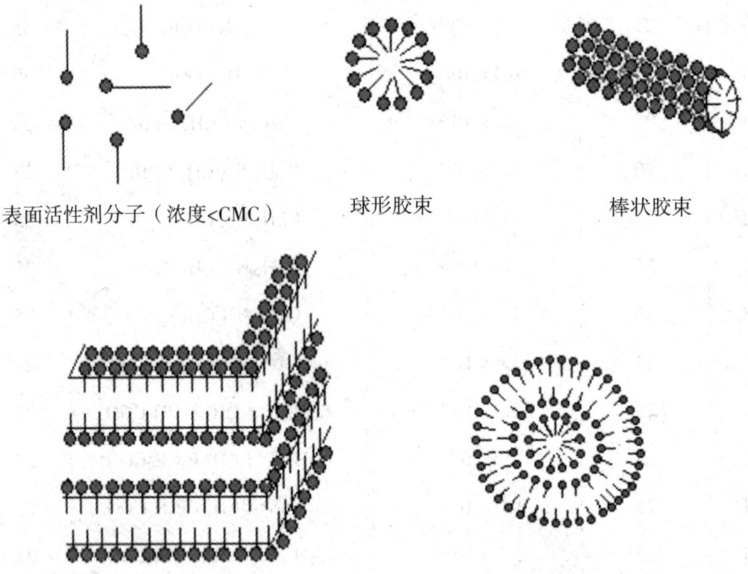

图 3-2　在CMC附近水介质中表面活性剂胶束的几何形状

胶束的形状受到形成胶束的表面活性剂的浓度的影响，胶束的大小受到形成胶束的表面活性剂分子的数目即聚集数影响。例如，十二烷基硫酸钠（SDS）水溶液在其临界胶束浓度（0.008mol/L）时，胶束呈球形，聚集数为73；当其浓度为CMC的10倍时，胶束为棒状；浓度再增加时，棒状胶束会聚集成六角形胶束，最后形成层状胶束。表面活性剂的聚集数可以从几十至几千甚至上万。表面活性剂的临界胶束浓度一般在0.001~0.020mol/L。

胶束的形状还受到分子结构和相对分子质量的影响，图3-3为聚L-谷氨酸-γ-卞酯-乙二醇接枝共聚物（PBLG-g-PEG）在水中自组装形成胶束的透射电镜照片。如图3-3所示，随着接枝共聚物主链PBLG的增长（相对分子质量分别为20000、60000、110000），接枝共聚物对应的自组装胶束形状依次为近球形（粒径在20~30nm）、近菱形（长径在80nm左右）、纺锤状（长径在100~150nm）。这是由于PBLG具有刚性棒状分子链构象，当PBLG主链长度变大时，有可能在胶束的核中发生一定的取向排列，从而产生近菱形、纺锤状的胶束形态。

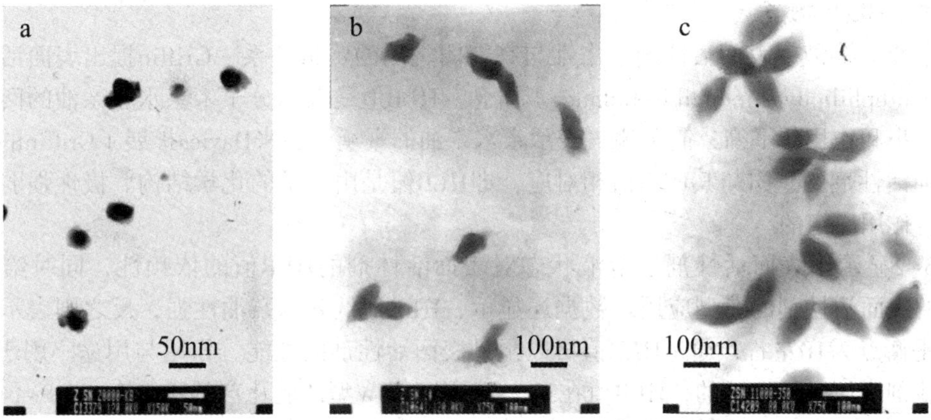

图 3-3　PBLG-g-PEG共聚物自组装胶束形态的TEM照片

在水介质中，带有庞大或堆积疏松的疏水基和瘦长疏水基的表面活性剂倾向形成球形的胶束，带有短而胖和小的密堆积的亲水基的表面活性剂，倾向形成层状或棒状的胶束。

有两个烷基链的表面活性剂，在水的介质中，倾向形成泡囊。能否形成泡囊取决于烷基的长度和亲水基的性质。随着烷基的长度增长，亲水基之间的静电排斥减弱，有利于泡囊的形成。如果静电排斥增强，胶束的类型会发生变化。

在水溶液中，表面活性剂分子总是按一定方式取向，极性基团指向水相，亲油基团远离水相。在离子胶束中，水溶液-胶束界面区处只有离子性的端头，水缔合的反离子在胶束外层与胶束包含的离子性端头形成双电层，其周围还存在扩散层（图3-4）。在非离子表面活性剂形成的胶束中结构稍有不同，以聚氧乙烯类非离子表面活性剂为例，没有反离子的外层，而是存在卷曲状水合的聚氧乙烯链，如图3-5所示。

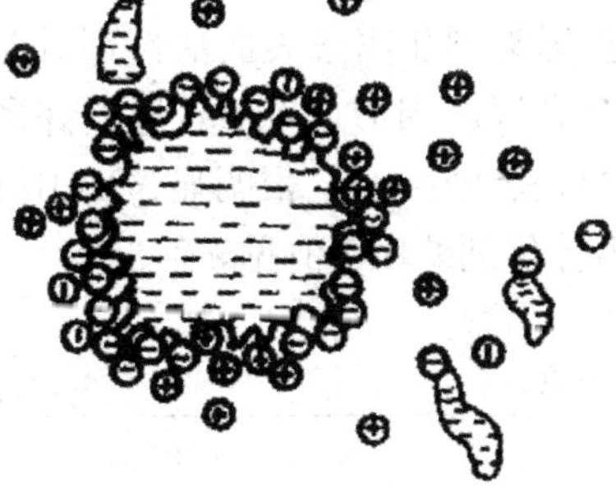
图 3-4　水溶液中离子胶束结构示意图

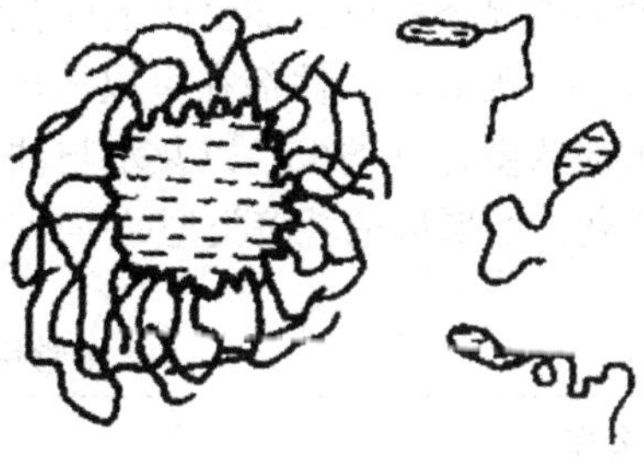
图 3-5　水溶液中聚氧乙烯化非离子胶束的结构示意图

具有亲疏水链短的球形胶束，可以形成壳核结构，核为疏水区域，由疏水链段组成，区域半径约为疏水链完全伸直的长度；壳层为亲水基组成的区域，是水可渗透层。

在非水介质中，胶束的结构与水介质相似，但形成的是反胶束（W/O型），亲水端在内，被含有疏水基的外层和非极性溶剂包围着，偶极-偶极的相互作用把亲水基保持在胶束的内心。

四、表面活性剂的HLB值

（一）HLB的概念

为了建立溶液中表面活性剂亲水性与官能团之间的定量关系，Griffin提出表面活性剂的HLB（Hydrophilicity-Lipophilic-Balance）概念。HLB值是表示分子中亲水和亲油的两个相反基团的大小和作用的平衡，简单说，表示亲水亲油的平衡。后来Davies扩展了Griffin的概念，提出表面活性剂的基团与其HLB值相对应，即HLB值是由分子的化学结构、极性强弱或分子中的水合作用决定的。

表3-2显示了表面活性剂水溶液状态对表面活性剂的HLB值的依赖性，同时给出不同HLB值的表面活性剂的典型应用。数据还显示，HLB值低表示亲油性强，反之则表示亲水性强，其平衡点为10左右，通过HLB值可以预见表面活性剂的性能、作用与用途。用于W/O乳液的乳化剂应该是憎水性的，HLB值在3~6，而用于O/W型的乳化剂的HLB值应在8~14。但这一用途不是绝对的，例如，鲸蜡醇虽有较强的亲油性，却常用作O/W型乳液的助乳化剂。

表 3-2　　不同HLB值的水溶液外观及应用

HLB范围	水溶液外观	HLB范围	水溶液外观
1~4	非分散系	3~6	W/O乳化剂
3~6	低分散系	7~9	润湿剂
6~8	搅拌后乳状分散	8~14	O/W乳化剂
8~10	稳定的乳状分散	9~13	去垢剂
10~13	从半透明到清澈	13~20	增溶剂
13~20	清澈透明溶液	12~17	分散剂
1.3~3.0	消泡剂		

温度的变化对表面活性剂的应用会产生一定的影响，特别是在乳化过程中，温度升高和乳液在低温情况下存放，都会产生性质的变化。聚氧乙烯类型非离子表面活性剂对温度十分敏感。许多该类表面活性剂在室温形成O/W乳液，但升高温度则形成W/O乳液。许多因素如水中电解质浓度，油的极性以及水与油的比例等都影响到乳液类型。很明显，HLB值不能作为决定乳化剂所形成的乳液类型的唯一条件。一些常用乳化剂的HLB值见表3-3。

表 3-3　　常用表面活性剂的HLB值

化学名称	商品名	HLB值
失水山梨醇三油酸酯	Span 85	1.8
失水山梨醇三硬脂酸酯	Span 65	2.1
聚氧乙烯山梨醇蜂蜡衍生物	Atlas G-1704	3.0

续表

化学名称	商品名	HLB值
失水山梨醇单油酸酯	Span 80	4.3
失水山梨醇单硬脂酸酯	Span 60	4.7
单硬脂酸甘油酯	Aldo 28	3.8~5.5
失水山梨醇单棕榈酸酯	Span 40	6.7
失水山梨醇单月桂酸酯	Span 20	8.6
聚氧乙烯失水山梨醇单硬脂酸酯	Tween 61	9.6
聚氧乙烯羊毛脂衍生物	Atlas G-1790	11.0
聚氧乙烯月桂醇醚	Atlas G-2133	13.1
聚氧乙烯失水山梨醇单硬脂酸酯	Tween 60	14.9
羊毛醇酯衍生物	Atlas G-1441	14.0
聚氧乙烯失水山梨醇单油酸酯	Tween 80	15.0
聚氧乙烯单硬脂酸酯	Myri 49	15.0
聚氧乙烯十八醇醚	Atlas G-3720	15.3
聚氧乙烯油醇醚	Atlas G-3920	15.4
聚氧乙烯失水山梨醇单棕榈酸酯	Tween 40	15.6
聚氧乙烯氧丙稀硬脂酸酯	Atlas G-2162	15.7
聚氧乙烯单硬脂酸酯	Myri 51	16.0
聚氧乙烯单月桂酸酯	Atlas G-2129	16.3
聚氧乙烯醚	Atlas G-3930	16.6
聚氧乙烯失水山梨醇单月桂酸酯	Tween 20	16.7
聚氧乙烯月桂醚	Brij 35	16.9
*油酸钠（油酸的HLB=1）	—	18.0
聚乙烯单硬脂酸酯	Atlas G-2159	18.8
*油酸钾	—	20.0
*月桂醇硫酸钠	K_{12}	40.0

*为阴离子表面活性剂，其余全部为非离子型表面活性剂；Span（司盘）是失水山梨醇脂肪酸酯类型乳化剂；Tween（吐温）是聚氧乙烯失水山梨醇脂肪酸酯类型乳化剂；Atlas（阿特拉斯）是聚氧乙烯脂肪醇醚类型乳化剂。

（二）HLB的理论计算

1. 离子型表面活性剂

Griffin将表面活性剂分子结构分解为一些基团，有的基团使HLB值增大，有的则使HLB值降低。根据每一个基团对HLB值的贡献大小来计算表面活性剂的HLB值。该方法适用于离子型表面活性剂。J.T.Davies根据表面活性剂的HLB实验值计算出各种基团的HLB数值，式中各种基团的HLB基团数值见表3-4。

表 3-4 各种基团的基团数值

基团	基团数值	基团	基团数值
$—SO_4Na$	38.7	—O— 醚	1.3
—COOK	21.1	—OH 羟基（失水山梨醇环）	0.5
—COONa	19.1	—（CH_2CH_2O）—（衍生基团）	0.33
>N（叔胺）	9.4	$—CH_3$	−0.475
		$—CH_2—$	−0.475
—COO— 酯（失水山梨醇环）	6.8		
—COO— 酯（游离）	2.4	>CH—	−0.475
—COOH	2.1		
—OH羟基（游离）	1.9	—（$CH_2CH_2CH_2O$）—（衍生基团）	−0.15

表3-4中所列的基团数值为正值，表示该基团是亲水性的，为负值表示该基团是亲油性的，计算时要将其绝对值带入公式中。

其计算公式如下：

$$HLB=\Sigma（亲水基团数值）-\Sigma（亲油基团数值）+7$$

例如，油酸钠的分子结构式为：$CH_3(CH_2)_7CH=CH(CH_2)_7COONa$，查表可知—COONa基团数值为19.1；$—CH_3$、$—CH_2—$、=CH—的基团数值均为−0.475，则可计算：

$$HLB=19.1-17\times0.475+7=18$$

同样，可计算月桂醇硫酸钠$C_{12}H_{25}SO_4Na$的HLB值：

$$HLB=38.7-12\times0.475+7=40$$

2. 非离子表面活性剂

对于非离子表面活性剂，它的HLB值可以简单的计算。

（1）聚氧乙烯与脂肪醇缩合物可用下列公式计算：

$$HLB=\frac{E}{5}\times100$$

式中，E为分子中亲水基氧化乙烯质量占分子总质量的比值。

例如：聚氧乙烯（10）十六醇醚，分子式$C_{16}H_{33}O(CH_2CH_2O)_{10}H$，氧化乙烯$CH_2CH_2O$相对分子质量为44，十六醇$C_{16}H_{33}OH$相对分子质量为242。

$$E=\frac{44\times10}{44\times10+242}=\frac{440}{682}=0.645$$

$$HLB=0.645\times100=12.9$$

（2）多元醇脂肪酸酯可用下列经验计算公式计算：

$$HLB=20(1-S/A)$$

式中，S为酯皂化值，A为脂肪酸的酸值（一般是测定出来的）。

例如：单硬脂酸甘油酯S为161，A为198，则

$$HLB=20(1-161/198)=3.8$$

（3）多羟基乙氧基化合物　对于表面活性剂皂化值不易测定的（如Tween类、松香酸酯、妥尔油、蜂蜡酯、羊毛脂等），或者脂肪酸的酸值不易得到，就不能应用上式。此时可用式3-8计算多元醇脂肪酸酯的HLB值。

$$\text{HLB}=\frac{W_E+W_P}{5}\times 100 \tag{3-8}$$

例如：某种聚氧乙烯基脱水山梨醇羊毛脂的衍生物$W_E=0.651$，W_P=0.067，则

$$\text{HLB}=\frac{0.651+0.067}{5}\times 100=14.4$$

W_E为乙氧基质量分数，W_P为多羟基化合物质量分数。

（4）乙氧基醇和乙氧基酚　对于亲水基只有聚氧乙烯基、憎水基是脂肪醇类（不含多元醇基）的表面活性剂，式3-8中$W_P=0$，则

$$\text{HLB}=\frac{W_E}{5}\times 100$$

例如：聚氧乙烯（10）月桂醇醚，相对分子质量为626，聚氧乙烯基为$44\times 10+1=441$

$$W_E=\frac{441}{626}=0.704$$

$$\text{HLB}=\frac{0.704}{0.05}=14.1$$

3. 混合表面活性剂

在实际应用中，化妆品的配方中油相和乳化剂常常不是单一组分，而是由两种以上组分组成的，则可利用HLB值加合性来计算其混合组分的HLB值，计算公式为：

$$\text{HLB}=\frac{W_A\times \text{HLB}_A+W_B\times \text{HLB}_B}{W_A+W_B} \tag{3-9}$$

式中，W_A、W_B分别为混合乳化剂中乳化剂A和B用量，HLB_A、HLB_B分别为乳化剂A和B的HLB值。

例如：某配方中含5份的单硬脂酸甘油酯（HLB=3.8）和1份的失水山梨醇单硬脂酸酯（HLB=4.7），求混合乳化剂的HLB值。

$$\text{HLB}=\frac{5\times 3.8+1\times 4.7}{5+1}=\frac{23.7}{6}=3.95$$

实践证明Griffin提出的HLB值计算方法（局限于非离子体系）在实际应用中的最初表面活性剂选择方面是十分有效的。

对于含环氧丙烷、氮、硫、磷等的非离子型表面活性剂，或离子型表面活性剂，以上各公式都不适应，需通过复杂的实验测得。

（三）HLB值的实验估算法

表面活性剂的HLB值可以由实验确定，如格里芬法、色谱法、核磁共振法等。此外，表面活性剂的HLB值还可由溶解实验估算。其方法是：取几毫升的表面活性剂置于试管中，加入4倍体积的水，搅拌后观察其在水中的溶解性状。根据表面活性剂在水中的溶解状况，由表3-2判断HLB值的大致范围。此方法简单、快速，但有例外。

对于未知结构的表面活性剂还要通过实验法测定其HLB值，而对于已知结构的则可用上述一些经验公式计算出HLB值。

第二节 乳化作用

人们都知道，两种互不相溶的液体，例如白矿油与纯水，如果不做任何处理放入同一个容器中，会自然地分成两层，相对密度小的白矿油在上层而相对密度大的水在下层。但是如果向体系中加入烷基苯磺酸钠（阴离子表面活性剂），并且进行剧烈搅拌，白矿油就被分散在水中，形成白色的乳状液，这个过程称之为乳化。表面活性剂在这里起到了乳化作用，在它的作用下油被分散在水中，形成稳定的乳液，可以长期保持不变。

依靠机械作用，例如强烈搅拌或者超声波震荡，也可以使两种互不相溶的液体混合成为乳状液。但这仅仅是一种机械的分散作用，形成的乳状液是不稳定的体系，一旦外力消除，液珠会慢慢凝聚，重新分为互不相溶的两层溶液。只有加入一些表面活性剂才可以得到稳定的乳状液。

凡是能提高乳状液稳定性的物质都称为乳化剂。表面活性剂能够提高乳状液稳定性的原因在于其具有降低界面张力的内在性质。

在化妆品工业中都希望得到稳定的乳状液，制造出来的膏、霜乳液类化妆品都要求至少两年以上的稳定期。可惜从热力学观点来看，在重力或其他外力作用下液珠将上浮或下沉；乳状液的液珠也可以聚集成团，即发生絮凝，变成了一个大液珠。乳状液的不稳定性表现为分层（乳液分为两个油水比例不同的乳液层）、变型（乳状液从O/W型变成W/O型，或从W/O型变成O/W型）和破乳（乳液被完全破坏，油水彻底分离）。每种形式都是乳状液破坏的一个过程，它们有时是相互关联的。有时分层往往是破乳的前导，有时变型可以和分层同时发生。

只有正确地选择和使用表面活性剂才能提高乳化体的稳定性。对于表面活性剂的乳化作用而言，界面膜的形成与界面膜的强度是乳化液稳定性最主要的影响因素。而界面张力的降低与界面膜的强度对乳状液稳定性的影响有相辅相成的作用，并且都与乳化剂在界面上的吸附有关。要得到比较稳定的乳状液，首先应考虑乳化剂在界面上的吸附性质，吸附作用愈强，表面活性剂分子在界面的吸附量也愈大，界面表面张力则降低得愈低，界面膜强度愈高。

一、乳状液类型

（一）乳状液类型的鉴别

乳液是由两种互不相溶的液体构成的粗分散体系，通常把乳液中以小液珠形式存在的液体称为内相，又称为分散相或不连续相；另一种液体称为外相，又称为分散介质或连续相。根据内相和外相的性质，乳液最常见的类型为两种：外相为水、内相为油的乳液称为水包油型乳液，用油/水或O/W表示，如牛奶、豆浆等；外相为油、内相为水的乳液叫做油包水型乳液，用水/油或W/O表示，如天然原油（含有小水珠）。此外，还存在W/O/W和O/W/O型多重乳液（multiple emulsions）。

根据O/W和W/O型乳液不同的特点，可以用下面较简便的方法对乳液的类型加以鉴别。

（1）稀释法 乳液容易被外相（分散介质）稀释，而不容易被内相稀释。因此，用水或油对乳液进行稀释试验，容易分散于水的乳液为O/W型乳液；反之，不易分散于水，而容易分散于油的乳液为W/O型乳液。例如牛奶能被水所稀释，而不能与植物油混合，所以牛奶是O/W型乳液。

（2）电导法　对乳液进行电导测量。一般油类的导电性远比水差，可以以此来鉴别乳液类型。导电性好的，与水相电导相近的即为O/W型；导电性差的，与油相电导相近的即为W/O型。可用电导仪或一般简单电路进行测量。但有时，当W/O型乳液的内相（W相）所占比例很大，或油相中离子性乳化剂含量较多时，外相（O相）也可能有相当大的导电性。

（3）染色法　将少量油溶性染料（如苏丹红Ⅲ）或水溶性染料（如甲基蓝或甲基橙）分别加入乳液中，如果油溶性染料不扩散溶开，而水溶性染料扩散溶开，可认为乳液的外相为水相，乳液为O/W型；如果情况相反，则为W/O型乳液。若同时以油溶性染料和水溶性染料进行实验，可以提高鉴别的可靠性。

（4）滤纸润湿法　将乳液滴在滤纸上，如果是O/W型乳状液，液滴迅速铺开，在中心留下小油滴；相反，如果是W/O型乳状液，则液滴不铺展。但此法对于某些易在滤纸上铺展的油（如苯、环已烷和甲苯等）所形成的乳液不适用。

总之，在对乳液类型鉴别时，应采用多种方法，避免单一方法的局限性，才能得到正确、可靠的结果。

（二）影响乳状液类型的因素

乳液是一种复杂的体系，影响其类型的因素很多，有时是几个因素共同作用的结果，下面对一些可能影响乳液类型的因素进行简介。

1. 乳化剂的分子构型

乳化剂分子在分散相液滴与分散介质间的界面形成定向的吸附层，对于钠、钾等一价碱金属的脂肪酸盐作为乳化剂时，容易形成水包油型乳状液；而钙、镁等二价金属皂作为乳化剂时易形成油包水型乳液。该现象可以用“定向楔”理论解释，即乳化剂分子在界面定向吸附时，亲水端向水，亲油的碳氢链端向油相，当亲水端与疏水端相比基团较大时，乳化剂的疏水端易于进入胶体粒子的内核，从而形成O/W型乳液；反之则形成W/O型乳液。因而有较大极性头的一价金属皂有利于形成O/W型乳状液，而有较大碳氢链的二价金属皂则有利于形成W/O型乳状液。乳化剂分子在界面的定向排列就像木楔插入内相一样，这就是“定向楔”理论。

2. 乳化剂的亲水性

乳液制备的一个十分重要的规律是水溶性乳化剂趋向于形成O/W型乳液，而油溶性乳化剂趋向于形成W/O型乳液，这个规律就是著名的Bancroft规则，这一规则能够定性解释乳化剂的亲疏水性与形成乳液类型的关系。按照Bancroft规则，在油水两相中，对乳化剂溶解度大的一相将成为外相，乳化剂在某相中溶解度大，表示它与该相的相溶性好，相应地其界面张力较低，体系有较高的稳定性。因此，若乳化剂的HLB值较大，表示它的亲水性强，乳化剂易溶于水，则水是外相，易形成O/W型乳状液；而HLB值较小的乳化剂，亲油性强，易溶于油相的乳化剂，则油是外相，易形成W/O型乳状液。例如，油酸钠的HLB值为18，是水溶性的，作为乳化剂时，易形成O/W型乳状液；而甘油单硬脂酸酯的HLB值为3.8，因为是油溶性的，以它们作为乳化剂时都易形成W/O型乳状液。

Davies以胶体聚沉理论为基础，于1957年提出了乳状液类型的定量的聚结速度理论。从动力学观点出发，在乳化剂存在下，将油和水一起搅拌时，生成的乳状液的类型，可归因于两个竞争过程的相对速度：油滴的聚结、水滴的聚结。可以想象，搅拌会使油相和水相同时分裂成为液滴，而乳化剂是吸附在围绕液滴的界面上的，通常界面膜中乳化剂的亲水基团组成对油滴聚结的阻挡层，而界面膜中乳化剂的疏水基团组成对水滴聚结的阻挡层。成为连续相的一定是聚结速度较快的那一相，如果水滴聚结速度远大于油滴，则生成O/W型，反之则形成W/O型，当两相聚结速度相当时，则体积较大的相成为连续相。该方法能够预测乳液的类型。因此界面膜乳化剂的亲水性强，则形成O/W型乳状液；若疏水性强，则形成W/O型乳状液。

但由于聚结速度与油相的性质、水相的性质、乳化剂的性质（亲水基和亲油基的大小、解离度以及在界面上的吸附）等诸多因素有关，因此，定量计算聚结速度有一定难度。不过，Davies理论提供了一种预测乳状液类型的简便的实验方法：先把乳化剂溶于水相（或油相）中，然后把含有乳化剂的水相（或油相）与油相（或水相）混合，得到油水体系两相界面，分别用小注射器将油和水各一滴注于该两相界面上，测定单个水珠和油珠存在的时间（寿命）。显然，寿命短的聚结速度快，成为外相，由此来计算水珠和油珠的相对聚结速度，并推断或预测形成的乳状液的类型。

3. 相体积

对于乳状液的类型，起初人们总以为由两种液体构成的乳状液量多的应为外相。事实证明，这种看法不是完全正确的，现在可以制得内相体积>65%的乳状液。

若分散相液滴是大小均匀的圆珠，则可计算出最密堆积时，液滴的体积占总体积的74.02%，即其余25.98%应为连续相。若分散相体积大于74.02%，乳状液就会发生破乳或变型。若水相体积占总体积的26%~74%，O/W型和W/O型乳状液均可形成；若其小于26%，则只能形成W/O型；若其大于74%，则只能形成O/W型乳状液。

4. 乳化器材料性质

乳化过程中器壁的亲水性对形成乳状液的类型有一定影响。一般情况是，亲水性强的器壁易得到O/W型乳状液，而疏水性强的则易形成W/O型乳状液。有人自实验结果得出：乳状液的类型和液体对器壁的润湿情况有关，一般说，润湿器壁的液体容易在器壁上附着，形成一连续层，搅拌时这种液体往往不会分散成为内相液珠。

二、乳化剂的选择

（一）选择乳化剂的常用方法

要制备有一定相对稳定性的乳状液，必须加入第三种物质，即乳化剂。由于油、水相的性质、乳化方法和欲得到乳状液类型不同，不可能有万能的优良乳化剂。因而，选择乳化剂都是指对一定体系、乳化方法和要求的乳状液的类型而言的。

选择性能优良的乳化剂的方法有多种：常用的是HLB法和PIT法，此外还有EIP法等。HLB法适用于各类表面活性剂，但未涉及温度、油、水体积比等因素的影响；PIT法只适用于非离子型表面活性剂。

1. HLB法

在乳状液中，不同的油相需要不同HLB值的乳化剂，因而乳化体系所需的HLB值与乳化剂的HLB值应尽可能一致。HLB值在3~6范围内的亲油性较强的表面活性剂适宜作W/O型的乳化剂，而HLB值在8~18范围内的表面活性剂适合作O/W型乳化剂。

在选择乳化剂之前，首先要确定被乳化体系所需要的HLB值。通常，使用混合乳化剂的乳化效果比使用单一乳化剂要好，如一种是更亲水的，另一种是更憎水的，表面活性剂混合比中等HLB值的单组分表面活性剂更能稳定乳液。最可能的原因是两种表面活性剂不同临界堆积参数的结合在界面形成更好的聚集状态。混合表面活性剂的优点也可能与在乳化过程中给新形成的界面提供乳化剂分子的速率有关。这是因为同时存在油溶性和水溶性乳化剂，在新形成的油水界面可同时存在来自油相和水相的表面活性剂来稳定界面。抛开基本理论，低HLB和高HLB表面活性剂结合在乳化过程中是一个有用的概念，并且在实践中也常常用到。根据体系所需的HLB值选择混合乳化剂，选择一对HLB值相差较大的乳化剂按不同比例混合，如Tween80（HLB=15）和Span80（HLB=4.3），由于表面活性剂的HLB值具有加合性，因此，可将二者按不同比例混合得不同HLB值的系列混合乳化剂。用这些混合乳化剂分别乳化被乳化体系，测定乳化效率（如测定液滴的生存时间、乳状液分层时间、液滴大小及分布等）。以乳化效率对这些混合乳化剂的HLB值作图得到如图3-6所示的钟形曲线。对于指定的油-水体系，有一个最佳HLB值存在，当乳化剂的HLB为此值时对该体系的乳化效果最好。图3-6曲线最高峰相对应之HLB值，即为最佳HLB值，也是该油-水体系所需的HLB值。Tween80和Span80混合乳化剂的HLB为10.5，此值即为被乳化体系乳化时所需之HLB值，也是该体系的特性值，并适用于其他的混合乳化剂。虽然其他混合乳化剂的乳化效果可能不一样，但是，在此最佳HLB值时，混合乳化剂对该油-水体系乳化都将达到最佳效果。所以，可通过改变乳化剂的种类并维持在此最佳HLB值，直到找到效率最高的一对混合乳化剂。值得注意的是，乳化剂的浓度不影响这种确定方法。通过上述方法得到一系列乳化油相所需HLB值，表3-5列出一些常见“油相”的HLB值。

表 3-5　　乳化一些油相所需的HLB值

化合物	HLB值	化合物	HLB值	化合物	HLB值
油酸	17	大戟蜡	14~15	无水羊毛脂	12
硬脂酸	17	十三（烷）基醇	14	芳香矿物油	12
亚油酸	16	十二（烷）基醇	14	巴西棕榈蜡	12
月桂酸	16	十（烷）基醇	14	硅油	10.5
蓖麻油酸	16	蓖麻油	14	石蜡	10
四氯化碳	16	溶剂油	14	微晶蜡	10
松油	16	苯乙酮	14	石蜡矿物油	10
十六（烷）基醇	15	煤油	14	蜜蜂蜡	9
环已烷	15	二甲苯	14	氯化石蜡	8
苯	15	癸醇	14	矿脂、凡士林	7~8
甲苯	15	丙烯四聚体	14	棉籽油	7.5

混合乳化剂的HLB值的计算方法详见本章第一节四、（二）HLB的理论计算及式（3-9）。

目前，依据HLB值来确定乳状液的配方及指导乳状液的配制，是常用且有效的方法。乳化剂的用量一般为1%~10%。在化妆品的乳液制品中，最常用式（3-10）计算。

$$\frac{\text{乳化剂质量}}{\text{油相质量}+\text{乳化剂质量}}=10\%\sim20\% \qquad (3-10)$$

乳化剂含量高，一方面能造成乳液制品成本增高，另一方面一部分乳化剂会对皮肤产生刺激，因而对某一乳化体来说，在保证乳状液稳定性的前提下，乳化剂用量越少越好。

虽然HLB值这种比较粗糙的方法进行乳化剂选择是相当有用的，但也有许多严重局限性。温度、油相杂质、电解质或其他添加剂对该规则有明显的影响。

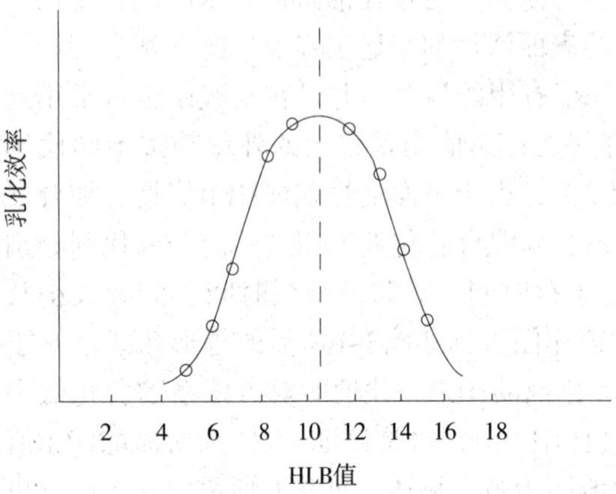

图 3-6　乳状液最佳HLB值

2. PIT法

PIT法是相转变温度（Phase Inversion Temperature）法，它是用以选择乳化剂的一个重要方法。HLB值方法只考虑了乳化剂的亲水亲油性，而不能反映其他因素的影响，尤其是温度对乳化剂性质的影响，对于用量很大的非离子型乳化剂表现尤为突出。非离子型乳化剂在低温时是亲水的，形成O/W型乳状液；高温时是亲油的，形成W/O型乳状液。可见，有些乳化剂的亲水亲油性并非是固定的，而是随温度而变化。发生相转变温度是乳化剂的亲水亲油能力恰好达到平衡时的温度。例如聚氧乙烯基非离子型乳化剂，随着温度升高，分子中亲水基部分与水靠氢键结合的程度降低，因而其亲水性减弱，导致HLB值变小，在转相温度（PIT）下，乳化剂的亲水亲油性质恰好平衡。因此，PIT也被称为亲水亲油平衡温度，写作HLB温度或T_{HLB}。故对于一定的体系，可用PIT判断乳状液的稳定性，评价乳化剂的性质，并用于选择乳化剂。

应用PIT法选择非离子型表面活性剂用作乳化剂，首先要确定PIT的值，具体方法是，取等量的油相和水相，加入3%~5%的表面活性剂不断振荡，制备O/W型乳状液。在不断搅拌下，逐渐加热乳状液，缓慢升温，每升温一次，都搅拌并恒温后，用电导率仪测定电导率。由电导率的变化判断乳状液是否转相（转变成W/O型），电导率突然降低时的温度，即为相转变温度（PIT）。也可用稀释法、染色法等来监测乳状液的相转变。

其次为了得到稳定性好、分散度高的乳状液，可用PIT法确定乳状液的制备温度。制备O/W型乳状液的温度应低于PIT2~4℃，然后冷却至贮存温度。用这种方法制得的乳状液，乳状液粒子小而均匀，且不易聚集。对于W/O型乳状液，制备温度应高于PIT值2~4℃，然后再升温至贮存温度。

研究表明，表面活性剂的亲水链越长，HLB值越高，说明乳化剂亲水性越强，O/W型乳状液越稳定，PIT值越高。对于给定的体系，其PIT与HLB值（以N_{HLB}表示）间存在线性关系：

$$\mathrm{PIT}=K_{油}(N_{\mathrm{HLB}}-N_{油}) \quad (3\text{-}11)$$

式中，$K_{油}$和$N_{油}$为常数，对不同的油相数值不同。PIT随HLB值增加而提高乳化剂分子中聚氧乙烯链越长，则分子的亲水性越高，需要较高的温度方能降低分子的水化度，故PIT就高些。PIT与油相的性质也有关，它随油相的极性降低而增高。

PIT可以帮助我们选择合适的非离子型表面活性剂作乳化剂。欲制备稳定的O/W型乳状液，选择的乳化剂应使其形成的乳状液的PIT高于贮存温度20~60℃，以保证贮存过程中O/W型乳状液不发生变型；而制备W/O型乳状液，要选择乳化剂使其形成的乳状液的PIT低于贮存温度10~40℃，这样能保证W/O型乳状液不变型。

由一种非离子型乳化剂、两种油以及水组成的四元体系乳状液的PIT为：

$$PIT_{(A+B)}=PIT_A\phi_A+PIT_B\phi_B \tag{3-12}$$

式中，PIT_A和PIT_B分别为只有A油和只有B油时的PIT，ϕ_A和ϕ_B分别为混合油相中的体积分数。

对于由两种非离子型乳化剂、油及水组成的四元体系，如以$PIT_{(1)}$和$PIT_{(2)}$分别表示乳化剂（1）和（2）的PIT，由于两种乳化剂配比不同，在$PIT_{(1)}$和$PIT_{(2)}$中间的每一个温度都相应于某一确定的配比，即

$$PIT_{(1)+(2)}=PIT_{(1)}W_{(1)}+PIT_{(2)}W_{(2)} \tag{3-13}$$

式中，$W_{(1)}$和$W_{(2)}$分别是乳化剂（1）和（2）在总的表面活性剂中的质量分数。

据研究，在具体油中，由PIT法和Griffin法计算所得的同一乳化剂的HLB值很相近；由PIT法和Griffin法计算的各类油相所需HLB值也很近似。

除了PIT与乳化剂的HLB值成正比，并有近似的线性关系外，PIT还与聚氧乙烯基非离子型乳化剂的结构有关。聚氧乙烯基链越长以及链长分布越宽、乳化剂浊点越高，PIT值越高，所形成的O/W型乳状液也就越稳定。此外，油相的极性越低，PIT值越高。

添加剂的性质也影响PIT。在油相中加入非极性有机物，油相极性下降，PIT升高；反之，在油相中加入极性有机物，油相极性升高，PIT降低。若在水相中加入了长链脂肪烃会使PIT升高，这有利于O/W型乳状液稳定。

3. EIP法选择乳化剂

EIP法是乳状液转变点（Emulsion Inversion Point）法，是指乳状液从W/O型转变为O/W型的转变点。一般乳状液转变点是用发生转相时每毫升油所加入的水的体积（mL）来表示。因而EIP是一个与体积分数有关的概念。

EIP值的测定方法：通常是在相同质量分数（一般为2%）的不同乳化剂制成的溶液中，加入水并搅拌后，测定转变点，在此转变点加入的水的体积即为EIP值。如在200mL烧杯中加入50mL油相和2%的乳化剂，以一定速度充分搅拌，使乳化剂分散溶解，然后向烧杯中滴加水，每次加入1.0mL后，继续搅拌15s，停止搅拌，测定混合液的电导率。从电导率值的变化判断是否发生了由W/O型乳状液向O/W型乳状液的转型。发生转型时加入水的体积（mL）即为EIP值，故EIP法又被称为最大增溶法。

对于同一给定油相的体系，随乳化剂HLB值的增大，EIP值先降低然后又增加，出现一个最低点。实验结果表明，乳化剂的亲水性越强，HLB值越高，发生由W/O型向O/W型乳状液转变所需加入的水体积越小，EIP值越低。因此，选择EIP值最低的乳化剂可制成最稳定的O/W型乳状液。

乳状液中乳化剂的性能不仅受到油相、乳化剂的种类、性质、浓度以及其他乳化剂等因素的影响，而且还受外界条件如温度、油相和水相添加剂的加入等不同因素的影响。因而有时选择乳化剂的结果并不理想，理论可能与实际情况有一定出入，通常还需要把理论方法与实践经验相结合，选择出理想的乳化剂，以达到预期的目的。目前，在化妆品生产中常采用HLB、PIT法选择最佳乳化剂。

（二）乳化剂选择的通用原则

（1）选择乳化剂的一般步骤　应用HLB值法配制化妆品乳状液时，选定乳化剂的一般步骤如下。

①根据化妆品乳状液制品性能的要求，确定乳状液是O/W型还是W/O型，并确定其油相

的成分。油溶性表面活性剂容易形成W/O型乳液，反之亦然。油相的极性越大，乳化剂的亲水性就应该越大，反之亦然。

②计算油相成分所需要的HLB值。

③选择乳化剂：通常选用混合的乳化剂，通过亲水和亲油表面活性剂的混合使用，通常可形成比较好的乳液。其种类与配比的确定方法如前所述。

④确定乳化剂的用量。

⑤依照配方，配制成乳状液。观察和测定乳状液的稳定性等性能，并进行有关的检验，必要时修改配方。

（2）选择乳化剂的实践经验方法

①选用的乳化剂的亲油基与被乳化物在结构上相近，可取得较好的乳化效果，乳化剂在油水界面上能形成稳定的和紧密排列的凝聚膜。

②当使用一种乳化剂效果不理想时，可考虑选择混合乳化剂。水溶性和油溶性乳化剂的混合使用有更好的乳化效果；有时选用离子型与非离子型乳化剂混合使用，两者的协同作用也会取得良好的效果。

③选择的乳化剂应当不影响化妆品中其他成分的性能，而且应当是安全、卫生、无毒、无副作用、无特殊气味等。

④乳化剂应能适当增大外相粘度，以减小液滴的聚集速度。

⑤乳化剂要能用最小的浓度和最低的成本达到乳化效果；乳化工艺简单。

三、乳状液的稳定性

化妆品所能储存的时间长短，是化妆品的一个重要质量指标，而这又是由化妆品乳状液的稳定性所决定的。前面讲到乳状液是一种液体分散于另一种和它不相混溶的液体中形成的多相分散体系，是不稳定体系。因此这里所说的稳定性，主要是指相对稳定性。

化妆品乳状液的稳定性可以分成两类，一类为力学稳定性，一类是微生物稳定性。微生物稳定性将在防腐剂中介绍，这里只对力学稳定性进行介绍。

关于乳状液的稳定性，还很不成熟，直到现在为止还没有一个比较完整的理论，人们的研究还仅限于特殊物系。在某种情况下对某物系所得的正确结果，对于其他物系就未必可以采用。影响乳状液稳定性的因素非常复杂，但可以对其中最主要的方面，即界面膜的作用作更多的考虑。因为乳状液的稳定与否，与液滴间的聚结密切相关，而界面膜则是聚结的必由之路。本节主要联系界面性质，讨论影响乳状液稳定性的一些因素。

（一）影响乳状液稳定的因素

1. 界面张力

乳状液是高度分散的体系，为了得到乳状液，就要把一种液体高度分散于另一种液体中，这就大大增加了体系的界面积，同时要对体系做功，增加体系的总能量，所做功以表面能形式贮存在油-水界面上，这是一种非自发过程。相反，液珠聚结，体系中界面减少（也就是说体系自由能降低）的过程才是自发过程，因此，乳状液是热力学不稳定体系。为了尽量减少这种不稳定程度，就要降低油水界面张力，达到此目的的有效方法是加入乳化剂（表面活性剂）。由于表面活性剂具有亲水和亲油的双重性质，溶于水中的表面活性剂分子，其疏水基受到水的排斥而力图把整个分子拉至界面（油水界面）；亲水基则力图使整个分子溶于水中，这样就在界面上形成定向排列，使界面上的不饱和力得到某种程度上的平衡，从而降低了界面张力。例如，煤油-水的界面张力为40mN/m，加入适当表面活性剂后界面张力可降至1mN/m以下，也就是说，该体系易于将油分散，油滴重新聚结困难，体系相对地也就稳定了。

但无论如何，对于乳状液体系，总是存在相当大的界面积。因而就有一定量的界面自由能，这样的体系总是力图减小界面积而使能量降低，最终发生破乳、分层。总之，界面张力的高低主要表明了乳状液形成之难易，并非乳状液稳定性的必然的衡量标志。

2. 复合膜强度

在乳液中分散的液滴总是不停地运动，因而常常相互碰撞。在油-水体系中加入乳化剂，在降低界面张力的同时，根据Gibbs吸附定理，乳化剂（表面活性剂）必然在界面发生吸附，形成界面膜，此界面膜有一定强度，对分散相液珠有保护作用，使其在相互碰撞时不易聚结。

如果在碰撞时，乳状液中相互碰撞的液滴界面膜被破坏，两液滴将会聚结形成较大的液滴，结果使体系的自由能下降。若这样的聚结过程继续下去，被分散相会从乳状液分离出来，发生“破乳”。因而，界面膜的强度和它的紧密程度是决定乳状液稳定性的最主要因素。

与表面吸附膜的情形相似，当表面活性剂浓度较低时，界面上吸附分子较少，界面膜的强度较差，所形成的乳状液稳定性也较差。当表面活性剂浓度增高到一定程度后，界面膜即由比较紧密排列的定向的吸附分子组成，膜的强度也较大，乳状液珠聚结时所受到的阻力比较大，故所形成的乳状液稳定性也较好，大量事实说明此种规律确实存在。用表面活性剂作为乳化剂时，需要加入足够量（即达到一定浓度），才能达到最佳乳化效果。当然，不同的表面活性剂达到最佳乳化效果所需之量也不同，效果也不同，这就与其形成的界面膜强度有关。一般讲，吸附分子间相互作用越大，形成的界面膜的强度也越大；相互作用越小，其膜强度也越小。显然，要达到最佳乳化效果，对于相同的乳化剂所需加入的量是一定的，而不同乳化剂的加入量不同，这与所形成膜的强度有关。吸附分子间相互作用越强，一般所形成界面膜的强度越大。

由于高纯度表面活性剂通常所形成的界面膜不是紧密堆积的，因而膜的机械强度不高。一般而言，两种或多种表面活性剂的混合物的乳化作用较单一的表面活性剂好。复合膜理论表明，只有界面膜中的乳化剂分子紧密地排列形成凝聚膜，方能保证乳状液稳定。一般凡能在空气-水界面上形成稳定复合膜的，也能增强乳状液的稳定性，例如，十六烷基硫酸钠与胆甾醇就是这样。而十六烷基硫酸钠与油醇因油醇空间构型关系不能形成紧密的复合膜，得到的乳状液很不稳定。

研究发现，混合乳化剂形成的复合膜具有相当高的强度，并表现出高的弹性，不易破裂，所形成的乳状液稳定。例如，将含有胆甾醇的液体石蜡分散在十六烷基硫酸钠水溶液中，可得到很稳定的O/W型乳状液，而只用胆甾醇或只用十六烷基硫酸钠水溶液则生成不稳定的O/W型乳状液。表面活性剂在界面上吸附量的增加导致界面张力降低，再加上乳化剂分子与极性有机分子之间的相互作用，使界面膜中分子的排列更紧密，膜强度因此增加。对于离子型表面活性剂，界面吸附量的增加还使界面上的电荷增加，促使液滴间的排斥力增大，从而使乳状液的稳定性增加。

混合乳化体系一般是由一种水溶性表面活性剂和一种油溶性表面活性剂组成。油溶性表面活性剂通常具有长的直链亲油基，其亲油基端部只稍具极性，即可增加界面膜上表面活性剂分子之间侧向的相互作用，使界面膜排列更紧密，增强了界面膜的机械强度。山梨醇酯（司盘Span系列）和聚氧乙烯山梨醇酯（吐温Tween系列）混合乳化剂是较突出的例子。由于聚氧乙烯化山梨醇的衍生物与水相的相互作用较强，它的亲油基比非乙氧基化的山梨醇酯更多地伸向水相，这样可使两者的亲油基在表面膜上相互间更加接近，它们之间的相互作用比单独使用时更强，形成强度较高的界面膜。

在表面活性剂水溶液的表面吸附膜的研究中发现，在表面膜中同时有脂肪醇、脂肪酸及脂肪胺等极性有机物存在时，则表面活性大大增加，膜强度大为提高（表现为表面黏度增大）。由于脂肪醇具有较小的亲水基端头（羟基），它能有效地吸附在界面上，插入表面活性剂相邻分子之间的吸附层内，引起较大的表面过剩和较低的表面张力。只要主表面活性剂的浓度超过其CMC值，少量油溶性的不纯物就会溶入胶束内，例如，十二烷基硫酸钠与月桂醇混合乳化剂，可制得比较稳定的乳状液。一般而言，混合乳化剂的两组分在界面上吸附后即形成“复合物”，定向排列较紧密，界面膜为一混合膜。如脂肪醇等本身不具有表面活性，但与一些表面活性剂混合使用，在乳状液的界面上形成有协同作用的“复合物”，因此，像脂肪醇这类的化合物也称为助乳化剂。

3. 界面电荷的作用

大部分稳定的乳状液液滴都带有电荷，这些电荷的来源与通常的溶胶一样，是由于电离、吸附或液滴与介质间摩擦而产生的。对乳状液来说，电离与吸附带电同时发生，特别是对于O/W型的乳状液，界面电荷来源于界面上水溶性基团的电离是不难理解的。以离子型表面活性剂作为乳化剂时，表面活性剂分子在界面上吸附时，碳氢链（或其他非极性基团）插入油相，极性头在水相中，其无机离子部分（如Na^-、Br^-等）电离，形成扩散双电层。在用阴离子表面活性剂稳定的O/W型乳状液中，液珠被一层负电荷所包围；在用阳离子表面活性剂稳定的O/W乳状液中，液珠被一层正电荷所包围。对于乳状液来说，电离和吸附的区别往往不很明显，已带电的表面常优先吸附符号相反的离子，尤其是高价离子，因此有时可能因吸附反离子较多，而使表面电荷的符号与原来的相反。对于以离子型表面活性剂为乳化剂的乳状液，表面电荷的密度必然与表面活性离子的吸附量成正比。对于非离子型表面活性剂或其他非离子型乳化剂，特别是在W/O的乳状液中，液珠带电是由于液珠与介质摩擦而产生。按经验，介电常数较高的物质带正电，而水的介电常数通常均高于“油”，因此O/W型乳化剂中油滴常带负电；同样，在W/O型乳状液中水滴常带正电。

乳状液珠表面由于上述原因而带有一定量的界面电荷，由于这些电荷的存在，一方面，由于液珠表面所带电荷符号相同，故当液珠相互接近时相互排斥，从而防止液珠聚结，提高了乳状液的稳定性。另一方面，界面电荷密度越大，就表示界面膜分子排列得越紧密，于是界面膜强度也将越大，从而提高了液珠的稳定性。

4. 液滴大小及其分布

乳状液液滴大小及其分布对乳状液的稳定性有很大的影响，液滴尺寸范围越窄越稳定。当平均粒子直径相同时，单分散的乳状液比多分散的稳定。

5. 相体积比

乳状液的被分散相体积增加，界面膜越来越膨胀，才可把被分散相包围住，界面膜变薄，体系的不稳定性增加。若被分散相的体积增加到超过连续相的体积，O/W或W/O型乳状液会越来越不如与其反相的乳状液（即W/O或O/W型乳状液）稳定，除非乳化剂的亲水-亲油平衡值限制液体系只能形成某一种类型的乳状液，否则，乳状液就会发生变型。

6. 乳状液的黏度

乳状液连续相的黏度越大，则分散相液珠的运动速度越慢，碰撞频率与凝结速率越低，有利于乳状液稳定。另一方面，当分散相的粒子数增加时，外相黏度亦增加，因而浓乳状液较稀乳状液稳定。

工业上，为提高乳状液的黏度，许多能溶于连续相的高分子物质常被用作增稠剂，以提高乳状液的稳定性。当然，高分子物质的作用不仅限于此，往往还可以形成比较坚固的界面膜。天然或合成的增稠剂，如O/W型乳状液中用的阿拉伯胶和黄蓍胶既是乳化剂也是良好的增稠剂。

7. 温度的影响

温度变化会引起乳状液一些性质和状态的变化，其中包括：两相间的界面张力，界面膜的性质和黏度，乳化剂在两相的相对溶解度，液相的蒸汽压和黏度，被分散粒子的热运动等。因而，温度的变化对乳状液的稳定性有很大的影响，它可能会使乳状液变型或引起破乳。乳化剂的溶解度随温度变化，乳状液的稳定性也随之改变。在接近乳化体系的相转变温度时，乳化剂发挥最大的功效。任何危及界面的因素都会使乳液的稳定性下降，如温度上升、蒸汽压升高、分子蒸发、分子的蒸汽流通过界面都会使乳状液稳定性降低。

8. 粉末乳化剂的稳定作用

固体粉末可起着乳化剂的作用，使乳状液稳定，如蒙脱土、二氧化硅、金属氢氧化物等粉末可稳定O/W乳状液；石墨、炭黑等可稳定W/O型乳状液。许多固体粉末（如$CaCO_3$、$BaSO_4$、黏土、炭黑、某些金属的碱式硫酸盐，甚至淀粉等）都是良好的乳化剂。粉末乳化剂和通常的表面活性剂一样，由于聚集在内外两相界面上，粉末形成了坚固、稳定的界面膜，使乳状液稳定，起到乳化剂的作用。

固体粉末处在油相、水相还是两相界面上，取决于粉末的亲水亲油性。若粉末完全被水润湿，就会进入水相；粉末完全被油润湿，就会进入油相；只有当粉末既能被水同时又能被油润湿时，才会停留在油-水界面上。目前普遍用接触角 θ 来衡量粉末的亲水亲油性。

若粉末处在油-水界面上，这时有固-油、固-水和油-水3个界面，也存在 $\sigma_{固-油}$、$\sigma_{固-水}$ 和 $\sigma_{油-水}$ 三个界面张力。当这3个界面张力在固、油、水三相接触处达到平衡时，应服从如下关系：

$$\sigma_{固-油} - \sigma_{固-水} = \sigma_{油-水}\cos\theta \tag{3-14}$$

式中，θ 为在水相方面的接触角。

显然，当 $\theta > 90°$ 时，$\cos\theta < 0$，则 $\sigma_{固-水} > \sigma_{固-油}$，粉末大部分在油相中，即它的亲油性强，应得W/O型乳状液。

当 $\theta < 90°$ 时，$\cos\theta > 0$，则 $\sigma_{固-水} < \sigma_{固-油}$，粉末大部分在水相中，即它的亲水性强，应得O/W型乳状液。

当 $\theta = 90°$ 时，$\cos\theta = 0$，则 $\sigma_{固-水} = \sigma_{固-油}$，固体粉末在油相和水相中各占一半，即既可是O/W型乳状液也可以是W/O型乳状液，实际上得不到稳定的乳状液。

一般情况下，在油-水体系中加入易为水所湿润的粉末（如SiO_2、氢氧化铁以及铜、锌、铝等的碱式硫酸盐）易形成O/W型乳状液，而炭黑、煤烟、松香等易被油润湿的粉末易形成W/O型乳状液。

综上所述，影响乳状液稳定性的因素是复杂的，对于具体的乳状液体系要作具体分析，并不是所有这些因素在同一个具体的乳状液实例中都存在。根据大量实践结果分析，上述各种因素中，界面膜的形成与其膜强度是乳状液稳定性的主要影响因素。如果表面活性剂是离子型的，则在界面上的吸附为油珠所带电荷的主要来源（主要对O/W型乳状液而言），这种双电层排斥作用是重要的稳定因素。对于应用非离子表面活性剂和高分子表面活性剂作乳化剂的体系，位阻稳定作用和液晶形成是重要的稳定因素。由此看来，乳化剂在界面上的吸附与影响乳状液稳定性的许多因素有重要关系。所以要得到比较稳定的乳状液，首先应考虑乳化剂在界面上的吸附性质，吸附强者，界面浓度大，界面张力降低较多，界面分子排列紧密，相互作用强，因而界面膜强度大，形成的乳状液较稳定；反之，则形成的乳状液就不稳定。

（二）乳状液的稳定性测定

一种化妆品总要有一定的贮存期，它包括生产、销售及消费者使用等环节。要精确测定产品的贮存期，只有长期存放，即使这样，也由于贮存的地区不同而产生不同的结果。对于研究或生产单位来说，依靠长期存放的方法是不可行的，那就无法工作，因此通常在实验室中使用强化自然条件的方法来测定乳状液的稳定性。

1. 加速老化法

一般将产品在40~70℃条件下存放几天，再在-30~-20℃条件下存放几天，或者在这两个条件下轮流存放，以观察乳状液的稳定性。或与某一产品作对比试验。一般讲，产品总要经得起在45℃条件下放置4个月左右仍然稳定。

2. 离心法

根据沉降理论，一个刚性的小球在黏性液体中的沉降速度u可用下式表示：

$$u=\frac{2gr^2(\rho-\rho_0)}{9\eta}$$

式中，ρ、ρ_0分别为质点和介质的密度，η为介质黏度，r为粒子半径。

对于乳状液来说，由于液珠外面吸附了一层表面活性剂，界面黏度比较高，可以认为液珠是刚性的。因此液珠在外相中的沉降速度u_1也可用上式表示。

当一个圆球在离心场中时，Stokes定律仍然适用，只要将重力加速度g（m/s^2）变成与离心机形状有关的参数ω^2R就行了，此时上式即成为：

$$u_2=\frac{2\omega^2Rr(\rho-\rho_0)}{9\eta}$$

式中，ω——离心机的角速度，R——液珠与转动轴之间的距离，或试样与转动轴之间的距离（m）。

$$\omega=\frac{V}{R}$$

$$V=2\pi Rn$$

式中，V——线速度，n——转速（r/s）。

代入上式得：

$$u_2=\frac{2(2\pi n)^2Rr^2(\rho-\rho_0)}{9\eta}$$

u_1和u_2分别代表液珠在液体中受重力场和离心力场作用下之沉降速度，因此这两个速度之比，可以得知液珠在离心力场作用下比在重力场作用下沉降速度大多少倍。

$$\frac{u_2}{u_1}=\frac{(2\pi n)^2R}{g}=K=\frac{t_1}{t_2}$$

式中，t_1和t_2分别代表液珠在重力场和离心力场作用下沉降时间（h）。当离心机选定后，K是一定值，那么只要测出乳状液在离心机中转多少时间分层，就可计算其在通常情况下可放置的天数。当然这种计算也只是近似的方法，但作为估计乳状液的稳定性（即能存放时间）还是可行的。

例如：某乳液在一个半径为5cm的离心机中，以4800r/min的转速转了7h出现分层，问该乳液在通常情况下能存放多长时间？

$$t_1=t_2\frac{(2\pi n)^2R}{g}$$

式中，t_2=7h，R=5cm=0.05m，g=9.8m/s^2，n=4800r/min=80r/s。

$$t_1=\frac{(2\pi n)^2R}{g}t_2=\frac{4\pi^2\times 80^2\times 0.05}{9.8}\times 7=9014.49\text{h}=376\text{d}$$

即在通常情况下该乳液约可存放1年时间。

四、乳状液的制备方法

（一）乳状液的乳化方法

乳状液的制备是将一种液体以液珠的形式分散到另一种与其不相混溶的液体中的过程。在工业生产和科学研究中，在确定了合理的配方之后，制备乳状液的方法和技术也很重要。必须用一定的方式来制备乳状液，因为不同的混合方式或分散手段常直接影响乳状液的稳定性甚至类型。

常用得到稳定的乳化体的方法如下。

（1）自然乳化法　将乳化剂加入油中，制成乳化剂的油溶液，使用时，把乳化剂油溶液直接倒入水中并稍加搅拌，就形成O/W型乳状液。另一种方法是把水直接加入到油相溶液中，可得到W/O型乳状液。医药上常用的消毒剂“煤酚皂”（亦称来苏尔，是含肥皂的甲酚溶液）即用此法制得O/W型乳状液。

（2）瞬间成皂法　将脂肪酸溶于油中，碱类溶于水中，加热后混合并搅拌，在界面上即可瞬间生成作为乳化剂的脂肪酸盐（俗称皂）。用这种方法只需要稍微搅拌（甚至不搅拌）即可制得液滴小而稳定的乳状液。此法限于制备皂类稳定的O/W型或W/O型乳化体，例如，硬脂酸钾皂制成的雪花膏，硬脂酸铵皂制成的膏霜、奶液等。

（3）界面复合膜生成法　在水相中加入易溶于水的乳化剂，在油相中加入易溶于油的乳化剂。在剧烈搅拌下，将油相和水相混合，两种乳化剂在界面上形成稳定的复合膜。用此法制备的乳状液也是十分稳定的，但使用上有一定局限性。

（4）转相乳化法　是指乳状液由O/W型转变成W/O型或由W/O型转变为O/W型的方法。其中较常见的是采用此法制备O/W型乳状液：将乳化剂溶于油中并加热，在剧烈搅拌下慢慢加入温水。起初加入的水以细小的水珠分散于油中，形成W/O型乳状液，继续加水，随着水量的增加，乳状液逐渐变稠，再继续加水到一定程度，油相无法将水相包住，乳状液黏度明显下降，最后转相变成了O/W型乳状液，快速把余下的水加完即可。

这种转相方法是通过外相的增加而实现的，所以，又称为增加外相的转相法。此外，还可利用温度的变化来实现转相，其原理已在本章第二节作了介绍。例如，把阴离子型表面活性剂加到非离子型表面活性剂的体系中，使非离子表面活性剂的浊点大大提高，从而在较高温度达到转相的目的。用这种方法制得的乳状液液滴大小不够均一，但方法简单。若用胶体磨或均质器处理一次，可得均匀而又较稳定的乳状液。

（5）低能乳化　低能乳化（Low Energy Emulsification，简写LEE）是由T.J.Lin首先提出来的。该方法节能效果明显，能提高乳化产品的效率，缩短制造时间，大大降低生产成本。

LEE法主要适用于制备O/W型乳化体，也可用于W/O型乳化体的制备。此方法的关键在于选择好外相中加热与不加热部分的比例。

LEE的基本原理如下：第一步，先将内相、部分外相分别加热至所需温度，然后将这部分外相加入到内相中，进行均质乳化搅拌。乳化刚开始时乳化体为W/O型，随着被加热外相的不断加入，乳化体会变成O/W型，称之为浓缩乳化体。第二步，再加入剩余的未经加热的那部分外相，对浓缩乳化体进行稀释。此过程中，乳化体的温度因加入未加热的外相而下降。

在制造化妆品乳化体的通用过程中，一般先将油相、水相分别加热至75~95℃后，再进行乳化，然后进行混合、搅拌、冷却等，在这一系列过程中消耗了大量的能量，其中的大部分能量都被浪费掉了。显然，LEE方法降低了许多能量的消耗。已证明，用低能乳化法制成的乳化体具有良好的稳定性，与其他方法相比，质量没有多大差别，却可节省约50%的热能。

LEE法既可用于制备乳液和膏霜，还可以用于制造香波等化妆品。

（6）交替加液法　将水相和油相少量多次交替加到乳化剂内，制得乳状液。这是食品工业中常用的方法，在化妆品生产中应用较少。

上述六种方法中，除最后一种方法外，都是化妆品生产中常采用的方法，其中自然乳化法、界面复合膜生成法、交替加液法制得的产品一般都颗粒较细、较均匀，也比较稳定。应用最多的是自然乳化法和转相乳化法。

（二）影响分散程度的因素

（1）乳化设备及混合方式　化妆品乳状液的制备主要涉及混合技术。通过混合技术制备出性能优良、符合有关标准的乳状液化妆品。制备乳状液的机械设备主要是乳化机，它是一种使油相、水相混合均匀的乳化设备。乳化机的类型主要有四种：乳化搅拌机、胶体磨、均质器、超声波乳化器，其中胶体磨和均质器是较好的乳化设备。性能较好的是真空乳化设备等。

①乳化搅拌机：用较高速度（4000~8000r/min）螺旋桨搅拌器制备乳状液是实验室和工业生产中经常使用的一种方式。胶片生产中油溶性成色剂的分散采用的就是这种方式。此法的优点是设备简单、操作方便，缺点是分散度低、不均匀，且易混入空气。

②胶体磨：将待分散的体系由进料斗加入到胶体磨中，在磨盘间切力的作用下使待分散物料分散为极细的液滴，乳状液由出料口放出。上下磨盘间的隙缝可以调节，国内的胶体磨可以制取10mm左右的液滴。

③均质器：均质器（homogenizer）设备简单，操作方便，其核心是一台泵，可加压力60MPa，一般在20~40MPa下操作。均质器的优点是分散度高、均匀，空气不易混入。国产均质器已在轻工、农药等行业中普遍使用。目前国内的一些高剪切混合乳化机，集乳化、均化、粉碎于一体，可使液滴的细度高达0.5mm左右，所制备的乳液在长达2年的时间内不分层。

④超声波乳化器：用超声波乳化器制备乳状液是实验室中常用的乳化方式，它是靠压电晶体或磁致伸缩方法产生的超声波破碎待分散的液体。大规模制备乳状液的方法则是用哨子形喷头，将待分散液体从一小孔中喷出，射在一极薄的刀刃上，刀刃发生共振，其振幅和频率由刀的大小、厚薄以及其他物理因素来控制。

用不同的分散方法所制得的乳状液，其液滴大小不同。除了上述制备乳状液的一般方法外，工业上还采用高速混合器，可以在有乳化剂情况下迅速获得稳定的乳状液，但其机理还不很清楚。有趣的是，在制备乳状液过程中，振荡时分散相和分散介质之间同时被分散，因此间歇振荡的效果远比连续振荡的好。

格里芬曾对不同类型的乳化机与乳状液颗粒大小的分布关系进行了实验研究，其结果见表3–6。

表 3–6　　乳化设备与颗粒分布的关系

乳化设备类型	微粒粒径尺寸/μm		
	1%乳化剂	5%乳化剂	10%乳化剂
涡轮式乳化搅拌机	2~9	2~4	2~4
胶体磨	6~9	4~7	3~5
均质器	1~3	1~3	1~3

（2）温度　乳化温度对乳化效果影响很大，温度的控制包括乳化过程和乳化后的温度。

①如果油相、水相均为液体时，在室温下进行搅拌就可实现乳化。

②对常温下为固体的油相或乳化剂等，需要升高温度使它们溶解度增大或溶化。一般常使油相温度高于其融化温度10~15℃；乳化过程中，油、水两相的温度均能控制在75~85℃之间。

③若油相中含有高熔点的蜡等成分，则可提高乳化温度。

④有时油相或水相黏度大，或乳化过程中体系黏度太大而影响搅拌时，也要适当提高乳化的温度。通常膏霜类乳化温度在75~95℃。

乳化温度和乳化后冷却的速度对液珠大小亦有影响。一般来说，冷却速度快，产生的液珠较小。但冷却速度太快，高熔点或溶解度小的物质（如蜡）会形成结晶，导致乳化效果很差。因此，应当由试验确定冷却速度。

（3）乳化剂浓度　在乳状液的制备中，在一定范围内增加乳化剂的浓度对分散有利，浓度过高并无益处，因而乳化剂的用量常在1%以下，油与水的比例可以任意配合。在许多情况下，分散相液体的体积可以达到90%甚至99%以上仍然具有良好的稳定性，此时被分散的液滴必然变形，它们已经不是圆球而是被分散介质薄膜隔开的不规则多面体。

（4）乳化时间　对同一体系和分散方法，随着乳化时间的延长液滴变小，但小到一定程度后即不再随时间的延长而变化了。这在生产中很有意义，可以在最短的时间内取得最佳效果，提高经济效益。

乳化时间受到油相和水相的体积、两相的黏度、乳化剂的种类及用量、乳化温度以及生成的乳状液的黏度等因素的影响。

（5）搅拌速度　搅拌速度对乳化效果也有较大影响。乳化过程中搅拌剧烈，会影响乳化剂的用量，也影响乳化体的颗粒大小。搅拌速度过高，会将空气带入体系而产生气泡，使乳状液不稳定。因此，一般情况下，在乳化开始时采用较高速搅拌对乳化有利，在乳化结束进入冷却阶段后，以中等速度或慢速搅拌可以减少气泡的混入。

第三节　增溶与微乳

一、增 溶 作 用

表面活性剂在水溶液中形成胶束后，能使不溶或微溶于水的有机物的溶解度显著地增加，形成热力学稳定的、各向同性的均匀溶液，这种作用称为增溶作用。具有较显著增溶作用的表面活性剂称为增溶剂或加溶剂（solubilizer），被增溶的有机物称为（被）增溶物（solubilizate）。这些概念可扩展到非水溶液体系。

利用表面活性剂的增溶作用增加一些不溶或难溶于水的有机物在水中的溶解度已广泛地应用于各个工业领域中，例如在洗涤过程中，利用增溶作用除去油性污物；为提高原油开采率，利用增溶作用产生超低表面张力，使粘附在岩层砂石上的油形成胶束溶液。此外，在有机反应的催化、乳液聚合、制备和分析过程中物质的分离、药物的输运和吸收等方面都有广泛的应用。

在化妆品和盥洗用品方面，大多数配方都含有水。在几千种原料中部分原料可溶于水，大部分原料是难溶或不溶于水，需要利用增溶作用使之混合成透明或半透明的产品。例如利用增溶作用将香精和精油制成花露水、古龙香水和化妆水，配制凝胶状（即嗜喱型）透明的整发、护发、洁肤、护肤和沐浴制品。

增溶作用与一般乳化作用不同，乳化作用产生的乳液在热力学上是不稳定的、多相的体系，某些情况下为各向异性的，其颗粒或液滴的粒径100~400nm。增溶作用一般可自发地进行，表面活性剂的胶束与增溶物之间存在着可逆的相互作用，增溶后产生的溶液一般为透明或半透明的溶液，其颗粒或液滴的粒径10~100nm。

增溶作用与水溶助长作用（hydrotropy）不同，水溶助长作用是利用水溶助长剂（如丁酸钠、水杨酸钠等相对分子质量较小的羧酸钠和芳香基磺酸盐、低碳醇、尿素以及乙酰胺等）与增溶物之间形成加合物，大大地改变增溶物对溶剂的亲和作用，使溶解度发生变化。水溶助长剂一般加入量较大，而在增溶作用中，表面活性剂用量相当少，溶剂性质也无明显的变化。

增溶作用是与胶束形成有直接关系的，因此，弄清楚增溶物在胶束中的位置和状态，是揭示增溶作用机理的关键所在。大量有关增溶作用的X射线衍射、紫外光谱及核磁共振谱的研究结果表明，由于增溶物的分子结构和胶束类型不同，增溶物在胶束中的状态和位置也不同，但对某一体系是基本上不变的，通常有如下四种方式。

1. 非极性分子在胶束内心的增溶作用

增溶物进入胶束内部，即有如增溶物溶于胶束内部碳氢链“溶剂”之中［图3-7（1）］。饱和烷烃（如正庚烷）、脂环烃（如环己烷）、芳香烃（如苯、乙苯和烷基苯等）等非极性分子或不易极化的分子在水溶液中的增溶作用属于这一类型。实验证实，这类增溶作用随着增溶量的增加，胶束变大。

2. “栅栏”插入式增溶作用

表面活性剂的极性亲水基和构成胶束内心的外壳的疏水基的头几个碳原子（靠近亲水基）之间区域称为胶束的“栅栏”。这部分区域是胶束极性部分，它如“栅栏”般阻止极性分子完全渗透入胶束的核心内。较长链的极性分子，如长链的脂肪酸和脂肪醇、胺和极性染料等，在水溶液中被增溶时，其非极性碳氢链插入胶束内部，而极性头则混合于表面活性剂极性基之间，通过氢键或偶极子相互作用。增溶物渗透入“栅栏”的深度［图3-7（2）］取决于分子中极性结构与非极性结构的比例，链长越长和极性较低的化合物比短链和极性高的化合物渗透得更深。

3. 胶束表面吸附增溶作用

某些在水介质中较小的极性分子，如苯二甲酸二甲酯（不溶于水，也不溶于非极性烃类）和一些染料，增溶时吸着于胶束表面区域或分子“栅栏”的靠近胶束表面的区域［图3-7（3）］，这种方式的增溶作用的增溶量在CMC以上，几乎呈一定值。

4. 在聚氧乙烯链间的增溶作用

含有聚氧乙烯链的非离子表面活性剂，其胶束体积的大部分是在“栅栏”区域，由于POE链及其附带的溶剂分子较庞大，亲水链呈卷曲状，由胶束的核心向溶液伸展，核心部位附近的“栅栏”区整个空间挤满POE链，链间的一些小空隙供水合离子或暂时停留的分子使用。一些增溶物分子可包藏于胶束外层聚氧乙烯的亲水链中。苯和苯酚在非离子表面活性剂水溶液中的增溶作用属于这种方式［图3-7（4）］。

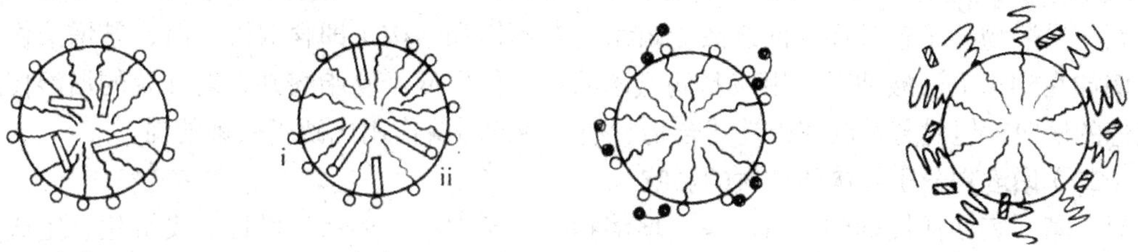

（1）　　（2）　　（3）　　（4）

图 3-7　增溶方式示意图

二、增溶作用的影响因素

（一）表面活性剂的结构

表面活性剂结构影响到增溶作用的主要有：表面活性剂的类型、疏水基链长、相反离子及疏水基结构和不饱和性，下面分别介绍。

1. 不同类型表面活性剂的增溶作用

对于疏水基有相同链长的各类表面活性剂，增溶物为烃类或增溶于胶束内心的极性化合物时，各类表面活性剂的增溶作用有如下的减少顺序：非离子表面活性剂>阳离子表面活性剂>阴离子表面活性剂。可能的原因是：非离子表面活性剂的临界胶团浓度比离子型低，而阳离子表面活性剂胶团则可能比阴离子表面活性剂在结构上更为疏松。表面活性剂分子在胶团中排列的紧密程度不同，因而在不破坏原有结构的条件下能容纳外加分子的量不同。

2. 疏水基链长的影响

烃类和长链极性有机物，主要被增溶于胶束内部或“栅栏”层的深部，随着胶束增大或其聚集数的增加，其增溶量也增大。在表面活性剂同系物中，形成胶束的大小随碳原子数的增加而增加，于是增溶作用也随之增强。聚氧乙烯型非离子表面活性剂的水溶液对脂肪烃的增溶作用，在给定温度下随碳氢链的增长和聚氧乙烯链减小而增加。另一方面，对于像乙苯这类增溶物，可增溶于聚氧乙烯链和胶束的内心，其增溶作用随同系物（如$C_{12}H_{25}(OC_2H_4)_xOH$，$x$=6~8）POE链长的增加而增大。这与胶团聚集数和胶团内核有关。可能的原因是：尽管聚氧乙烯链长增加有利于被加溶物加溶，但与此同时临界胶团浓度增加、胶团聚集数降低的不利因素抵消了上述有利因素的作用。

3. 反离子的影响

离子型表面活性剂的极性基的变化也会影响其增溶能力，可能的原因是引入第二个离子性基团后，表面活性剂的亲水性增加，临界胶团浓度上升、聚集数降低，故增溶烃类的能力降低；另一方面，形成胶团的表面活性剂基间的电性斥力加大，使其分子间的空间扩大，有利于极性分子插入而增加增溶量。如二价金属的烷基硫酸盐对苯的增溶作用比相应的钠盐较大。十六烷基吡啶盐类对偶氮苯的增溶作用的顺序是：氯化物>乙酸盐>硫酸盐。比较马来酸单酯RCOCCH=CHCOONa和磺基琥珀酸单酯$RCOCCH_2$=CH（SO_3Na^-）COONa的增溶作用时会发现：引入磺酸基后，表面活性剂对烃类（如正辛烷）的增溶作用减少，而对极性物（如正辛醇）的增溶作用增加。

4. 疏水基结构和不饱和性的影响

疏水基带支链的表面活性剂，其增溶作用较直链者小，这是因为几何因素和堆积容量的限制，增溶物分子较难穿入的缘故。疏水基有不饱和结构（即含双键）时，其增溶作用下降，例如在50℃下油酸钾对二甲胺基偶氮苯的增溶作用低于硬脂酸钾，对环烷的增溶作用也有相似的倾向，但对芳香族或极性化合物，油酸钾的增溶作用比硬脂酸钾的强。

（二）增溶物分子结构和性质的影响

对于某一表面活性剂的增溶体系，增溶物的分子大小、形状、极性、支链化、组成原子的电负性对增溶作用都有较大的影响。

1. 摩尔体积的影响

碳氢化合物的最大增溶量与其摩尔体积近似成反比。直链烃同系物和苯、甲苯、乙苯、萘、菲、蒽类芳香族系列在月桂酸钠水溶液中的增溶作用符合这个规律。也就是说，脂肪烃与烷基芳烃增溶的程度随增溶物链长的增加而减小，随其不饱和度及环化程度的增加而增加；对于多环芳烃，增溶程度随分子大小的增加而下降。有分支的化合物与直链化合物的增溶程度一般相差不大。

2. 极性的影响

若烷烃的一个氢原子被极性基团（如—OH或—NH_2等）所取代，其极性增加，则被表面活性剂所增溶的程度会大大地增加，例如正庚烷的一个氢原子被一个—OH基取代而成正庚醇后，在十四酸钾水溶液中的增溶量就增加很多。一般而论，增溶物的极性越小，碳氢链越长，则增溶程度越低。

（三）电解质的影响

少量中性的电解质加到离子表面活性剂水溶液中，可增加烃类等非极性有机物的增溶程度（增溶于胶束内心部分），但却减少极性有机物的增溶程度（增溶于“栅栏”的外层）。中性电解质的加入，使离子表面活性剂的CMC大为降低，并且使胶束聚集数增加，胶束变大，其结果是增加了碳氢化合物的增溶。但另一方面，中性盐的加入，使胶束“栅栏”分子间的电斥力减弱，于是“栅栏”排列得更加紧密，从而减少了极性化合物增溶的可能位置，使极性化合物增溶程度下降。

中性电解质加至含聚氧乙烯非离子表面活性剂水溶液时，会增大烃类的增溶程度，这是由于中性电解质的加入使胶束的聚集数增加。增溶程度按下列顺序下降：K^+>Na^+>Li^+，Ca^{2+}>Al^{3+}，SO_4^{2-}>Cl^-。电解质加入对极性有机物在这类表面活性剂中的影响不大。

（四）有机添加剂的影响

被增溶的非极性有机物（如烃类）在表面活性剂的胶束内存在，引起胶束溶胀增大，有可能使更多的极性有机物插入“栅栏”层，其结果增加极性有机物的增溶程度。另一方面，这样的极性有机物（如长链的醇类、胺类和硫醇）进入胶束的“栅栏”层被增溶后，同样也会使烃类增溶程度增加。极性有机物的碳氢链越长和极性越低（即形成氢键的能力越弱），使烃类的增溶程度增加得越多，例如增溶能力的顺序：RSH>RNH_2>ROH。然而，将长链的脂肪醇加于十二烷基硫酸钠水溶液后，会使油酸增溶程度降低。随着脂肪醇浓度和链长的增加，其增溶程度降低，这可能是油酸和脂肪醇之间在争取胶束“栅栏”层的位置的结果。

在表面活性剂溶液中加入高分子添加剂，包括天然高分子和合成高分子，对加溶作用有明显影响。如合成聚合物、蛋白质、淀粉和纤维素衍生物等高分子化合物可与表面活性剂反应，生成络合物，并吸附在高分子化合物的表面。它们之间主要存在静电和疏水性的相互作用，当在络合物中表面活性剂的浓度足够高时，这种聚合物——表面活性剂络合物表现出比表面活性剂单独存在时更高的活性，在低于表面活性剂CMC时就显示出增溶作用。合适结构的高分子化合物加于表面活性剂溶液中能增加表面活性剂的增溶能力。$C_{10\sim16}$烷基硫酸钠在低于CMC浓度时，与血清白蛋白形成络合物，使油溶性的偶氮染料和异辛烷溶解。随着表面活性剂浓度和每摩尔蛋白质吸附表面活性剂的分子数以及蛋白质的浓度的增加，每摩尔表面活性剂溶解的染料摩尔数也增加。

聚氧乙烯乙二醇加于十二烷基硫酸钠和p-辛基苯磺酸钠，会增加它们对偶氮染料Yellow OB的增溶作用。随着乙二醇的聚合度增加，染料的增溶程度也增加。

一般说来，聚合物疏水性越强，在水溶液中对表面活性剂的吸附作用越大；高聚物上的亲水基能与水相互作用，并减弱表面活性剂与聚合物的相互作用。阴离子表面活性剂在一些非离子聚合物上的吸附作用有如下的近似顺序：聚乙烯吡咯烷酮~聚丙二醇>聚乙烯乙酸酯>甲基纤维素>聚乙二醇>聚乙烯醇。对于长链胺的氯化物，除聚丙二醇吸附作用较聚乙烯吡咯烷酮大外，其吸附作用大小的顺序与上述的相似。

（五）温度的影响

温度对增溶作用的影响，因表面活性剂及增溶物的不同而异。主要从两方面来考虑：一方面温度变化使胶团的形状、大小、临界胶团浓度甚至带电量改变，这必然影响其增溶能力；另一方面若温度变化使溶剂和溶质分子间的相互作用改变，以致体系中表面活性剂和加溶物的溶解性质显著变化。一般说，温度改变促使临界胶团浓度降低或使聚集数增加则促进其增溶作用。

对于离子表面活性剂，增加温度一般会引起极性和非极性增溶物的增溶程度增加，其原因可能是热运动使胶束中能发生增溶作用的可利用的空间加大。对于有聚氧乙烯基的非离子表面活性剂，温度增加对增溶作用的影响与增溶物的性质有关。随着温度升高，增溶于胶束内心的非极性有机物（如脂肪烃和烷基卤化物）的溶解度增大，特别是当温度升至接近表面活性剂的浊点时，溶解度剧增。对于极性增溶物来说，情况完全不同，其增溶位置是在胶束“栅栏”的界面区域，到达浊点以前，增溶量往往随温度上升而出现一个最大值。这是因为温度上升的开始阶段，胶束内表面活性剂分子的热运动增加，使增溶作用有小或中等程度的升高；继续提高温度，加剧聚氧乙烯基的脱水作用，使聚氧乙烯链卷曲得更紧，减少了“栅栏”层可利用的空间，于是极性有机物的增溶程度降低。对较短链的极性化合物，在接近浊点时，增溶量降低得更为显著。

三、微　乳　液

微乳液是一种液体分散在另一种液体中，由不相混的油、水和表面活性剂自发形成的外观均匀、透明、稳定的液体。被分散相形成球状液滴形式，球状液滴直径小于1/4白光波长，或者接近0.14μm（140nm）。虽然这样大小粒径意味着光能够通过它，但体系并不一定是透明的，许多微乳液表现出光的散射性。

微乳状液有两种基本类型，即水包油型（O/W）和油包水型（W/O），前者是油为分散相，水为分散介质；后者则反过来。在一定条件下微乳液可自发形成，稀释法判断乳液类型在此不再适用。微乳状液的基本结构是以表面活性剂定向单层分隔的不相混溶的液体微区，所形成的两种液体微区中可以有一种是孤立的，也可以是双连续的。因此，微乳状液有三种类型，图3-8是三种类型微乳的结构示意图。在微乳体系中，表面活性剂主要存在于界面膜中。表面活性剂的亲水基和疏水基与两种溶剂分别发生溶剂化作用，结果，溶剂插入定向排列的表面活性剂分子之间。所以，也常把这种表面活性剂层形象地叫栅栏层。

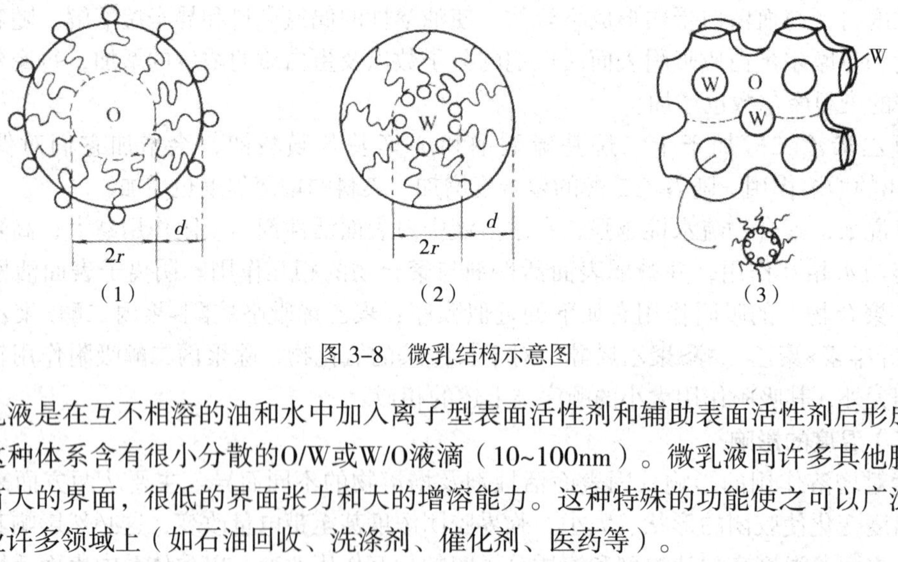

图3-8　微乳结构示意图

微乳液是在互不相溶的油和水中加入离子型表面活性剂和辅助表面活性剂后形成的均一溶液，这种体系含有很小分散的O/W或W/O液滴（10~100nm）。微乳液同许多其他胶体体系比较，有大的界面，很低的界面张力和大的增溶能力。这种特殊的功能使之可以广泛地应用在工农业许多领域上（如石油回收、洗涤剂、催化剂、医药等）。

一般微乳液的组成包括5个成分：油、水、表面活性剂、辅助表面活性剂和盐。表面活性剂、辅助表面活性剂和油的化学结构能显著地影响微乳液相图。微乳液形成有两个条件。

（1）在水-油界面上，表面活性剂或表面活性剂混合物吸附作用大　通过适当选择表面活性剂和体系中适当的亲水亲油平衡（HLB）值可以产生大的吸附作用，也能够在给定的表面活性剂混合物中应用调节HLB的方法，如加入辅助表面活性剂，改变盐度和温度以达到这个目的。

（2）界面流动性高　通过使用适当的辅助表面活性剂或最佳温度提高界面流动性。微乳液形成中，辅助表面活性剂的作用有：降低界面张力，增加界面流动性；调节pH和界面弯曲，导致微乳液自发地形成。

第四节　润湿与分散

一、润 湿 作 用

润湿是指固体表面的气体或液体被另一种液体代替的过程，通常润湿是指用水或水溶液将液体或固体表面上的空气取代，能增强这一取代能力的物质称为润湿剂。润湿作用是一种表面和界面过程，因而与表面活性剂密切相关。几乎所有表面活性剂都在一定的程度上显示出改善水润湿能力的表面活性。

化妆品主要是使用在人体皮肤上，要使其在皮肤上分散开来并且牢固地粘附在皮肤上发挥作用，润湿非常关键。表面活性剂的乳化作用、渗透作用、分散作用和增溶作用等与润湿作用密切相关。

表示润湿的程度常以固–液界面之间的接触角（又称为润湿角）大小来衡量。将液体滴在固体表面，液体或者在固体表面铺展开来，或者形成一个半圆形的液滴停留于固体表面上，极端的情况是以圆珠的形式在固体表面上滚动。若在固、液、气三相交界处自三相交点处做气液界面的切线，此切线与固液交界线之间的夹角即称为接触角 θ，如图3–9所示。

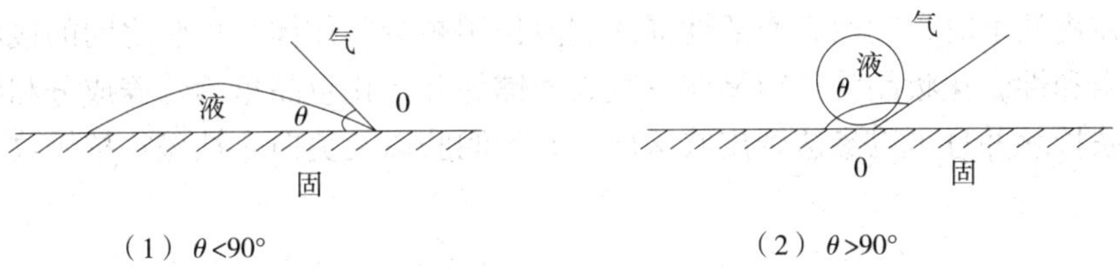

图 3–9　润湿角示意图

液体对固体表面能否润湿取决于其表面张力的大小。表面张力大的液体倾向于往中心收缩，接触角 θ 增大，在固体表面形成液珠。当在液体里面加入少量表面活性剂以后，表面活性剂能够显著降低多相表面或者界面的张力，抵消了液体往中心收缩的作用力，令接触角 θ 减小，液体就能够顺利地在固体的表面铺展开来，也就是说被润湿了。

从热力学观点看，在恒温恒压下体系的表面自由焓降低就能润湿，且降低越多润湿程度越好。固–液界面体系表面自由焓 ΔG 的表达公式如下：

$$\Delta G=\gamma_{SL}-\gamma_{LA}-\gamma_{SA} \qquad (3\text{–}15)$$

式中，γ_{SA}为固/空气界面自由能，γ_{SL}为固/液界面自由能，γ_{LA}为液/空气界面自由能。

当体系自由焓降低时，它向外做的功为：

$$W_a=\gamma_{LA}(1+\cos\theta) \qquad (3\text{–}16)$$

式中，W_a称为粘附功。W_a越大，体系越稳定，液–固界面结合越牢固，或者说此液体极易在此固体上粘附。所以，$\Delta G<0$或$W_a>0$是液体润湿固体的条件。但固体的表面张力γ_{SA}和γ_{SL}难于测定，而润湿角是可以通过实验测定的，为此我们建立了润湿角与各种界面自由能之间的关系，当固体表面之液滴处于平衡时，平衡接触角与固/气、固/液、液/气界面自由能之间有如下的关系：

$$\gamma_{SA}=\gamma_{SL}+\gamma_{LA}\cos\theta \quad (3\text{–}17)$$

此式习惯上称为杨氏方程，它是润湿的基本公式，也称为润湿方程。

通常所说的“润湿”实际上有粘附、浸润和铺展3种类型。除粘附功外，浸润功和铺展功的表达式分别为：

$$W_i=\gamma_{SA}-\gamma_{SL} \quad (3\text{–}18)$$

$$W_S=\gamma_{SA}-(\gamma_{SL}+\gamma_{LA}) \quad (3\text{–}19)$$

若将润湿方程式（17）分别依次代入各类功的公式——式（3–18）和式（3–19），则得到如下表达式：

粘附功 $W_a=\gamma_{LA}(1+\cos\theta)$

浸润功 $W_i=\gamma_{LA}\cos\theta$

铺展系数（铺展功）$W_S=\gamma_{LA}(\cos\theta-1)$ （3–20）

假定这些润湿过程都能自发进行，即各形式的功均为正值，则若液体在固体上粘附，必须 $\theta\leqslant180°$；欲浸润，$\theta\leqslant90°$；欲铺展，$\theta=0°$，要求最高。因此，一般认为，铺展是润湿的最高标准，凡能铺展，必能浸润，更能粘附。

人体的皮肤表面或多或少存在有油性的分泌物，水溶液型的化妆品涂抹在皮肤上，接触角较大，不容易粘附、分散和停留下来，使用受到影响，化妆品应有的护肤作用自然不能充分发挥出来。在这种情况下，可以使用表面活性剂将化妆品做成水包油或者油包水形式的乳化体，涂抹在皮肤上时，利用表面活性剂的润湿作用减少乳化体与皮肤之间的接触角，增加两者之间的亲和性，化妆品就很容易在皮肤表面铺展开，化妆品里的营养成分和油分、水分顺利地与皮肤接触并且可以渗透到皮肤深层，起到润肤以及美白、祛斑、抗皱纹、防晒等护肤作用。

二、表面活性剂对润湿作用的影响

使液体能润湿或加速润湿固体的表面活性剂称为润湿剂。应用润湿剂改变固–液体系的润湿性质，以满足各类生产过程和产品的需要，它的主要作用有两方面：一是通过表面活性剂在固体表面的吸附，从而有效地改变固体表面的润湿性质；二是提高液体介质的润湿能力。

表面活性剂的两亲性分子吸附于固体表面，形成定向排列的吸附层，降低界面的自由能，改变固体表面的润湿性质。由于固体表面性质不同，从润湿方程来看，表面能高的固体比表面能低的固体更容易被液体所润湿。按照表面能的大小，固体可大致分成两类，即高表面能和低表面能。低表面能的固体多为高分子固体和有机固体，这类分子的结构为非极性的；高表面能的固体包括金属及其氧化物、硫化物，无机盐等。高表面能的固体与一般液体接触后，体系表面能将有较大的降低，应为一般液体所润湿；低表面能的固体其表面能与一般液体不相上下，其润湿性质随固、液两相成分与性质的差别而有很大的变化。

利用表面活性剂在固体表面的吸附可改变固体表面的亲水和憎水性。固体表面的极性和电荷对被吸附表面活性剂分子的取向有很大的影响，两性分子在固体表面的取向也决定其表面是憎液还是亲液。例如一些高级脂肪酸、有机胺盐、有机硅化合物、氟表面活性剂等，它们能降低高能表面润湿性，使其表面憎水化。一些金属氧化物的水溶液处理低能表面，也能使其亲水性增加。

下面以月桂酸钾阴离子表面活性剂水溶液对云母表面润湿性的影响为例，说明表面活性剂分子在固–液界面上定向吸附的状态及吸附量对固体表面润湿性的影响。

云母为硅酸盐矿物，其表面为高能表面，把云母片浸入月桂酸钾溶液中，随溶液浓度增加到接近CMC时，云母片表面变为疏水表面，水不能在其上铺展，但当浓度大于CMC以后，表面又变为亲水，水又可在其上铺展。这是由于月桂酸负离子开始时，以亲水的离子头定向吸附于云母的表面上，而以疏水的碳氢链伸入水中的吸附态吸附于云母–水界面上，把原来云母的高能表面变成了低能表面，与水的相溶性变差使 γ_{SL}增大，水在其上的接触角变大，导致云母表面润湿性变差，如图3–10（1）所示。当月桂酸钾水溶液的浓度大于CMC时，月桂酸负离子通过的碳氢疏水链可通过疏水吸附与吸附于云母表面的第一层单分子层的月桂酸的碳氢疏水链相吸附，这样在云母表面形成了双分子吸附膜，月桂酸以其负离子头伸入水中，构成新的亲水表面又取代了疏水的碳氢链形成的表面，使 γ_{SL}下降，水在其上的接触角又变小，因而云母的润湿性又重新增大，如图3–10（2）所示。

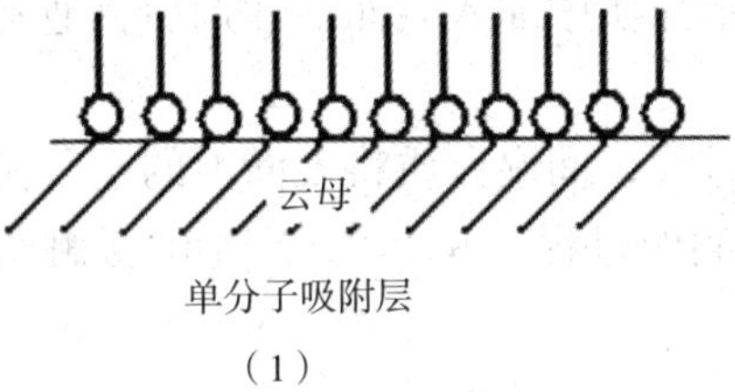

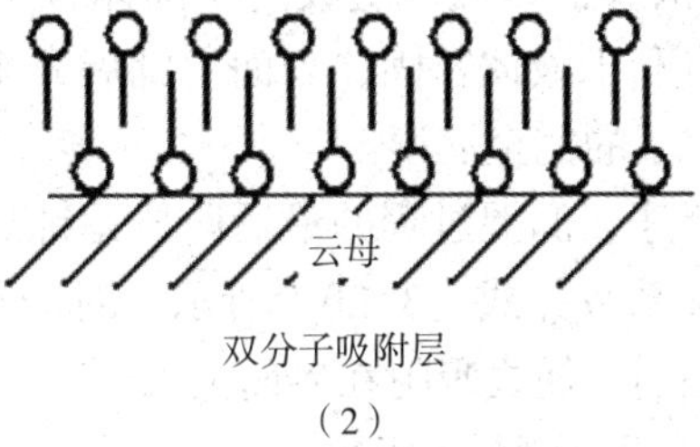

图 3–10　月桂酸钾在云母上的吸附

此外，表面活性还具有提高液体介质的润湿能力的作用。在水与低能固体表面组成的体系中，由于水的表面张力比固体临界表面张力高，故不能铺展。添加表面活性剂实质上是降低液相的表面张力，使之小于固体的临界表面张力g_c，以满足铺展发生的条件。因此，降低水表面张力最多的表面活性剂也具有最好的润湿作用。

常用的润湿剂一般都是阴离子和非离子表面活性剂，例如阴离子表面活性剂：十二烷基苯磺酸钠、烷基萘磺酸钠、二甲苯磺酸钠、磺基琥珀酸酯钠盐、*N*–甲基–*N*–酰牛磺酸钠等；非离子表面活性剂：辛烷基酚、$C_{8\sim12}$脂肪醇与环氧乙烷的加成物、直链脂肪胺的环氧乙烷加成物等。

三、分 散 作 用

固体粉末均匀地分散在某一种液体中的现象，称为分散。粉碎好的固体粉末混入液体后往往会聚结而下沉，加入某些表面活性剂后便能使颗粒稳定地悬浮在溶液中，这种作用称为表面活性剂的分散作用。在化妆品的生产和使用过程中经常涉及固体微粒分散的问题，必须将大量不溶解在液相中的固体微粒分散到液体中，形成稳定的悬浮液，满足某种特定的使用功能。夏天使用的防晒乳液是一个固体颗粒分散的典型应用例子。防晒产品通常是在体系中加入具有吸收紫外线作用的化学物质来起作用的，但是紫外线吸收剂的加入量不可能无限制地增大，一方面是成本问题，另一方面是安全性的限制。近年化妆品界推出了物理防晒的新概念，在乳液中加入非常细小的、不溶解的固体微粒，将其均匀分散在溶液中，依靠其对紫外光的阻隔和反射作用保护皮肤免受伤害，达到防晒的效果。这也需要表面活性剂的分散作用。

四、表面活性剂在分散过程中的作用

固体粒子在化妆品制造过程中的分散主要是靠表面活性剂的分散作用来实现的。固体粒子在介质中的分散过程一般有三个阶段，过程描述如下：使粉末润湿和将空气取代；粒子簇解聚或裂解；防止被分散粒子再凝聚。

1. 粉末的润湿

润湿是固体粒子分散的最基本条件，若要把固体粒子均匀地分散在介质中，首先必须使每个固体微粒或粒子团能被介质充分地润湿。在此过程中表面活性剂所起的作用有两个：一是表面活性剂在介质表面的定向吸附，当介质为水时，表面活性剂会以亲水基伸入水相而疏水基朝向气相定向排列，使表面张力降低。二是表面活性剂在固体表面上的吸附，表面活性剂在固-液界面以疏水链吸附于固体粒子表面，亲水基伸入水相定向排列，使表面张力降低，因此有利于液体在固体表面上铺展开来。在水介质中加入表面活性剂后，通常很容易实现对固体粒子的完全润湿。

如前所述，润湿过程的最后阶段是铺展润湿过程，润湿介质将表面上的空气完全取代，此时的铺展系数如式（3-20）所示。对于自发的润湿过程，$W_S \geqslant 0$，产生0°接触角，此时必须添加润湿剂，使之吸附在界面上。

2. 粒子团的分散或碎裂

微小的固体颗粒往往以粒子团的形式存在，要使粒子团分散或碎裂涉及粒子团内部的固-固界面分离问题。在固体粒子团中往往存在缝隙，另外粒子晶体由于应力作用也会使晶体造成微缝隙，粒子团的碎裂就发生在这些地方。可以把这些微缝隙看做毛细管，于是渗透现象可以发生在这些毛细管中，因此粒子团的分散与碎裂这一过程可作为毛细渗透来看待。上面提到表面活性剂可以减小液体在固体表面的接触角，促使液体沿着毛孔（毛细管）向前运动，通过同样的途径，表面活性剂能够促使粒子团分散或碎裂。

3. 阻止固体微粒的重新聚集

固体微粒成功分散在液体中得到的是一个均匀的分散体系，但过程并非就此完结。被分散的固体颗粒由于互相碰撞或者重力作用等原因，有可能在液体中重新聚集起来，所以分散体系稳定与否则要取决于各自分散的固体微粒能否重新聚集形成凝聚物。由于在分散体系中加入了表面活性剂，其分子吸附在固体微粒的表面上，增加了防止微粒重新聚集的能量屏障，形成一层结实的溶剂化膜，并且由于所加的表面活性剂降低了固-液界面的界面张力，即增加分散体系的热力学稳定性，因此总的结果是可以降低粒子聚集的倾向，使分散体系稳定下来。

固体颗粒在体系中互相摩擦可能令表面带上电荷，或者体系中存在某种带电离子（这些带电离子可能是体系中本身就具有的，也可以人为有选择地添加进去以增强效果）使颗粒表面带上电荷。当体系中加入表面活性剂后，表面活性剂的极性基团因被异性电荷的吸引定向排列在带电荷的固体颗粒表面，形成“保护层”，所有的颗粒获得同性电荷，它们互相排斥，阻止固体颗粒重新聚集，如图3-11所示。

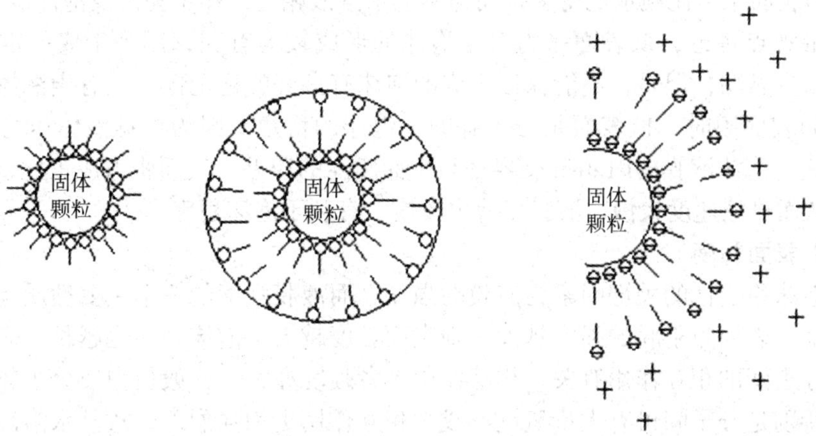

（1）降低表面张力　　（2）形成溶剂化膜　　（3）电垒作用

图 3–11　表面活性剂分散作用原理

第五节　泡沫与消泡

一、泡沫的形成及性质

泡沫是一种气体在液体中的分散体系，气体成为许多气泡被连续相的液体分割开来。气体是分散相，液体是分散介质。泡沫是泡的聚集物，是一个复杂的分散体系。由于气体与液体的密度差很大，故在液体中的气泡会很快上升到液面，形成以少量液体构成的液膜隔开气体的泡沫。因重力作用，液面上形成的泡沫逐渐分为两种结构形态：下面部分的气泡呈球状，分割液体之量较多；上面部分的气泡多为多面体状，分割液体之量越到顶部越少，并且气泡越大，如图3–12所示。

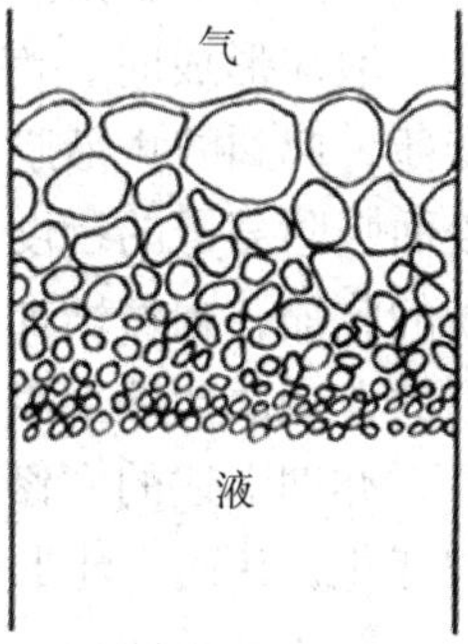

图 3–12　泡沫结构

二、影响泡沫稳定性的因素

泡沫破坏的过程，主要是隔开液体的液膜由厚变薄，直至破裂的过程。因此，泡沫的稳定性主要决定于排液快慢和液膜的强度。影响泡沫稳定性的主要因素，亦即影响液膜厚度和表面膜强度的因素，比较复杂。

（一）表面张力

泡沫生成时，伴随液体表面积增加，体系的能量（表面能）也相应增加。泡沫破坏时，体系的能量也相应下降。若液体的表面张力较低，则泡沫形成时体系能量增加相对较少，而泡沫破坏时体系的能量下降也较少。因此。液体低的表面张力有利于泡沫的形成及其稳定，例如，纯水的表面张力很高，不能生成泡沫。当肥皂溶于水后，水溶液的表面张力很低，不仅容易生成泡沫，而且相当稳定。水中加入其他表面活性剂大多也有类似情况。但是表面张力并不是影响泡沫稳定性的唯一因素，如一些纯有机液体，如乙醇、庚烷、苯及四氯化碳等，它们的表面张力比纯水低得多，而与肥皂水溶液相近，却不易形成泡沫。

自能量观点考虑，低表面张力对于泡沫的形成较为有利，因为生成一定总表面积的泡沫时，可以少做功，但是，不能保证生成的泡沫有良好的稳定性。只有当液体表面能形成有一定强度的表面膜时，低表面张力才有助于泡沫的稳定。因为根据液体压力与曲率关系的Laplace公式，泡沫液膜的P1ateau交界处与平面膜间的压差与表面张力成正比，表面张力低则压差小，从而排液速度较慢，液膜变薄也较慢，有利于泡沫稳定。

（二）表面黏度

决定泡沫稳定性的关键因素为液膜的强度，而液膜强度的一个主要性质是实验中可测得的表面黏度。表面吸附膜的强度越大，则表面黏度越大，泡沫寿命也越长。表面膜的强度与表面吸附分子间的相互作用有关，相互作用大者强度亦大。一般蛋白质分子较大，分子间作用较强（特别是分子间可有大量氢键形成，相互作用更为强烈），故其水溶液所形成的泡沫稳定性亦较好。一般疏水基中分支较多的表面活性剂，分子间相互作用较直链者差，因而溶液的表面黏度较小，泡沫稳定性亦差。

（三）液体黏度

表面黏度大时，泡沫液膜往往不易破坏。这里有两种作用，一为增加液膜表面强度，另一则为使液膜的表面膜邻近的液体不易排出（因表面黏度大，邻近表面吸附层的液体也不易流动之故）。由此可见，若液体本身的黏度较大，则液膜中液体排出较为不易，液膜厚度变小的速度较慢，因而延缓了液膜破裂时间，增加了泡沫的稳定性。但是液体的内部黏度仅为一辅助因素，若无表面吸附膜形成，则即使内部黏度大也不一定能形成稳定的泡沫。

（四）表面张力的修复作用

泡沫形成时，泡沫的液膜必须具有一定形式的弹性，以便缓冲液膜局部受力而伸展、变薄，起到防止液膜破裂的作用。对于表面活性剂吸附于表面的液膜，扩大其表面积将降低表面吸附分子的密度，同时表面张力增大，于是进一步扩大表面需要做更大的功。液膜表面积的收缩，则将增加表面吸附分子的密度，同时表面张力降低，于是不利于进一步的收缩。因此，表面活性剂吸附于表面的液膜，有反抗表面扩张或收缩的能力。此即有所谓表面弹性者，亦即上述的“修复”或“复原”作用。纯液体没有表面弹性，因其表面张力不会随表面积变化，从而不能形成稳定的泡沫。

对于此种作用，应考虑有两种不同的过程。一种是自低表面张力区域迁移表面吸附分子至高表面张力区域的过程（如上述），另一种则为溶液中的表面活性剂分子吸附至表面的过程。后一种过程亦可使受冲击液膜的表面张力恢复至原值，同时也恢复了表面吸附分子的密度。但若此过程进行较快，即吸附速度快时，则在液膜扩张部分所缺少的吸附分子将大部分由吸附来补足，而不是通过第一种过程的表面迁移。于是，受冲击部分液膜的表面张力和吸附分子的密度虽可复原，但变薄的液膜并未重新变厚（因无迁移分子带来溶液）。这样的液膜，其强度较差，因而泡沫的稳定性也较差。

（五）气体通过液膜的扩散

一般形成的泡沫中，气泡大小总是不均匀的。由于毛细压力的存在（Laplace关系），小泡中气体的压力比大泡高，于是，气体自高压的小泡中透过液膜扩散至低压的大泡中，造成小泡变小（直至消失）、大泡变大，最终泡沫破坏的现象。此种气体透过液膜的扩散，在浮于液面的单个气泡中清楚地表现出来：气泡随时间增长而逐渐变小，以至最终消失。一般可利用液面上气泡半径随时间变化的速率来衡量气体透过性。

气体透过性低者表面黏度高，泡沫稳定性亦较好；反之亦然（虽不完全对应，因还与其他因素，如膜厚等也有关系）。这些实验事实说明，气体透过性与表面吸附膜的紧密程度有相当大关系，表面吸附分子越紧密，则气体越难透过。

（六）表面电荷的影响

如果泡沫的液膜两个表面带有相同符号的电荷，则两表面将互相排斥，以防止液膜变薄乃至破裂。离子性表面活性剂作为起泡剂时，由于表面吸附，表面活性离子会富集于表面。如$C_{12}H_{25}SO_4Na$，即形成一层带负电荷的表面，反离子Na^+则分布于液膜溶液中（溶液中也有表面活性离子，但比起吸附层来，密度很小），组成了表面双电层。当液膜变薄至一定程度时，两表面的电相斥作用开始变得显著起来，防止液膜进一步变薄。在液膜较厚时此种作用不大。溶液中电解质浓度较高时，扩散双电层压缩，减少了液膜两边的电相斥作用，膜厚度变小，降低了泡沫的稳定性。

三、消泡作用

在许多场合下，泡沫的生成在生产中可能带来不少的麻烦，例如在减压蒸馏、过滤、炼油、制糖、发酵和印染等工艺中，泡沫的存在会引起操作不便及影响产品质量等一系列问题。在化妆品工业中，泡沫在乳化过程、混合和固体分散工艺过程中都会影响产品的质量和稳定性，如染发油膏中气泡的存在能加速染料中间体的氧化，降低货架寿命。

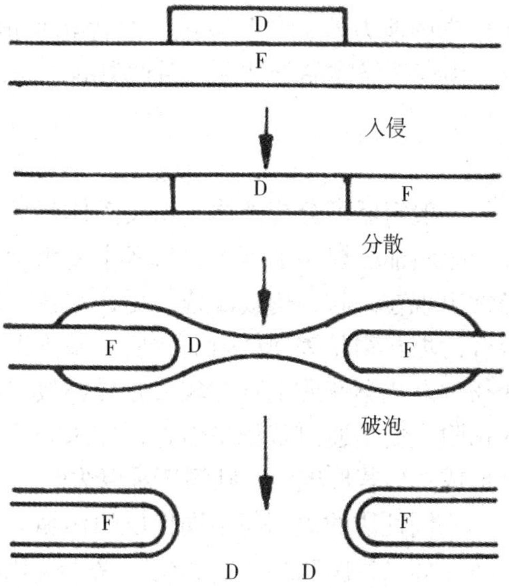

图 3-13　消泡的机理

泡沫的破坏可通过物理方法和化学方法两种途径。物理方法消泡，可利用压力的变化（减压或加压）、小孔喷出法、交替加热和冷却、过滤以及超声波处理等。化妆品工业常用的物理方法是减压（如真空乳化和混合）和过滤。化学方法消泡包括两方面：防止泡沫形成（抑泡）和消除已生成的泡沫（破泡）。通常是利用添加泡沫抑制剂（foam inhibitor）和消泡剂（foam breaker）的方法达到。当消泡剂喷洒在表面，能将存在的泡沫破坏。抑泡剂加入溶液中，可防止泡沫的生成。好的消泡剂不一定是好的抑泡剂，反之亦然。消泡剂和抑泡剂的效力随不同类型的泡沫有较大的变化，使用时必须根据不同的对象进行选择。

Ross提出消泡过程的机理如图3-13所示。当消泡剂D首先入侵与泡沫液层接触，然后在液层分散，结果使泡沫的液膜逐渐变薄，最后在该点破坏。为了使泡沫破坏作用加快，消泡剂必须是低黏度、几乎不溶于水、分散系数S必须是正值。$S=\sigma_F-\sigma_{DF}-\sigma_D$，式中$\sigma_F$和$\sigma_D$分别为泡沫液层和消泡剂的表面张力，$\sigma_{DF}$是泡沫层和消泡剂的界面张力。这表明，很小的$\sigma_{DF}$值是消泡剂的必要条件。但泡沫破坏现象是较复杂的，它还与表面和表面张力以外的其他因素有关。

化妆品工业用的消泡剂主要为油脂、脂肪酸酯、醇类和二甲基硅氧烷等，这些化合物也是化妆品常用的多功能原料。

第六节　洗 涤 作 用

一、洗 涤 过 程

洗涤作用可以简单地定义为：自浸在某种液体介质（一般为水）中的固体表面去除污垢的过程。在此过程中，借助于某些化学物质（洗涤剂）以减弱污物与固体表面的粘附作用，并施以机械力搅动，使污垢与固体表面分离而悬浮于液体介质中，最后将污物洗净、冲走。

在洗涤过程中，洗涤剂是必不可少的。洗涤剂的一种作用，是去除物品表面上的污垢；另外一种作用则是对污垢的悬浮、分散作用，使之不易在物品表面上再沉积。整个过程是在介质（一般即水）中进行，洗涤剂与物品及污垢的结合，反映了洗涤过程的主要作用，即污垢与物品分开，脱离物品表面，进而被分散、悬浮于介质中，经冲洗后除去，完成了洗涤过程。但污垢有可能再沉积于物品表面。这就是说，若洗涤剂性能较差（一是使污垢与物品表面分离的能力差；二是分散、悬浮污垢的能力差，易于再沉积），则洗涤过程不能很好完成。由于洗涤物品与被洗污垢种类的不同，因此污垢的去除机理也不同。

二、污垢的去除

一般污垢可分为液体污垢及固体污垢两类，前者包括一般的动、植物油及矿物油（如原油、燃料油、煤焦油等），后者主要为尘土、泥、灰、铁锈及炭黑等。液体污垢和固体污垢经常出现在一起，构成混合污垢，往往是液体包住固体微粒，粘附于物品表面。因此，这种混合污垢与物品表面粘附的本质，基本上与液体油类污垢的情形相似。液体污垢和固体污垢在物理及化学性质上存在较大差异，故二者自表面上去除的机理亦不相同。两类污垢与表面的粘附主要是通过范德华引力；在水介质中，静电引力一般要弱得多。污垢与表面一般无氢键形成；但若形成时，则污斑难以去除。

不同性质的表面与不同性质的污垢有不同的粘附强度。在水为介质的洗涤过程中，极性污垢（如极性脂肪物质、粉尘、黏土）比非极性污垢（如炭黑与石油等非极性油污）更容易洗净。在疏水表面（如聚丙烯、聚酯等塑料）上的非极性污垢，比在亲水表面（如棉花、玻璃）上者更不易去除；而在亲水表面上的极性污垢则比在疏水表面上者不易洗涤。如果单从机械作用考虑，则固体在纤维性物品表面上较易粘附；固体污垢质点越小，则越不容易冲洗去除。

（一）液体污垢的去除

洗涤作用的第一步是洗涤液润湿表面，否则洗涤液的洗涤作用不易发挥。水在一般天然纤维上的润湿性较好（如在棉、毛纤维上），但在人造纤维（如聚丙烯、聚酯及聚丙烯腈等）上的润湿性则较差。未经适当处理（清洗、脱脂）的天然纤维，表面上总有一些蜡及油脂，于是水在上面的接触角就相当大。

洗涤作用的第二步就是油污的去除，即润湿了表面的洗涤液如何把油污顶替下来。液体污垢的去除是通过“卷缩”机理而实现的，即洗涤液优先润湿固体表面，而使液体油污卷缩起来。油污原来是以一铺开的油膜粘在固体表面上，后来在洗涤液优先润湿的作用下，逐渐卷缩成为油珠，最后被冲洗而离开固体表面。

（二）固体污垢的去除

对于一些有低熔点的有机固体污垢，在洗涤作用中是通过提高洗涤温度或由于表面活性剂溶液的“渗入”（形成介晶相）而使之液化，再经上述的油污“卷缩”机理而去除的。

对于固体污垢，去除机理则有所不同，差异主要来自两种污垢与固体表面粘附性质之不同。对于液体污垢，粘附强度可以很清楚地定量表示为固/液界面的粘附自由能。对于固体污垢在固体表面上的粘附，则情况复杂得多。在固体表面上，固体污物的粘附很少像液体那样，扩大成一片，而往往仅在较少的一些点与表面接触、粘附。一般而论，粘附的主要原因是范德华引力，其他力（如静电力）则弱得多。静电引力可以加速空气中灰尘在固体表面的粘附，但并不增加粘附强度。

质点与固体表面的粘附强度，一般随接触时间的增加而增强；在潮湿空气中的粘附强度高于在干燥空气中的粘附强度；在水中的粘附力要比在空气中的大为减弱。

对于固体污垢的去除，主要是由于表面活性剂在固体质点（污垢）及固体表面上的吸附而使二者分离。在洗涤过程中，首先发生的是对污垢质点及表面的润湿。在水介质中，在固/液界面上形成扩散双电层，质点与固体表面所带电荷一般相同，于是在二者之间发生互斥作用，使粘附强度减弱。

表面活性剂自溶液中吸附于污垢质点及固体表面，不仅使粘附功降低，同时也可能增加质点与固体表面的表面电势（特别是离子性表面活性剂），由于同电荷相斥，使质点更易自表面除去。阴离子表面活性剂增加质点与固体表面的负表面电势，而非离子表面活性剂则无明显影响。

三、影响洗涤的因素

（一）表面张力

表面张力是表面活性剂水溶液的一种重要的物理化学性质，而表面活性剂又是洗涤液中的主要成分（必需成分），故表面张力与洗涤作用的关系必然有一定的规律。

大多数有优良洗涤作用的洗涤剂水溶液，均具有较低的表面张力和油/水界面张力。根据固体表面润湿的原理，对于一定的固体表面，较低的表面张力的液体有较好的润湿性能，从而才有可能进一步起洗涤作用。此外，较低的表、界面张力有利于液体油污的清除，也有利于油污的乳化、分散，因而有利于洗涤作用。

（二）增溶作用

表面活性剂胶团对油污的增溶，可能是自固体表面去除少量液体污垢的最重要的机理。不溶于水的种种有机物质，因其性质各异而增溶于胶团的不同部位，形成透明、稳定的溶液。非极性油污增溶于胶团的非极性内核中；极性油污则根据其极性大小及分子结构形式不同而增溶于胶团外壳的极性基团区域；或者油污分子的极性基“锚”于胶团“表面”，而非极性碳氢链插入胶团内核中。因此，去除油污的增溶作用，实际上就是油污溶解于洗涤液中，使得油污不可能再沉积于物件表面，大大提高了洗涤效果。

原则上增溶作用必须发生于表面活性剂的CMC以上。经研究表明，自硬表面及纺织物表面去除油污，只在非离子表面活性剂CMC以上，以及某些阴离子表面活性剂的低数值CMC以上时才变得显著，并且在数倍于CMC值时才达到最大效果。然而，去污作用并不仅仅基于表面活性剂的增溶作用，在一般洗涤过程中表面活性剂的用量比较少，洗涤液中表面活性剂浓度往往达不到其CMC值；而且被洗涤的物品，特别是纤维纺织品，具有较大的表面积，将自溶液中吸附相当大量的表面活性剂，从而使溶液中表面活性剂浓度更低于CMC。这样，洗涤过程中的增溶作用机理就失去其存在的前提。此外，不少实验结果表明，洗涤作用和表面活性剂的其他性质（如表面张力的降低）相似，在溶液浓度未达CMC以前，洗涤作用随浓度而变，但在CMC以后，则其基本不再有显著变化。这就说明，在洗涤过程中，增溶作用并非主要因素，而表面活性剂的表面活性才是主要因素——在CMC以下，表面活性随浓度变大而增加（表现在表面张力及界面张力下降），洗涤作用也增大；在CMC以上，表面活性基本不随浓度而变，此时洗涤作用也变化不大。此外，实验中还发现，油污的增溶（表现为透明溶液形成，而不是乳状液）过程并非粘附于纺织物表面的油污直接溶于溶液中，而是先经“卷缩”机理，脱离表面，形成悬浮的油滴，然后再增溶于胶团溶液中。如此看来，增溶作用在去除表面油污的洗涤过程中可能不是主要因素。但也曾发现，一些非离子表面活性剂作为洗涤剂时，油污的去除程度随表面活性剂浓度（CMC以上）增加而显著地增加，这又表明了洗涤过程中增溶作用因素的影响。

（三）吸附作用

表面活性剂在污垢及洗涤物品表面上（自溶液中）的吸附，对洗涤作用有重要的影响。这一影响主要是由于吸附使得界面及表面在各种性质（如机械性质、电性质及化学性质）上均有变化而产生的。

对于液体油污，表面活性剂在油/水界面上的吸附主要导致界面张力降低，从而有利于油污的清洗。界面张力的降低，也有利于形成分散度较大的乳状液；同时由于界面吸附所形成的界面膜一般具有较大的强度，而且吸附膜可能带电（若是吸附表面活性离子），于是使形成的乳状液具有较高的稳定性，不易再沉积于洗涤物表面。

表面活性剂在固体污垢质点上的吸附比较复杂，与质点的表面性质和表面活性剂的类型、化学结构有密切关系。

在水介质中，固体质点表面一般带负电，不易吸附阴离子表面活性剂。若质点的非极性较强，则可通过质点与表面活性剂碳氢链之间的范德华引力而发生吸附。此时，质点表面的负电荷密度由于吸附了表面活性阴离子而增加，这样，质点之间的斥力以及质点与固体表面（在水介质，一般也带负电）之间的斥力也相应增加，从而提高了洗涤效果。

（四）表面活性剂疏水链长

表面活性剂同系物中，碳氢链长与物理化学性质，如表面活性、润湿性、乳化作用等有密切关系。在洗涤过程中，一般情况下碳氢链较长者，洗涤性能较好。可能是由于在一定程度上，碳氢链较长者，表面活性较高。

（五）表面活性剂亲水基的影响

离子性表面活性剂的电荷在洗涤、分散作用中起重要作用。由于离子表面活性剂的亲水离子基团极易吸附于与之带相反电荷的洗涤物表面或污垢质点上，使表面活性剂的疏水链朝向水相，故离子表面活性剂在此种情况下不能有效地自带相反电荷的物品表面去除污垢。特别是阳离子表面活性剂，因为一般在水介质中的物品表面易带负电荷，故不能作为有效的洗涤剂。

对于聚氧乙烯基的非离子表面活性剂，则无上述电荷相互作用的限制，而且由于大亲水基团的空间阻碍效应，故一般情况下，其洗涤作用优于离子表面活性剂。

非离子表面活性剂聚氧乙烯链中氧乙烯数的增加会降低表面活性剂在大多数材料表面上的吸附，有时就导致其洗涤作用的下降。一般情况是，最佳洗涤作用是在浊点附近，可能是由于此时表面活性剂胶团对油污的增溶作用增加最明显。此外，应考虑到非离子表面活性剂在温度较高时水化较差，表面活性较高，更易于吸附在纤维及质点表面，于是增加了洗涤能力和防止再沉积能力；超过浊点后，则表面活性剂在水中的溶解度很小，这就可能降低其洗涤作用。

（六）乳化与起泡

对于少量油污，表面活性剂胶团的增溶作用在洗涤过程中可能有重要的影响，也有不少事实与此论述不符。但表面活性剂的乳化作用，不管油污多少，在洗涤过程中总是相当重要的。要使乳化作用顺利进行，必须加入有高表面活性的表面活性剂，以最大限度地降低界面张力。这样，只需用最小的机械功（略做搅拌）即可乳化。在降低界面张力的同时，界面吸附伴随发生，形成有一定强度的界面膜，防止油珠聚结，有利于乳状液的稳定，油污质点也不易再沉积于固体表面。然而很明显，仅仅是油污的乳化、分散，尚不足以有效地完成洗涤过程，还需要根据具体情况，考虑前面讨论过的各种因素的影响。

至于起泡作用与洗涤作用的关系，则不像乳化作用和洗涤作用的关系那样清楚。过去习惯于把起泡作用与洗涤作用混为一谈，往往认为一种洗涤液的好坏决定于其起泡作用，实际上并非如此。很多经验告诉我们，二者之间并无直接相应的联系。在很多场合中，采用低泡型的表面活性剂水溶液进行洗涤有很好的效果。但在某些场合，泡沫还是有助于去除污垢的。例如，洗涤液形成的泡沫可以把玻璃等硬表面洗下的油滴带走；地毯的清洗操作中，泡沫亦有助于带走尘土污垢。另外，泡沫的存在，有时的确可以作为洗涤液尚有效的标志，因为脂肪性油污往往对洗涤剂的起泡力有抑制的作用。总体而言，在工业洗涤过程或家庭洗衣机洗涤过程中，很难看出泡沫对洗涤作用有直接的帮助。

第四章　化妆品的流变特性

化妆品的流变特性是化妆品的一个十分重要的特性，它不仅涉及化妆品的使用，而且也是化妆品设计、制备、运输、贮存等方面的重要参数以及产品质量保证的依据。化妆品的流变特性主要涉及化妆品的黏性、弹性、硬度、润滑性、可塑性、分散性等物理性质，流变特性是化妆品内部单个粒子以及粒子之间相互作用的反映。因此，研究化妆品的流变特性，有助于了解化妆品内部的构造。

第一节　剪切应变和剪切速率

在研究流体性质时，黏度习惯上被认为是一种最重要的特性。为了严格地定量引入黏度概念，需要对一些常用的术语进行介绍。设想一静止的物体，长度为l，宽度为b，厚度为ζ；其底部是静止不动的，顶部是可动的（见图4-1）。由于剪切应力作用，在厚度$d\zeta$的距离内，物体水平位移dl，水平方向的拖拉作用称为剪切应力τ，剪切应力定义为：

$$\tau=\frac{F}{A} \tag{4-1}$$

式中，F为作用力，A为面积，τ为单位面积上的剪切力，称为剪切应力，单位Pa。

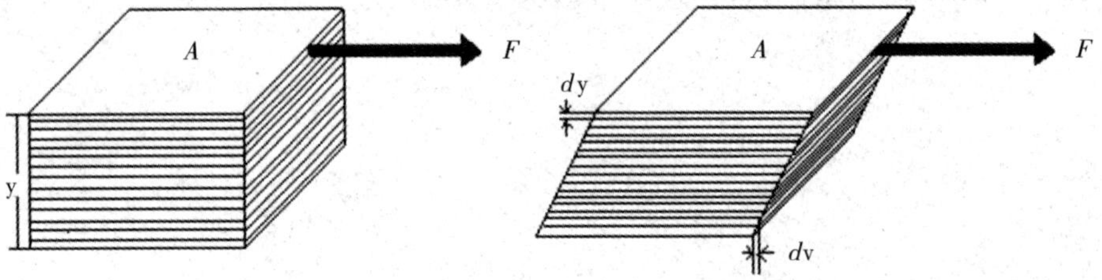

图 4-1　在剪切应力作用下的剪切应变

由于外力的作用，物体长度的相对变化被定义为剪切应变（shear strain）：

$$\gamma=\frac{\Delta l}{l_o} \tag{4-2}$$

式中，l_o为原长度，Δl为受力后的长度变化，γ为剪切应变，无量纲。

材料所受的应力和应变之比称为杨氏模量（Younffsmodulus），用G代表，表示材料对形变的阻力。杨氏模量的单位是N/m^2或Pa。

$$G=\frac{\tau}{\gamma} \tag{4-3}$$

剪切应变沿着物体的厚度（y）变化，如果将这过程设想为层流，顶层的流速最大，底层的流速最小。如果顶层以v速度流动，速度梯度被定义为剪切速率$\dot{\gamma}$，$\dot{\gamma}$的单位为S^{-1}。

$$\dot{\gamma}=\frac{d\nu}{dy} \tag{4-4}$$

第二节　流 体 类 型

在流变学研究中，常把流体分成完全流体和黏性流体。完全流体是不可压缩的、没有黏性的理想流体；实际流体与完全流体相反，都是黏性流体。化妆品中大多数是浓分散体系，它们的流变性要复杂得多。根据流变特性可将流体分为牛顿流体和非牛顿流体（其 $\eta-\dot{\gamma}$ 关系曲线如图4-2所示），其中非牛顿流体又可分为塑性流体、假塑性流体、胀流流体、宾汉流体等几种流型。

以剪切速率 $\dot{\gamma}$ 对单位面积上的切力 τ 作图，可得到一系列不同流型的流变曲线，如图4-3所示。通过对不同流型液体的流变曲线研究，可知液体流动的不同特征。

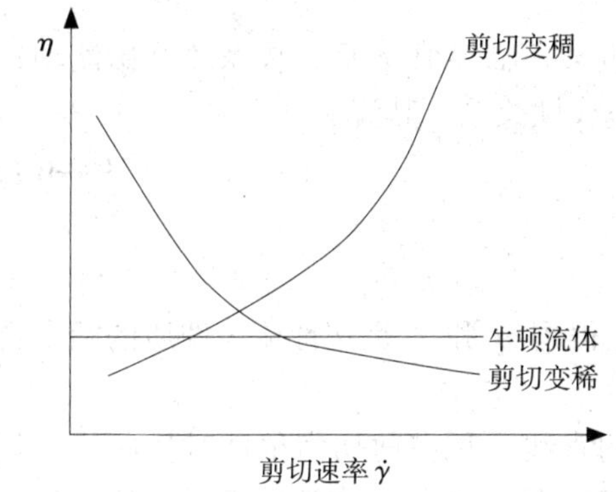

图 4-2　牛顿流体和非牛顿流体的 $\eta-\dot{\gamma}$ 关系曲线

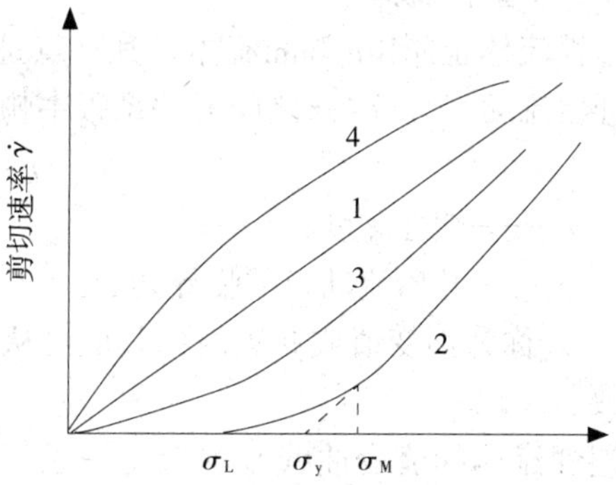

图 4-3　四种类型的流变曲线

剪切应力 τ

1—牛顿型 2—塑性型 3—假塑性型 4—胀流型

一、牛 顿 流 体

黏度是在液体流动过程中，由内摩擦力而产生的流动阻力，是流体的一个重要参数。液体流动时有速度梯度的存在，运动较慢的液层阻滞着较快层的运动，因此产生流动阻力。若要维持稳定的流动即保持一定的速度梯度，则需要对液体施加恒定的力 τ，此力称为剪切应力，简称切力。在层流条件下，牛顿流体单位面积上的剪切应力 τ 与速度梯度（剪切速率 $\dot{\gamma}$）成正比关系，即：

$$\tau = \eta\dot{\gamma} \tag{4-5}$$

此即牛顿公式。凡符合牛顿公式的流体都称为牛顿流体，其特点是黏度只与温度有关，不受单位面积上的剪切应力 τ 或剪切速率 $\dot{\gamma}$ 的影响。在SI制中黏度的单位是Pa・s。

牛顿型流体流变曲线如图4-3曲线1所示，剪切速率 $\dot{\gamma}$ 与剪切应力 τ 呈线性正比关系，即流体的流变曲线为直线，其斜率1/ η，且经过原点。这种流型的流体只要有微小的外力作用，就能引起液体的流动。

在上述体系中处于稳定状态的流动称为层流，在同一层上各点的流速相同，不随时间而改变。当流速高于某一限度时，会有不规则的或随时间而变化的漩涡产生，层流就变成了湍流，这样的流体流动就不符合牛顿公式。

属于牛顿型流体的体系有纯液体（如水、甘油等）、小分子的稀溶液或分散相含量很少的分散体系等。溶液状态的化妆品（如发油、防晒油、化妆水、香水、花露水等）可以按牛顿流体来处理。

二、非牛顿流体

在实际应用中遇到的分散体化妆品（如乳化体、悬浮体和凝胶状的化妆品）既具有黏性又具有弹性，即具有复杂的流变学性质，这类物体称为黏弹性物体，是属于非牛顿流体。其 $\dot{\gamma}-\tau$ 关系不符合牛顿公式，即 $\tau/\dot{\gamma}$ 的比值不再是常数，而是速度梯度 $\dot{\gamma}$ 的函数。其 $\tau-\dot{\gamma}$ 关系图线不像牛顿流体那样是一条通过原点的直线，而是图4-3所示的各种曲线。不符合牛顿公式的流体称为非牛顿流体。对非牛顿流体来说，根据流变曲线可将流体分成塑性型、假塑性型和胀性型等几种流型。

（一）塑性流体

塑性流体也叫Bingham流体，其特点是切力须超过某一临界值 τ_y 后，体系才开始流动；一旦开始流动，其 $\dot{\gamma}-\tau$ 之间的关系跟牛顿流体一样呈线性关系。其流变方程为

$$\tau-\tau_y=\eta_P\dot{\gamma} \qquad (4-6)$$

式中，η_P——塑性黏度；

τ_y——开始流动时的临界切力。

τ_y 称为塑变值或屈服值，其值可从流变曲线上得到 η_P 和 τ_y 是塑性流体性质的两个特征参数。

塑性流体的流变曲线基本上是一条不通过原点的直线，只在剪切力很低时呈曲线。塑变值是流变曲线的直线部分延长至 τ 轴，其交点的切力值即为 τ_y，称为外推屈服值，如图4-3曲线2所示。使流体开始流动所需最低的剪切应力称为下限屈服值 τ_L。从流变曲线可知，只有当 τ 大于 τ_L 时，流体才开始流动，τ_L 称为静切力（此值不易测准），这时体系并非全部发生变形，只是在容器的边缘区域发生变形，产生滑动。而中间未发生变化的部分，仍按原来的结构形式一起向前移动，这称为塞流。当 τ 值大于 τ_M 后，流动形式和牛顿体完全一样，可认为体系中粒子间的结构完全拆散，故称开始变成线性关系时的切应力 τ_M 为层流切力或上限屈服值。

如果黏度随剪切速率 $\dot{\gamma}$ 的增加而增大，这种现象称为剪切变稠，简称切稠；反之，如果黏度随切速率 $\dot{\gamma}$ 值的增加而降低，这种现象称为剪切变稀，简称切稀。塑性体属于剪切变稀的流体。塑性流体中分散相粒子以聚集态存在并形成空间网状结构，当切力大于 τ_M 后，结构完全破坏。η_p 的值为流变曲线中直线部分斜率的倒数。

在化妆品中，表现出塑性体性质的产品包括牙膏、唇膏、棒状发蜡、无水油膏霜、湿粉、粉底霜、眉笔和胭脂及部分乳状液等。只有当悬浮液浓度到达质点互相接触时才有塑流现象，体系静止时质点形成三维空间结构，屈服值的存在是由于体系中三维网格作用力较大，使液体具有“固体”的性质，有很高的黏度。只有当外加剪切应力超过某一临界值时，这些网格崩溃，被拆散，液体才发生流动，故在（$\tau-\tau_y$）作用下体系犹如牛顿流体一样，剪切应力取消后，体系中结构又重新恢复。尽管对塑性流体的这种理解不免有些理想化，但在实际应用中较方便，许多真实流体行为与之十分相近。

（二）假塑性流体（Pseudoplastic system）

假塑性流体又叫准塑性流体，是一类常见的非牛顿流体，大多数大分子化合物溶液和乳状液均属于假塑性流动。此种流型的特点是 $\tau - \dot{\gamma}$ 曲线从原点开始，即体系没有屈服值，或者说只要加上很小的外力，就会发生流动。如图4-2曲线所示，黏度不是一个固定的值，而是随剪切速率 $\dot{\gamma}$ 的增加而降低，也即流动越快越显得稀，最终达到恒定的最低值（图4-2），称为“剪切变稀”非牛顿流体。

此类流型的流变曲线可用下面的流变方程表示：

$$\tau = k\,\dot{\gamma}^{\,n-1}\ (0<n<1) \qquad (4\text{-}7)$$

式中，n为幂律指数，k为稠度指数（Consistency Index），两者是与体系有关的常数。k值越大，液体越黏。n值小于1，是非牛顿性的量度，与1相差越多，则非牛顿行为越显著。化妆品中牙膏的n值为0.3，k值为300；润肤霜的n值为0.1，k值为250。

假塑性流体的表观黏度表示为：

$$\eta_a = \frac{\tau}{\dot{\gamma}} k\,\dot{\gamma}^{\,n-1} \qquad (4\text{-}8)$$

η_a为非牛顿流体的表观黏度，n<l，则表观黏度随剪切速率的增大而变小。

大多数大分子溶液和乳状液属假塑性流体，许多的化妆品乳液都表现出假塑性的流变行为。在体系中大分子和长链的有机分子多是结构不对称的粒子，静止时在介质中有各种取向。当剪切速率 $\dot{\gamma}$ 增加时，其长轴将转向流动方向，$\dot{\gamma}$ 越大，这种定向效应也增大，因而流动阻力将降低，使表观黏度下降。另外，在切速的作用下质点溶剂化层也可以变形，这同样也可减少阻力。剪切速率越大，定向与变形的程度越甚，于是，表观黏度随切速增加而降低。显然，切速很高时，定向已趋于完全，黏度不再变化。

（三）胀性流体（Dilatent flow）

有些固体粉末的高浓度浆状体在搅动时，其体积和刚性都有增加，故称为胀性流体。胀流流动与假塑性流动相反，由图4-3曲线4可见，胀性流体的特点为流变曲线也是通过原点的，即无屈服值，但是，与假塑性流体相反，其表观黏度随切速率的增大而变大，表现为剪切变稠。胀性流体的流变曲线（或流变方程）也可用式4-7表示，但n>l。

$$\tau = k\,\dot{\gamma}^{\,n}\ (n>1) \qquad (4\text{-}9)$$

通常胀性流体需满足以下两个条件：粒子必须是分散的，而不能聚结；分散相浓度较高，但只在一个狭小的范围内才呈现胀性流体，剪切增稠区仅仅只有一个数量级的切变速度范围。在浓度较低时为牛顿流体，浓度较高时则为塑性流体，浓度再高时为胀性流体。例如，淀粉糊大约在40%~50%的浓度范围内才表现出明显的胀性流型。胀流流动在切应力不大时，粒子全是分散的，切应力增大时，可能引起微结构的重排，以致流动的阻力随切速而增加，使表观黏度升高；当停止搅拌时，粒子又呈分散状态，因此，黏度又降低。多数粉末和分散粒子都在稠密充填的分散体系中显示出胀流体的性质，在化妆品中此种流型很少见。

多数化妆品是复杂的多相分散体系，即分散物质在分散介质中分散成胶态（如微乳液）、微粒（如乳液和膏霜）或粗粒状（如含粉乳液和膏霜、面膜等），其流变性质较复杂。影响化妆品流变性质的因素很多，如分散相的体积分数、黏度、液滴或颗粒直径、粒度分布和化学结构；连续相的性质和化学结构；乳化剂的化学性质和浓度、在分散相和在连续相中的溶解度、乳化剂形成界面膜的性质、电黏度效应；其他添加物，特别是水溶性聚合物的作用等。通常是几个因素同时作用的结果。由于各类化妆品分散相的性质和体积分数变化很大，其流变性质也会相应地发生变化。

第三节　触　变　性

在一定温度下，非牛顿流体在恒定的剪切速率下（如搅拌等），体系黏度随时间延长而降低，变成易流动的流体，而取消外力后，黏度又逐渐恢复到原来大小，体系的黏度和切力作用的时间长短有关，非牛顿流体在较高浓度下表现出这种现象称为触变性。触变性不是一种流型，而是某些假塑性体表现出的一种性质。

如图4-4所示，触变性流体的剪切应力随时间延长而减少，并最终接近某一定值。这是因为在恒定的剪切速率作用下，破坏形成液滴凝聚体的结构和结构再生之间产生平衡需要一定时间，因此会出现上述变化曲线。

从图4-5触变性流体的流变曲线中可以看出，触变体系的流变曲线有个塑变值，即流变曲线不是从原点开始。这是因为只有当外力超过对结构的破坏力后流体才会流动，但不同于塑性流体，体系的表观黏度随剪切速率的增大而下降。

在未给予结构平衡时间的各剪切速率下测定其剪切应力或黏度时发现：当体系的剪切速率逐渐增加时，体系中液滴凝聚体结构被破坏，得到图4-5曲线1；当剪切速率或剪切应力逐渐减小时，体系结构恢复，黏度也会逐渐回复，得到图4-5曲线2。曲线1和2形成了一个滞后环。通过计算环的面积，可以知道体系触变性的程度。环的面积越大，触变性越大。这是由于在给定剪切速率作用下，破坏形成的结构和结构再生之间产生平衡需要一定时间。

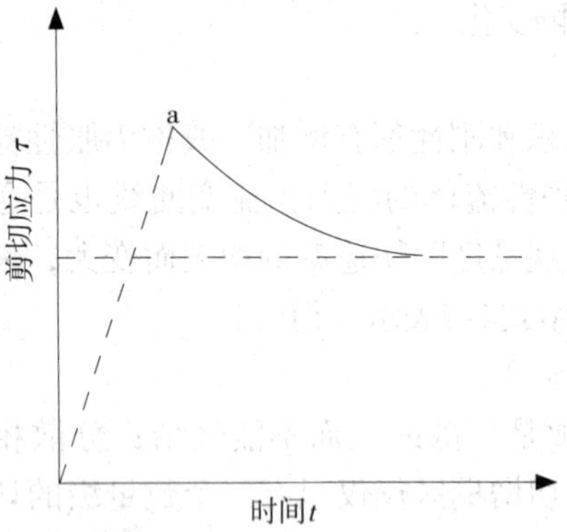

图 4-4　恒定剪切速率下剪切应力随时间的变化

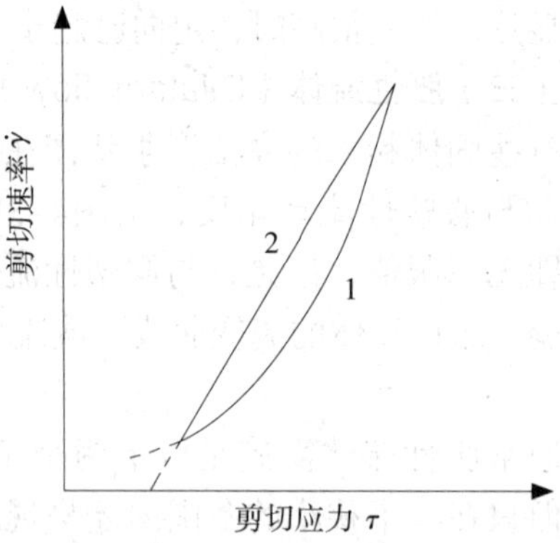

图 4-5　触变性滞后环

触变性的产生与体系内部结构有关。触变结构的主要特点是：从搅动前一定的内部结构到搅动后这种结构遭到破坏，或者从结构的拆散到结构的恢复是一个恒温可逆过程，体系结构的这种反复转换，与时间有关，即是时间的函数。

影响体系触变性的因素多而复杂，许多问题尚不清楚。但比较公认的说法是由于体系内粒子靠一定方式形成网架结构，流动时结构被拆散，并在切力作用下粒子发生定向流动，当剪切速率降低或者为零时，被拆散的粒子要靠布朗运动移动到一定的几何位置，才能重新形成原来的结构，这个过程需要一定的时间，从而呈现出对时间的依赖，即表现出触变性。

体系的触变性与质点的性状有关，具体地说与质点的不均匀性和定向性有关。针状或片状质点比球形质点易于表现出触变性。对于较细的质点，形状越不对称的质点，体系越易呈现触变性。此外，体系的浓度（在一定高的浓度下，具有触变性）、电解质的存在、质点间的距离、体系的弹性、塑变值、介电常数、偶极距、介质的pH和容器形状等均对体系的触变性产生影响。

触变性有许多应用价值，化妆品中的膏霜、牙膏、唇膏和湿粉等都要求较合适的触变性。钻井泥浆、油漆等属于触变性流体。油漆就因有一定的触变性才不致使新刷的油漆立即从器壁上流下来。自然界许多物质（如血浆、天然矿物中的膨润土、高岭土等）在一定的条件下都具有触变性。硅铝酸盐类无机增稠剂也有很好的触变性。这类体系的加工过程如高速均质、胶体磨、输送泵的类型等对产品的最终流变性有很大的影响。

第四节 黏 弹 性

测量剪切应力和黏度可提供体系有关的流变性质，如塑变值、是否具有触变性等。大多数体系是黏弹性流体，兼有黏性液体和弹性固体的特性，即黏弹性，能在形变后呈现弹性恢复，具有与时间无关或与时间有关的这两类非牛顿流体黏性效应。如果只用上述的一些流变性质与剪切速率的关系来描述黏弹性系统是不够的。一些凝胶化妆品、膏体、乳液，特别是一些含有聚合物的体系都表现出黏弹性。

一、黏弹性流体特性

（一）弹性记忆效应

聚合物分子链在自由状态下一般是卷曲的，但在外力作用下流动时，分子链不仅发生相对位移，而且分子链还会舒展开，构象发生变化，产生高弹性形变。由于聚合物在流动过程中，不仅有真实流动——塑性形变，而且还伴有非真实流动——高弹性形变，所以在外力除去后会产生回缩等异常现象，如挤出后会膨胀收缩。这种物质行为受以前所受力影响的现象称为记忆效应，亦称弹性滞后。影响这现象的因素包括最初所加形变的大小，形变保持的时间以及从形变到下一个形变所经历的时间。

（二）膨胀效应

黏弹性流体从圆管或小孔中流出时有射流膨胀现象，此时流出的最大直径d_{max}可达圆管内径的2~3倍（见图4-6），这种现象称为膨胀效应。黏弹性流体的膨胀程度与所流经圆管的长度l有关，圆管越长，膨胀程度越小；而当圆管足够长时，膨胀比B（$B=d_{max}/d$）会达到一定值。膨胀效应是合成纤维和塑料加工工业很关心的问题。

（三）爬杆效应

如果将一支快速旋转的圆棒插入牛顿流体，则在棒的周围会形成一个凹形液面，例如用较快速搅拌的稀液体。若将此旋转的圆棒插入黏弹性流体，则流体有沿着旋转圆棒向上爬的倾向，如图4-7所示，这现象称为爬杆效应（weissenberg效应）。爬杆效应对搅拌黏弹性流体的槽式反应器的设计很重要，若流体的黏弹性较强，搅拌器的选择不当时，由于爬杆效应，流体会全部包裹在搅拌器上，与搅拌轴同步旋转，因而使混合和传热等过程不能正常进行。在化妆品工艺过程中也会遇到这种现象，例如搅拌一些含流变添加物稠厚的浆状液（如面膜、含粉量高的膏霜等）会出现这种情况。

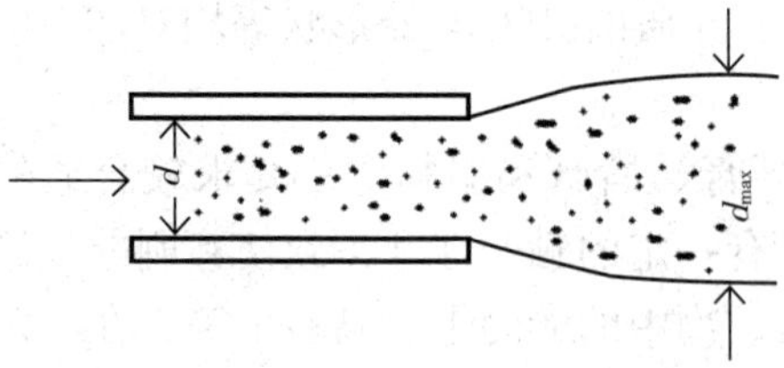

图 4-6　膨胀现象

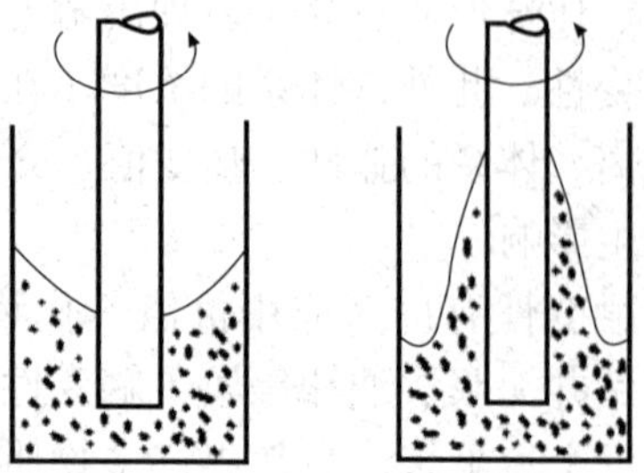

（1）牛顿液体　（2）黏弹性流体

图 4-7　爬杆效应（Weissenberg效应）

（四）湍流抑制效应

Toms发现高分子稀溶液的湍流摩擦阻力比纯溶剂明显减少，这个异常现象称为湍流抑制效应（简称DR效应或Toms效应）。这种效应在流体机械和流体输送过程的节能方面有广泛的应用。

二、线性黏弹性流体的力学模型

在外力的作用下，理想的弹性体系产生形变，能量被完全储存下来，当外力除去后，能量被释放出来，外力在这种情况下，作用力与形变（即应变）成比例。对于理想黏性体系来说，情况就不同，在外力作用下黏性体系形变，能量全部耗损，其作用力与体系的速率成比例，与形变无关。对于黏弹性流体，需要将体系的弹性和黏性结合起来。

为了描述线性黏弹行为，可以采用一些形象通俗的方法，为此提出了一些黏弹性流体的力学模型。在力学模型中，虎克形变由弹簧（即力与伸长正比的元件）模拟，牛顿流动由黏壶（即力与伸长速率成正比的元件）模拟（见图4-8）。通过基本元件串联或并联可描述更复杂材料的行为。

理想弹簧［图4-8（1）］的力学性质服从虎克定律，应力和应变与时间无关。

$$\tau = G\gamma$$

式中，G为弹簧的模量，τ为应变，$\gamma = \Delta L/L_0$，ΔL弹簧形变，L_0初始长度。

理想黏壶［图4-8（2）］是在容器内装有服从牛顿流体定律的液体，应力和应变与时间有关。

$$\tau = \eta\, dy/dt$$

式中，η是液体的黏度，dy/dt是应变速率。

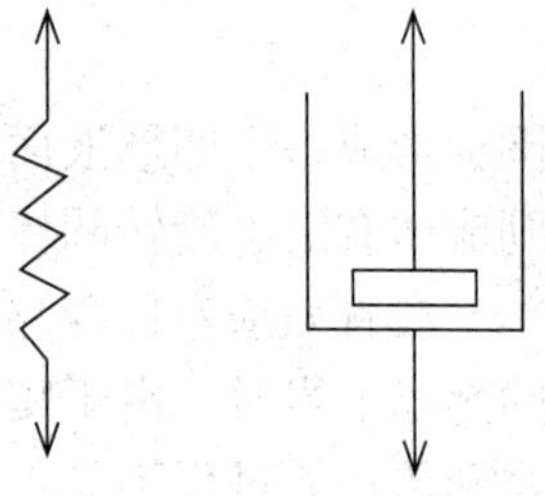

（1）虎克弹簧　（2）牛顿弹簧

图 4-8　理想流变学行为

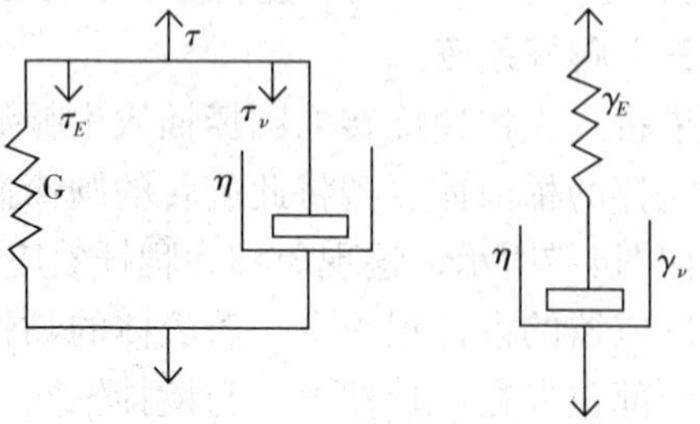

（1）Kelvin模型　（2）Maxwell模型

图 4-9　最简单的线性黏弹性模型

1. Kelvin/Voigt模型

Kelvin/Voigt模型是弹簧和黏壶并联的经过［见图4-9（1）］，由于要求图中水平力拦截线在所有时刻保持平行，因此在所有时刻弹簧上的伸长（应变）等于黏壶中的伸长。从这简单的Kelvin/Voigt模型出发，把单个Kelvin/Voigt元件串联起来，形成广义的Kelvin/Voigt模型［见图4-10（1）］。使用这种规范形式的模型可描述黏弹性流体的行为。

如果在$t=0$时，突然施加应力 $\bar{\tau}$，随后保持不变，对Kelvin模型容易证明：

$$\gamma=\left[\frac{\bar{\tau}}{G}\right]\left[1-\exp\frac{-t}{t_k}\right] \qquad (4-10)$$

式中，t_k代表比值 η/G，它具有时间的量纲，并控制着由突加应力 $\bar{\tau}$ 所引起的应变增长率。图4-10所示为无量纲组 $\gamma G/\bar{\tau}$ 随时间变化的示意。γ 的平衡值是 $\bar{\tau}/G$，因此 $\gamma G/\bar{\tau}=1$，这也是虎克模型的值。Kelvin模型和虎克模型的区别在于虎克模型“瞬时”到达其应变终值，而Kelvin模型应变是迟缓的，时间常数t_k相应称为“推迟”时间。实际上对于理想的弹性固体，在零时间也不可能有应变增长。由于应力波是以音速传播，因此有滞后作用，使过程推迟。

2. Maxwell模型

Maxwell模型弹簧和黏壶串联的结果如图4-9（2）所示。从简单Maxwell模型出发，把单个Maxwell元件并联起来形成广义Maxwell模型［见图4-10（2）］，使用这种规范形式的模型亦可描述黏弹性流体的行为。

如果在$t=0$时突然施加一定的应变速率 $\bar{\gamma}$，并继续随时保持其值不变，对于$t>0$，可证明：

$$\tau=\eta\bar{\gamma}\left[1-\exp\left(\frac{t}{t_M}\right)\right] \qquad (4-11)$$

式中，$t_M=\eta/G$。这意味着，突然施加剪切后，应力增长推迟，在这种情况下的时间常数是t_M。另一方面，若假设$t<0$时，应变速率为某一常数值 γ，在$t=0$时突然被移去，在$t\geqslant0$时可以证明：

$$\tau=\eta\bar{\gamma}\exp\left(-\frac{t}{t_M}\right) \qquad (4-12)$$

式中，速率常数t_M称为弛豫时间。

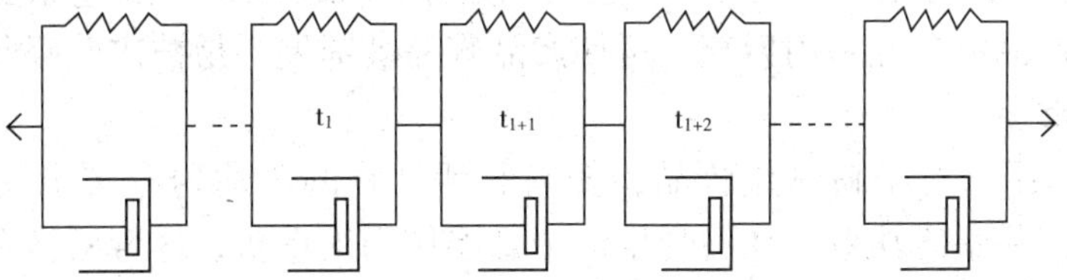

（1）Kelvin推迟过程的分布

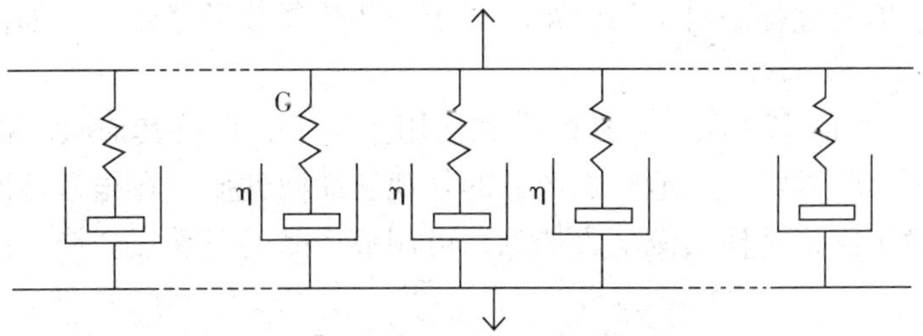

（2）Maxwell弛豫过程的分布

图 4-10　规范的弹簧-黏壶模型

上述模型适用于变量微小的变化，而适用于黏弹性体系的动态流变特性的振荡剪切模型这里不再介绍。

第五节　流变特性在化妆品中的应用

多数化妆品属半固态分散体系，即分散物质在分散介质中分散成胶态、微粒或粗粒状。化妆品流变学就是用流变学方法，通过对黏度、弹性、硬度、塑变值和黏弹性等的客观测定，剖析这类物质的特性，即建立化妆品的客观特性与主观感觉的联系，剖析结构成分的相关性和内部结构。从化妆品开发到消费者使用阶段流变学都起着很大的作用，包括产品配方设计、工艺过程和设备的选择，生产过程的技术和质量管理、产品的储存稳定性，甚至包装材料的选择和容器出口孔径等，这些都要考虑流变学的因素。

一、化妆品的流变性质

流变学是研究物质流动性质的科学。由于流动特性常常与产品质量、稳定性和功能有密切关系，因而控制流动特性是很多化妆品和洗涤用品配方和制备的关键。化妆品的流变性质主要有黏性、弹性、润滑性、硬度、屈服值、黏弹性、触变性等，通过测定出的这些性质的参数能表征并剖析其样品的物理、化学性质和结构。

按照化妆品的分类、剂型的不同，在表4–1中列出了其大致的流变性质。实际上，大多数化妆品属于多相的复杂分散体系，其流变性质较复杂，并受到很多因素的影响。各类化妆品要求的与流变学有关的一些特性包括：乳液稳定性、铺展性、悬浮作用、热稳定性、可挤出性、增稠作用等。

（1）乳液稳定性　很多化妆品和洗涤用品都是乳液。从热力学角度看乳状液是不稳定的油和水的混合物，内相的液滴自然倾向于聚结，导致相分离。通过控制外相流变特性是稳定乳液的一种方法。一般使用流变添加剂增加外相的黏度，使外相具有一定的塑变值，使乳液稳定。

（2）铺展性　除气雾剂外，所有化妆品都是涂敷在皮肤上。通过添加具有触变性的流变添加剂可调节产品的黏性和用后感，可使产品容易被铺展，易被皮肤吸收，这对于含活性物的化妆品更为重要。

（3）悬浮作用　对于粉体化妆品，颜料和活性物的不均匀分布不仅影响到产品的外观，而且也影响产品最终功效。在唇膏生产中悬浮作用很重要，尽管唇膏是固态产品，成型后颜料不会沉降，但在加工过程中，唇膏是液态，液态一直保持到物料在模中成型。添加悬浮剂，确保在整个填充过程颜料均匀分布。对于一些热灌装悬浮体系（如棒状止汗剂）也需要这样。

（4）热稳定性　固态产品必须在贮存和使用条件下，保持其形状。掺入高熔点的蜡类可克服熔化的问题，但常常严重地影响产品的外观和涂敷性质。在很多情况下掺入一些能使整个体系建立起稳定网格结构的流变添加剂，可调节产品的流动点。调节高温流变特性可避免上述问题。

（5）可挤出性　产品的可挤出性是消费者对产品可接受性的重要组成部分。当产品从软管或瓶挤出时，遇到一定的阻力，如果阻力太大或太小，都是不合适的。产品在开盖时应不会自动流出，但当挤压时，可平稳地由容器挤出。采用具有触变性的体系，就能克服黏度方面的矛盾。在不同的剪切条件下，同一产品黏度不同。当软管被挤压，所施的切应力能破坏原先形成的一些结构，产品的黏度变稀，容易流动。当挤压停止，触变性的结构又重新建立起原有的黏度。

（6）增稠作用　各类化妆品和洗涤用品需要具有一定的黏稠性，黏稠性是与产品的感官评价相关的概念。化妆品从使用开始到最后，对皮肤的感觉会有变化，因而其物理性质也是复杂的。这些评价可用硬、软、黏、清净、展延性好、可搓擦、涂敷、干爽、松散、油腻性和渗透性等术语来表示。增稠作用的目的主要是调节产品的黏稠性。

表 4-1　化妆品的分类及其流变性质

分类	剂型	产品	主要流变性质
水性制品	液体	香水、化妆水、古龙水、花露水、润发水、啫喱水	牛顿黏性
	半固体至固体	凝胶型膏霜、洗发香波	非牛顿黏性、塑性体
油性制品	液体	发油、防晒油、婴儿用油、卸妆油、浴油	牛顿黏性
	半固体至固体	唇膏、发蜡、无水油性膏霜	塑性、油脂结晶的网状结构
油性+水性制品（乳化体）	液体	乳液、洗面奶、发乳、护发素、剃须泡沫基质	非牛顿黏性、假塑性、塑性
	半固体至固体	各类膏霜	多为触变性、假塑性、塑性
含粉末水性制品	液体	化妆水粉	塑性流动、静止下沉、振荡分散
	半固体至固体	面膜、牙膏	触变性凝胶、假塑性流动、塑性大
含粉末油性制品	液体	指甲油	触变性、流动和结构回复、易涂抹
	半固体至固体	口红、胭脂、眉笔、面油膏、睫眉膏、彩色美容膏	塑性、凝胶结构
含粉末的油性+水性制品	液体	粉底液	塑性
	半固体至固体	粉底霜、粉饼	塑性、粉体流动
粉末制品	粉末	爽身粉、香扑粉、痱子粉	塑性流动、膨胀、分体的流动

很多化妆品乳液和悬浮液不是简单的牛顿流体，常常具有复杂的剪切相关和时间相关的特性。这就意味着，在混合至灌装过程，直至到消费者使用的任何时候，其黏度随所施加剪切应力而变化；所受剪切应力的“历史”变得重要。常常需要控制的不只是黏度，而是全部流变特性，除黏度外，包括塑变值，应力依赖关系和时间依赖关系。控制整个生产以及储存过程中的产品流变特性成为上市产品成败的关键。

对于功能性的膏霜和乳液，皮肤对活性物吸收速度直接影响产品的功效。皮肤吸收过程可当作扩散过程处理。由于黏度和其他流变参数可能影响扩散系数，所以决定活性物通过载体扩散至皮肤的速度时，流变学可以起着重要的作用。膏霜和乳液一般涂抹在皮肤上，为了使皮肤能快速吸收，具有剪切变稀的特性是较理想的。由于皮肤对其完全吸收需要时间，因而恢复速度不应太快。

流变性质对产品稳定性影响十分明显。大多数化妆品要求至少3年的货架寿命。非牛顿乳液和悬浮液类化妆品的稳定性常常与其流变特性直接相关。流变特性的物理变化都会使产品变得太稠，或太稀，或很难分散开。这样情况亦可能引起相分离，或分散颜料沉淀，使产品变色，或变质。非牛顿乳液和悬浮液类化妆品的不稳定性可能是由于体系自然趋向达到某一平衡状态引起的。了解产品的流变特性及其变化倾向有助于寻找更明智的方法测试产品的稳定性，确保产品的货架寿命。

描述沉降规律的Stokes定律可有效解释乳液稳定性与流变性的关系。乳液一般是内相液体在一种连续外相液体的分散液，乳液不稳定性通常从分层开始，分层是内相液滴聚结引起的。在O/W乳液内，油滴被分散于连续水相中，如果当球形油滴移向连续相的上层，可认为是分层。根据Stokes方程，有直径为D，密度为ρ的球形落体分散在密度为ρ_0，黏度为η的牛顿流体液体中，其沉降速度如下：

$$v=kD^2(\rho-\rho_0)/\eta \tag{4-13}$$

由式（4–13）可看出，粒子越小和黏度越大，沉降分层速度越慢。由式4–13可见，如果连续相有足够高的塑变值，在塑变值以下的黏度实质上是无限的，不会有分层发生。

这一定律也适用于湿粉液和指甲油中颜料的分离作用。颜料粒子越小，密度差越小，黏度越大，悬浮作用越持久。由于塑变值会防止颜料沉淀，剪切变稀效应会使产品容易分散，因而触变性的粉底是理想的。

了解组分间可能的相互作用以及对产品流变特性的影响是十分重要的。尽管很多化妆品添加剂添加量很少，但对产品黏度有明显的影响。已知很多表面活性剂、香精原料、防腐剂和增溶剂会降低化妆品黏度和塑变值，而电解质可使洗涤用品增稠。但需注意到，在到达高黏度值后，进一步添加电解质可能引起黏度急剧下降。

化妆品和洗涤用品的生产和使用过程与体系的流变特性有关。表4–2列出一些化妆品和洗涤用品的生产和使用时的典型剪切速率。例如涂指甲油时剪切速率10^3~10^4/s，要求指甲油在剪切速率下有较好的平流性，并在涂抹时，不会流到指甲以外的地方，即要求一定平流性和触变性的统一。

表 4–2　　使用化妆品和洗涤用品时典型的剪切速率

动作	剪切速率/s^{-1}	动作	剪切速率/s^{-1}
将颜料或活性物悬浮	10^{-3}~10^{-1}	涂唇膏	10^3~10^4
由瓶中将产品倒出	10~10^7	涂指甲油	10^3~10^4
将牙膏从管中挤出	10^2	喷射气雾剂	10^3~10^5
涂抹手霜/乳液	10^2~10^4		

二、感官评价与流变学性质的关系

化妆品是直接涂敷于身体的用品，所以使用方便、并有舒适的用后感是决定化妆品价值和消费者对该产品欢迎程度的重要因素。因而采用流变学的方法对化妆品的流变特性、使用感和效果做出正确评价是很有必要的。如何确定一些可测定的物理量和一般消费者感官反应之间的相关性是化妆品质量评价的重要问题，其中化妆品的感官评价与流变学性质的关系，是化妆品质量评价的重要内容。感官评价包括取样、涂抹和用后感觉几个阶段；流变学性质包括黏度、屈服值、流变曲线类型、弹性、触变性等。其方法是在与使用过程相近的剪切速率条件下，测定有关的流变学性质，通过感官分析评价和测定得出的流变学参数的比较，确定感官判断鉴别阈值和分级，最后确立其相关性。

从心理学观点看，消费者喜欢选择有触变性的乳液，而不选择牛顿流体型乳液。与大多数触变性乳液相关的塑变值使该产品在倒出时（低剪切速率）似乎较稠和较浓厚；而当涂抹在皮肤上时（高剪切速率），其剪切变稀特性使黏度变稀，这样乳液容易在皮肤上涂抹，皮肤容易吸收。同样，多数受欢迎的面霜和美容霜都是触变性的，具有大的塑变值和剪切变稀特性。

产品的塑变值不仅影响其外观，而且也影响到乳液从瓶中倒出，或从软管挤出是否容易。放料时，有一定塑变值的产品可能不会畅通地流过小口径的导管。如配方剃须泡沫这类产品，罐内必须是低黏度溶液，从阀门放出时溶液中的抛射剂膨胀产生泡沫，赋于产品稠厚外观，并且不会滴流。

（1）取样及感官评价　取样即将产品从容器内取出，包括从瓶中倒出或挤出，用手指将产品从容器中挑出等。这一阶段需要评价的感官特性是稠度，它是产品感官结构的描述，产品抵抗永久形变的性质和产品从容器中取出难易程度的量变，分为低稠度、中等稠度和高稠度三级。稠度与产品的黏度、硬度、黏结性、黏弹性、黏着性和屈服值有关，例如，屈服值较高的膏霜，其表现稠度也较大，触变性适中，从软管和塑料瓶中挤出时，会产生剪切变稀，可挤压性较好。这对产品灌装有利，也较好处理。

（2）涂抹及感官评价　根据产品性质和功能，用手指尖把产品分散在皮肤上，以每秒2圈的速度轻轻地做圆周运动，再摩擦皮肤一段时间，然后评价其效果，主要包括分散性和吸收性。根据涂抹时感知的阻力来评估产品的可分散性：十分容易分散的为“滑润”；较易分散的为“滑”；难于分散的为“摩擦”。可分散性与产品的流型、黏度、黏结性、黏弹性、胶黏性和黏着性等有关。剪切变稀程度较大的产品，可分散性较好。吸收性即产品被皮肤吸收的速度。可根据皮肤感觉变化、产品在皮肤上残留量（触感到的和可见的）和皮肤表面的变化进行评价，分为快、中、慢三级。吸收性主要与油分的结构（相对分子质量大小、支链等）和组分（油水相比例、渗透剂的存在等）有关。一般黏度较低的组分易于吸收。

（3）用后感觉评价　用后感觉是指产品涂抹于皮肤上后，利用指尖评估皮肤表面的触感变化和皮肤外表的观察。这种评价包括在皮肤上产品残留物的类型和密集度、皮肤感觉的描述等。

①产品残留物类型：膜（油性或油腻）、覆盖层（蜡状或干的）、片状或粉末粒子等。残留物的量评估分少、中等、多三级。

②皮肤感觉的描述：包括干（绷紧、扯紧、收紧）、润湿（柔软）、油性（油腻）。

③用后感觉：主要与产品油分性质和组成、粉末的颗粒度等有关系。

三、常见化妆品流变特性控制

（一）乳液流变特性控制

由于乳液中水相和油相组分的多样性，产生复杂的相互作用，对乳液流变特性有影响，其中包括被分散相、连续相、乳化剂、改善流变特性添加剂、电解质和其他功能添加剂等。

1. 被分散相的影响

被分散相是通过其相体积、粒子大小、形状和粒度分布、黏度和化学组成影响乳液流变特性。随着体积分数增加，液滴之间的相互作用增加，使体系黏度增加。液滴形状和它对形变的敏感性将影响乳液的黏弹性，在高浓度时特别明显。相组分的化学性质、乳化剂在被分散相和连续相分配同样会影响到粒子或液滴之间的作用力。

2. 连续相的影响

由于乳液的黏度直接与连续相黏度成正比，所以连续相对乳液流变特性起着主要的作用。具有假塑性流体特性的连续相产生的乳液有相似的假塑性。

在没有添加增稠剂的情况下，连续相的黏度主要来源于乳化剂的存在。在稀的乳液中，乳化剂浓度的改变对连续相黏度的影响大于对被分散相粒子大小和粒度分布的影响。在O/W体系中，天然乳化剂的降解和非离子或离子型乳化剂化学上的不配伍可能会引起乳液流变特性的重大变化。在W/O乳液中，钙皂乳化剂水解同样影响乳液的流变特性。

3. 乳化剂选择的影响

乳化剂的正确选择是影响乳液流变特性的重要因素之一。由于乳液中含有两种或两种以上的助乳化剂，这样使过程变得更复杂，配方更赋有弹性，比单一乳化剂更好调节。例如，特定的表面活性剂/脂肪醇复配混合物可改变O/W乳液稠度，使乳液呈液态至半固态。实验研究表明，使用十六至十八醇生产乳液的黏度比单独使用十六醇，或硬脂醇，或两者混合物生产的乳液高，稳定性也较好。这是由于黏弹凝胶结构形成一种“自稠化作用”，这样增加了黏度和乳液的稳定性。根据网格形成的机理，认为十六至十八醇以 α-（六方晶系）结晶，与共存乳化剂和水形成层状亲液性液晶，使黏度增加，稳定性提高。

4. 流变添加剂的作用

选择一种或多种乳化剂形成稳定的乳液后，可利用添加流变添加剂进一步改善乳液的流变特性，增稠和赋予产品触变性是最主要的目的。除了消费者喜爱较稠厚产品外，一种较稠的外相将使分散液滴聚结减慢，特别是在高温时更明显。触变性对于工艺设计和消费者使用是有用的，在输送产品时，开始时是稠厚产品，泵送时由于其结构破坏而变成稀物料，便于输送，节省能量。

（二）液洗类产品流变特性

香波、浴液等液体洗类产品都是浓的表面活性剂体系。这些产品一般含有多种表面活性剂和各类功能添加剂（如调节流变特性的水溶性聚合物、电解质、油脂类调理剂、防腐剂、着色剂和香精等），一些特殊类型产品还含有其他一些专门功能添加剂，如具有去头屑、止痒和清凉作用的添加剂。这样使得这类较难处理体系的流变特性变得更加复杂。迄今为止，只能阐明一些简单体系的基本特性，尽管有一些实际应用体系数据的报道，但由于不同体系差异性较大，很难形成一般性规律。

四、流变性质与生产工艺

（一）工艺过程的放大问题

一般说来，牛顿型流体化妆品（如水-醇香水、漱口水、养肤水和大多数单相香波等）由小试扩大至生产规模，是可行的。这类产品制造工艺过程放大是较容易的，在进行正式生产以前可以不做小规模试验。

当产品是非牛顿型乳液，或悬浮液时（如体用乳液、面膜或粉底霜），情况就不是这样，产品放大后的黏度和稳定性，与实验室试制样品的性能可能会有显著不同。因而在解决工艺过程放大问题和减少每批次产品质量的变化时，了解流变学原理和影响流变特性的因素可能是很有用的。

在放大乳液生产过程时，小规模试验研究是十分重要的。一般说来，小规模试验的量不应小于工厂每次生产量的l/10。这是因为即使设定两个混合容器体系桨叶的转动速度（角速度）恒定，由于混合器桨叶直径不同，较大桨叶末端的速度（线速度）较小桨叶大，并产生较大剪切应力，所以两种情况的剪切应力会是不同的。此外，过程温度的变化亦可能影响乳液的流变特性。因为工厂使用的设备与在实验室中制备试样的实验室设备差别是很大的，所以在大规模生产反应罐中制得的最终产品可能在外观和使用感觉方面与实验室试制样品很不相同。由于较小反应罐的单位体积热传输表面比大反应罐大，所以两种情况的冷却速度将会是不同的，小反应罐将冷却快一点。若要补偿这类差别，必须作一些调节。

多数乳液是非牛顿产品，它们是由不混溶相组成，例如水、油和固态颜料掺合在一起，呈非平衡状态。过程变量可能强烈地影响平衡状态，引起流变特性改变，必须考虑各阶段的温度：乳化前两相的温度，在结合时的温度，冷却介质的温度，由反应罐泵出时的温度，储存和灌装时的温度。机械功是在混合、均质或磨时，液体通过管道、阀门、泵桨叶和灌装嘴等各阶段的另一参数。

这些过程变数通常不是独立的，常常是相互作用，使问题更复杂。例如，触变性乳液有十分低的复原速度，在生产过程中应降低机械功，防止过度剪切变稀。降低剪切自然的方法是减慢混合速度，然而，这样做也可能导致冷却效率变差，以致需要较长混合时间使产品冷却至所希望的温度。长时间混合可能会降低剪切变稀产品的黏度，这样可能最终会产生不良的结果。这说明一个变量会影响到其他变量，只考虑单一的因素可能会导致不可预见的结果。

（二）流变学与混合作用

如果产品特性与剪切应力和时间有关，同时剪切后复原需要时间，工艺过程各种设备（如混合器、泵和均质器等）施加机械功（即剪切作用）的强度和经历时间的任何改变都会引起最终产品的黏度明显改变。

加工恢复慢的剪切变稀乳液有时比较困难。在混合和输送时所加剪切作用常常将黏度降低至可接受极限值以下。通常改变设备，例如应用不同类型混合器、低剪切泵和不同的灌装机等，可以减少这种问题的发生。

显然任何一种混合器都会剪切与其接触的液体，因而，在选择混合设备时必须考虑液体的流变特性。例如，如果产品是剪切变稀且具有高的塑变值，小的桨叶可能只会引起接近桨叶小部分液体流动（由于剪切变稀），大部分高塑变值物料留在原处。大的螺旋桨叶、涡轮式桨叶，或鳍状桨叶会覆盖较大的面积，避免这种“气阱”效应。

混合作用不仅影响到流变特性和热传输速度，而且影响到化学反应程度，亦影响到最终产品黏度。

过程变量影响产品的黏度，而产品的黏度亦会影响过程的效率。黏度可能使混合作用变得无效，降低热传输效率，并且降低反应罐冷却速度。黏度也明显地影响剪切变稠的液体产品泵送的速度。在单元操作中选择合适的泵时，应考虑被泵送液体的流变特性。泵送时变得稠厚，可能会引起泵送困难，或如果产品凝固在设备内，甚至会损害泵的设备。

第六节　流变性质的测定

流变性质的测定原理，就是求出物体流动的速度和引起流动所需力之间的关系。当施加大于物体能够流动所需的外力时，牛顿流体也会表现出弹性，所以剪切速率的大小很重要。如使分散体系发生过大变形的话，常会伴有质点分散状态的变化。由于化妆品体系的复杂性，对某一化妆品的流变性质进行完全测定是不可能的。但是根据测定目的选择适当的测定方法，作为一种特性的流变性质是可以测定的。

化妆品的种类繁多，对于不同形态化妆品所需测量的流变参数是不同的，有的只需测量黏度（如一些牛顿流体），有些需要测定黏度与剪切应力或剪切速率的关系（如一些非牛顿流体），有一些需测定塑变值（如牙膏和膏霜等），还有一些需测定蠕变柔量和复数模量（如一些啫喱型产品）。一般来说，化妆品流变特性测量包括黏度、黏度–剪切应力或剪切速率关系、塑变值、蠕变柔量和弛豫时间。

大多数流变特性测量仪器能测定流变性质对温度和剪切速率或剪切应力的依赖关系。这些仪器可分为几类：测量稳态黏度的仪器，例如简单剪切式黏度计、同轴圆筒黏度计、毛细管黏度计、锥板黏度计和平行板黏度计等；测量复数黏度的仪器，属于这一类的有动态流变仪、流变性测定仪和正交流变仪等。此外还有一些应用于生产过程的质量控制的较简易的仪器，如气泡式、杯式、落球或棒式黏度计。

最常测定的流变学性质是黏度，测量黏度最大的优点是较容易和快速，也是简单的质量控制较理想的选择。黏度测量应考虑产品的性质和所用仪器的类型。

一、黏　度　法

测量黏度的方法很多，各有其特点和适用范围，下面介绍在化妆品研究、生产及检验中常用的流变参数测量方法及仪器的基本原理。按照黏度计的工作原理，黏度计有3种基本类型：毛细管式、转动式和移动体式，市售的黏度计多数可归属这三类。

（一）毛细管黏度计

毛细管黏度计适用于测量低等到中等黏度的牛顿流体的黏度，如化妆水和液体石蜡等液状制品，其测量范围为0.001~10.000Pa·s。也可用于检定其他黏度计所用的黏度校正液的黏度。

常用的毛细管黏度计有奥氏毛细管黏度计［图4–11（1）］和乌氏毛细管黏度计［图4–11（2）］，奥氏黏度计由两根管组成，乌氏黏度计由三根管组成。这两种黏度计中管B的中部为毛细管。液体从管A装入，自管B上端将液体吸至刻度线a以上，在重力作用下任其自然流下，记录液面自刻度线a流至线b所用的时间。

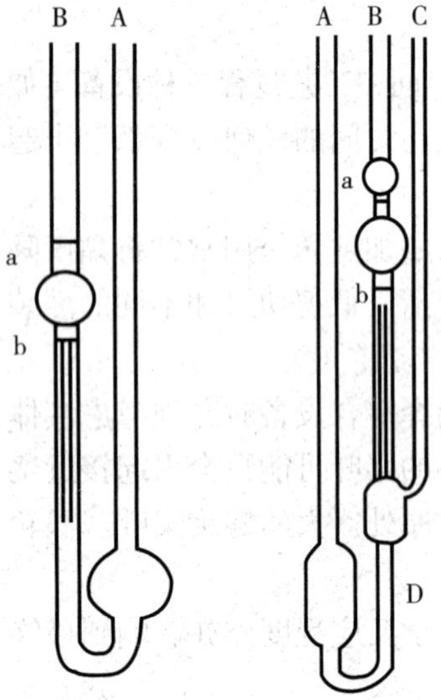

（1）奥式　　（2）乌式

图 4–11　毛细管黏度计

毛细管黏度计主要用于测量牛顿流体的黏度，该法测量黏度 η 的依据是Poiseuille公式。

$$\eta=\frac{\pi r^4 Pt}{8lV} \tag{4-14}$$

$$P=h\rho g \tag{4-15}$$

式中，r、l——分别为毛细管的半径和长度；

V——在时间t内液体所流过毛细管的体积；

P——毛细管两端的压力差；

h——等效平均液柱高；

ρ——液体密度。

由上式可得到

$$\eta=\frac{\pi r^4 h\rho gt}{8lV}=k\rho t \tag{4-16}$$

式中，k为仪器常数，在一定的测定条件下，同一支黏度计的k为常数。

通常在定温条件下，用同一支黏度计先测定已知黏度 η_0和密度 ρ_0的纯液体即标准液体的液面自刻度线a自然下降至b所用的时间，即流出时间t_0，然后再测定待测液体（密度 ρ ）在相同条件下的流出时间t，由于使用同一支黏度计，测定条件相同，故仪器常数不变，则待测定液体的黏度 η 为：

$$\eta=\rho t\frac{\eta_0}{\rho_0 t_0} \tag{4-17}$$

常用的标准液体有水和苯等。

若想获得更准确的结果，可用下式：

$$\eta=k_1\rho t-k_2\rho/t \tag{4-18}$$

式中，k_1和k_2均为仪器常数，它们的值可用两种已知黏度和密度的标准液体按上述实验方法求出。一般情况下，用式4-17就能满足精确度的要求。

在使用奥氏黏度计时，加入的液体试样的体积每次都要相同，而乌氏黏度计与加入液体的体积无关。使用乌氏黏度计时先封闭管C，使之不通气，再将液体自管A吸到管B并使液面高于刻度线a，然后让管C接通大气，此时空气进入球D，球D内的液面降低，使毛细管内及其以上部分的液体悬空，最后让液体自管B任其流下，这样液柱的高度就与管A内液面高度无关，还避免了出口处湍流发生。

毛细管黏度计测定液体的黏度比较简便，可以获得较精确的结果。但是，必须严格控制温度并保持恒温；选择黏度计（主要是改变毛细管的粗细）使液体流出时间在100s以上为好，但时间过长也会引起误差。这类黏度计适用于测量化妆水和液体石蜡等液体状制品的黏度。

（二）Brookfield黏度计

Brookfield黏度计是一种主要测量非牛顿流动黏性液体的实用黏度计，它也是化妆品和洗涤用品工业中使用得最为广泛的一种黏度计。我国化妆品标准中使用的NDJ-1型旋转式黏度计即属这种类型。大多数情况下，只要使用得当，即可获得较准确的质量控制数据。

Brookfield型黏度计（图4-12）测定黏度的基本原理：把特定大小的转子放入待测黏性液体中，当电动机带动转子以一定的角速度旋转时，转子所受到的液体黏性阻力——转矩大小一般由弹簧测出，然后换算成黏度并在刻度盘由指针表示；改变转子和旋转速度可在

0.001~2000.000Pa·s这样大的范围内测量黏度。通过系数校正能测量非牛顿型液体的黏度。

Brookfield型黏度计的主要优点是价格较低，使用方便。旋转轴型黏度计适用于测量乳状液和指甲油等产品的黏度。

（三）同轴转筒型黏度计

同轴转筒型黏度计主要用于研究非牛顿流体的流变性，其构造如图4-13所示。

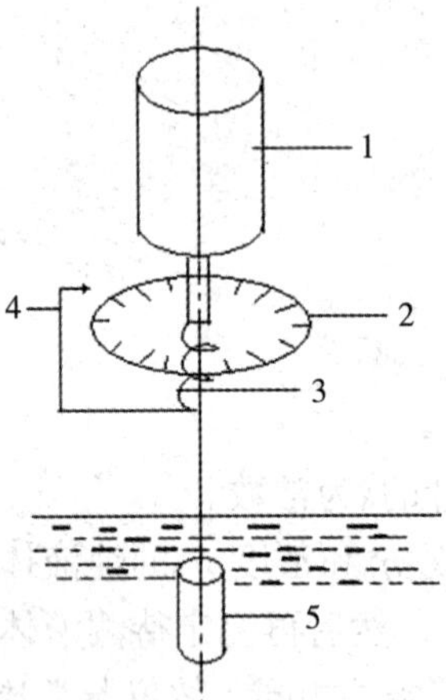

图 4-12　Brookfield型黏度计

1—同步电机　2—表盘　3—弹簧　4—指针　5—转子

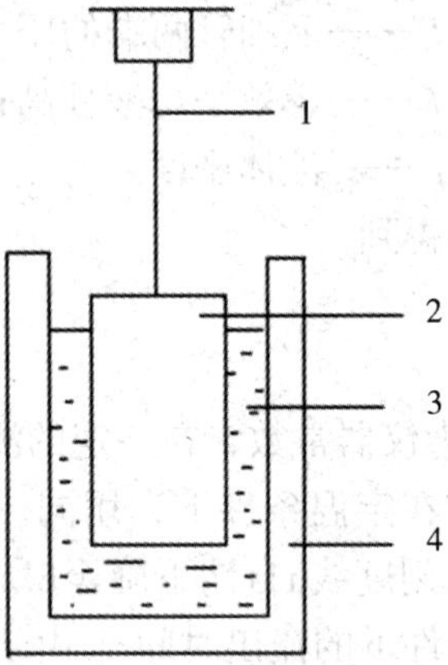

图 4-13　同轴转筒型黏度计

1—扭力丝　2—内筒　3—样品　4—外筒

在外圆筒4和同轴的内圆筒2（用扭力丝把2悬挂起来）之间加入样品，将外筒旋转，由于流体的黏滞性，会把转动力矩传递给内筒，使内筒转动一定角度，同时内筒也会受到扭力丝（弹簧）的扭力。当动力与扭力相等即达到平衡时，内筒会在一定的角度停止转动，从旋转角度的大小可求出黏度。如果改变外筒旋转速度，并测出相应的偏转角度，可得到流变曲线。

这类黏度计有两种，外筒转动而内筒固定的称为转杯式黏度计；内筒转动外筒固定的称为转锤式黏度计。此外，也可以使内筒或外筒以一定的角速度旋转，测量使另一筒固定不动所需的力矩。

此类黏度计适用范围很广，既可用于测定黏度，也可以测定出剪切速率或剪切力。

（四）圆锥子板型黏度计

圆锥子板型黏度计如图4-14所示，在平板和圆锥体的间隙中装满待测液体，电动机带动平板旋转，用扭力弹簧测定出圆锥的扭力。改变圆锥的大小和弹簧的弹性，可以测定从乳状液到膏霜类样品的黏度。

这种黏度计的优点是样品用量少（小于1g），较易清洗，并适合高黏度材料流变性质的测定，是研究非牛顿流体较理想的仪器。

除了上述四种黏度计用于测量黏度之外，还有锐孔黏度计、落球式黏度计等。

使用黏度计进行测量的过程中，应当注意测试条件和

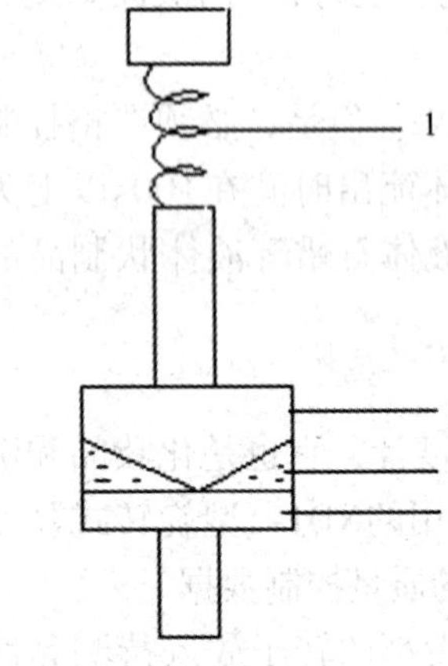

图 4-14　圆锥子板型黏度计

1—弹簧　2—圆锥　3—样品　4—平板

仪器的操作规程及样品的性质等问题。通常黏度测定应在固定的温度条件下进行，被测样品应当具有代表性，且均匀、无杂质；在仪器上读数时，应在表示的数值达到稳定后读取。

测量黏度时应注意下列有关问题：

①被测样品应是完全均匀的，且不含有夹带的空气和外来杂质；

②黏度测量应在恒温条件下进行；

③所加的剪切应力只能使体系形成层流，而不会形成湍流；

④所有黏度读数应在到达稳定态时读取；

⑤在试验条件下，样品不应表现出明显的弹性，如果观察到弹性，应在十分低的剪切速率下进行黏度测量或进行弹性的测定；

⑥采用平板和圆盘转动测定剪切应力的黏度计，在液体和转动平板之间不应存在滑动，否则将引起剪切应力的下降，造成黏度测定较大的误差。

二、线性黏弹性行为的测定

确定线性黏弹性行为的方法包括静态法和动态法两种。静态实验是在阶跃应力（或应变）负荷下，观察应变随时间的变化，动态实验采用谐变的应变。现重点对常用的动态法进行介绍。对线性程度的判断是看所计算的黏弹函数是否与施加的应力和应变量无关。

动态法实验采用谐变的应变，测量时必须检查测定是否在线性范围内进行，测量系统是振动，而不是转动。在恒定频率下逐步增加应变，或在恒定应变下增加振动频率。测量仪器的几何构造与转动式黏度计相似：圆筒式角锥-平板式和平板式等。新式的黏度计在同一仪器中把转动和振动结合在一起。

（一）振动式流变仪

图4-15所示为大多数动态流变仪的基本原理示意图。通过某些基于机械或电磁原理的起振装置，使试样产生剪切或拉伸形变，正弦形变的振幅可以用应变传感器测定，它可以是差动变压器、可变电阻应变仪或者某类光学传感器。使试样发生形变的力，可通过相应的弹簧或扭力杆的微小形变来测定。在弹簧或扭力杆上接一个应力传感器，最常用的应力传感器是电阻应变仪或另一种差动变压器。由于黏性流动引起的能量耗散，故在应力和应变之间产生了一定的相位差。这种黏度行为取决于应力和应变的振幅以及它们之间的相位角。

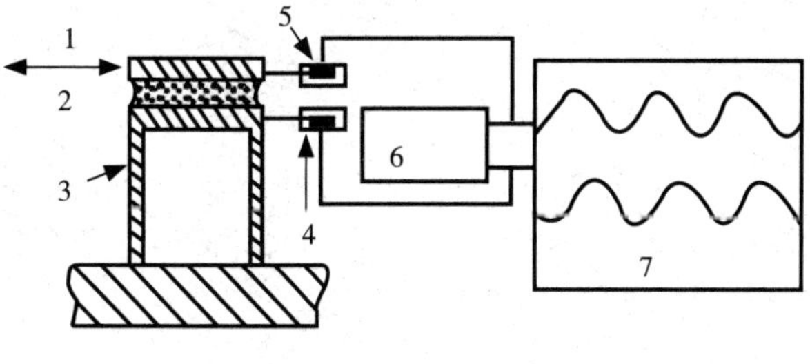

图 4-15　测定流体动态性质的振动式流变仪示意图
1—起振器　2—试样　3—弹簧或转矩　4—应力传感器
5—应变传感器　6—相位计　7—记录仪

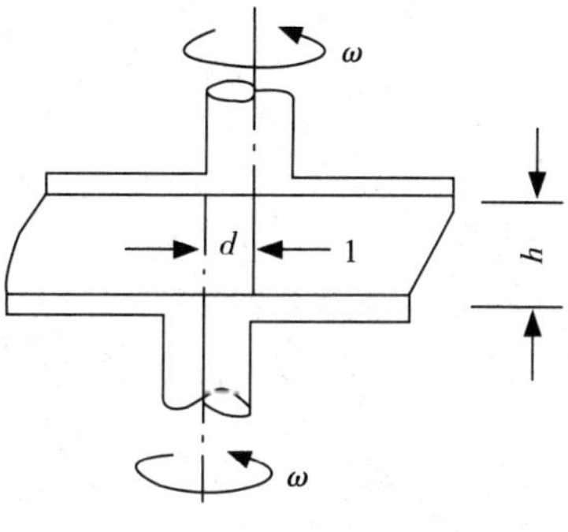

图 4-16　Maxwell正交流变仪中旋转板的排列
1—样品

（二）正交流变仪

振荡实验中，仪器部件产生振荡，在任何意义上流动都是非稳态的。正交流变仪的基本原理与振荡实验不同，正交流变仪中的某一固定点上的速度是不变的，但是流变仪的几何构造所采取的形式则使个别流体元经受振动剪切。这种仪器的典型例子是Maxwell正交流变仪，其工作原理如图4-16所示。它是由两块间距为h的平行圆盘，在两个圆盘的轴平行安装，但错开一个很小的距离d，即两个圆盘的轴不完全同心，一个轴以恒定角速度ω旋转，另一个轴可以接近于主轴的速度自由旋转。这样聚合物中就发生偏心的振动运动。

作用在平板上的分力用适当的传感器进行测定，由此可推算出动态黏度和动态刚度等数据。

第五章　化妆品的生产设备

化妆品的制备，大多是物料间的物理混合、物态变化等，较少发生化学反应，因而所使用的生产设备无需耐高温、高压；此外，化妆品的制备多采用间歇操作，其涉及的单元操作主要有粉碎、研磨、粉末制品的混合、乳化和分散、分离和分级、物料输送、加热和冷却、灭菌和消毒、产品的成型和包装、容器的清洗等。一般而言，每一种化妆品生产都需要经过两种以上的单元操作，而其所需要的设备，则随产量及操作需要来决定其大小和规格。

第一节　液体和乳液制品主要生产设备

液态非均匀介质的混合与乳化设备主要是搅拌釜。搅拌釜由搅拌机构和搅拌釜壳所组成。搅拌机构包括传动机构、轴和搅拌器。通常，搅拌机构安装在釜盖上，也可装在独立组装的构件上，或是可移动的。搅拌釜的壳体多数是圆筒形的，如果在搅拌釜内还要完成换热过程，通常应设换热器。如果换热器置于外面，则做成夹套式；如果换热器放在釜内，则可用蛇管。此外，搅拌釜内还可装设内件、反射挡板、压料管、鼓泡器等。

一、简单搅拌釜

简单的搅拌釜有很多种形式，一般分为立式搅拌釜、卧式搅拌釜及轻便型搅拌器等。通常在一只敞口圆筒内放有一只搅拌桨叶，依靠桨叶的旋转而产生剪切作用，其优点是设备简单、制造及维修方便、可不受厂房等条件限制；缺点是乳化强度低、膏体粗糙、稳定性差。简单搅拌釜主要适合于生产香波、沐浴露等非乳化体系产品。

对于搅拌液态介质的搅拌釜来讲，搅拌器是其主要元件之一。搅拌器可分为高速和低速两大类，高速搅拌器是指在湍流状态下搅拌液态介质的搅拌器，适宜于低黏度液体的搅拌，比如叶片式、螺旋桨式和涡轮式搅拌器。低速搅拌器是指在滞流状态下工作的搅拌器，适宜于高黏度流体和非牛顿型流体的搅拌，比如锚式、框式和螺旋式搅拌器。

（一）叶片式搅拌器

叶片式搅拌器是最简单的一种搅拌器，用于黏稠性和一般液体物料的搅拌，转速一般为20~80r/min，从叶片的形式上分为直叶片式搅拌器和三叶片式搅拌器。叶片由金属平板制成，一般为2~4片，总长约为搅拌釜内径的1/3~2/3，通常叶片和旋转平面成45°倾角称桨叶式搅拌器。叶片式搅拌器的叶片和旋转平面垂直；三叶片式搅拌器的轴套上焊三个子板叶片，且每个叶片和搅拌器旋转平面成24°倾角，如图5–1所示。倾角的存在，有利于被搅拌液体的轴向流动。

叶片式搅拌器的特点是构造简单，搅拌效果良好，转速不太高，对流体的搅动程度不激烈。若液层较深时，可以在搅拌轴上安装数排叶片。

（二）推进式搅拌器

推进式搅拌器是最普通的乳化设备的一种，应用范围极广，适用于制备低黏度或中等黏度的乳化体，但此搅拌器对黏稠的乳化体不能适用。使用时桨叶应深入到液面下，以避免产生旋涡混入空气。

推进式搅拌器的桨叶与轮船螺旋桨或飞机的机翼形状相同，如图5–2所示，其特征是在直径d_{BT}上的叶片倾角β大于直径d_M上的叶片倾角α。由于叶片和旋转平面构成倾角，故当桨叶高速转动时（最高可达300r/min），由于螺旋桨的推进作用，使液体在搅拌罐中心附近向下流动，而在靠近壁面处向上流动，形成一个激烈的上、下流体循环运动，所以搅拌效果较好，广泛用于要求剧烈搅拌的场合。

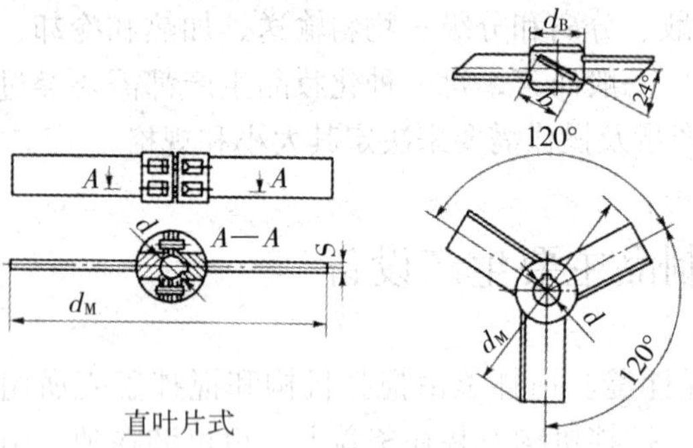

直叶片式　　三叶片式

图 5–1　叶片式搅拌器

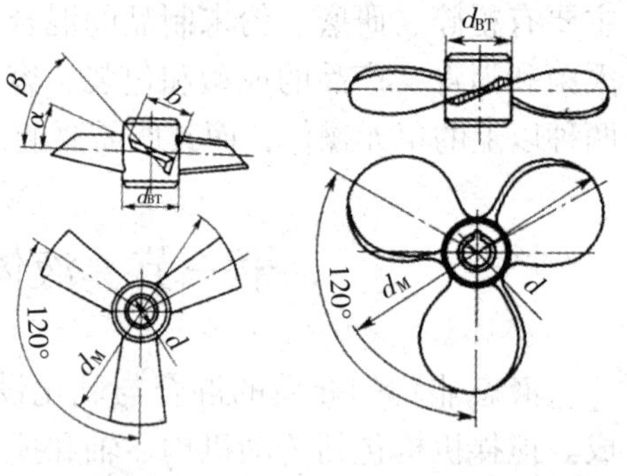

螺旋桨形叶片　　机翼形叶片

图 5–2　推进式搅拌器

（三）涡轮式搅拌器

涡轮式搅拌器有多种形式，最简单的一种形式是在一水平圆盘上，沿圆周均匀固定六块平板叶片，这种形式称为开启叶片涡轮式搅拌器，也可用轮盘盖上叶片，做成闭式结构，称闭叶片涡轮式搅拌器，如图5–3所示。

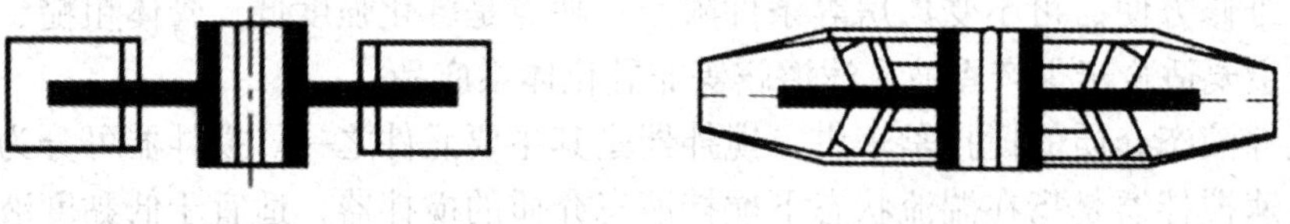

开启叶片涡轮式　　闭叶片涡轮式

图 5–3　涡轮式搅拌器

涡轮式搅拌器的作用和结构类似于离心泵。当轮叶高速旋转时，液体由轮心吸入，同时借离心作用由轮叶间通道沿切线方向抛出，从而造成液体的激烈搅拌。它适于大量液体的搅拌（能搅动4~6m^3的液体），还能将含固体达60%（质量）的沉淀物搅拌起来。与螺旋桨式相比，涡轮式搅拌器所造成的总体流动回路较为曲折，出口的绝对速度很大，桨叶外缘附近造成激烈的旋涡运动和较大的剪切力，可将液体微团分散得更细。但涡轮搅拌器在搅拌釜内有两个回路，对易于分层的物料不太适合。一般可将它装于底部，使径向液体折向上，卷起沉于底部的沉淀颗粒，有利于大容量、较高黏度液体的搅拌与乳化。其缺点是当转速较高时，吸入的空气量也较大。

（四）锚式搅拌器

锚式搅拌器结构如图5–4所示，其外形很像轮船上的锚，故而得名。这种形式的搅拌器使用较普遍，既适用于高黏度的物料，也适用于一般黏度的物料，特别是对黏滞的乳化体，最好用此搅拌器。它能提高热交换速率，而且刮壁效果也较好。

锚式搅拌器的总体轮廓与搅拌釜下半部分内壁的形状一样，内壁与搅拌器之间的间隙很小，约为5mm左右，所以它除了起搅拌作用外，还可刮去搅拌器壁上的沉淀物。它的转速不大，为15~80r/min，主要用于黏度大、有沉淀和搅动程度要求不高的场合。

（五）框式搅拌器

框式搅拌器结构如图5-5所示，框式搅拌器是浆式搅拌器的一种，适用于高黏度的物料或容器直径较大的情况，转速为15~35r/min，可用于需要刮的场合。由于搅拌器为刚性框式结构，比较牢固，可搅动较大量的物料和黏度较大的液体。液体的黏度越高，则中间所需的横梁越多。通常其转速较低，大体上与锚式搅拌器转速相同。

（六）螺旋式搅拌器

螺旋式搅拌器有两种，一种是螺旋式，另一种是螺带式，如图5-6所示。螺旋式是在轴上焊螺旋形平板叶片而构成，它适用于高黏度流体的搅拌，转速较低。螺带式是在一根垂直轴上等距地装设一些圆柱形轮毂，然后在每一个轮毂上焊接两个圆柱形径向支撑杆，在径向支撑杆外端接两条螺带叶片而构成。由于螺带叶片使物料上下翻动、混合，因此它适于搅拌黏度很大的流体及带有较多固体粉料的混合物。

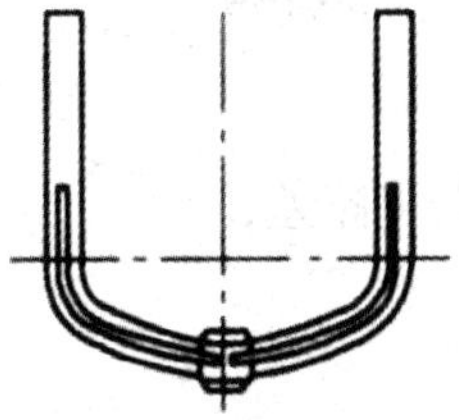

图 5-4　锚式搅拌器

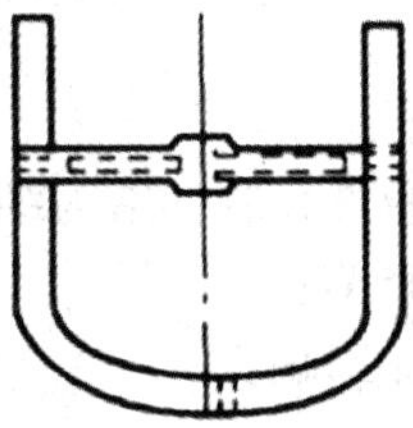

图 5-5　框式搅拌器

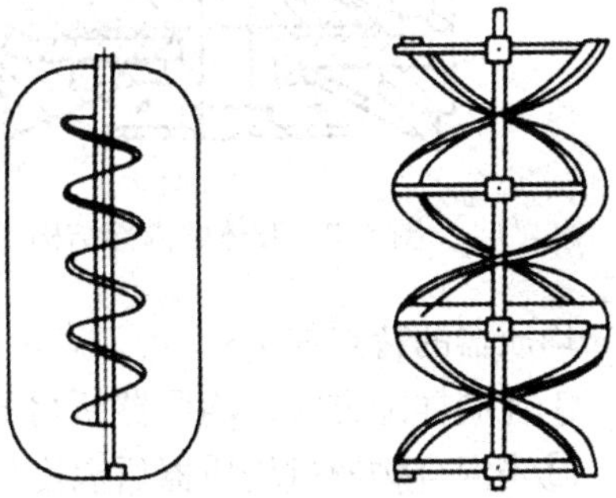

（1）螺旋式　（2）螺带式

图 5-6　螺旋式搅拌器

上述六种搅拌器，如果按叶片形状来分，实际上只有三种，其中叶片式、锚式和框式应统称为桨式均质搅拌器，推进式、螺旋式和螺带式应统称为螺旋式均质搅拌器，还有涡轮式均质搅拌器。

二、胶　体　磨

胶体磨内部结构如图5-7所示，是一种剪切力很大的乳化设备，其主要部件由高速旋动的磨盘（转子）和固定的磨盘（定子）组成，转子的转速可达1000~20000r/min。它可以迅速地同时对液体、固体、胶体进行粉碎、微粒化及均匀混合、分散、乳化等处理。磨盘的形状为两只套合的截锥体，当转子高速旋转时，物料被迫通过定盘和动盘之间大约0.025mm的间隙（此间隙大小可以调节）。由于转子高速旋转，因此，转子通过定子，对经过转子和定子间隙的物料在极短的时间内进行强力剪切、研磨、混合、冲击，从而使物料被迅速地粉碎、微粒化和均匀的分散、混合、乳化。经过处理的物料细度可以达到0.01~5.00μm，所以胶体磨是一种具有强大分散能力和混合均匀的高效乳化设备，可以制得相当稳定的乳液。胶体磨的效率与所制乳化体的黏度有关，黏度越大，出料愈慢。

三、均 质 器

高剪切均质机是一种具有较强剪切、压缩和冲击等作用的高效搅拌机械，主要应用于液体的乳化、固液两相物料的粉碎、均质分散、混合，如图5-8所示。其结构为一对精密配合的定子、转子及相应的特殊结构，转轴与转子之间通过三根筋条相连接。当转子以1000~10000r/min的速度做高速旋转时，由于在转子的上、下两边产生压力差而使物料被吸入到筋条与转子之间形成的空间，随转子的高速转动，物料受离心力作用而被迫从转子的小孔内进入到转子与定子之间的高剪切区。由于受到由高速旋转的转子通过定子所产生的强力剪切、压缩、混合和冲击等的共同作用，物料可在极短的时间内被均匀地混合、乳化与分散，然后从定子中甩出。

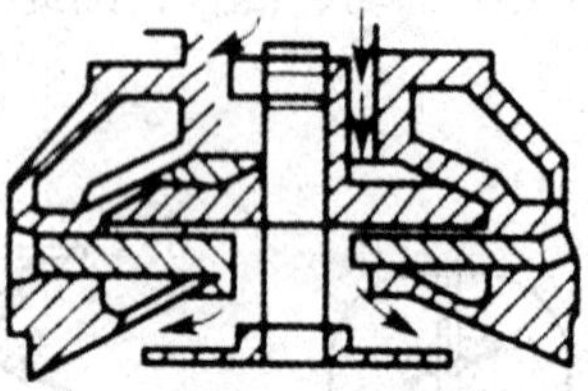
图 5-7　胶体磨内部结构

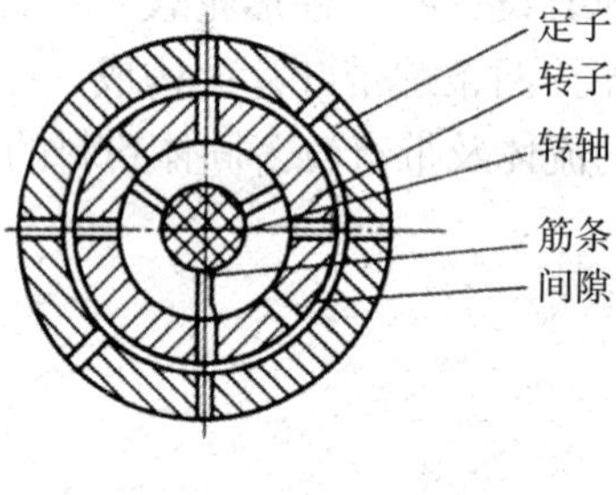

图 5-8　高剪切均质器结构

均质器的特点如下：

①在同样配方时，均质器所得的平均颗粒度较胶体磨为细，但均匀度略差；

②当混合物通过均质器后温度仅升高5~15℃；

③乳化体的黏度对均质器的出料速度并无影响；

④均质器一般只适用于流体、半流体。

四、真空搅拌乳化机

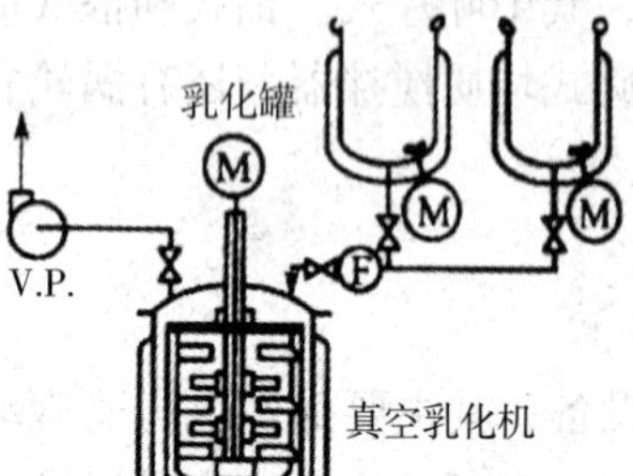

图 5-9　真空搅拌乳化机
M—搅拌器　F—进料流量计
V.P.—真空泵

真空乳化搅拌机装置如图5-9所示，该装置是立式搅拌釜接真空泵，配有两个带有加热和保温夹套的原料溶解罐，一个是溶解水相，另一个是溶解油相，都备有搅拌桨叶，这样就可使操作过程在减压状态下进行。真空乳化机在密闭的容器中装有搅拌叶片，在真空状态下进行搅拌和乳化。

真空乳化搅拌机同时具有上述三种搅拌器，而且在真空条件下操作，因此具有许多优点：

①适用于膏霜、奶液、发乳等乳化产品的生产；

②可使膏霜和乳液的气泡减少到最低程度，增加表面光洁度；

③由于在真空状态下进行，产品在生产过程中避免了和

空气接触，因此减少了氧化过程；

④同时由于负压，产品不含气泡，也便于产品的灌装、计量和长期保存。

五、超声波乳化设备

超声波是指振动频率超过人类听觉上限（约为20000Hz）的振动波。其特点是能量集中、强度大、振动剧烈、破坏性强。在乳液生产中通常采用簧片式超声发生器，其主要部件为较狭的矩形喷嘴缝隙和与之相对的两端呈尖劈形状的平板（或单面刀片）振动元件，如图5-10所示。当油水混合液以一定的压力冲击尖劈刃口时，在尖劈刃口附近就产生强大的振动，其强度足以使油水两相在短时间内进行强烈地混合、分散和乳化。粗制的乳液经过数次循环，可以得到相当稳定的乳液，即使在无乳化剂存在的情况下，油水两相经过超声波乳化处理后也可达到数十天不分离。此外，由于超声波在液体内产生空穴作用，使液体内的微生物细胞受到破坏，故也具有一定的杀菌消毒作用。

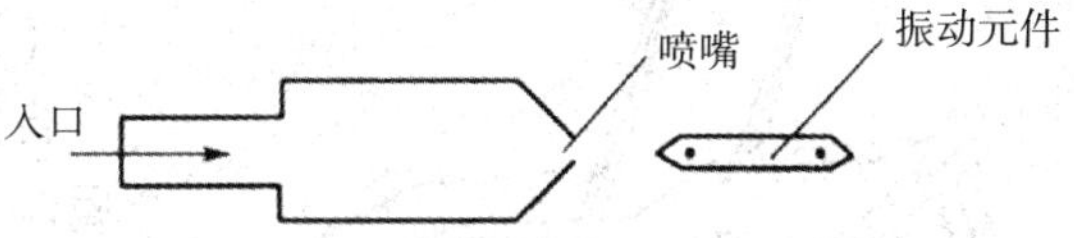

图 5-10　簧片式超声

第二节　粉类产品主要生产设备

粉类化妆品主要是指以粉质原料为主要原料配制而成的外观呈粉状或粉质块状的一类产品。由于主要选用粉类原料，要制得颗粒细小、滑腻、易于涂抹的产品，所以在生产工艺及设备上与其他类化妆品有很大差别。生产这类产品的设备主要包括：混合设备、粉碎设备、筛分设备等。

一、混 合 设 备

混合设备主要使固体粉料之间彻底混合均匀，混合设备的品种很多，如带式混合机、V形混合机、双螺旋锥形混合机、螺带式锥形混合机及高速混合机等。

（一）V形混合机

V形混合机是由两个圆筒焊接而成，外形呈V字形，圆筒两侧装有两个支轴，支轴安放在轴承上，靠其支持，双圆锥形混合机也属于V形混合机，如图5-11所示，它们都用于干粉的混合。

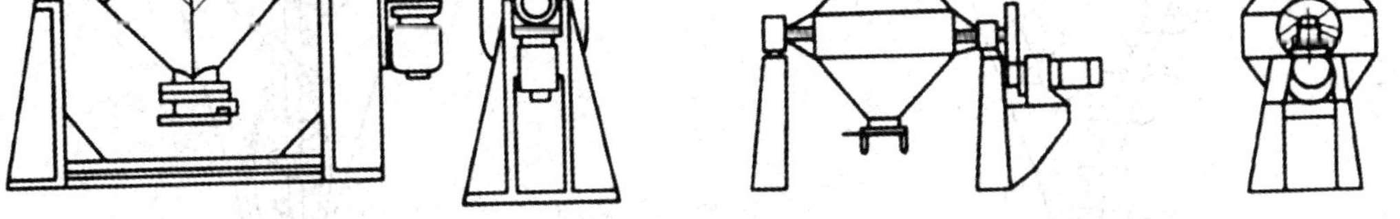

图 5-11　V形混合机

V形混合机运转时，在机内固体粉料开始时由于离心力和筒壁的阻力作用，先做圆周运动，达到一定点后，在重力作用下脱离了圆周运动，粉料表面的粉粒产生移动，然后在两圆筒交锥部分进行激烈的冲击，使粉料分离开来。在混合机的连续运转下，机内的粉料反复交替地在交锥部分做激烈冲击，于是粉料在很短时间内达到良好的混合。

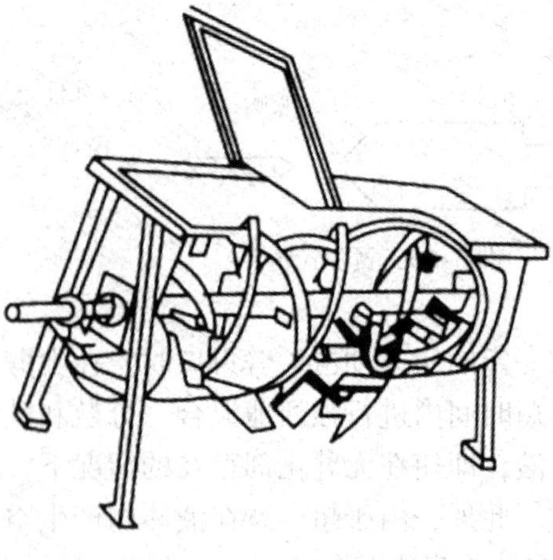
图 5-12　带式混合机

（二）带式混合机

带式混合机结构如图5-12所示，其主体是一个金属制成的U形水平容器，中心装置是回转轴，在轴上固定两条带状螺旋形的搅拌装置，两螺旋带的螺旋方向相反。当中心轴旋转时，由于反向螺旋的作用，粉料向左右移动、上下翻动进行充分混合，在U形容器的底部开有出料口，粉料可以在搅拌后放出。在某些特殊需要的场合，U形容器可以做成夹套，进行加热或冷却。容器也可抽真空，进行真空拌粉等操作。通常混合器的装载量为U形容器体积的40%~70%，拌粉轴的转速为20~300r/min。

（三）双螺旋锥形混合机

双螺旋锥形混合机结构如图5-13所示，其外形为一圆锥筒，筒内装有两支不等长的螺旋搅拌器，搅拌器依锥体做公转和自转运动。公转速度为2~3r/min，自转速度为60~70r/min。粉料在搅拌器的公转和自转作用下，做上下循环运动和涡流运动。因此，物料可以在较短的时间内得到高度混合，其功效为滚筒式混合机的10倍左右，是目前混合功效较好的一种混合设备。装载容量为50%~70%。

（四）螺带式锥形混合机

螺带式锥形混合机的结构如图5-14所示，其搅拌器采用螺旋搅拌器和外部螺带式锥形搅拌器相组合的形式。搅拌时，可以造成粉料的剪切、错位、扩散、对流等全方位的运动，从而获得均匀的混合物。它也是目前混合效果较好的混合机之一。

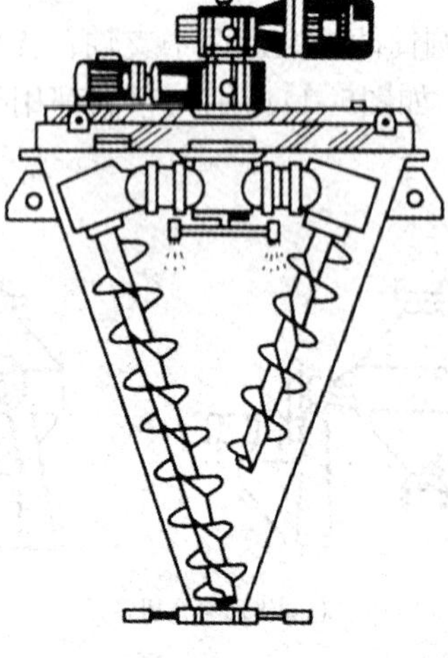
图 5-13　双螺旋锥形混合机

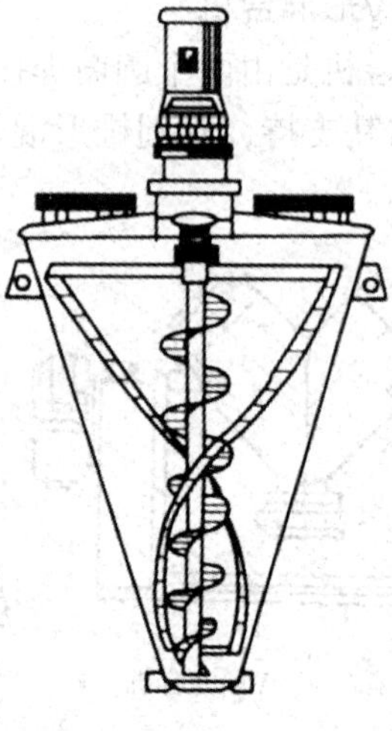
图 5-14　螺带式锥形混合机

（五）高速混合机

高速混合机是近年来使用比较广泛的一种高效混合设备，结构如图5-15所示。它具有一圆筒形夹壁容器，在容器底部装置一转轴，轴上装有搅拌桨叶，转轴可与电动机用皮带连接，也可直接与电动机连接。在容器底部开有一出料孔，在容器上端有平板盖，盖上有一挡板插入容器内，并有一测温孔用以测量容器内粉料在高速搅拌下的温度。当启动电动机后，粉料在高速叶轮的离心力作用下互相撞击粉碎，进行充分的混合。由于粉料在高速搅拌下运动，因此粉料温度在极短的时间内显著升高，极易使粉料变质、变色，故在使用前必须先在混合机夹层内通入冷却水进行冷却，同时在运动时也需经常观察温度的变化。该混合机可在真空下操作，也可在小于245.5kPa的压力下操作，一般其适宜的装载量为容器容积的60%~70%，叶轮的转速控制在500~1500r/min之间。

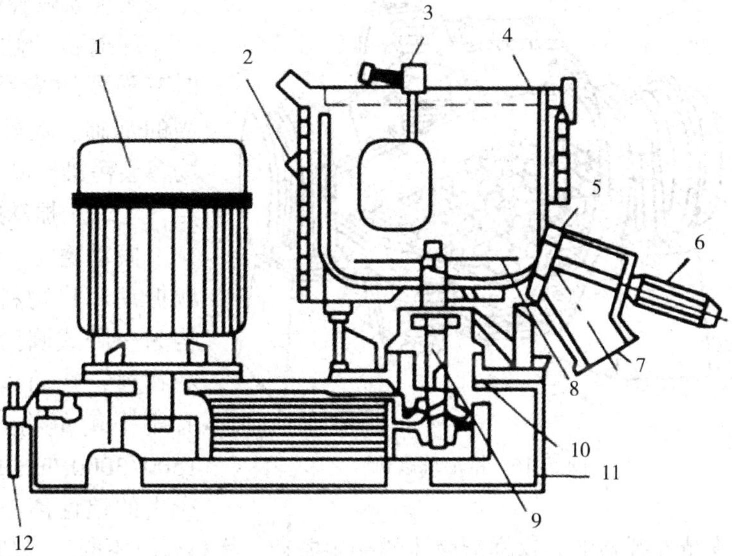

图5-15　高速混合机

1—电动机　2—料筒　3—温度计　4—盖　5—门盖　6—气缸　7—出料口　8—搅拌叶轮　9—轴　10—轴壳　11—机座　12—调节螺丝

二、粉碎设备

粉碎设备有很多种，一般可按被粉碎物料在粉碎前后的大小分为四类。

①粗碎设备：典型的有颚式破碎机和锥形破碎机。

②中碎与细碎设备：主要有滚筒破碎机和锤击式粉碎机。

③磨碎和研磨设备：主要有球磨机、棒磨机等。

④超细碎设备：主要有气流粉碎机、冲击式超细粉碎机等。

日用化学品粉类制品的生产主要用到研磨和超细粉碎设备。

（一）球磨机

球磨机主要由钢制筒体和装在筒体内的研磨体组成，如图5-16所示。当筒体由电动机通过减速器带动做回转运动时，装在筒体内的研磨体由于和筒体的摩擦作用而被带着升高到一定高度后下落。筒体不断地做回转运动，则研磨体就被不断地升高和回落，结果使物料不断地在下落的研磨体的撞击力及研磨体与筒体内壁的研磨作用下被粉碎。

球磨机的筒体有圆筒形、长筒形和圆锥形三种，均为卧式，分别称为圆筒球磨机、管形球磨机和锥形球磨机。而研磨体可以是球形，也可以是棒形或其他形状，前者称为球磨机，后者称为棒磨机。

球磨机的优点是可以进行干磨，也可以进行湿磨，其粉碎程度较高，可得到较细的颗粒，特别是粉碎或研磨易爆物品时，筒体内可以充惰性气体以防爆。由于是密闭研磨，故粉

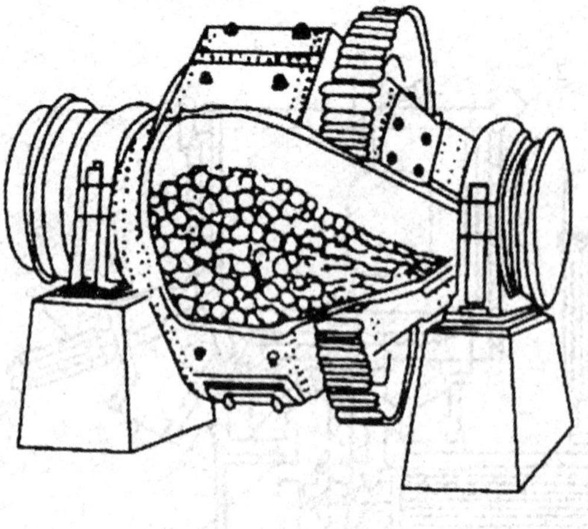

图 5-16 锥形球磨机

尘飞扬现象较轻微。

球磨机的缺点在于体积庞大、笨重，运转时有强烈的震动和较高的噪声，因此必须有牢固的基础。此外，粉料内易混入研磨体的磨损物，会污染产品。

（二）振动磨

振动磨是利用研磨体在磨机筒体内做高频振动，将物料磨细的一种超细磨设备。其结构为一卧式圆筒形磨机，筒体里面装有研磨球和物料，在筒体中心装有一回转主轴，轴上装有不平衡重物，筒体有弹簧支承。当主轴以1500~3000r/min的速度旋转时，由于不平衡物所产生的惯性离心力使筒体产生高频振动。筒体支持在弹簧上，这样借筒体的高频振动，物料就可不断地被研磨体撞击而粉碎。

（三）微细粉碎机

微细粉碎机主要由粉碎室和回转叶轮等部件构成，室内装有特殊齿形衬板，粉料在高速回转的大小叶轮带动下，就可不断地受特殊齿形衬板的影响而发生相互撞击，产生微细的粉末。此设备主要用来生产200~300目的超细粉末，粉粒的细度一般可达到5~10μm。由于该机在高速运动撞击中进行粉碎故进料切不可过量，以免造成机温升高、粉料变质、机件磨损。

（四）气流粉碎机

气流粉碎机结构如图5-17所示，它是利用高压气体从喷嘴射出，形成高速流，从斜的方向向粉碎室内壁喷射，使粉碎室内的物料做高速旋转，造成物料粒子互相撞击，从而达到粉碎的目的。粉碎后的粉料通过旋风分离器，将粗粉送入粉碎室继续粉碎，细粉则进入收集器。通常气流粉碎机可以使物料粉碎到几个微米。

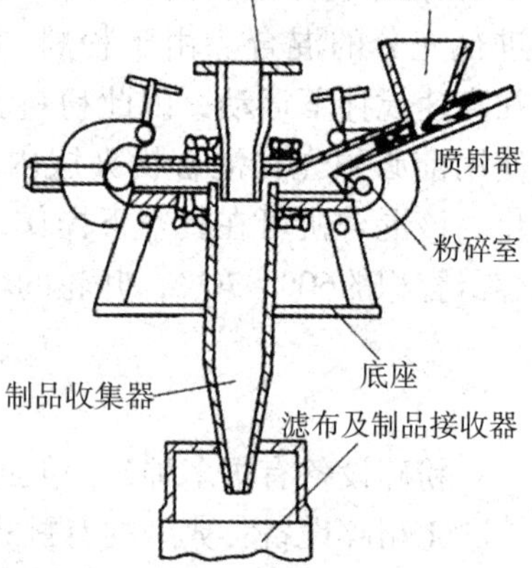

图 5-17 气流粉碎机

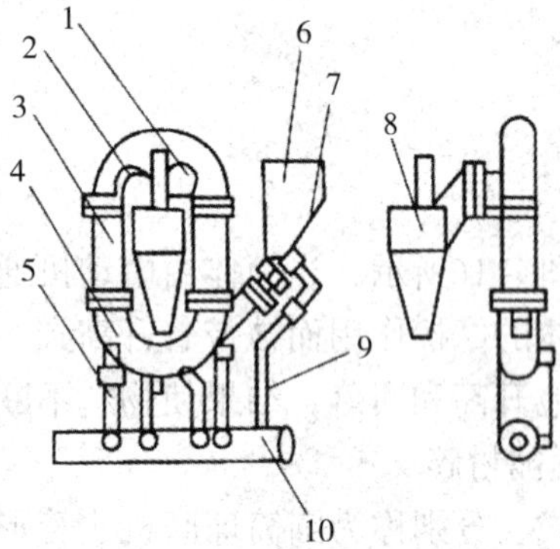

图 5-18 立式气流磨

1—粉粒出口 2—上弯管 3—直管 4—下弯管 5–喷嘴 6—料斗 7—加料喷嘴 8—旋风分离器 9—喷嘴气管 10—压力气体总管

（五）立式气流磨

立式气流磨也是利用高速气流，使固体物料自行相互击碎的超细粉碎设备，如图5-18所示。物料自料斗6经过喷嘴喷射后进入粉碎管2、3、4，高压气体从管道10进入喷嘴5射入粉碎管，由于高压气体在粉碎管内带动物料做高速旋转，因此物料可在粉碎管内通过撞击、剪切而被粉碎。已粉碎的细粉从上弯管2排出进入旋风分离器8进行收集。立式气流磨可以制得粒度微细而均匀的成品，成品的纯度较高，且可以在无菌条件下操作，适于热敏性及易燃、易爆物料的粉碎。

三、筛分设备

固体原料经粉碎后颗粒并非完全均匀，故需要将颗粒按大小分开才能满足不同的需要。这种将物料颗粒按大小分开的操作称为筛分。筛分设备的主要部件是由金属丝、蚕丝和尼纶丝等材料编织成的网。筛孔的大小通常用目来表示，即每英寸长度内含有经线或纬线的数目，目数越高，筛孔越小。

筛分可用机械离析法，也可用空气离析法，前者的设备称机械筛，比如栅筛、圆盘筛、滚筒筛、摇动筛、簸动筛、刷筛及叶片筛；后者的设备称风筛，比如离心分筛机、微粉分离器。

（一）滚筒筛

滚筒筛又称回转筛，主体为稍微倾斜的滚筒，筒面上为筛网。当物料经加料斗加入到旋转着的滚筒后，其中的细料即可穿过筛孔排出作为成品落入料仓，而粗料则沿滚筒前移，在滚筒的另一端排出，重新进粉碎机粉碎。

（二）摇动筛

摇动筛的筛子水平或倾斜放置，通过连杆和偏心轮相连接。当电动机带动偏心轮转动时，偏心轮即通过连杆摇动筛子，使筛子做往复运动。筛上的物料中，可筛过物经筛孔落到下方，而未筛过物料则顺筛移动，落到粉碎机中。

摇动筛可以做成多层，在这种筛中，物料先加入具有最大筛孔的上层筛板上，未筛过的大块物料由此筛层分出，筛过物料则落到下层筛板上。下层筛板上的筛孔较小，这层的筛过物又落到下层更细筛孔的筛板上。依此类推，即可同时筛分出颗粒大小不同的若干种产品。因此摇动筛是一种效率很高的筛分设备，广泛应用于细物料的筛分。

（三）簸动筛

簸动筛由外壳、筛子和振动构件组成。外壳的支承为弹性支承，筛网略呈倾斜。由于振动构件引起筛子上下簸动，使进入到筛子上的物料也做上下颠簸的运动，这样就可以使细料通过筛子下落而未筛过物则逐渐沿着筛面向前移动到筛的另一端，重新进入粉碎机粉碎。由于振动物料颗粒不易堵塞筛孔，故其筛分效率较高。

（四）刷筛

刷筛的结构如一个U字形容器，如图5-19所示。在容器的底部装一固定的半圆形金属筛网，容器两端侧面的圆心上有两个轴承座，其上安装一转轴，轴上安装交叉的毛刷，毛刷紧贴金属筛网，容器盖上有一加料斗。当毛刷以30~100r/min的速度旋转时，逐渐将粉料从加料斗加入到容器内，由于毛刷紧贴着筛网做回转运动，因此，筛网上的物料就可按粗细不同被筛分，筛过物即为产品，未筛过物重新去粉碎。

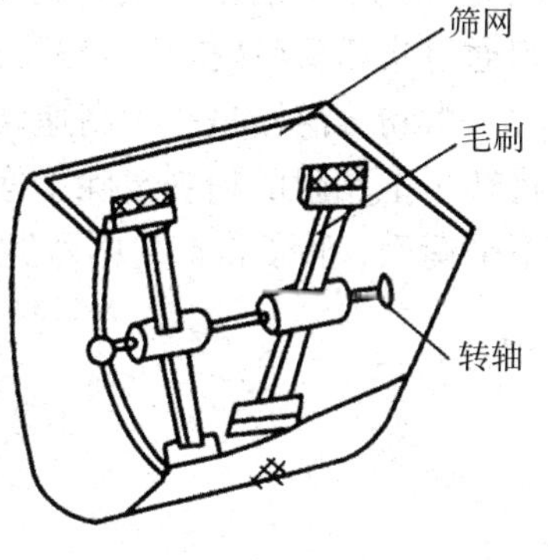

图 5-19 刷筛

（五）叶片筛

刷筛的生产效率较低，为提高效率，可将安装在轴上的毛刷改为叶片，而轴的转速提高到500~1500r/min，即为叶片筛。操作时粉料在叶片离心力的作用下通过金属筛网，故生产效率较高。但由于叶片筛有大量的风排出，故易造成环境污染。

（六）离心风筛机

离心风筛机主要由两个同心的锥体组成，内锥体中心轴上装有圆盘、离心翼片及风扇，如图5-20所示。被粉碎物料从上部加料口进入，落到迅速旋转的圆盘上，借离心力将粉状物料甩向四周。圆盘四周有上升气流，将粉状物料吹起来，使细粉浮动；而粗颗粒因离心力大而碰到内锥筒壁落下；中等颗粒的物料浮起不高，遇到旋转着的离心翼片，被带着向内锥筒壁运动，撞到内锥筒壁而下落，与粗颗粒一同从粗料出口管流回粉碎机或其他容器内。能够浮动到离心翼片以上的细料，则随气流被风扇吹送到内外锥筒的夹层中，在这里空气速度骤减，使其从下端的细料出口处排出。与细料分离的空气经倾斜装置的折风叶重新进入内锥筒内。

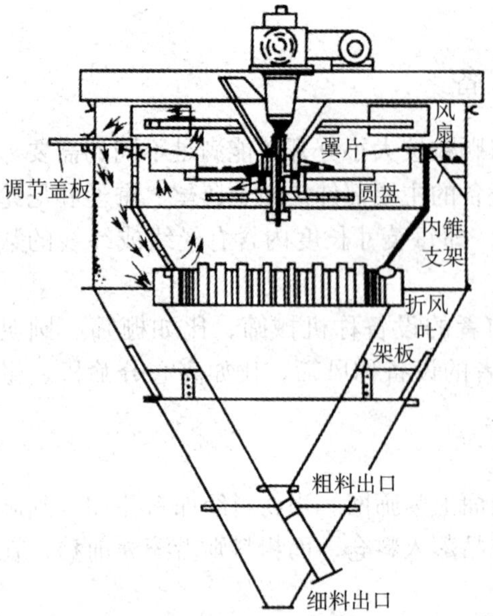

图 5-20　离心风筛机

通常在内锥筒的上端四周装调节盖板，通过伸缩盖板、增减离心翼片数目及倾斜度或变更主轴的转速等调节物料被分离的粗细程度。一般分离细料时，离心翼片可多至48个，最少为6个；而分离粗料时，有时可以不用离心翼片。

（七）微粉分离器

微粉分离器也是利用空气流的作用，使物料的颗粒能够粗细分离的设备，其结构如图5-21所示。含有粉尘的气流从底部进料管1送入分离室5，室内装有一具有电动机驱动的转子，转子支承于转轴12上，并以高速旋转。当含粉气流穿过转子时，悬浮的粉料受到转子的离心力作用而改变运动方向，沿分离室5的筒壁下降至节流环7的锥面上时，被进风管8的旋转气流再次提升夹带下细粉，从而提高了分离效果，不符合细度的粉末则通过集粉管4从排粉口13排出。

微粉分离器是一种高速转动的设备，每次使用完毕后必须将转子上粘附的粉料清除干净。当转子上粘附的粉料产生单面不平衡后，转子将产生剧烈振动，易致机器损坏。

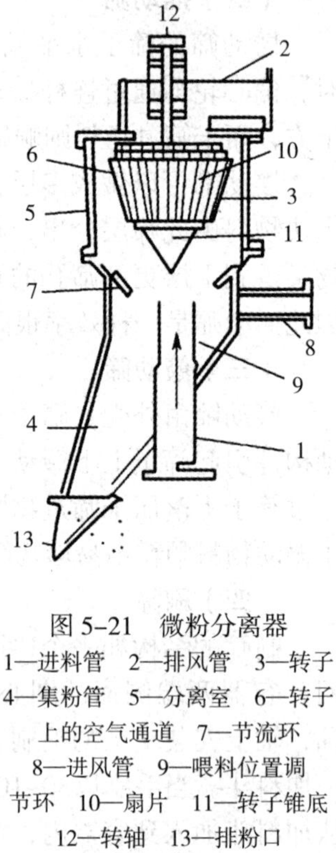

图 5-21　微粉分离器
1—进料管　2—排风管　3—转子　4—集粉管　5—分离室　6—转子上的空气通道　7—节流环　8—进风管　9—喂料位置调节环　10—扇片　11—转子锥底　12—转轴　13—排粉口

第三节　其 他 设 备

一、灭 菌 设 备

为杀灭物料及设备等生产车间物品上粘附的微生物，需对这些原料及物品进行灭菌处理，工业生产中常用的灭菌方法有高温灭菌、紫外线灭菌及放射线灭菌。无论哪一种灭菌方法，都必须具有以下特点：高效有力的杀菌能力；低毒或无毒，安全可靠；操作方便。

（一）高温灭菌

高温灭菌是将要灭菌的物品装入密封性能较好的贮器（柜或烘箱）内，关闭好贮器，然后开蒸汽（或电源）以加热散热器；并用风机将贮器内的空气循环，经散热器后使空气温度加热到120~160℃后，恒温1~3h，可达到灭菌效果。该法适用于耐高温而不燃烧的物料。

（二）紫外线灭菌

波长为2.5×10^{-7}~3.9×10^{-7}m的紫外线具有很强的杀菌作用，把物料放入一封闭箱内用紫外线照射一定时间，就可达到灭菌的效果。紫外线灭菌可采用间歇式也可采用连续式，间歇式灭菌设备可制成箱式，物料在箱内受紫外线照射一定时间后达到灭菌效果；生产上采用连续式灭菌方法时，在移动的输送带上安装罩壳，罩壳进出口处用软性物质作垫子，由于臭氧几乎能吸收全部2.9×10^{-7}m的紫外线，故罩壳顶上用引风机将紫外线灯产生的臭氧排出。这样，紫外线灯产生的紫外线就可对输送带上的物料进行灭菌。

（三）气体灭菌

常用的灭菌气体主要有甲醛和环氧乙烷。由于两者都是易燃易爆气体，爆炸极限分别为7%~73%和3.6%~78.0%，故使用前须用二氧化碳气体稀释，以降低它们的易燃易爆性。当物料送进灭菌器以后，关闭容器盖子，使其密封，然后启动真空泵，对灭菌器进行抽真空。当灭菌器达到完全真空后，通入灭菌气体环氧乙烷或甲醛，保持一定的压力（表压约为19.64~98.20kPa），并维持l~2h，即可达到灭菌效果。然后再用真空泵将灭菌器内的灭菌气体抽出并排入水槽内（环氧乙烷和甲醛均能溶于水），待抽尽后方可通入经过灭菌处理的空气，从而完成对物料的灭菌操作。

（四）放射线灭菌

放射线灭菌是将放射性物质（一般用钴60）安装在特殊结构的容器内，灭菌时，只需将要进行灭菌的物品通过其照射即可达到灭菌的效果。

二、灌 装 设 备

（一）膏体灌装设备

经常使用的有立式活塞式充填机和卧式活塞式充填机，它们主要是利用活塞在缸内产生的压差将乳剂吸入，产生的推力将乳剂送出，同时利用活塞的行程来控制容积的大小，达到对出料量的调节。

（1）立式活塞式充填机　立式活塞充填机由缸体、活塞、颈圈、三角形阀与活塞杆相连成一体，如图5-22所示。当活塞杆向上移动时，三角形阀同步向上移动，此时三角形阀与活塞之间的密封面开始分离，待阀门全部开启后，在活塞杆上固定的颈圈与活塞下端面接触，活塞开始被颈圈向上推进，乳剂通过阀门间隙流入缸体内。当活塞杆向下移动时，三角形阀同步向下移动，阀门与活塞接触密闭，活塞杆继续向下移动，则活塞被三角形阀迫使下行，乳剂被压缩，迫使向外排出。活塞杆往复一次，

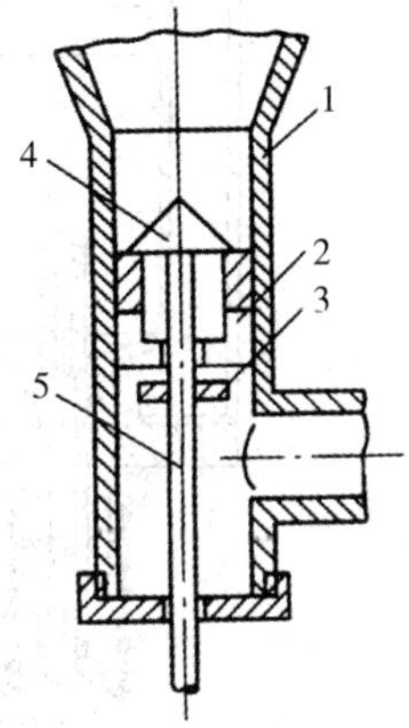

图 5-22　立式活塞式充填机
1—缸体　2—活塞　3—颈圈
4—三角形阀　5—活塞杆

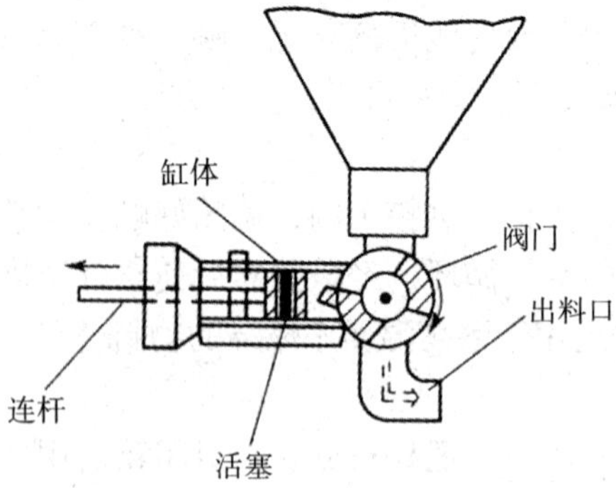

图 5-23　卧式活塞式充填机

即完成一次乳剂吸入与排出的工作循环。

（2）卧式活塞式充填机　卧式活塞式充填机由一卧式缸体、活塞及旋转阀门组成，如图5-23所示。旋转阀门的结构是在阀芯的两对面切去大于90°的槽面，用作乳剂的进出通道。而未被切去的部分，则用作乳剂进口与出口的密封。当活塞向后移动时，乳剂通过阀芯的槽被吸入到缸体内，此时排出口被阀芯封闭。在活塞后移到将近终点位置时，阀芯迅速地转动90°，则进料口被阀芯封闭，出料口开启。活塞向前推进，乳剂被压缩，并通过阀芯槽向出口排出。如此不断地往复运动，就可不断地完成乳剂的吸入和排出，使充填工作连续进行。

（二）液体产品充填设备

（1）定量杯充填机　定量杯充填机的结构如图5-24所示。在充填器下面设有灌装瓶时，定量杯由于弹簧的作用而下降，浸没在贮液柜中，此时定量杯内充满液体。当瓶子进入充填器下面后，瓶子向上升起（上升机构用凸轮或压缩气缸均可），此时瓶口被送入喇叭口内，压缩弹簧使定量杯上升超出液面。这时杯内的液体通过容量调节管进入到阀体的环形槽内，由于进液管的上下两段是隔开的，因此在下段管子上的小孔进入阀体的环形槽内后，液体方可进入进液管的下段，流入瓶内，瓶内空气则由喇叭口上的排气孔中逸出。通过调节容量调节管的高低以调节容量杯内液体的容量。

（2）真空充填机　真空充填机的结构如图5-25所示，主要由壳体、真空接管、液体进入管接口、密封填料和真空吸管组成。当瓶口与密封填料接触密封后，瓶内的空气通过真空吸管从真空接管抽出，瓶内减压，这样就使液体在大气压力的作用下进入管中并送入瓶内。瓶内液面的灌装高度，可由真空吸管的长度调节控制。多余的液体可通过真空吸管流入中间容器内回收。

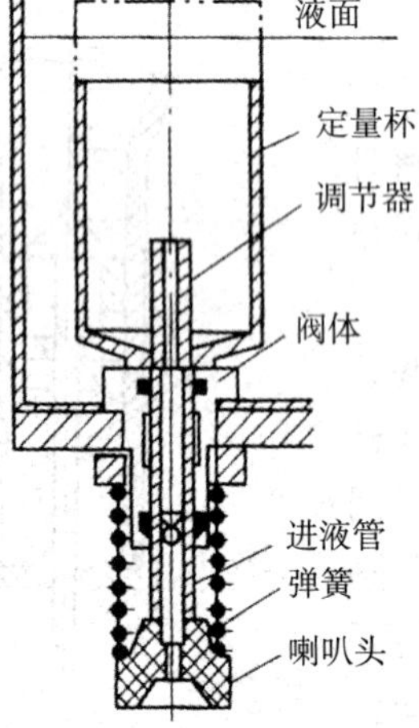

图 5-24　定量杯充填机

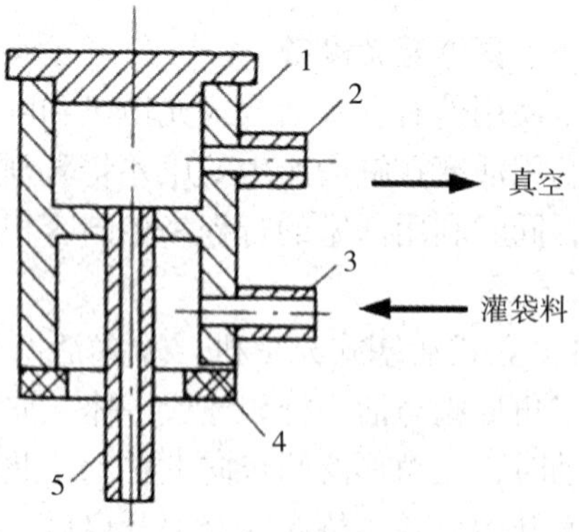

图 5-25　真空充填机

1—壳体　2—真空接管　3—液体进入管接口

4—密封填料　5—真空吸管

第二篇　化妆品配方及制备工艺

第六章　洁肤化妆品

第一节　洁肤化妆品概述

清洁皮肤是皮肤护理的第一步，是保持肌肤卫生健康不可缺少的一个环节，同时也是皮肤护理的基础。当皮肤在进行新陈代谢时，会分泌出皮脂和汗液，与灰尘混合形成污垢，洁肤产品的目的则是除去皮肤表面附着的皮肤角质层的屑片、皮脂的氧化分解物、汗液的残渣等皮肤生理代谢产物以及空气中的尘埃、微生物，还有女性使用的美容化妆品等。

根据人体污垢来源的不同，可将污垢分为3种类型，即油溶性污垢、水溶性污垢和不溶性污垢。油溶性污垢主要由皮肤分泌的皮脂、润肤剂的残留物、防水化妆品组成，这类污垢要使用亲油性清洁剂来去除；水溶性污垢的来源为亲水性化妆品、可溶性皮肤分泌物和污垢，此类污垢则要用亲水性的清洁剂来清除；不溶性的污垢为死的细胞、美容化妆品的颜料、使用硬水时沉淀的金属皂。

洁肤产品根据其去污机理和化学组成不同，可分为以皂基型和非皂基表面活性剂为主的表面活性剂型和以油性成分和保湿剂、酒精、水等为主的溶剂型两种。另外，还有一种介于两者之间的水包油乳化型。

如图6-1所示，表面活性剂型的去污机理是通过乳化作用，以除去污垢。此类产品以去除混杂油溶性和水溶性等一般污垢为对象，其去污力较强，脱脂力和刺激性都较大。其使用越来越受到局限。溶剂型的去污机理是通过产品中油性成分和水性成分分别溶解掉皮肤上的油溶、水溶污垢，达到去污目的。此种产品使用过程中不发生脱脂现象。

对于人体皮肤和毛发洗涤清洁调理用品来说，选择表面活性剂总的原则是同时兼顾去污性与安全保护性。在进行配方设计时，一方面应该选择去油去污力强的表面活性剂和其他助剂，以便于将油脂污垢快速彻底清除干净。另一方面要考虑到皮肤是有生命的、有感觉的，容易受到化学品的伤害，也容易受化学品刺激造成皮肤过敏。从保护皮肤和头发免受伤害的角度出发，应该选择去油力弱、性质温和的表面活性剂和其他助剂，同时兼顾上述两方面的要求，在选择表面活性剂的时候，注意考虑在去污除油与保油保水之间寻找平衡。

清洁皮肤用化妆品引起的皮肤学方面的问题，与脱皮、pH、皮肤微生物菌群、角质层、脱水和增加经皮肤的水分损失、刺激性和致敏作用等的关系，是设计清洁皮肤用化妆品所必须注意的问题。

洁肤类化妆品通常的产品有沐浴露和洁面乳、清洁霜等，在上述产品中，产品的稠度、

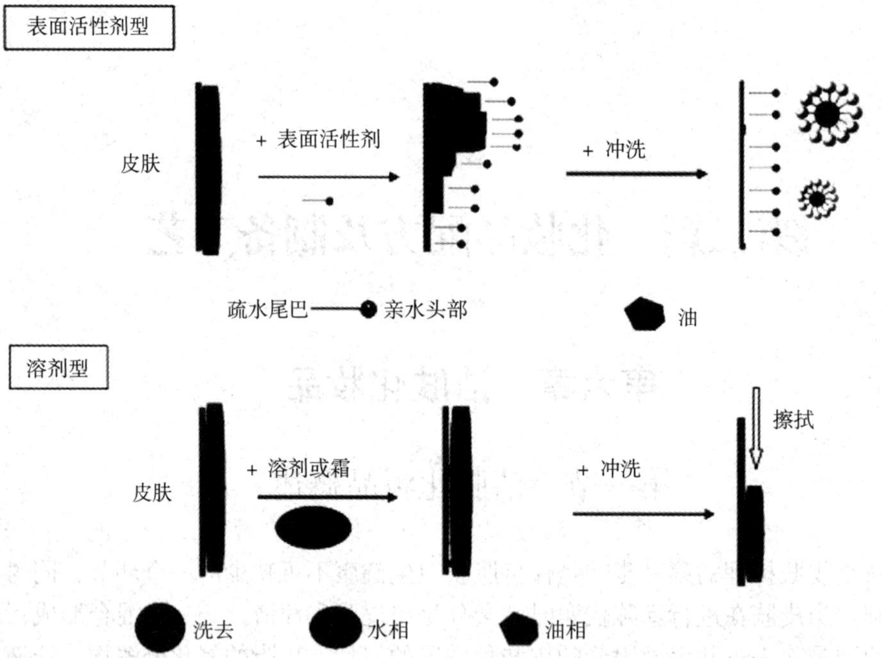

图 6-1　洁肤产品的去污机理

稳定性和泡沫这几个配方参数非常重要。

1. 稠度

液洗产品的稠度是一个重要指标，对于消费者来说，稠度适中的产品容易控制用量，会产生好的使用感觉，但是如果稠度过大的话，则会带来使用不便的问题。总体而言，在表面活性剂体系中，稠度是由两个方面来实现和控制的。一方面是跟胶束的形状紧密相关，随着表面活性剂胶束浓度的增加，胶束按球状、棒状、六方、立方、层状的顺序递增，稠度会逐渐增加，有时候中间某个环节由于不规则胶束的形成，还可以形成蠕虫胶束。另一方面是添加聚合物，通过聚合物在水相中形成三维水化网络，将表面活性剂胶束包裹进去，从而达到增稠的目的。用聚合物增稠的体系，热力学稳定性较好，但是触变性有待提高。

更常用的方法是从调整体系表面活性剂的临界胶束浓度入手，调节胶束的状态，以达到增稠或降低稠度的目的。体系中无机盐的添加就是常用的方法之一，由于离子对水的极化作用，促进了表面活性剂胶束尺寸的增加，运动阻力增大，体现为稠度上升。但该方法受温度影响明显，当温度上升时，胶束溶解度变大，稠度会有明显降低。

2. 稳定性

对于二合一产品，包括沐浴露、香波等，除了表面活性剂外，体系中还有阳离子、硅油、珠光剂等各种成分，提高产品的稳定性是十分必要的。例如，当体系中油分过高时，油相易絮结上浮；温度变化时，表面活性剂的亲水性受到影响，使一些物质产生液-固变化；体系稠度和屈服值不足时，也会造成体系不稳定等。

3. 泡沫

泡沫这一指标的控制相对比较容易。阴离子表面活性剂形成大而粗的泡沫，表面张力大，泡沫也容易破裂。非离子表面活性剂形成的气泡界面厚，最为稳定，而两性表面活性剂形成的泡沫通常趋于中间值。不管是泡沫大小还是稳定性方面，调节各种表面活性剂，令其泡沫既丰富，又相对稳定即可。

沐浴露要求泡沫大而丰富，最好能轻一点；家庭用洗发露泡沫一般即可，发廊用洗发露对稳定性要求甚高；洁面乳不需要特别大的泡沫，细腻一些最受欢迎。

第二节　沐　浴　露

一、沐浴露的简介

在我国，浴用产品长期以来一直只有香皂这种单一品种。虽然其具有较好的去污作用，但呈碱性的特性常会使皮肤脱脂、干燥、无光泽。与传统的沐浴用品香皂对比，沐浴露具有使用方便、易清洗、抗硬水、泡沫丰富、用后皮肤润滑感好等特点。特别是沐浴露使用过程中不会产生像香皂那样的片状皂垢漂浮在水面上，感觉要好得多。所以，近年来随着表面活性剂工业的发展，以皂基型表面活性剂为主体的沐浴制品和多种表面活性剂复配型的弱酸性沐浴制品逐渐出现并被人们接受，且朝着多种剂型方向发展。2002年我国沐浴露销量超过20亿元，年增长率超过30%。

沐浴露的主要功能是清洁全身皮肤，同时对皮肤有护理功能，这也是其优于香皂的一点。其基本目的和功效如下。

（1）清洁皮肤　通过软化皮肤角质层，溶解并除去皮肤表面的皮屑，洗净皮脂和污垢并去除身体的气味，同时不会对皮肤产生刺激。

（2）保湿和护肤　通过加入润肤作用和其他活性作用的物质，促进血液循环和末梢循环，提高新陈代谢，加速体内废弃物的排泄。

（3）对皮肤疾患的治疗　通过加入疗效性的物质，沐浴时起到抑菌、软化角质层等作用，对角化异常症、干癣及其他慢性皮肤病产生疗效。

（4）放松神经、缓解疲劳　通过芳香剂以及色素等的加入，使沐浴者心情舒畅、精神安宁。

此外，新功能如香熏、活血、瘦身、药疗等也将是沐浴露的一个发展方向。

沐浴液与香波有许多相似之处，均为黏稠状均匀液体，其主要成分均为各类表面活性剂。它们都具有发泡性，对肤、发均有洗涤能力。但它们的洗涤对象分别为皮肤和头发，故有着不同特性。沐浴液中常加入对皮肤具有滋润、保湿和清凉止痒作用的添加剂成分，更进一步可以添加美白、嫩肤和去角质成分使之成为功能性沐浴护肤用品。沐浴液与香波相比，它所含的表面活性剂量低，这是因皮肤比头发易清洗。此外，沐浴液对泡沫性要求更高，无论是起泡性、泡沫稳定性、泡沫量和泡沫质量（如奶油样的润滑泡质）等均好。

沐浴露的国家标准依据其配方所用主表面活性剂的品种将沐浴露分为两类，即皂基型及非皂基表面活性剂型；从外观上沐浴露又可分为透明型和不透明型（有时有珠光感）；从洗涤方式上可分淋浴和盆浴两种。对于市场上的浴露样品，可通过对产品理化指标及红外光谱的测定确定属于哪个种类。不同种类的浴露，由于主表面活性剂等成分的不同，使用感觉有较大差别。皂基浴露容易冲洗干净，感觉清爽，国内消费者特别是男性大都更喜欢这一类型；而非皂基表面活性剂型浴露则冲洗感较滑，较滋润，近年来这类浴露产量增长迅速。

皂基型浴露是以皂类即脂肪酸及碱盐为主要表面活性剂，大多配合较少量的非皂基表面活性剂作为辅助表面活性剂，起到增加黏度、改善肤感及减少对皮肤的刺激性。非皂基表面活性剂类浴露是以合成的表面活性剂为主要表面活性剂（大多为阴离子型表面活性剂），配合适量两性离子表面活性剂、非离子表面活性剂，以调节黏度、改善肤感及减少对皮肤的刺激性。一般而言，皂基型浴露的配方设计难度较大，成本也高，生产工艺相对复杂，因而皂基型浴露总体成本高，在市场上的零售价也较高。非皂基表面活性剂型浴露则因成本、生产工艺等方面的优势，对年轻及女性消费者具有和皂基型浴露不相上下的吸引力而快速发展。目前市场上约有2/3的浴露是非皂基表面活性剂型。

对于沐浴露而言，外观（色泽、黏度）、香气、使用感觉（发泡力、起泡速度、冲洗感、浴后肤感）、安全性、稳定性等都是重要的考察指标。这些性能指标的考察可采用化学分析方法、动物试验、足够样本数的志愿者试用打分及专业评估人员的评估等考评，筛选出最佳配方。对于与消费者购买及使用相关的指标包括使用感觉指标、包装设计、香气、黏度等，应进行市场评测以确定效果。

二、沐浴露的配方组成

沐浴露的配方设计就是在基本配方的基础上，依据相关性能的考察，选择最恰当的原料品种及用量，最关键的是选择合适的表面活性剂、肤感调理剂及功能添加剂。

主、辅表面活性剂仅赋予沐浴露最基本的清洁功能，使用后不仅可清洗掉污垢，也会过度去除保持皮肤水分的皮脂，因此长期单纯使用仅有主、辅表面活性剂组成的浴露，会使皮肤皲裂、粗糙、失去弹性，尤其是干性皮肤者。所以沐浴产品的肤感和功能性是消费者选择的最重要指标之一，功能性浴露的制备主要有赖于肤感调节剂及功能添加剂的应用。表6–1列出了沐浴露的配方组成。

从上述沐浴露功能及主要原料的性能简述中可见，配方设计要从外观、香气、使用感

表 6–1　　沐浴露的配方组成

组成	作用	特点	举例
主表面活性剂 阴离子表面活性剂	产生泡沫，润滑皮肤，对污垢和油渍有乳化和去污作用	良好的发泡性、与皮肤较好的相容性、无毒，刺激性低、性质温和等	月桂酸、肉豆蔻酸、硬脂酸及氢氧化钾三乙醇胺等（皂基）、单十二烷基磷酸酯、AES等（非皂基表活）
助表面活性剂 两性表面活性剂	改善沐浴露肤感，调节沐浴露黏度、发泡力以及降低阴、阳离子表面活性剂的刺激性	与主表面活性剂配伍性好	烷基二甲基甜菜碱、羟乙基咪唑啉、烷基氧化胺
非离子表面活性剂	优良发泡性、性质温和、低刺激	良好的保湿性能、极好的配伍性和溶解性（完全溶解于水）	葡萄糖苷及其衍生物

续表

组成	作用	特点	举例
赋脂剂	减少表面活性剂脱脂作用，并赋予皮肤脂质，使皮肤润滑、光泽	良好的润肤、改善与皮肤的相容性，可降低产品的刺激性，还具有增稠、增溶作用	植物油脂、脂肪酸、高级脂肪醇、羊毛脂
保湿剂	保持皮肤水分，防止皮肤干燥	水溶性、生物相容性	甘油、丙二醇、烷基糖苷
调理剂	赋予皮肤平滑的表面和提供营养的功效，阻止清洁成分的过度脱脂并减少这些原料对皮肤的刺激	—	阳离子瓜尔胶、乳化硅油等
功能添加剂	具有护肤、养肤作用 清爽/清凉 滋润 美白 除菌/健康	— — — —	芦荟精华、茶树提取物、野菊花萃取精华、薄荷 银杏提取液、霍霍巴油、燕麦蛋白、牛奶蛋白、香桃树叶提取液、维生素E、维生素F、维生素B_5 维生素B_3，桑树提取液 金银花提取液、金合欢醇、春黄菊提取液
黏度调节剂	调节沐浴露黏度，一般黏度为3~7Pa·s	盐类调节黏度，价格便宜，但使体系电解质浓度增大，用量需适中。高聚物增稠剂增稠效果好	PEG6000双硬脂酸酯、氯化钠、水溶性聚合物等
pH调节剂	调节沐浴露酸碱度，使pH在5.5~7.0之间	—	柠檬酸、乳酸
珠光剂	赋予沐浴露珠光光泽	—	乙二醇脂肪酸酯
香精	赋香	—	—
防腐剂	防止微生物使沐浴露腐败变质	—	对羟基苯甲酸酯类（尼泊金酯类）、咪唑烷基脲（极美）
螯合剂	抗硬水功能	—	EDTA、磷酸盐等

觉、功能等方面出发，综合考虑主表面活性剂、辅助表面活性剂、肤感调理剂、功能添加剂等的种类及用量，并兼顾各成分之间的配伍性能，进行充分评估。并符合沐浴类产品的标准

理化指标、卫生指标的要求。

三、沐浴露所用原料

（一）表面活性剂

表面活性剂是沐浴液主要成分，它的基本性能是去除皮肤上的油污并产生泡沫，润滑皮肤。要求该类表面活性剂具有泡沫性能良好、无毒、刺激性低、与皮肤相容性好、温和性的特性。

对于皂基型沐浴露是以脂肪酸及碱剂为主要表面活性剂。常用的脂肪酸有月桂酸（十二酸）、肉豆蔻酸（十四酸）、硬脂酸（十八酸）、油酸（十八烯酸）、椰子油酸等，而碱剂则以氢氧化钾、乙醇胺为主。

对于非皂基表活型沐浴露是以合成的表面活性剂为主要表面活性剂（大多为阴离子型活性剂），配合适量两性离子表面活性剂、非离子表面活性剂。

常用的阴离子表面活性剂有：单十二烷基磷酸酯、烷基醇醚磺基琥珀酸酯二钠盐以及聚乙二醇（5）柠檬酸十二醇酯磺基琥珀酸酯二钠盐，*N*–月桂酰肌氨酸盐等性质温和的表面活性剂，亦用SAS、AS、AOS、AES等普通阴离子表面活性剂。若将它们通过与非离子或两性表面活性剂APG、酰胺型醇醚型磺琥珀酸酯二钠盐、氧化胺等复配后，其性能可大为改进。

两性和非离子表面活性剂有：烷基酰胺丙基甜菜碱、磺基甜菜碱、咪唑啉、椰油两性醋酸钠、氧化胺和烷醇酰胺等。其中非离子表面活性剂中的葡萄糖苷及其衍生物具有优良发泡性、性质温和、低刺激（比甜菜碱、咪唑啉还低）、良好的保湿性能、极好的配伍性和溶解性（完全溶解于水）。

沐浴露的清洁功能完全依靠以上的表面活性剂组分，由于两种类型的组分会带来不同的清洁感受，同时对泡沫表现也有较大影响，所以很多配方其实使用的是二者的复配物。

化妆品中，不同原料对皮肤的刺激性差别很大，对于沐浴露而言，刺激性主要来自表面活性剂，而不同表面活性剂对皮肤的刺激性相差很大。皮肤敷贴试验表明，表面活性剂的刺激性一般是阳离子活性剂 > 阴离子活性剂 > 两性离子活性剂 ≈ 非离子活性剂，浴露中用量最大的是阴离子活性剂，其刺激性是烷基硫酸盐 > α–烯基磺酸盐 > 脂肪醇聚氧乙烯硫酸盐；皂基型产品中，不同脂肪酸的刺激性大小则是月桂酸 > 肉豆蔻酸 > 硬脂酸。实际设计配方时，常常采用不同品种的表面活性剂复配，并针对性地添加聚合物或是赋脂剂以降低活性剂的刺激性。

另外，皮肤的紧绷感跟阴离子表面活性剂在皮肤上的沉积和吸附量以及由此被清洁掉的皮肤表皮层油脂的量有关。下面的简单排列显示了阴离子表面活性剂对皮肤紧绷感的作用：紧绷感是月桂基硫酸钠（SLS）>月桂醚硫酸钠（SLES–2）>肉豆蔻酸皂（C14Soap）>烷基磷酸盐（Alkyl Phosphate）。

下面介绍洁肤产品常用表面活性剂的种类及特性。

1. 阴离子表面活性剂

阴离子表面活性剂在化妆品中的应用日趋广泛，其具有丰富的发泡性、良好的乳化性、适度的洗净力以及特有的皮肤亲和性，能够满足皮肤洗净剂的要求，在不少洗面奶、沐浴露以及婴幼儿洗涤用品中使用。例如，硫酸酯盐表面活性剂具有良好的润湿力、乳化力和去污力，烷基磷酸酯盐类表面活性剂具有优良的乳化、洗涤、抗静电和消泡作用等。沐浴露常用阴离子表面活性剂介绍如下。

（1）高级脂肪酸皂　高级脂肪酸皂的结构式为 $\mathrm{R\overset{\overset{O}{\|}}{C}OM}$，R一般为$C_{8\sim22}$的烷基，M为金属盐，常为$Na^+$、$K^+$及三乙醇胺。

高级脂肪酸皂是最古老、应用最广泛的阴离子表面活性剂，其钠盐和钾盐主要用作皂基。在化妆品配方中，羧酸（主要是硬脂酸）作为油相组分，碱金属和胺类作为水相组分，两者混合后生成羧酸盐，即在反应体系中生成表面活性剂。羧酸钠发泡性能良好，有较好的去污能力。其主要缺点是二价或三价离子的羧酸盐不溶于水，耐硬水能力低，遇电解质（如氯化钠）也会发生沉淀，在pH低于7时，产生不溶的游离脂肪酸，其表面活性消失。

在化妆品配方中最常见的羧酸是三压硬脂酸，它实际上是$C_{16\sim18}$直链脂肪酸为主的混合物。带甲基支链的硬脂酸兼有硬脂酸和油酸的优点，耐氧化、颜色稳定和脂肪冻点低，应用广泛。油酸盐易形成乳液，可利用其调节硬脂酸皂类的黏度。该类表面活性剂较广泛用于皂基沐浴露的制品中。

（2）*N*–酰氨基酸及其盐　*N*–酰氨基酸是由α–氨基酸的氨基酰化后制得，酰基部分可以由单一的脂肪酸或天然脂肪酸引入。由于氨基酸中的氨基的电性被中和，酰化的氨基酸与一般氨基酸不同，它属阴离子表面活性剂，而一般氨基酸属两性表面活性剂。

N–酰谷氨酸盐（简称AGA）的结构式：

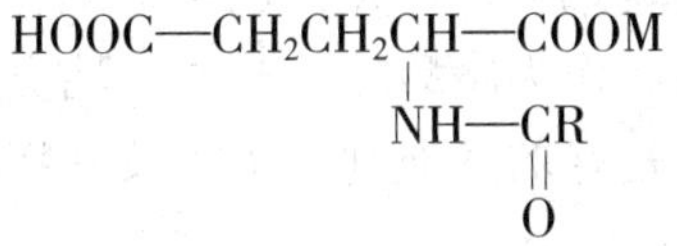

RCO—为$C_{11}H_{22}CO$—、$C_{15}H_{33}CO$—、椰子油脂酰基、氢化牛油脂酰基，M为Na、三乙醇胺。

其中*N*–酰谷氨酸的钠盐为白色至淡黄色固体，市售的三乙醇胺盐是质量分数为30%的水溶液。*N*–酰谷氨酸的钠盐可生成单钠盐和双钠盐，单钠盐的水溶液呈酸性（pH5~6），双钠盐呈碱性，它们皆易溶于水。*N*–酰谷氨酸及其盐中的α–氨基的手征性是l–型，即左旋，天然氨基酸也是l–型，因此它可看作酰胺，在不利pH条件下可能经历水解，但在化妆品使用的条件下（pH=5~9）是稳定的。*N*–酰谷氨酸及其盐的发泡能力适当，乳化性能、润湿和洗涤性能、耐硬水性和钙皂分散能力都很好，优于或相近于现在广泛使用的LAS和AES。

N–酰谷氨酸及其盐主要用于皮肤清洁剂和香波，极温和、无刺激，有温和的杀菌和抑菌性能，也用作香皂的添加剂，使用后皮肤有柔软感。其不会引起皮肤急性刺激性和过敏性，无光毒性，眼黏膜一次刺激性属轻度，对受伤皮肤的刺激性（质量分数为5%的溶液）与水相近，它还能降低LAS刺激性。口服急性毒性（白鼠）LD_{50}4.3~5.5g/kg。

（3）*N*–酰肌氨酸盐　*N*–酰肌氨酸盐的结构式：

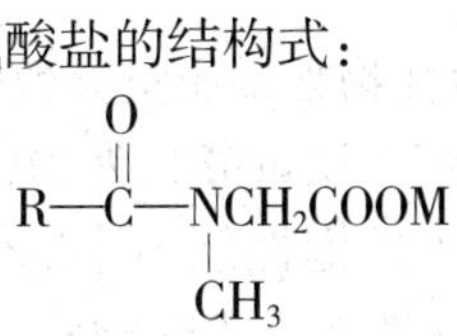

R为月桂基、椰油基等，M为Na、K等。

N–酰肌氨酸是由肌氨酸（即甲基甘氨酸）酰化后制得，是一种多功能的表面活性剂，呈白色至淡黄色的蜡状固体或液体，其较为常用的盐类是*N*–月桂酰肌氨酸钠。

N–月桂酰肌氨酸钠是一种阴离子型氨基酸类表面活性剂，具有低毒、低刺激性、良好的生物降解性、较佳的配伍性以及抗菌性和抗蚀性等特点，广泛应用于日用化学品、食品、金

属加工、矿物浮选、农药调配以及生物医药等众多领域。它是乳白色或淡黄色粉末，具有良好的去污能力，抗硬水性好，易溶于水，具有温和无刺激、杀菌和抑菌性能，使用后皮肤有柔软感。

N–月桂酰肌氨酸钠广泛用于皮肤清洁剂、洗手液、香波和牙膏中，由于其具备脂肪酸皂和烷基磺酸盐两者的特点，除有良好的泡沫性外，对皮肤和头发都有亲和性。由酰胺基形成特殊的缔合体，具有螯合性能和抗氧化性能，对表皮渗透性好，并且能够抑制潜在的刺激性溶质如钠离子穿过人体皮肤的渗透，因此用后不会使皮肤粗糙，并能吸附在头发上使头发柔软易梳理。新型的防晒霜配方中加入了月桂酰肌氨酸钠，使得*p*–氨基苯甲酸功效增加。另外气溶胶剃须泡沫以月桂酰肌氨酸钠作基料有很好的润湿性，并对剃刀和产品容器有抗腐蚀性。

N–月桂酰肌氨酸钠具有抗菌、抗酶作用，在口腔清洁剂中应用颇多。0.25%的*N*–月桂酰肌氨酸钠可有效抑制人体唾液的细菌生长，0.5%的*N*–月桂酰肌氨酸钠能在5.0min内杀死唾液中90%细菌，而且能牢固地吸附在牙斑上，长久保持活性。但当pH>7时，其完全失去杀菌活性。

（4）磺基琥珀酸酯　磺基琥珀酸单酯二钠盐的结构式：

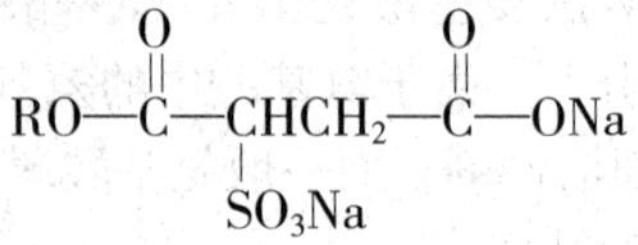

磺基琥珀酸酯盐是一类磺基琥珀酸［$HOO—CH_2—CH(SO_3H)—COOH$］的衍生物，从不同角度命名，这类衍生物可以看作为磺酸酯、羧酸、酯类或酰胺等。其中单酯广泛地应用于各类化妆品，作用极其温和，是好的发泡剂。单酯按其特性不同可分为脂肪醇型和酰胺型两大类。

①脂肪醇基磺基琥珀酸酯盐：结构式：

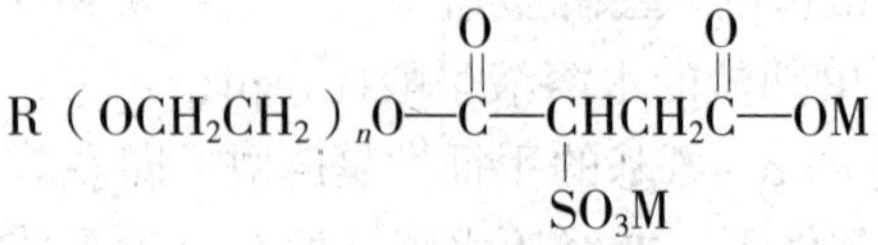

$M=Na^+$、NH_4^+

$R=C_{3\sim12}$脂肪基、羊毛脂肪基、壬基芳（香）基

$n=0\sim12$

a. 月桂基磺基琥珀酸酯铵盐：淡黄色的液体，活性物含量质量分数为40%，pH5.5。它有良好的发泡性能，容易冲洗，洗后留下软滑感觉。在pH4~8范围内稳定，在强碱或强酸介质中会发生水解，在化妆品配方中应保持pH<7，以防止释放出氨。它可与阴离子、非离子和两性表面活性剂匹配，与阳离子表面活性剂只在有限范围内匹配。

月桂基磺基琥珀酸酯铵盐主要用于温和高泡香波、沐浴制品和洗手液。对皮肤和眼睛很温和，容易漂洗干净，质量分数为10%溶液不会引起首次皮肤刺激，对眼睛刺激性很低，100%生物降解。

b. 月桂基磺基琥珀酸酯钠盐：活性物含量质量分数为40%时为白色浆状物，活性物含量质量分数为80%时为白色的细粉。溶液（质量分数为10%）pH6.9，在常温条件下很稳定。在高浓度（如质量分数为1.0%活性物）发泡性能与十二烷基硫酸钠（SLS）相近，在低浓度（质量分数为0.01%活性物）时其发泡性能远比SLS好。它不刺激皮肤，用后有类似皂和类似滑石粉的柔滑感觉。

月桂基磺基琥珀酸酯钠盐用于香波、泡沫浴、手用和体用液体皂以及剃须膏等。作为粉剂添加于皂类和粉类洗涤制品中。用于地毯洗涤剂，其干后脱落很易用吸尘器吸走。质量分数为10%溶液对眼睛刺激性很低，不会引起皮肤刺激，急性经口毒性LD_{50}5.0g/kg。

②酰胺型磺基琥珀酸酯盐：结构式：

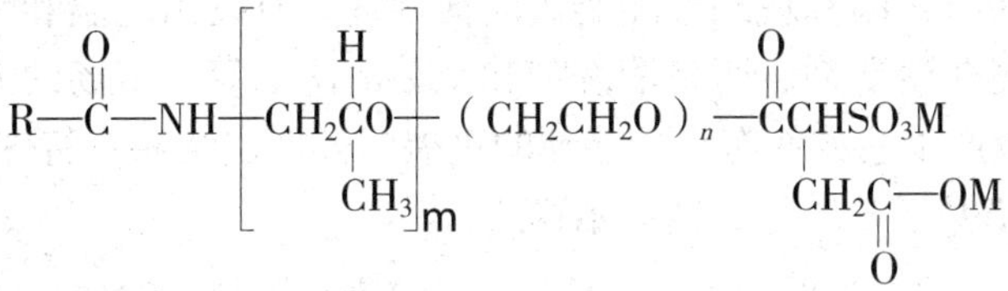

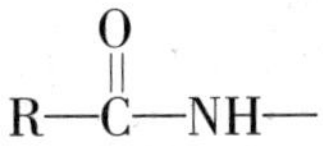为月桂酰胺基、肉豆蔻酰胺基、油酰胺基、椰子酰胺基、麦胚芽油酰胺基等，M为Na^+、NH_4^+，m=0或1，n=1、2、4。

a．PEG-2油酰胺基磺基琥珀酸酯二钠盐：为淡黄色液体，活性物含量质量分数为30%~34%，相对密度（25℃/4℃）1.06，质量分数为1%溶液pH5.6。它在pH4~8范围内稳定，在强酸和强碱介质中不很稳定。可与阴离子、非离子和两性表面活性剂匹配，与阳离子表面活性剂在有限范围内匹配。它是很好的增稠剂，适当添加无机盐可增加其黏度，它出现黏度峰值的盐量和加入月桂基硫酸钠相近，为质量分数的1%~2%。它对皮肤和眼睛都不产生刺激性，极其温和，当它和其他表面活性剂复配时，还可降低其他表面活性剂的刺激性。它的发泡性能良好，产生致密稳定的泡沫，在皂类和硬水共存的溶液中能增加泡沫的稳定性。

应用较广的磺基琥珀酸酯盐有月桂基聚氧乙烯醚磺基琥珀酸酯二钠（DLES）、PEG-2油酰胺基磺基琥珀酸酯二钠、椰子酰基乙醇酰胺磺基琥珀酸酯二钠和椰子酰基异丙醇酰胺磺基琥珀酸酯二钠，主要用于极温和的婴儿香波、泡沫浴剂、淋浴制品和调理型香波。这类表面活性剂也是目前市售的、价格最低的特殊用途的表面活性剂之一，利用它的复配物可制得成本较低的温和产品。

b. *N*-（1，2-二羧乙基）-*N*-十八烷基磺化琥珀酰胺酸四钠：结构式：

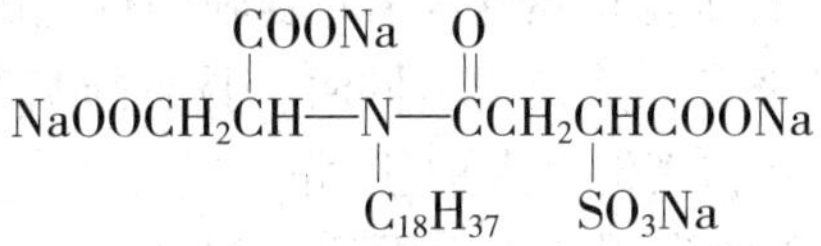

N-（1，2-二羧乙基）-*N*-十八烷基磺化琥珀酰胺酸四钠为浅琥珀色透明液体，固体总量质量分数为35%，水含量质量分数为65%，相对密度（25℃/4℃）1.14，酸值2.0，碘值0.5，pH（质量分数为1%水溶液）7.5，凝固点7.3℃，临界胶束浓度（CMC）（按100%活性计算）质量分数为0.06%，溶于水，不溶于有机溶剂。它耐碱稳定性高，在高浓度的磷酸盐、硅酸盐和其他无机盐存在下很稳定。在室温中其润湿能力不强，但在高温中（50~70℃）润湿能力很强。它有很强增溶作用，能增加皂类、磺化油和其他表面活性剂对碱、无机盐和酸的容忍度。其在25℃时CMC浓度下（质量分数为0.06%），表面张力0.042N/m。pH7~8范围内，活性物质量分数为1.25%和2.50%时，其钙离子的容忍度分别为500mg/kg和1500mg/kg。在电解质、树脂、颜料和硅氧烷存在下也能发挥其乳化剂的功能。它能降低皂类和其他相似性质体系的黏度，在多种表面活性剂体系中可用作抗凝剂。用于洗涤剂其作用较温和，不会引起皮肤过分脱脂。

它主要用于香波、泡沫浴、皮肤清洁剂和洗手皂，也作为乳化剂用于膏霜和乳液，使其质地柔滑和易于分散。它是一种多功能的表面活性剂。其急性经口毒性十分低，在工业上使用时，不慎吸入少量，也不会引起问题。它直接与皮肤接触不会引起刺激和过敏，与眼睛接触会引起轻度的刺激，用水立刻冲洗后会复原。

③新型磺基琥珀酸酯：磺基琥珀酸酯类表面活性剂具有突出的温和性，使其在许多专门领域中获得应用，如婴儿清洗剂、医院清洗剂和杀菌清洗剂等。市场的需求使磺基琥珀酸酯表面活性剂的品种及生产工艺方面有了一些新的进展，开发出某些有特殊应用的新品种。

a. 二甲基硅多醇磺基琥珀酸酯二钠：结构式：

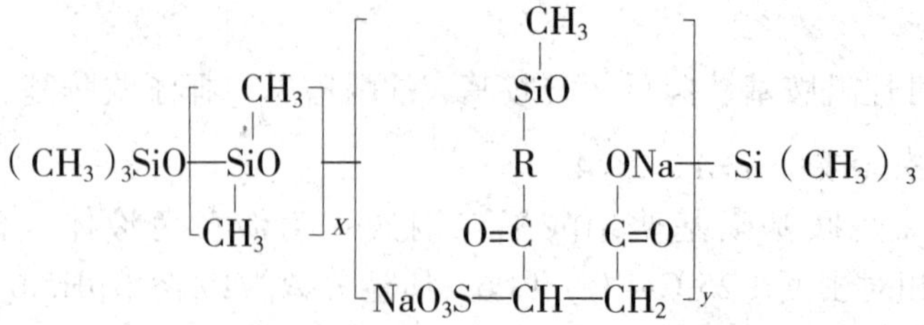

二甲基硅多醇磺基琥珀酸酯二钠结合了硅酮的性质和磺基琥珀酸酯的温和性，在降低AES的眼刺激性方面比其他磺基琥珀酸酯更有效。它还有优异的皮肤温和性，比较各种表面活性剂在质量分数为15%浓度时的皮肤刺激性，它几乎完全无刺激，德雷资测试（体内眼刺激试验Draizetest）眼睛刺激分值为零，这是罕见的。它的钾、三乙醇胺或铵盐类也是极温和的。它是水溶性、温和的表面活性剂，有增泡作用，主要用于低刺激的婴儿香波、泡沫浴、隐形眼镜清洁液和其他个人护理制品。

b. 麦胚磺基琥珀酸酯：结构式：

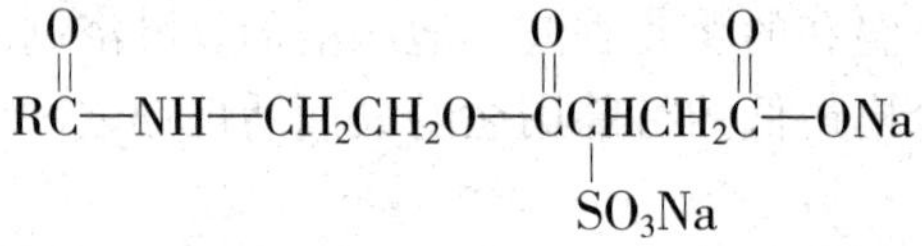

麦胚磺基琥珀酸酯是由含有丰富的维生素E的麦胚油衍生的。由于麦胚油、脂肪酸或脂肪醇具有极好的滋润性能，又来自天然植物，同时，具有磺基琥珀酸酯的特性，因此它主要用于调理香波、滋润性沐浴制品和其他个人护理用品。

（5）单烷基磷酸酯　磷酸酯为阴离子表面活性剂，是将脂肪醇与磷酸化剂进行反应，然后用碱中和而制得，根据不同的反应条件，可得到单酯、双酯和三酯3种类型。磷酸酯盐的化学通式如下：

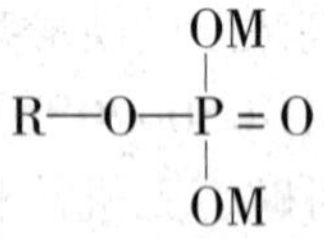

（磷酸单酯盐）

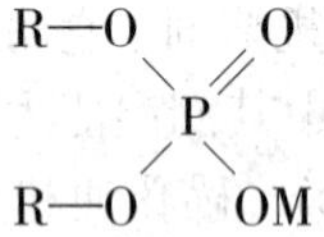

（磷酸双酯盐）

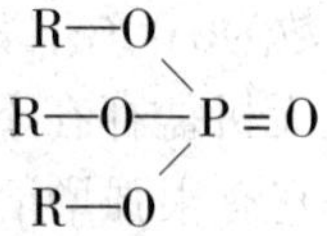

（磷酸三酯）

磷酸酯型阴离子表面活性剂的性质随脂肪醇的种类，单酯、双酯和三酯所占的比例，以及盐的种类不同而变化。与脂肪醇硫酸酯盐比较，磷酸酯盐耐热、耐酸性能良好，对皮肤也较温和，刺激性小。游离的酯类是固体或黏稠的液体，其相对应的钠盐为固体。烷基磷酸酯型表面活性剂中最常用的一类是单烷基磷酸酯及盐。相比AS、AOS、LAS、AES，单烷基磷酸酯（MAP）具有刺激性小、温和、易冲洗、泡沫丰富、细腻和乳化能力强等优点，因此是一个适用于皮肤护理产品中的优良原料。MAP有酯、单盐、双盐几种形态，其中单K盐的pH在6.5附近，而双K盐的pH在9.2附近。在皂基复配型配方中，MAP应保持双盐形态，否则容易使脂肪酸析出使体系不稳定。而在非皂基表面活性剂型配方中，MAP应保持单盐形态，否则

pH过大或过小都会导致刺激性增大。因此使用MAP的化妆品体系中，pH是一个关键因素，体系酸碱度应控制在相应的pH上。

由于单烷基磷酸酯具有类生物膜的结构，与皮肤有很好的亲和性，非常适用于皮肤洗净、化妆品乳化等方面的应用，是一类重要的皮肤清洁产品表面活性剂。研究表明，把MAP复配入表面活性剂型和皂基型沐浴露中，具有良好的效果。MAP沐浴露冲洗速度快，减少皮肤上表面活性剂的残留，产生浴后清爽的感觉，同时刺激性小，泡沫细腻丰富。另外，MAP本身是一个非常温和的表面活性剂，因此在复配型沐浴露中能降低配方特别是皂基型配方的刺激性。以磷酸盐为主表面活性剂的洁肤产品是一个较难增稠的体系，使用时需控制适度用量，避免稠度过大或过低。

MAP的配伍性能好，既能与普通的表面活性剂复配，减少对皮肤的附着性，使泡沫细腻丰富，改善过水速度，改善洁肤产品洗涤后感觉，降低原表面活性剂型配方的滑腻感而使洗涤后感觉清爽；也能与皂基复配，降低皂基对皮肤的刺激，改善洗涤后感觉，降低原皂基型配方的紧绷感而使洗涤后感觉更清爽。MAP是洁肤产品中性能优良的原料。

2. 两性表面活性剂

两性表面活性剂是近年来发展速度快的一类表面活性剂。两性表面活性剂广义地讲是指在同一分子中兼有阴离子性和阳离子性，其分子中既含有阴离子亲水基又含有阳离子亲水基，随溶液pH的变化，呈现出不同的性质。溶液pH高于等电点时，显示阴离子表面活性剂；低于等电点时呈阳离子表面活性剂；处于等电点时显示两性，此时在水中的溶解度较小，泡沫、去污、润湿性能差。由于其结构特殊，故它以其独特的多功能而著称。两性表面活性剂易溶于水，溶于较浓的酸、碱溶液，甚至在无机盐的浓溶液中也能溶解，难溶于有机溶剂。一般地讲，两性表面活性剂的毒性小，具有良好的杀菌作用，耐硬水性好，与各种表面活性剂的相容性也很好，此外还具有抗静电、柔软性。它耐盐、耐碱，生物降解性好，并能使带正电荷或负电荷的物质表面成为亲水性表面层。此外与各类表面活性剂有良好的配伍性，而且产生增效作用，使用十分安全。

两性表面活性剂种类很多，它的阳离子部分可以是胺盐、季铵盐或咪唑啉类，阴离子部分则为羧酸盐、硫酸盐、磷酸盐或磺酸盐。因而可分为羧酸型、磺酸型、硫酸型、磷酸型，其中以羧酸型最为重要。它又分为咪唑型、甜菜碱型、氨基酸型。应用较多的品种如下。

（1）咪唑啉型　两性咪唑啉是两性表面活性剂中应用最广的一类化合物。一般的咪唑啉化合物是用乙二胺衍生物和脂肪酸缩合而成的一类环状叔胺化合物。用咪唑啉衍生物与卤代羧酸进一步反应可以制得两性咪唑啉，反应方程式为：

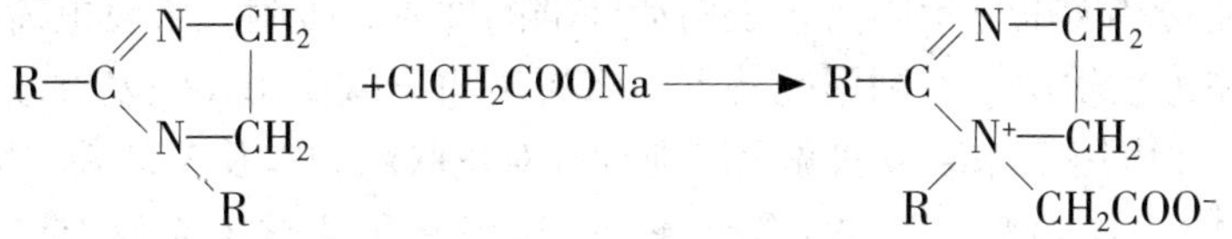

2-烷基-*N*-烷基咪唑啉　　　　2-烷基-*N*-烷基-*N*-羧甲基咪唑啉

咪唑啉化合物在较高浓度的无机酸和电解质溶液中稳定，但可被过氧化氢和次氯酸盐氧化。在偏酸性环境中由于活性基团带正电荷，能吸附在带负电荷的表面。这种吸附作用在很大程度上解决了它的应用领域。一般的织物纤维都带有负电荷，咪唑啉化合物吸附在纤维的表面会削弱洗涤作用，对清洁功能的发挥是不利的因素，所以咪唑啉化合物很少单独作为洗涤使用。但是皮肤、头发和细菌都带有负电荷，可以牢固地吸附咪唑啉化合物阳离子活性基团而达到滋润、调理、杀菌和抗静电等特殊的效果。

两性咪唑啉是一种优良的表面活性剂，刺激性很小，可用作抗静电剂、柔软剂、调理剂、消毒杀菌剂。两性咪唑啉在强酸强碱条件下会发生水解，但在较温和条件下的日化产品中使用稳定。在宽范的pH范围内与各种洗涤助剂相容性好。

使用两性咪唑啉配制出来的沐浴露性质温和，没有毒性，对皮肤和眼睛刺激性很小，无过敏性反应，因而可用于婴儿香波和沐浴用品中。两性咪唑啉与聚合阳离子表面活性剂兼容性好，是调制无刺激性调理香波必不可少的组分。在2-位具有长碳链的两性咪唑啉衍生物可以作为柔软剂使用，还具有抗静电性和润滑性，使头发洗后无静电，柔软疏松，飘逸动人。

两性咪唑啉具有较强的抗硬水能力，在硬水和软水中同样具有良好的洗涤力，耐硬水、耐电解质，具有钙皂分散能力和润湿性，生物降解性良好，依碳架结构不同可有高泡性和低泡性。

具有代表性的两性咪唑啉是2-十二烷基-*N*-羟乙基-*N*-羧甲基咪唑啉，结构式为：

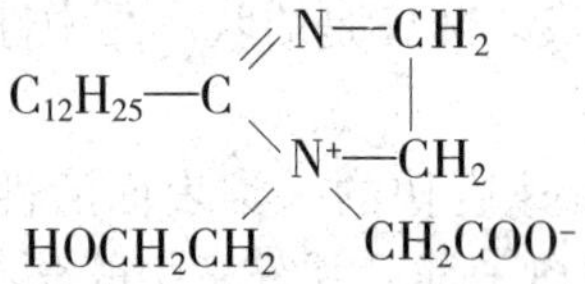

2-十二烷基-*N*-羟乙基-*N*-羧甲基咪唑啉是米黄色或琥珀色黏稠液体，活性物含量40%~50%，pH8.5~9.5，可溶解在温水中，无毒，对人体皮肤无刺激，生物降解性良好。它具有优良的柔软、抗静电和发泡性，在偏酸性环境下有杀菌性。其与阴离子、阳离子和非离子表面活性剂有很好的配伍性，非常适合用于配制温和型的个人洗涤用品，例如婴儿沐浴露、杀菌消毒洗手液、调理洗发香波、护发素等。

（2）甜菜碱及其衍生物　最早的甜菜碱是从甜菜中分离出来的一种天然产物，其分子结构为三甲胺基乙酸盐。采用人工合成的办法在甜菜碱分子中引入一个长碳链烃基代替甲基可以得到一系列烷基甜菜碱型表面活性剂，包括羧酸型、硫酸酯型和磺酸型，其结构式为：

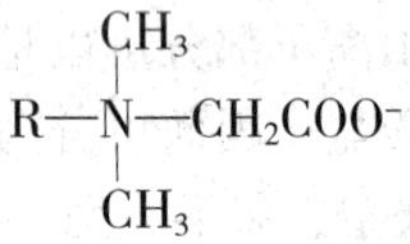

烷基甜菜碱类表面活性剂一般很少单独作为主活性剂使用，但是将烷基甜菜碱与阴离子表面活性剂复配则具有良好的泡沫性、润湿性和清洗性能。

烷基甜菜碱在硬水中能防止香皂的沉淀，可以作为脂肪酸皂的分散剂使用。

烷基甜菜碱在偏酸性的环境里显示阳离子表面活性剂的性质，吸附在带负电荷的头发、纤维表面，起到抗静电和柔软的功效。利用此特点，将烷基甜菜碱应用在洗发香波中，能显示良好的头发调理性质。而应用于沐浴液和洗手液则具有对皮肤温和以及无刺激的特点。

最具有代表性的是*N*-十二烷基-*N*，*N*-二甲基-*N*-羧甲基甜菜碱（简称十二烷基甜菜碱，BS-12）和椰油酰胺丙基甜菜碱（CAB）。

①椰油基二甲基甜菜碱（商品代号BS-12）：结构式：

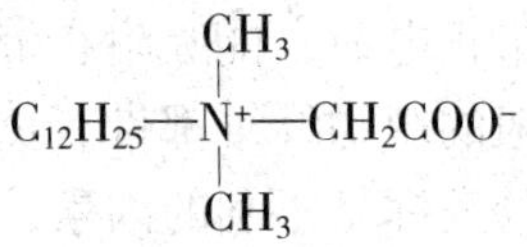

其中$C_{12}H_{25}$为直链烷基。椰油基二甲基甜菜碱是无色或浅黄色的黏稠液体，易溶于水，

是一种两性表面活性剂，有优良的去污、柔软、抗静电、发泡和湿润性能，对皮肤刺激性小，手感好。它易于生物降解，毒性低，有很好的抗硬水和对金属的缓蚀性，与阴离子、阳离子及非离子表面活性剂的配伍性好，还具有抗静电、调理和杀菌等性能。

用于化妆品和洗涤用品的BS-12产品，一般外观为无色或浅黄色的黏稠液体，活性物含量30%左右，pH6~8。

BS-12主要用于配制洗发香波、泡沫浴和儿童用浴剂，也用作织物用柔软剂、抗静电剂和羊毛缩绒剂。还用于杀菌消毒剂、金属防蚀剂、乳化剂及橡胶工业的凝胶乳化剂等。

②椰油酰胺丙基甜菜碱（CAB）：椰油酰胺丙基甜菜碱是一种温和的表面活性剂，由于在烷基甜菜碱分子碳链中插入酰胺基，增加的氮原子在酸性环境下使用时可以形成胺盐甚至季铵盐，增加了亲水活性基，其性能更加优越。CAB在洗发护发二合一香波和沐浴露配方里经常被使用，成为最常用的两性表面活性剂品种。其结构简式如下：

$$R—CO—NH—(CH_2)_3—\overset{CH_3}{\underset{CH_3}{\overset{|}{\underset{|}{N^+}}}}—CH_2COO^- \quad R=椰子油基$$

椰油酰胺丙基甜菜碱为无色或浅黄色的黏稠液体，其中活性物含量30%左右。它可以按照任意比例溶解于水中，5%水溶液的pH在4.5~8.0之间。在宽泛的pH范围内CAB是比较稳定的。

椰油酰胺丙基甜菜碱与阴离子表面活性剂和其他非离子表面活性剂配伍性好，使用方便，不会导致分解或沉淀，还可以降低阴离子表面活性剂的刺激性，具有抗菌功效。

椰油酰胺丙基甜菜碱的显著特点是对眼睛和皮肤的刺激性很低，安全性高，是一种十分温和的表面活性剂，非常适合于配制使用时容易入眼的洗发香波和使用时要大面积接触皮肤的沐浴液。

（3）氨基酸及其衍生物　氨基酸型表面活性剂是一类性质温和的两性表面活性剂，它是由脂肪胺与卤代羧酸反应而制得，反应方程式为：

$$\underset{\beta\text{-氯代丙酸钠}}{ClCH_2CH_2COONa}+RNH_2 \longrightarrow \underset{N\text{-烷基取代-}\beta\text{-丙氨酸钠}}{RNHCH_2CH_2COONa}$$

另外，改变原料的配比也可以得到二元氨基酸产物：

$$\underset{\beta\text{-氯代丙酸钠}}{2ClCH_2CH_2COONa}+RNH_2 \longrightarrow \underset{N\text{-烷基取代-}\beta\text{-二丙氨酸二钠}}{RN\begin{matrix}\diagup CH_2CH_2COONa\\ \diagdown CH_2CH_2COONa\end{matrix}}$$

氨基酸型两性表面活性剂本身是电中性的，在分子结构中没有带电荷的离子。可是在偏酸性的溶液里却呈现如同季铵盐阳离子的特性，它的阳离子亲水基的正电荷是由氨基携带的，例如：

$$RN\begin{matrix}\diagup CH_2CH_2COONa\\ \diagdown CH_2CH_2COONa\end{matrix} +HCl \longrightarrow \begin{matrix}R\diagdown\\ H\diagup\end{matrix}N^+\begin{matrix}\diagup CH_2CH_2COONa\\ \diagdown CH_2CH_2COONa\end{matrix} +Cl^-$$

而在偏碱性的溶液里，它表现脂肪酸盐阴离子表面活性剂的特性。

由于在酸碱性溶液里都具有亲水基团，而且亲水基团分别与典型的阳离子表面活性剂或阴离子表面活性剂相同，所以氨基酸型两性表面活性剂与其他类型的表面活性剂有良好的相容性，可以方便地复配使用。

氨基酸型两性表面活性剂的三乙醇胺盐有特别优良的泡沫性能，与其他两性表面活性剂显著不同，可以单独作为主洗涤剂应用。

氨基酸型两性表面活性剂在很宽的pH范围内都可以使用，但是在不同pH下性能还是有差别的。它们在酸性环境中具有抗静电剂和杀菌剂的作用，显示最佳的头发梳理性；而在弱碱性环境才达到最佳泡沫性能。这些差别应该是由于在不同pH下亲水基不相同造成的。

①油酰基丙氨酸钠：商品名称为雷米邦A，主要化学成分如下：

$$CH_3(CH_2)_7CH=CH(CH_2)_7\overset{O}{\overset{\|}{C}}-\overset{H}{\overset{|}{N}}-CH_2CH_2COONa$$

商品油酰基丙氨酸钠是棕黄色黏稠液体，活性物含量30%左右，pH8.0~8.5，在硬水和酸碱环境中都比较稳定。它有良好的钙皂分散力，脱脂力弱，对皮肤的刺激性比较低，适合于配制沐浴和洗发的产品。

②*N*–月桂酰基谷氨酸盐：外观是乳白色或浅黄色粉末，熔点94~98℃，主要化学成分如下：

$$NaOOCCH_2CH_2-\underset{\underset{C_{11}H_{23}CONH}{|}}{CH}-COONa$$

N–月桂酰基谷氨酸盐通常的含量在90%左右，带有少量游离脂肪酸和水分，能够溶解在水中，泡沫适中，洗涤力强。它具有优良的乳化性和润湿性，能够耐硬水，生物降解性好，对皮肤无刺激性，适合用于配制性质温和的沐浴露产品。

3. 非离子表面活性剂

（1）烷基醇酰胺　烷基醇酰胺是由脂肪酸和单乙醇胺或二乙醇胺缩合制得，是一类多功能的非离子表面活性剂。它的性能取决于组成的脂肪酸和烷醇胺的种类、两者之间的比例和制备方法。常见的有烷基单乙醇酰胺和烷基二乙醇酰胺两种。

烷基单乙醇酰胺是由脂肪酸与单乙醇胺按1∶1（物质的量）反应得到，称为“超级酰胺”，分子式为$RCONHCH_2CH_2OH$。烷基二乙醇酰胺是由脂肪酸与二乙醇胺缩合得到，分子式为$RCONH(CH_2CH_2OH)_2$根据原料比例不同，烷基二乙醇酰胺有不同类型，常用的是脂肪酸与二乙醇胺比例为1∶2和1∶1.5的产品。

烷基醇酰胺有许多特殊性质，与其他聚氧乙烯型非离子表面活性剂不同，它没有浊点，其水溶性是依靠过量的二乙醇胺加溶作用，单乙醇酰胺和1∶1型二乙醇酰胺的水溶性较差，但能溶于表面活性剂水溶液中。烷基醇酰胺具有使水溶液和一些表面活性剂体系增稠的特性，它具有良好增泡、稳泡、抗沉积和脱脂能力，因此在脂肪酸相同的情况下，二乙醇胺的比例越高，则产品的水溶性越好；脂肪酸的碳链越长、饱和度越高，产品的增稠效果越好，但水溶性越低。除使用一般脂肪酸制备烷基醇酰胺外，Croda公司还利用天然油脂生产出天然油脂基二乙醇酰胺（Incromides系列），它是专供高级化妆品使用的烷基醇酰胺。这一系列烷基醇酰胺是以天然油脂为原料（1∶1），如杏仁油、巴巴苏油、橄榄油、芝麻油和麦胚芽油等，一般与阴离子表面活性剂复配（阴离子表面活性剂∶烷基醇酰胺=4∶1），用于香波、泡沫浴剂、液体皂和浴剂，可增稠、稳泡、润滑和使产品有良好用后感。

（2）氧化胺　氧化胺是用脂肪叔胺经氧化反应而制得的一种类季铵化合物，品种极多，其结构式为：

$$R-\overset{\overset{CH_3}{|}}{\underset{\underset{CH_3}{|}}{N}}-O \qquad R-\overset{\overset{CH_2CH_2OH}{|}}{\underset{\underset{CH_2CH_2OH}{|}}{N}}-O$$

具有代表性的是十二烷基二甲基氧化胺又称OB_2，它由叔胺与H_2O_2反应制得，分子式为$C_{12}H_{23}$—N。从结构来区分，氧化胺是一种非离子表面活性剂，但从性能来区分，它应该是两性离子表面活性剂。在中性和碱性溶液中，氧化胺显示非离子表面活性剂的特性，在酸性溶液中，则显示弱阳离子表面活性剂的特性。氧化胺在很宽的pH范围内与其他表面活性剂有很好的相容性，该特点赋予氧化胺宽广的应用领域和非常好的使用性能。

氧化胺含有非极性键，易溶于极性溶剂（如低碳醇类和水中），且无浊点，利用这项性质，将氧化胺与浊点比较低的聚氧乙烯型非离子表面活性剂复配时，可使它们的浊点明显提高，可以改善产品的透明性和耐寒性。

氧化胺应用在洗发香波和护发素中具有调理作用，可减少或消除头发表面的静电荷，改善头发的湿梳和干梳性。氧化胺与头发角质的羧基相作用，能够使头发定型而不显蓬乱。当pH>9时，氧化胺不再具有抗静电作用，失去调理性。

氧化胺具有优良的起泡性和稳定性，性能优于烷醇酰胺，在化妆品工业上可以取代烷基醇酰胺，是十分有效的起泡剂和稳泡剂，泡沫丰富细腻而且持续时间长。氧化胺特别适合配制泡沫浴剂，十二烷酸酰胺丙基二甲基氧化胺或者十二烷基二甲基氧化胺与AES复配而成的泡沫浴剂能产生大量的稳定的泡沫，用后使人有润滑柔和的感觉。氧化胺与AES、AOS等阴离子表面活性剂复配时，可改变产品的起泡性和泡沫稳定性，使洗涤力增加。但与LAS复配时，却令洗涤力降低。

氧化胺与阳离子表面活性剂的配伍性具有特别重要的实用价值，它为各种无刺激性杀菌消毒剂的配制提供了很好的选择。例如氧化胺与两性离子表面活性剂配制皮肤清洗消毒剂，与季铵盐配制医用清洗消毒剂，与非离子表面活性剂配制抗菌洗脸剂，与季铵盐配制洗发香波等，可杀灭有害微生物、抑制细菌生长。与季铵盐不同，氧化胺在与非离子表面活性剂复配时，杀菌防腐性不会受到影响。

氧化胺与烷基醇酰胺一样具有增稠作用，是非常有效的增稠剂。月桂醇硫酸铵和烷基二甲基氧化胺复配物的黏度与pH有关系，pH为6.5左右时可使复配物达到最大黏度。

氧化胺无毒、刺激性小、对皮肤温和、有抗静电、调理作用。阴离子表面活性剂能使蛋白变性，因而对皮肤有刺激作用。氧化胺与阴离子表面活性剂复配时，可抑制其变性作用，从而降低了阴离子表面活性剂对皮肤的刺激，因此这类表面活性剂适宜在沐浴液、洗面奶、洗发香波、护发素中使用。

（3）糖苷类表面活性剂　糖苷类表面活性剂包括蔗糖酯和葡萄糖酯等，称为烷基糖苷（APG）。烷基葡萄糖苷是以淀粉或其水解产物葡萄糖为原料与脂肪醇进行脱水反应制取。这是一类与山梨醇脂肪酸酯相似的表面活性剂，其典型的化学结构如下：

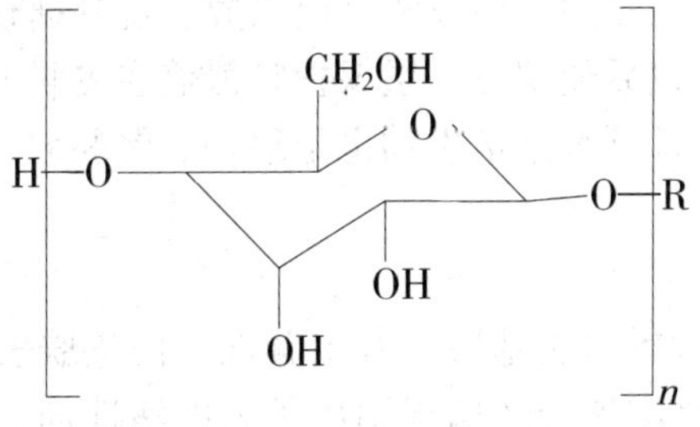

R=$C_{8\sim18}$烷基

从结构上来分类，APG应该属于非离子表面活性剂，但是分子中没有聚氧乙烯链，无浊点，在水中稀释后无凝胶范围。APG兼有非离子与阴离子表面活性剂的特点。

高含量的APG为白色粉末，没有明显的熔点，可溶于水中，其水溶液升温无浊点。APG具有增稠能力，能改善浆料的流动性。由于其糖类成分和高级醇都来源于天然产物，APG最显著的特点之一就是毒性很低和对人体皮肤、眼睛刺激性极小。APG的刺激性低于两性表面活性剂，是一类很温和的表面活性剂，有较好的去污和起泡性能。APG由于结构稳定，亲水基特殊，所以配伍性能良好，可与阴离子、阳离子、非离子和两性离子表面活性剂并用，也可在硬水中使用。

由于APG分子中含有多个—OH基团和脂肪酸分子的—CH_2单元，所以APG具有很高的亲水性和亲油性。通过控制酯中脂肪酸残基的碳数和酯化度或者把不同酯化度的酯进行混配，即可获得大范围HLB的系列产品，这使它既可成为O/W型又可成为W/O型表面活性剂。

APG另一个显著的特点是生物降解迅速而彻底，同时还有杀菌、提高酶活的特性。实验证实APG在5d内生物降解率高达60%，最终生物降解达100%。按DECD试验，APG完全降解为二氧化碳和水。APG降解迅速彻底有利于环境保护。

由于APG具有良好的洗涤效果，能够溶解分散油脂和污垢，泡沫丰富和泡沫稳定性好，同时比阴离子活性剂有明显好的皮肤相容性，且APG与洗涤剂配方中常用的与阴离子、非离子和阳离子表面活性剂复配具有协同效应，可提高表面活性剂的效率，降低其他表面活性剂的刺激性。因此，APG能部分替代皮肤刺激性较大的表面活性剂，如大多数阴离子表面活性剂，使配方的性能和温和程度均得到改善。由于APG具有优良的皮肤相容性，不刺激皮肤，因而用于配制接触人体的洗涤用品，专门用于开发性能优良、皮肤相容性好的配方（例如低刺激性沐浴液、洗手液和洁面用品等）。在温和型洗发香波和婴儿沐浴剂中加入APG，能改善性质温和但发泡力差的磺剂琥珀酸盐、月桂醇醚硫酸镁等阴离子表面活性剂的泡沫行为。APG也经常被用作乳化剂，用于制造膏霜乳液产品。

APG是一种具有发展前景的以天然资源为原料、性能非常优良的表面活性剂。

（二）润肤剂（赋脂剂）

在使用沐浴液去污过程中无论是表面活性剂，还是皂基，都会同时产生皮肤的脱脂作用，因此产品中必须添加能减少表面活性剂脱脂作用，并赋予皮肤脂质，使皮肤润滑、光泽，这就是润肤剂或赋脂剂的作用。常用的润肤剂有植物油脂（鳄梨油、霍霍巴油等）、羊毛脂类、聚烷基硅氧烷类及脂肪酸酯类，如甘油月桂酸酯、多元醇脂肪酸酯及乙氧基化单（双）甘油酯（如聚乙二醇-80-椰油酸甘油酯等）。它们具有良好的润肤、改善与皮肤的相容性，可降低产品的刺激性，还具有增稠、增溶作用。详见第七章第二节。

（三）保湿剂

起保护皮肤作用的润肤保湿剂是必不可少的添加剂。可以选择相对分子质量较大、可溶于水、沸点高的醇类物质，例如甘油、乙二醇、山梨醇、丙二醇、烷基糖苷等，它们在沐浴过程中吸附在皮肤表面，表面水分挥发以后便留下一层保护膜覆盖在皮肤上，阻止或减缓内部水分的流失，能保持皮肤的湿润。改性纤维素衍生物也是很好的保湿剂，而且在使用过程中具有类似香皂的润滑感觉。

（四）调理剂

调理剂多为阳离子聚合物，它们对蛋白质基层具有附着性，使皮肤表面如丝一般平滑的舒适感，常用的有聚季铵盐类等。该类聚合物属于阳离子表面活性剂，但其功效不以洗涤为主。

对于一般的阳离子表面活性剂与其他表面活性剂的配伍性限制了阳离子表面活性剂的应

用。聚合型阳离子表面活性剂在配伍性和稳定性方面优于一般的阳离子表面活性剂，常见的有季铵化羟乙基纤维素、季铵化羟丙基瓜尔胶、季铵化水解角蛋白、季铵化二甲基硅氧烷等。

聚合型阳离子表面活性剂中具有代表性的品种是聚乙烯基吡啶季铵盐。该类化合物是用乙烯基吡啶作为单体，像合成高分子材料那样通过有控制的聚合反应生成聚乙烯基吡啶线型聚合物。

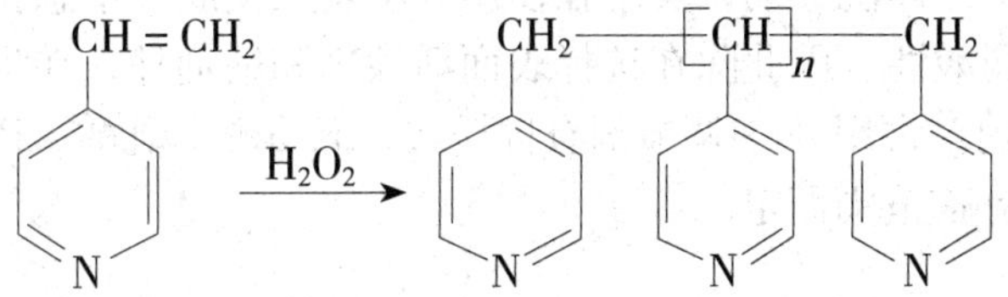

聚乙烯基吡啶线型聚合物

聚乙烯基吡啶线型聚合物再与卤代烷反应，将吡啶环上的氮原子季铵化就可以得到聚合型阳离子表面活性剂。

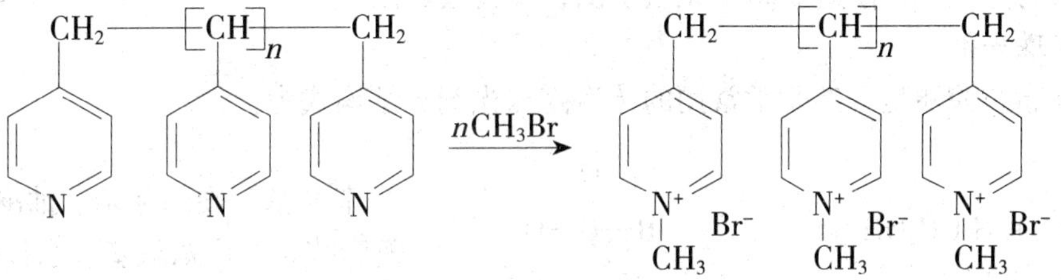

聚合型阳离子表面活性剂

聚合型阳离子表面活性剂的稳定性非常好，能够与阴离子表面活性剂配伍，特别适合用来配制沐浴露和香波。在沐浴露或香波中阴离子表面活性剂做主活性物质发挥洗涤作用，将污垢清除干净；聚合型阳离子表面活性剂则作为抗静电剂和柔软剂，对皮肤进行调理。聚合型阳离子表面活性剂可以与非离子表面活性剂复配，共同发挥润湿和溶解作用。

（五）增稠（黏）剂

增稠剂亦叫黏度调节剂，大部分日用洗涤剂均要求一定的稠度或黏度，它不但提高感官效果，使用方便，还可以增加产品的稳定性，使产品不容易分层。因此沐浴露的黏度是配方设计人员首先考虑的问题之一，亦是消费者评定沐浴露产品的首要因素。

一些水溶性聚合物，如聚乙二醇双硬脂酸酯（如PEG-6000DS）、丙烯酸聚合物（Carbopol系列）、纤维素衍生物、阳离子瓜尔胶、汉生胶（黄原胶）、甲壳素等可以增加产品的黏稠度。清澈透明浴液的增稠，则需要有机增稠剂，一般为改性纤维素，如羟乙基纤维素等。有机增稠剂一般用量为0.5%~1.5%，无机盐和pH会影响其增稠效果。

氯化钠、氯化铵、硫酸钠等无机盐对以阴离子表面活性剂（LAS、AS、AES等）为主要活性物的沐浴露是最适用，也是最价廉的增稠剂。其增稠原理是无机盐存在使胶束的缔合数增加，导致球形胶束向棒状胶束转化，从而使黏度增加。氯化铵增稠效果最好，但调节范围较窄，稍有不慎，会影响产品质量。而氯化钾的增稠效果不如氯化钠，氯化钠的通常用量为1%~4%，过多时，不但会降低黏度，对香波来讲还会影响其梳理性。

一些表面活性剂亦有增稠作用，如甜菜碱型两性表面活性剂和烷醇酰胺、氧化胺等非离子表面活性剂，调节其用量可以改变产品的黏稠度。

（六）活性物质

在沐浴液中还可加入具有护肤、养肤作用的多种活性物质，如芦荟、沙棘、海藻、薄荷乳酸酯等，它们大多为天然植物提取液和中草药制剂。亦可将其用到香波中。

（七）pH调节剂

沐浴露是轻垢型的液体洗涤剂，要求在使用时不刺激皮肤，手感良好，故常为中性。有的沐浴露产品甚至为弱酸性。因此除在选择表面活性剂和助剂外，在生产时还需要将产品的pH调节至适宜的范围内。常用的pH调节剂有柠檬酸、酒石酸、乳酸、磷酸和硫酸等，加入量视原料及产品所需控制pH范围而定。

（八）螯合剂

为保证沐浴露的洗涤效果，控制水的硬度是十分重要的，即对硬水敏感的某些表面活性剂常需配用螯合剂软化硬水，以保证其洗涤性不受影响。有的螯合剂还有缓冲作用、发散作用等。

在沐浴露中最重要的螯合剂为EDTA（乙二胺四醋酸钠），它的作用是将多价离子“封锁”在自己的分子中，使这些离子无法检测，并失去作用。

（九）珠光剂

乙二醇脂肪酸酯是一类非常常用的沐浴露珠光剂，结构式为：

$$R-\overset{\overset{\large O}{\|}}{C}-OCH_2CH_2OH \qquad\qquad R-\overset{\overset{\large O}{\|}}{C}-O-$$

R=辛酸基、硬脂酸基、油酸基、蓖麻酸基、山萮酸基、水杨酸基

乙二醇单脂肪酸酯

$$R-\overset{\overset{\large O}{\|}}{C}-OCH_2CH_2O-\overset{\overset{\large O}{\|}}{C}-R$$

乙二醇双脂肪酸酯

乙二醇双脂肪酸酯亲油性较强，一般不用作表面活性剂，而用作遮光剂和珠光剂。添加一些皂类或其他表面活性剂于标准级乙二醇单脂肪酸酯中，可得自乳化乙二醇单脂肪酸酯。

乙二醇单脂肪酸酯主要用作液体化妆品和洗涤用品的遮光剂和珠光剂，一般与其他表面活性剂配制成珠光浆出售。一些珠光浆是AES、乙二醇双硬脂酸酯和椰子基单乙醇酰胺的混合物。

乙二醇脂肪酸酯在化妆品中长期使用未见有不良反应的报道。美国CTFFA的CIR专家组已作过评论，认为化妆品中使用二乙醇脂肪酸酯是安全的。

（十）防腐剂

在很多沐浴露中，必须使用杀菌防腐剂，以防止和抑制细菌的生长，保证产品在储存和运输过程中不至于腐败变质。凡易受细菌破坏的产品均使用防腐剂。应选择那些无毒、无刺激、色浅、价廉，以及配伍性好的杀菌防腐剂。

防腐剂以甲醛、水杨酸、石炭酸、苯甲酸及其盐类为主，现今使用较多或使用较新的杀菌防腐剂有以下几种。

（1）对羟基苯甲酸酯（俗称尼泊金酯）　常用的是甲酯、乙酯、丙酯和丁酯等，其混合酯比单独使用效果更好。

（2）咪唑烷基脲　商品名为Germall-115（国产称为“极美”），是一种尿囊素的羟甲基衍生物。它防霉性差，需与尼泊金酯配合使用。

（3）凯松（KathonCG）　分子式是$C_6H_5NOSCl \cdot C_4H_5NOS$，它是1.5%5-氯-2-甲基-4-异噻唑-3-酮和2-甲基-4-异噻唑-3-酮的混合物（两者混合比例是3∶1）的水溶液，并加氯化镁作稳定剂，是一类高效防腐剂。它用量少又高效，其成本仅为尼泊金酯类的1/3，适用于清洁类产品中。

（4）1-（3-一氯丙烯基）-3，5，7-三氮杂-1-偶氮金刚烷氯　商品名为Dowicil 200，它与阳离子、非离子表面活性剂、蛋白质和其他化妆品原料有着良好的配伍性，具有广潜抗菌活性，对细菌比对霉菌更有效。

（5）2，4-二氯苄醇　商品名为Myacide SP，为白色或淡黄色结晶状粉末。它抑菌效率高，尤对霉菌效力高、安全。它水溶性差，故使用时将其加入丙二醇或其他有机溶剂中。它与非离子和阴离子表面活性剂配伍将失去抑菌活性。Myacide的稳定性极好，但与空气接触后会由于氧化而失去活性。它广泛用于油性原料、蛋白质和表面活性剂含量不高的化妆品中，比尼泊金酯类活性高。

近来又有学者提出以天然防腐剂取代目前使用的防腐剂，这也是该领域今后的发展趋势。

（十一）抗氧化剂

化妆品中多含有动植物油脂、矿物油，这些组分在空气中能自动氧化，而降低化妆品的质量，甚至产生有害于人体健康的物质，因而，必须加抗氧化剂防止化妆品自动氧化。抗氧剂必须满足以下条件：只加入极少量就有抗油脂氧化变质的作用；抗氧化剂本身或它在反应中生成的物质，必须是安全无毒性的，不会带给化妆品异味，价格较便宜。

抗氧剂大部分为苯酚系、醌系、胺系、有机酸、酯类以及硫黄、磷、硒等无机酸以及盐类，如三叔丁基羟基甲苯（BHT）、丁基羟基茴香醚（BHA）、五倍子酸丙酯、维生素E、磷脂等。BHT对矿物油脂的效果好；BHA在低浓度时，抑制氧化的能力大，对动物油脂的效果好；五倍子酸丙酯在低浓度时，对植物油的效果好。抗氧化剂的混合物往往具有增效作用，即使用上述抗氧剂的混合物比单独使用某一种抗氧化剂的效果更好。抗氧剂在含油脂的化妆品中用量一般是0.02%~0.10%。

（十二）香精、色素

在常温常压下，香精通过分子扩散引起人们的快感，闻到香味，感到舒适。在沐浴露中，加香更显得非常重要，某种程度上它反映了产品的质量高低和档次。采用什么样的香精应根据产品的要求进行精心选择和设计。香波的特征香气往往是品牌的象征。

香精的选择除技术性原则外，经济性非常重要，对于不同档次的沐浴露产品可以选择同一香型不同档次的香精。加香量不等，产品成本有很大差别。

沐浴露产品常用的香精以花香型和果香型为主。选择香精时还应注意其对黏度、泡沫、色泽（变色）和稳定性的影响，对皮肤刺激性小，不刺激眼睛。

色素对于配制沐浴露亦很重要。沐浴露可以配制成不同颜色，以使产品给顾客产生视觉上的魅力，增加销售量，提高经济效益。而且，对于一些液体产品，还可以通过加入某种色素，以遮盖由于原料或工艺带来的产品外观瑕疵。如某些褐色的天然提取液加到液体产品中，即可制作成淡咖啡色产品。一般为使沐浴露具有宜人悦目的色彩，蓝、绿色为首选色调。

对于重要的沐浴露产品，香精和色素的选取，必须符合化妆品卫生标准的规定，选用安全的原料。

四、沐浴露制备工艺及配方示例

（一）制备工艺

沐浴露是以表面活性剂为主的均匀水溶液。在各种化妆品生产中，沐浴露的生产工艺及设备可以说是最简单的一种。因为生产过程中既没有化学反应，也不需要造型，只是几种物料的混配，制成以表面活性剂为主的均匀溶液（大都为水溶液）。

在实验室中，沐浴露最简单的制备方式就是用烧杯、玻璃棒和搅拌器，按一定顺序将物料依次加入烧杯，搅拌下混合均匀。有时需要加热时，在加热器上加热即可。

在工业生产中，沐浴露生产工艺所涉及的化工单元操作工艺和设备，主要是带搅拌的混合罐、高效乳化或均质设备、物料输送泵和真空泵、计量泵、物料贮罐和计量罐、加热和冷却设备、过滤设备、包装和灌装设备。把这些设备用管道串联在一起，配以恰当的能源动力即组成沐浴露的生产工艺流程，如图6–2所示。

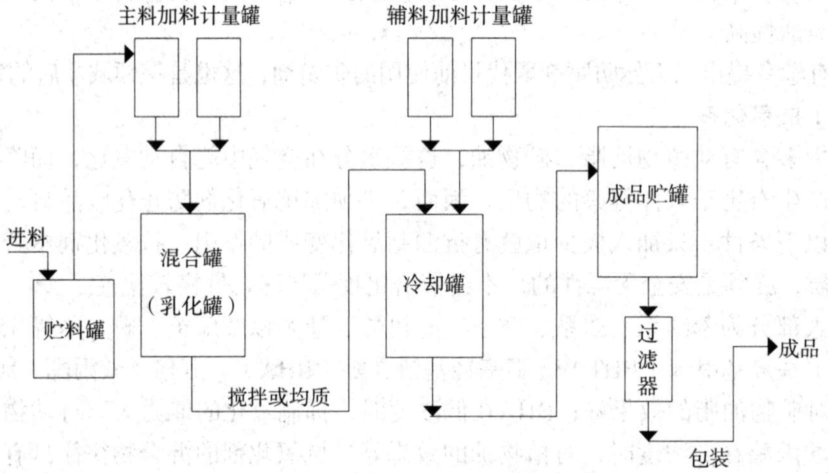

图 6–2　沐浴露生产流程示意图

沐浴露的制备一般分为间歇式和连续式两种。

间歇式工艺，通过调整装置操作条件，就能适应不同沐浴露产品及不同配方的生产要求。主要设备为具有加热或冷却装置的釜式混合器，材质通常为不锈钢，中和过程可在这一混合设备中进行，中和温度一般控制在40~50℃，pH7~9。中和及混合各种物料时，为了保证物料充分混合，需要选择适当的搅拌器，如推进式、折叶开启涡轮、平直叶圆盘涡轮、桨叶前端改成“［”形双折叶小桨的多层折叶式和锯齿圆盘式等。

间歇法配料的整个操作亦可进行电脑自控。

连续法工艺制造沐浴露中使用的计量装置一般多为活塞式定量泵，原料储槽与计量泵、计量泵与混合器间的连接可采用管外具有编织金属网的并能快速偶合连接的四氟乙烯软管，在进入混合设备前的每一个物料臂线中装有一个单向阀，各种物料的混合在在线静态混合器中进行，靠不断改变物料在管内的流动方向使物料得到充分混合，最后经老化器和储槽后，进行包装。

连续法中混合物料流出需连续地检测和控制温度、pH、黏度和流量。

沐浴露生产一般采用间歇式批量化生产工艺，而不宜采用管道化连续生产工艺。这主要是因为生产工艺简单，产品品种繁多，没有必要采用投资多、控制难的连续化生产线。

1. 工艺过程

（1）原料准备　沐浴露实际上是多种原料的混合物。因此，熟悉所使用的各种原料的物理化学特性，确定合适的物料配比及加料顺序是至关重要的。

生产过程都是从原料开始的，首先按照工艺要求选择适当原料，并做好原料的预处理，如有些原料应预先在暖房中融化，有些原料应用溶剂预溶，以便于在主配料罐中混合。如某些物料应预先滤去机械杂质，使用的主要溶剂水应进行去离子处理等。所有物料的计量都是十分重要的。工艺规程中应按加料量确定称量物料的准确度、计量方式和计量单位，然后才好选择工艺设备。如用高位槽计量那些用量较多的液体物料；用定量泵输送并计量水等原料；用天平或秤称固体物料；用量筒计量少量的液体物料。另外，为保证每批产品质量一致，所用原料应经化验合格后方可投入使用。

（2）混合或乳化　大部分沐浴露是制成均相混合溶液，也可制成乳状液。但是不论是混合，还是乳化都离不开搅拌，只有通过搅拌操作才能使多种物料互相混溶成为一体，把所有成分溶解或分散在溶液中，可见搅拌器的选择是十分重要的。有关搅拌器的形式和结构参见第五章。一般沐浴露的生产设备仅需要带有加热和冷却用的夹套并配有适当的搅拌配料锅即可。沐浴露的主要原料是极易产生泡沫的表面活性剂，因此加料的液面必须没过搅拌桨叶，并尽量避免过度搅拌，以免过多的空气混入，产生过多泡沫。

沐浴露的配制过程以混合为主，但各种类型的沐浴露有其各不相同的特点，一般有两种配制方法：一是冷混法，二是热混法。

①冷混法：首先将去离子水加入混合锅中，然后将表面活性剂溶解于水中，再加入其他助洗剂，待形成均匀溶液后，就可加入其他成分如香料、色素、防腐剂、络合剂等。最后用柠檬酸或其他酸类调节至所需的pH，黏度用无机盐（氯化钠或氯化铵）来调整。若遇到加香料后不能完全溶解，可先将它同少量助洗剂混合后，再投入溶液，或者使用香料增溶剂来解决。

冷混法适用于不含蜡状固体或难溶物质的配方。

②热混法：当配方中含有蜡状固体或难溶物质时，如珠光或乳浊制品等，一般采用热混法。

首先将表面活性剂溶解于热水或冷水中，在不断搅拌下加热到70℃，然后加入要溶解的固体原料，继续搅拌，直到溶液呈透明为止。当温度下降至35℃左右时，再加入热敏性物质、色素、香料、溶剂和防腐剂等。pH的调节和黏度的调节一般都应在室温的条件下进行，加入pH调节剂和黏度调节剂，将产品调到所需的pH和黏度。采用热混法，温度不宜过高（一般不超过70℃），以免配方中的某些成分遭到破坏。

（3）混合物料的后处理　无论是生产透明溶液还是乳液，在包装前还要经过一些后处理，以便保证产品质量或提高产品稳定性。这些处理可包括以下内容。

①过滤：在混合或乳化操作时，要加入各种物料，难免带入或残留一些机械杂质，或产生一些絮状物，这些都直接影响产品外观，所以物料包装前的过滤是必要的。

②均质：经过乳化的液体，其乳液稳定性往往较差，最好再经过均质工艺，使乳液中分散相的颗粒更细小，更均匀，得到高度稳定的产品。

③排气：在搅拌的作用下，各种物料可以充分混合，但不可避免地将大量气体带入产

品。由于搅拌的作用和产品中表面活性剂等的作用，有大量的微小气泡混合在成品中。气泡有不断冲向液面的作用力，可造成溶液稳定性差，包装时计量不准。一般可采用抽真空排气工艺，快速将液体中的气泡排出。

④陈放：也可称为老化。将物料在老化罐中静置储存几个小时，待其性能稳定后再进行包装。

（4）包装　对于绝大部分沐浴露，都使用塑料瓶小包装。因此，在生产过程的最后一道程序，包装质量是非常重要的，否则将前功尽弃。正规生产应使用灌装机，包装流水线。小批量生产可用高位槽手工灌装。严格控制灌装量，做好封盖、贴标签、装箱和记载批号、合格证等工作。袋装产品通常应使用灌装机灌装封口。包装质量与产品内在质量同等重要。

（5）注意事项　在沐浴露制备过程中，除上述一般工艺外，还应注意如下问题。

①高浓度表面活性剂（如AES等）的溶解，必须把它慢慢加入水中，而不是把水加入到表面活性剂中，否则会形成黏性极大的团状物，导致溶解困难。适当加热可加速溶解。也可采用一种带有“液-液快速分散溶解装置”的沐浴露配料锅，它具有刮板式搅拌装置、高速分散盘、AES快速溶解机构。它利用高速旋转（3000r/min）的转子产生的离心力使浓度为70%的AES自动吸入，在定子和转子间经过研磨、剪切，使AES变成含一定水的物质，通过定子上的小孔强力挤出，这样出来的AES溶解面积成千上万倍的增加，同时配与上面的慢搅拌，AES难以再团聚。

②水溶性高分子物质如调理剂JR-400、阳离子瓜尔胶等，大都是固体粉末或颗粒，它们虽然溶于水，但溶解速度很慢，传统的制备工艺是长期浸泡或加热浸泡，造成能量消耗大，设备利用率低。某些天然产品还会在此期间变质。新的制备工艺是在高分子粉料中加入适量甘油，它能快速渗透使粉料溶解。在甘油存在下，将高分子物质加入水相，室温搅拌15min，即可彻底溶解；如若加热，则溶解更快。当然，加入其他助溶剂也可收到相同的效果。

③珠光剂的使用：沐浴露中，制成外观非常漂亮的珠光产品是高档产品的象征。现在一般是加入硬脂酸乙二醇酯。珠光效果的好坏，不仅与珠光剂用量有关，而且与搅拌速度和冷却速度快慢（采用片状珠光剂时）有联系。快速冷却和相当迅速的搅拌，会使体系暗淡无光。通常是将表面活性剂水溶液加热至珠光剂熔点之上再加入珠光剂，一般在70℃左右加入，待溶解后控制一定的冷却速度，通过慢冷却和慢速搅拌，可得到所需结晶，可使珠光剂结晶增大，获得闪烁晶莹的珍珠光泽。若采用珠光浆则在45℃下加入搅匀即可。

④黏度的调整：沐浴露的黏度是成品的主要物理指标之一，按国内消费者的习惯，多数喜欢黏度高的产品。产品的黏度取决于配方中表面活性剂、助洗剂、水溶性高分子化合物和无机盐的用量。表面活性剂、助洗剂（如烷醇酰胺、氧化胺等）用量高，产品黏度也相应提高。为提高产品黏度，通常还加入增稠剂如水溶性高分子化合物、无机盐等。水溶性高分子化合物通常在前期加入，而无机盐（氯化铵、氯化钠等）则在后期加入，其加入量视实验结果而定，一般不超过3%。过多的盐不仅会影响产品的低温稳定性，增加制品的刺激性，而且黏度达到一定值，再增加盐的用量反而会使体系黏度降低，必须引起注意。

⑤pH调整：pH调节剂（如柠檬酸、酒石酸、磷酸和磷酸二氢钠等）通常在配制后期加入。当体系降温至35℃左右，加完香精、香料和防腐剂后，即可进行pH调节。首先测定体系pH，估算缓冲剂加入量，然后投入，搅拌均匀，再测pH。未达到要求时再补加，就这样逐步逼近，直到满意为止。对于一定容量的设备或加料量，测定pH后可以凭经验估算缓冲剂用量，制成表格指导生产。

⑥加香：沐浴露的加香除考虑香原料与其他原料的配伍性、刺激性、毒性、稳定性、留香性、香型、用量等问题外，加香过程中，温度控制也非常重要。在较高温度下加香不仅会使易挥发香料挥发，造成香精流失，同时也会因高温化学变化，使香精变质，香气变坏。所以一般在较低温度下（<50℃）加入。

⑦加色：对于大多数沐浴露，色素的用量都应在千分之几的范围甚至更少。因为这种加色只是使产品更加美观，而不是洗涤后使被洗物着色。因此，不应将沐浴露的色调调配得太浓太深，尤其是透明产品，必须保持产品应有的透明度。切忌加色沐浴露使被洗物着色。

应选择对沐浴露中某些成分有较好溶解性的色素，这样就可以将选定的色素预先与这种成分溶混在一起，然后再进行沐浴露的复配。如果这种染料能溶于水，加色工艺最简单。譬如色素易溶于乙醇，即可在配方设计时加乙醇，将色素溶解后再加入水中。

有些色素在脂肪酸存在下有较好溶解性，则应将色素、脂肪酸同时溶混后配料。实际上，沐浴露中有各种表面活性剂成分，用它来分散微量染料是很容易的。尤其是乳化产品，在乳化过程中，微量染料通过乳化就很容易分散在产品中。

另外，产品配制后立即测定pH并不完全真实，长期贮存后产品pH将发生明显变化，这些在控制生产时都应考虑到。

2. 沐浴露的质量控制

沐浴露在生产、贮存和使用过程中，也和其他产品一样，由于原料、生产操作、环境、温度、湿度等的变化而出现一些质量问题，这里就较常见的质量问题及其对策进行讨论。

（1）黏度变化　黏度是沐浴露的一项主要质量指标，生产中应控制每批产品黏度基本一致，但在生产过程中，同一个配方，有时制品黏度偏高，而有时制品黏度偏低。造成黏度波动的原因有许多。多数沐浴露都是单纯的物理混合，因此某种原料规格的变动，如活性物含量、无机盐含量波动等，都可能在成品中表现出来。所以原料的质量控制对保证成品质量至关重要。原料进厂后，必须经过取样化验，证明合格后方能投入生产。

操作规程控制不严，称量不准等都会造成严重的质量事故，因此，必须加强全面质量管理，以确保产品质量稳定。

出现上述质量问题应对制品进行分析，包括活性剂含量、无机盐含量等，不足时应补充或增加有机增稠剂用量；如黏度偏高，可加入减黏剂如丙二醇、丁二醇等或减少增稠剂用量。但必须注意不论需提高或降低黏度，都必须先做小试，然后才可批量生产，否则会导致不合格品出现。

有时沐浴露刚配出来时黏度正常，但经一段时间放置后黏度会发生波动，其主要原因有：一是制品pH过高或过低，导致某些原料（如琥珀酸酯磺酸盐类）水解，影响制品黏度。应加入pH缓冲剂，调整至适宜pH。二是单用无机盐作增稠剂或用皂类作增稠剂，体系黏度随温度变化而变化。可加入适量水溶性高分子化合物增稠剂，以避免此种现象的发生。

（2）珠光效果不良或消失　珠光效果的好坏，与珠光剂的用量、加入温度、冷却速度、配方中原料组成等均有关系，在采用珠光块或珠光片时，可能有如下一些影响：体系缺少成核剂（如氯化钠、柠檬酸）；珠光剂用量过少；表面活性剂增溶效果好；体系油性成分过多，形成乳化体；加入温度过低，溶解不好；加入温度过高或制品pH过低，导致珠光剂水解；冷却速度过快，或搅拌速度过快，未形成良好结晶。

为保证制品珠光效果一致，可采用珠光浆（可自制也可外购），只要控制好加入量，在较低温度下加入搅匀，一般讲珠光效果不会有大的变化。

（3）浑浊、分层　沐浴露刚生产出来各项指标均良好，但经一段时间放置，出现浑浊甚至分层现象，有如下几方面原因：体系黏度过低，其不溶性成分分散不好；体系中高熔点原料含量过高，低温下放置结晶析出；体系中原料之间发生化学反应，破坏了表面活性剂胶体结构；微生物污染；制品pH过低，某些原料水解；无机盐含量过高，低温下出现浑浊。

（4）变色、变味

①所用原料中含有氧化剂或还原剂，使有色制品变色；

②某些色素在日光照射下发生褪色反应；

③防腐剂用量少，防腐效果不好，使制品霉变；

④香精与配方中其他原料发生化学反应，使制品变味；

⑤所加原料本身气味过浓，香精无法遮盖。

（5）刺激性大、皮肤干燥脱屑　选用的表面活性剂不适当，高脱脂类表面活性剂含量过高，对于皂基沐浴露有可能是皂化不完全造成的。对皂基型沐浴露需保证体系完全皂化。另外，还可以改变表面活性剂种类，及其在配方中的比例，适当增加温和辅助性表面活性剂以及赋脂剂含量。

（二）配方示例

1. 皂基型沐浴露

近年来在一些沐浴露配方中又重新出现最古老的沐浴用表面活性剂——皂基型，给人返璞归真的感觉。主要原因是皂类对皮肤的脱脂力比其他合成的阴离子表面活性剂要弱，沐浴后皮肤的干燥感觉比较轻。此外皂类在使用过程中的润滑感觉是其他表面活性剂达不到的。

皂基型浴露是以皂类即脂肪酸及碱剂为主要表面活性剂，大多再配合较少量的非皂基表面活性剂作为辅助活性剂，起到增加黏度、改善肤感及对皮肤的刺激性的作用。常用的脂肪酸有月桂酸（十二酸）、肉豆蔻酸（十四酸）、硬脂酸（十八酸）、油酸（十八烯酸）、椰子油酸等，而碱剂则以氢氧化钾、乙醇胺为主。不同脂肪酸与不同碱剂反应生成的皂，在清洁力、发泡力、溶解性、肤感及对皮肤的刺激性方面均有差别。一般采用不同碳链长度的混合脂肪酸皂化，以获得最佳的综合效果。脂肪酸皂化既要完全，又不能过量即游离碱含量要很少，因为碱对皮肤有很大的刺激。辅助活性剂有α-烯基磺酸盐、烷基磷酸盐、氨基酸类活性剂、咪唑啉衍生物、甜菜碱衍生物、氧化胺、烷醇酰胺、烷基葡萄糖苷。

在液体的沐浴露中传统的皂类是以硬脂酸碱皂为主，因为钠皂较粗，而三乙醇胺皂易变色。使用皂基后产品的发泡能力将有所下降。

现将配方及制备工艺举例如下。

表6-2　　传统皂基沐浴露配方

组分	质量分数/%	组分	质量分数/%
月桂酸	2.5	甘油	20.0
肉豆蔻酸	7.5	羟乙基纤维素	适量
棕榈酸	2.5	香精、色素、防腐剂、EDTA	适量
油酸	2.5	KOH	计算量
6501	5.0	去离子水	余量

表6-2配方设计说明：本配方使用月桂酸、肉豆蔻酸、棕榈酸和油酸的钾皂作为主要活性物，取其脱脂力低、皮肤润滑性好之长。同时加入非离子表面活性剂6501，增加泡沫和皂类分散，减少皂垢。甘油起润肤保水作用，羟乙基纤维素作增稠剂使用，兼作皮肤润滑剂。配方中KOH用量要适当，脂肪酸皂化既要达到要求，又要避免较多的游离碱含量，避免碱对皮肤的刺激。

表6-2所示配方配制工艺：在常温下将羟乙基纤维素溶解在部分去离子水中备用，以此部分水溶液将氢氧化钾于常温下溶解成碱性水溶液。

将月桂酸、肉豆蔻酸、棕榈酸和油酸用其余水溶液分散，加热到75℃熔化成为液态，搅拌下加入氢氧化钾水溶液，使其与脂肪酸水溶液进行皂化反应。然后加入6501、珠光剂、EDTA，保持在60℃以上搅拌溶解。缓慢降温到常温加入防腐剂、香精、水即可。

表 6-3　　改进型皂基沐浴露配方

组分	质量分数/%	组分	质量分数/%
月桂酸	7	甘油	2
油酸	9	羟乙基纤维素	0.2
三乙醇胺	5	珠光片	2
CAB-35	16	香精、防腐剂、色素	适量
硼酸	0.1	去离子水	加至100

表6-3配方设计说明：使用月桂酸、油酸的三乙醇胺皂作为主要活性物，取其脱脂力低、皮肤润滑性好之长，补加低刺激两性表面活性剂CAB-35，增加泡沫和减少皂垢，所以本配方是温和型产品。甘油起润肤保水作用，硼酸辅助治疗皮肤炎症，羟乙基纤维素作增稠剂使用，兼作皮肤润滑剂。加珠光片制成珠光型产品，掩盖皂基透明度差的缺点。配方中三乙醇胺适当过量，一方面增加皂基的溶解度，另一方面调节酸碱度到偏碱性，增加产品稳定性。

表6-3所示配方配制工艺：羟乙基纤维素溶解速度缓慢，用部分水预先将其浸泡溶胀备用。

将月桂酸、油酸和珠光片混合，加热到75℃熔化成为液态，搅拌下加入三乙醇胺中和。然后加入水和其余物料，保持在60℃以上搅拌溶解。缓慢降温到40℃加入香精、色素和防腐剂，继续缓慢降温到室温。静置24h以上使产品消泡，得珠光型产品。增减羟乙基纤维素的量调节黏稠度，增减三乙醇胺的量调节pH到8左右。

表 6-4　　易冲洗复配型沐浴露配方

组分	质量分数/%	组分	质量分数/%
MAP浓缩物（$C_{9\sim15}$烷基磷酸酯）	38.1	Rhoclol TW-IS 399（增稠剂）	1.5
月桂酸	11.0	尼泊金甲酯	0.3
KOH（85%）	3.8	EDTA-Na_2	0.1
羟基硫代甜菜碱	8.0	去离子水	34.0
乙二醇二硬脂酸酯	3.0		

表6-4所示配方为皂基与表面活性剂复配得到的沐浴露，同时具有皂基和非皂基沐浴露的优点，易冲洗，浴时泡沫丰富。用水冲洗时无滑腻感，易冲洗干净，浴后皮肤滑润、舒适。既有用香皂洗涤时的易冲洗感觉，又不会使皮肤脱脂、干燥。

2. 非皂基表面活性剂类沐浴露

非皂基表面活性剂类沐浴露是以合成的表面活性剂为主要表面活性剂（大多为阴离子型活性剂），配合适量两性离子表面活性剂、非离子表面活性剂，以调节黏度、改善肤感及对皮肤的刺激性。常用的活性剂有：脂肪醇硫酸盐、脂肪醇聚氧乙烯硫酸盐、α-烯基磺酸盐、烷基磷酸盐、烷基磺化琥珀酸盐、氨基酸类活性剂、咪唑啉衍生物、甜菜碱衍生物、氧化胺、烷醇酰胺、烷基葡萄糖苷。表面活性剂型浴露则因成本、生产工艺等方面的优势，而发展迅速。

现对其产品配方、配制方法及主要组分的作用介绍如下：

表 6-5　　沐浴液配方

组分	质量分数/%	组分	质量分数/%
A　去离子水	84.0	C　*N*-甲基-*N*-十四酰牛磺酸钠	10.0
氯化钠	1.0	D　椰油酰二乙醇胺	4.0
凯松（Kathon CG）	0.1	E　香精	0.4
B　乙二醇二硬脂酸酯	0.5	色素、柠檬酸	适量

表6-5所示配方制法：先将A置于混合器中，搅拌加热至45℃。在搅拌下加入B、C、D，混合均匀后调香、调色，最后用柠檬酸调节pH=6.5。

本品具有良好的去污性、起泡性和泡沫稳定性。

表 6-6　　润肤型沐浴液

组分	质量分数/%	组分	质量分数/%
脂肪醇聚氧乙烯醚硫酸盐	25.0	聚季铵盐-10	0.3
椰油酰胺磺基甜菜碱	8.0	防腐剂	适量
水溶性羊毛脂	2.0	香精	适量
甘油	4.0	色素	适量
杏仁油	0.5	去离子水	余量

表6-6所示配方是具有调理性的润肤型浴液，配方中加入了具有润肤作用的水溶性羊毛脂和杏仁油作为赋脂剂，减少产品对皮肤的脱脂性；加入与主表面活性剂脂肪醇聚氧乙烯醚硫酸盐配伍性好的聚季铵盐-10作为调理剂，改善浴液对皮肤及黏膜的刺激性，具有良好的润肤作用。

表6-7所示配方制法：将A、B组分分别混合加热至50℃，在搅拌下将B逐步加入A中，混合均匀后加入C，用色素着色后分装。

本品泡沫丰富，洗涤性好，特别适于淋浴使用。

表 6-7　　淋浴沐浴液配方

组分	质量分数/%	组分	质量分数/%
A　去离子水	26.5	B　丙二醇	5.0
十二烷基硫酸三乙醇胺（40%水溶液）	40.0	单硬脂酸甘油酯	1.5
月桂醇聚氧乙烯醚硫酸钠（30%水溶液）	20.0	氢化羊毛醇	1.5
月桂醇二乙醇酰胺	5.0	尼泊金甲酯	0.2
EDTA	0.05	C　香精	0.5
		D　色素	适量

表 6-8　　敏感性肌肤沐浴液配方

组分	质量分数/%
聚乙二醇（5）柠檬酸十二醇酯磺基琥珀酸二钠	4.0
聚乙二醇（200）加氢软质酸甘油酯及聚乙二醇（7）甘油单月桂酸酯	2.0
月桂醇聚氧乙烯醚硫酸钠、月桂基两性醋酸二钠、己二醇	10.0
水溶性硅油	1.0
去离子水	83.0

表6-8所示配方是适用于敏感皮肤的浴液，配方中除了都使用极温和的阴离子和两性表面活性剂之外，未加入防腐剂和香精，因防腐剂和香精可能致敏。在不含防腐剂的配方中只加不含防腐剂的原料是不够的，还必须在体系中加入具有轻微杀菌功能的原料，如配方中的甘油单月桂酸酯，可使产品具有抗菌性。还需指出，在配制不含防腐剂的化妆品时，应特别注意，在配制过程中不得造成适合微生物生长的条件。

表 6-9　　低刺激性沐浴液配方

组分	质量分数/%	组分	质量分数/%
脂肪醇聚氧乙烯醚硫酸盐（70%）	5.0	丙二醇	4.0
椰油酰胺磺基甜菜碱	4.0	防腐剂	适量
聚乙二醇（5）柠檬酸十二醇酯磺基琥珀酸二钠	4.0	香精	适量
		色素	适量
聚乙二醇（200）加氢软质酸甘油酯	3.0	去离子水	80.0

表6-9所示配方是温和型浴液，配方中的聚乙二醇（5）柠檬酸十二醇酯磺基琥珀酸二钠是极温和的阴离子表面活性剂，它与脂肪醇聚氧乙烯醚硫酸盐配合使用，有降低刺激性的作用。聚乙二醇（200）加氢软质酸甘油酯在配方中起润肤、增稠作用。

表6-10所示配方是清洁作用极佳的温和浴液，配方中的主表面活性剂是温和的两性表面活性剂月桂基两性醋酸钠，辅表面活性剂是极温和的阴离子型聚乙二醇（5）柠檬酸十二醇

表 6-10　　润肤型沐浴液配方

组分	质量分数/%	组分	质量分数/%
月桂基两性醋酸钠	25.0	植物精华素	适量
聚乙二醇（5）柠檬酸十二醇酯磺基琥珀酸二钠	7.0	防腐剂	适量
		香精	适量
聚乙二醇（7）甘油单月桂酸酯及聚乙二醇（200）加氢软质酸甘油酯	7.0	色素	适量
		去离子水	61.0

酯磺基琥珀酸二钠、聚乙二醇（7）甘油单月桂酸酯及聚乙二醇（200）加氢软质酸甘油酯，有减少产品对皮肤的刺激性、改善浴液对皮肤及黏膜的相容性的作用，还具有良好的增稠和润肤作用。添加各种植物精华素，使产品具有良好的护肤作用。

表 6-11　　杀菌型沐浴液配方

组分	质量分数/%	组分	质量分数/%
椰油酰胺丙基甜菜碱	20.0	尼泊金甲酯	0.2
α-烯烃磺酸盐（40%）	3.0	柠檬酸	适量
椰油酰肌氨酸钠（30%）	2.0	香精	适量
氯化铵	10	去离子水	余量

表6-11所示配方是具有杀菌性的温和浴液，配方中加入了具有杀菌作用的氯化铵以及具有杀菌性能的阴离子表面活性剂椰油酰肌氨酸钠。整个配方中的两性表面活性剂椰油酰胺丙基甜菜碱和阴离子表面活性剂 α-烯烃磺酸盐以及氯化铵配伍性良好，并具有温和的杀菌作用。阴离子表面活性剂椰油酰肌氨酸钠还对皮肤有较好的柔软作用，可在皮肤表面形成保护膜，减少清洗剂配方中刺激性成分对皮肤的伤害作用。

表 6-12　　干燥皮肤用沐浴液配方

组分	质量分数/%	组分	质量分数/%
脂肪醇聚氧乙烯醚硫酸盐（70%）	14.0	香精	适量
椰油酰胺丙基甜菜碱	8.0	丙烯酸酯/硬脂酸-20甲基丙烯酸酯共聚物	3.5
癸基葡聚糖苷	5.0		
可可基羟化大豆蛋白钠	8.0	防腐剂	适量
聚二甲基硅氧烷	3.0	NaOH（调pH7.0）	适量
十六烷基辛酸酯	10.0	去离子水	24.5
Sepige1305	3.0		

表6-12所示配方以Sepige1305和丙烯酸酯/硬脂酸-20甲基丙烯酸酯共聚物为稳定剂和增稠剂，另外还添加了多种优质原料，如癸基葡聚糖苷、可可基羟化大豆蛋白钠和十六烷基辛酸酯等，产品光滑、刺激性小、滋润性好。

3. 珠光沐浴露

珠光沐浴露的工艺过程如图6-3所示，制备中的注意事项如前所述，其配方制备工艺及原料作用介绍如下。

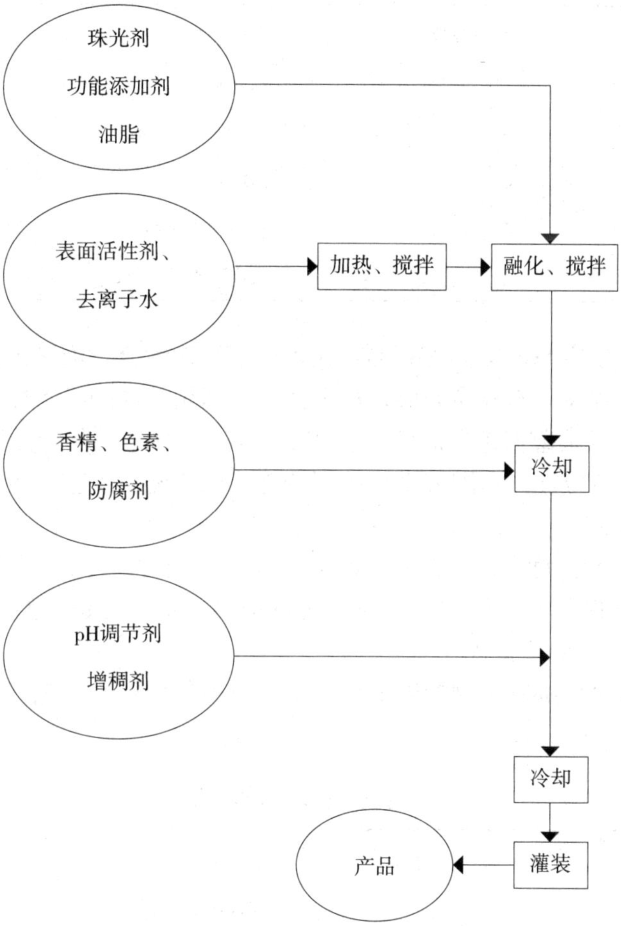

图 6-3　珠光沐浴露的工艺过程示意图

表 6-13　珠光沐浴露配方（1）

组分	质量分数/%	组分	质量分数/%
月桂醇聚氧乙烯醚硫酸酯钠盐	15.0	氯化钠	1.0
月桂醇硫酸酯三乙醇胺盐	25.0	柠檬酸（调节pH至6~7）	0.2
羊毛脂	1.5	香精	1.0
椰油酰胺丙基甜菜碱	7.0	防腐剂、色素	适量
珠光剂	3.5	去离子水	加至100.0

表6-13所示配方为珠光沐浴露的典型配方，其配制一般采用热混法。先将表面活性剂组分椰油酰胺丙基甜菜碱、月桂醇硫酸酯三乙醇胺盐和月桂醇聚氧乙烯醚硫酸酯钠盐等溶于水中，在不断搅拌下加热至70℃，加入珠光剂和羊毛脂等蜡类固体原料，使其熔化。继续慢慢

搅拌，溶液逐渐呈半透明状，将其冷却，注意控制冷却速度，不要冷却太快，否则影响珠光效果。冷却至40℃时加入香精、防腐剂和色素，最后用柠檬酸调节pH，让浴液冷却至室温即得。

表 6-14　　珠光沐浴露配方（2）

组分	质量分数/%	组分	质量分数/%
AES（70%）	11	珠光浆	3.5
K_{12}	3	硼酸	0.1
6501	4	EDTA-Na_2	0.1
CAB-35	6	香精、防腐剂	适量
甘油	2	去离子水	余量

表6-14所示配方使用AES/K_{12}/CAB-35三元表面活性剂组合，泡沫丰富，去污力强。配合6501使产品黏稠度比较高，不容易分层，稳定性好。利用甘油的吸水性润肤保湿，防止沐浴后皮肤干燥。硼酸可以杀菌消毒，防治某些皮肤炎症。EDTA预防产品遇到硬水出现沉淀，保证产品的稳定性和适应性。本配方直接使用珠光浆简化配制工艺，但要控制好加入时的温度。可以采用搅拌冷配工艺配制。

将去离子水放入搅拌桶内，加入K_{12}和AES，在常温下长时间搅拌至完全溶解成透明溶液。加入除6501和香精外的其他成分，搅拌溶解均匀。加入香精，然后加6501增稠。静置24h以上使产品消泡，灌装得成品。

在室温很低或者希望提高配制速度的情况下，可以使用热配工艺。此时珠光浆和香精要在40℃以下加入。

表 6-15　　珠光沐浴露配方（3）

组分	质量分数/%	组分	质量分数/%
$C_{14\sim16}$烯烃磺酸钠	37.5	PEG-150双硬脂酸酯	1.0
月桂基醚-3硫酸钠	28.5	氯化钠	0.7
月桂酸二乙醇胺	4.0	香精、色素、防腐剂	适量
乙二醇单硬脂酸酯	1.0	去离子水	余量

表6-15所示配方中$C_{14\sim16}$烯烃磺酸钠和月桂基醚-3硫酸钠作为主表面活性剂具有清洁、起泡作用，月桂酸二乙醇胺为非离子助表面活性剂具有增泡作用，配方中乙二醇单硬脂酸酯作为珠光剂达到遮盖和珠光效果，PEG-150双硬脂酸酯和NaCl作为增稠剂，可增加沐浴露黏度并更好地表现珠光效果。

4. 透明沐浴露

透明沐浴露分皂基型和非皂基表面活性剂型两种，一般透明沐浴露以非皂基表面活性剂型为主，皂基型沐浴露要制备成透明外观对工艺及配方均有一定要求。

皂基沐浴露要做到透明需要以十二酸、十四酸皂为主，中和比例接近百分之百。用三乙醇胺中和得到的皂也能较好抑制不溶皂结晶，同时可以使用椰油两性醋酸钠破坏不溶性皂结晶，降低krafft 点。

非皂基表面活性剂型沐浴露要做到透明主要是对配方体系中的赋脂、调理成分有一定要求，要求其具有良好的水溶性。下面对配方及工艺进行简介。

表 6–16　　非皂基表面活性剂型沐浴液配方

组分	质量分数/%	组分	质量分数/%
脂肪醇聚氧乙烯醚硫酸盐（70%）	12.0	柠檬酸	适量
水溶性硅蜡	1.0	香精、色素	适量
椰子基两性双乙酸二钠（50%）	10.0	防腐剂	适量
椰油酰胺丙基甜菜碱	5.0	EDTA $-Na_2$	0.1
甲基葡萄糖苷衍生物	0.4	去离子水	71.6

分析：表6–16所示配方为非皂基型，阴离子表面活性剂脂肪醇聚氧乙烯醚硫酸盐作为主表面活性剂，椰子基两性双乙酸二钠（50%）为辅助表面活性剂，加少量甜菜碱以减缓主表面活性剂的刺激性。本配方采用甲基葡萄糖苷衍生物作为增稠剂，不易产生“果冻”现象，具有良好的增稠效果。同时采用水溶性硅蜡起到润肤赋脂作用。

方法：将水加热至70℃，加入表面活性剂脂肪醇聚氧乙烯醚硫酸盐、椰子基两性双乙酸二钠（50%）和甜菜碱，同时加入EDTA $-Na_2$ 和水，充分搅拌均匀。然后加入柠檬酸，充分搅拌均匀，将pH调节至6.5 左右。最后冷却至40℃，加水溶性硅蜡、防腐剂、香精，充分搅拌均匀。

表 6–17　　透明沐浴液配方

组分	质量分数/%	组分	质量分数/%
脂肪醇聚氧乙烯醚硫酸盐（70%）	18.0	甘油	4.0
水溶性羊毛脂	2.0	柠檬酸	适量
脂肪醇聚氧乙烯醚磺基琥珀酸单酯二钠盐（30%）	8.0	香精、色素	适量
		防腐剂	适量
椰油酰胺丙基甜菜碱	10.0	去离子水	54.0
月桂酸二乙醇酰胺	4.0		

表6–17所示配制与前面介绍的配制技术基本相同，都可以使用同样的生产设备进行。首先将各种表面活性剂混合，在搅拌下加热至65~70℃，另将去离子水加热至约70℃，与表面活性剂混合均匀后，加入润肤剂、保湿剂、增稠剂，然后用柠檬酸或乳酸调节体系的pH，降温至约50℃时加入香精，温度降至常温时即得。

表6–18所示配方是由多种表面活性剂复配而成的。月桂醇三聚氧乙烯醚硫酸钠具有温和、优异的起泡性。椰油脂酰基谷氨酯盐安全性高、洗涤力强，对硬水具有出色的适应性，与皮肤同样的弱酸性，使皮肤触感舒适、柔润。椰油酰基甘氨酸钾，碱性氨基酸系，在任何浓度下都具有优良的起泡力，使用后使皮肤触感柔润。肉豆蔻基氢化牛脂二醇为非离子增稠剂，对pH、温度变化影响小，最适用于沐浴露、洗发精、洗面乳体系中。异硬脂酸聚甘油–2酯是二

表 6-18 透明氨基酸沐浴乳配方

组分	质量分数/%	组分	质量分数/%
A 月桂醇三聚氧乙烯醚硫酸钠	10.00	椰油酰胺二乙醇胺	1.0
椰油脂酰基谷氨酯盐（30%）	16.00	B 二丙二醇	0.20
椰油酰基甘氨酸钾（30%）	12.00	异硬脂酸聚甘油-2酯	0.15
肉豆蔻基氢化牛脂二醇	2.5	香精	0.70
去离子水	45.85	C CDE	2.00
A-35N	7.00	氯化钠	0.60

甘油与支链甲基硬脂酸形成的单酯，为淡黄色或黄色、几乎无气味的黏性液态油，是亲油性非离子表面活性剂。

表 6-19 透明沐浴露配方

组分	质量分数/%	组分	质量分数/%
AESA（70%）	13	海藻提取液	2
$K_{12}A$（70%）	4	硼酸	0.1
月桂基二甲基氧化胺	3	羟乙基纤维素	0.2
CAB-35	7	香精、防腐剂	适量
甘油	2	去离子水	余量
EDTA-Na_2	0.1		

表6-19所示配方设计说明：使用AESA/$K_{12}A$/CAB-35三元表面活性剂组合，配合月桂基二甲基氧化胺，泡沫丰富，去污力强，皮肤刺激性不大。而且几种物质在水中的溶解性都很好，产品在很宽的温度范围内能够保持透明。海藻提取液和甘油具有美白润肤功能，防止沐浴后皮肤干燥开裂。硼酸可以杀菌消毒，防治某些皮肤炎症。EDTA防止产品遇到硬水出现浑浊，保证产品的透明性。本配方加入了羟乙基纤维素，既能够为产品增稠，又可增强皮肤的润滑感。

配制工艺：采用搅拌热配工艺配制。

将去离子水放入夹套加热桶内加热升温到70~80℃，加入$K_{12}A$、AESA和羟乙基纤维素，搅拌至完全溶解成透明溶液。降温到60℃，加入其他成分，搅拌均匀。降到40℃以下加香精搅匀。静置24h以上使产品稳定，过滤除去固体杂质，灌装得成品。

第三节 洁 面 乳

根据皮肤清洁剂的化学组成、去污机理和亲水-亲油性质，洁面产品大体可分为3种类型：以皂基或其他表面活性剂为主体的表面活性剂型；以油性成分、保湿剂、酒精和水等溶剂为主的溶剂型；介于前两者类型之间的水包油乳化型。

表面活性剂型脱脂力较强，适用于油性和中性皮肤；溶剂型适合于干性皮肤；乳化型兼有护肤的功能，它的去污作用除了少量的表面活性剂的作用外，主要利用产品中的油性成分作为溶剂对皮肤上的脏物起溶解作用，它适合于中干性皮肤。

依据本书的划分，洁面乳属于第一种泡沫型洁面产品，对应的无泡型属第二或第三种洁面产品称为洗面奶或清洁霜。

洁面乳的功能是清洁脸部皮肤，同时给予一定的滋养效果，所以在配方结构上和沐浴露大同小异。用的时候，同样可以参考如泡沫是不是丰富、用完皮肤是不是滑爽、洗得是不是干净等因素，并依此来判定该产品的优劣。理想的洁面乳品质要求：具有良好的清洁作用，且对皮肤温和；通过24h的耐寒和耐热实验而无明显外观变化；具有适度的流变性；室温涂抹性好。

洁面乳依据其产品配方及性能又分为皂基型和非皂基表面活性剂型两种。

一、皂基洁面乳

（一）配方组成

皂基洁面乳呈碱性，pH约为8.5~9.5，去脂力佳，适用于油性和中性皮肤，对于过敏肤质、青春痘化脓肤质、对碱性过敏者不适用。此类洁面乳具有丰富的泡沫和优良的洗涤力，在配方中加入适量软化剂和保湿剂后，使用起来没有肥皂的“绷紧感”，而具有良好的润湿感。其配方中应含有以下几种成分。

①脂肪酸皂：由高级脂肪酸与碱发生酯化反应制得。皂类使洁面乳具有较强的去污性和丰富的泡沫。高级脂肪酸可选用$C_{12\sim18}$脂肪酸、油酸、异硬脂酸、12–羟基脂肪酸和动植物油脂脂肪酸，其中二十二酸用来调节洁面乳稠度、泡沫性状以及洁面乳刺激性；可用来酯化的碱有氢氧化钠、氢氧化钾和三乙醇胺。

皂的分散剂可以选用甘油、1，3–丁二醇、聚乙二醇等。

②其他表面活性剂：在配方中起到进一步清洁皮肤和助乳化作用，可供选择的品种为氨基酸类表面活性剂、甘油脂肪酸酯、MAP、POE烷基醚、POE烷醚磷酸盐和*N*–酰基–*N*–甲基牛磺酸盐等。

③软化剂：将皮肤和毛孔中的污垢乳化或溶解，并起到营养皮肤的作用，同时洁肤后在皮肤上形成一层薄的护肤膜，防止皮肤过分脱脂。软化剂可选用脂肪酸、高级醇、羊毛脂衍生物、蜂蜡、橄榄油、椰子油和霍霍巴油等。

④保湿剂：起到皮肤保湿、柔软、润滑作用。可选用各种类型的保湿剂，较常用的是甘油、丙二醇等。

⑤其他辅助成分：可根据设计需要加入其他辅助成分，如美白洁面乳可加入美白成分，去粉刺洁面乳可加入杀菌剂、抑菌剂等。

⑥金属螯合剂：整合硬水中金属离子，多选用EDTA及其盐、六偏磷酸钠。

⑦去离子水：保持和补充角质层（皮肤最外层）中的水分，溶解水溶性污垢，赋予洁面乳以乳液的形态。

⑧防腐剂、香精：防腐剂防止产品中细菌滋生，香精给产品赋香。

（二）生产工艺

皂基洁面乳的工艺流程参见图6–4。

此类产品所用主要设备有：油相混合罐、水相混合罐、真空乳化罐。

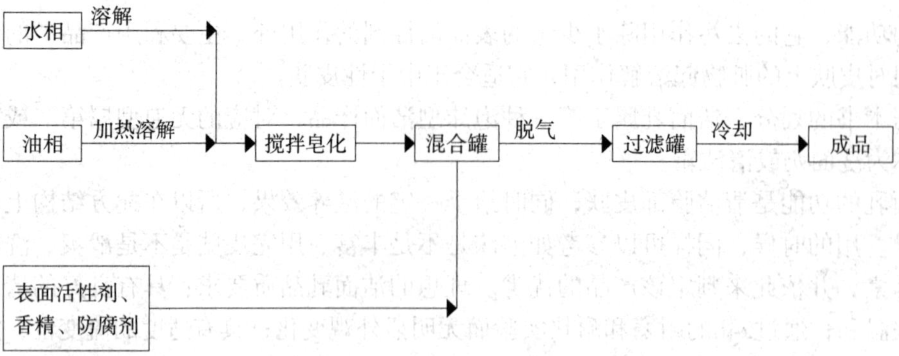

图 6-4　皂基洁面乳生产工艺流程图

与一般的皂化体系不同，皂基型洁面乳的皂化方法采用的是水相（碱液）加入油相（酸液）的方法，其中水相包括：碱、多元醇、表面活性剂、水；油相包括：酸、乳化剂、润肤剂以及其他油脂类成分。

（1）操作方法

①将氢氧化钾加入冷水中，溶解，然后加入多元醇，加热至75℃。

②将酸、乳化剂、润肤剂以及其他油脂类成分混合，加热至75℃。

③先将油相放入乳化锅内，开启搅拌，然后将水相快速加入到油相中。在水相加入的过程中，体系中可能会出现短暂的少量产生的皂块结团现象，这种现象可以不管，等水相完全添加结束后皂团自然会消失。

④水相添加完成后，在保持体系温度不低于80℃的情况下，保温皂化30~60min。

⑤皂化结束后加入表面活性剂，此时应注意避免因搅拌而使体系产生气泡。

⑥降温至55℃左右时加入香精和防腐剂。

⑦降温至40~45℃，保持温度不变，搅拌30min以上，搅拌结束后可以出料。

（2）注意事项

①由于皂化反应是一个强烈的放热反应，皂化过程中体系的温度可以升高10~20℃，因此皂化前水相和油相的温度不应过高，一般控制在75℃以内，以免最终皂化体系的温度过高。

②从皂化开始后一直到生产结束的整个过程中，为了避免体系产生大量的气泡，应避免加热和抽真空，否则产生的气泡无法消除。

③表面活性剂也是产生气泡的一个主要来源，因此表面活性剂应该选择在水相添加结束，体系中的皂块完全溶解后添加。也可以在皂化结束后添加表面活性剂，但添加表面活性剂的温度不应该低于60℃，以免因整个体系的温度因表面活性剂的加入而降低，从而体系的黏度增大而使由表面活性剂带入体系内的气泡无法浮上来。

④甘油和1，3-丁二醇等多元醇应该先单独加热，然后作为油相的一部分加入到加热后的酸溶液中。如果单独使用甘油，甘油和酸溶液是分层的，而加入了1，3-丁二醇后，则可以完全混溶。如果添加了大量的表面活性剂，也可以把甘油和丙二醇作为水相和KOH放在一起。

对皂基洁面乳降温后继续低速搅拌30~60min是十分重要的，一方面可以使皂的分布更加均匀，使体系的硬度能够控制在一个比较低的程度。另一方面也有利于加快珠光的结晶析出，一般以十八酸为主体的洁面乳体系，经过这样长时间的低速保温搅拌，珠光可以在生产结束后马上结晶析出，而且搅拌的时间越长，珠光效果越明显。

（三）配方示例

皂基洁面乳中脂肪酸和碱是构成洁面乳体系的骨架，产品的稳定性以及清洁能力、泡沫效果、珠光外观、刺激性等都取决于脂肪酸的选择和配比。脂肪酸所产生的泡沫随着相对分子质量的增大而越来越细小，同时泡沫也越来越稳定，但是泡沫生成的难度也越来越大，其中十二酸生产的泡沫最大，也最易消失，十八酸生产的泡沫细小而持久。因此，在配方中往往以十二酸、十四酸、十六酸、十八酸同时搭配使用，以十四酸或十八酸为主体，其他酸为辅助的搭配方式，通过不同的搭配方式可以给产品带来不同的泡沫性质和使用感受。

洁面乳的酸碱中和度应该在75%~90%之间，中和度可以通过KOH的含量和各种酸的酸值计算出来。这主要有三方面的原因：中和度过低，会导致体系不稳定；中和度过高会导致产品的刺激性增加；中和度过高会导致体系在皂化时皂液的黏度过高，从而影响生产工艺的顺利进行。

为了及时将生成的皂分散或溶解，必须使用大量的多元醇，多元醇在洁面乳的配方体系中主要起到分散或溶解脂肪酸皂的作用。甘油对皂的作用表现为分散作用，如果体系中单独使用甘油，用量一般应该在20%以上。丙二醇和1，3-丁二醇对皂的作用表现为溶解，因此这两者如果单独使用的话，用量可以少一些，大约在14%以上。

表面活性剂在皂基型洁面乳体系中最明显的作用有以下几方面：

①对皂基的高pH具有缓冲的作用，降低皂基的刺激性 。

②改善皂基的泡沫性质，改善使用时的肤感。

③增加洁面乳体系的拉丝感，使用10%左右的表面活性剂能够明显增加产品的拉丝感觉，进而增强皂基的稳定性和改善使用时的手感，这种拉丝感远远超过PEG类物质所能达到的效果。

根据所使用的表面活性剂的种类的不同，表面活性剂还能够分散皂基，降低皂化过程中皂基的黏度等。表面活性剂的用量一般控制在10%左右。

体系中可以通过添加少量的单甘酯和平平加来有效解决高温稳定性问题。另外，加入少量PEG可以使膏体产生适当的拉丝感，同时也会提高体系的高温稳定性。

皂基洁面乳的配方示例如下。

表 6-20　　皂基洁面乳配方（1）

组分	质量分数/%	组分	质量分数/%
硬脂酸	10.0	甘油单硬脂酸酯	2.0
氢氧化钾	4.0	*N*-酰基-*N*-甲基牛磺酸盐	2.0
棕榈酸	10.0	EDTA-Na_2	适量
羊毛脂	2.0	香精	适量
椰子油	2.0	防腐剂	适量
甘油	10.0	去离子水	余量

表6-20所示配方制备工艺：在油相罐中加入硬脂酸、棕榈酸、羊毛脂、椰子油、甘油及防腐剂，加热搅拌至70℃。经过滤抽至乳化罐中并保持其温度在70℃。将预先在水相罐中溶解了氢氧化钾的去离子水，经过滤抽至上述乳化罐，并保持70℃进行中和反应。最后加入其他原料，搅拌混合，抽真空，脱泡，冷却，根据所要求的硬度选择冷却条件，出料。

表 6-21　　皂基洁面乳配方（2）

组分	质量分数/%	组分	质量分数/%
A　硬脂酸	9.0	十六醇	2.0
棕榈酸	9.0	甘油	20.0
肉豆蔻酸	9.0	B　氢氧化钾	6.0
月桂酸	4.0	蒸馏水	至100
月桂酸二乙醇酰胺	1.0	C　防腐剂、香精	适量
C_{12}烷基磷酸单酯钠盐（50%）	2.0		

表6-21所示配方制法：将A与B分别加热到75℃，在搅拌下将B慢慢加入A中，搅拌均匀后，降温到40℃，再加C，搅拌均匀。

该配方是以脂肪酸皂作为乳化剂，以未反应的脂肪酸作为内相乳化而成。

表 6-22　　皂基洁面乳配方（3）

组分	质量分数/%	组分	质量分数/%
A　十四脂肪酸	13.0	蒸馏水	6.0
十八脂肪酸	6.0	D　PEG 6000乙二醇双硬脂酸酯	0.2
丙二醇二硬脂酸酯	1.0	月桂酰基肌氨酸钾（30%）	10.0
甘油	10.0	PEG-6辛酸/癸酸甘油酯	1.0
B　氢氧化钾（分析纯）	4.3	十二烷基二乙醇酰胺	3.0
蒸馏水	100	E　香精、防腐剂	适量
C　Aculyn 22	3.0		

表6-22所示配方制法：分别将A与B加热到75℃，在搅拌下将B慢慢加入A中，恒温皂化30min，在恒温下按顺序慢慢加入C和D，搅拌均匀后，降温到40℃加入E，搅拌均匀。

此配方是利用Aculyn 22与PEG 6000双硬脂酸酯来增稠的皂基体系。

二、非皂基表面活性剂型洁面乳

（一）配方组成

非皂基表面活性剂型洁面乳是以非皂基表面活性剂为主原料配制而成的洁面产品，它的产品特性随表面活性剂种类而异。

（1）配方组成

①表面活性剂：起到洁肤、起泡的作用，同时起到将水相与油相乳化成为一相的作用。

常用的表面活性剂有烷基磷酸酯及其盐类、N–酰基谷氨酸、N–酰基肌氨酸、N–酰基–N–甲基牛磺酸盐、烷基糖苷、椰油两性乙酸钠、椰油两性丙酸钠等。

②其他所有成分同皂基洁面乳，有辅表面活性剂、增稠剂、赋脂剂（superfatting agent）、保湿剂、防腐剂、珠光剂、香精和功能性添加剂等。

洁面乳配方中的主表面活性剂是洁面产品配方中的最主要成分，它直接决定配方的温和性和起泡能力，也决定了整支洗面乳的好坏，因此选择什么样的主表面活性剂是很重要的。

（2）主表面活性剂在洁面乳中的特点

①十二烷基硫酸钠（SLS）和聚氧乙烯烷基硫酸钠（SLES）属于去脂力较强的表面活性剂，其对皮肤及眼黏膜的刺激性较大。这类清洁剂应用广泛，除了应用于洗脸产品，还大量使用于沐浴乳及洗发精的配方中。以SLS或SLES为主要清洁成分的洗面乳，通常需要调配成偏碱性配方，才能充分发挥洗净力。若搭配果酸一起加入产品中，则因无法调整为酸性溶液，果酸的效果会大打折扣。在洗净力上SLS、SLES丝毫不逊色于皂化配方，对皮肤的刺激度也与皂类相近。不过以洗后的触感而言，则以皂化配方为佳。

②酰基磺酸钠具有优良的洗净力，且对皮肤的刺激性低。此外，它有极佳的亲肤性，洗时及洗后的感觉都不错，皮肤不会过于干涩且有柔嫩的触感。以此成分为主要洗面乳配方时，酸碱值通常控制在pH5~7之间，十分适合正常肌肤使用。因此，建议油性肌肤者或喜好无油滑感的人，选用这一类成分为主的洗面乳，长期使用对肌肤比较有保障。

③烷基磷酸酯类（MAP）属于温和、中度去脂力的表面活性剂。这一类制品，必须调整其酸碱在碱性的环境，才能有效发挥洗净效果。其亲肤性较好，所以洗时或洗后触感均佳。但是，对于碱性会过敏的肤质，仍不建议长期使用。

④氨基酸系表面活性剂多采用天然成分为原料制造而得。其成分本身可调为弱酸性，所以对皮肤的刺激性很小，亲肤性又特别好，是目前高级洗面乳清洁成分的主流，价格较为昂贵。长期使用，可以不需顾虑对皮肤有伤害。

（二）生产工艺

非皂基表面活性剂型洁面乳的制备方法与沐浴露相似，整个工艺相对简单，采用冷混或热混法。其工艺流程参见图6–5。

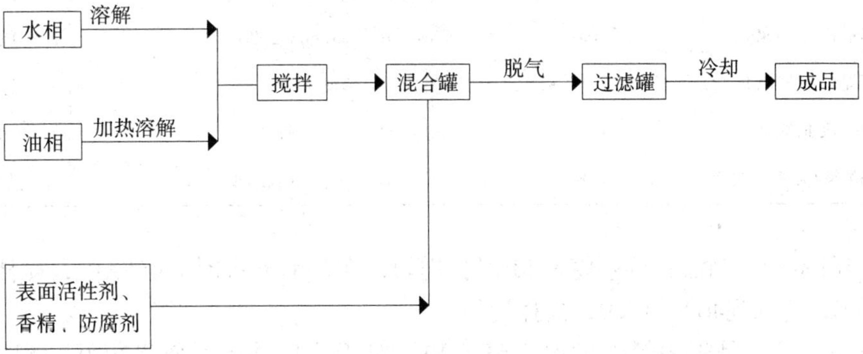

图 6–5　非皂基表面活性剂型洁面乳生产工艺流程图

非皂基表面活性剂型洁面乳生产工艺为：将保湿剂、表面活性剂等水溶性成分，加入水中溶解，注意此过程应缓慢进行，以免产生大的不溶块。然后在水相中加入络合剂，加热搅拌溶解至60~65℃。

在油相罐中加入赋脂剂、调理剂、油溶性表面活性剂等油溶性成分和防腐剂，加热、搅拌。

分别将水相、油相经过滤后至乳化罐，搅拌混合，加入香精，充分混合后，脱气、降温。

此外，市面上还有皂基与非皂基合成表面活性剂合并为清洁成分的洗面乳配方。这种洗面乳的清洁效果、洗后的感觉，都倾向于皂化配方，而副作用、刺激性也较近似皂化配方。这里不再复述。

（三）配方示例

表 6-23　　非皂基表面活性剂型洁面乳配方（1）

组分		质量分数/%	组分		质量分数/%
油相	霍霍巴油	2.0	水相	*N*-酰基谷氨酸钠	18.0
	羊毛醇	1.0		甘油	8.0
	N-酰基-*N*-甲基牛磺酸盐	5.0		山梨醇	3.0
	POE-POP 嵌段共聚物	5.0		PEG-10甲基葡萄糖苷	12.0
	POE（15）油醇醚	3.0		EDTA-Na_4	适量
	防腐剂	适量		去离子水	余量
				香精	适量

表6-23所示配方说明：皂基型洁面乳由于是皂基，泡沫丰富，冲洗容易且使用后有清爽感，但其对皮肤的刺激性较大。而温和非皂基表面活性剂型洁面乳虽对皮肤刺激性较小，但不易冲净，用后有油腻感，所以此种类型的洁面乳经常在配方中加入减滑剂。

表 6-24　　非皂基表面活性剂型洁面乳配方（2）

组分		质量分数/%	组分		质量分数/%
A	$C_{8\sim10}$烷基聚葡萄糖苷	20.0		甘油	20.0
	椰油酰胺丙基甜菜碱	10.0	B	Carbopol 2020	0.8
	十二烷基二乙醇酰胺	3.0		蒸馏水	至100
	丙二醇二硬脂酸酯	1.0	C	三乙醇胺	1.0
	PEG-6辛酸/癸酸甘油酯	1.0	D	香精、防腐剂	适量

表6-24所示配方制法：分别将A和B混合均匀，在70℃下将B加入到A中，搅拌均匀，边搅拌边加入C，冷却到40℃加入D，搅拌均匀。

Carbopol 2020是聚丙烯酸的改性聚合物，对于非皂基体系效果很好。配方2是利用Carbopol 2020增稠，以烷基聚葡萄糖苷作为主表面活性剂的泡沫型洁面乳配方。但是上述的聚丙烯酸的改性聚合物对于复配皂基体系，增稠效果比较差。

表6-25所示配方制法：将A搅拌加热到75℃，恒温搅拌30min，降温到40℃加入B，搅拌均匀。

表 6-25　　非皂基表面活性剂型洁面乳配方（3）

组分	质量分数/%	组分	质量分数/%
A　十二烷基聚氧乙烯（3）醚硫酸钠	（70%）	椰油酰胺丙基甜菜碱（30%）	10.0
PEG-5月桂基柠檬酸琥珀酸二钠	（50%）	甘油	10.0
十二烷基二乙醇酰胺	3.0	十六、十八醇	1.0
丙二醇双硬脂酸酯	1.3	蒸馏水	至100
PEG-6辛酸/癸酸甘油酯	1.0	B　香精、防腐剂	适量

通常单一的增稠剂很难将非皂基体系增稠到较大稠度，两种以上的抗电解质的聚合物复配，效果比较好。配方（3）是以十二烷基聚氧乙烯（3）醚硫酸钠和PEG-5月桂基柠檬酸琥珀酸二钠来形成液晶相。这种表面活性剂液晶增稠体系可以做出很漂亮的珠光效果，但要求表面活性剂的含量比较高，因而会引起较强的脱脂力，适合于作油性皮肤用的洁面乳。这种体系对主表面活性剂要求容易形成立方相或六角相液晶。

表 6-26　　非皂基表面活性剂型洁面乳配方（4）

组分	质量分数/%	组分	质量分数/%
十八烷醇	0.5	失水山梨醇倍半油酸酯	1.6
硬化棕榈油	3.0	聚丙烯酸（1%水溶液）	15.0
液体石蜡	35.0	氢氧化钾	0.1
二丙二醇	6.0	香精、防腐剂、螯合剂	适量
PEG 400	4.0	去离子水	32.4

表6-26所示配方制法将保湿剂和整合剂加入去离子水中，加热到70℃使其溶解。将十八烷醇、硬化棕榈油、液体石蜡混合加热熔化，添加PEG 400、失水山梨醇倍半油酸酯和防腐剂、香精，加热到70℃。然后将油相加入到水相中进行预乳化，再加入调整好的聚丙烯酸水溶液，搅拌后，加入碱液，搅拌均匀后，脱气、过滤、冷却。

表 6-27　　非皂基表面活性剂型洁面乳配方（5）

组分	质量分数/%	组分	质量分数/%
椰油酰胺剂丙基二甲基氧化胺	4	山梨醇	2
四（2-羟丙基）乙二胺	2	香精	适量
磷酸单月桂酸四（2-羟丙基）乙二胺盐	27	月桂酸	4
交联聚丙烯酸	0.2	水	52.8
甘油	8		

表6-27所示配方制法：将各物料分散于水中，制得洁面乳。

特性：该洁面乳含有单烷基磷酸酯盐和氧化胺，泡沫丰富，对皮肤刺激小，可使肌肤白嫩。

第四节　洗　手　液

洗手液也叫做洗手皂或液体皂，属于皮肤清洁剂，主要目的是清洁手部皮肤。手是人体最容易脏的部位，对它的作用除了清洁之外，还需增加一个杀菌消毒的功能。洗手液与沐浴液无论在原料的选择、配方的设计以及产品性能要求上均有许多相似的地方，而许多相关、相同或相似内容就不再进行专门论述。使用过程中，同样可以借用沐浴露的一些标准，如泡沫是不是丰富，用完皮肤是感觉滑爽还是紧绷，洗得是不是干净等。

在配方结构上，洗手液和沐浴露大同小异，也包括皂基和非皂基表活两种类型。

（1）主表面活性剂　皂基或阴离子合成表面活性剂。洗手液的清洁功能全靠以上两个配方组分，由于两个组分会带来不同的清洁感受，同时对泡沫表现也有较大影响，所以很多配方其实用到的是二者的复配物。

（2）辅表面活性剂　依配方而定。它的作用通常是改善泡沫状况，同时降低产品的刺激性。

（3）保湿剂　为了洗后不至于太干燥，一些保湿剂还是必不可少的。

（4）赋脂剂　无论是表面活性剂，还是皂基，都会使皮肤一定程度上脱脂，所以添加一些赋脂剂，如长碳链的烷醇，是必需的。

（5）赋形剂　一些调整稠度、外观、颜色、香味等的原料。

（6）杀菌剂　这是洗手液不同于沐浴露的一个地方。当然也有一些除菌概念的沐浴露添加杀菌组成，但没有洗手液类产品用得普遍。

洗手液的制备工艺与沐浴露相似，这里不再复述。

洗手液配方实例如表6–28至表6–31所示。

表 6–28　　简单皂基洗手液配方

组分	质量分数/%	组分	质量分数/%
椰油酸	6.5	KOH（100%）	3.0
低浓度油酸	6.5	去离子水	余量

表6–28所示配方制法：将KOH溶解到一定量的水中，加热至49~54℃，慢慢加入脂肪酸，中速搅拌直到皂化完成。再在皂化的最后阶段将混合物加热至66~71℃，调整pH。

表 6–29　　杀菌型洗手液配方

组分	质量分数/%	组分	质量分数/%
椰油酰基水解蛋白氨基酸	3.0	防腐剂	适量
仲烷基磺酸盐	10.0	香精	适量
杀菌剂	0.2	去离子水	余量

表6–29所示配方采用阴离子型表面活性剂仲烷基磺酸盐作为主表面活性剂，配以椰油酰基水解蛋白氨基酸为助表面活性剂。体系中加入杀菌剂，强调了该配方的杀菌作用。

制法：采用冷混工艺直接配制即可。

表 6-30 护肤型洗手液配方

组分	质量分数/%	组分	质量分数/%
十二烷基硫酸钠	30.0	尼泊金甲酯	0.2
椰油酰胺磺基甜菜碱	15.0	尼泊金丙酯	0.1
乙二醇双硬脂酸酯	0.5	香精	适量
椰子油酸二乙醇酰胺	1.0	色素	适量
水解动物蛋白	1.0	去离子水	余量

表 6-31 非皂基表面活性剂型洗手液配方

组分	质量分数/%	组分	质量分数/%
脂肪醇聚氧乙烯醚硫酸盐（70%）	14.0	遮光剂	1.0
N-椰油酰基-*N*-甲基牛磺酸钠	1.8	甘油	1.0
N-月桂酰肌氨酸钠	2.25	防腐剂、香精、色素	适量
椰油酸单乙醇酰胺	1.0	去离子水	余量

第五节 清 洁 霜

清洁霜是一种半固体状的洁肤化妆品，其洁肤效果优于肥皂和水，并兼有护肤作用。它不仅可以清除皮肤上的一般污垢，且可以清除毛孔中积聚的油脂、皮屑、浓妆或演员妆的残留物等，有利于皮肤的柔软、润滑和生成保护膜，特别适宜干性皮肤的人，使用方便。

根据划分原则，清洁霜类是属于无泡型的洁面产品。既然是无泡型，它就和洁面乳以表面活性剂发泡来清洁脸部皮肤的原理不同。它通过油-油相溶，利用乳化剂的润湿、渗透、乳化作用以及油性原料的渗透和溶解作用去污，具有除油污迅速、使用方便、刺激性小的特点。

优质的清洁霜应具备以下一些特点：具有良好的外观和质感；涂于皮肤上，应融化或变软；应在皮肤上易于分散，不会过于拖沓，不应感到油腻，水分蒸发后，残留物不应变黏；含有足够的油分，对唇膏、香粉和其他油污有优异的溶解和去除的功效；使用后应在皮肤上留下一层薄的护肤膜，不会造成脱脂；对皮肤作用温和，具有滋润、滑爽的感觉，且无油腻感，不会引起刺激和致敏作用，可长期安全使用等。

一、配 方 组 成

目前的清洁霜多以乳化型为主，此外还有无水溶剂型。乳化型清洁霜又分为O/W型和W/O型两类。其油相占65%~75%，水相占25%~35%，是一类含油量很高的洁肤化妆品。

清洁霜含有水分、油分和乳化剂三种基础原料。

油相作清洁剂或溶剂，如白油、凡士林等油、脂、蜡类，其中白油可除去油溶性污垢；

异构烷烃含量高的白油可提高清洁皮肤的能力；羊毛脂、植物油具有润肤作用，并具溶剂之作用。

水相作溶剂，调节洗净作用及使用感，除去汗腺的分泌物和水溶性物质，如水、保湿剂等。常见保湿剂有甘油、山梨糖醇、丙二醇等。

乳化剂主要是合成表面活性剂及其多组分的混合体系等，如脂肪酸甘油酯、Tween-80、脂肪酸皂等。

其他，还有抗氧剂、香精、防腐剂等。

W/O型清洁霜主要采用蜂蜡和硼砂体系，利用蜂蜡的乳化作用和稠度调节的性质。这一体系既可单独使用，也可与其他乳化剂配合使用。通常蜂蜡中的蜡酸与硼酸反应生成的蜡酸皂作为主要的乳化剂，游离蜡酸和羟基棕榈酸蜡醇酯作为辅助乳化剂，构成完整的乳化体系。蜂蜡很少会使皮肤产生过敏，并能使皮肤柔软和富有弹性，此外，还含有天然抗菌剂、防霉剂和抗氧化剂。油性化妆品用得较多的场合，必须使化妆油料完全溶解，使用W/O型洁肤霜效果较好。该类洁肤霜的主要目的不是为了去除天然的皮肤污垢，而是为了去除化妆料。近年来，使用化妆品的人越来越多，迫切期望有强亲油性的乳化型洁肤霜，因此这类产品得以迅速发展。

O/W型清洁霜是一类含油量中等的洁肤制品，近年来较为流行。这类制品种类繁多，可满足各种不同类型的消费者的需要。淡妆时，使用洗净力稍差但洗后感觉爽快的O/W型洁肤霜。现代清洁霜有向O/W型方向发展的趋势。

二、配方示例及配制工艺

（一）W/O型清洁霜

表 6-32　　蜂蜡-硼砂乳化体系（反应型）清洁霜配方

组分	质量分数/%	组分	质量分数/%
蜂蜡	10.0	硼砂	0.7
白油	53.0	羊毛脂	2.0
凡士林	10.0	香精、防腐剂	0.3
石蜡	5.0	去离子水	19.0

表6-32所示配方是通过蜂蜡中的二十六酸与硼砂中和后生成二十六酸皂。一般的，蜂蜡在配方中占5%~6%，硼砂的添加量为蜂蜡量的5%~6%，主要取决于蜂蜡含量、酸值和是否存在其他酸性组分，蜂蜡与硼砂比值很少小于10∶1，通常为16∶1。若硼砂量不足，则制得的膏霜和乳液无光泽、粗糙、不稳定；而硼砂过量，则会有针状硼酸或硼砂析出。配方中加入足够量的白油，使清洁霜对油脂污垢和化妆品残留物具有良好的渗透性和溶解性；凡士林和石蜡的加入可使产品具有良好的触变性；羊毛脂的助乳化作用可使膏体稳定和提供滋润作用。

表6-33所示配方为非反应型乳化体系，直接用表面活性剂作乳化剂，有时添加少量的蜂蜡作为稠度调节剂，在膏霜乳化体形成过程中不发生化学反应。由于合成表面活性剂工业的

表 6-33　其他乳化体系（非反应型）清洁霜配方

组分	质量分数/%	组分	质量分数/%
白油	15.0	凡士林	3.0
脂肪酸单和双甘油酯	3.0	吐温-80	1.0
山梨醇（70%）	27.0	防腐剂	适量
地蜡	0.2	香精	适量
蜂蜡	0.2	去离子水	50.6

发展，非反应型乳化已成为目前的主要乳化方式。

W/O型清洁霜的制法是：将凡士林与蜡等油性原料于反应器内溶混，并加热至60℃，同时分别将另两容器内的白油和水性原料（水、保湿剂等）加热至60℃，将其同时缓慢加入油性原料的反应器内熔化。由均质乳化机搅拌乳化，继续搅拌冷却，加香。这种方法可以防止乳状液的乳化类型的逆转。

（二）O/W型清洁霜

O/W型清洁霜的制法是：先将油相、乳化剂、防腐剂、香料一起加热混合溶解并在65~70℃保温，另将水相、保湿剂等混合加热至相同温度，再将油相加入水相进行乳化，均质后冷却。也可将水相加入熔化的油相中，随着水分的增加而发生相的逆转，从而制得O/W型清洁霜。

表 6-34　O/W型清洁霜配方（1）

组分	质量分数/%	组分	质量分数/%
硬脂酸	2.0	单硬脂酸甘油酯	2.5
鲸蜡醇	3.0	POE（20）失水山梨醇单硬脂酸酯	2.5
凡士林	10.0	氢氧化钾	0.1
液体石蜡	38.0	防腐剂	适量
肉豆蔻酸异丙酯	10.0	香精	适量
丙二醇	5.0	去离子水	26.9

由于配方中油分很大，使用后往往会有黏腻的感觉，为了减少不适感，现在有些产品已开始降低配方中油相的比例。

表6-34所示配方制法：将丙二醇和氢氧化钾加入到去离子水中，加热到80℃（水相）。其他原料（香精除外）加热熔化后制成油相。在搅拌下，将水相缓慢加入油相中进行乳化，等温度降至50℃再加入香精，慢速搅拌至室温成细腻的膏状。

表6-35所示配方制法：将蜡和硬脂酸及凡士林混合，加热至75℃，搅拌均匀得油相。将硼砂溶于水中，然后将水加热到70℃，加入三乙醇胺、防腐剂。将水相于搅拌下加至油相中，徐徐冷却至45℃加香料即得。

特性：膏体细腻滑爽，涂在皮肤上易液化，并能滞留足够长的时间，以清洗毛孔，乳化污垢，而不被皮肤吸收。用脱脂棉擦去脸上污垢后，皮肤上应留下一层润肤的油膜。

表 6-35　　O/W型清洁霜配方（2）

组分	质量分数/%	组分	质量分数/%
液体石蜡	12.5	凡士林	4.0
固体石蜡	14.0	硼砂	1.0
蜂蜡	4.0	蒸馏水	10.0
硬脂酸	2.0	香精	0.1
三乙醇胺	2.5	防腐剂	适量

表 6-36　　O/W型清洁霜配方（3）

组分	质量分数/%	组分	质量分数/%
液体石蜡	30	失水山梨醇单硬脂酸酯	3
蜂蜡	6	聚氧乙烯山梨醇酐单硬脂酸酯	4
植物油	5	尼泊金甲酯	0.15
羊毛脂	1	丁基羟基茴香醚	0.10~0.12
十六醇	5	香精	适量
硬脂酸	2	纯水	加至100

表6-36所示配方制法：

①容器中加入液体石蜡及植物油，再加入蜂蜡、羊毛脂、十六醇、硬脂酸及丁基羟基茴香醚，慢慢加热至70~80℃，直至蜡等全部熔化。

②在另一容器中，将水加热至70~80℃时，加入失水山梨醇单硬脂酸酯、聚氧乙烯山梨醇酐单硬脂酸酯及尼泊金甲酯，搅匀。

③在均匀搅拌下将步骤②所得水相慢慢加到步骤①所得油相中，加完后在继续搅拌下冷却至50℃，再加入香料，再继续搅拌至30℃以下，直至形成乳胶状物，即可出料包装。

（三）无水油剂型清洁霜

表 6-37　　无水油剂型清洁霜配方

组分	质量分数/%	组分	质量分数/%
石蜡	10.0	肉豆蔻酸异丙酯	6.0
凡士林	20.0	防腐剂	适量
鲸蜡醇	6.0	香精	适量
白油	58.0		

表6-37所示配方的制法相对简单，具体是：先混合香料以外的蜡、凡士林等各种油性成分，加热溶解（约95℃），再搅拌冷却后加香（约45℃），混合均匀后即可包装。制备过程中，冷却时的搅拌方式对膏体性能的影响较大。

第七章　护理皮肤用化妆品

第一节　护肤霜概述

一、护肤霜的功能

护肤膏霜和乳液类化妆品是以保持皮肤，特别是皮肤最外面的角质层中适度水分为目的而使用的化妆品，尤其指能抵御环境（风沙、寒冷、潮湿、干燥等）对皮肤侵袭的一类化妆品。它的特点是不仅能保持皮肤水分的平衡，而且还能补充重要的油性成分、亲水性保湿成分和水分，并能作为活性成分和药剂的载体，使之为皮肤所吸收，达到调理和营养皮肤的目的，产品使用范围很广。

护肤化妆品一般是在皮肤清洁之后使用。在洗净的皮肤上涂抹护肤化妆品，使其均匀展布在皮肤上，并适当的在皮肤上轻轻地揉擦，以使护肤品在皮肤表面形成一层类似皮脂膜的薄膜。该膜可持续地对皮肤进行渗透，以给皮肤补充水分和脂质等，并可防止皮肤角质层水分挥发。

护肤霜最主要作用是保持皮肤的含水量。由于年龄和外界环境，如寒冷或干燥等的影响，使得皮肤保湿机构受到损伤。当角质层中的水分含量降到10%以下，皮肤就会显得干燥，失去弹性并出现皱纹，加速皮肤的衰老。因此，通过护肤化妆品给皮肤补充水分、保湿剂和脂质，就可以保持皮肤中的水分含量和皮肤保湿机构的正常运行，从而恢复和保持皮肤的润湿性，使皮肤健康，延缓皮肤的老化。护肤霜基础类化妆品有W/O型和O/W型之分，内含水分和油脂，润肤功能好，涂敷后使用感明显。

其次，护肤霜还具有软化皮肤、阻延水分的损耗、保持湿度的作用。皮肤的柔软度与水分含量成正比，使用护肤化妆品后能在皮肤表面形成一层薄膜，达到一定的保湿效果，使皮肤尽可能长久地保持柔软、弹性状态。

再次，护肤霜还可以输送活性成分，补充皮肤营养。配方中的特效添加成分，通过表皮吸收，发挥功效。

此外，护肤霜能够抵御环境的侵袭，保护皮肤不受户外空气和冷暖温差、湿度的刺激，并且不妨碍皮肤生理作用。

乳化的膏霜是两个互不相溶的相通过乳化体系而制成的稳定混合物，一相以有限的小球状分散在第二相或连续相中，是一类固态或半固态乳化制品。

一般来说，护肤膏霜和乳液产品的标准有如下特性：

①外观洁白美观，或带浅的天然色调，富有光泽，质地细腻。

②手感良好，体质均匀，黏度合适，膏霜易于挑出，乳液易于倾出或挤出。

③易于在皮肤上铺展和分散，肤感润滑。

④擦在皮肤上具有亲和性，易于均匀分散。

⑤使用后能保持一段时间持续湿润，而无黏腻感。

⑥具有清新怡人的香气。

护肤化妆品由于其使用者的年龄、性别、皮肤类型及使用时间等的不同而有着多种不同品种，包括雪花膏、冷霜、蜜类、早晚霜、按摩霜、各类膏霜及精华素等。早期的护肤化妆品大都直接选用对皮肤有很好滋润作用的油、脂、蜡类等作为原料，加入香精等配制而成。近年来，随着对皮肤生理学研究的深入和精细化学品工业的发展，一些功能独特的活性物和营养成分以及优异的表面活性剂被开发利用，结合胶体科学和流变学的进展，已制备出外观诱人和使用性能卓越，且稳定性良好的膏霜和乳液类制品。

二、护肤霜的配方组成

常用护肤膏霜是油水相进行乳化后的乳化体。根据皮脂的组成（表7-1），选择认为对皮肤必需的成分配制产品。体系中最主要的成分是水，它在膏霜中占50%~70%，乳液中占到75%~85%，另一种主要成分是油脂。该体系是热力学不稳定体系，靠乳化剂（表面活性剂和胶体化学）将其均一化。有关胶体和乳化理论在第三章中已做介绍。

表 7-1　　皮脂的组成

成分	质量分数/%	平均质量分数/%
游离脂肪酸	2.2~56.0	25.0
角鲨烯	1.3~17.3	5.0
其他烃类	0.5~10.0	2.0
蜡类（硬脂酸酯以外的）	12.3~25.0	20.0
硬脂酸酯	1.5~4.5	3.0
游离硬脂酸类	0.7~20.0	1.5
三甘油酯	5.5~37.5	25.0
单甘油酯和双甘油酯	3.0~13.5	10.5
未确定成分和微量成分	5.0~12.0	8.5

表7-2列出膏霜和乳液的主要组分。其中油相成分、保湿剂、乳化剂、防腐剂和水是基本成分，其他结构成分可根据配方的目的和要求选用。近年来，精细化学品工业不断为化妆品工业提供许多新的原料和活性添加剂，使膏霜和乳液的配方更加多样化，产品性能专一化，以满足各种类型、年龄组和不同消费层次顾客的需要。

表 7-2　　护肤霜的配方组成

组成	作用	用量	举例
①载体			
油相	有柔软或保湿作用，可以用来释放油溶性的功能原料，还具有增稠、外观修饰等作用。另外还有阻隔水分，输送油分和水分，达到改良触感的理想效果	油脂类（使用量2%~30%）、脂肪酸酯类（使用量1%~10%）、脂肪醇类（使用量1%~5%）、吸收基质类（羊毛脂及其衍生物）（使用量2%~20%）、脂肪酸类（使用量2%~20%）以及蜡类（使用量1%~15%）	脂肪醇、蜂蜡、鲸蜡、巴西棕榈蜡、小烛树蜡、十八醇、石蜡、地蜡等固体蜡，凡士林、可可脂、羊毛脂及其衍生物等半固体油脂和角鲨烷、白油、十四酸异丙酯、十六酸异丙酯、磷脂、鳄梨油、玉米油、天然三甘油酯、杏仁油、橄榄油等液态油脂

续表

组成	作用	用量	举例
水相	水在这样的配方中仍然主要是作为媒介的。它分散水溶性的功能原料（如保湿剂、防腐剂、清洁剂）和被乳化的油相	在膏霜配方中的用量是35%~80%	—
②保湿剂	保湿剂有助于提升护肤产品的整体触感和湿润作用。这类原料通常混合在乳化水溶液中，与柔软剂体系结合，形成皮肤护理体系，有助于塑化和柔化皮肤	多元醇类（使用量2%~10%）为主，此外还有酰胺类（亲水基神经酰胺）、乳酸及乳酸钠、多糖类（透明质酸）等	甘油、丙二醇、山梨醇、聚乙二醇、甲基烷氧基化葡萄糖苷
③乳化剂	乳化剂能够提高护肤化妆品的柔软和吸湿效能，将不同的护理成分，通过乳化剂以达到好的稳定性。乳化剂不仅提供物化性能，还可以起到调节美化作用，使其他添加体系发挥最佳效能		
皂基型		皂类（使用量2%~20%）蜂蜡和硼砂的比例通常为3：1或4：1，在蜂蜡作为柔软剂和增稠剂的重要组成时，可用高比例（可到20：1）	硬脂酸皂、烷醇酰胺类皂、硼砂-蜂蜡皂等
非皂阴离子型		非皂类阴离子表面活性剂（使用量0.5%~3.0%）	K12、MS
阳离子型	阳离子乳化剂主要的功能是对蛋白质的调理性。在护发素中应用广泛，也可用在温和抗菌护肤产品中	阳离子表面活性剂（使用量0.1%~5.0%）	季铵盐类
非离子型		非离子表面活性剂（使用量2%~10%）	聚酯、聚醚类。如：脂肪酸、脂肪醇、葡萄糖衍生物、烷基苯酚等
助乳化剂	辅助乳化和稳定作用	使用量0.25%-10.00%	羊毛醇提取物、脂肪醇、聚酯、单甘油酯、保护性胶等
④增稠剂	提供稠度和内相或外相或两相的稳定性	增稠剂可选用矿物增稠剂（使用量0.1%~3.0%）、各种改性纤维素（使用量0.1%~1.0%）、金属氧化物及肥皂（使用量2%~20%）等	阿拉伯胶、瓜尔胶、刺梧桐树胶和黄芪胶等自然胶；斑脱土、蒙脱石、硅酸镁铝等矿质增稠剂；甲基纤维素、羟丙基纤维素、羧甲基纤维素等改性纤维素；卡波等交联的丙烯酸聚合物；锌或铝的硬脂酸盐及皂类

续表

组成	作用	用量	举例
⑤营养性或功能性添加剂	这些成分（如止痛，止汗，防晒）被认为是“活性”的	适量	营养剂：水解蛋白氨基酸。美白剂：维生素C衍生物、甘草提取物、熊果苷、桑树提取物。抗皱剂：维生素A视黄醇衍生物
⑥香精	掩盖油脂气味、赋香	通常用量在0.1%~0.5%之间	许多天然油、天然提取物和合成的化学物的复杂混合体
⑦防腐剂	控制细菌的生长	尼泊金甲、丙酯（对羟基苯甲酸甲酯、丙酯）允许使用量0.4%，单酯、极美（双咪唑烷基脲）允许使用量0.6%	—
⑧螯合剂	对原料或水中少量金属离子络合，防止产品褪色、酸腐蚀、失活，对防腐剂有增效作用	适量	EDTA、磷酸盐等
⑨抗氧化剂	化妆品原料中不饱和油脂易氧化	适量	维生素E、BHT

第二节　护肤霜原料

一、油 脂 和 蜡

油脂、蜡是油性物质的总称，是组成护肤化妆品、唇膏、发用护理品的基质原料，通常以常温时原料的物理形态而区别其称谓。常温下呈流态的油性物质称为油，呈半固态的脂肪质称为脂，呈固态的软性油料称为蜡。油性原料主要起护肤、柔滑、滋润、固化赋形以及特殊功能等作用。

油脂类能在皮肤表面形成疏水性薄膜，赋予皮肤柔软、润滑和光泽性，同时防止外部有害物质侵入和防御来自自然界因素的侵袭。一般认为，疏水性好的护肤品不易被汗液冲掉，因而流失少。通常现在对油相选择时，选用疏水性好的原料如硅油，或通过加入高分子化合物成膜，来达到防止有效成分流失的目的。油脂使用时应注意要油而不腻且具有好的铺展性，因而对原料的性能要求较高，而且化妆品的乳化技能也十分关键。

油脂类可作为特殊成分的溶剂，促使皮肤吸收药物或有效活性成分。例如：卵磷脂、维生素A、维生素E具有很好的护肤效果，可以将其加入油脂类的皮肤渗透剂中达到渗透的目的，实现皮肤给药。

油脂类还可作为过脂剂（赋脂剂）补充皮肤必要的脂肪，起保护皮肤的作用，按摩皮肤时减少摩擦，起润滑作用。同时可以赋予毛发柔软和光泽感。

蜡类作为固化剂可以提高制品的性能和稳定性。提高液态油的熔点，赋予产品的能变性，改善对皮肤的柔软效果。由于分子中具有疏水性较强的长链烃，从而增加在皮肤表面形成的疏水薄膜。蜡类赋予产品光泽，提高产品价值，改善成型机能，便于加工操作。

油脂或蜡类衍生物——脂肪酸具有乳化作用（与碱或有机胺反应生成表面活性剂）和溶剂作用（作为维生素E等油溶性产品的载体），如皂就是脂肪酸与碱反应的产物，属于表面活性剂。

按来源不同，油性原料主要包括动、植物油脂和蜡，矿物油和蜡以及半合成油脂和蜡。一般皮肤对动物油的吸收比植物油好，植物油的吸收性比矿物油好。

油脂的主要成分是甘油脂肪酸酯，广泛存在于天然的动植物界。油脂用作化妆品原料时，对皮肤作用缓和，其功能主要有：使皮肤细胞柔软，增加其吸收力；在皮肤表面形成疏水薄膜，能抑制表皮水分的蒸发，防止皮肤干燥、粗糙；涂布于皮肤表面能避免机械和药物引起的刺激，提供保护作用；能抑制皮肤炎症，促进皮肤新陈代谢。

蜡类是高碳脂肪酸与一元醇形成的酯类，其中还含有游离脂肪酸、游离醇、烃类、树脂等。按其来源分为植物性蜡、动物性蜡和矿物性蜡，蜡类原料是制造唇膏等美容化妆品的重要原料。

油脂和蜡类还存在其衍生物，作用各不相同。如脂肪酸皂具有乳化作用，便于制品的成型和乳化；高级脂肪醇具有助乳化作用，并提供润滑作用。

（一）动植物油脂和蜡类

动植物油脂和蜡类原料物质对防腐性要求较高。代表性的原料有：椰子油、橄榄油、蓖麻油、羊毛脂、蜂蜡、鲸蜡、巴西棕榈蜡等。

（1）橄榄油　橄榄油是脂肪酸三甘油酯，其脂肪酸组分为：棕榈酸9.0%、油酸82.5%、亚油酸6.0%、硬脂酸2.3%、花生酸0.2%和微量的肉豆蔻酸。它为淡黄色或绿黄色透明液体，有特殊的香味和滋味。不溶于水，略溶于90%酒精，可溶于乙醚、氯仿和轻质矿物油。其碘值80~88，同其他的植物油相比，有较低的碘值并较其他液体油脂不易氧化。当温度降到0℃时橄榄油还能保持液体状态。

橄榄油可食用，是食用油中对身体最有益的一种，含有大量的单不饱和脂肪酸和橄榄多酚。橄榄多酚具有抗氧化作用，这也是橄榄油不易氧化的主要原因。橄榄油可以减少心血管疾病，对人体健康极为有利。

将橄榄油用于化妆品中具有优良的润肤养肤作用，还有一定的防晒作用，橄榄油对皮肤的渗透能力较羊毛脂、油醇差，但比矿物油佳。在化妆品中，橄榄油作为赋脂剂和润滑剂用于按摩油、发油、防晒油和润肤霜、抗皱霜、健肤霜、整发、口红等和W/O型香脂中。

（2）霍霍芭油　霍霍芭油取自西蒙得木果实，是一种多功能的天然油，分子蒸馏的霍霍芭油为无色、无味透明液体。其主要成分是不饱和高级醇和脂肪酸，它的组成为：11–二十烯酸64.4%、13–二十二烯酸30.2%、油酸1.4%、棕榈油酸0.5%、饱和脂肪酸3.5%（主要为棕榈酸）。与其他油脂组成不同，霍霍芭油不是脂肪酸三甘酯，而是长直链的单不饱和脂肪酸和长直链的单不饱和脂肪醇组成的酯（即长链液体蜡酯）。

将藿藿芭油用于化妆品中，有良好的稳定性，极易与皮肤融合，可以取代鲸蜡油，具有容易被皮肤吸收，与皮脂能混溶，用后不留油腻感的优点。它所形成的油膜与矿物油不同，可透过蒸发的水分，也能控制水分的损失。它是很好的润肤剂，可增加皮肤弹性，减少面部皱纹，增加皮肤的柔软性。由于霍霍芭油能渗入皮肤并与皮脂混溶，因而能十分有效地疏通头发毛囊和防止皮脂聚积在毛囊中，防止由此引起的脱发。

霍霍芭油是芳香治疗中应用最广泛的、较好的按摩油。皮肤是选择性渗透的，具有排外性，能够吸收的东西非常有限，霍霍芭油可作为营养性物质的渗透剂，被皮肤吸收进去对皮肤起到疗效作用。

霍霍芭油可用于各类护发、护肤、沐浴、防晒和医用制品中。一般霍霍芭油在护肤品中的用量为5%~10%，但霍霍芭油在使用时要注意它的抑泡和易分层特点。

（3）角鲨烷　角鲨烷是人体皮脂中的有效成分，在人体的皮脂中其约占5%左右，它与角鲨烯伴生存在于鱼肝油中，又名深海鲨鱼肝油，是将鱼肝油加氢然后蒸馏而得。角鲨烷为无色透明油状黏稠液体，几乎无腥气，能与醚、苯、氯仿和四氯化碳混合，微溶于甲醇、乙醇、丙酮和冰醋酸，不溶于水。

角鲨烷的化学稳定性好，对皮肤的亲和性好，无刺激，使用感极佳，还可抑制霉菌的生长。其凝固点为-31℃，常用作基础化妆品的油性原料，在洁面乳液、洁手液、去指甲油液、去眼影膏等中用入，可缓和对皮肤的刺激性。

角鲨烷对皮肤的刺激性较低，能使皮肤柔软。就它本身或是与其他原料配合，惰性很强，故是一极其稳定的油质原料。与矿物油系烷烃相比，它油腻感弱，并且有良好的皮肤渗透性、润滑性及安全性，在化妆品中可作为膏霜、乳液、化妆水、口红及护发制品的油性原料。

（4）蜂蜡　蜂蜡又叫蜜蜡、白蜡、黄蜡，由位于蜜蜂工蜂腹部八根蜡腺分泌的脂肪性蜡质，经精制而成。它含软脂酸蜂脂约80%，游离的蜡酸约15%，并含一种芳香性有色物质虫蜡素约4%，尚含有少量游离蜂醇等。

天然蜂蜡是无定形的，颜色从深棕至浅黄色，有特殊的蜂蜜香气。微溶于冷乙醇，完全溶于氯仿、醚以及不挥发油和挥发油。部分蜂蜡溶于冷苯和冷二硫化碳，并在30℃左右完全溶于这两种液体。它在与脂肪、油、蜡和树脂共熔时，可以与之混合。

蜂蜡广泛用于化妆品、日化产品的各种配方中，如各种护肤的膏霜、乳液、口红、眼影等。蜂蜡（白蜂蜡）和硼砂的乳化体可用以制造冷霜。

（5）羊毛脂　羊毛脂是羊毛经过洗涤、回收和精制而得的一种副产品，经提取加工而制得精炼羊毛脂，亦称羊毛蜡。它不含任何的三甘油酯，是羊的皮肤的皮脂腺分泌物，按其组成属于蜡的范畴。它是由多种高级醇脂肪酸酯组成的复杂混合物。

羊毛脂是一种优良的滋润物质（羊毛脂中）。羊毛脂中游离甾醇的含量为0.8%~1.7%，游离甾醇增加了羊毛脂的滋润性和吸水性。

羊毛脂是一种天然产物，产地不同，组成也不一样。为得到具有一定质量的产品，便于进一步精制和加工，需预先分析各种羊毛脂的组成，然后按一定比例混合。商品羊毛脂中96%为酯，即甾醇、三萜醇、脂肪醇和$C_{24\sim28}$链烷-二醇的饱和及不饱和脂肪酸酯的混合物及少量烷烃。酯中羊毛脂酸和羊毛脂醇各占50%。纯羊毛脂是黄色半透明、油性的黏稠软膏状半固体，几乎不溶于水，但如果与水混合，可逐渐吸收相当于其自身质量两倍的水分。其可溶于30：100的氯仿-二氯乙烷混合物，稍溶于四氯化碳、乙醚、石油醚和二甲苯。熔点38~42℃，碘值18~36。

羊毛脂具有柔软皮肤、防止脱脂及保持水分防止皮肤皲裂的功效，是优良的润肤剂。它与非极性的烃类如白矿油和凡士林不同，烃类润肤剂无固定的乳化能力，几乎不被角质层吸收，仅靠吸留作用润肤。而羊毛脂易被皮肤吸收，不仅通过阻滞外表皮水分传递的损失起到润湿作用，而且同时使这些水乳化。因此它是优良的保湿剂或缓冲剂，易于被人的皮肤吸收而无刺激性，亦有较强的乳化稳定性。羊毛脂的乳化作用主要是其所含α、β二醇有很强的乳化能力，此外，胆甾醇酯类和高级醇有助乳化作用。但羊毛脂放多了产品颜色会加深，并导致铺展性差，黏腻。

羊毛脂是应用较广的一种化妆品原料，羊毛脂一般不作为乳化剂，而是极好的助乳化剂，羊毛脂与蜂蜡对乳化体具有极好的助乳化作用。它对眼睛刺激温和，对皮肤没有不良反应，具有提供很好的营养和柔软作用，广泛用于护肤、护发、防晒制品，也用于唇膏类化妆品和香皂生产中。由于它还有良好的颜料分散性和粉体粘合作用，也可用于口红、粉饼等压制制品中。

（二）矿物油和蜡

矿物油和蜡主要成分是从石油中得到的十六个碳以上的高级烷烃。代表性原料有白油（液体石蜡）、凡士林、石蜡、地蜡等。该类原料价格较为便宜。

（1）液体石蜡　液体石蜡又叫石蜡油、白油、矿油，由石蜡烃与环烷烃的饱和成分所组成（其比例因原油产地不同而异），有的含有极微量的芳香烃。据估算，这些烃的异构物数目达数千个，一般分布在$C_{16\sim38}$的很宽的范围内。液体石蜡是无味、无色、无臭的黏性液体，对酸、热、光都很稳定，在中性条件下不起化学反应，化学性质稳定。但长时间受热和光照射，会慢慢氧化，生成过氧化物。为了防止氧化，需要添加抗氧剂。作为抗氧剂的有维生素E、BHT（2，6二叔丁基-4-甲基苯酚）和BHA（2-叔丁基-4-甲氧基苯酚与3-叔丁基-4-甲氧基苯酚的混合物）。

液体石蜡是将石油高沸点成分经过精制而得的产品，毒性较小，但随蒸汽吸入时，可引起呕吐、头痛、头晕、腹泻等症状。它被广泛地用于化妆品的油性原料成分中，如浴油、洗脸膏、雪花膏、冷霜、剃须膏、婴儿霜、发乳等。矿油在膏霜中的用量为2%~35%，具有保湿、清洁、降低成本、快干、增加油感的作用。其在宽黏度范围内可用。

（2）凡士林　凡士林别名矿物脂、软石蜡，是从石油中提取的矿物油，为白色或微黄色半固体，无气味，半透明，结晶细，拉丝质地挺拔者为佳品。它溶于苯、乙醚、石油醚，不溶于酒精、甘油和水。其化学性质稳定，熔点为38~54℃。它主要成分是$C_{16\sim32}$的高碳烷烃（异构）和高碳烯烃的混合物，具有保水效果很好、安全、性质稳定，使化妆品不易氧化变味等优点。

凡士林在化妆品中为乳液制品、膏霜及唇膏、发蜡等制品中的油质原料，也是含药物化妆品中各种软膏制品的重要基剂，是中低档保湿品大量使用的油分。虽然它的透气性差，但价格低廉。

（3）石蜡　石蜡别名固体石蜡、矿蜡，通式为C_nH_{2n+2}固态烷烃类混合物，相对分子质量范围为360~540。石蜡是从石油中提炼出来的固体结晶产品，它由多种碳氢化合物，主要是正烷烃组成，还含有异构烷烃、环烷烃及少量的芳烃。商品石蜡的碳原子数一般为22~36，沸点范围为300~550℃。随着石蜡的相对分子质量、沸点、熔点的增高，组成中的正构烷烃减少，而异构烷烃则增多。不同原油的石蜡，其化学组成也有所差异。

纯粹的石蜡为白色，无臭无味，含杂质的石蜡为黄色。石蜡不溶于水，在醇及酮中溶解度很低，易溶于四氯化碳、乙醚、石油醚、二硫化碳、各种矿物油和大多数植物油中。石蜡的熔点越高，溶解度越小。石蜡化学性质较为稳定，不易与碱类、无机酸类及卤族元素起作用。石蜡遇热熔化，遇高热则燃烧并分解。精白蜡用于高频瓷、复写纸、铁笔蜡纸、冷霜以及胭脂、眉笔等化妆用品。

（4）地蜡　地蜡别名矿地蜡，是一种天然矿蜡经精制处理后得到的，为一种白色或微黄脆硬又无定形结晶的蜡状固体。其成分是高碳（C_{25}以上）的直、支和环状高相对分子质量的烃类混合物。它无臭无味，不溶于水，能溶于苯、乙醚、氯仿等。地蜡与石油系蜡相比，其相对分子质量大，相对密度、熔点、黏度和硬度都较高。它的相对密度为0.90~0.95，无酸值、皂化值，碘值约为7。

化妆品用的地蜡可分为两个等级，一级品的熔点为74~78℃，二级品熔点66~68℃。应用到化妆品，一级品地蜡可用作乳液制品原料，二级品可作为唇膏、发蜡等的重要固化剂。

（三）合成油脂和蜡

合成油脂和蜡一般是各种油脂或蜡类原料经加工、合成的改性油脂和蜡。高级脂肪酸、脂肪醇和酯的物理性质与油脂相似，相对密度小于1，不溶于水，可溶于乙醚、氯仿和苯等有机溶剂。代表性原料：硬脂酸、油酸、十六醇、十八醇、棕榈酸异丙酯等。

这类酯与油脂有互溶性，具有黏度低、延展性好，对皮肤渗透性好，无油腻感觉等优良性能。不仅可以替代动植物油脂，而且通过各种化学处理方法所得到的酯，在其纯度、物理性能、化学稳定性、微生物稳定性及对皮肤的刺激性和皮肤的吸收性等方面都较天然油脂优越，在化妆品中得到了广泛的应用，成为一类重要的原料，也成为很有发展前景的化妆品原料。

（1）硬脂酸　一般硬脂酸是牛油、羊油水解得到的化合物，主要由硬脂酸（55%）（$C_7H_{35}COOH$）和棕榈酸（45%）（$C_{15}H_{31}COOH$）组成。得到的产物含有较多的油酸，由于含有较多的双键，颜色深。经过三次压榨后，去除油酸的产物，称为三压硬脂酸。三压硬脂酸与其他硬脂酸物性比较如表7–3所示。三压硬脂酸中硬脂酸和棕榈酸的比例不同，凝固点不一样。一般情况下，要求硬脂酸的碘值<2，即要求油酸含量低的原因是：油酸含量高则凝固点低；硬脂酸容易泛黄（含双键），贮存过程容易酸败。

表 7–3　　三种硬脂酸物性比较

原料名称	油酸含量	颜色	熔点	碘值
单压硬脂酸	10%~15%（三级）	黄色	52~55℃	10~15
双压硬脂酸	<8%	白色	53~54℃	5~6
三压硬脂酸	<2%（一级）	结晶	54~55℃	3~5

硬脂酸是各种乳化剂和洗发膏的原料，用于雪花膏、粉底霜、剃须膏、发乳和护肤乳液，是良好的保湿屏障，并具有珠光效果。硬脂酸衍生物作为乳化剂，如硬脂酸镁、硬脂酸锌配制成的香粉，具有很好的粘附性，它们是一般乳化剂品种所不可缺少的原料。

（2）十六醇　十六醇又称鲸蜡醇，熔点45~50℃，由白鲸蜡中提制或由棕榈酸丁酯加氢还原制得。它为白色结晶、颗粒或蜡块状，能溶于乙醇、乙醛、氯仿，不溶于水，但有一定的吸水能力。

十六醇是各种乳剂的原料，有增稠乳剂和使皮肤润滑的作用，是一种乳化稳定剂。十六醇可用作助乳化剂，可与O/W型乳化剂结合形成稳定O/W乳液，增加乳液稳定性和稠度；也可与W/O型乳剂结合，制得稳定的W/O乳液。膏霜中加入十六醇可使产品变软，它是各类化妆品中使用最广泛的原料之一。十六醇等脂肪醇类油脂在膏霜中的用量为1%~5%，具有保湿、成膜、滑感、控制黏度的作用，是很有用的润湿剂，赋予皮肤柔软、平滑感觉。在新生皂为乳化剂的乳剂基质中，用十六醇取代部分硬脂酸形成的基质则较细腻光亮。

（3）棕榈酸酯　常见的有棕榈酸异丙酯（IPP）和棕榈酸异辛酯，是20世纪80年代我国应用最多的原料。两者都是无色或浅黄色油状液体，无味，无臭，能溶于乙醇、乙醚、氯仿等。它们对油脂互溶性好，黏度较低，有良好的润滑性，铺展性强。

这两者的主要区别在凝固点不一样。棕榈酸异丙酯凝固点是11℃，棕榈酸异辛酯的凝固点低于棕榈酸异丙酯，置于室温不凝固，其刺激性小于丙酯。

棕榈酸异丙酯是润滑剂，铺展性好且油而不腻，是轻质易流动的油状物质。由于分子中酯基的存在而具极性。它对皮肤的渗透性较其他滋润物为好，留下相对无油腻的膜。它能促进其他物质，如羊毛脂和植物油的渗透性，也能加强矿油对皮肤表面的粘附。它几乎可用于各种化妆品，也可作为香料溶剂。配方中IPP的含量一般在8%左右。

化妆品原料中含有棕榈酸异丙酯的有唇膏、雪花膏、润肤露等类产品。棕榈酸异丙酯放在香波里很好，因为它起到润滑作用，使头发容易梳理。但是加的量不宜太多，否则其抑泡易分层。

由于受到温度的影响，化妆品随季节的变化外观和流变性能往往会有所变化，唇膏是表现为硬度方面的变化；膏霜是表现为稠度变化。棕榈酸异辛酯有别于棕榈酸异丙酯的最大优点就是：棕榈酸异辛酯的凝固点较低，因而制得产品的硬度和稠度都不会随着季节性而变化。

（4）聚硅氧烷　聚硅氧烷是指聚二甲基硅氧烷和它的一系列衍生物，目前，已推广到各类化妆品中。市售聚硅氧烷产品的牌号有数百种，近年，我国市售化妆品用的聚硅氧烷产品也有近十种牌号。它是20世纪七八十年代发展起来的新一代油脂，稳定性可以和凡士林媲美，而且具有良好的抗静电性和透气性，使皮肤能够自由地呼吸，使皮肤更加光滑富有弹性，是各档次保湿品普遍采用的油分。常见用于护肤品中的聚硅氧烷有聚二甲基硅氧烷、聚甲基苯基硅氧烷和环状甲基硅氧烷等。

含聚硅氧烷的化妆品的特性如下：

①润滑性能好，涂敷皮肤后能形成一层均匀的具有防水性的保护膜，但又没有任何黏性和油腻的感觉，光泽性好。

②抗紫外线辐射的性能好，它在紫外线下不会氧化变质而引起对皮肤刺激作用。

③抗静电性能好，试验表明，擦过含聚硅氧烷护肤霜的皮肤静电全部消除，并有明显的防尘效果。

④透气性好，即使在皮肤上形成硅氧烷膜也不影响汗液排出。它对香精香料具有缓释定香作用，因而保香期较长。

⑤稳定性高，化学上惰性，对化妆品其他组成，特别是活性成分没有任何不良影响，匹配性好。

⑥无毒、无臭、无味，对皮肤不会引起刺激和过敏，安全性高，对某些皮肤病具有一定疗效，如发汗困难型湿疹、神经性皮炎和职业性皮炎。

（5）二甲基硅油　二甲基硅油结构式：

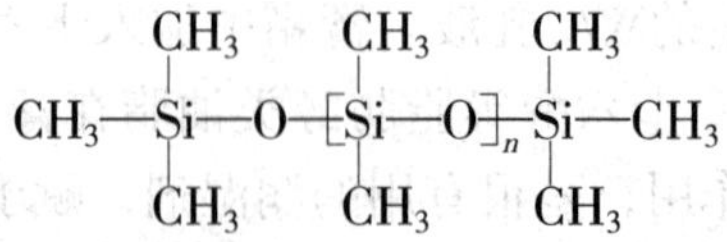

二甲基硅油又叫聚二甲基硅氧烷，是以硅氧烷为骨架的直链状聚合物，是一种非油性合成油，可作为润滑剂，应用非常广泛，包括在其他工业、纺织等领域。它为无色透明液体或为黏性液体，根据聚合度不同，有多种不同黏度。它几乎无气味，不溶于水和乙醇，溶于四氯化碳、苯、氯仿、乙醚、甲苯及其他有机溶剂。

含二甲基硅油的化妆品，润滑性能好，它的低界面张力与适宜的黏度相结合，使其制品有良好的触变性，易于在皮肤上铺展。涂敷皮肤后能形成憎水膜，增加化妆品的耐水性，又可保持皮肤的正常透气，增强皮肤柔软度，赋予皮肤柔软感觉，但又没有任何黏性和油腻的感觉，光泽性好。抗紫外线辐射的性能好，它在紫外线下不会氧化变质而引起皮肤的刺激作用，是制备防晒霜的理想材料。它的乳化性好，抗静电性和透气性也很好。试验表明，搽过含聚硅氧烷保护霜的皮肤静电全部消失，并有明显的防尘效果，而且即使在皮肤上形成硅氧烷膜，也不影响汗液排出。它稳定性高，化学上惰性，对化妆品其他组分，特别是活性成分没有任何不良影响，配伍性好。它与皮肤的相容性好，无毒、无臭、无味，对皮肤不会引起刺激和过敏，安全性高，对某些皮肤病具有一定疗效，如发汗困难型湿疹、神经性皮炎和职业性皮炎。二甲基硅油还有消泡作用，可避免铺展时O/W型膏霜常见的“白化”情况。一般较常使用的有黏度100~350mm^2/s的聚二甲基硅氧烷。此外，二甲基硅油还可作为头发毛鳞片保湿剂中的主要成分，对不好发质，加入硅油有修复、亮泽效果。硅油在香波中使用时一般将其制成乳化硅油，防止分层和抑泡。

聚二甲基硅氧烷广泛用于护肤霜、护手霜、皮肤清洁剂、剃须膏、除臭剂、浴液、护发素和各类美容化妆品，特别是要求耐水性高的护肤品中，如防晒品、唇膏等。

（6）聚甲基苯基硅氧烷　聚甲基苯基硅氧烷结构式：

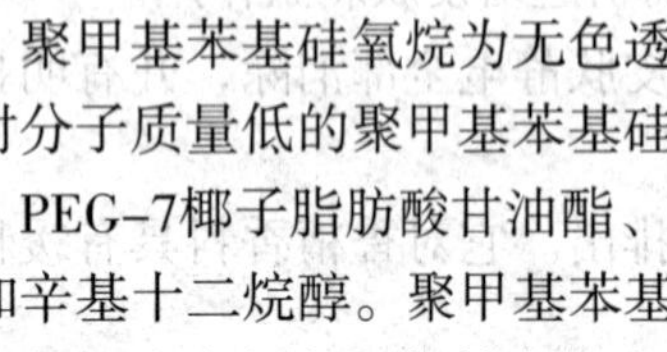

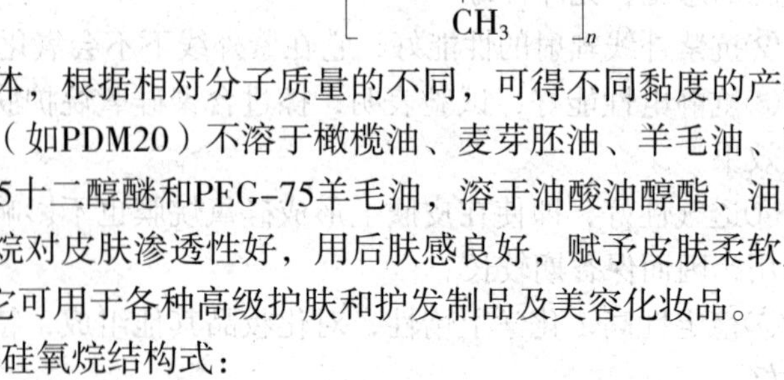

聚甲基苯基硅氧烷为无色透明液体，根据相对分子质量的不同，可得不同黏度的产物。相对分子质量低的聚甲基苯基硅氧烷（如PDM20）不溶于橄榄油、麦芽胚油、羊毛油、蓖麻油、PEG-7椰子脂肪酸甘油酯、PPG-5十二醇醚和PEG-75羊毛油，溶于油酸油醇酯、油酸癸酯和辛基十二烷醇。聚甲基苯基硅氧烷对皮肤渗透性好，用后肤感良好，赋予皮肤柔软度，并能加深头发颜色，保持自然光泽。它可用于各种高级护肤和护发制品及美容化妆品。

（7）环状甲基硅氧烷　环状甲基硅氧烷结构式：

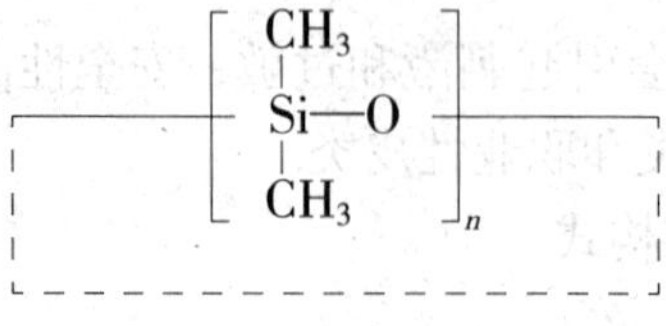

n=3~6

环状甲基硅氧烷为无色透明低黏度液体，其特点是与其他成分配伍性好，气化热低，有较高的挥发性，在常温下有显著的蒸汽压，在挥发时不会给皮肤造成凉湿的感觉，给予皮肤干爽、柔软的用后感。润滑性很好，容易分散，透气性好，赋有光泽，对光和热稳定性高。对皮肤刺激性小，但由于环状硅油具有一定的挥发性，所以在封闭状态下对皮肤屏障具有一定的破坏作用，从而在配方中诱发刺激反应，这一点通过斑贴试验可以证明。

环状甲基硅氧烷主要用于护肤膏霜和乳液、浴油、香水、古龙水、防晒用品、剃须前后制剂和棒状化妆品，可增加其润滑性，减少其黏度。也用于喷发胶、护发素，增加头发的光泽和干爽性，以及作为美容化妆品颜料的均化剂使用。

二、乳　化　剂

乳化剂是一类重要的化妆品原料，乳化剂由于它的化学结构和物理特性，其形态可以从轻质的油状液体、软质半固体直至坚硬的塑性固体。它除了具有利用乳化和胶体理论将乳化体中的水和油分散成均一的热力学（不是真正的热力学稳定体系，膏霜类化妆品过有效期后往往有分层现象，就是实例）介稳定体系外，往往还具有滋润和改变油膜的最后亲水-亲油的作用，如脂肪醇类、脂肪醇醚类、多元醇酯类等。没有滋润作用的乳化剂只有皂类、烷基硫酸盐类、烷基苯磺酸盐类和浸润剂类。

乳化剂分为阴离子型、非离子型、阳离子型和两性离子型。另外第六章介绍的一部分表面活性剂也具有乳化作用，可以用于膏霜中作为乳化剂使用，这里不再复述。

（一）阴离子型乳化剂

常见的在膏霜中可作为乳化剂使用的阴离子型表面活性剂有高级脂肪酸皂、烷基磺酸盐等。

（1）高级脂肪酸皂　皂基乳化剂的一般用量为2%~8%，油的用量受限。高级脂肪酸皂具有较高的碱性，抗硬水能力差，可能会有一定的刺激性，在膏霜类产品中以雪花膏配方中应用为主。其性质参见第六章表面活性剂。

（2）烷基磺酸盐　烷基磺酸盐是非皂型阴离子乳化剂，在0.5%~3%浓度范围内是强力的清洁剂，抗硬水性能好。在包括酸在内的广泛pH范围内稳定。烷基磺酸盐类具有高的刺激性，在膏霜类产品中应用较少，只在特殊设计的护肤品中少量低浓度用到。在香波中可以高浓度采用。

（二）非离子型乳化剂

非离子表面活性剂溶于或悬浮于水中不离解成离子状态，其分子含有亲油基和亲水基，其表面活性是由整个中性分子体现的。该类表面活性剂在水中的溶解行为与离子型表面活性剂不同，随着体系温度的增高会出现溶液浑浊和相分离现象，产生相分离时的温度称为“浊点”。这一现象的产生是由于含有醚基或酯基的非离子表面活性剂在水中的溶解性能与它在水中形成的氢键有关，非离子表面活性剂在水中受到氢键的作用，使表面活性剂分子在水中的溶解性增强，整个体系呈现透明状态。随温度的升高，体系的氢键受到破坏，导致表面活性剂分子的溶解性降低。因而表面活性剂分子的溶解度随温度的升高而降低，当超过某一温度（浊点）时，溶液浑浊和产生相分离现象。浑浊和相分离是可逆过程，当温度低于某一点时，混合物再次成为均相。

非离子表面活性剂包括醚类、酯类、烷基醇酰胺以及氧化胺及其衍生物四大类。非离子主或辅表面活性剂作为乳化剂，在膏霜中的用量为2%~10%。该类乳化剂在宽的pH范围内稳定（包括酸），乳化效果好，油水可混范围宽，能和硬水和高含量的电解质相容，多数属低刺激性，可满足几乎所有的乳化需要。在分散系统中和阴离子和阳离子均可匹配。在护肤品中作为非离子乳化剂应用较广的有醚类和酯类。

（1）醚类　醚类非离子乳化剂是化妆品中使用较广泛的一类乳化剂，本节所讨论的醚类非离子乳化剂只限于POE链末端为—OH的醚类。典型的代表有脂肪醇聚氧乙烯醚类、烷基酚聚氧乙烯醚、聚醚等。

长链脂肪醇聚氧乙烯醚的分子式为$R(OCH_2CH_2)_nOH$，R为$C_{12\sim18}$烷基、$C_{12\sim18}$混合烷基、C_{18}带支链的烷基、油醇基，n为2~50。它是通过长链脂肪醇分子中羟基上活泼氢原子，与环氧乙烷进行加成聚合反应得到的：

$$ROH + n\underset{\diagdown O \diagup}{CH_2 - CH_2} \xrightarrow{NaOH} RO \!\!+\!\! (CH_2CH_2)_n H$$

实际上环氧乙烷的加成是逐渐进行的，首先加成1个环氧乙烷分子，继而加成上第2个、第3个……，不同的重复单元n值，显现出脂肪醇聚氧乙烯醚不同的洗涤或乳化性质。

这类乳化剂稳定性高，生物降解性和水溶性均较好，具有良好的乳化，浸润、渗透、分散和增溶的能力。常用的有月桂醇聚氧乙烯（3、4）醚、鲸蜡醇聚氧乙烯（2、10、20）醚、硬脂醇聚氧乙烯（2、10、20）醚等，均可作为化妆品乳化剂使用。它们适用于高级雪花膏、奶液、洗面奶、胭脂等。

（2）酯类　酯类非离子乳化剂种类非常繁多，代表性的有乙氧基化甘油酯、失水山梨醇脂肪酸酯和聚氧乙烯失水山梨醇脂肪酸酯系列等。

①乙氧基化天然三甘酯：乙氧基化天然三甘酯是由天然植物油乙氧基化后制得的，它保存了天然油脂所具有的功能，并增加了其水溶性和分散性。它的HLB值可在较大范围内变化，可根据不同需要选取不同EO含量的产物。由于它是天然植物油脂的衍生物，无毒、低刺激，使用安全，所以，在化妆品中已开始较广泛地使用。

含EO数为40mol的乙氧基化天然油脂用作护发素的润滑剂和赋脂剂、香波的赋脂剂、摩丝的乳化剂和增塑剂、发胶的增塑剂，洗面奶、防晒乳液和膏霜、止汗剂等的乳化剂和润滑剂，浴油的分散剂、泡沫浴液赋脂剂。含EO数为70mol的乙氧基化天然油脂主要用作各类化妆品的赋脂剂、乳化剂、加溶剂、润滑剂和增塑剂。PEG—n月见草油含丰富 γ—亚油酸（GLA），GLA可渗入表皮细胞的磷脂内，减少皮肤水分的损失，改善皮肤润湿程度和调理性，它是高级化妆品的原料，是一类水-乙醇可溶的润滑剂。

②失水山梨醇脂肪酸酯和聚氧乙烯失水山梨醇脂肪酸酯：它们是典型的酯类非离子乳化剂，常见为吐温和司盘系列，结构式分别为：

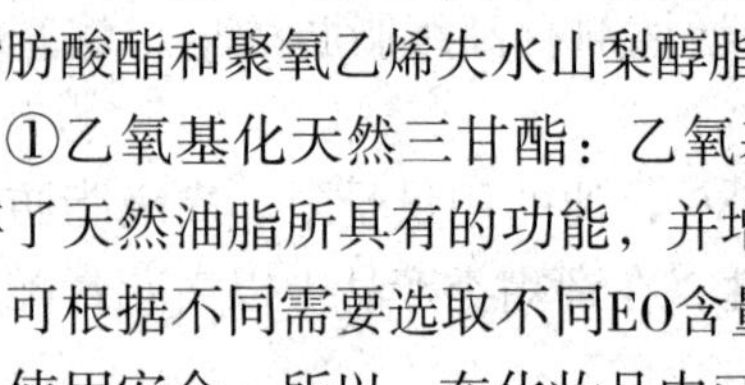

R为脂肪酸的烷基

失水山梨醇脂肪酸单酯

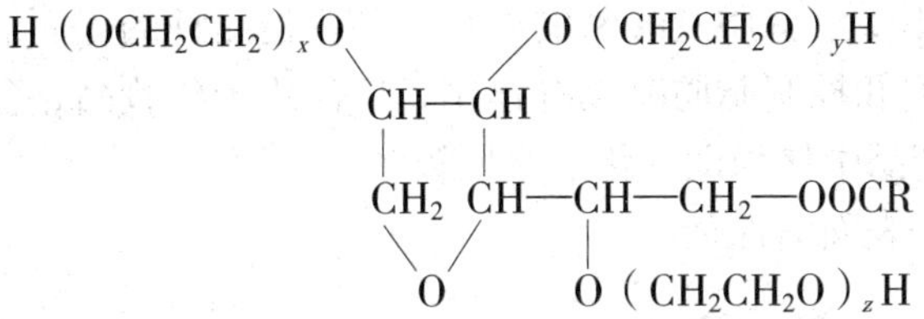

R为脂肪酸的烷基；$x+y+z$=环氧乙烷总数

聚氧乙烯失水山梨醇脂肪酸酯

失水山梨醇脂肪酸酯（通用商品名为司盘，Span）是山梨醇与脂肪酸直接反应的过程中，既发生分子内的失水形成醚键，也同时发生酯化反应得到的化合物。根据反应脂肪酸的不同，分为司盘20、司盘40、司盘60、司盘65、司盘80、司盘85等。失水山梨醇脂肪酸酯是黏稠状、白色至黄色的油状液体或蜡状固体，不溶于水，易溶于乙醇，在酸、碱和酶的作用下容易水解。其HLB值1.8~3.8，是常用的W/O型乳化剂。但在O/W型乳剂中，司盘20和司盘40常与吐温配伍用作混合乳化剂；而司盘60、司盘65等则适合在W/O型乳剂中与吐温配合使用。

聚氧乙烯失水山梨醇脂肪酸酯（商品名为吐温，Tween）是由失水山梨醇脂肪酸酯与环氧乙烷反应乙氧基化生成的亲水性化合物。其结构与失水山梨醇酯比增加了聚氧乙烯基团，亲水性大大提高，HLB值在8以上，可用作增溶剂、分散剂、润湿剂及O/W型乳化剂。与司盘的命名相对应，根据脂肪酸不同，有吐温20、吐温40、吐温60、吐温65、吐温80和吐温85等多种型号。聚氧乙烯失水山梨醇脂肪酸酯是黏稠的黄色液体，对热稳定，但在酸、碱和酶作用下也会水解。在水和乙醇以及多种有机溶剂中易溶，不溶于油，低浓度时在水中形成胶束，其增溶作用不受溶液pH影响。聚氧乙烯失水山梨醇脂肪酸酯是常用的增溶剂、乳化剂、分散剂和润湿剂。

这两类乳化剂长期使用证实它们是无毒、安全的，可直接和间接使用于食品，对皮肤和眼睛不会产生刺激。两者构成一类很重要的化妆品、药品和食品用乳化剂，广泛应用于膏霜、乳液等化妆品中。

③单硬脂酸甘油酯：硬脂酸单甘油酯（简称单甘酯）是一种重要的非离子表面活性剂，最早由Berthelot于1853年在实验室将脂肪酸与甘油直接酯化合成。它的分子式为$C_{21}H_{42}O_4$，具有α和β两种异构体，两种异构体都具有良好的乳化性能，但α-异构体的乳化性能更优。β-单甘酯不稳定，在受热或紫外光条件下会转化成α-单甘酯。α-构型结构式为：

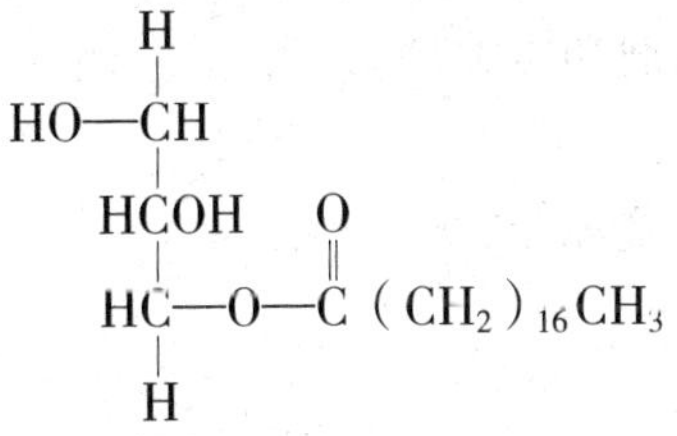

硬脂酸单甘酯相对分子质量358.57，熔点56~58℃，相对密度0.97，为白色或淡黄色蜡状固体，具有刺激性或好闻的脂肪气味，可燃，无味，无毒，受热熔化成浅黄色透明液体。单甘酯不溶于冷水及热水，但可分散于热水中，在乙醇、汽油、烃、醚、苯、氯仿、丙酮、油脂等热的有机物质中可溶解。人体摄入的油脂在体内酶作用下会转化为单甘酯或二甘酯，可见单甘酯是人体代谢的中间产物，无毒，无害，其ADI值（每日允许摄入量）不作任何限制规定，列入GRAS（一般公认为安全）产品。

单甘酯分子中含两个甘油羟基和一个脂肪酸长碳链，分别具有亲水性和亲油性。这种两亲性的分子结构可使单甘酯分子在油相和水相间的界面形成一层膜，降低液体的表面张力，具有很好的乳化性能，为优良的W/O乳化剂，HLB值为3~5。由于单甘酯为非离子表面活性剂，在水中不电离，稳定性高，其表面活性不受电解质及酸碱的影响，与其他品种的表面活性剂兼容性好。它有乳化、分散、消泡、起泡和控制脂肪凝聚等作用，广泛用于化妆品、食品、医药及塑料加工行业，在化妆品的膏霜产品中作为助乳化剂应用较多。

④糖苷类：参见第六章第二节三、（一）表面活性剂。

（三）阳离子型乳化剂

具有乳化作用的阳离子表面活性剂在水中离解出具有表面活性的阳离子，它的电荷与阴离子表面活性剂相反，故常称为“逆性肥皂”。但目前有商业价值的几百种阳离子表面活性剂中，绝大部分都含有带正电荷的氮原子。因此，脂肪胺是阳离子表面活性剂的重要原料。

阳离子表面活性剂与其他类型的表面活性剂一样，在界面或表面上吸附，达到一定浓度（临界胶束浓度，即CMC）时在溶液中形成胶团，从而降低溶剂的表面张力，表现出表面活性。它具有乳化、加溶、润湿、洗涤和分散等作用。阳离子表面活性剂的洗涤作用是有限的，其抑菌性和对硬表面吸附的亲和性较突出，很易被人的皮肤、头发和牙齿所吸附。一般膏霜中其用量为0.1%~5.0%，主要起皮肤柔软作用。它们可作为清洁剂、消毒防腐剂、杀菌剂、杀真菌剂、抗静电剂、纺织柔软剂、缓蚀剂、消泡剂和浮选剂等。在化妆品的应用主要是用作杀菌、抑菌剂、头发调理剂、皮肤柔软剂和抗龋齿添加剂等。

乙氧基胺类的结构式：

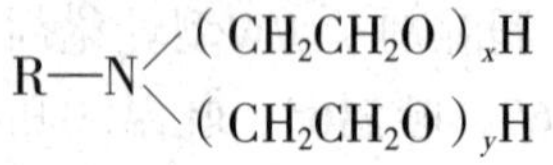

PEG-n烷基胺

n为$x+y$的平均值

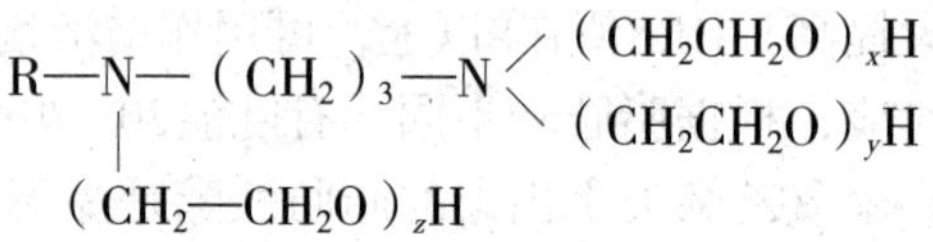

PEG-n烷胺基丙胺

n为$x+y+z$的平均值

R=椰子脂基、牛油脂基、油酸脂基

乙氧基胺类是由长链脂肪胺乙氧基化制得，它在水中溶解度取决于乙氧基化程度、脂肪基链长、温度和介质的pH。乙氧基化程度低的胺不溶于水，大多数含15mol EO链段以上的胺类在常温下可溶于水。它们成盐后溶解度会增加，无机酸和低相对分子质量的有机酸成盐后增加其水溶性，而高相对分子质量的有机酸会增加其油溶性。含有两个氮原子的双胺水溶性较好。乙氧基化胺类能与包括阴离子在内的各类表面活性剂匹配。它们是较弱的碱，只需较少量的酸就可将pH调节至一般化妆品使用范围。它们在较广pH范围稳定，不会水解。

乙氧基化胺类主要用作乳化剂和调理剂，加入护发和护肤用品中，它们也有助于固体悬浮。此外，在其他工业中，乙氧基化胺类也用作乳化剂、抗静电剂和缓蚀剂。

（四）两性离子型乳化剂

两性表面活性剂用于膏霜中作为乳化剂常见的有卵磷脂、甜菜碱等。

（1）卵磷脂　结构式为：

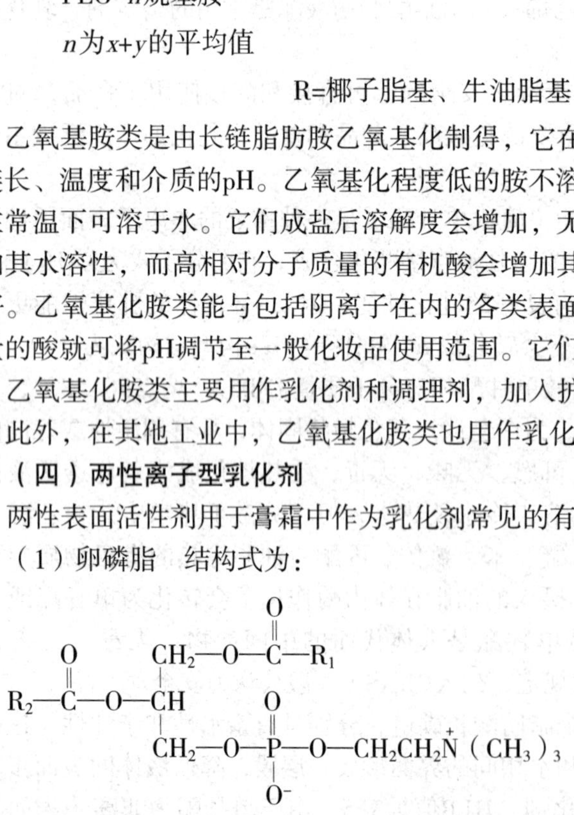

R_1=饱和脂肪酸

R_2=不饱和脂肪酸

磷脂是以甘油为核心的复酯，为生物细胞不可缺少的组成部分，存在于所有生物细胞中，以大豆、酵母中含量最高，其次为玉米油、芥菜籽油、菜籽油和红花油等，少量来自蛋黄。以质量分数计：大豆含0.5%，肝脏含4%，脑和骨髓含16%，蛋黄含8%~9%卵磷脂。天然存在的磷脂都是多种 α-型磷脂的混合物。市售的玉米、大豆磷脂组成（以质量分数计）：卵磷脂30%~32%、脑磷脂22%~28%、肌醇磷脂18%~20%、丝氨酸磷脂3%~4%，其他20%~30%。

卵磷脂最重要的特性是具有两亲分子结构，两个脂肪酸链为疏水基，磷酸和胆碱等基团为亲水基。卵磷脂类化合物都有稳定和良好的乳化能力，可生成液晶和脂质体。这是因为卵磷脂的亲油和亲水两部分比常见的表面活性剂复杂得多，它可形成层状排列，又可自身蜷曲或闭合为小泡和小球，内部为充满水溶液的小室，这种囊泡的直径为20~100nm，壁厚为5~6nm，即为脂质体（图7-1）。卵磷脂的两亲性结构与它在生物体中的作用有密切关系，细胞膜的基本骨架是磷脂的双分子膜，该结构有利于将封闭在脂质体中的物质输入细胞，它既能携带油溶性成分，又能携带水溶性成分。

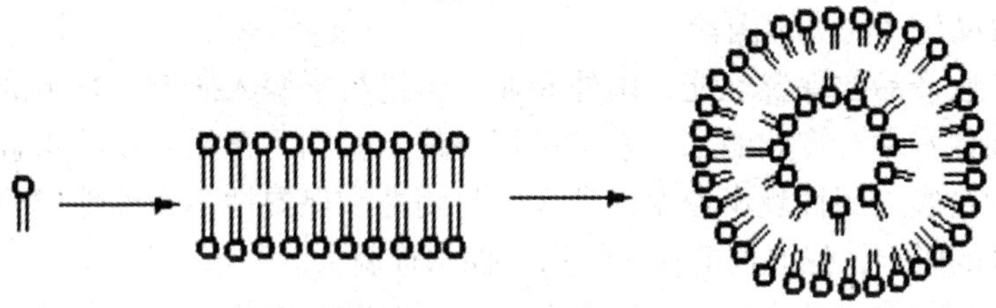

图 7-1　脂质体的形成

卵磷脂的HLB值约为7~8，通常形成O/W型乳液。醇溶的（富含卵磷脂）易形成O/W型乳液，而醇不溶的（富含脑磷脂）易形成W/O型乳液。此外，卵磷脂在酸性附近环境下易形成W/O型乳液，在碱性附近环境下易形成O/W型乳液。经过改性的水溶性卵磷脂HLB值为16，在通常情况下可以形成O/W型乳化体。

纯的卵磷脂是无色半透明蜡状物，与空气接触很容易变成黄色或棕色，吸湿性很强，熔点约为60℃，在100℃时发生分解，不溶于水和氯化钠溶液，但可溶胀形成骨髓状的胶体。可溶于12份冷的无水乙醇，溶于氯仿、乙醚和石油醚，不溶于丙酮。市售卵磷酯可溶于脂肪族和芳香族的碳氢化合物、矿物油、植物油和氢化油脂。卵磷脂的热稳定性及抗氧化性较差，不耐高温，易水解，在使用和加工过程中需注意。卵磷脂的滋润性能由于30%~45%油的存在而加强，油和卵磷脂的表面活性相结合，增强了渗透和润肤的效果。

卵磷脂主要用作食品、医药和化妆品的乳化剂、泡沫稳定剂和软化剂。卵磷脂对皮肤具有优异的亲和性和渗透性，具有滋润、整理及增强对水分的亲和力作用。在化妆品中能够活化皮肤呼吸，保持皮肤湿润和防止雪花膏类干燥，同时还可以提高化妆品的分散性、起泡能力。另外卵磷脂还可作头发润滑剂，使头发光亮、湿润和柔软。近年，将磷脂与其他活性物复配，使其微囊化，制成控制释放的微囊用于医药和化妆品工业。卵磷脂可用作香精的增溶剂、颜料的润湿剂、凝胶制品的增稠剂和制取多重乳液的助乳化剂。

（2）甜菜碱　参见第六章第二节三、（一）表面活性剂。

三、保 湿 剂

保湿是护肤产品最基础的功能。过去人们错误地认为皮肤干燥是由于皮肤表面缺乏脂类物质，现经过大量实验证明，在干燥皮肤表面涂抹油脂，并不能使其变得柔软，因为皮肤干燥的真正原因是角质层中水分不足。事实上，拥有水分充足的肌肤，自然由内而外透射出光泽、水润、富有弹性和透明感的完美质感；相反，当皮肤缺水时，则会出现皮肤免疫能力下降，刺激程度加强，同时会引起皮肤干涩、发痒等各种刺激现象，更为严重的是会造成皮肤细胞萎缩，形成色斑沉积以及皮肤角质化，从而引起皮肤构质的恶化，给人们不仅带来外观上的欠缺感，更引发心理危机。因此，保湿剂在化妆品中的重要性在日益提高。

给皮肤补充水分防止干燥为目的的高吸湿性的水溶性物质，称为保湿剂。传统的保湿剂应用一般分为吸湿型和保湿型两类。而最为常见的保湿剂就是甘油、甘油类衍生物以及透明质酸或者多糖类、壳聚糖类物质，这些保湿剂的功效各不相同。水分靠保湿剂以结合水的方式被角质层吸收，因此保湿剂不仅是护肤类化妆品的必备原料，而且其能否被角质层吸收也是决定一种化妆品优劣的关键因素。

如何评价护肤产品的保湿性能，国外专业人士进行了深入研究。日本的西山教授根据膏霜膜的封闭性和保水性对皮肤的水合效果进行评价，检测了膏霜对皮肤水合效果的影响，认为添加保湿剂的膏霜封闭性越小保湿性越大，封闭性和保湿性不受油性成分加入量的影响，而受保湿剂含量的影响，保湿剂的保湿性高，保水性就大。

皮肤保湿机理主要有两点，其一是吸湿；其二是防止内部水分的散发，控制其转移的屏障层（防御层）。这种屏障层功能正常时的水分渗透为（2.9 ± 1.9）g/（m^2/h），而功能完全丧失时的水分渗透为（229 ± 81）g/（m^2/h），这足以说明屏障层的重要性。

近年来，根据保湿机理开发出了多种效果良好的保湿产品。

（一）醇类保湿剂

（1）甘油　甘油是最早应用的保湿剂之一，是略带甜味的黏稠液体，可混溶于水、甲醇、乙醇、正丙醇、异丙醇、正丁醇、异丁醇、仲丁醇、叔戊醇、乙二醇、丙二醇和酚等物质中。甘油在化妆品中是O/W型乳化体系不可缺少的保湿性原料，其安全、价格低廉，对皮肤具有润滑的作用，以前很多人在冬季直接使用甘油加水护理皮肤。此外，甘油还广泛用于牙膏、粉末制品和亲水性油膏中。

甘油用量为2%~10%，具有吸收湿气、延迟挥发、降低凝固点的作用。甘油以及甘油衍生物通过皮肤和外界湿度的差异从外界吸水。当外界湿度较低或者应用浓度过高的时候，它们反而会从皮肤内部吸水，造成皮肤更加干燥，这是该类保湿剂的主要缺点。

（2）丙二醇　丙二醇是无色、透明、略带黏性的吸湿性液体，可混溶于水、丙酮、乙酸乙酯和氯仿中，并溶解于酒精、乙醚中。丙二醇在化妆品中应用较广泛，可作为各种乳化制品和液体制品的润湿剂和保湿剂，丙二醇用量为2%~10%，具有吸收湿气、延迟挥发、中等黏性、降低凝固点的作用。可以认为，丙二醇在化妆品中是安全的。

（3）1，3-丁二醇　1，3-丁二醇是无色、无臭、黏稠液体，具有良好的保湿性，可吸收相当于本身质量12.5%（相对湿度50%）和38.5%（相对湿度80%）的水分。此外，1，3-丁二醇还有抗菌作用，可广泛用于化妆水、膏霜、乳液和牙膏中作为保湿剂。

（4）山梨醇　山梨醇是以葡萄糖为原料而制得的，为白色的结晶粉末，略带甜味。山梨醇易溶于水，微溶于乙醇、乙酸、苯酚和乙酰胺，但不溶于其他有机溶剂，具有安全、化学稳定性好的特点。山梨醇具有良好的吸湿性，在日化领域得到广泛的应用，在膏霜中用量为1%~10%。它既可作为非离子表面活性剂的原料，也可用于牙膏、化妆品中作为膏霜类制品的优良保湿剂。

（二）透明质酸

透明质酸是人类皮肤中天然固有的保湿成分，它保持水分的能力比许多天然或合成的聚合物都强。20世纪70年代以前，透明质酸只能从鸡冠中提取，价格昂贵。20世纪70年代后期，人们开始利用发酵的方法生产透明质酸。它是由（1，3）2-乙酰胺基-2-脱氧-β-D（1，4）-O-β-D-葡萄糖醛酸的双糖重复单元所组成的聚合物，其相对分子质量为20万~100万。透明质酸属天然生化保湿剂，有较强的保湿性，安全无毒，对人体皮肤无任何刺激性。

透明质酸可溶于水，不溶于有机溶剂，其水溶液具有较高的黏度。其水溶液体系中由于分子结构的舒展以及膨胀，使其在低浓度下仍然有较高的黏度。它可结合较大量的水，因而具有优异的保湿性能、高的黏弹性和渗透性。

透明质酸在化妆品中可提供对皮肤的滋润作用，从外界环境吸水，在皮肤表面形成薄膜，起到维持皮肤水分平衡、柔软皮肤以及消除皱纹的作用，使皮肤富有弹性、光滑性，延缓皮肤衰老。透明质酸是目前化妆品中性能优异的保湿剂品种。因制备成本问题，使其目前的价格较高，添加量一般不大，只能在少量的高级化妆品中应用。

（三）甲壳素及其衍生物

甲壳素是从甲壳纲动物外壳中提取的天然保湿剂，属于多糖类保湿剂，效果和透明质酸接近，是生理上十分安全的保湿剂。甲壳素几乎不溶于水及各种有机溶剂。基于这个原因，一般都是利用甲壳素进行化学合成制成水溶性甲壳素衍生物，扩大应用领域。

因甲壳素的溶解性原因，应用于化妆品中的主要是壳聚糖及其衍生物。壳聚糖对皮肤和毛发有较好的亲和力，可形成透明的保护膜。其次是其保湿性好，可作为透明质酸代用品用于护肤制品中。

（四）吡咯烷酮羧酸钠

吡咯烷酮羧酸钠（简写为PCA-Na）是表皮颗粒层丝质蛋白聚集体的分解产物，是人类皮肤天然固有的保湿成分，是真正生理上的皮肤柔软剂。它在皮肤天然保湿因子中含量约为12%，其生理作用是使角质层柔润。角质层中吡咯烷酮羧酸钠的含量减少，会使皮肤粗糙、干燥。

商品型的吡咯烷酮羧酸钠是无色、无臭、略带碱味的透明水溶液。其吸湿性远较甘油、丙二醇、山梨醇等高。如在相对湿度为65%时，放置20d后其吸湿性高达56%，30d后为60%；而甘油、丙二醇、山梨醇在同样情况下，放置30d后分别为40%、30%、10%。

国际国内大量实验证明：吡咯烷酮羧酸钠作为保湿剂，可使皮肤具有很强的湿润感及光滑柔软感，起到理想的抗皱美容作用，还能对酪氨酸氧化酶、酚氧化酶等酶类的活性有一定的抑制作用，这样可以减弱“酶褐变”现象，可以阻止“类黑素”物质在皮肤中的沉积，从而使皮肤更为洁白。吡咯烷酮羧酸钠主要用作保湿剂和调理剂，在具有保湿作用的同时，还具有抗皱、柔软、增白作用，对皮肤角质层及毛发角蛋白有软化作用，使其柔软而有弹性。吡咯烷酮羧酸钠不仅用于膏霜类化妆品，也用于化妆水、收缩水、牙膏、香波、浴液、洗发水、护发素、牙膏、药物软膏等。

吡咯烷酮羧酸钠是人体角质层中分泌的天然保湿因子，最大程度地保持了其生物活性。这种提取物不仅具有完全的天然性，还有很好的皮肤相容性、无过敏性。其安全性与水相同，是确保人体安全的绿色产品。但因为它是一种氨基酸，容易变质，对防腐有一定要求，多用于高档化妆品。

（五）乳酸和乳酸钠

乳酸是自然界中广泛存在的有机酸，是厌氧生物新陈代谢过程中的最终产物，是安全无毒的。乳酸也是人体表皮的天然保湿因子（NMF）中主要的水溶性酸类，含量约为12%。乳酸和乳酸盐影响含蛋白质的物质的组织结构，尽管其作用机理尚不十分清楚，但对蛋白质的增塑和柔润作用却是明显的。其可使皮肤柔软、溶胀、弹性增加，是护肤类化妆品中很好的酸化剂。乳酸分子的羧基对头发和皮肤有较好的亲和作用。乳酸钠是很有效的保湿剂，其保湿效果好于甘油。乳酸可与乳酸钠组成缓冲溶液，调节皮肤的pH并影响细菌的繁殖。

乳酸和乳酸钠主要用作调理剂和皮肤或毛发的柔润剂、调节pH的酸化剂，用于护肤的膏霜和乳液、护发的香波和护发素等制品中，也可用于剃须制品和洗涤剂中。

（六）水解胶原蛋白

胶原蛋白也称为胶朊，是近年来开发出的新一代保湿剂，是构成动物皮肤、软骨、筋、骨骼、血管、角膜等结缔组织的白色纤维状蛋白质，一般占动物总蛋白质含量的30%以上，在皮肤真皮组织的干燥物中胶原蛋白占90%之多。

水解胶原蛋白的作用主要体现在保湿性、亲和性、祛斑美白、延缓衰老等方面。因水解胶原蛋白的多肽链中含有氨基、羧基和羟基等亲水基团，和构成皮肤角质层的物质结构相近，能很快渗透进入皮肤，和角质层中的水结合，形成一种网状结构，发挥强力水合作用，锁住水分，防止水分经皮肤散失（TEWL），并从外界环境吸水，动态维持皮肤水平衡，可表现出对皮肤良好的保湿性。胶原蛋白是构成动物皮肤、肌肉的基本蛋白质成分，与皮肤、毛发都有良好的亲和性。皮肤、毛发对其有良好的吸收性，可使其渗透到毛发等的内部，体现出良好的亲和性和功效性。水解胶原蛋白还具有使紫外线诱发的皮肤色斑减少和消除皱纹等作用。在动物组织中，胶原蛋白是不溶于水的物质，但可以体现较强的结合水的能力。通过酸、碱或酶的作用可以进行胶原蛋白的水解，得到可溶性的水解胶原蛋白，广泛应用于化妆品中和医药美容品中。

四、流变调节剂

本节重点介绍膏霜中使用的流变调节剂。聚合物溶液的流动与变形行为，称为聚合物的流变性质，物质的流变性质非常实用，许多过程的成败往往和材料是否具有适宜的流变性质密切相关。适当的流变形态能给产品带来美感，便于使用和生产，对配方的稳定性也有一定的影响。有些产品的流变形态甚至对产品的使用起很大作用。分散体系的化妆品流变学特性由物体的内部构造所决定，要调节产品的流变形态，主要是通过在配方中加入增稠剂达到目的。增稠剂简单地说就是提高配方产品黏度或稠度的一类物质，增稠剂加入量不大，但是能够大幅提高产品的黏度或稠度。增稠剂通过与表面活性剂形成棒状胶束、与水作用形成三维水化网络结构或利用自身的大分子长链结构等使体系达到增稠的目的。

在选择增稠剂时需要考虑的因素较多：配方主体是选择增稠剂的首要考虑因素，什么样的体系决定采用什么样的增稠剂；其次是产品形态，产品形态要求不同类型的增稠剂，有些要求牛顿流体，有些要求塑性流体，根据不同的需要采用不同的增稠剂；在最终产品中增稠剂的比例、配方的成本也是增稠剂选择的重要因素，如果配方的成本让生产商和消费者都难以承受，那么这配方是没有应用价值的，平衡增稠剂的效果及其成本是非常重要的。另外配方的理化指标也是选择增稠剂必须考虑的，比如配方的稳定性等。一般情况下几种增稠剂的协调增稠比用单一增稠剂对产品的最终流变形态有更好的效果。

膏霜中主要的增稠剂是用来提供稠度和内相或外相或两相的稳定性。它们经常有双重功能：既是柔软体系的一个组成部分，又通常对综合感觉有贡献。而在乳化体彩妆中，它们正成为一个重要的悬浮组分，并对膏霜的质感提供贡献。

能够作为增稠剂的物质很多，从相对分子质量看有低分子增稠剂，也有高分子增稠剂；从功能团来看有电解质类、醇类、酰胺类、羧酸类和酯类等。下面按化妆品原料的分类方法对增稠剂进行分类。

（一）低分子增稠剂

低分子增稠剂主要有无机盐类和表面活性剂类。用无机盐来作增稠剂的体系以表面活性剂水溶液体系为主，一般不用于膏霜。表面活性剂类增稠剂在膏霜中应用最多的是酯类增稠剂，目前最常用的是PEG-150二硬脂酸酯。用来作为增稠剂的酯类，一般相对分子质量都较大，因此具有一些高分子化合物的性能。增稠机理是由于在水相中形成三维水化网络，从而将表面活性剂胶束包含进去造成的。此类化合物除了在化妆品中用作增稠剂外，还可以作为润肤剂和保湿剂。此外非离子表面活性剂脂肪醇、脂肪酸也是有效的膏霜类增稠剂。少量的该类有机物的存在对表面活性剂的表面张力、CMC及其他性质有显著影响，其作用大小是随碳链加长而增大，一般来说呈线性变化关系。其作用原理是脂肪醇、脂肪酸能插入（参加）表面活性剂胶团，促进胶团的形成，同时由于该极性有机物与表面活性剂的分子间有强烈的相互作用（碳氢链间的疏水作用加极性头间的氢键结合），使两分子在表面上定向排列得很紧密，大大改变了表面活性剂胶束性质，达到增稠的效果，如月桂醇、鲸蜡醇、亚油酸、肉豆蔻酸、硬脂酸等。

（二）水溶性高分子增稠剂

许多高分子增稠剂增稠的体系不受溶液的pH或电解质浓度的影响，而且需较少的量就能达到所需要的黏稠度。比如一个产品需要表面活性剂增稠剂如椰油二乙醇酰胺的质量分数3.0%，达到同样的效果仅需纤维素聚合物0.5%即可。大部分水溶性高分子化合物在化妆品工业不但用来作增稠剂，而且用来作悬浮剂、分散剂和定型剂等。

（1）纤维素类　纤维素类在水基体系中是一类非常有效的增稠剂，广泛应用于化妆品的各种领域。纤维素是天然有机物，它含有重复的葡萄糖苷单元，每个葡萄糖苷单元含有3个羟基，通过这些羟基可进行亲核取代反应。一般取代基为甲基、乙基、羟烷基、羧甲基等，生成纤维素醚及其衍生物。纤维素类增稠剂通过水合膨胀的长链而增稠，是水溶液和非水溶液很有效的增稠剂。纤维素增稠的体系表现明显的假塑性流变形态。其可形成透明、柔软和具有韧性的不透油脂和大多数溶剂的薄膜，可保持水分。其使用量一般质量分数为1%左右。

常见的水溶性纤维素醚包括：甲基纤维素（MC）、羟丙基纤维素（HPC）、羟乙基纤维素（HEC）、羟丁基甲基纤维素（HBMC）、乙基羟乙基纤维素（EHEC）等。在体系中通过改变纤维素醚链上醇的数量和种类来提供各种不同溶解性的纤维素醚。其中对其性质和应用研究最多的是MC和HEC。

①甲基纤维素（MC）：MC亦称纤维素甲醚，是由纤维素的羟基衍生而得到的。其为白色、无味、无臭的纤维状固体，可溶于冷水，不溶于热水，在温水中仅呈膨胀状态。其水溶

液黏度及其溶解度随甲基化和聚合度不同而不同，即由通过调节反应物质的比例生成不同聚合度产物，而有不同的性质。

甲基纤维素不溶于多数有机溶剂，也不受油脂的作用，在225℃以下稳定，对光线也极为稳定。甲基纤维素在水中膨胀成透明、黏稠的胶状溶液，其黏度随pH变化比较小。甲基纤维素在化妆品中作为胶黏剂、增稠剂、成膜剂等。

②羧甲基纤维素（CMC）：CMC为白色、无臭、无味的粉末，在冷、热水中都能分散形成黏稠胶态溶液。它在pH为2~10的范围内是稳定的，在pH小于2时，则会出现沉淀；pH大于10时，则黏度急剧降低。CMC的吸湿性相当强，在24℃相对湿度50%的条件下，放置48h，则吸水高达18%。作为一种亲水性胶体，CMC可替代或和天然的水溶性高分子化合物混合使用。CMC对人体无毒，但对重金属离子非常敏感，在重金属离子存在情况下，易被细菌氧化或降解，因此在使用时，须避免重金属离子的混入。

在化妆品应用中，CMC可作为胶黏剂、增稠剂、乳化稳定剂、保湿剂、悬浮剂、分散剂、赋形剂和保护胶体等，是应用较广的一种高分子化合物，用于膏霜、乳液和香波等。

③羟乙基纤维素（HEC）：HEC是由纤维素中—OH与环氧乙烷进行加成反应所制得。

HEC是一种非离子的水溶性高分子化合物，为淡黄色、无臭的颗粒状粉末，对皮肤和眼睛几乎无毒性、无刺激性。它无需加热，经长时间搅拌条件即可溶于水，冷水比热水更容易溶解。增加其溶液的温度会降低溶液的黏度，但将溶液冷却到常温即恢复原有的黏度。HEC对pH的变化及重金属离子的存在的适应性优于CMC，是一种性能优良的胶合剂。

由于HEC是一种非离子聚合物，因此能与各种表面活性剂、溶剂相溶，具有高效增稠作用。其溶液有优良流变特性、耐切变稳定性，没有浊点和对盐容忍度高，并且几乎完全没有皮肤刺激性，因而它在化妆品中有广泛的应用，用作增稠剂、悬浮剂、乳液稳定剂、乳化剂、薄膜形膜剂、黏结剂和水分保留剂等，在护肤产品中，用作乳液的稳定剂。由于其具有良好的成膜性，可在清洗后的皮肤表面形成薄膜状的保护层。在水剂型的化妆品中，HEC可用作悬浮剂；也可将其用到护发产品如护发素、香波中作增稠剂，可使产品的黏度从液态到凝胶状；在粉状化妆品中可用作黏合剂；添加了HEC的睫毛油和眼影剂，可在卸妆时容易被水清洗掉；在剃须膏中可用它作泡沫稳定剂。

（2）聚丙烯酸类　丙烯酸聚合物是由丙烯酸聚合而得的，相对分子质量为数百万，是一种水溶性树脂，性质随聚合度的不同而不同。其一般为无臭粉末，易溶于水，其水溶液为无色、无臭的黏液，溶液若干燥后，则呈透明、坚韧的薄膜。丙烯酸聚合物的水溶液在碱液中黏度增加且稳定，在有机酸（如醋酸）中则黏度降低，加无机酸（如盐酸、硫酸等）则溶液凝固，溶液若加入甲醇、乙醇、异丙醇、丙酮等则胶化而生成白色沉淀。聚合度低的产物可略溶于酒精，并与甘油、丙二醇、碘、碘化物、酚、硅酸钠等具有混合性。丙烯酸聚合物对重金属离子，特别是铁离子不稳定，其溶液的pH不同。溶液黏度受酸、碱性影响较大。

聚丙烯酸类增稠剂的增稠机理有两种，即中和增稠与氢键结合增稠。中和增稠是将酸性的聚丙烯酸类增稠剂中和，使其分子离子化并沿着聚合物的主链产生负电荷，同性电荷之间的相斥促使分子伸直张开形成网状结构达到增稠效果；氢键结合增稠是聚丙烯酸类增稠剂先与水结合形成水合分子，再与质量分数为10%~20%的羟基给予体（如具有5个或以上乙氧基的非离子表面活性剂）结合，使其蜷曲的分子在含水系统中解开形成网状结构达到增稠效果。

在化妆品中，丙烯酸聚合物可作为增稠剂、分散剂、乳化稳定剂等，用量为0.1%~1.0%。

（3）天然胶及其改性物　天然胶主要有胶原蛋白类和聚多糖类，但是作为增稠剂的天然胶主要是聚多糖类。增稠机理是通过聚多糖中糖单元含有3个羟基与水分子相互作用形成三维水化网络结构，从而达到增稠的效果。它们的水溶液的流变形态大部分是非牛顿流体，但也有些稀溶液的流变特性接近牛顿流体。它们的增稠效果一般与体系的pH、温度、浓度和其他溶质的存在有较大关系。这是一类非常有效的增稠剂，一般用量为0.1%~1.0%。

聚多糖类聚合物包括阿拉伯胶、黄蓍胶、琼脂、角叉菜胶、果胶、瓜尔胶和海藻酸盐等。聚多糖类聚合物是由树木和壳渗出液、种子、海藻和树木提取物经精制提炼而得的。

①果胶：果胶是与碳水化合物有关的一类高分子化合物，广泛存在于水果及植物中，是一种多糖类胶。它为具有长链而部分甲酯化的水解乳糖醛酸衍生物，可用稀酸浸取果皮或果肉及植物，经脱色浓缩，或以乙醇、丙酮等沉淀而得。果胶一般为白色粉末或为糖浆状的浓缩物，可溶于水、甘油，但不溶于酒精及其他有机溶剂。其黏液在碱性中呈不稳定状态，在适当条件下，能凝结成胶冻状。

在化妆品中，它可用作乳化制品的保护胶体及乳化剂，还可作牙膏的胶黏剂。

②海藻酸钠：海藻酸钠存在于海带和裙带菜等褐藻类中，由这类海藻遇碱共煮抽离钠盐精制而得。它是天然水溶性高分子化合物中用途较广泛的一种褐藻胶，为白色、淡黄色的无味、无臭粉末，能溶于水，不溶于30%以上酒精溶液及多种有机溶剂。其水溶液为无色、无味、无臭的透明黏稠液体，黏度很高，且溶液为带有电荷的胶体，遇酸和二价金属及多价金属的盐如钙、镁等则生成沉淀，pH低于3.3时亦不稳定。海藻酸钠溶液黏度随其浓度增加而提高，还与聚合度、温度有很大关系。

海藻酸钠可用于食品工业中，用于制造果冻制品。在化妆品中，它主要是用作增稠剂、乳化剂、稳定剂，还可作为成膜剂。

③黄蓍胶：黄蓍胶为黄蓍树皮部裂口分泌黏液的凝聚物，经干燥而得。黄蓍树胶为白色、微黄或微红粉末或片状固体，有臭味，不溶于酒精，难溶于水，但吸水性很强，在水中膨胀成凝胶，在甘油内膨胀的情况较差。其黏稠液略呈酸性，若加矿物酸、食盐或加热，或长期放置则其黏度随之降低而呈澄清液。配制其溶液时，先用70℃热水浸泡树胶后搅拌，即得澄清溶液。

质量分数为1%黄蓍胶溶液为假塑性流体，当切变速度增加时，其表观黏度下降；如降低切变速度，它可逆地恢复至原来的黏度。温度升高黏度降低，但冷却后，溶液几乎恢复到原来的黏度，即说明温度升高不会引起分子降解。在pH5~6范围，黏度最高，pH7以上开始下降。

黄蓍胶是一种很好的胶合剂及增稠剂，它在微酸或微碱的条件下适应性较强，一般常与阿拉伯树胶同时合并使用，在化妆品中用于乳液、膏霜和牙膏等制品。它能与柠檬油、鱼肝油、亚麻仁油和矿物油形成优质润滑的乳液。

④汉生胶：汉生胶是一种高相对分子质量的天然碳水化合物，是以芜菁甘蓝分离出来的野油菜单胞菌接种，经培养发酵制得的多糖。

汉生胶水溶液是典型的假塑性体，即其切应力与切变速度之比值随切速增大而下降。与其他增稠剂相比，汉生胶溶液是耐剪切的，这是在它的应用方面很重要的特性。添加海藻酸钠可降低汉生胶溶液的假塑性程度。低浓度的汉生胶溶液的黏度也很高。温度变化对汉生胶溶液的黏度影响很小。pH对汉生胶溶液黏度的影响也非常小。

汉生胶在大多数有机酸中很稳定。在很多盐类存在时，汉生胶溶液也有很好的配伍性和稳定性。除高浓度的丙烯酸聚合物（如Carboset 525）外，汉生胶可与大多数合成水溶性聚合物配伍。

汉生胶主要用作各类化妆品如膏霜、乳液和牙膏的增稠剂、稳定剂、悬浮剂、乳化剂和泡沫增强剂，特别是有利于改善其温度稳定性和在较宽范围pH内的稳定性。其一般用量质量分数为0.1%~0.6%。

（4）聚氧乙烯类　一般把聚氧乙烯类相对分子质量大于25000的产品称作聚氧乙烯，而小于25000的称作聚乙二醇。聚氧乙烯的水溶液在质量分数为10%以下时为假塑性流体，其水溶液倾向呈黏稠状。

聚氧乙烯粉末或其水溶液对皮肤和眼睛都无刺激性，其产品按各种不同的相对分子质量及标准分成系列产品，每种产品的黏度各不相同。它在化妆品中可作为胶黏剂、增稠剂和成膜剂等，用于乳霜、剃须膏等制品。

聚乙二醇在化妆品工业和制药工业中的应用很广泛。由于聚乙二醇兼有很多优良的性质，如水溶性、不挥发性、生理惰性、温和性、润滑性和使皮肤润湿、柔软、有愉快用后感等，可选取不同相对分子质量级分的聚乙二醇改变制品的黏度、吸湿性和组织结构。相对分子质量低的聚乙二醇（M_r<2000）适于用作润湿剂和稠度调节剂，用于膏霜、乳液、牙膏和剃须膏等，也适用于免洗的护发制品，赋予头发有丝状光泽。相对分子质量高的聚乙二醇（M_r>2000）适用于唇膏、除臭棒、香皂、剃须皂、粉底和美容化妆品等。

（5）其他合成聚合物类

①聚乙烯吡咯烷酮：聚乙烯吡咯烷酮简称PVP，为白色或淡黄色无臭无味的粉末或透明溶液，平均相对分子质量为25000~40000。PVP具有良好的成膜性，其薄膜无色透明，坚硬且光亮。它的吸湿性很强，在5%相对湿度下，约可吸收20%的水分。

聚乙烯吡咯烷酮在化妆品中的应用很广，可用在固定发型产品中用作成膜剂，如用在摩丝、喷发胶、凝胶中等，也可用在膏霜及乳液制品中作稳定剂，还可作为分散剂、泡沫稳定剂、去污剂等。

②聚乙烯甲基醚/丙烯酸甲酯与癸二烯的交联聚合物：它们是新的一类增稠剂，能使乳液稳定、增稠，赋予极好的肤感，几乎感觉不到黏性。其能配制成透明定型凝胶、喷发胶和乳胶，可用于增稠醇类溶液、甘油和其他非水体系。它们可在无需乳化剂的情况下悬浮活性组分，在牙膏中还能起到玉洁纯的增效作用。

③聚乙烯醇（PVA）：PVA是具有良好的成膜、粘合和乳化性能的水溶性合成聚合物，是由聚醋酸乙烯酯醇解而制得。根据醇解度不同，通常有三种PVA，即醇解度78%、88%、98%的PVA。

PVA水溶液的黏度随品种、浓度和温度而变化，随着浓度的提高黏度值急剧上升，而温度的升高使黏度明显地下降。高醇解度的PVA水溶液的黏度随时间而变大，直至成胶。醇解度88%的PVA水溶液的黏度是很稳定的，适当延长溶解时间或加强搅拌，均能提高溶液的稳定性。聚合度越高，浓度越大，其水溶液的黏度稳定性就越低。

在化妆品工业中PVA主要用作粘合剂、成膜剂、增稠剂、抗再沉积剂和助乳化剂等，可用于配制天然油、脂肪和蜡的稳定乳液，也可配制冷霜、洗涤霜，刮脸膏和面膜等。PVA可用于质量分数为5%~30%无机酸水溶液的清洗剂中作为增稠剂（如厕所清洗剂和玻璃仪器清洗剂等）。PVA也用于洗涤剂中作为抗再沉积剂，对洗涤合成纤维和棉纤维都很有效。

（6）无机高分子及其改性物　无机高分子类增稠剂一般具有三层的层状结构或一个扩

张的格子结构，最有商业用途的两类是膨润土和胶性硅酸镁铝。其增稠机理是无机高分子在水中分散时，其中的金属离子从晶片往外扩散，随着水合作用的进行，它发生溶胀，到最后片晶完全分离，其结果形成阴离子层状结构片晶和金属离子的透明胶体悬浮液。在稀溶液中，其表面的负电荷比边角的正电荷多，晶片整体呈现负电性，粒子之间发生相互排斥，故不会产生增稠作用。随着电解质的加入和浓度增加，溶液中离子浓度增加，片晶表面电荷减少。这时，主要的相互作用由片晶间的排斥力转变为片晶表面的负电荷与边角正电荷之间的吸引力，平行的片晶相互垂直地交联在一起形成所谓“纸盒式间格”的结构，引起溶胀产生胶凝从而达到增稠的效果。离子浓度进一步加大又会破坏结构发生絮凝导致降低稠度，因而其用量应在一合理范围内。以胶性硅酸镁铝为例，它是一种天然的无机胶黏剂，是由含有硅酸镁铝的矿石精制而得的产品。其具有高度的亲水性、触变性和成胶性，还具有较好的增稠性、扩散性、悬浮性和保湿性，并具有良好的化学稳定性、配伍性。其水分散体无油腻感，不溶于水和醇类，但在水溶液中高度分散。

这类增稠剂主要用于牙膏、香波、护发素、膏霜、乳液和止汗剂等的增稠，在混合前必须完全的水合或分散好，用量为0.1%~3.0%，稠度一般随着浓度的增加而迅速增大随后趋于平缓，流变形态为触变性。除具增稠性能外，它们在体系中还有稳定乳液、悬浮作用。其可以作CMC的替代品，价格比CMC低廉，因此具有较好的经济效益。

此外，油相和一些油相要素也可以用来调整黏度作为增稠剂，例如，由十四烷基组成的脂肪醇、十六醇或十八醇能用来改变膏霜的稠度。蜡的改变可用来设计不同的硬度，并对整体的柔软体系有贡献。油相的总用量也会影响稠度。金属氧化物和皂也可用在各种护肤膏霜和乳化体彩妆中，作为增稠剂、遮光剂和冻点修饰剂。它们的用量为2%~20%。在护肤品中使用时，浓度必须仔细探讨以免带来黏腻的感觉。

总之，化妆品的外观形态是消费者非常关注的，选用合适的增稠剂达到所要求的配方性能是非常重要的，也是一门艺术。首先要明白自己配方体系的需要和要求，从配方的pH、稳定性、刺激性、泡沫、成本、是否透明、流变形态、外观颜色、电解质稳定性和法规要求等方面考虑，反复实验，摸清楚所用增稠剂与体系间的配伍性能及对配方各方面的影响。

在产品配方开发过程中根据配方的pH、稳定性、配方成本、是否透明、流变形态、外观颜色、电解质稳定性和法规等方面的要求综合进行考虑，才能有效地选用恰当的增稠剂。只有不断在实际中总结经验，才能真正懂得如何有效地选用增稠剂。

五、活 性 物 质

国内外市场销售营养霜所使用的活性物质，在制品中主要具有防皱、恢复皮肤弹性、抗皮肤衰老的作用。其主要可分为植物活性物质、动物活性物质、生化活性物质等。

（一）植物活性物质

植物活性物质包括各种植物体中提取出的营养成分及功效性物质。

（1）人参浸取液　作为名贵的中药材，人参具有顺气、健身、补气，安神、益寿等作用。其化学成分是人参皂苷、人参辛苷、人参二醇、人参三醇、人参酸、果酸、葡萄糖、多种维生素、多种氨基酸等，人参的特有药理性能是由这些组成成分决定的。人参皂苷有促进蛋白生化合成和流通末梢血管的功效。人参提取物能调节机体的新陈代谢，促进细胞繁殖，延缓细胞衰老，具有抗氧化及清除自由基活性，减少褐脂素在体内沉积的功能，还能增强机体免疫功能和提高造血功能。这些功能和作用表现在皮肤上即可使皮肤光滑、柔软、富于弹性，减少皱纹和减轻色素沉着，延缓皮肤衰老及防止头发脱落，同时还有消炎镇痛的功效。因此，人参提取物广泛用于化妆品中，多用在制备膏霜（护肤霜、粉刺霜、防皱霜等）、乳液中和护发制品中。

（2）芦荟　芦荟止痛、抑菌、润便、收敛、消炎和健胃的功效，使之较早应用于医药领域，可以医治许多疾病。除此以外，人们逐渐将其应用于化妆品和食品中，也取得了良好的效果。从芦荟中提取物的成分十分复杂，目前人们使用的提取物主要包括从叶子中分离的胶质（芦荟凝胶）、提取的芦荟油和水溶性浓缩液等。这些提取物中都含有多种生理活性物质，主要为芦荟素、芦荟大黄素、芦荟苷、复合黏多糖、蛋白质、维生素B及微量元素等有效成分，其中芦荟素及其衍生物是各种芦荟植物提取物的主要成分。芦荟所含的这些活性物质对人体皮肤具有优良的营养和滋润作用，具有保湿、抗敏、促进皮肤新陈代谢、减轻皮肤皱纹、增强皮肤弹性和光泽以及生发乌发等多种功效；因而广泛应用于食品和化妆品中。

（3）熊果苷　熊果苷属氢醌糖苷化合物，是杜鹃花科植物熊果叶中的主要有效成分，

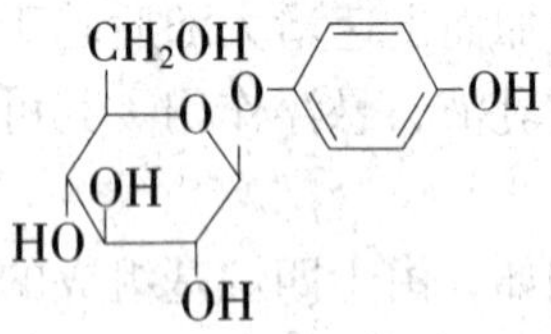

其余含量较多的植物有长春花、曼陀罗、日本黄连等。熊果苷为针状结晶（乙酸乙酯），具强吸湿性，可溶于水和乙醇，在稀酸中易水解，不溶于氯仿、醚和石油醚。紫外吸收特征波长为286nm。熊果苷经多种动物实验证明毒性很低。体外试验时它能抑制蛋白质如胰岛素等的降解，能缓和和减少表面活性剂或染发剂对皮肤的刺激，熊果苷有抑制头屑作用可能与此有关。

人的皮肤细胞体外培养实验表明，熊果苷微量存在时（10^{-3}mmol/L），细胞生长速度有明显提高。熊果苷是酪氨酸酶抑制剂，能有效抑制人体黑素细胞的酪氨酸酶活性，阻断多巴及多巴醌的合成，从而扼制黑素的生成，而不是酪氨酸酶的表达和合成，因而对细胞不呈现毒性。这样的机理使其作为化妆品更为安全，可用于防止皮肤色变和雀斑，作用强于曲酸和抗坏血酸。有人认为熊果苷的作用机理与氢醌相同，因为熊果苷在适当酸、酶存在下能释放游离的氢醌。另外熊果苷与氢醌一样在膏霜类化妆品中不够稳定。

熊果苷与其他营养成分如胎盘萃取液、柴胡皂苷和磷脂配伍，效果更好。

（4）海藻　海藻是成长在海底和海面的植物，是地球上最古老的植物品种，我国人民很早就将海藻作为食品，可补充人体所需要的碘，并用其医治各种创伤。海藻成分中存在多种维生素，如维生素A、维生素B_1、维生素B_2、维生素B_5、维生素B_{12}、维生素C、维生素D、维生素E、维生素K和叶酸等，还含有丰富的无机物，如碘、钙、磷、铁、钾、氮、镁、硫、铝、铜、锌和锰及微量的钡、硼、铬、锂等。海藻含有的有机物，如含有大量的氨基酸和糖类，此外，还含有丰富的其他成分，如藻酸、琼脂、蛋白质、纤维素、甘露糖醇等。因此，海藻及其萃取物具有多种营养和多种功效。其在皮肤上具有良好的润肤和护肤作用，可使皮肤变得柔软细腻，并可在皮肤表面形成保护膜，维持皮肤的水分，具有保湿作用及增稠作用，还具有消炎抗菌作用。近年来，海藻萃取物逐步用于化妆品中，如添加到香波、沐浴液、膏霜、面膜等制品中，取得良好效果。

（5）谷蛋白类　谷蛋白类是禾本科植物种子所特有的，如麦蛋白含于小麦种子中，燕麦蛋白含于燕麦种子内，稻蛋白含于水稻种子中等。在所有谷蛋白中，以小麦种子中含蛋白质最高，应用也较普遍。

如果细分的话，麦蛋白可再分为麦胶蛋白和麦谷蛋白，前者含谷氨酸40%以上，不溶

于水、无水乙醇及其他中性溶剂，而溶于60%~80%的酒精水溶液中，经热也不凝结；后者含有赖氨酸，不溶于水及中性溶剂，而溶于稀酸及稀碱中。化妆品用麦蛋白是这两种蛋白质的混合物，即所谓面筋蛋白质。麦蛋白中酸性氨基酸（如谷氨酸等）含量最高，占40%，中性氨基酸占32%，含硫氨基酸（以胱氨酸为主）占3%，芳香族氨基酸占9%，羟基氨基酸占4%，碱性氨基酸占4%。

麦蛋白不溶于水，相对分子质量为1000左右和（2~3）$\times 10^4$两种，直接在化妆品应用的是酸或酶的部分水解物。因为毛发中也含有胱氨酸，所以相对分子质量1000的麦蛋白水解物易被毛发吸收，在烫发剂中加入该麦蛋白水解物，可在使用过程中铺展成膜保护发丝，延长成型保留时间长。相对分子质量（2~3）$\times 10^4$的麦蛋白水解物吸湿性和保湿性强，易于成膜，常用于护肤品中的润湿剂，或作为营养性助剂。麦蛋白有良好的起泡力，浓度1.8%时起泡力即达最高，以后浓度增大起泡力变化很小，有在洗面奶中用麦蛋白来起泡和稳定泡沫的报道。麦蛋白是优秀的乳化剂，其0.1%乳化效率最好，浓度增高乳化力变化不明显。添加麦蛋白的乳状液稳定性好，特别是麦蛋白与非离子型表面活性剂配合使用的时候。

植物型活性物质的品种繁多，常见的还有水果汁、沙棘提取物、花粉等，均具有良好的抗皱、美白、营养等功效。

（二）动物活性物质

动物活性物质主要指从动物体中提取的具有生理活性的物质。

（1）胎盘提取液　胎盘提取液主要指从动物或人的器官（胎盘、脐带等）提取出的具有生理活性成分、组成复杂的混合物，其含有大量的碳水化合物、酸性黏多糖、脂肪、蛋白质、氨基酸、酶、核酸、激素、维生素、有机酸和微量元素等。胎盘提取物具有较为显著的促进细胞新陈代谢和赋活的功能，还有增强血液循环和皮脂腺的功能，对皮肤表皮角质层的水分散失和皮肤黑色素的形成均有明显的抑制作用。其用于化妆品中提供润肤、防皱和保湿、祛斑等功效。

（2）蜂王浆　蜂王浆是由蜜蜂自身腺体分泌的物质，具有极丰富的营养物质，广泛用作营养保健品和滋补品，在化妆品中也有明显作用。蜂王浆的化学成分非常复杂，含有极丰富的蛋白质、17~18种氨基酸和维生素、糖类、脂类、激素、酶类、微量元素和多种生物活性成分以及不饱和脂肪酸（10-羟基-2-癸烯酸）。蜂王浆加入化妆品中，这些生理活性成分可以促进和增进表皮细胞的生命力，改善细胞的新陈代谢，防止代谢产物的堆积，防止胶原纤维、弹力纤维的变化及硬化，使皮肤柔软、富有弹性，减少皮肤皱纹和皮肤色素的沉积，延缓皮肤衰老，并对皮肤炎症有预防和治疗的功效，可用于多种化妆制品中。

其他类动物型活性物质，如鹿茸、（蚕）丝蛋白等均可用于化妆品中，以提供营养、美容、延缓衰老等功能。

（三）生化活性物质

生化活性物质是指能参与生物代谢或有生殖作用的物质类型。这些物质对人体生命活动起着很重要的生理作用，能通过食物等吸收，也可以添加到化妆品中通过皮肤渗入吸收，提供保湿、润肤、消炎、抑菌、再生等功效，以及消除过剩的氧自由基，起到抗衰老的作用。主要的生化物质添加型包括各种维生素、胶原蛋白、酶（SOD）、表皮生长因子、果酸等。

维生素具有促进人体生长、维持机体正常代谢和生理机能的作用，在化妆品中添加适当的维生素，可达到维持皮肤健康的目的。维生素的种类很多，如维生素A、维生素B_1、维生素B_2、维生素B_5、维生素B_6、维生素C、维生素D、维生素E等。皮肤可用的维生素，大部分是油溶性的。

酶是由许多氨基酸组成的一种蛋白质，在人体组织内起催化剂的作用，具有生物催化活性，对皮肤有抗炎、伤口愈合、杀菌、溶菌、促进血液循环和清除活性氧的作用。

胶原蛋白、弹力蛋白均是皮肤结缔组织内存在的一种蛋白质，对皮肤的水分保持、弹性、韧性有明显的贡献。可将胶原蛋白和弹力蛋白水解后形成相对分子质量降低的水溶性产物加入到化妆品中，因相对分子质量降低后，水解蛋白可溶解于水，并易于被皮肤、毛发吸收而发挥其作用。

（1）胶原蛋白　胶原蛋白由成纤维细胞合成的，在年龄增长过程中，胶原蛋白的结构也在变化。其主要有四种结构，分别具有不同的溶解性和生理活性。新生成的胶原蛋白称作原胶原蛋白，是螺旋形可溶性胶原蛋白，然后逐渐转变为互相交织的不可溶胶原蛋白。与此同时，成纤维细胞的合成能力下降，因此老化的皮肤显得干燥，皮肤变薄，柔软性下降，皱纹增多，这是从胶原蛋白角度解释皮肤老化的生理原因。

鉴于上述原因，具有活性的胶原蛋白应该是Ⅲ型和Ⅳ型这类可溶性非经水解的天然胶原，基本以小猪或小牛皮为原料，以酸性溶液或酶提取。胶原蛋白Ⅳ型可以动物胎盘为原料。

可溶性胶原蛋白在水中的溶解度在0.39%~1.00%，相对分子质量小于1×10^5的组分，螺旋样分子结构，无交联网状形式。胶原蛋白有良好的渗透性和保湿力，主要应用于愈疤、抗皱、皮肤粗糙患者的调理品。

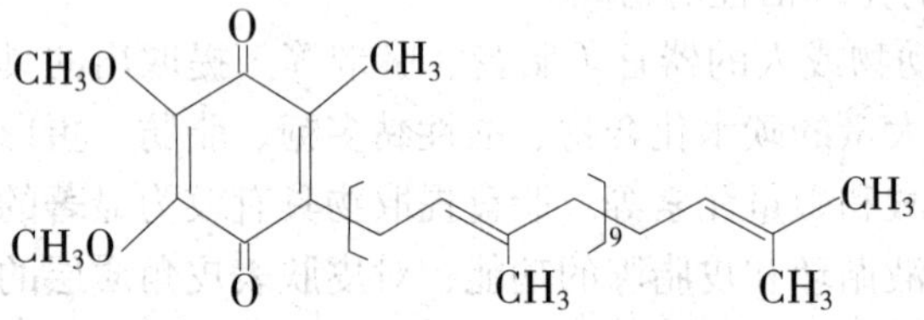

（2）泛醌　泛醌是一系列取代醌同系物的总称，广泛存在于自然界包括微生物、高等植物和动物体，属于生物醌的一种。自然界中存在泛醌-6~泛醌-10，以泛醌-10最常见，也最重要（人体中只含有泛醌-10，又称辅酶Q10）。

泛醌-10可从牛的心肌中提取，现以菌培制备。泛醌-10为黄色或橙色结晶状粉末，熔点48~52℃，不溶于水和甲醇，可溶于油脂，泛醌因此可用脂溶剂提取。

泛醌-10能参与细胞的基本生化反应，主要作用在于氧化磷酰化反应中的电子传导，其分子中的苯醌结构能可逆地加氢还原而形成对苯二酚衍生物，故属于递氢体。泛醌-10是生物氧化反应中的一种辅酶，作为生化制品有极广泛的应用面。外用主要取其能提高皮肤的生物利用率、调理皮肤、抑制皮肤老化，对粉刺、褥疮等皮肤炎症都有治疗作用。

泛醌-10也可用于人体口腔卫生制品，牙膏中它与扁柏酚、甘草酸、维生素E、维生素B_6或溶菌酶配伍，可预防牙病和龈炎。泛醌-10无毒，对皮肤无任何不利影响。

（3）表皮生长因子　表皮生长因子（EGF）是一种活性多肽物质，可在细胞和分子水平上调节生命的基本活动，是一种有效的多功能细胞促进因子，具有广泛的生物学效应。研究表明，EGF是由53个氨基酸残基组成的肽链，其相对分子质量是生物活性蛋白中相对分子质量较小的一种，因此易被皮肤吸收。EGF具体的生理活性表现在：促进表皮组织上皮细胞、角质细胞、成纤维细胞等多种细胞的生长、分裂，加快新陈代谢；促进细胞对营养的吸收；加强细胞合成与分泌胶质物质，并可赋予衰老细胞新的活力，起到防止和去除皱纹的作用；通过促进新生细胞的生成和替代原来细胞来降低皮肤中黑色素和有色细胞的含量，从而达到祛斑作用；通过减少紫外线对皮肤细胞的伤害起到防晒作用。此外，EGF还具有促进皮肤和黏膜创伤愈合、修复皮肤创伤的作用。

六、防腐剂和抗氧化剂

防腐剂和抗氧化剂详见第六章第二节三、（十）防腐剂、（十一）抗氧化剂。

第三节　配方示例及制备工艺

一、雪　花　膏

雪花膏一般是以硬脂酸和碱类溶液作用所生成的皂类阴离子型乳化剂为基础的O/W型非油腻乳化体，其成分中绝大多数是水，油相一般占10%~30%。雪花膏搽在皮肤上会立即消失，与雪在皮肤上融化相似，故而得名。雪花膏的膏体洁白细密，用后滑爽、舒适、油而不腻，不刺激皮肤，香气味宜人，主要用作润肤、打粉底和剃须后化妆品，能节制皮肤表面水分的过分蒸发，对皮肤干燥、开裂或粗糙，保持皮肤水分具有重要作用。

（一）雪花膏配方示例

传统雪花膏是水和硬脂酸在碱的作用下进行乳化的产物。最简单的雪花膏配方有四种基本原料，即三压硬脂酸、碱、多元醇和水。多元醇具有亲水作用，是保湿剂，能吸收空气中的水分，包括甘油、山梨醇、丙二醇和聚乙二醇等。三压硬脂酸与碱反应生成阴离子乳化剂。该乳化剂对皮肤都有一定的刺激作用。乳化剂过多时雪花膏黏度过大。配方中硬脂酸的含量一般为15%~25%，其中15%~30%被碱中和，在设计配方时首先确定硬脂酸的量，然后根据如下方法计算出碱的用量。

硬脂酸与碱进行中和反应，其化学反应式为：

$$C_{17}H_{35}COOH+KOH \longrightarrow C_{17}H_{35}COOK+H_2O$$

从反应式得知1mol硬脂酸需1mol氢氧化钾。现若确定在配方中硬脂酸含量为20%，而其中的25%要与氢氧化钾进行反应生成皂，另知硬脂酸的皂化值为200（从硬脂酸的原料规格中即可得知），则氢氧化钾的用量公式为：

氢氧化钾用量×氢氧化钾纯度（%）=硬脂酸用量×需中和成皂的硬脂酸（%）×皂化值/1000

除传统反应式皂基乳化体系外，为了提高乳化剂、雪花膏的质量，配方中逐渐改变了传统的原料，加入非离子表面活性剂，制得混合乳化体系，从而减少碱的用量，使体系的碱性降低，减小皮肤的刺激性，改善膏体的外观，增进膏体的稳定性。配方中加入的非离子表面活性剂常选用单硬脂酸甘油酯、聚氧乙烯失水山梨醇脂肪酸酯等。

表 7-4　　传统雪花膏配方

组分	质量分数/%	组分	质量分数/%
硬脂酸	18.0	防腐剂	1.0
甘油	2.4	香精	适量
三乙醇胺	1.0	蒸馏水	75.6
羊毛脂	2.0		

表7-4所示配方制法：将硬脂酸和羊毛脂混合加热至80℃，制成油相。将三乙醇胺和甘

油加于水，加热至80℃，搅拌1h，制成水相。将水相注入油相，冷却至60℃时添加防腐剂，继续冷却至40℃时加香精。

表 7–5 羊毛脂雪花膏配方

组分	质量分数/%	组分	质量分数/%
A 羊毛脂	5	棕榈酸异丙酯	3
硬脂酸	15	B 精制水	55.40
甘油单硬脂酸酯	2	三乙醇胺	1
肉豆蔻醇	0.50	对羟基苯甲酸酯	0.10
矿物油	8	丙二醇	10

表7–5所示配方制法：分别将A和B加热至78℃，搅拌下将A加到B中，搅拌冷却至50℃，加色、加香，搅拌冷却至32℃，装袋。

表 7–6 雪花膏（混合型）配方

组分		质量分数/%	组分		质量分数/%
油相	硬脂酸	8.0	碱	氢氧化钾	0.4
	硬脂醇	4.0	其他	抗氧化剂	适量
	硬脂酸丁酯	6.0		香料	适量
保湿剂	丙二醇	5.0		防腐剂	适量
表面活性剂	单硬脂酸甘油酯	2.0			

表7–6所示配方制法：首先将保湿剂、碱加入到精制水中在70℃加热溶解，然后将表面活性剂、防腐剂、抗氧化剂、香料加入油相中，在70℃加热溶解。将此溶解均一的油相加入到水相中进行预乳化，再用均质搅拌机将乳化粒子均一后，脱气、过滤、冷却。

评价：利用KOH与硬脂酸皂化后产生的硬脂酸钾作为主乳化剂，而十八醇亦有助于雪花（珠光）的形成。

（二）雪花膏的制备工艺

（1）原料加热

①油相原料加热：甘油、硬脂酸和单硬脂酸甘油酯投入设有蒸汽夹套的不锈钢加热锅内，总油脂类投入量的体积，应占不锈钢加热锅有效容积的70%~80%。油脂类原料溶解后硬脂酸相对密度小，浮在上面，甘油相对密度高，沉于锅底，硬脂酸和甘油互不相溶（也可将甘油放入水相中加热）。油脂类原料加热至90~95℃，维持30min灭菌。应避免加热温度超过110℃，以免油脂色泽逐渐变黄。

②去离子水加热：去离子水和防腐剂尼泊金酯类在另一不锈钢夹套锅内加热至90~95℃。加热锅装有简单涡轮搅拌机，将尼泊金酯类搅拌溶解，维持30min灭菌，将氢氧化钾溶液加入水中搅拌均匀，立即开启锅底阀门，稀淡的碱水流入乳化搅拌锅。水溶液中尼泊金酯类与稀淡的碱水接触，在几分钟内不致被水解。

因去离子水加热时和搅拌过程中的蒸发，在乳化过程后往往需补加2%~3%的水分。

（2）乳化过程和搅拌冷却

①乳化过程

a. 乳化搅拌锅的主要装置：乳化搅拌锅有夹套蒸汽加热和温水循环回流系统，密闭的乳化搅拌锅使用无菌压缩空气，用于制造完毕时压出雪花膏。

预先开启夹套蒸汽，将乳化搅拌锅预热保温，使放入乳化搅拌锅的油脂类原料保持规定范围的温度。

b. 油脂加热锅操作：测量油脂加热锅油温，开启油脂加热锅底部放料阀门，使升温到规定温度的油脂经过滤器流入乳化搅拌锅，油脂放完后，即关闭放油阀门。

c. 搅拌乳化和水加热锅操作：启动搅拌机，开启水加热锅底部放水阀门，使水经过油脂同一过滤器流入乳化搅拌锅，这样下一锅制造时，过滤器不致被固体硬脂酸所堵塞。稀淡的碱溶液放完后，即关闭放水阀门。

应十分注意的是：油脂和水加热锅的放料管道，都应装设单相止逆阀，避免乳化搅拌锅的压缩空气将倒流至油或水加热锅，使高温的油或水向锅外飞溅，造成人身事故。

d. 雪花膏乳液的搅拌：乳化搅拌叶桨与水平线成45° 安装在转轴上，叶桨的长度尽可能靠近锅壁，使之搅拌均匀和提高热交换效率。搅拌桨转动方向，应使乳液的轴流方向往上流动，目的使下部的乳液随时向上冲散上浮的硬脂酸和硬脂酸钾皂，加强分散上浮油脂效果。防止半透明软性蜡状物质浮在液面，待结膏后再混入雪花膏中，有粗颗粒出现。

在搅拌雪花膏乳液时，一般应使上部搅拌叶桨大部分埋入乳液中，使离转轴中心的上部搅拌叶桨有部分露出液面，允许中心露出叶桨长度不超过整个叶桨长度的1/5，在此种情况下不会产生气泡。待结膏后，整个搅拌叶桨埋入液面，当58~60℃加入香精时，能很好地将香精搅拌均匀。

②搅拌冷却

a. 消泡：在乳化搅拌过程中，因加水时冲击产生的气泡浮在液面，空气泡在搅拌过程中会逐渐消失，待基本消失后，乳液约70~80℃，才能进行温水循环回流冷却。

b. 搅拌冷却：乳液冷却至70~80℃，液面空气泡基本消失，夹套中通入60℃温水使乳液逐渐冷却，控制回流水在1.5h内由60℃逐渐下降至40℃。尤其是雪花膏结膏后的冷却过程，应维持回流温水的温度低于雪花膏的温度10~15℃为准，则可控制2h内使雪花膏达到需要停止搅拌的温度。如果是1000kg投料量，则回流温水和雪花膏的温差可控制在12~25℃。

如果温差过大，骤然冷却，势必使雪花膏变粗。温差过小，势必延长搅拌时间。利用触点温度计可根据需要加以调节，找到最适宜温水的温度范围和维持此温度时间的最佳条件，然后固定操作，采用这种操作方法使雪花膏的细度和稠度比较稳定。

硬脂酸在搅拌过程中凝聚的小颗粒逐渐解聚分散，搅拌冷却至61~62℃结膏和61℃以下时，解聚分散速度较快，所以要注意雪花膏55~62℃冷却速度应缓慢些，使凝聚的内相小颗粒很好分散，制成的雪花膏细度和光泽都较好。

（3）静止冷却　乳化搅拌锅停止搅拌以后，用无菌压缩空气将锅内制成的雪花膏由锅底压出。取样检验耐寒、pH等主要质量指标。制品化验合格后，隔天在30~40℃下包装较为理想。也有制成后的雪花膏在35~45℃时即进行热装灌，雪花膏装入瓶中刮平后覆盖塑料薄片，然后将盖子旋紧。

（4）包装与贮存条件　雪花膏含水量70%左右，所以水分很容易挥发而发生干缩现象，因此如何长期加强密封程度是雪花膏包装方面的关键问题，也是延长保质期的主要因素之一。防止雪花膏干缩，主要是瓶盖和瓶口要精密吻合，包装容器密闭效果要好，同时要注意灭菌。

贮存条件应注意下列几点：不宜放在高温或阳光直射处，以防干缩。冬季不宜放在冰雪露天，以防雪花膏冰冻后变粗；不可放置在潮湿处，防止纸盒商标霉变；雪花膏玻璃瓶经撞击容易破碎，搬运时注意轻放。

（三）主要质量问题和控制方法

雪花膏的主要质量问题和变质情况，有时在配制时即可发觉，有时需经长时间储存才能发现。雪花膏主要质量问题的原因及控制方法说明如下。

（1）雪花膏有粗颗粒　当搅拌桨效率不高，油、水乳化后，乳剂流动缓慢，使得部分硬脂酸和硬脂酸皂上浮，在雪花膏结膏后，上浮至液面的结块油脂，就会发生这一现象。另外碱溶液用量过多，中和成皂的硬脂酸比例超过25%，硬脂酸钾皂过量，也会出现半透明状颗粒。因而碱的用量控制在硬脂酸被中和12%~25%，接近20%较好。

油、水乳化后，搅拌冷却速度太快，整个搅拌时间太短，聚集的分散相，没有很好分散，也可以造成这一现象。

当配方比例不合理，比如保湿剂或亲水性非离子型乳化剂含量较少，经过冰冻、恢复室温也会发粗。

（2）出水　这是严重的乳化破坏现象。主要原因有碱用量不足，也就是中和成硬脂酸皂的用量不够，不足以形成内相颗粒足够的水-油界面膜，以致乳化不稳定，有水析出。单纯用硬脂酸钾皂为乳化剂往往也不稳定，经过严重冰冻或配方中含有大量石蜡、矿油也可引起出水。实际配方中可采用“乳化剂对”，来解决这一问题。

水的质量规格也对体系有明显影响，若水中含有较多电解质，能将硬脂酸钾皂从水中离析出来，即乳化剂被盐析，雪花膏必然出水。因此生产中可采用去离子水避免这一现象。

（3）起白条　单独选用硬脂酸和碱类中和成皂，由于润滑度不够容易产生这种情况。另外硬脂酸用量过多也会产生这一现象。为了减轻这种现象，优化配方结构，将硬脂酸用量控制在10%~15%，增加甘油或丙二醇或白油用量是十分必要的。

（4）色泽深、变味　主要是香精内有变色成分，如葵子麝香、洋茉莉醛等，或硬脂酸碘值过高、不饱和脂肪酸被氧化使色泽变深，产生酸败臭味。另外，油脂加热温度过高，加热时间过长也会造成这一现象。

（5）刺激皮肤　香精用量过高，例如香精含量≥1%，或体系皂化不完全、含游离碱及酸败变质、微生物污染等原因造成的。

（6）霉变和发胀　空玻璃瓶或原料保管不善沾污了灰尘和微生物，或装灌雪花膏后，瓶口刮下的雪花膏多次回用，使雪花膏被污染含有大量微生物，经贮存后，在气温适宜时或表面发霉或因细菌繁殖，产生二氧化碳气体而发胀。因而生产雪花膏的环境卫生和周围环境条件因素十分重要，制造和包装过程都要注意工业卫生和个人卫生。

（7）严重干缩　是包装容器没有做到密封所造成。应制定瓶、盖、模具的公差范围，严格管理，瓶盖内垫使用略有弹性的塑片或塑纸复合片，并应留有较深的瓶口凹槽痕迹。包装时用紧盖机紧盖。

二、润　肤　霜

润肤霜的主要作用是恢复和维持皮肤的滋润、柔软和弹性，保持皮肤的健康和美观。

水是保持表皮角质层的滋润、柔软和弹性所必不可少的物质。正常情况下，角质层中水分保持量在10%~20%时，皮肤张紧，富有弹性，是最理想的状态，水分在10%以下时，皮肤干燥，呈粗糙状态，水分再少则发生龟裂现象。因此保持皮肤适宜的水分含量是保持皮肤滋润、柔软和弹性，防止皮肤老化的关键。恢复干燥皮肤水分的正常平衡的主要途径是赋予皮肤滋润性油膜，保湿和补充皮肤所缺少的养分，防止皮肤水分过快挥发，促进角质层的水合作用。润肤物质是表皮水分有效的封闭剂，可减少或阻止水分从它的薄膜通过，促使角质层再水合，且对皮肤有润滑作用。补充皮肤中天然存在的游离脂肪酸、胆固醇、油脂的不足，也就是补充皮肤中的脂类物质，使皮肤中的水分保持平衡。润肤霜就是含有这种润肤物的膏霜。润肤霜的pH应控制在4.0~6.5，和皮肤的pH相近。如果pH大于7，偏于微碱性，会使表皮的天然调湿因子及游离脂肪酸遭到破坏，使用日久，必然会引起皮肤干燥，得到相反的效果。

产品的表观、结构、色泽和香气都是重要的感官质量。在使用时应该涂敷容易，既不阻曳又不过分滑溜，似乎有逐渐被皮肤吸收的感觉，有滋润感但并不油腻。当涂敷于干裂疼痛的皮肤时有立即润滑和解除干燥的感觉。经常使用能保持皮肤的滋润。

（一）原料组成及配方设计

润肤霜的原料主要包括润肤物质和乳化剂，润肤物质又可分为油溶性和水溶性两类，参见本章第一节一、护肤霜的功能和二、护肤霜的配方组成。

（1）润肤物质　常见的油溶性润肤物质从化学结构可分为下列几组。

①蜡酯：羊毛脂、鲸蜡、蜂蜡。

②类固醇：胆甾醇和其他羊毛脂醇等。

③脂肪醇：月桂醇、鲸蜡醇、油醇和脂蜡醇等。

④三甘油酯：各种动植物油脂。

⑤磷脂：卵磷脂和脑磷脂。

⑥多元醇酯：乙二醇、二甘醇、聚乙二醇、丙二醇、丙三醇、山梨醇、山梨醇酐、甘露醇、季戊四醇、聚氧乙烯山梨醇和聚氧乙烯山梨醇酐的单脂肪酸和双脂肪酸酯。

⑦脂肪醇醚：鲸蜡醇、脂蜡醇或油醇等的环氧乙烷加成物。

⑧烷基脂肪酸酯：脂肪酸的甲酯、异丙酯和丁酯等。

⑨烷烃类油和蜡：矿油、凡士林和石蜡。

⑩亲水性羊毛脂衍生物：聚氧乙烯山梨醇羊毛脂和聚氧乙烯羊毛脂衍生物。

⑪亲水性蜂蜡衍生物：聚氧乙烯山梨醇蜂蜡。

⑫硅酮油：聚硅氧烷和甲基聚硅氧烷。

上述滋润性物质中，只有烷烃和硅酮是完全非极性的，因此这些物质具有非凡的滋润特性。矿油和凡士林在化妆品乳化体中主要用作油溶性润肤物质的载体，它们是有效的封闭剂，但过量的矿油和蜡会阻碍滋润物的渗透。硅酮既能抗水又能让水汽通过，因此在封闭性方面硅酮较烷烃为差，但对既需柔和的滋润性又要避免出汗的特种制品是十分有利的。

其余的滋润物都是极性的，不同程度上显示亲水、亲油的特性。这些物质的滋润性和吸水性的强弱与这些物质中亲水、亲油基团的平衡有关。

最好的滋润物应该和天然皮脂的组分接近（参见表7-1）。羊毛脂涂敷在皮肤上形成光滑的和缓和的封闭薄膜，阻滞水分的挥发，促使角质的再水合，最后软化和增加了皮肤的弹性，使粗糙鳞片状的皮肤变得柔软光滑。

乳化剂也具有滋润价值和改变油膜的最后亲水、亲油的作用。但乳化剂中皂类、烷基硫酸盐类、烷基苯磷酸盐类等可能没有任何滋润作用。

有些油相成分，如烷基脂肪酸酯除了滋润和渗透作用外，其优良的溶剂性能使原来不相溶油脂和蜡能相互混合并增加乳化体油相的塑性。利用它对矿油和蜡的溶解性可以制成一种含有棕榈酸异丙酯、羊毛脂、矿油和鲸蜡醇等的无水制品。这类酯还能使配方中大量应用羊毛脂和高熔点蜡，因为它能使油相敷用于皮肤时增加润滑性。

另外，亲水蜡酯，例如聚氧乙烯山梨醇羊毛脂和聚氧乙烯山梨醇蜂蜡，是以羊毛脂或蜂蜡和聚氧乙烯山梨醇（有各种不同的EO数）反应而成的醚酯混合物，可制成从完全水溶性、水分散性到完全油溶性的衍生物。用于润肤霜中可制成各种不同程度封闭性的油相，从强亲水性可洗薄膜到强亲油性抗水薄膜。水溶性和油溶性羊毛脂具有滋润性、不同亲水或亲油特性和乳化特性。亲水性蜂蜡衍生物主要用作增稠剂和乳化剂，但也可用作封闭剂以限制水分从皮肤蒸发。

常见的水溶性润肤物质，如甘油、丙二醇、山梨醇、聚氧乙烯缩水山梨醇醚和聚乙二醇等多元醇，一般作为油/水型乳化体的保湿剂，阻滞水分的挥发，使皮肤柔软和光滑。在一定温度和相对湿度的条件下，这些物质可吸收空气中的水分起到保湿和润肤的作用，但保湿剂在高浓度时和皮肤相接触可使皮肤脱水。因此，采用保湿剂作为滋润物要有适宜用量。

水在乳化体中也是一种重要的润肤物。水作为连续相时能有效地使角质层轻微膨胀，使油相粒子更易于渗透入表皮。水为分散相时，由于受连续相油脂的包围，不易挥发，乳化的微小水珠相水/油型乳化体同时渗入上表皮，对角质的水合起到有益的作用。

（2）乳化剂　乳化剂由于其化学结构和物理特性，形态可从轻质油状液体、软质半固体直至坚硬的塑性物质，其溶解度可从完全水溶性、水分散性直至完全油溶性。各种油性物质经乳化后敷用于皮肤上可成为亲水的也可成为疏水的。水溶性或水分散性乳化剂可以减弱烷烃类油或蜡的封闭性。如果乳化剂的熔点接近皮肤温度，则留下的油膜也可减少油腻感。所以选择不同的乳化剂可以配制成适用于不同程度干燥皮肤的润肤霜。

阴离子型、非离子型和阳离子型表面活性剂都可作为乳化剂，润肤霜和蜜可以配制成油/水型或水/油型乳化体。每种霜和蜜中可以只含阴离子型、非离子型和阳离子型乳化剂，也可用阴离子型-非离子型混合乳化剂或阳离子型-非离子型混合乳化剂。

阴离子型乳化剂除古老的蜂蜡-硼砂体系外，还有皂稳定的单硬脂酸甘油酯、烷基硫酸钠和脂肪醇磷酸酯。

非离子型乳化剂可以制成油/水型和水/油型乳化体，特别对配制水/油型乳化体更为重要。羊毛脂衍生物、羊毛醇衍生物、胆甾醇、缩水山梨醇酯及其聚氧乙烯衍生物都是常用的非离子型乳化剂。各种非离子型乳化剂适当的配合可以制成流动特性和触感良好的水/油型乳化体。

阳离子型乳化剂在理论上是可以配制润肤膏霜的，但使用不广泛。水溶性季铵化合物和脂肪醇配合使用可以制成稳定的油/水型膏霜。

（3）配方设计　乳化体化妆品根据它们的特性可以分为许多种类。这些特性都和选用的原料和配方的结构有关，其中最重要的是乳化体的类型、两相的比例、油相的组分、水相的组分和乳化剂的选择。

①体系乳化类型的确定：上述各种滋润物质在乳化体中作为分散相或连续相，滋润的效

果很大程度上决定于乳化体的类型和载体的性质。将油/水型乳化体敷于皮肤上则连续的水相快速蒸发，随着水分的减少最后产生不同程度冷的感觉。分散的油相开始时并不封闭，对皮肤的水分挥发并无阻碍。随着水分挥发的进行，分散的油相在皮肤上联合成连续的薄膜，乳化剂的亲水-亲油平衡左右着封闭的性能。油/水型乳化体系的主要优点在于涂在皮肤上有滑爽感觉，少油腻。

在皮肤上敷用水/油型乳化体使油相能和皮肤直接接触，且乳化体内的水分挥发得较慢，所以对皮肤不会产生冷的感觉。因为婴儿的皮肤比较娇嫩，所以配制婴儿霜时以水/油型为宜。

从两种乳化体的类型来说，一般认为油/水型乳化体较好，因为油在油/水型乳化体中成微粒分散，可促进对毛囊的渗透。但总的来说两种类型的乳化体，对皮肤的渗透来说相差甚微。

②油水相的比例：根据相体积理论，乳化体中分散相的最大体积可占总体积的74%，即油/水型乳化体中小于74%的油可以分散在大于26%的水中，而水/油型乳化体中小于74%的水可以分散在大于26%的油中。总之，内相可以小于1%，而外相必须大于26%。

油/水型润肤霜中油相比例约占25%~65%，水/油型润肤霜中油相比例约占45%~80%，但两相的比例除通用规则外，还需根据各类产品的特性要求来决定。各类产品也有一定限度的变动范围，按照每一产品的功能和有关因素才能确定最后的比例。

③油相的选择：产品的分布特性及其最终效果和油相的组分有密切的关系。水/油型乳化体产品的稠度主要决定于油相的熔点，一般很少超过37℃。油/水型乳化体产品的油相熔点可远远超过37℃。乳化剂和生产方法能改变油相的物理特性，而最终表现在产品的性质上。

矿油是在许多膏霜中最常用的作为油相主要载体的原料。肉豆蔻酸异丙酯等的液体酯类适宜用于作为非油腻性膏霜的油相载体。蜡类用于油相的增稠，促进封闭膜的形成和留下一层非油腻性膜。

油相也是香料、某些防腐剂和色素以及某些活性物质如雌激素、维生素A、维生素D和维生素E等的溶剂。颜料也可分散在油相中。相对地说油相中的配伍禁忌要较水相少得多。

一般认为，对皮肤的渗透来说，动物油脂较植物油脂为佳，而植物油脂又较矿油为好，矿油对皮肤不显示渗透作用。胆甾醇和卵磷脂能增加矿油对表皮的渗透和粘附。当基质中存在表面活性剂时，油相对表皮细胞膜的透过性将增大，吸收量也将增加。

④水相的组分：在乳化体化妆品中，水相是许多有效成分的载体。当组合水相中这些成分时，要十分注意各种物质在水相中的化学相容性。因为许多物质很易在水溶液中相互反应，甚至失去效果，有些物质在水相中，由于光和空气的影响，也容易逐渐变质。作为水溶性滋润物的各种保湿剂，如甘油、山梨醇、丙二醇和聚乙二醇等，能防止油/水型乳化体的干缩，但用量太多会使产品在使用时感到黏腻。

作为水相增稠剂的亲水胶体，如纤维素胶、海藻酸钠、鹿角菜胶、黄蓍树胶、羧基聚甲烯化合物、硅酸镁铝胶和膨润土等，能使油/水型乳化体增稠和稳定。

许多防腐剂和杀菌剂，如六氯酚、季铵盐、氯代酚类和对羟基苯甲酸酯也是水相中的一种组分。

此外还有营养霜中的一些活性物质，如水解蛋白、人参浸出液、珍珠粉水解液、蜂王浆、水溶性维生素及各种酶制剂等均是水相的组分。

（二）制备工艺

油水型润肤霜的制备与雪花膏有许多相似之处，同样也包括原料加热、加料方式、乳化等步骤，不同的是雪花膏涉及金属皂的生成反应，因此对工艺过程中温度的要求更加严格。油/水型润肤霜的生产技术适用于：润肤霜、清洁霜、晚霜、保湿霜、按摩霜等产品。下面简单介绍油/水型润肤霜的生产。

（1）原料加热

①油脂类原料加热：将油脂类原料投入不锈钢夹套水蒸气加热锅，按配方和质量需要加热至规定温度，一般在乳化前油脂温度维持在70~80℃。先将所有油脂类原料加热至90℃，维持20min灭菌。加热锅装有简单涡轮搅拌机，目的是将各种油脂原料搅拌均匀，同时加速传热速度。油脂加热锅在高位，油脂靠重力经过滤器流入保温的乳化搅拌锅，使油脂维持在70~80℃。

为了降低两相间的界面张力，减少内相分散所剪切和分散的能量，有时也需将油相温度提高15℃，从而有利乳化剂分子排列在界面膜，使护肤霜稳定。

②水相加热：将防腐剂加入去离子水中，然后在另一不锈钢夹套水蒸气加热锅内加热至90~95℃，维持20min灭菌。加热锅装有简单涡轮搅拌机，使防腐剂加速溶解，加速传热，使水升温。在保证油水相具有相近温度的条件下，将水相加入油相进行乳化，同时均质搅拌。

（2）油/水型乳剂的加料方法　某种乳剂虽然采用同样配方，由于操作时加料方法和乳化搅拌机械设备不同，乳剂的稳定性及其他物理现象也各异，有时相差悬殊。制备乳剂时的加料制造方法详见第三章第二节四、（一）乳状液的乳化方法。

（3）油/水型乳剂的制造方法　制造油/水型乳剂大致有4种方法：均质刮板搅拌机制造方法；管型刮板搅拌机半连续制造法；锅组连续制造法；低能乳化制造法。

目前大多采用均质刮板搅拌机制造法，适用于少批和中批量生产。管型刮板机半连续制造法，适用于大批量生产，欧美等国家某些大型化妆品厂采用。

均质刮板搅拌机制造法是将水溶性及油性乳化剂都溶入油中，这大多是指非离子型乳化剂。如果采用阴离子和非离子型合用的乳化剂，则要将阴离子乳化剂溶于水中，非离子乳化剂溶于油中，将水和油分别加热至指定温度后，油脂先放入乳化搅拌锅内，然后去离子水流入油脂中。同时启动均质搅拌机，开始是形成水/油乳剂，黏度逐步略有提高，当加入多量的水，黏度突然下降，变型成油/水型乳剂，用此法所得的内相颗粒较细。当水加完后，再维持均质机搅拌数分钟，整个均质搅拌时间为3~15min。当水加完后，即使延长均质搅拌时间，要使内相颗粒分散的作用已很小。停止均质搅拌机后，是冷却过程，启动刮板搅拌机，此时乳剂70~80℃，搅拌锅内蒸汽压不能使真空度升高，维持真空26.66~53.33kPa，夹套冷却水随需要温度加以调节。待乳剂40~50℃，搅拌锅内蒸汽压降低，真空度升至约66.660~93.324kPa，应略降低转速，500~2000L搅拌锅，维持30r/min已足够，低速搅拌减少了对乳剂的剪切作用，不致使乳剂稠度显著降低。

（三）主要质量问题和控制方法

（1）耐热48℃24h或数天后油水分离　可能是试制样品时某种主要原料与生产用原料规格不同，制成乳剂后的耐热性能也各异。或试制时耐热48℃符合要求，但生产时因为设备和操作条件不同，影响耐热稳定度。

需要取生产用的各种原料试制乳剂，耐热48℃符合要求后投入生产，同时在操作中型乳化搅拌锅时，应调试至最佳操作条件，例如加料方法、乳化温度、均质搅拌时间、冷却速度、整个搅拌时间，停止搅拌时的温度。

（2）贮存若干时间后，乳剂色泽泛黄　参考本章第三节一、（三）主要质量问题和控制方法。

（3）乳剂内混有细小气泡　参考本章第三节一、（三）主要质量问题和控制方法。

（4）霉变和发胀　润肤霜中含有各种润肤剂、营养性原料，尤其是采用非离子型乳化剂，往往减弱了防腐性能，所以比雪花膏容易繁殖微生物。霉变和发胀的原因和控制方法，参考本章第三节一、（三）主要质量问题和控制方法，在制造和包装润肤霜时更应严格控制。

（四）配方示例

表 7-7　　润肤霜配方（1）

组分	质量分数/%	组分	质量分数/%
A　杏仁油	8	尼泊金丙酯、抗氧化剂	适量
白油	8	B　甘油	5
鲸蜡	5	尼泊金甲酯	适量
羊毛醇	2	蒸馏水	56
羊毛脂	2	香精	适量
甘油单硬脂酸酯	14		

表7-7所示配方制法：将A组混合加热至75℃。将B组（除香精）混合，加热至75℃。在搅拌下，将A组缓缓地加于B组中，进行乳化，待温度降至40℃加香精，搅拌均匀即成。

表 7-8　　润肤霜配方（2）

组分	质量分数/%	组分	质量分数/%
A　蜂蜡	2	尼泊金甲酯	0.2
硬脂酸	5	角鲨烷	15
十八醇	3	吐温60	3
加氢羊毛脂	2	B　2-十二烯二酸（保湿剂）	0.5
2-十二烯二酸钠	0.5	蒸馏水	适量
丙二醇	5	香精	余量

表7-8所示配方制法：将A组混合，加热至75℃。将B组（除香精外）混合，加热至75℃。在搅拌下缓缓将A组加于B组中，进行乳化，待温度降至40℃加入香精，搅拌均匀即成。

表7-9所示配方制法：将A组混合，加热至75℃。将B组（除香精）混合，加热至75℃。在搅拌下缓缓地将A组加于B组，进行乳化，待温度降至40℃加入香精，搅拌均匀即成。

特性：该霜具有抑制皮肤水分损失，使皮肤光滑的作用。

表7-10所示配方制法：将A组混合，加热至80℃。将B组混合，加热至80℃。在搅拌下将A组加于B组中，混合搅拌10min，待冷却至45℃加入成分C，继续搅拌冷却至40℃喷洒入含有

表 7-9 润肤霜配方（3）

组分	质量分数/%	组分	质量分数/%
A 硬脂酸	2	吐温60	3
十八醇	1	甘油单硬脂酸酯	2
氢化羊毛脂	1.8	防腐剂	0.2
角鲨烷	10	B 甘油	5
辛基十二醇	6	蒸馏水	58.7
胆甾醇糖苷	10	香精	0.3

表 7-10 润肤霜配方（4）

组分	质量分数/%	组分	质量分数/%
A 羊毛脂油	12	三乙醇胺(99%)	1.5
鲸蜡醇	5	蒸馏水	64.3
合成蜂蜡	4	C 季铵盐-15	0.2
硬脂酸	3	D 含有矿物油的多孔聚合物	5
B 丙二醇	5	E 香精	适量

矿物油的多孔聚合物，混合均匀后温度降至35℃加入香精，混合均匀冷却至30℃，灌装。

特性：该霜能在皮肤上迅速展开，并被吸收，产生蜡样感，具有良好的保护皮肤的功能。

表 7-11 润肤霜配方（5）

组分	质量分数/%	组分	质量分数/%
A 白凡士林	2	B 山梨醇	1
乙二醇硬脂酸酯	2	三乙醇胺（99%）	1
硬脂酸	2	尼泊金甲酯	0.25
DC200硅酮流体	0.2	硅酸镁铝	0.3
鲸蜡醇乙酸酯	0.2	蒸馏水	83.95
甘油单硬脂酸酯	1	C 含有50%矿物油的多孔聚合物	5
鲸蜡醇	1		
尼泊金丙酯	0.1	D 香精	适量

表7-11所示配方制法：在均匀搅拌下将硅酸镁铝加进的同时将B组加热至80℃，混合获得清澈溶液。将A组混合，加热至80℃。在搅拌下将A组加于B组中，混合10min，再进行缓慢搅拌冷却，至40℃时喷洒入含有矿物油的多孔聚合物，混合均匀，冷却至35℃时加入香精，搅拌冷却至35℃，灌装。

特性：该霜带有一定光泽，对皮肤产生丝一样的光滑并有凉爽感。

表 7-12 防水润肤霜配方

组分	质量分数/%		组分	质量分数/%	
油相部分	Ⅰ	Ⅱ	水相部分	Ⅰ	Ⅱ
石蜡	25	—	三乙醇胺	1.7	—
软蜡	11.75	—	苛性钠	—	0.6
白油	3.50	—	山梨醇（70%溶液）	—	18.3
二甲基硅油	—	10	精制水	余量	余量
十六、十八混合醇	5	—	防腐剂	适量	适量
硬脂酸	1.8	15			

表7-12所示配方制法：水相和油相原料分别加热至80℃左右，两相原料在搅拌下混合，经乳化、均质化冷却而制成。

特性：含有高碳烷烃或憎水性强的有机硅油，涂抹在皮肤上，能形成一层防水膜，防止水湿性污物刺激皮肤，也防止角质层膨胀、皮脂损失。

表 7-13 营养润肤霜配方（1）

组分	质量分数/%	组分	质量分数/%
A 三压硬脂酸	4	B 羧乙烯聚合物（3%水溶液，Carbomer 940）	10
甘油单硬脂酸酯	1	谷氨酸蔗糖酯	1
异硬脂酸异丙酯	4	尼泊金甲酯	0.2
甘油麦芽酯	0.1	吐温20	0.15
十八醇	1	蒸馏水	加至100
尼泊金丙酯	0.1	C 三乙醇胺（10%水溶液）	7
丁基化羟基甲苯	0.1	D 香精	适量

表7-13所示配方制法：除甘油麦芽酯外，将A组混合，加热至70~75℃。除谷氨酸蔗糖酯外，将B组混合，加热至70~75℃。然后分别将甘油麦芽酯、谷氨酸蔗糖酯加于A、B组中。在中等搅拌速度下，将A组加于B组，保持温度混合均匀后，缓缓加入C，产品变稠，适当加快搅拌10~15min，待温度降至45~50℃时加入香精，包装。

特性：膏体细腻，润肤理想，便于搽用，特别适用于非常干燥的皮肤。

表7-14所示配方制法：将A组混合，加热至75℃。将B组混合，加热至75℃。在搅拌下，将B组加于A组中，混合10min后，待冷却至50℃时加入香精，冷却至室温，包装。

特性：该霜对皮肤有营养，能减轻皮肤干燥，渗透快，使皮肤柔润，起保护作用。

三、乳　　液

乳液又名奶液，是两种互不相容的相通过特定的乳化剂而形成的乳化体系，黏度较低，

表 7-14　　　　营养润肤霜配方（2）

组分	质量分数/%	组分	质量分数/%
A　矿物油	25	十六醇	2.5
白蜂蜡	10	维生素A棕榈酸盐	0.02
甘油单硬脂酸酯	2.5	维生素E	0.02
米糠油	2	氢化羊毛脂	0.5
白凡士林	5	B　硼砂	0.6
角鲨烷	2	甘油	2
棕榈酸异丙酯	6	尼泊金甲酯	0.01
白油和羊毛醇	1.5	蒸馏水	38.75
水貂油	1.25	C　香精	0.25
尼泊金丙酯	0.1		

在重力作用下可倾倒，在常温下可流动。护肤乳液又叫润肤奶液或润肤蜜，可分为O/W型和W/O型乳化体，实际产品多为含油量低的O/W型乳液。其含油量小于15%，低于雪花膏和香脂。乳液制品使用感好，较舒适滑爽，易涂抹，延展性好，无油腻感，它可弥补角质层水分，尤其适合夏季使用。

润肤乳液的组分与润肤霜的组分类似，仍是由滋润剂、保湿剂及乳化剂和其他添加剂等组成，但因乳液为流体状，故润肤乳液中的固体油相组分要比膏霜中的含量低。润肤乳液的乳化方式与膏霜相同，但乳液的稳定性较膏霜差，乳液若存放时间过久容易产生分层，因此在设计乳液的配方及制备时，需特别注意产品的稳定性。为使分散相与分散介质的密度尽量接近，在配方中常添加增稠剂，如水溶性胶质原料和水溶性高分子化合物。另外，在配制生产时，采用优质的均质乳化机，使得分散液滴较小，提高乳液的稳定性。另外优质乳化剂的选用也是决定乳液化妆品稳定性的重要因素，但在实际配制和生产时，影响乳液稳定性的因素较多，需不断试验和总结，找出最佳生产工艺。

在化妆品中，乳液被作为一种不错的载体，可用来达到以下五个目的：

①保持皮肤的滋润感（保湿剂）；

②作为皮肤柔软剂；

③具有吸湿性（滋润剂）；

④延缓皮肤水分流失（赋脂剂）；

⑤把“活性”成分分散到皮肤表面，这些活性成分包括抗汗剂、防晒剂、清除自由基的成分、消毒剂、香精、防腐剂、色粉或色素以及毛发调理成分。

（一）乳液的原料组成

乳液的原料组成与护肤霜相似，可参见护肤霜。所不同的是乳液浓度较低，稳定性及稠度是配方设计中需要重点考虑的问题。

水/油型乳液的油相直接和皮肤接触，由于乳剂不能形成双电层，所以乳液的稳定性很成问题，需选择能形成坚固的界面膜的乳化剂，并能形成密集的分散相，才能维持乳液的乳化稳定度。

为了使乳液产品的稠度稳定，可以将亲水性乳化剂加入油相中，例如胆固醇或类固醇原料。加入少量聚氧乙烯胆固醇醚，可以控制乳液变稠厚趋势；加入亲水性非离子表面活性剂，能使脂肪酸皂型乳剂稳定和减少存储期的增稠问题。

质量优良的乳液应具有：保持长时间货架寿命的黏度稳定性和乳化稳定性；敷在皮肤上很快变薄，很容易在皮肤上涂开；黏度适中，流动性好，在保质期内或更长时间，黏度变化较少或基本没有变化；有良好的渗透性。

（二）乳液的制备工艺

乳液的制备工艺参见润肤霜，同样包括原料加热、加料方式、冷却搅拌等主要步骤。乳液产品含水量高，用低能乳化法制造比较有利。其低能乳化法的制备方法参见第三章第二节四、（一）乳状液的乳化方法。

乳液产品含水量高，往往需要增稠，在增稠时需要注意，体系中加入的胶质应事先混合均匀。如果采用无机增稠剂，如膨润土、硅酸镁铝等，必须加入水中加热至85~90℃维持约1h，使它们充分调和，使得有足够的黏度和稳定度，加入到乳剂后，有增稠现象。如果过分搅拌，剪切过度，将降低其黏度而不会恢复。

（三）配方示例及制备工艺

表 7-15　油/水型护肤乳液配方（1）

组分	配方1 质量分数/%	配方2 质量分数/%
油相部分		
羊毛脂	1.5	1.3
凡士林	—	1.3
白油	3.5	5.0
油酸	1.5	—
氯化十八烷基二甲基苄基铵	—	0.4
水相部分		
三乙醇胺	0.75	—
防腐剂	适量	适量
抗氧剂	0.15	0.15
蒸馏水	42.4	42.1
香精	适量	适量

表7-15所示配方制法：油相和水相（香精除外）分别混合加热，然后两相混合乳化，均质化后冷却，加入香精即得。

注：两相混合时，将油相慢慢加入水相中。

特性：这种油/水型护肤乳液主要用于滋润皮肤，温暖季节和日间常用。很容易在皮肤上均匀地涂敷成一层膜，使用方便，油腻感很小，感觉舒服。

产品在-10℃和40℃条件下放置24h，再恢复至室温不得发生油水分离；在3000r/min条件下离心30min仅允许有微小的油水分离。对皮肤无刺激，乳液细腻，极易涂搽，用后肤

表 7-16 油/水型护肤乳液配方（2）

组分	质量分数/%	组分	质量分数/%
A 组分		B 组分	
混合醇	2.0	甘油	8.0
白油	8.0	乳化剂P	1.2
羊毛脂	0.7	去离子水	余量
乙二醇单甘酯	1.0	防腐剂	适量
		香精	适量

感舒服。

表7-16所示配方制法：在水相罐中加入B中的去离子水、甘油、乳化剂P，搅拌加热至90~95℃，维持20min灭菌。在油相罐中加入A中的白油、混合醇、乙二醇单甘酯、羊毛脂，搅拌、加热，使其熔化均匀。

将水相、油相分别经过滤器抽至乳化罐中，维持温度70℃，均质乳化（2200r/min），同时，刮边搅拌（30r/min），均质7min。停止均质，通冷却水冷却。脱气、降温至40℃，加入防腐剂和香精。

表 7-17 W/O型乳液配方

组分	质量分数/%	组分	质量分数/%
A相		B相	
Arlacel P135	2.0	甘油	3.0
Arlamol HD	10.0	水合硫酸镁	0.7
液体石蜡	4.0	乳酸（90%溶液）	0.02
棕榈酸异丙酯	3.0	乳酸钠（50%溶液）	0.3
硬脂酸镁	0.3	防腐剂	适量
维生素E乙酸酯	1.0	水	75.68

表7-17所示配方制法：分别加热A、B至75℃，强力搅拌下缓慢将B加入到A中，均质1min，继续快速搅拌并冷却至室温。

表7-18所示配方制法：

（1）在带有搅拌器的容器中加入凡士林、白油、十六醇、硅酮，加热至90~100℃，使各物料熔融，搅拌均匀。

（2）在另一带有搅拌器的容器中，加入配方中其他物料（香精除外），加热至70~80℃。

（3）在搅拌下将步骤（2）所得液体加至步骤（1）所得液体中，边搅拌边冷却至50℃左右时加入香精，继续搅拌至室温时即可出料包装。

特性：乳液是由两种或两种以上不互溶的液体所形成的分散体系。本品是由凡士林、白油、硅酮及表面活性剂等配制而成的不透明乳液，能使婴儿皮肤光滑舒适，并能产生带有柔滑感的一层保护膜，能有效地增进皮肤的光滑性及弹性。

表 7-18　　婴儿乳液配方

组分	质量分数/%	组分	质量分数/%
凡士林	2~4	失水山梨醇单硬脂酸酯	2~4
白油	14~18	尼泊金甲酯	0.05~0.15
十六醇	3~5	香精	适量
硅酮	3~5	蒸馏水	加至100.0
吐温-60	6~8		

表 7-19　　增湿乳液配方

组分	质量分数/%
十八醇聚氧乙烯醚	2
甘油	8
四氢松香酯改性聚二甲基硅氧烷	10
水	80

表7-19所示配方制法：将十八醇聚氧乙烯醚、甘油加入水中，加热混溶后，加入四氢松香酯改性聚二甲基硅氧烷，混合均匀后得增湿乳液。

特性：该乳液含有四氢松香酯改性聚二甲基硅氧烷、非离子表面活性剂和甘油，从而克服了单纯甘油蜜具有发黏性的不足。可用作护肤剂，也可作发用梳理剂。

（四）乳液的主要质量问题和控制方法

（1）乳剂稳定性差　稳定性差的乳剂在显微镜下，内相的颗粒是分散度不够的丛毛状油珠，当丛毛状相互联结扩展为较大的颗粒时（即油珠凝聚），产生了凝聚油相的上浮成稠厚状，在考验产品耐热的恒温箱中常易见到。可以适当增加乳化剂用量，阴离与乳化剂能成为完全的双电层。此外乳液中加入聚乙二醇600硬脂酸酯、聚氧乙烯胆固醇醚，能在界面膜上附着，因而改进了颗粒的分散程度。

另外乳液产品黏度低，也会有这一现象。水油两相的密度有一定差别，适当增加乳液的黏度，加入胶质（如Carbopol 94），使外相增稠，但需要保持产品在瓶中适当的流动性。同时选择和调整水油两相的相对密度，使两相密度比较接近。

（2）在贮存过程中，黏度逐渐增加　当体系大量采用硬脂酸和它的衍生物作为乳化剂时，乳液在储存过程中会出现黏度增加现象，在低温储存后，黏度增加更为显著。因而应避免采用过多硬脂酸及多元醇脂肪酯类和高碳脂肪醇类原料，特别是熔点较高的脂肪酸酯类，如单硬脂酸甘油酯、硬脂酸丁酯等。同时增加低黏度白油或低熔点的异构脂肪酸酯类原料用量，最高用量可加至10%。

（3）颜色泛黄　参见雪花膏。

四、护　手　霜

护手霜的主要功能是保护手上皮肤的健康，使其柔软润滑。手上的皮肤除受到自然环境影响外，在劳动中人们的手还要与洗涤剂等化学物质和污染物相接触，所以手上的皮肤最易受到损伤，特别是在严寒的天气，皮肤往往会变得粗糙、干燥和开裂。

护手霜可分为水/油型和油/水型两种乳化体。目前的护手霜以油/水型乳化体为主，它的油相浓度较低，包括乳化剂在内，油相比例为10%~25%，使用后没有黏腻的感觉。

一般的护手霜应具适宜的稠度，稠度在贮存及气温变动时不受影响。其在使用时不产生白沫，无湿黏感，涂敷后使手感到柔软、润滑而不油腻。它具有快干的性质，在拿磁器、玻璃皿和纸等时，不会留下手印。护手霜应不影响正常手汗的挥发，有消毒作用，且具有怡人的气味。

（一）配方组成

（1）原料选择　油相一般是蜡类物质，熔点高于37℃，如鲸蜡醇、硬脂酸和硬脂酸甘油酯等，同时加入少量矿油或肉豆蔻酸异丙酯使其塑化。加入少量羊毛脂或羊毛脂衍生物作为滋润剂，极少量的硅酮油可改善对皮肤的最终感觉。

保湿剂如甘油、丙二醇、山梨醇等作为水溶性滋润物，配方中的用量可达10%。例如4%~5%甘油添加在传统的硬脂酸–硬脂酸皂体系的护手霜中会增加滋润性。保湿剂用量太多，产品使用后会产生湿黏的感觉。关于这方面，山梨醇较甘油为佳，如两者混合使用有较好的效果。

除保湿剂外，还常添加对手部有特殊护理效果的原料，如尿囊素、乳木果油、硅油和水解的角蛋白等。尿素和尿囊素是两种愈合剂，尿囊素是尿酸的衍生物，护手霜中加入0.01%~0.10%的尿囊素可明显增强愈合效果。含有尿素的护手霜对轻度湿疹和皮肤开裂同样有效，具有无毒、促进伤口愈合和防止皮肤感染的作用，是手用霜的一种有益成分。硅油在水或油介质中能保护皮肤不受化学品的刺激，它在皮肤表面所生成的薄膜具有抗水性，但又能让水气通过。虽然硅油的封闭性略差，但它的抗水性可适当避免出汗，具有滋润作用。营养物质水解角蛋白则能够渗透入皮肤，增强皮肤的湿度和保护作用，改善手掌皮肤的干燥情况，增进手掌皮肤的弹性，保护指甲不被有机溶液所损伤，为手掌皮肤提供保护层，保护手部不会因暴露于清洁剂等所致损伤，具有抗氧化活性清除有害的自由基的功效。

乳化剂的类型和用量必须小心地选择确定，以保证在敷用时乳化体不会很快被破坏而引起湿腻的感觉，相反也不能太稳定而引起牵曳的感觉。硬脂酸三乙醇胺皂是一种比较常用的手用霜的乳化剂，但硬脂酸皂、鲸蜡醇和硬脂酸单甘油酯往往使膏体增稠。非离子型乳化剂制成护手霜增稠的倾向较少，如脂肪酸缩水山梨醇酯及其聚氧乙烯醚作为混合乳化剂在制造中性及酸性膏霜中应用广泛。阳离子型乳化剂的应用不普遍。

增稠剂以亲水胶体为主，如羧基聚甲烯类，可提高护手霜的稳定性。以亲水胶体增稠黏度较调节乳化剂混合物以求得合适的黏度要便利得多。

防腐剂的效果和乳化剂有关，尼泊金酯的混合物对以皂类乳化的膏霜有很好的防腐作用，可将尼泊金酯溶解于少量甘油或丙二醇中，因为它在其他成分中溶解较为困难。

（2）配方设计　手用霜和蜜的配方是随着使用要求而设计的，在具体配制时可按照下面各点逐一考虑。

①采用1~2种能柔软皮肤的滋润剂。

②适当选用固体成分，可帮助防止过分的封闭性，不致影响汗液的分泌。

③注意选择油、脂、蜡混合物和保湿剂，可以控制手用霜和蜜在敷用时的黏腻情况。

④油/水型较水/油型乳化体易涂布，少量的酒精能帮助手用蜜达到“快干”。

⑤消毒剂的选用要根据乳化剂的性质决定，例如季铵类消毒剂和阴离子型乳化剂相遇后

失去活性。

⑥香精的选用要注意与乳化体的相容性，香气要清雅舒适，且不能掩盖主要化妆品的香气。

护手霜的制备工艺参见润肤霜和乳液。

（二）配方示例及制备工艺

表 7-20　　护手霜配方（1）

组分	质量分数/%	组分	质量分数/%
白凡士林	20	七水硫酸镁	0.3
石蜡油	5	乳化剂	8
杏仁油	15	去离子水	40.7
油酸癸酯	8	香料	适量
甘油	3		

表7-20所示配方制法：先制备乳化剂：由2.5份甘油单硬脂酸酯、3份微晶蜡、0.5份脂肪酸镁和4份脂肪醇、季戊四醇、柠檬酸、脂肪酸混合物混合后，搅拌均匀，制得乳化剂。将油相和水相分别混合，并加热至80℃，再于搅拌下将水相加至油相中，乳化均匀，冷却至35℃加入香料，即制得成品。

表 7-21　　护手霜配方（2）

组分	配方1　质量分数/%（正常皮肤）	配方2　质量分数/%（干性皮肤）
A　硬脂醇	15	—
十八醇	—	4~8
甘油单硬脂酸酯	—	10
凡士林	—	15
硅酮（0.35Pa·s）	10~17	10
甘油	4	—
聚氧乙烯（15）蒸馏牛脂胺	4	—
聚乙二醇（600）单硬脂酸酯	2	—
B　十六烷二甲基氧化胺	1	2~6
十二烷基硫酸钠	—	3.33
蒸馏水	余量	余量
C　防腐剂	适量	适量
香精	适量	适量

表7-21所示配方制法：将A组混合，加热至70℃。将B组混合加热至70℃。在搅拌下，将A组加于B组，待冷却至40℃加入C组，用水调节蒸发损失。

表 7-22　　　　护手霜配方（3）

组分	质量分数/%	组分	质量分数/%
A　石蜡	25	B　三乙醇胺	1.7
软蜡	11.75	蒸馏水	余量
白油	3.5	C　防腐剂	适量
十六、十八混合醇	5	香精	适量
硬脂酸	1.8		

表7-22所示配方制法：将A组混合，加热至80℃。将B组混合，加热至80℃。在搅拌下，将A组加于B组，待冷却至40℃加入C组。

表 7-23　　　　护手霜配方（4）

组分	质量分数/%	组分	质量分数/%
A　鲸蜡醇	6	B　防腐剂	0.2
蜂蜡	6.2	蒸馏水	41.3
貂油（其中棕榈酸含量≥8.5%）	6.5	香精	0.8
葵花籽油	39		

表7-23所示配方制法：将A组混合，加热至75℃。将B组（香精除外）混合，加热至75℃。在搅拌下，将A组加于B组，待冷却至35℃时加入香精，仔细搅拌均匀。

五、粉　底　霜

粉底霜顾名思义，主要就是用于敷粉及其他美容化妆品前涂抹在皮肤上，预先打下光滑面有润肤作用的基底。它有助于粉剂粘着于皮肤，也作为皮肤保护剂，可防止因环境因素（如日光或风）所引起的伤害作用。粉底霜应具备不油腻、涂于皮肤上无光泽、在皮肤表面能形成一层半封闭性的薄膜、其他美容化妆品易于覆盖在其上的特点。现代粉底霜有优良外观和稳定性，不仅含润肤剂，而且还可能含有防晒剂。

粉底霜有两种，一种不含粉质，配方结构和雪花膏相似，遮盖力较差；另一种加入钛白粉及二氧化锌等粉质原料，将粉料均匀分散、悬浮于乳化体（膏霜或乳液）中而得到的粉底制品，有较好的遮盖力，能掩盖面部皮肤表面的某些缺陷，还有一定的抗水和抗汗能力。在粉底霜中还可以适当地加入一些色素或颜料，使其色泽更接近于皮肤的自然色彩。

粉底霜一般都是油/水型乳化体系，为了适应干性皮肤的需要，也可制成水/油型制品。以水为连续相的粉底霜，油相的含量约为20%~35%。另外还有粉底乳液，是由普通乳液和搽脸香粉组成，其稳定性低于乳液。粉底乳液种类很多，其化妆均匀，使用方便，便于快速化妆。粉底乳液使用的乳化剂多为非离子表面活性剂。

（一）原料构成

这里重点介绍含粉质粉底霜的原料组成。该类粉底霜是由粉料、油脂、水三相经乳化剂乳化而成，其稳定性较只有油相和水相制得的乳化膏霜差，因此，乳化型粉底的制备技术要求较高。若乳化不良会出现凝胶、分离、析油等现象。

一般粉底膏霜根据遮盖力的需要，粉料含量占10%~15%，颜料和粉大都分散在水相中。所用的基质粉体和颜料包括二氧化钛、滑石粉、高岭土、氧化铁类颜料。

氧化锌因能与乳化体系中硬脂酸及其酯类反应生成疏水性硬脂酸锌，导致粉底的乳化体不稳定。一些电解质，如硫酸盐、氯化物、硝酸盐等也会影响粉底的稳定性。粉底霜的稳定性与粉料含量、粉料的表面处理和颗粒度、乳化体系的性质有关，粉料含量越高，其稳定性越差。粉料的细度一般要求在10μm以下。

为使粉体均匀地分散和悬浮在乳化体系中，并使膏体具有较好的触变性，常在配方中添加少量的悬浮剂，如纤维素衍生物、角叉菜胶、聚丙烯酸类聚合物、硅酸镁钠和硅酸铝镁等，这些悬浮剂也起着增稠和分散的作用。

油相的熔点与甘油等保湿剂的含量以及粉的含量有关，含有20%甘油的雪花型膏霜，油相的熔点可以高达55℃；在少甘油或无甘油的膏霜内，油相的熔点以接近皮肤的温度为宜。

乳化剂一般采用阴离子型和非离子型乳化剂，非离子型乳化剂特别适宜于含有颜料的配方。

其他辅料的选择参见护肤霜。

（二）配方示例及制备工艺

表 7-24　　粉底霜配方（1）

组分	质量分数/%	组分	质量分数/%
钛白粉	9.0	环甲基硅氧烷基二甲基硅氧烷聚醚共聚物	12.0
高岭土	4.0	苯基甲基硅氧烷	4.0
膨润土	5.0	1，3-丁二醇	5.0
色素	1.5	香精、防腐剂	适量
白油	5.0	去离子水	54.5

表7-24中以硅油作为外相，具有稳定性好、不油腻、使用清爽的感觉，化妆可长久保持，属近年来开发的较新品种。

表 7-25　　粉底乳液配方

组分	质量分数/%	组分	质量分数/%
硬脂酸	2.0	无机着色剂	1.0
对羟基苯甲酸丙酯	0.1	对羟基苯甲酸甲酯	0.15
白矿油	10.0	三乙醇胺	1.0
硬脂酸单甘酯	2.0	丙二醇	3.0
羊毛脂	1.0	羧甲基纤维素钠	0.25
二氧化钛	7.0	去离子水	65.5
滑石粉	7.0		

表7–25所示配方属较低黏度的乳化型粉底，具有易铺展、无油腻、清爽的使用效果。目前此类制品中出现了添加具有润肤、防晒或油分控制等作用的原料，形成多功能型乳液粉底制品。

表 7–26　　粉底霜配方（2）

组分	质量分数/%	组分	质量分数/%
A　白油	25	干燥白粉料	10
硬脂酸	4	蒸馏水	55
鲸蜡醇	2	颜料	适量
甘油单硬脂酸酯（自乳化）	2.5	防腐剂	适量
B　三乙醇胺	1.5	C　香精	适量

表7–26所示配方制法：将粉料与少量油料混合，经捏合、分散后与油相成分混合，加热熔化。将水相成分混合、加热。将水相加于油相，进行乳化，均质后，加入香精，搅拌冷却，包装。

表 7–27　　粉底霜配方（3）

组分	质量分数/%	组分	质量分数/%
A　固体石蜡	3	钛白粉	20
羊毛脂	10	红色氧化铁	0.27
液体石蜡	27	黄色氧化铁	0.38
甘油单硬脂酸酯	5	蒸馏水	15.35
B　滑石粉	15	C　香精	适量
高岭土	4		

表7–27所示配方制法：将粉料与少量油料混合，经捏合、分散后与油相成分混合，加热熔化。将水相成分混合，加热。将水相加于油相，进行乳化，均质后，加入香精，搅拌冷却，包装。

特点：颗粒均匀，贮存稳定，不透过可见光和紫外光。

表 7–28　　丝素粉底霜配方

组分	质量分数/%	组分	质量分数/%
丝素	1~3	透明质酸（2%）	3~5
丝肽	2~4	卡波树脂	0.10
聚乙二醇	2~4	硬脂酸锌	0.5~0.8
白油	3~5	脂肪醇聚氧乙烯（10）醚	2~4
三乙醇胺	0.2	香精	适量
烷基酚聚氧乙烯（10）醚	1~3	纯水	加至100
尼泊金甲酯	0.15		

表7–28所示配方制法：

（1）在带有搅拌器的容器中，加入纯水，升温至70℃时加入卡波树脂、透明质酸及聚乙二醇。

（2）在另一容器中加入白油、硬脂酸锌、脂肪醇聚氧乙烯（10）醚、烷基酚聚氧乙烯（10）醚、尼泊金甲酯及三乙醇胺，加热至70~75℃。

（3）将步骤（1）制得的溶液，在搅拌下慢慢加入步骤（2）所得溶液中搅匀，冷却至40~45℃时加入丝素、丝肽及香精，继续搅匀。搅拌冷却至25~30℃即可出料。

特性：本品是一种乳液状粉底，使用方便，适用于化妆前眼圈皮肤打粉底时使用。它比油/水乳化剂易被皮肤吸收，加入丝素，利于加强化妆品与皮肤的附着力，预防因流汗、皮肤牵动而破坏皮肤，减弱油彩对面部及眼部皮肤的刺激作用。

六、眼　霜

眼睛是最容易泄漏年龄的部位，通常脸上的第一道皱纹来自眼部。眼部皮肤非常薄，没有油脂腺，是脸上最薄、最容易衰老的皮肤。照顾好娇嫩的眼部皮肤，减缓皱纹、眼袋和黑眼圈的出现，才能留住青春健康的容颜。

常见的眼霜有啫喱、乳液和乳霜三种质地。它们的清透度、营养含量不同，解决的问题也各不相同。啫喱质地的眼霜最清透，不含油分，具有舒缓作用，有利于眼部皮肤的微循环，可以淡化黑眼圈、减轻眼部浮肿或是解决眼部干纹。乳液质地的眼霜营养成分比较丰富，质地相对轻薄，主要功能以增加皮肤弹性，防止老化，缓解细纹为主。乳霜质地的眼霜营养最丰富，质地最厚重，具有很强的滋润和营养作用，可有效减轻眼部皱纹。

（一）眼霜的原料选择

眼霜的乳化机理和配方组成与护肤霜相似，原料的选择关键是要用刺激性小的原料。

眼霜用乳化剂要求没有刺激，因而糖苷类或缩水山梨醇酯及其聚氧乙烯衍生物类非离子表面活性剂比较适宜，早期的皂类眼霜已逐渐被淘汰。

眼霜活性物包括维生素A、维生素K、维生素C等维生素，以及HA、鸟胶原等效果显著的保湿营养物质。另外甘油、丙二醇等保湿剂，也是较常用的原料。此外还有一些新型的半乳甘露聚糖以及小麦蛋白等营养物质，与皮肤具有非常好的亲和性，能在皮肤表面成膜，并迅速收紧皮肤，表现出紧实肌肤的效用，具有非常强的除皱效果。

眼霜的增稠剂要求肤感轻柔滑爽，不发黏，安全性也相对要好。因而丙烯酸钠和二甲基牛磺酸钠的共聚物、丙烯酰二甲基牛磺酸铵/VP共聚物等水溶性共聚物是不错的选择，制备出来的产品较轻薄。

防腐剂如1，2–戊二醇，也是眼霜中很常见的原料，具有一定的安全性。

（二）眼霜的配方示例及制备工艺

表7–29所示配方制法：将A相与B相分别混合制备好后加热至80℃，搅拌下缓慢地将A相加入到B相中，进行1min的均质并搅拌，当温度冷却到60℃时加C相并搅拌均匀，降至室温即可。所得产品的pH为5.00~7.00、黏度（Brookfield RVT）大于1000mPa·s。

该配方是一款具有防晒功能的滋润性眼霜，TINOSORB S是有效的紫外线隔离剂，有效防止UVA及UVB对眼部的损伤，安全保护肌肤，防止晒黑、晒老。以聚丙烯酸钠为体系增稠剂刺激性小且肤感轻薄。配方中的TINOCARE GL是保湿修护因子，成分为硬葡聚糖（Scleroglucan），能提高眼部肌肤免疫修护能力，迅速补充肌肤水分。

表 7-29　　防晒眼霜配方

组分	质量分数/%	组分	质量分数/%
A相　十六烷基棕榈酸酯	2.1	TINOSORB S	1.0
甘油基硬脂酸酯	2.4	聚氧乙烯（2）硬酯酰醚	1.5
异丙基肉豆蔻酸酯	2.0	聚氧乙烯（21）硬酯酰醚	2.0
辛酸癸酸三甘油酯	3.0	B相　TINOCARE GL	2.0
二辛酰基碳磺酸酯	4.0	丙二醇	2.0
玉洁新DP 300	0.20	水	适量至100
乙基己基甲氧基肉桂酸酯	2.0	C相　防腐剂	0.2
聚丙烯酸钠	0.4	香精	0.1

表 7-30　　除眼角皱纹蜜配方

组分	质量分数/%	组分	质量分数/%
玉米胚芽油	7.0	十八醇	2.0
小麦胚芽油	6.0	烷基磷酸酯三乙醇胺盐	1.0
杏仁油	5.0	丝肽	1.0
硬脂酸	0.5	尼泊金甲酯	0.1
甘油	7.0	香料	适量
单甘油硬脂酸酯	1.4	水	加至100

表7-30所示配方制法：

（1）在容器中加入硬脂酸、单甘油硬脂酸酯、十八醇、尼泊金甲酯，在搅拌下加热至70~80℃。待全部物料混合均匀溶解后，再加入玉米胚芽油、小麦胚芽油及杏仁油，搅匀，制成油相待用。

（2）在另一容器中加入纯水、甘油、烷基磷酸酯三乙醇胺盐和丝肽，在不断搅拌下加热至70~80℃，制成水相。

（3）将上述油相、水相同时加至乳化反应罐内，充分搅拌，待温度降至50℃时加入香料搅匀，降至45℃停止搅拌，冷至室温即可包装。

特性：胚芽是指玉米胚芽油和小麦胚芽油，是从玉米胚芽和小麦胚芽中经化学或物理方法提取的。其主要成分为脂肪、蛋白质、纤维素、γ-谷维素及碳水化合物，活性成分有核黄素、甾醇化合物、硫胺素及少量矿物质等。胚芽有很强的抗菌性，能抑制细菌内侵。含胚芽油的化妆品对慢性湿疹、黑斑、皮肤老化等常见皮肤病有明显疗效。胚芽油中的γ-谷维素能增强皮肤内分泌系统功能，调节皮脂分泌，促进血液循环。本剂是以胚芽油、杏仁油及丝肽等原料配制而成，对眼部皮肤有较好的滋润作用，特别是对眼角皱纹有良好的消除作用。

第八章　祛斑美白化妆品

20世纪80年代，粉饼、增白粉蜜等具有遮蔽效果的美白产品大行其道，人们看到的是厚粉抹出来的人造白肤，黯淡的没有生气，生硬地看不见任何表情。20世纪90年代掀起回归自然的潮流使得人们不再喜欢用厚厚的粉底来达到美白的效果，新世纪女性追求的美白肌肤是自然健康的肤质和均匀一致、白皙纯净的肤色。现代美白产品通过添加美白活性成分，从抑制黑色素生成着手，阻止黑色素的生物合成过程，从而使皮肤美白、面部色斑减少、皮肤色调更均匀。

基于对影响皮肤美白的各种因素的全面考虑，新一代美白产品应该是全效美白——从外部对紫外线的防护，到内部抑制黑色素的生成、提高细胞更新能力、降低色素沉积和促进表皮细胞脱落，直至增强皮肤细胞自身免疫力、提高皮肤弹性及新陈代谢等，采用全方位的配方组合，发挥多组分美白活性成分的多功效作用，使肌肤获得健康自然美白的效果。

第一节　祛斑美白化妆品概述

皮肤的颜色主要取决于黑色素，黑色素起着保护身体不受紫外线损害的作用。可是，黑色素过剩和不均匀的聚集是形成皮肤黑变和老年斑的原因。黑色素是由表皮基底层的色素细胞内的细胞小器官黑素体生成的，之后移动到表皮细胞，在表皮细胞内分解同时进入角质层，最终与角质细胞的脱落碎片一起从皮肤消失。

下面主要从黑色素的生成及黑色素生成的抑制机理来阐述美白制剂的美白机理。

一、黑色素的形成

人类的表皮基层中存在着一种黑素细胞，能够形成黑色素。黑色素是决定人的皮肤颜色的最大因素，当黑素细胞高时皮肤即由浅褐色变为黑色。黑素细胞的分布密度无人种差异，各种肤色的人基本相同，全身共约20亿个。人皮肤色泽主要决定于各黑素细胞产生黑色素的能力。正常时黑色素能吸收过量的日光光线，特别是吸收紫外线，保护人体。若生成的黑色素不能及时的代谢而聚集、沉积于表皮，则会使皮肤上出现雀斑、黄褐斑或老年斑等，黑色素形成机理如图8-1所示。一般认为黑色素的生成机理是在黑素细胞内黑素体上的酪氨酸经酪氨酸酶催化而合成的。酪氨酸氧化成黑色素的过程是复杂的，紫外线能够引起酪氨酸酶的活性和黑素细胞活性的增强，因而会促进这一氧化作用，进而加深、甚至恶化原有色素的沉着。

由图8-1可见，黑色素的形成必须有三种基本物质：酪氨酸为制造黑色素的主要原料；酪氨酸酶是酪氨酸转变为黑素的主要限速酶，为铜及蛋白质的组合物；酪氨酸在酪氨酸酶的作用下产生黑素，此种作用为氧化过程，必须与氧结合才能转变为黑素。

雀斑、黄褐斑等色素沉着的病理原因是多方面的，病因也相当复杂，至今也尚未完全清楚。医学上认为主要是内分泌系统的失调、紊乱所引起的，和色素代谢异常有关，还认为雀斑与遗传有关。中医认为是因肝脾郁结、失和、肾虚所致，而紫外线的照射是外在的诱发因素。

目前公认的黑素形成途径为：酪氨酸→多巴→多巴醌→多巴色素→二羟基吲哚→酮式吲

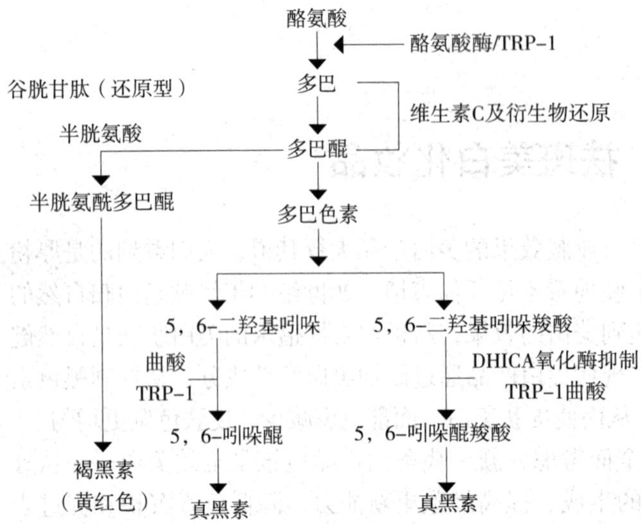

图 8-1　黑色素形成机理

哚→黑素，形成的黑素叫优黑素或真黑素，皮肤的黑素主要由其组成。在黑素合成中，多巴醌还可通过另一途径经谷胱甘肽或半胱氨酸催化生成褐黑素，但褐黑素在皮肤中的功效尚不了解。有人观察到野生型南美豚鼠毛发生长过程中出现黑黄相间的色带，揭示同一毛囊中黑素细胞能交替合成两种类型黑素。后来发现这种优/褐黑素转移机制主要与酪氨酸活性水平有关，高水平的酪氨酸导致优黑素产生，低水平的酪氨酸活性导致褐黑素的生成。Inazu用高压透射电镜对毛发机质黑素细胞进行超微结构观察，发现在黑素细胞内同时存在合成优黑素的椭圆形黑素小体和合成褐黑素的球形小体，但并不存在南美豚鼠那种优/褐黑素相互转移的情况。那么是否优黑素是在椭圆形前黑素小体合成，褐黑素是在球形前黑素小体合成有待进一步证实。

皮肤黑素的形成过程包括黑素细胞的迁移、黑素细胞的分裂成熟、黑素小体的形成、黑素颗粒的运转以及黑素的排泄等一系列复杂的生理生化过程。有研究发现，优黑素与褐黑素转换机制主要与酪氨酸酶的活性有关，高水平的酪氨酸酶活性导致优黑素的产生。

黑素为高分子生物色素，主要由两种醌型的聚合物——优黑素和褐黑素组成。优黑素（真黑素）主要是由5，6-二羟基吲哚和少量5，6-羟基吲哚-2-羧酸通过不同类型的C—C键连接构成的聚合物。此外，还存在少量5，6-二羟基吲哚半醌和羧酸化吡咯。这些少量的组分可能是在黑素形成过程中过氧化氢裂解的产物。优黑素呈棕色或黑色，可溶于稀碱中。

褐黑素是由不同结构和组成的色素构成的聚合物，其结构还未完全研究清楚。它呈黄色、红色或胡萝卜色。有研究表明，褐黑素是含硫高（硫质量分数为10%~12%）的聚合物构成的复合物，主要由1，4-苯噻嗪基丙氨酸通过不同类型的键合、任意连接而成。

二、黑色素生成的抑制机理

以防止色素沉积为目的的祛斑美白化妆品的基本原理体现于以下几方面：第一，抑制黑色素的生成。通过抑制酪氨酸酶的生成和酪氨酸酶的活性，或干扰黑色素生成的中间体，从而防止产生色素斑的黑色素的生成。第二，黑色素的还原、光氧化的防止。通过角质细胞刺激黑色素的消减，使已生成的黑色素淡化。第三，促进黑色素的代谢。通过提高肌肤的新陈代谢，使黑色素迅速排出肌肤外。第四，防止紫外线的进入。通过有防晒效果的制剂，用物理方法阻挡紫外线，防止由紫外线形成过多的黑色素。

在黑素细胞内抑制黑素生成可以通过以下途径。

1. 直接控制、抑制黑素生成过程中所需的各种酶

由于黑素的形成主要发生在黑素细胞内，对黑素细胞内的黑素形成机理的研究表明，黑素的形成主要是由黑素细胞内的四种酶——酪氨酸酶、多巴色素互变酶（TRP-2）、过氧化物酶和DHICA氧化酶（TRP-1）单独或协同作用的结果。而要实现皮肤的真正美白，对多种

黑素形成酶的抑制就显得至关重要。

（1）酪氨酸酶的抑制　酪氨酸酶是一多酚氧化酶，属氧化还原酶类，该酶主要催化两类不同的反应：一元酚羟基化，生成邻二羟基化合物；邻二酚氧化，生成邻二苯醌。这两类反应中均有氧自由基参与反应。在黑素形成过程中酪氨酸酶是一主要限速酶，该酶活性大小决定着黑素形成的数量。当前化妆品市场上的美白产品几乎绝大多数以酪氨酸酶抑制剂为主，并且每年以较快的速度发现新的该类化合物。依据抑制机理的不同，可主要将该类化合物分为以下两类。

①酪氨酸酶的破坏型抑制（即破坏酪氨酸酶的活性部位）：所谓酪氨酸酶的破坏型抑制，也就是某种可以直接对酪氨酸酶进行修饰、改性的物质，使酪氨酸酶失去对黑素前体——酪氨酸的作用，从而达到抑制黑素形成的目的。目前该抑制剂的研究、开发主要限于对Cu^{2+}等酪氨酸酶活性部位的破坏。因此寻找安全、高效的Cu^{2+}络合剂是该领域的一个研究热点。

②酪氨酸酶的非破坏型抑制：所谓酪氨酸酶的非破坏型抑制，即不对酪氨酸酶本身进行修饰、改性，而通过抑制酪氨酸酶的生物合成或取代酪氨酸酶的作用底物，从而达到抑制黑素形成的目的。

依据作用机理的不同，对酪氨酸酶的抑制可分为三种作用方式：酪氨酸酶的合成抑制剂、酪氨酸酶糖苷化作用抑制剂及酪氨酸酶作用底物替代剂。由于在黑素的生物合成中，酪氨酸是酪氨酸酶的作用底物，因此寻求与酪氨酸竞争的酪氨酸酶底物也可有效地抑制黑素的生成。

（2）多巴色素互变酶的抑制　多巴色素互变酶是一种与酪氨酸酶有关的蛋白质，其作用机理是促使所作用的底物发生重排，生成底物的某一同分异构体，最终生成另一黑素。即在由多巴色素自发脱羧、重排生成5，6–二羟基吲哚（DHI）的同时，黑素细胞内部分多巴色素正是由于多巴色素互变酶的存在而发生重排生成5，6–二羟基吲哚–2–羧酸（DHICA）。因此该酶主要调节5，6–二羟基吲哚–2–羧酸的生成速率，从而影响所生成的黑素分子的大小、结构和种类。

对该酶的抑制，目前主要是竞争性抑制，即寻求一种物质作该酶的底物，通过与原来能形成黑素的底物竞争，从而破坏黑素的生物合成途径，达到抑制黑素的目的。目前有关多巴色素互变酶抑制剂的研究较少。Arocapilar等通过研究发现，由多巴色素互变酶催化生成的5，6–二羟基吲哚–2–羧酸及其衍生物，如5–羟基吲哚–2–羟酸、吲哚–2–羟酸等均可抑制多巴色素互变酶。但该类化合物中如果羟酸位于吲哚环的3位，如L–氨酸、吲哚–3–羟酸、吲哚–3–己酸、吲哚–3–丁酸等则对多巴色素互变酶的抑制效果极差。Arocapilar等的研究说明，只有当羟基位于吲哚的适当位置时，才可与多巴色素互变酶的原底物竞争而成为该酶的底物，从而切断黑素的形成，发挥抑制黑素形成的作用。

除了所述的两种酶外，还有DHICA氧化酶（TPR–1）和过氧化物酶，目前对该两种酶的抑制机理的研究较少，相关抑制剂的开发尚未报道。

2. 选择性破坏黑素细胞，抑制黑素颗粒的形成以及改变其结构

黑素细胞的功能状态可以影响皮肤颜色的深浅。通过引起黑素细胞中毒，导致黑素细胞功能遭到破坏是抑制黑素生成的又一途径。不同作用物质破坏黑素细胞的机理各有不同，氢醌作为一种皮肤脱色剂在临床使用已久，但其确切的脱色机制至今仍不十分清楚。一种观点认为氢醌作为酪氨酸酶的底物较酪氨酸本身更为合适，其脱色机制可能与竞争抑制酪氨酸酶活性有关；另一观点认为氢醌脱色实质上是一种酪氨酸酶介导的细胞毒性作用（tyrosinase–mediated cytotoxicity）。氢醌分子小，易扩散进入色素细胞的黑素小体，

阻断黑素生成途径的一个或多个步骤；同时氢醌在酪氨酸酶作用下被氧化成有毒性的半醌基（semi-quinone radicals）物质，会导致细胞膜脂质发生过氧化，细胞膜结构破坏，细胞死亡。Maeda等认为不同浓度的氢醌其脱色作用的机制可能不同，低浓度时以抑制酪氨酸酶活性为主，高浓度时主要使细胞中毒。用5%的氢醌制剂每日外涂棕色豚鼠背侧皮肤，8~10d出现肉眼可辨的皮肤黑素减退，14~20d最为明显，3周后皮肤组织活检发现，黑素细胞内Ⅲ、Ⅳ期黑素小体明显减少，多数细胞膜结构破坏，空泡化。

3. 还原多巴醌

还原剂可以参与黑素细胞内酪氨酸的代谢，从而减少酪氨酸转化成黑素，达到抑制黑素生成的目的。将0.05~0.50mmol/L的抗坏血酸回入到体外培养的人体黑素细胞，作用72h并未发现酪氨酸酶活性呈剂量依赖性减低，但黑素生成量被明显抑制，推测可能是抗坏血酸抑制了多巴和多巴醌的自动氧化。这类还原剂对黑素中间体起还原作用，因此阻碍了从酪氨酸/多巴到黑素过程中各点上的氧化链反应，从而抑制黑素的生成。

第二节　美白制剂

基于色斑形成机理，祛斑化妆品的主要祛斑途径就是抵御紫外线、阻碍酪氨酸酶活性和改变黑色素的生成途径，以及清除氧自由基或对黑色素进行还原、脱色。

最早使用的氯化汞铵（白降汞）对于祛斑有效，但汞盐有毒，在高浓度长期使用时，会引起接触性皮炎，而且汞在体内被累积不能排出。以氢醌（即对苯二酚）以及氢醌的衍生物（氢醌单苄基醚）为原料制成的美白制剂，属于抗氧化剂，主要是阻断被酪氨酸酶催化的酪氨酸到多巴的过程，以影响黑色素的生成，对抑制表皮色素沉着有一定的效果。但药物性能极不稳定，不用药则又发作，且氢醌有一定的刺激性，长期使用会产生皮肤异色症等不良作用。

依据皮肤的美白机理，新开发的祛斑美白剂类型较多，有化学药剂、生化药剂、中草药和动物蛋白提取物等。可用于化妆品的祛斑美白剂包括：动物蛋白提取物、中草药提取物、维生素类、壬二酸类、曲酸及其衍生物、熊果苷等，同时，不断有安全、高效的新型美白剂被开发出来，如烟酰胺、内皮素拮抗剂等。

一、果酸及其衍生物

果酸是α-羟基酸（Alpha HydroxyAcids），简记AHAs，包括柠檬酸、苹果酸、丙酮酸、乳酸、甘醇酸、酒石酸、葡萄糖酸等，因存在于多种水果的提取物中，故统称为果酸。

果酸护肤品的使用极为久远，古代常使用含乳酸的制品洗浴，有助于皮肤白嫩、细腻。果酸主要是通过渗透至皮肤角质层，加快细胞更新速度和促进死亡细胞脱离两个方面来改善皮肤状态，有使皮肤表面光滑、细嫩、柔软的效果，并有减褪皮肤色素沉着、色斑、老年斑、粉刺等功效，对皮肤具有美白、保湿、防皱、抗衰老的作用。试验表明，作为酸性添加剂，浓度6%以下的果酸化妆品对皮肤是安全、无副作用的。

在护肤化妆品中使用的AHAs多数是从一些水果植物得到的天然提取物，它们是α-羟基酸的混合物，也有化学合成得到的AHAs及其复配物。天然与合成的AHAs，两者功能相近，但有些天然提取物刺激性较低。

在配制果酸化妆品时，重要的是注意AHAs的使用浓度和pH的调节。由于果酸是酸性的，因此浓度越高，pH越小，酸性越大。酸性越大对皮肤刺激性就越大，刺激皮肤可使皮肤发红、有灼烧感，更严重的可以发生皮炎、皮肤潮红等。为了使消费者对果酸有一个适应的过程，果酸化妆品可配制成果酸浓度从低到高的系列产品。含有AHAs的化妆品，其最终产品的pH宜调至4~6之间。实验表明，果酸含量在6%以下的果酸化妆品是安全的。

二、维生素C及其衍生物

维生素C（Ascorbic Acid）又称为抗坏血酸，是最具有代表性的黑色素生成抑制剂，在生物体内担负着氧化和还原的作用，其作用过程有两个：一是在酪氨酸酶催化反应时，可还原黑色素的中间体多巴醌而抑制了黑色素的生成；另一作用是使深色的氧化型黑色素还原成淡色的还原型黑色素。维生素C是最早被皮肤病专家认为是安全且可使色斑淡化的口服药品，为著名的抗氧化剂，对除去后天性黑素沉积有明显效果，并且具有抗氧化和清除自由基作用。维生素C的美白祛斑效果十分明显。

黑素的颜色是由黑素分子中的醌式结构决定的，而维生素C具有还原剂的性质，能使醌式结构还原成酚式结构，结构式有以下几种：

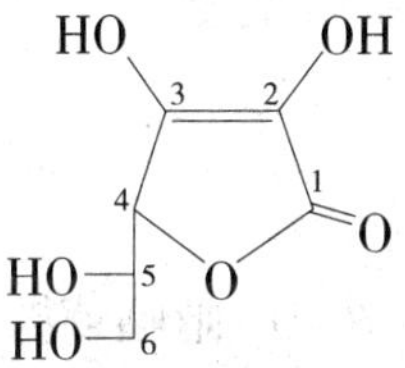

维生素C

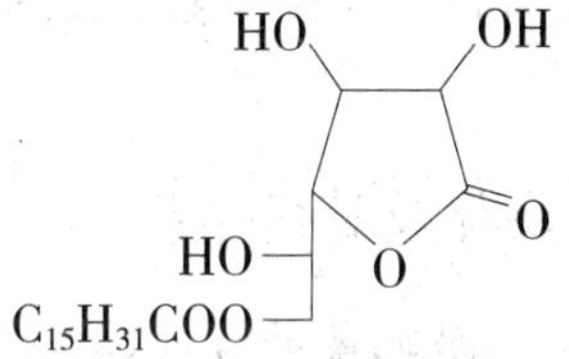

维生素C棕榈酸酯

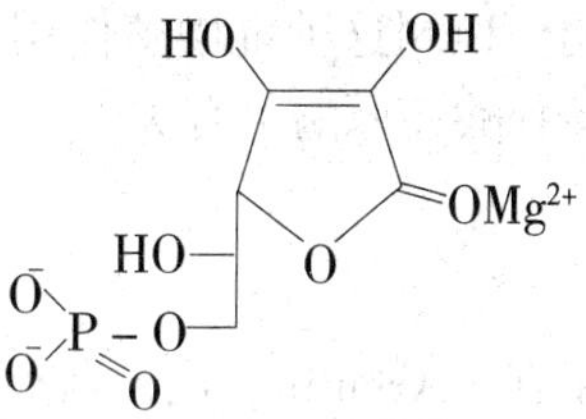

维生素C磷酸酯镁

抗坏血酸能美白皮肤，治疗、改善黑皮症、肝斑等。但是维生素C易变色，对热极不稳定，直接应用有困难。维生素C的衍生物则很稳定，为使其能在化妆品配方中稳定，将其制成高级脂肪酸和磷酸的酯类体，如抗坏血酸磷酸酯镁，它经皮肤吸收后，在皮肤内由于水解而使抗坏血酸游离；或者添加抗氧化剂或还原剂，也能和黑色素反应而使其还原。维生素C衍生物与维生素C协同使用，可取得良好的减少色素、美白、抗皱的效果。

维生素C不仅能还原黑素，而且还能参与体内酪氨酸的代谢，从而减少酪氨酸转化成黑素。维生素C参与体内酪氨酸代谢，减少黑素生成以及与黑素作用，淡化、减少黑素沉积，达到美白功效。

维生素C溶于水，皮肤吸收性差，在空气中极不稳定，易氧化变色。因此，近年来其衍生物应运而生。维生素C酯一般是2，6位衍生物，其稳定性和皮肤吸收性好。常用的有维生素C磷酸酯镁、维生素C棕榈酸酯等。

维生素C的磷酸酯盐主要有维生素C磷酸酯镁和维生素C磷酸酯钠。维生素C磷酸酯镁的美白效果较维生素C磷酸酯钠好，价格也较后者低，在维生素C的美白剂市场中占有主导地位。

维生素C磷酸酯镁商品名MAPSL，比维生素C要稳定得多。3%维生素C磷酸酯镁的水溶液在40℃下、6个月仍保持90%的活性，并且易用于美白祛斑产品中，对雀斑、黄褐斑及老年斑均有减轻效果。除美白功效外，它还具有促进胶原形成和消除自由的作用。因此，美白及抗衰老功能使维生素C磷酸酯镁成为配方师关注与研究的重点之一。Tagawa等对其透皮性能做了深入研究，其透皮率为1.6%，从而大大提高了其对色斑的治疗效果。但维生素C磷酸酯镁的水溶液长时间放置会析出沉淀，为改善这一点，科研人员开发新的维生素C磷酸酯盐——丙胺基维生素C磷酸酯。它的美白效果与维生素C磷酸酯镁相当，但它在水中的稳定性相当好。

另外一个重要的维生素C衍生物是维生素C-2-O-α吡喃葡萄糖，它的稳定性很好，易用于配方中，但它由发酵法生产，价格昂贵。

维生素C棕榈酸酯是应用广泛的维生素C的脂肪酸酯，它是油溶性，用于化妆品中常与其他美白剂复配，从而获得稳定、高效的美白效果。

三、壬 二 酸

壬二酸具有较强的美白效果，但由于对乳化体系的不良影响和溶解性等方面的问题，限制了壬二酸在化妆品中的应用。但用尿素将壬二酸络合后，即形成壬二酸尿素络合物，其水溶性显著增加，即使配入水质乳化体系也不会使其黏度下降；pH降低时，也不存在析出的问题。

壬二酸是一种天然存在的二羟酸，它能选择性地作用于异常活跃的黑素细胞，阻滞酪氨酸酶蛋白的合成，但对功能正常的黑素细胞作用较小。20%壬二酸的皮肤脱色作用优于2%氢醌，且皮肤刺激性和光毒性少见。近来发现，壬二酸对体外培养的鼠或人体黑素瘤细胞有抗增殖作用。推测这种抗增殖作用与壬二酸抑制了线粒体电子传递链以及DNA合成中的限速酶（核糖核苷酸还原酶）有关。

四、熊果苷及其衍生物

熊果苷（Arbutin）化学名称为氢醌-β-吡喃葡糖苷或4-羟基苯-β-D-吡喃葡糖苷，是从植物中分离得到的天然活性物质，也可化学合成得到。熊果苷为白色粉末，易溶于水和极性溶剂，不溶于非极性溶剂。从其分子结构看，它实际上是对苯二酚的衍生物，结构式为：

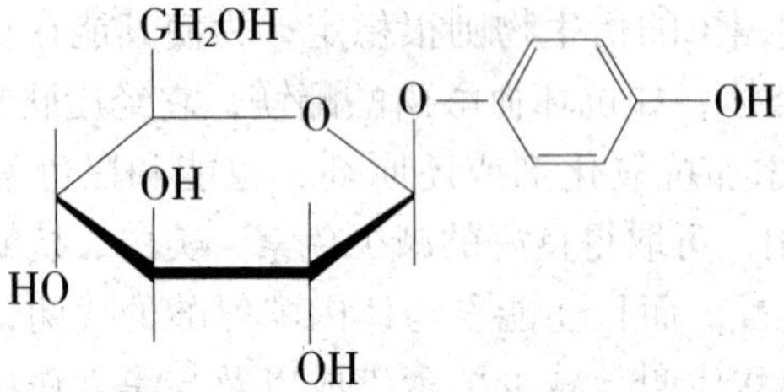

熊果苷水解产物为对苯二酚和葡萄糖。早在1930年就有报道，厚叶岩白菜（bergeniacrassifolia）的叶中含有熊果苷，以后相继在乌饭树（blueberry）、越橘（cranberry）、熊果（bearberry）和梨树的叶中发现熊果苷。

熊果苷的来源包括植物提取、植物组织培养、酶法及有机合成。其中合成品由于其纯度高、色泽浅、活性高，而在市场上占主导地位。无论何种来源或途径获得熊果苷，其质量评价的关键是纯度。没有质量这个前提，强调来源是无意义的。生产中采用什么途径，关键是其工艺成本。目前来看，有机合成乃是首选途径。植物组织培养及酶法所用原料更简单，生产无污染，虽然还不是很成熟，但似乎很有发展前景。

熊果苷是酪氨酸酶抑制剂，能够在不具备黑素细胞毒性的浓度范围内抑制酪氨酸酶的活性，阻断多巴及多巴醌的合成，从而扼制黑素的生成。它在体外的非细胞系中可以抑制黑色素生成的关键酶，即酪氨酸酶的活性，可显著减少皮肤的色素沉着、减褪色斑，是一种优良的祛斑增白剂，其使用浓度一般为3%。熊果苷配用维生素C衍生物能保持肌肤生气；配用生物透明质酸能保护肌肤滋润，不干燥，防止皱纹；配用甘草酸能抑制日晒后的灼热。熊果苷对黑色素生成的抑制作用已经由实验予以证实，对紫外线引起的色素沉着，其有效抑制率可达90%。

五、曲酸及其衍生物

曲酸又称为曲菌酸，是生物制剂，化学名称为5-羟基-2-羟甲基-1，4-吡喃酮（5-hydroxy-2-oxymethyl-γ-pyrone），相对分子质量为142.11。其外观为白色针状晶体，熔点152℃，溶于水、乙醇和乙酸乙酯，略溶于乙醚、氯仿和吡啶，微溶于其他溶剂。它与氯化铁作用呈特殊的红色，可还原费林试剂和硝酸银氨（NH_3AgNO_3）。它属于吡喃酮系化合物之一，可用生物发酵法制得，无毒、无刺激、弱致敏，其结构式为：

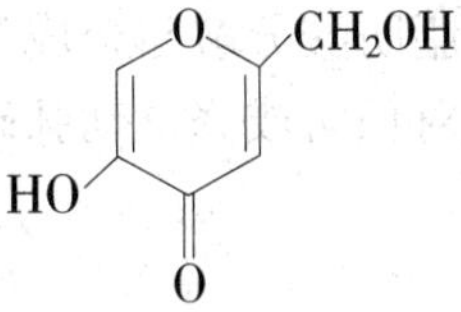

曲酸

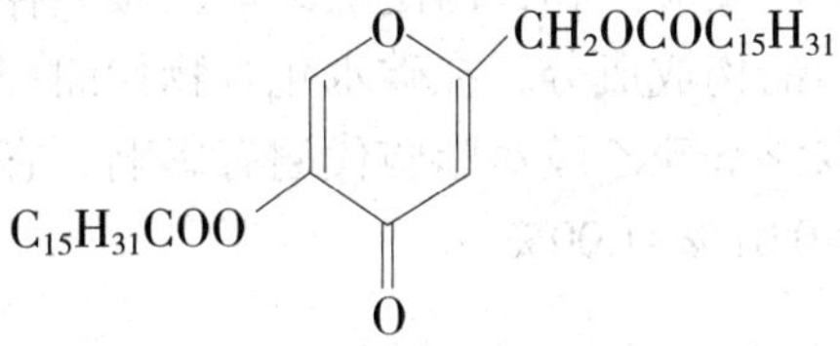

曲酸双棕榈酸酯

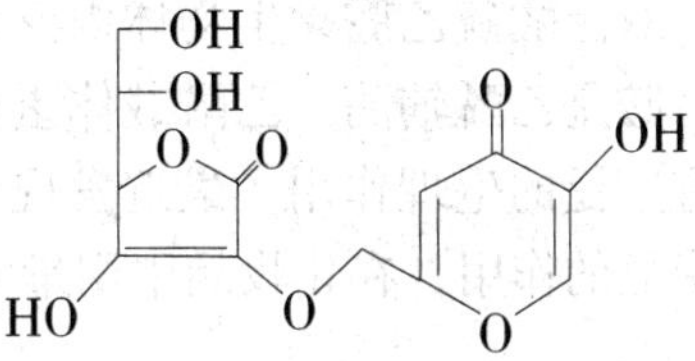

维生素C曲酸酯

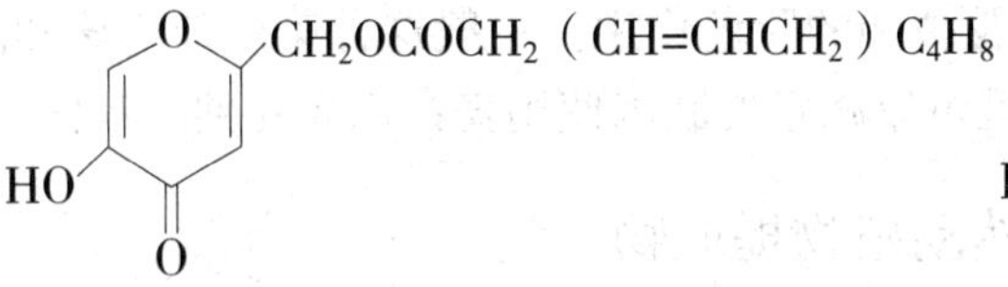

曲酸亚麻酸酯

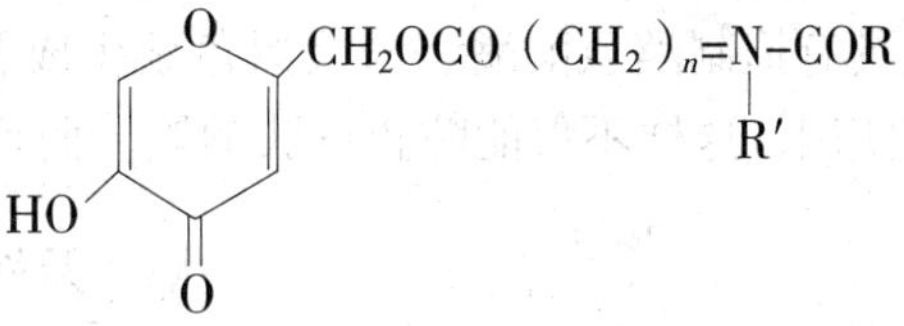

酰胺基脂肪酸曲酸酯（R、R′为烷基）

曲酸由葡萄糖或蔗糖在曲酶作用下发酵、提纯而成。除美白作用外，人们发现曲酸还具有抗菌和保鲜作用。曲酸是环状的吡喃酮化合物，可以进入细胞间质中组成胞间胶质，起到保湿和增加皮肤弹性的作用。曲酸是环状结构的化合物，分子中含有两个双键，能够吸收紫外线。经研究测定，在紫外线波段280~320nm有一吸收峰，因此曲酸也具有良好的防晒功效。

曲酸对黑色素的生成有两个抑制作用：其一是使酪氨酸氧化成为多巴和多巴醌时所需的酪氨酸的氢化催化剂失去活性；另一是由多巴色素生成5，6-二羟基吲哚羧酸的抑制作用。该两个反应都必须有二价铜离子的存在才能进行。曲酸对铜离子的螯合作用使铜离子浓度降低，使铜离子失去作用，进而使缺少铜离子的酪氨酸酶失去催化活性，最终达到抑制黑素生成、皮肤美白的效果。曲酸是一种能同时抑制多种酶的单一美白剂，因此非常值得研究。由于曲酸对光、热的稳定性较差，容易氧化、变色；易与金属离子，如Fe^{3+}螯合，而且皮肤吸收性较差。因此人们开发了大量的曲酸衍生物来改进它的使用性能。

目前开发的曲酸衍生物克服了曲酸的以上缺点，有不少品种显示出较强的美白效果。曲酸衍生物的美白机理与曲酸相同。曲酸衍生物通常是通过酯化和烷基化曲酸上的两个羟基得到。酯化可以形成曲酸的单酯和双酯。

目前商品化产品中的双酯——曲酸双棕榈酸酯（KAD-15）是最流行的曲酸美白剂。Nagai和Iaumi通过研究认为，无论从抑制效果还是从稳定性来看，曲酸双棕榈酸酯均明显优于曲酸，而且更易被皮肤吸收。人们还发现KAD-15与氨基葡萄糖衍生物复配后，其美白效果会成倍增长。曲酸的异棕榈酸酯，由于是液体而容易添加于配方中，因此也有一定市场。曲酸单酯中，曲酸单亚麻酸酯结合了曲酸与亚麻酸的双重美白作用，美白效果很好，而且能有效吸收紫外线，但稳定性不如KAD-15。它还具有广谱抗菌效果，早期用于酱油、酒类的酿造。曲酸具有抑制酪氨酸酶活性的作用，从而可减少和阻止黑色素的形成，对紫外线照射所引起的色素沉着有效抑制率可达90%，具有消除色素沉着、祛斑、增白的功效，还有防晒的作用，在化妆品中使用量为1.0%~2.5%，1%的添加量即可取得较佳的效果，美白时间较长。

六、泛酸衍生物

在化妆品中添加少量双泛酸硫乙胺及其酰化衍生物，能抑制酪氨酸酶的活性，黑色素脱除作用显著，有良好的美白作用。

双泛酸硫乙胺是生物体内泛酸的反应产物，与泛酸硫氢乙胺共存于体内。还原的泛酸硫氢乙胺是乙酰辅酶、乙酰载体蛋白的构成成分，在碳水化合物代谢、脂肪酸分解与合成等方面有广泛的生理作用。最近发现双泛酸硫乙胺对脂肪代谢有影响，它对预防或修复动脉硬化有明显的作用，在化妆品中用量为0.01%~1.00%。

七、生物美白制剂

生物美白制剂具有减少皮肤黑色素的生成、使皮肤美白的作用。生化活性物质有多种，它们具有抑制酪氨酸酶、减缓黑色素生成及缓和的脱色作用。一般这种美白剂应该和防晒剂一起使用，这样不仅能防止皮肤晒黑，而且可以减轻皮肤因使用美白剂而受到的损伤。

八、天然动植物提取物

动物提取物，如胎盘萃取液、珍珠水解液等，经实践证明均具有良好的美白作用；其他如超氧化物歧化酶（SOD）也可抑制色素沉着。许多提取物还需进行严谨的科学分析和证实，以提高有效成分的安全性、有效性和科学性。牛胎盘及羊胎盘的提取物在美白化妆品应用中极为广泛，尽管其美白机理还不确定。近年来，由于疯牛病肆虐，尽管没有任何证据证明化妆品中的这些动物提取物对使用者健康有不良影响，但心理上的影响是巨大的。同时，由于动物保护组织抗议，一些公司使用动物组织提取物更加谨慎，从而影响到它的发展。

植物提取物的应用迎合了人们回归自然的意识，有很强的市场号召力，天然美白剂的用量在未来的市场将有所增加。同时也看到许多植物提取物有其独特效果，其酪氨酸酶的抑制率优于传统的美白剂。

许多中草药或其他天然植物提取物都有特定的有效成分，它们能抑制酪氨酸的活化，从而阻断黑色素的生成。我国传统的中药，许多具有良好的美白祛斑作用，有许多治疗面斑的药方流传至今，主要有：当归（活血生机、抗菌消炎、祛斑增白，含有多种维生素和活性组分，对皮肤有增白功效）、川芎（行气活血、祛风止痛、消淤血，其化学成分为内酯、生物碱、挥发性油和维生素，具有皮肤抗衰老和增白作用）、丹参（治各种面部皮肤病，有祛淤生新、活血除烦功效，其化学成分主要有酮类、醇类、多种氨基酸、维生素和微量元素等，它可清除自由基，改善血循环，即有抗皮肤衰老、美容和增白的功效），还有白附子、白芷茯苓、鲜皮、白芍、白术、兔丝子等均有一定的皮肤增白作用。

新开发的具有美白作用的天然植物提取物还有黄芩及甘草提取物。黄芩具有显著的美白、祛斑和除痘的疗肤功效。黄芩苷的作用比较专一，只对黑色素细胞有极高的抑制活性，对其他人体细胞如基底层细胞、淋巴细胞和巨噬细胞等并无任何的毒副作用，还能促进巨噬细胞的吞噬功能。黄芩苷的配伍性能良好，可与多种美白添加剂搭配使用以增强疗效。甘草提取物是市场应用最广的植物美白剂。近年来研究表明，甘草提取物中甘草黄酮能有效抑制酪氨酸酶及多巴色素互变酶（TRP-2）的活性，同时对5，6-二羟基吲哚聚合有抑制作用，因此是非常高效的美白剂。但它的价格非常高，只能在高档美白化妆品中应用。内皮素拮抗剂是20世纪90年代发现的重要皮肤美白剂，它可以在洋甘菊中提取，也可以用生物发酵法制备。它能抑制内皮素激活酪氨酸酶及抑制内皮素促进黑色素细胞分化的作用，并且减少不均匀的色素分布，因此受到相当大的重视。木瓜提取物中除含有果酸外，还含有一种天然蛋白质，它可置换黑色素形成过程的铜离子酶，而中断黑色素的生成，故具有良好的美白作用。被开发的植物提取物美白剂还有芒果提取物、桑树提取物、楮树提取物、花红提取物等。

此外，对紫外线具有吸收或屏蔽作用的物质也可通过吸收或散射阳光中的紫外线，抑制黑色素的生成，预防色素斑的形成。

第三节　美白产品配方示例及制备工艺

一、祛斑美白霜

含植物提取物美白制剂的祛斑美白霜配方见表8-1。

表 8-1　　祛斑美白霜配方

组分	配方1 质量分数/%	配方2 质量分数/%
A相　聚氧乙烯十六醇醚	2.0	—
单甘酯	1.5	—
鲸蜡硬脂醇聚醚-6	—	1.5
鲸蜡硬脂醇聚醚-25	—	2.0
十六-十八醇	1.5	2.0
二甲基硅油	1.5	2.0
牛油树脂	4	3.0
神经酰胺EC	0.5	—
异十六烷	8	5.0
辛酸/癸酸三甘油酯	5	3
辅酶Q10	0.2	—
油溶维生素C酯	3	—
维生素E醋酸酯	1	0.5
B相　1，3-丁二醇	4	—
尿囊素	0.2	—
吡咯烷酮羧酸钠（GD-8045）	4	3.0

续表

组分		配方1 质量分数/%	配方2 质量分数/%
	甘油	—	5.0
	甘草根提取物	10	—
	对羟基苯甲酸甲酯	—	0.2
	EDTA-Na_2	0.1	0.1
	水	至100	至100
C相	防腐剂	适量	适量
	香精	适量	适量

制备工艺如下：

（1）水相（B相）和油相（A相）分别加热至80℃；

（2）把油相加入水相中，均质乳化3min；

（3）搅拌降温到50℃时，加入C相，继续搅拌降温至36~38℃时出料即可。

二、祛斑美白乳液

祛斑美白乳液配方见表8-2。

表 8-2　　祛斑美白乳液配方

组分		配方1 质量分数/%	配方2 质量分数/%
A相	聚氧乙烯甘油单硬脂酸酯	2.0	2.0
	单硬脂酸甘油酯	4.0	4.0
	十六-十八醇	4.5	3.5
	二甲基硅油	0.5	1.0
	角鲨烷	5.0	3.0
	植物精油	1.0	2.0
	辛酸/癸酸三甘油酯	4.0	5.0
B相	1，3-丁二醇	6.0	—
	透明质酸	—	0.03
	黄原胶	0.1	—
	维生素C衍生物（维生素C磷酸酯镁）	1.5	—
	熊果苷	—	5.0
	EDTA-Na_2	0.1	0.1

续表

组分		配方1 质量分数/%	配方2 质量分数/%
C相	水	至100	至100
	柠檬酸	适量	适量
	防腐剂	适量	适量
	香精	适量	适量

制备工艺同祛斑美白霜配方。

第九章　防晒化妆品

阳光、空气和水是生物界存活的要素，人类每天都直接或间接地沐浴在阳光下。人体接受日光的照射有不少有益的作用，但不适度的日晒对人体，特别是对皮肤会造成伤害。日光对人体的作用程度取决于光的波长和频率、光的强度和个人对光的敏感程度。随着人们生活水平的日益改善，户外休闲活动也越来越多，这自然就增加了皮肤在阳光下的照射，使皮肤更容易被晒黑。在那些长期以来就把防晒防黑当作是传统习惯的地区，这一点就显得尤为重要。在世界上的很多地方，人们渴望拥有白皙的，甚至是如瓷器般洁白无瑕的皮肤，而过多的色素沉着、不规则的色素沉着以及皮肤颜色不均匀等都是肤色保养中需要解决的主要问题。因此，目前对具有防止色素沉着功能的化妆品活性成分的需求不断增加，有效干预由于阳光导致的色素沉着也成为对化妆品配方师日益严峻的挑战。

过去人们认为，太阳紫外线照射人体能消毒杀菌，使皮肤中产生维生素D，有益于身体健康，皮肤晒黑被誉为“健康美”。然而，近年来，皮肤科学研究证明，日光暴晒是促使皮肤老化的重要因素之一，强烈的紫外线照射可能引起皮肤癌。因此，现在认为阳光照射对人体的作用是弊大于利，特别是由于工业污染物［如氟氯有机化合物（CFC）和其他挥发性有机化合物］，使臭氧层减少。自1969年至1993年间，臭氧量减少3%。随着大气臭氧层的变化、极地空洞的出现，透过大气层到达地面的紫外光变强了，使照射地球表面和人类皮肤上的长波紫外线（UVA）增加。美国每年有60万~70万人患皮肤癌，其中有7000人死亡。估计到2000年会有100万人患皮肤癌。根据美国皮肤癌症基金会估计，1个人18岁以前受到的UV辐射占其一生中受到UV辐射的80%。在童年时代仅仅一次严重的起泡性晒伤就可能使以后患癌症的危险率增加1倍。

防止皮肤色素沉着的方法主要有两种：第一种，也是最早使用的一种方法，就是避免紫外线辐射，防止产生额外的黑色素沉着，即晒黑。第二种是使用化妆品活性物抑制色素沉着。这两种方法可以同时使用，以更有效地控制黑色素的形成，保养肤色。

第一节　防晒化妆品概述

防晒化妆品是指具有屏蔽或吸收紫外线作用，减轻因日晒引起皮肤损伤、黑色素沉着及皮肤老化的化妆品。随着人们对紫外线危害性认识逐步加深及自身保护意识的加强，防晒化妆品的需求迅速增长。近年来，其产品类型和产量都有大幅度增长。这类化妆品可在膏霜类及奶液的基础上添加防晒剂而制得，其形态有防晒膏、防晒霜、防晒油、防晒乳液等。

防晒已成为当今国际化妆品发展的热门话题之一，防晒化妆品也越来越被更多的人认识和使用。如今，人们不光在夏季使用防晒品，在冬季、甚至在灯光下也开始使用不同防晒指数的防晒品。随着消费者越来越认识到暴露在阳光下的危害性，以及对UVA防护重要性认识的不断深入，在防晒品市场上，既能遮蔽UVB又能防护UVA的全波段防晒产品将更加受到消费者的欢迎。

第二节　紫外线辐射的基本特征及影响

一、紫外线辐射的基本特征

太阳光线在红外线波段主要产生热效应，在可见光波段表现为各种颜色，而在紫外线波段则以光生物反应为特征。这种光生物反应可导致黑色素的产生，把皮肤晒黑，或者引起遗传信息的改变甚至是细胞行为的异常。

波长越短，辐射能越大；波长越长，辐射越少。这个客观规律对于紫外线辐射（UVR）也同样成立。短波的UVR更容易引起光化学反应，而长波的UVR能够穿透到皮肤的更深层。因而，由UVR引起的生物效应会随着波长的变化而不同。

波长范围为100~400nm的紫外线光谱可分为三部分：UVC、UVB和UVA。

UVC的波长在100~290nm之间，其完全被臭氧层吸收，所以对人体一般不会构成伤害。UVC不会引起晒黑作用，但会引起红斑。

UVB的波长在290~320nm之间，可穿透臭氧层进入到地球表面，它是太阳辐射中对皮肤引起光生物效应的主要波段。其主要作用于表皮层，引发红斑（晒斑）。经常性地曝露于强烈的UVB下会损害DNA，也会改变皮肤的免疫反应。同时UVB还会增加各种致命性突变的几率，最终导致皮肤癌，并降低机体识别和清除发生恶性变异的细胞的可能性。

UVA的波长在320~400nm之间，它的穿透力很强，可穿过玻璃窗并穿透皮肤直达真皮层，产生很多光生物学效应，使皮肤变黑、色素沉着以及皮肤老化，甚至引起皮肤癌，如黑素瘤等。UVA还可以引起自由基和活性氧化物，间接对皮肤发生作用。

科学研究表明，UVB会引起即时和严重的皮肤损害，UVA则会引起长期、慢性的损伤，后者的渗透能力较前者强。它们都表现出对皮肤的致癌作用，而UVB的作用较强。

二、皮肤日晒红斑

皮肤日晒红斑即日晒伤，又称皮肤日光灼伤、紫外线红斑等。皮肤日晒红斑是紫外线照射后在局部引起的一种急性光毒性反应（phototoxic reaction）。临床上表现为肉眼可见、边界清晰的斑疹，颜色可为淡红色、鲜红色或深红色，可有轻度不一的水肿，重者出现水疱。依照射面积大小不同，病人可有不同症状，如灼热、刺痛或出现乏力、不适等轻度全身症状。红斑数日内逐渐消退，可出现脱屑以及继发性色素沉着。

三、皮肤日晒黑化

皮肤日晒黑化即日晒黑，指日光或紫外线照射后引起的皮肤黑化作用。通常限于光照部位，边界清晰，临床上表现为弥漫性灰黑色色素沉着，无自觉症状。皮肤炎症后色素沉着也可以引起肤色加深，但一般限于炎症部位的皮肤，色素分布不均，从发生机理上看主要是一系列炎性介质如白三烯C4和D4等和黑素细胞的相互作用所致。皮肤晒黑则是光线对黑素细胞的直接生物学影响。

经紫外线照射皮肤或黏膜直接出现黑化或色素沉着，是人类皮肤对紫外辐射的另一种人眼可见的反应，其反应类型可分为以下三类。

（1）即时性黑化（instant pigmentation）　即时性黑化是指照射后立即发生或照射过程

中即可发生的一种色素沉着。通常表现为灰黑色，限于照射部位，色素沉着消褪很快，一般可持续数分钟至数小时不等。

（2）持续性黑化（persistant pigmentation） 持续性黑化是指随着紫外线照射剂量的增加，色素沉着可持续数小时至数天不消褪，它可与延迟性红斑反应重叠发生，一般表现为暂时性灰黑色或深棕色。

（3）延迟性黑化（delayed pigmentation） 延迟性黑化是指照射后数天内发生，色素可持续数天至数月不等。延迟性黑化常伴发于皮肤经紫外辐射后出现的延迟性红斑，并涉及炎症后色素沉着的机制。

四、皮肤光老化

皮肤光老化（photo aging）是指由于长期的日光照射导致皮肤衰老或加速衰老的现象。衰老是生物界最基本的自然规律。皮肤衰老作为机体整体衰老的一部分，具有突出的心理学和社会学意义，因为机体衰老在皮肤上表现得最清楚、最直观，而皮肤的特征性变化也常被作为估计一个人年龄的重要标志。人们通常把由于遗传及不可抗拒的因素（如地心引力、机体重要器官的生理功能减退等）引起的皮肤内在性衰老（intrinsic aging）称为自然老化，把由于环境因素如紫外辐射、吸烟、风吹及接触有害化学物质引起的皮肤衰老称为外源性老化。由于日光中紫外线辐射是环境因素中导致皮肤老化的主要因素，所以通常所说的外源性皮肤老化即指皮肤光老化。

由于皮肤光老化是一个日积月累的缓慢发展过程，其影响因素必然广泛而复杂。不同的光线波长、照射剂量、生理因素如年龄、肤色及饮食起居、病理因素、职业和环境因素等均可影响皮肤光老化的发生。

（一）辐照光谱及剂量

日光中的紫外线是引起皮肤光老化的主要光谱。由于UVC被地球大气层阻断而不能达到地球表面，因而主要是UVB和UVA参与光老化的致病过程。实验表明，用UVB照射，每次剂量相当于6个最小红斑量，每周3次，30周后可在实验动物产生严重的弹力纤维变性，伴有成熟的I型胶原受损，Ⅲ型胶原增多。用SPF值为15的防晒品保护后再用同样条件的紫外线照射，30周后只出现轻微弹力纤维增生，防止了严重的弹力纤维变性，并保护胶原不受损伤。UVA的光生物学及光化学效应不如UVB明显，但日光中的UVA剂量比UVB高许多倍，并且穿透力强，深达皮肤深层，因此UVA的剂量累积效应也能导致光老化损伤。Lavker等应用亚红斑量（0.5个MED）的UVA照射皮肤，发现其皮肤损伤的累计效应大于日光模拟照射（UVB+UVA），且这种损伤不能被高SPF防晒品阻断，因此认为UVA是引起皮肤光老化的主要致病光谱。另有研究报道，用UVA照射无毛小鼠，每周3次，共34周，累积辐照剂量达到3000J/cm^{2}时，皮肤活检即可显示真皮弥漫性弹力纤维变性且达到深层组织。在人类应用PUVA疗法治疗银屑病患者的研究中，采用0.75~1.50个最小光毒量（MPD）照射，每天一次，共3周，结束治疗6个月后取照射部位的非皮损区皮肤检查，发现弹力纤维变形、增粗、排列紊乱、聚集成团，胶原纤维退行性变，最后成为无定形物质；微血管扩张并扭曲，血管臂开始增厚最后变薄；血管周围炎症细胞浸润，黑素细胞灶性增生等，所有这些正是皮肤光老化的典型组织学改变。

（二）生理因素

从接受日光照射起，皮肤光老化的致病影响就开始累积了，这和皮肤自然老化截然不同。据估计，一个人20岁以前，接受紫外线照射的累积量为整个人生的75%，而这一阶段正是对日光未加防护的自由的青少年时代。有证据表明，光线性损害大多起始于儿童到18岁这一未成年阶段，虽然在相当长一段时间内这种损害在皮肤表面还看不出来，但结构上已经有明显的皮肤光老化改变，Kligman称之为"看不见的皮肤病"，并认为等到成年以后出现肉眼所见的病变时，皮肤光老化已经发展到了晚期。因此强调从青少年时代就应该注意对日光损害的防护。此外，随着年龄的增长，皮肤结构也会发生相应变化，如表面角质层完整性、水化及脂化情况、表皮厚度、色泽以及皮肤中吸光物质的含量改变等，这些因素均可影响日光中紫外线的反射、散射、吸收和穿透情况，从而影响皮肤光老化的发生与发展。

肤色对皮肤光老化也有影响。皮肤的颜色主要由表皮中的黑素体决定，而黑素体对各种波长的紫外线甚至可见光和红外线都有良好吸收，因此，表皮中的黑素细胞和黑素体是防御真皮组织免受紫外线辐射损伤的天然屏障。蓝眼睛、白皮肤、有雀斑及浅色或棕色头发的白种人是光损害的最易感人群，不仅易于发生皮肤光老化，也易于出现与日光照射有密切关系的多种皮肤癌。

第三节　防　晒　剂

在防晒配方中主要起防晒作用的是防晒剂，通过物理屏蔽或化学吸收作用而起到防晒的效果，但配方中的油脂性质也会影响防晒剂防晒作用的发挥。润肤剂同有机防晒剂间存在氢键作用，其作用结果与两者的极性有直接关系。对极性防晒剂，极性润肤剂有助于防晒剂基态稳定，当防晒剂吸收紫外线能量，电子从基态向激发态跃迁时需克服较大能垒，使最大紫外吸收峰位置向短波方向迁移。非极性润肤剂则相反，促使其最大紫外吸收峰位置向长波方向迁移。同样原理，对非极性防晒剂，极性润肤剂使紫外最大吸收峰位置向长波方向迁移，非极性润肤剂则造成最大紫外吸收峰位置向短波方向迁移。

防晒剂面世至今已有60余年之久，它们起初是用来防止晒伤的，即仅对UVB具有防护作用，而对UVA导致的晒黑无能为力。传统的防晒指数（SPF）也只关系到UV引起的红斑。UVA可提高黑素瘤和其他肿瘤的发病率，随着这一事实日益受到关注，人们在防止因光照引起皮肤癌的同时也越来越重视对UVA/UVB全波段紫外线的防护。于是一种全新的理念应运而生：一种有效的防晒剂不仅仅能够防止晒伤，而且要把各种引起致命性皮肤变化的有害辐射减少到最低。防晒剂的种类很多，大体可分为两类：物理性的紫外线屏蔽剂和化学性的紫外线吸收剂。

一、物理性紫外线屏蔽剂

物理性防紫外线屏蔽剂也称无机防晒剂，这类物质不吸收紫外线，但能反射、散射紫外线，用于皮肤上可起到物理屏蔽作用，如二氧化钛、氧化锌、高岭土、滑石粉、氧化铁等。其中二氧化钛和氧化锌已经被美国FDA列为批准使用的防晒剂清单之中，认可其物理屏蔽作用并广泛用于在防晒产品中，最高配方中用量均为25%。

通常所谓的纳米级材料粒子直径应在数十纳米以下，这种规格的二氧化钛或氧化锌对UVB有良好的屏蔽功能，对UVAⅡ区也有一定的阻隔作用，超细氧化锌可滤除波长370nm以下的紫外线。但单独使用无机防晒剂对UVA的防护效果较差，且影响产品的外观。

与化学性紫外线吸收剂相比，物理性屏蔽剂具有安全性高、稳定性好等优点，不易发生光毒反应或光变态反应。当然，物理性防晒剂也可以发生光催化活性而刺激皮肤。用各种材料如聚硅氧烷、氧化铝、硬脂酸及表面活性剂等对超细无机粉体进行表面处理，一方面可降低无机粉体的光催化活性，另一方面可防止无机不溶性粒子的析出或沉淀，改善产品的理化性质和使用时的肤感。

物理性紫外屏蔽剂是能反射和散射紫外辐射的化合物，它包括二氧化钛、氧化锌、二氧化钛-云母和红凡士林等。其作用是当日光照射到这类物质时，它使紫外线散射，从而阻止了紫外线的射入。这类防晒剂只要用量足够就可反射紫外、可见和红外辐射。近年来，这类防晒剂与紫外线吸收剂结合使用，提高了产品日光保护系数。一些新型的金属氧化物也开始应用于化妆品，专利文献已报道，使用微米级（0.2~20.0μm）和纳米级（10~250nm）的TiO_2粉制造防晒化妆品，这类制品透明度好，不会产生粉体不透明而发白的外观，对UVB和UVA防护作用都很好，具化学惰性，使用安全。这类金属氧化物包括二氧化钛、氧化锌、氧化铬、氧化钴和氧化锡等。

物理性紫外屏蔽剂折射率越高，紫外线散射效果越大。这类物理性紫外屏蔽剂及其折射率如表9-1所示。由此可见，氧化锌、氧化铁、二氧化钛等对UVB、UVA的紫外线透射抑制效果高，可将它们配入大多数防晒制品中。

表 9-1　　部分物理性紫外线屏蔽剂及其折射率

物质名称	折射率	物质名称	折射率	物质名称	折射率
硫酸钙	1.51~1.54	氧化铁	2.70~2.90	橄榄油	1.46
滑石	1.55~1.58	二氧化钛	2.50~2.90	亚麻油	1.48
氧化锌	2.00~2.02	水	1.33		

（一）超细钛白粉

从防晒化妆品的发展趋势来看，一是无机防晒剂代替有机防晒剂，二是仿生防晒。后者成本较大，目前难以推广，前者价格适中，且防晒性能优越，因而被普遍看好。尤其是纳米二氧化钛，由于其具有较为优越的性能和应用前景，因而发展势头和市场潜力较好。

超细钛白粉是指具有高比表面积、粒径在10~50nm的粉粒。现使用的超细钛白粉常进行表面处理，使其具有亲水性、疏水性、透明性和光稳定性等不同特性，形成的分散液为中性，安全性高，其重要的特性是对可见光具有极高的穿透性，而对紫外线具有极佳的阻挡作用。

二氧化钛的强抗紫外线能力是由于其具有高折光性和高光活性。其抗紫外线能力及其机理与其粒径有关：当粒径较大时，对紫外线的阻隔是以反射、散射为主，且对中波区和长波区紫外线均有效。防晒机理是简单的遮盖，属一般的物理防晒，防晒能力较弱；随着粒径的减小，光线能透过二氧化钛的粒子面，对长波区紫外线的反射、散射性不明显，而对中波区紫外线的吸收性明显增强。其防晒机理是吸收紫外线，主要吸收中波区紫外线。由此可见，二氧化钛对不同波长紫外线的防晒机理不一样，对长波区紫外线的阻隔以散射为主，对中波区紫外线的阻隔以吸收为主。

纳米二氧化钛由于粒径小、活性大，既能反射、散射紫外线，又能吸收紫外线，从而对紫外线有更强的阻隔能力。纳米二氧化钛对紫外线的吸收机理可能是：纳米二氧化钛的电子结构是由价电子带和空轨道形成的传导带构成的，当其受紫外线照射时，比其禁带宽度（约为2.3eV）能量大的光线被吸收，使价带的电子激发至导带，结果使价电子带缺少电子而发生空穴，形成容易移动且活性极强的电子-空穴对。这样的电子-空穴对一方面可以在发生各种氧化还原反应时相互之间又重新结合，以热量或产生荧光的形式释放能量，另一方面可离解成在晶格中自由迁移到晶格表面或其他反应场所的自由空穴和自由电子，并立即被表面基团捕获。通常情况下二氧化钛会表面活化产生表面羟基捕获自由空穴，形成羟基自由基，而游离的自由电子很快会与吸收态氧气结合产生超氧自由基，因而还会将周围的细菌与病毒杀死。可见，紫外线照射、表面水活化程度及吸氧率是二氧化钛光活性的3个基本条件。

正是由于纳米二氧化钛吸收紫外线后会产生自由基，从而会加速皮肤的老化，对皮肤造成危害。因此，在使用纳米二氧化钛作为防晒剂的时候，要从减弱或消除3个基本条件入手，以减弱或根本消除其光活性，从而降低其危害性。

纳米二氧化钛微粒的大小与其抗紫外能力密切相关。当其粒径等于或小于光波波长的一半时，对光的反射、散射量最大，屏蔽效果最好。紫外线的波长在190~400nm之间，因此纳米二氧化钛的粒径不能大于200nm，最好不大于100nm。但是，也不是颗粒越小越好，粒度太小容易团聚，不利于分散，还易于堵塞皮肤的毛孔，不利于透气和汗液的排除。一般说来，当其粒径在30~100nm之间时，对紫外线的屏蔽效果最好，同时能透过可见光，使皮肤的白度显得更富自然美。

纳米二氧化钛为无机成分，具有优异的化学稳定性、热稳定性及非迁移性和较强的消色力、遮盖力，较低的腐蚀性，良好的易分散性，并且无毒、无味、无刺激性，使用安全，还兼有杀菌除臭的作用。特别是由于其颗粒较细，成品透明度高，能透过可见光，加入化妆品使用时皮肤白度自然，克服了有的有机物或颜料级二氧化钛不透明，使皮肤呈现不自然的苍白色的缺点。

因此，纳米二氧化钛很快被广泛重视并逐步取代一些有机抗紫外剂，成为当今防晒化妆品中性能优越的一种物理屏蔽型抗紫外剂。

（二）超细氧化锌

纳米ZnO类似于纳米TiO_2，是广泛使用的物理防晒剂，它们屏蔽紫外线的原理都是吸收和散射紫外线。纳米ZnO也属于N型半导体，它的禁带宽度为3.2eV。当受到紫外线的照射时，价带上的电子可吸收紫外线而被激发到导带上，同时产生空穴-电子对，因此它们具有吸收紫外线的功能。另外，其颗粒尺寸远小于紫外线的波长，纳米粒子可将作用于其上的紫外线向各个方向散射，从而减少照射方向的紫外线强度，这种散射紫外线的规律符合Rayleigh光散射定律。

纳米ZnO在屏蔽紫外线方面和纳米TiO_2有所差异。在330nm以下，纳米TiO_2对紫外线的屏蔽能力明显高于纳米ZnO；在同样浓度下，含纳米TiO_2体系的吸光度约为纳米ZnO体系的2倍。在330~355nm内，纳米TiO_2的屏蔽紫外线能力仍高于纳米ZnO，但在355~380nm的波长内，纳米ZnO的屏蔽紫外线能力高于纳米TiO_2。因此，纳米ZnO虽然阻隔UVB的效果不如纳米TiO_2，但对阻隔长波UVA（335~380nm）效果优于纳米TiO_2，正是由于这一特性，纳米ZnO在防晒化妆品中逐渐得以应用。

纳米ZnO屏蔽紫外线能力是由其吸收能力和散射能力共同决定的，纳米ZnO的原始粒径越小，吸收紫外线能力越强且透明度高。根据Rayleigh光散射定律，纳米ZnO对不同波长紫外线的最大散射能力取决于其原始粒径、二次粒径和颗粒形状。纳米ZnO的原始粒径越大，对长波紫外线的散射能力越强。但如果纳米ZnO的原始粒径太大，由于其对可见光的散射能力也相应增加，涂在皮肤上会出现不自然的白化现象，因此，用于防晒化妆品的纳米ZnO存在合适的粒径范围。一般认为，屏蔽紫外线的合适原始粒径为10~35nm。

纳米ZnO在防晒化妆品中的应用有以下三方面的问题，一般通过对其表面进行改性来解决。

（1）ZnO的等电点在pH=9.3~10.3，与防晒化妆品体系的pH接近，因此纳米ZnO极易絮凝；另外，纳米ZnO粒子小、比表面积大、表面能极高，很容易形成团聚体。

（2）纳米ZnO的比表面积大，Zn^{2+}极易溶出。Zn^{2+}虽可以起到抗菌作用，但大量Zn^{2+}的存在会使体系黏度增大，甚至产生凝胶化现象。如果体系含有脂肪酸及其盐，还会与Zn^{2+}反应生成脂肪酸锌，这些都会导致紫外线屏蔽效果下降和使用感觉变差。

（3）纳米ZnO具有光催化作用，受到紫外线的辐射会产生空穴–电子对，部分空穴和电子会迁移到表面，在纳米ZnO表面产生原子氧和氢氧自由基。这些自由基具有很强的氧化和还原能力，会对皮肤细胞产生不良影响，而且会使其他有机成分变色、降解和分散，有时甚至会产生令人难以忍受的异味。

二、化学性紫外线吸收剂

化学性紫外线吸收剂是指能吸收有伤害作用的紫外辐射的有机化合物，通常称为紫外线吸收剂（UVabsorber）。按照防护辐射的波段不同，UV吸收剂可分为UVA和UVB两种吸收剂。

UVA吸收剂是倾向于吸收320~360nm波长范围的紫外光谱辐射的有机化合物（如二苯酮、邻氨基苯甲酸酯和二苯甲酰甲烷类化合物）。

UVB吸收剂是倾向于吸收290~320nm波长范围的紫外光谱辐射的有机化合物（如对氨基苯甲酸酯、水杨酸酯、肉桂酸酯和樟脑的衍生物）。

理想的紫外线吸收剂应具有如下的性质：

①能吸收280~360nm范围有伤害作用的UV辐射。如果一种紫外线吸收剂不能达到广谱的防辐射作用，需要用两种或更多种的制剂复配来吸收280~320nm（UVB）和320~360nm（UVA）范围的UV辐射。

②在最大UV吸收波长λ_{max}处，具有最大消光系数（ε_{max}）。ε_{max}值超过20000是较好的情况。这样在化妆品配方中添加最少量的紫外线吸收剂，即可获得最大可能的防护作用。

③λ_{max}和ε_{max}不应受溶剂的影响。极性溶剂对极性较大的紫外线吸收剂有稳定作用，因而，降低了其分子基态的能级，引起吸收峰紫移（向短波方向移动）。另一方面，紫外线吸收剂的基态极性低，而其光化学激发态极性较高，在极性溶剂中，λ_{max}会发生红移（向长波方向移动）。理想紫外线吸收剂的基态和光化学激发态的极性应是相近的，因而使λ_{max}紫移（由于溶剂对基态的稳定作用）被其红移所抵消。

④有很好的光稳定性和光化学惰性。如果分子中存在异构化作用（如顺–反式、酮式–醇式异构），其降解的量子效率应较低，异构化作用是可逆的。

⑤在防水配方中，紫外线吸收剂应完全不溶于水。然而，水溶性紫外线吸收剂在发类制品或需要增加SPF值时，仍然起着重要的作用。

⑥紫外线吸收剂应是不含异构体的，化学稳定性好，可长期储存，对其他化妆品原料是化学惰性的。

⑦能较好地与基质和配方中其他制剂配伍，便于使用和处理。

⑧由于紫外线吸收剂是构成防晒化妆品配方中的重要组分，有时质量分数会超过15%，如果它具有多种功能，能赋予产物一些附加的特性，效果会更好。例如，同时具有润滑作用、增溶作用或乳化的性质、润湿作用，或可能赋予无香精配方而有温和的愉快的芳香，以掩盖基质的气味。

⑨不会使皮肤变色和引起刺痛感或皮肤干燥，不会沉积出结晶，涂于皮肤或头发时不会产生不愉快气味，不沾污衣服。

⑩理想的紫外线吸收剂应是无毒的，不会致敏或无光毒性，还应价格适中，不会因此而过度提高制品的成本。

常用的紫外线吸收剂主要有：甲氧基肉桂酸辛酯、4-二苯甲酮、羟苯甲酮、二甲基氨基苯甲酸辛酯和水杨酸辛酯。

（一）对氨基苯甲酸（*p*-aminobenzoic acid）及其酯类

对氨基苯甲酸及其酯类化学紫外线吸收剂，简称为PABA类。这类化合物都是UVB紫外线吸收剂，有如下的结构通式：

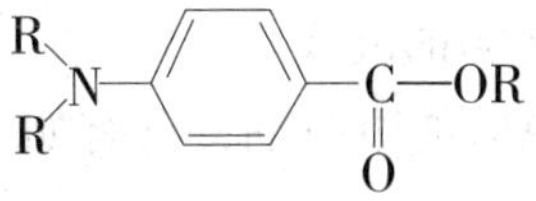

这类分子易与水或极性溶剂分子缔合，而增加它们在水中的溶解度，使其易溶于水，进而降低产品的耐水性。氢键的作用，增强了溶剂对吸收波长的影响，使最大吸收波长向短波方向移动，从而影响防晒剂的效率。此外，羧基和氨基对pH变化敏感，游离胺也倾向于在空气中氧化，引起颜色的变化。

这是一类最早使用的紫外线吸收剂，它作为UVB区的吸收剂，其不足之处是对皮肤有刺激性。后又进行改进，出现了它的同系物对二甲氨基苯甲酸酯类。以往在防止紫外线红斑、皮炎的防晒化妆品中，主要是选用它们作为紫外线吸收剂。近年来，这类紫外线吸收剂已较少使用，甚至有些防晒制品还声明不含“PABA”。

常用的对氨基苯甲酸酯类紫外线吸收剂有以下6种。

①对氨基苯甲酸（PABA）；

②对氨基苯甲酸甘油酯（glyceryl PABA）；

③*N*，*N*-二甲基对氨基苯甲酸戊酯（*N*，*N*-dimethyl PABA amyl ester）；

④乙基-4-双（羟丙基）氨基苯甲酸酯［ethyl-4-bis（hydroxyl propyl）amino benzoate］；

⑤聚氧乙烯-4-氨基苯甲酸酯（ethoxylated-4-amino benzoic acid）；

⑥*N*，*N*-二甲基对氨基苯甲酸辛酯（*N*，*N*-dimethyl PABA octyl ester）。

（二）水杨酸酯类（salicylates）及其衍生物

水杨酸酯类（salicylates）及其衍生物类化合物都是UVB吸收剂，是目前国内较常用的防晒剂，结构式为：

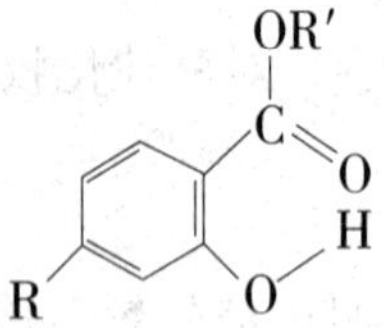

R=H和R′ =—$CH_2C_6H_5$

—C_8H_7

三甲环己基

—N^+（CH_2CH_2OH）$_3$

—K

—C_5H_{11}

—CH_3—CH—CH_2—C_6H_5和—OH

R=CH（CH_3）$_2$和R′ =—$CH_2C_6H_5$

常见的品种有水杨酸苯酯、水杨酸苄酯、水杨酸薄荷酯、对异丙基苯基水杨酸酯等。由于水杨酸酯类是一组邻位取代的化合物，其空间排列使其分子内可形成氢键，在300nm附近有UV吸收峰。其缺点是吸收率太小，但价格较低，故可与其他紫外线吸收剂复配使用。

间位和对位的羟基苯甲酸酯的最大吸收 λ_{max}比300nm低，接近270nm。由于水杨酸酯分子内氢键的作用，酚基与羧酸酯会被拉紧，为了抗衡这样的空间张力，两个基团会稍稍偏离，不在一平面上。分子平面性的较小偏离，会引起消光系数的下降。尽管水杨酸酯类对UV吸收较弱，但有较好的安全使用记录，较易添加于化妆品配方中，产品外观好，具有稳定、润滑、水不溶性等性能。此外，水杨酸酯类也是一些不溶性化妆品组分的增溶剂，例如水杨酸辛酯常用于2-羟基-4-甲氧基二苯酮的增溶。

水溶性的水杨酸盐类对皮肤亲和性较好，对防晒制品的SPF有增强作用，并可用于发类制品。

（三）邻氨基苯甲酸酯类（anthranilate）

邻氨基苯甲酸酯类化合物是UVA区的吸收剂，含有如下结构：

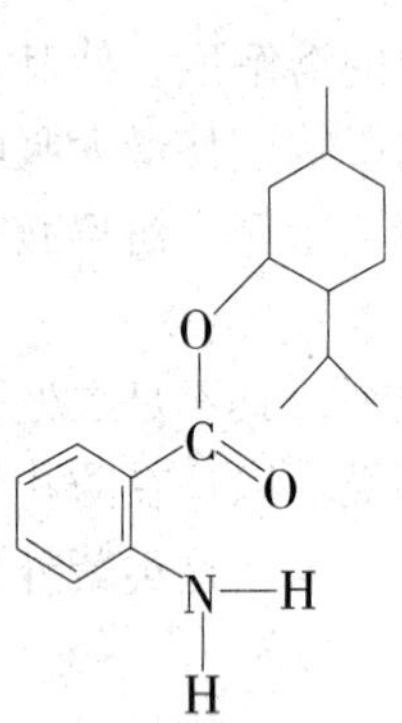

邻氨基苯甲酸孟基酯

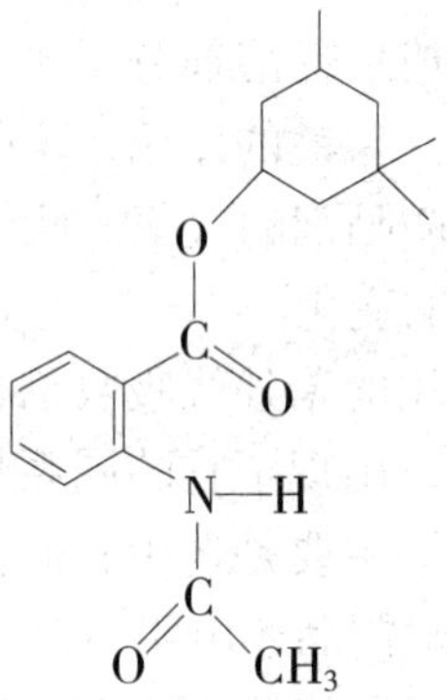

N-乙酰基邻氨基苯甲酸三甲基环己酯

这类防晒剂起着防晒黑作用，其价格低廉，但吸收率低，存在与PABA类似的对皮肤有刺激性等不足。近年来，消费者对UVA范围辐射的危险性更加关心，皮肤学家的研究结果已证实，320~400nm范围的辐射必需防护，以防止皮肤产生红斑和由于对皮肤的长期作用而出现的皮肤老化和皲裂，甚至引起皮肤癌。因此研制高SPF值，防护UVA和对皮肤作用温和的紫外线吸收剂成为化妆品厂家的开发方向。邻氨基苯甲酸薄荷酯为这类防晒剂中的较佳选择。邻氨基苯甲酸薄荷酯是液体，易溶于化妆品中的油类，也容易被乳化，稳定性高，λ_{max}为338nm，不易受溶剂影响，低气味。它与对甲氧基肉桂酸异辛酯配伍使用可提高SPF值，并具有防UVA作用，效果较理想；与2-羟基-4-甲氧基二苯酮配伍，有增溶作用，防止结晶从制品析出。

（四）二苯酮（benzophenones）及其衍生物

二苯酮（benzophenones）及其衍生物紫外线吸收剂对UVB和UVA区的辐射都能吸收，但其吸收率稍差，结构式为：

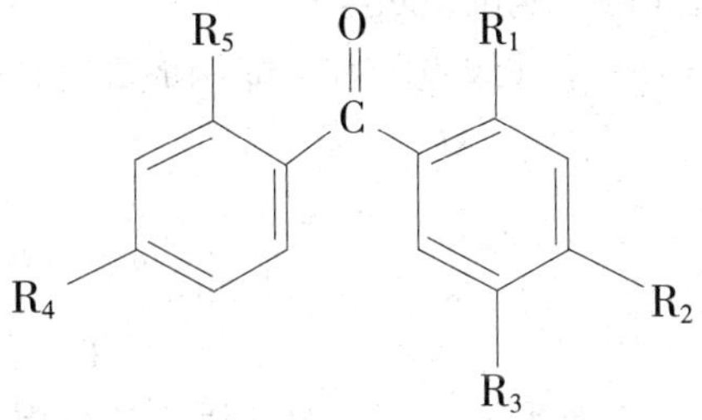

结构式中：

2-羟基-4-甲氧基二苯酮（Benzophenone-3）：R_1=OH，R_2=OCH_3，R_3=R_4=R_5=H

2，2′-二羟基-4-甲氧基二苯酮（Benzophenone-8）：R_1=OH，R_2=OCH_3，R_3=R_4=H，R_5=OH

2-羟基-4-甲氧基二苯酮-5-磺酸（Benzophenone-4）：R_1=OH，R_2=OCH_3，R_3=SO_3，R_4=R_5=H

2，4′-二羟基二苯酮（Benzophenone-1）：R_1=R_2=OH，R_3=R_4=R_5=H

2，2′，2，4’-四羟基二苯酮（Benzophenone-2）：R_1=R_2=R_4=R_5=OH，R_3=H

2，2′-二羟基-4，4′-二甲氧基二苯酮（Benzophenone-6）：R_1=R_5=OH，R_2=R_4=OCH_3，R_3=H

2-羟基-4-*N*-乙基己基二苯酮（Benzophenone-12）：R_1=OH，R_2=OC_8H_{17}（iso），R_3=R_4=R_5=H

这类化合物都含有邻位和对位的取代基，有些还含有双邻位取代基，这样会生成分子内氢键，电子离域作用较容易发生，与此相应的能量需要也降低，最大吸收波长向长波方向移动，处于UVA范围。邻位和对位取代基的存在，构成这类化合物具有两个吸收峰，对位取代引起UVB吸收，邻位取代引起UVA吸收。

二苯酮类紫外线吸收剂在应用上还存在一些缺点。首先由于二苯酮类是芳香酮，与酯类不同，在体内能被水解，产生的副产物能新陈代谢（一种解毒方式），而芳香酮没有相近的新陈代谢过程。其次，这类化合物都是固体，在化妆品配方中较难处理和增溶。此外，这类化合物的最大吸收峰在330nm以下，只是刚进入UVA区。在不同溶剂中，有些二苯酮表现出较大的λ_{max}的位移，例如二羟基甲氧基苯酮在极性溶剂中λ_{max}值为326nm，在非极性溶剂中λ_{max}值为352nm。这类化合物中应用最广泛的是羟甲氧苯酮。此类产品对光、热稳定，耐氧化稍差，需加抗氧剂，渗透性强。

（五）对甲氧基肉桂酸类（p-methoxycinnamate）

对甲氧基肉桂酸类是UVB区的良好吸收剂，其效果良好，结构式为：

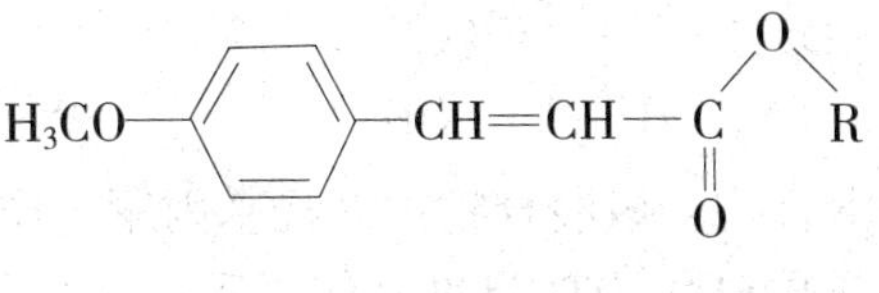

R=二乙醇胺盐

—C_5H_{17}（iso）

—C_8H_{27}（iso）

—$C_2H_5OC_2H_5$

对甲氧基肉桂酸类在欧洲很盛行，如美国ISP以及荷兰DSM公司的产品甲基肉桂酸辛酯（CTFA定名为octyl methoxycinnamate），其商品名为ParsolMCX，分子式$C_{18}H_{26}O_3$，为UVB区良好的紫外线吸收剂，λ_{max}为310nm，是浅黄轻质油状液体，沸点198~200℃，凝固点－25℃，在甲酸中最大溶解度为10%。

（六）甲烷衍生物（methanes derivatives）

甲烷衍生物是一类高效UVA区紫外线吸收剂，能制成高SPF值的防晒剂，结构式为：

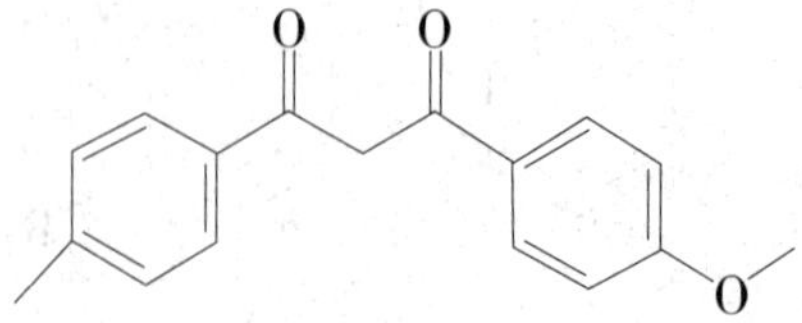

这类防晒剂为微黄色晶粒，具有香气。其主要功用为防晒黑，λ_{max}为357nm，紫外线吸收带为332~385nm，防晒系数SPF值与其用量有递增关系，SPF值可达9~10。如德国Givanclan公司研制出的产品，商品名为Parsol1789，CTFA定名为butyl methoxydibenzeylmethane，称为4-甲基-4-乙氧基苯甲酰甲烷。

（七）樟脑类衍生物（camphor derivatives）

樟脑类是UVB段吸收剂，其结构通式为：

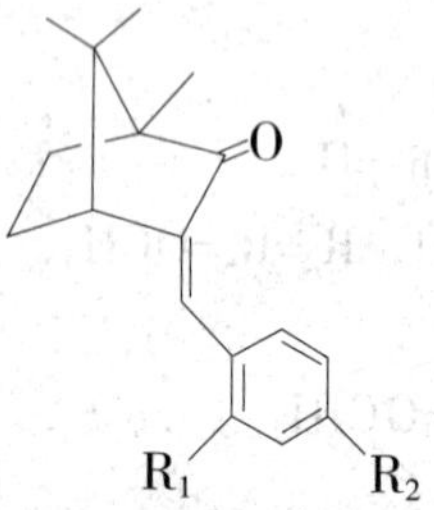

结构式中：

α-（2-氧代冰片-3亚基）-甲苯-2-磺酸：R_1=H，R_2=SO_3H；λ_{max}=296nm

3-（4-甲基亚苄基）-莰烷-2-酮：R_1=H，R_2=CH_3；λ_{max}=300nm

3-亚苄基莰烷-2-酮：R_1=H，R_2=H；λ_{max}=290nm

这些紫外线吸收剂在欧美常用于晒黑制品中，它们储藏稳定，不刺激皮肤，无光致敏，毒性小，其稳定性和化学惰性也较好，但皮肤吸收此物能力弱。

至于紫外线吸收剂的吸收性，一般单独使用时的效果均不太理想，多以复配的形式加入到防晒化妆品中。如将Parsol MCX与Parsol1789按1∶1比例复配，则这时有两个吸收紫外线高波峰，它既能防晒伤，又能防晒黑，是较理想的紫外线吸收剂。

（八）其他类型的紫外线吸收剂

除以上常用的化学吸收剂外，还有以下一些化学防晒药剂：

①3，4-二羟基-5-（3′，4′，5′-三羟基苯甲酰氧基）苯甲酸三油酸酯：此化合物在中国、美国和欧盟都批准使用，λ_{max}=283nm。GB 7916—1987规定它在化妆品中最大允许用量质量分数为4%（美国FDA-OTC规定为2%~5%），其结构式为：

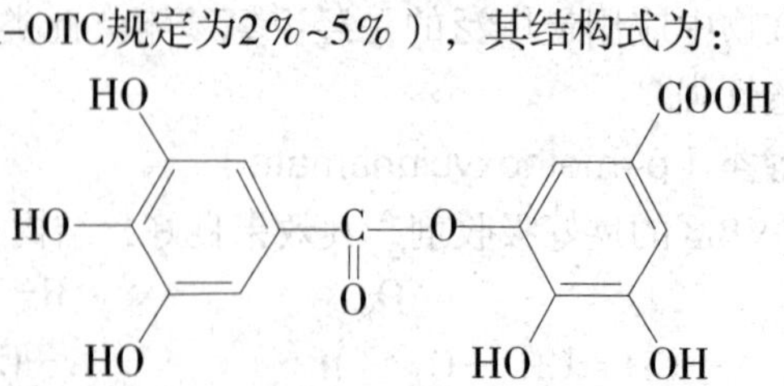

②2-羟基-1，4-萘醌和二羟基丙酮的混合物：该混合物中二羟基丙酮用作人工晒黑的加速剂，2-羟基-1，4-萘醌用作UV吸收剂。美国FDA-OTC批准其使用质量分数为3%。

③咪唑丙烯酸：该化合物在我国和欧盟批准使用，最大允许用量质量分数为2%。λ_{max}=285nm，其结构式为：

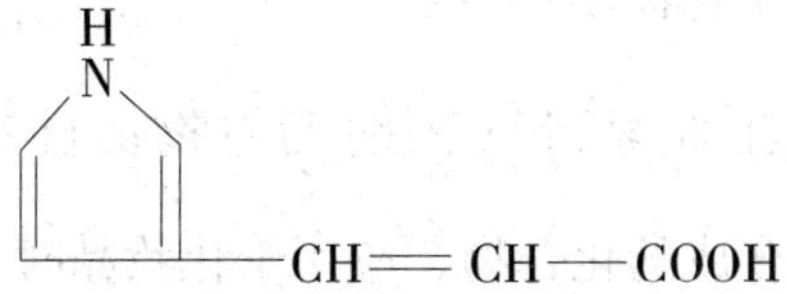

三、新型防晒剂

（一）纳米有机微粒

汽巴天来施®M，化学名称为2，2′-亚甲基-二［6-（2氢-苯并三唑-2-基）-4-（1，1，3，3-四甲基丁基）-苯酚］，分子式$C_{41}H_{50}N_6O_2$，其化学结构式为：

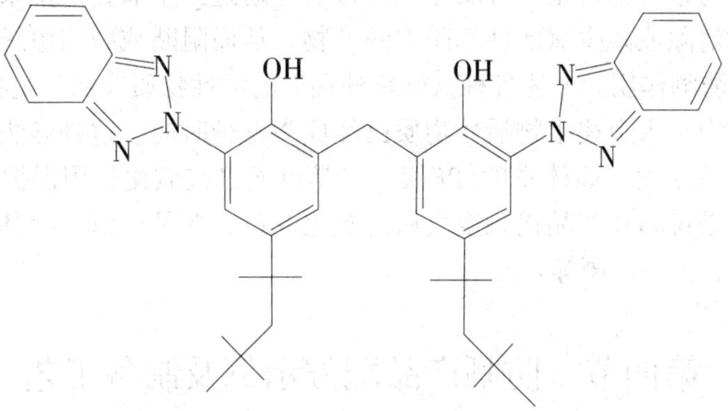

天来施®M是50%活性物含量的水分散体系，活性成分是小于200nm的无色超细有机微粒，是瑞士汽巴精化的专利产品，是一种具有三重防晒效果的纳米级超细UVA吸收剂。它采用全新的防紫外线皮肤保护技术，是首个使用超细微粒技术的紫外线吸收剂，作为超细颜料的同时又是一种有机紫外吸收剂。天来施®M由一种无色的具有紫外线吸收作用的固体有机物衍生而来，它被微粉化为直径小于200nm的微粒，本身具有优异的光稳定性。

天来施®M的高效防晒性能主要得益于以下三种作用：光稳定的有机紫外线吸收剂、由超细微结构导致的光散射和光反射。

（二）二乙氨基羟苯甲酰苯甲酸己酯

二乙氨基羟苯甲酰苯甲酸己酯是BASF的新型防晒剂Uvinul A Plus，其化学名称为2-（4-二乙氨基-2羟苯甲酰）苯甲酸己基酯，结构式为：

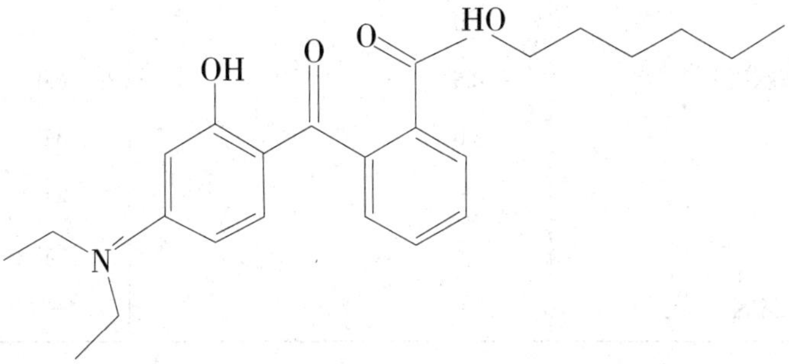

Uvinul A Plus为黄色固体，是UVA紫外线吸收剂，相比较丁基甲氧基二苯甲酰甲酯有较好的光稳定性。同时BASF开发了宽范围的紫外线吸收剂Uvinul A Plus B，它是二乙氨基羟苯甲酰苯甲酸己酯与甲氧基肉桂酸辛酯的混合物。

四、抵制紫外线辐射的生物活性物质

上述的紫外线吸收剂都是合成的化合物，应用于化妆品时，它们对皮肤的刺激性及安全性是选取时要考虑的一个重要因素。因此，从动植物中提取得到既安全又高效的防晒剂，是国内外研究开发的一个方向，如芦荟提取物等。

可以抵御紫外线辐射的生物活性物质，主要包括维生素及其衍生物，如维生素C、维生素E、烟酰胺、β-胡萝卜素等；抗氧化酶，如超氧化物歧化酶（SOD）、辅酶（Q）谷胱甘肽、金属硫蛋白（MT）等；植物提取物，如芦荟、燕麦、葡萄籽萃取物等。这些物质很少被当作防晒剂看待，因为它们本身不具有紫外线吸收能力，然而这些物质在抵御紫外辐射中具有重要作用。因为紫外辐射是一种氧化应激过程，通过产生氧自由基来造成一系列组织损伤，上述物质通过清除或减少氧活性基团中间产物，从而阻断或减缓组织损伤或促进晒后修复，这是一种间接防晒作用。上述各种抵御紫外辐射的活性物质应属于生物性防晒剂。

防晒产品配方中加入上述生物活性物质已经成为一种时尚。这种做法有多重效果：一是可加强产品的防晒效果而提高体系的SPF值；二是可通过抗氧化作用保护产品中其他活性成分如防晒剂等；三是可防止产品接触空气后的氧化变色；四是可以发挥其他生物学功效如营养皮肤、延缓衰老、美白祛斑等。

第四节　防晒产品配方示例及制备工艺

一、物理防晒剂防晒配方示例

物理防晒剂配方见表9-2。

表 9-2　　物理防晒剂配方

组分		配方1 质量分数/%	配方2 质量分数/%
A相	鲸蜡硬脂醇聚醚-6	2.0	2.0
	鲸蜡硬脂醇聚醚-25	1.5	1.5
	棕榈酸异丙酯	—	3.0
	角鲨烷	1.0	—
	PEG-7氢化蓖麻油	0.5	6.0
	二氧化钛	5.0	3.0
	霍霍巴油	—	2.0
	氧化锌	—	5.0
	甲氧基肉桂酸辛酯	6.0	—

续表

组分	配方1 质量分数/%	配方2 质量分数/%
B相　聚乙二醇	4.0	—
甘油	—	5.0
D-泛醇	1.0	—
汉生胶	0.2	0.2
EDTA-Na_2	0.1	0.1
水	至100	至100
C相　防腐剂	适量	适量
香精	适量	适量

制法：

（1）水相（B相）和油相（A相）分别加热至80℃；

（2）把油相加入水相中，均质乳化3min；

（3）搅拌降温到50℃时，加入C相，继续搅拌降温至36~38℃时出料即可。

二、O/W型防晒乳液配方示例

O/W型防晒乳液配方见表9-3。

表 9-3　　O/W型防晒乳液配方

组分	配方1 质量分数/%	配方2 质量分数/%
A相　硬脂基聚氧乙烯醚-2	1.5	1.5
硬脂基聚氧乙烯醚-21	2.0	2.0
十六-十八醇	1.5	—
十六醇	—	4.0
硬脂酸	—	1.5
硬脂醇	—	2.0
二甲基硅油	1.5	2.0
牛油树脂	4	1.0
异十六烷	8	5.0
辛酸/癸酸三甘油酯	5	4.0
甲氧基肉桂酸辛酯	—	6.0
二苯甲酮—3	—	2.0
B相　1，3-丁二醇	4	—

续表

组分	配方1 质量分数/%	配方2 质量分数/%
聚乙二醇400	—	5.0
汉生胶	—	0.2
$EDTA-Na_2$	0.1	0.1
水	至100	至100
C相 防腐剂	适量	适量
香精	适量	适量

制法：

（1）水相（B相）和油相（A相）分别加热至80℃；

（2）把油相加入水相中，均质乳化3min；

（3）搅拌降温到50℃时，加入C相，继续搅拌降温至36~38℃时出料即可。

三、W/O型防晒乳液配方示例

W/O型防晒乳液配方见表9-4。

表 9-4 W/O型防晒乳液配方

组分	配方1 质量分数/%	配方2 质量分数/%
A相 Arlacel P135	4.0	4.0
Arlamol S7	2.0	2.0
Arlamol HD	3.0	4.0
辛酸/癸酸三甘油酯	5.0	6.0
异硬脂酸	1.0	—
十六-十八醇	—	2.0
苯基二甲基硅氧烷	2.0	—
二甲基硅氧烷	—	3.0
甲氧基肉桂酸辛酯	—	5.0
硬脂酸锌	1.0	—
二氧化钛	6.0	5.0
氧化锌	5.0	—
B相 甘油	8.0	—
聚乙二醇400	—	6.0
$EDTA-Na_2$	0.1	0.1

续表

组分		配方1 质量分数/%	配方2 质量分数/%
C相	硫酸镁	1.0	1.0
	水	至100	至100
	防腐剂	适量	适量
	香精	适量	适量

制法:

（1）分别把A相和B相加热至80℃;

（2）把B相加入A相中，均质乳化3min;

（3）搅拌降温到50℃时，加入C相，继续搅拌降温至36~38℃时出料即可。

第十章　抗衰老化妆品

皮肤是维持人的生命和健康的重要器官，皮肤衰老的主要原因是皮肤失水和皮脂过氧化。用显微镜观察可以认定，人的皮肤从20~25岁就已经变为弹力纤维了。随着年龄的增长，皮脂腺分泌逐渐减少，加之长期日晒和游离基的不良作用，表皮逐渐变薄，表皮隆起，乳头体扁平，角朊生成降低，皮下脂肪减少，以致引起下垂或皱纹，肤色亦大不如前，越发使人显得苍老。另一方面，皮肤的血液流通衰退，血管抵抗力变弱，逐渐生成老人性白斑和老人性肉瘊，导致了皮肤的衰老。随着人们生活水平的提高以及对健康的重视，如何减少皱纹的产生、恢复青春焕发的肤色是人们十分关心的问题。

第一节　抗衰老化妆品概述

皮肤老化包括两个方面，即内在或本征老化和光致老化。内在老化可看做是由于内在的遗传因素引起皮肤组织学和生理学方面的变化；光致老化是由于日照时紫外线引起的皮肤老化。两个方面的因素往往同时发生作用，引起皮肤老化。从组织学的角度看，内在老化包括表皮萎缩、真皮与表皮界面的扁平化和真皮萎缩；不适度的日晒是造成皮肤角化症、雀斑、皱纹和弹性组织变性的原因。

现代皮肤生物学的进展，逐步揭示了皮肤老化现象的生化过程，认为在这过程中对细胞的生长、代谢起决定作用的是蛋白质、特殊的酶和起调节作用的细胞因子。因此，可以设计和制备一些生化活性物质，参与细胞的组成和代谢，替代受损或衰老的细胞，使细胞处于最佳健康状态，以达到抑制或延缓皮肤衰老的目的。在利用生物工程技术抗皮肤衰老的进程中，重组蛋白质、各种酶和细胞生长因子在化妆品中的应用，将是抗衰老化妆品的发展方向。市场销售的“抗衰老”化妆品多为一般营养霜和乳液，主要是保湿或滋润皮肤，而真正的抗衰老作用是使皮肤内部组织的再生和退化的平衡恢复到正常状态，即增加皮肤胶原和弹性蛋白的合成。有研究表明，四类物质可以在一定程度上延缓皮肤衰老，其中包括鳄梨油和豆油的非皂化物、维生素A的衍生物、α-羟基羧酸和芦荟提取物等。其他的天然动植物提取物中也含有许多活性物质，在保证安全性的前提下，对防皱、防止皮肤老化等具有良好的作用。

科学研究证明，老年人、成年人和婴幼儿的皮肤相对比，发现老年人的皮肤胆固醇含量显著降低，婴幼儿皮肤100g含胆固醇9~12μg，而成年人皮肤含胆固醇只有1.5μg；老年人皮肤含硫量是成人的60%，皮肤的牛胱氨酸中有机硫含量也比成年人显著减少。在化妆品中加入乙酰蛋氨尿囊素和胆固醇类化合物如烟草籽、麦种、甜菜、土青木香根、药用倒提壶草、紫藤花以及紫草科中的雏菊根等，这些可以补充人体皮肤有机硫的不足，激发细胞活力，对恢复保持皮肤水分的机能有利，可以起到抗衰老或延缓衰老的作用。微量矿物质对整个身体的新陈代谢也起到很重要的作用，影响着皮肤的细胞机能，如钙与毛细管的渗透有关，铜与部分黑色素的合成有关；如果羧基酶、磷酸酶缺少维生素，特别是水溶性维生素以及微量矿物质缺乏会使得皮肤衰老。因此在化妆品中添加泛酸、烟酸、生物素即维生素H、维生素C可达到抗衰老或延缓皮肤衰老。据证实，含有维生素B的中草药冷霜制剂也具有抗衰老或延缓皮肤衰老的作用。

从生命科学、生物学技术以及细胞凋亡衰老等学术上研究，皮肤衰老是一种综合因素的结果。针对皮肤外源性损伤，现在及以后的研发重点就是：深层保湿，研发一种可在角质层细胞间建立高效双分子膜的保水层，并研究配方技术；清除自由基，研发高效清除自由基的物质，从天然植物萃取到生化技术，以多种方法制备新材料，现已有多种天然植物萃取物，并有生化抗衰老制剂问世，均有良好效果；加快表皮角层代谢，新型的去角质层酶制剂出现，为增强透皮效果，需采用微乳化、脂质体及多相乳化技术；高效防晒，使用安全性高的紫外光吸收剂及遮光剂，需采用纳米技术，即新型的纳米遮光剂材料；皮肤结构调整，抑制酶活性，减少蛋白质的损耗，激活细胞能量，增加蛋白质的合成。

皮肤与其他组织一样要进行新陈代谢，需要随时补充为生存及合成新细胞所需要的一切物质。因此抗衰老化妆品需要选择优良的皮肤护理剂，给皮肤补充足够的养分，达到深层营养。同时，还要减缓皮肤中水分的散失，保护皮肤。一种好的抗衰老护肤品应该具备以下四个方面的功能：

（1）营养性　皮肤的营养除了来自人体内部，还需要从外界不断地补充，提供皮肤新陈代谢所需要的养料，以加速皮肤的新陈代谢。补充由于肌肉老化而不能充分提供给皮肤的养分，使肌肤充满活力，延缓衰老，减少皱纹的生成。表皮中的粒细胞含有丝蛋白，它是起骨架作用的蛋白质，因此化妆品中添加含有丝氨酸的营养物，有助于表皮细胞中蛋白质的营养和再生。真皮是合成皮肤细胞营养物质的基地，并为表皮的生理活动提供一定的能量，如骨胶原蛋白水解物、胎盘素、丝肽等添加剂是有效的营养物质；D-泛醇也是一种很好的营养剂，它能迅速渗透皮肤并使之润湿，刺激细胞繁殖，促进皮肤正常的角质化，使皮肤恢复青春活力。

（2）保湿性　水分是皮肤中非常重要的组成部分，它构成了细胞生存的环境。人体衰老时，皮肤不能保持有效的湿度而导致细胞的衰老和死亡。可见，皮肤的老化，皱纹的出现，在一定意义上讲，都与角质层含水量下降有着密不可分的关系。要想防止衰老，补充足够水分，并使其保持在皮肤上，是维持肌肤富有弹性和光泽的必要条件。因此，保湿剂是抗衰老产品中不可缺少的。

甘油通常是首选的保湿剂，一是它的保湿功能显著，二是来源广泛，价格便宜。植物提取液中有许多具有良好的保湿滋润功能，芦荟便是其中之一。芦荟对人体有良好的营养与滋润作用，具有很强的保湿性，可加快皮肤的新陈代谢，减缓肌肤衰老，增加皮肤弹性，使之光泽丰满。同时芦荟还具有防晒的性能，可以有效抵御紫外线对肌肤的伤害。

（3）防晒性　日光的照射是加速皮肤老化的重要原因。紫外线令肌肤衰老的速度远远大于人体皮肤自身的衰老过程，不适度的日晒是造成皮肤角化症、雀斑、皱纹和弹性组织变性的主要原因。因此防紫外线照射是抗衰老化妆品必备的功能。

（4）延缓衰老性　目前，生物工程技术被广泛地应用到抗衰老化妆品的研制中。可以利用仿生的方法，设计和制造一些生化活性物质，参与细胞的组成与代谢，替代受损或衰老的细胞，使细胞处于最佳健康状态，以达到抑制或延缓皮肤衰老的目的。因此在化妆品中添加对细胞的生长、代谢起决定作用的蛋白质（胶原蛋白、弹性蛋白）、超氧化物歧化酶（SOD）和起调节作用的细胞生长因子（EGF、BFGF），对延缓衰老有重要的作用。

另外，天然动、植物产品如人参、芦荟、灵芝、沙棘、当归、鹿茸、蜂王浆等的提取物对人体具有多种营养功能，对皮肤具有防皱、恢复皮肤弹性、延缓皮肤衰老的作用。这些物质也被广泛应用于化妆品的研制中。

第二节　衰老的机理

一、解释衰老的各种学说

人类机体衰老是一个很复杂的过程，根据衰老的成因有各种学说对其进行解释，如“酶类活性变化学说”、“免疫学说”、“自由基学说”、“基因程控学说”、“必需微量元素的缺失”等，分别简单介绍如下：

（1）基因程控学说（端粒理论）是指我们的遗传基因中的程序决定细胞分裂的次数，而一旦细胞分裂达到了最大值，我们的身体就开始衰老。

（2）免疫学说是指随着个体年龄的增长，免疫机能减退，从而导致体内一些器官组织的病变，如肿瘤、动脉硬化、容易受感染等，加速了机体组织细胞和器官系统的衰老过程。

（3）自由基学说：自由基又称游离基，确切说是氧自由基，是由于体内氧化代谢过程中产生的。自由基与核酸蛋白质和脂肪等物质反应，生成相应的氧化物和过氧化物。随着年龄的增长，机体不能完全清除自由基，多余的自由基就会在细胞内积累并扩散到细胞外，产生过氧化脂肪，同时还可影响遗传物质DNA或一些酶的活性，导致机体衰老。

（4）必需微量元素的缺失：人体内所含有各种元素对人的健康、长寿有极为重要的关系，除碳、氢、氧、氮、钠、钾、氯、磷、钙、镁等元素外，还有铁、锰、铬、锌、铜、氟、碘、钴、硒等均为人体必需元素。随着年龄的增长，由于机体对微量元素摄取能力的减退，体内含量减少，如适当补充，将增加免疫力。比如癌症、心血管病、糖尿病、性功能减退和机体功能降低，其中与缺锌、硒、镁等元素有关。

（5）酶类活性变化学说：体内抗氧化酶（SOD）活性随年龄的增加而下降，导致清除自由基能力的减弱和自由基对机体损伤的增加。另一与衰老有关的酶是单胺氧化酶（MAO），分A、B两型，而MAO-B活性上升很可能是老年人脑内单胺类物质减少的重要原因，现知衰老与神经的单胺类物质不足有关。

（6）激素学说：人体在成长和衰老过程中，由于激素分泌功能下降，逐渐呈现衰老现象。

（7）劳损和悲伤学说：生活本身使我们衰老，我们生活的环境、吸收的物质，面临的风险、生活的压力都会对我们的衰老起作用。

二、自由基学说

根据“自由基学说”的理论，从化妆品学的角度来探讨延缓衰老的方法是近年来抗衰老化妆品的研制和开发的重要方向之一。

1. 自由基与活性氧

所谓自由基是指游离存在的带有不成对电子的分子、原子或离子。自由基可以由均裂、分离提纯等方法而得到。自由基虽能单独存在，但存在的时间极为短暂。由于自由基都有不成对的电子，一般均显示极活泼的化学活性。按稳定性来区分自由基可分为不稳定自由基和稳定自由基，绝大多数自由基是不稳定的，不稳定自由基的化学性质是很活泼的。清除超氧化物自由基的超氧化物歧化酶（superoxi dedismu tase，简称SOD）的发现，证实了生物体内内源性自由基的存在。与生命老化有关的生物自由基主要是一些含氧的自由基，如活性氧自由基（O_2·）、过氧化氢自由基（HO_2·）、羟基自由基（·OH）。

氧气对于人体来讲是必不可少的。氧一旦进入人体内，由于与各式各样的酶、化学物质，或是金属、紫外线等作用，发生反应，成为基底状态反应性更高的活性氧。这些活性氧都是氧的某些代谢产物及含氧的衍生物质，也都是直接或间接由氧转化而成的，具有比氧活泼的化学反应性。

Fridovich等在发现了SOD并研究其生物学作用后，提出了氧毒性的超氧化物自由基学说，认为O_2·及其衍生活性氧可在人体内产生，它们对机体有害。用活性氧的氧毒性可以解释氧对生物包括植物的许多损伤和病理作用。受到活性氧和自由基攻击的有脂质、糖质、蛋白质、核酸等，其中脂质是其主要目标分子。对皮肤中的脂质来说，以光化学的氧化反应较为重要，即是由太阳光的照射使氧活化，其能量的一部分使之产生单态氧（$^1O_2$），后者即迅速与不饱和脂质反应而形成过氧化脂质LOOH，如下式所示，由一分子的单态氧生成一分子的脂质氢过氧化物。

2. 自由基学说

自由基学说主要认为随着年龄的增大，退行性变化是由于自由基的副作用所引起的。在正常情况下，机体内自由基的产生与消失处于动态平衡。一方面，自由基（包括氧自由基在内）在正常细胞新陈代谢中不断地产生，并且参与了正常机体内各种有益的作用，如机体防卫作用、某些生理活性物质的合成等。在机体生长发育阶段或正常运转阶段，即使某种自由基的产生多了一些，也会被机体内的各种自由基清除剂所清除而不至于对人体有害。这类自由基清除剂包括一系列酶如SOD、过氧化氢酶等，和一些小分子有机抗氧化剂如维生素A、维生素E、维生素C等。当机体衰老时，或者是自由基的产生稍高于平常，或者是由于某一环节变得薄弱，机体内清除自由基的能力出现急性或慢性减弱，从而清除不了多余的自由基。这样就使自由基的产生与清除失去了平衡。过剩的自由基对构成组织细胞的生物大分子化学结构发生破坏性反应，随着破坏层次的逐步扩展，会损伤正常组织形态和功能的完整性。当损伤程度超过修复或丧失其代偿能力时，组织器官的机能就逐步发生紊乱及障碍，表现出机体逐渐趋于衰老。

衰老是一个极为复杂的过程，自由基学说只能解释其部分现象，但自由基促使衰老过程加快的作用已被实验所证实。

3. 自由基学说对皮肤老化的解释

活性氧自由基对皮肤老化起着重要的作用。随着年龄的增长和各种疾病的影响，使得人体机体内活性氧自由基增加，再加外部原因如强日光、紫外线的照射，以及温度、湿度的变化都可使机体内产生活性氧自由基。活性氧可以引发机体内脂类中的不饱和脂肪酸（RH）过氧化而产生脂质过氧化自由基R·、RO·、ROO·与ROOH。这些反应为：

$$RH + \cdot OH \longrightarrow R\cdot + H_2O$$
$$R\cdot + 2O \longrightarrow ROO\cdot$$
$$ROO\cdot + RH \longrightarrow ROOH + R\cdot$$

上述反应是产生脂类过氧化物的链式反应，而ROOH与R·反应导致链分裂而得到脂类过氧化最终产物之一的丙二醛（MDA），是不饱和脂类过氧化作用的特殊产物。丙二醛在人体衰老过程中起重要作用：

（1）人体细胞膜是由脂质和蛋白质组成，正常细胞膜的膜蛋白质是在不断地进行着缔合和解离的过程。机体中活性氧自由基的增多所引起的脂类过氧化作用，会导致膜蛋白质处于永久性的缔合状态，阻碍蛋白复合体恢复到原规则的分布状态，严重地损害生物膜的功能。脂类的过氧化作用使膜的不饱和脂肪酸减少，膜的饱和脂肪酸相对增多，使膜变为刚性状态，而缺乏不饱和脂肪酸则可使膜的流动柔软性降低。另一方面，脂类过氧化作用所产生的自由基，可对膜上的蛋白质或膜结合酶起作用，使膜结构起变化，导致膜功能异常而使机体更加处于不正常状态，表现在皮肤上则使皮肤干燥、出现皱纹等老化现象。

（2）在上述脂类的过氧化作用中的产物丙二醛，它与蛋白质的一级氨基团反应而与蛋白质交联，此反应形成了一种荧光产物席夫碱。丙二醛与核酸上的氨基或与磷脂类（如磷脂酰乙醇胺）起反应也能产生类似的荧光产物。这些产物的积聚就表现为老年色素（脂褐素），这就是老年斑，是皮肤老化的一种现象。

（3）胶原是一种纤维状的结构蛋白，称之为胶原蛋白，它是机体中最丰富的蛋白质之一，约占总蛋白质的25%~30%，皮肤组织大都由胶原蛋白所组成。随着年龄的增加，机体内各种氧自由基亦增加，它可以改变机体内许多酶的水平和性质。如氧自由基水平的升高可使赖氨酰氧化酶水平的改变，就引起结缔组织中胶原蛋白的交联，由于交联度的增加就可使胶原蛋白的溶解度降低。在老年时，胶原蛋白的这种交联变得更稳定且不能被还原。这种胶原蛋白结构的改变，表现在机体上就是一些衰老的象征，如皮肤无弹性、无光泽、骨骼变脆、眼晶状体的物理性质改变等。

第三节　抗衰老活性组分

一、超氧化物歧化酶（SOD）

目前衰老学说有许多，其中之一是衰老的自由基学说。体内自由基作用于细胞膜的多不饱和脂肪酸，形成脂质过氧化物（LPO），生成的丙二醛等物质与细胞膜上的蛋白质作用而生成褐色素，沉淀于皮肤，形成色斑。自由基也能使皮肤表皮内的胶原蛋白、弹力纤维交联和变性、变脆而失去弹性。如果能采取措施减少皮肤自由基生成，或对已生成的自由基进行有效清除，就可以有效地减缓皮肤的衰老。酶在人体组织中起催化作用，在细胞的生理新陈代谢过程中具有重要的作用。酶的种类很多，其中超氧化物歧化酶具有清除机体内过多的超氧自由基，调节体内的氧化代谢的功能，具有抗衰老作用。SOD已在化妆品中得到广泛的应用。

二、细胞生长因子

现代生物工程技术研究认为，皮肤的弹性、光滑性是由构成皮肤不同组分的细胞的增长、分裂及生物功能所决定的，而这一过程是受皮肤内各种细胞因子的综合调节而维持在一个动态平衡上，即各种细胞生长因子对皮肤的各种生理表现具有非常重要的作用。细胞生长因子有表皮生长因子（EGF）、碱性成纤维细胞生长因子（BFGF）、上皮细胞修复因子（ERF）

等。表皮细胞对外界信号的响应、细胞基因表达的变化及活性变化、细胞的增长、分裂、迁移和代谢等生理过程都是由多肽细胞生长因子传递信号而实现的。

EGF能促进皮肤表皮细胞的新陈代谢，有延缓肌肤衰老的作用，在化妆品中已有广泛应用。

碱性成纤维细胞生长因子是一种肽键构成的蛋白质，为含有155个氨基酸的碱性蛋白质。BFGF是近年来开发的活性细胞因子，对体内各种组织的损伤有很显著的修复作用，可治疗烫伤、溃疡等，在医学上具有广泛的临床意义。BFGF对皮肤生理有多种生物功能：可诱导微血管的形成、发育和分化，改善微循环；促进成纤维细胞及表皮细胞代谢、增殖、生长和分化；促进弹性纤维细胞的发育及增强其功能；促进神经细胞生长和神经纤维再生，为一种神经营养因子。BFGF无毒、无刺激、无致突变作用，也是非致敏原，安全性高。它已开始在化妆品和美容业中应用。

外源性的BFGF作用于皮肤，与皮肤细胞受体结合后，可改变皮肤各种细胞组织的代谢，改善微循环，能有效恢复皮下结缔组织（胶原纤维、弹力纤维等组成）的生长，而使皮肤细嫩，富有光泽，增加弹性，消除皱纹等以至延缓皮肤的衰老。

三、α-羟基羧酸

α-羟基羧酸（简称AHA）俗称果酸，是一类从柠檬、甘蔗、苹果、越橘等水果中提取的α-羟基酸，它们中有羟基乙酸、L-乳酸柠檬酸、苹果酸、酒石酸等几十种，其中以羟基乙酸和L-乳酸为最常见。果酸是一类小分子，可迅速被吸收，对成纤维细胞具有促进作用，能加快表皮死细胞脱落，减少皮肤角质化，刺激皮肤蛋白质弹性朊的再生；同时作为剥离剂使皮肤老化细胞间的键合力减弱，老化细胞快速剥落，促进细胞分化、增殖，产生新细胞，使表皮细胞更新；果酸还具有较强的保湿作用，这些作用表现为消除皮肤皱纹，消褪皮肤色素及老年斑，使皮肤光洁、柔软和富有弹性，皮肤因此而光滑、新鲜，使人显得年轻。

羟基乙酸是相对分子质量最小的果酸，渗入皮肤的程度最高，可使角质层变薄，同时促使表皮细胞的生长，其效果最明显，但对皮肤深层的侵害和刺激也最严重。

L-乳酸作为天然保湿因子存在于人体肌肤中，它的刺激性较羟基乙酸小，常用于性质温和的产品如眼角霜等。

果酸的抗皱作用与果酸的种类浓度及添加的浓度均有关系。通常果酸相对分子质量越小，pH越低，浓度越高，去皱效果越好，但刺激性也越大。几种不同的果酸可以混合使用，渗入不同深度的皮肤以去除皮肤外层的死细胞。但无论单独使用或混合使用均有副作用，故一般化妆品配方中的浓度为2%~8%。通常在果酸类产品中加入消炎、抗刺激物质，以降低果酸引起的刺激。

α-羟基酸（BHA）也已开发作为添加剂，其抗皱原理与AHA相似但刺激性较低。

四、胶原蛋白、弹性蛋白

胶原蛋白和弹性蛋白均属于硬蛋白类，是小纤维状蛋白，均为人体皮肤中所固有的。蛋白是由成纤维细胞合成的，在年龄增长过程中，胶原蛋白的结构由螺旋形可溶胶原蛋白逐渐转变为互相交织的不可溶胶原蛋白，同时成纤维细胞合成能力下降。因此老化的皮肤显得干燥，失去柔软，弹性减少。从小猪或小牛皮中提取的胶原蛋白可与皮肤产生良好的相溶性，容易渗透吸收并形成一层保护膜。

弹性蛋白也是由成纤维细胞提供的。治疗皮肤伤疤的外敷品中即按照4：77的比例加入弹性蛋白和胶原蛋白。在抗衰老化妆品中加入弹性蛋白，可补充老化皮肤中的弹性蛋白含量，增加皮肤的柔弹性，润滑角质层，减少皱纹。

随着年龄的增长，皮肤真皮层内胶原纤维和弹性纤维的蛋白质多肽链发生大面积交联，使胶原蛋白和弹力蛋白的数量下降，溶解度降低，结缔组织的新陈代谢变缓，表皮和真皮的结合松懈，蛋白纤维松弛、折断而使皮肤起皱老化。这一状况可通过在化妆品中添加胶原蛋白、弹力蛋白得以改善。从动植物提取物及其衍生物，如胶原蛋白氨基酸、水解（溶）胶原蛋白、水解乳蛋白、水解麦蛋白、水解大豆蛋白等，具有增加和改善皮肤内结缔组织的结构和生理功能的作用，用以改变皮肤的外观，达到防止皮肤老化的作用。

目前还可利用生化技术重组蛋白质或小的DNA片段，以代替天然提取得到的蛋白质衍生物。将这些生化活性物质应用于化妆品作用于皮肤上，能够很容易渗透到表皮的深层和真皮层，与体内完全相同的蛋白分子结合，重组细胞结构、功能，以达到抗衰老的目的。如何通过皮下注射胶原蛋白除皱技术，用以减少和消除皮肤的皱纹和疤痕。

五、酶

酶在人体组织中起着催化剂的作用，是一种生物催化活性物质，在细胞的生理新陈代谢过程中具有重要的作用。利用现代生物工程技术制得的酶可重组脂肪酶和DNA，重组第二代蛋白酶及经修饰的超氧化物歧化酶（SOD）等。SOD是目前抗衰老化妆品中添加较多的一种酶，但是由于SOD具有生物活性，储存或工艺条件不当，均会导致SOD失活。采用酶生物技术可将SOD在分子水平上进行化学修饰，利用月桂酸等作为修饰剂，对SOD的酶分子表面赖氨酸进行共价修饰。经修饰过的SOD克服了SOD易失活的不足，使SOD在体内半衰期、稳定性、透皮吸收、抗衰老以及消除免疫原等方面都高于未修饰的SOD，从而提高了SOD化妆品的效果。

六、维 生 素

维生素A、维生素C、维生素E及维生素B为在抗衰老化妆品中常用的几种维生素。

维生素E是生物学上最重要的抗氧化剂，人体的新陈代谢、药物以及环境中的有害物质（臭氧、辐射、抽烟）都会使自由基不断地产生。这些自由基会破坏细胞核中的基本粒子，危害免疫系统，加速老化进程，而维生素E可以保护人体免受自由基的损害。它可以清除自由基，保护不饱和脂肪酸，使其不被氧化为脂褐色素，从而维护细胞的完整与功能，故具有抗衰老作用。科学家们还发现，维生素E除能有效对付皮肤老化外，兼有某种抗紫外的功能，对于某些光线过敏的人，维生素E可提高其抵抗力，并改善皮肤湿度。由于以上这些优点，维生素E在抗衰老化妆品中的应用很广泛。

维生素C又名抗坏血酸，它和维生素E一样具有抗氧化作用。此外它还可以刺激胶原蛋白的合成，同时又有美白作用，故在抗衰老化妆品中的应用也较多。由于维生素E和维生素C易氧化，在化妆品中使用时，常常将其包裹于微囊或一定的载体中，与氧、光线隔离以防过早氧化。有时还可用维生素C的盐类如抗坏血酸磷酸镁等代替维生素C，以提高其稳定性。

维生素A即视黄醇，在人体表皮中也含有。用含维生素A的化妆品护理皮肤，12周后皮肤光滑度及柔软度均明显提高，褐色斑减少，皱纹的深度及数量均有所下降。研究表明：维生素A可以促进真皮修复，促进成纤维细胞活性及新胶原蛋白的合成，恢复皮肤弹性。研究还发现维生素A对于光老化尤其有效，它可以通过促进血液循环而减少色素沉积。由于维生素A也易氧化，且具有一定的刺激性，有的化妆品制造商就将维生素A包裹于微胶囊中进行缓释。也有原料商开发刺激性较小而有类似效果的维生素A衍生物，如13-顺视黄酸。

研究表明，维生素A、维生素C及维生素E按一定比例复配，由于有协同作用，可起到更好的抗衰老作用。

七、天然动植物提取物

在天然动植物产品如人参、丝素、丝肽、蜂胶、蜂乳、珍珠、芦荟、何首乌、海藻、灵芝、甘草提取物、沙棘、月见草、绞股蓝、当归、花粉、鹿茸、蜂王浆等的提取物对人体具有多种营养功能，对皮肤具有防皱、恢复弹性、抗衰老的作用。

（1）人参　人参（ginseng）是一种名贵的药材，具有顺心、健身、补气、安神、益寿等多种滋补作用。它是一种多年生五加科人参属的宿根草本，广泛分布在我国东北等省，以吉林、辽宁所产的人参最著名。

人参的根中含人参皂苷（0.4%）和少量挥发油，油中主要成分为人参烯（$C_{15}H_{24}$）（0.072%）。据报道从人参根中分离出皂苷类有人参皂苷A、人参皂苷B、人参皂苷C、人参皂苷D、人参皂苷E和人参皂苷F等。人参酸为软脂酸、硬脂酸和亚油酸的混合物；多种维生素为维生素B_1、维生素B_2、烟酸、烟酰胺、泛酸；此外，还有多种氨基酸、胆碱、酶（麦芽糖酶、转化酶、酯酶）、精胺及胆胺。人参的上部分含黄酮类化合物，称人参黄苷、三叶苷、山柰酸、人参皂苷、β-谷甾醇及糖类。

人参皂苷有促进蛋白生化合成和流通末梢血管的功效。人参提取物能调节机体的新陈代谢，促进细胞繁殖，延缓细胞衰老，具有抗氧化及清除自由基的功效，减少脂褐素在体内的沉积，人参提取物还能增强机体免疫功能和提高造血功能。这些功能和作用表现在皮肤上可以促进皮肤的新陈代谢，加速细胞繁殖，同时改善血液循环，增强表皮细胞的活力，增加弹性。即可使皮肤光滑、柔软、有弹性、减少皱纹和减轻色素沉着，延缓皮肤衰老及防止头发脱发，同时还具有抗炎、镇痛的功效。因此，人参提取物广泛用于化妆品中，多用在制备膏霜（护肤霜、粉刺霜、防皱霜等）、乳液和护发制品中。

（2）丝素　丝素又称丝粉，是由精选的家蚕（如桑蚕）丝经缓和的化学处理加工而成的一种白色粉末状高分子蛋白质，保持了蚕丝的原始结构和化学组成。它细腻滑爽、透气性好、附着力强，随着温度和湿度的变化，能吸收或释放水分，还具有独特的截留油分的能力。丝素的主要成分是丝蛋白和丝胶蛋白，丝胶蛋白含有大量形成细胞所必需的各种氨基酸，可以调节皮脂中脂类的含量，增加干性皮肤的脂类，尤其适合皮肤比较干燥的老年女性。而丝蛋白是纤维状蛋白，分子结构与皮肤的胶原蛋白相似，易于吸收，可提高皮肤弹性。在化妆品中，丝素多作为美容化妆品（如唇膏、粉饼、眼部化妆品等）之原料，它对人体无毒、无副作用，对皮肤无刺激性，对皮肤角质层的水分有良好的保湿能力，还能吸收紫外线，具有抵御日光辐射的作用。当丝素用于以云母粉为基质的美容化妆品时，有助于降低反射光，使色彩更逼真、更自然。丝素具有良好的热稳定性，在这类粉质美容化妆品中的用量可高至20%，使产品的涂抹性得到改善，感觉更舒适。

（3）丝肽　丝肽（silk peptide）为丝蛋白的降解产物，是天然丝经适当条件下水解而获得的，主要由单独存在于真丝中的氨基酸组成。丝肽为微香的湿黄色透明液体，与水、40%酒精、PVA、PVP、阴离子、阳离子、非离子以及两性表面活性剂均有很好的相容性。丝肽的作用主要表现在以下四个方面：

①丝肽的保温作用和营养皮肤的功能：由于丝肽侧链上有许多亲水性基团，羟基、羧基、氨基等处于分子立体结构的表面，具有良好的保温性，其保温作用不受环境变化（温度、湿度）的影响。丝肽中含有十几种氨基酸，其中人体所需的氨基酸几乎都有。相对分子质量为300~800的小分子丝肽有较强的渗透力，为表皮细胞所吸收，从而加速细胞的新陈代谢，能使头发、皮肤富有光泽，增加弹性。

②抑制黑色素的生成：丝肽可抑制酪氨酸的活性，抑制酪氨酸合成黑色素。实验表明，相对分子质量为300~2000，质量分数为50%、20%和10%的丝肽，对黑色素生成的抑制率分别为83.7%、70.9%和50.9%。相对分子质量小的丝肽抑制黑色素生成的效果更好。

③丝肽有促进皮肤组织再生及防止皲裂和防止化学损害的作用。

④丝肽的护发功能：丝蛋白与头发中的角蛋白结构很相似，丝肽对头发有较高的亲和性。相对分子质量在500以下的小分子丝肽能很快渗透进入毛发的皮质层，起到营养和修复损伤的作用。相对分子质量在500~2000的丝肽可在头发表面形成一层薄而透明的保护膜，增加头发的弹性、柔软性和保湿性，使头发光亮，易于梳理。

（4）蜂胶　蜂胶（propolis）是蜜蜂采集植物芽芯、树干上的粘胶与自身上腭腺的分泌物和蜂蜡等混合加工而成的复杂化合物。它的化学成分相当复杂，主要是树脂类、多酚类、多糖类和蜂蜡的混合物。经分离测定，蜂胶含有黄酮类化合物（20余种）、酸、醇、酚、醛、酯及烯、烃、萜、甾类化合物，还含有维生素B_1、维生素A、多种氨基酸、酶及二十多种微量元素等。可以认为，蜂胶中含有生物生存所必需的大部分物质。

蜂胶为黄、棕褐色胶状固体，粗蜂胶在水中的溶解性很差，但能部分溶于酒精中。蜂胶具有芳香味，有黏性，15℃以下变硬脆，36℃质变软，可拉出丝，在60~70℃熔化。

蜂胶具有广谱抗菌作用，它能抑制和杀灭100多种细菌，还可促进生物肌体防护能力，改善血液循环，促进肉芽生长，加速伤口愈合，并具有滋润、止痒、除臭、防晒等功能。在化妆品中，蜂胶有着广泛的应用，可添加到膏霜、乳液、发乳、香波、生发水等制品中，化妆品中多是利用蜂胶的乙醇提取物。

（5）蜂乳　蜂乳（bee milk）亦称蜂皇浆或蜂王浆，它是工蜂咽腺分泌的白色胶体物质，是蜂王的食品，故称为蜂王浆。蜂乳是具有特殊功能的生物产品，其化学成分非常复杂。它含有极丰富的蛋白质、多种氨基酸和维生素、糖类、脂类、激素、酯类、微量元素及多种生物活性物质，还含有一个只有蜂王浆中才含有的不饱和脂肪酸，即10–羟基–2–癸烯酸（可称其为王浆酸）。蜂王浆中含有的17~18种氨基酸，包含了人体生存所必需的氨基酸，如精氨酸、亮氨酸、异亮氨酸、组氨酸、蛋氨酸、缬氨酸、苯丙氨酸、色氨酸、苏氨酸、赖氨酸等，这些氨基酸是细胞赖以生成，并使细胞具有无穷生命力的物质基础。蜂王浆中的氨基酸又是皮肤角质层中天然保湿因子的主要成分，可以使老化和硬化的皮肤恢复水合性，阻止角质层水分损失，保持皮肤的润湿和健康。蜂王浆中含有的维生素A、维生素C、维生素E等都是人体生存所不可缺少的。蜂王浆所含的王浆酸具有显著抑制酪氨酸酶活性的作用，可防止皮肤变黑。蜂王浆所含的激素能直接起到美容作用，能保持皮肤的湿润和毛发生长。

蜂王浆添加到化妆品中，其中的生理活性成分可以促进和增强表皮细胞的生命力，改善细胞的新陈代谢，防止代谢产物的堆积；防止胶原、弹力纤维变性及硬化，能滋补皮肤、营养皮肤，使皮肤柔软、富有弹性，减少皮肤皱纹和皮肤色素沉着，从而推迟和延缓皮肤的衰老，对痤疮、褐斑、脂溢性皮炎等多种皮肤疾病也有预防和治疗的效果。在化妆品中，蜂王浆可添加到膏霜、乳液、面膜、化妆水等多种制品中。

（6）珍珠　珍珠也是有悠久历史的美容佳品，其成分相当复杂，有4％的角质壳蛋白，14种氨基酸，多种矿物质和微量元素及大量钙质。它可以抑制脂褐素（老年斑）的增多，所含钙质可促进体内的三磷酸腺苷酶的活性，从而促进皮肤细胞的新陈代谢。珍珠粉（pear powder）又称为真珠粉，由珍珠贝科动物马式珍珠贝、珠贝母或蚌科动物褶纹冠蚌的贝壳中受刺激而产生的颗粒状珍珠经加工研磨制得，主要成分为碳酸钙，其含量可达90%左右。它还含有多种微量元素和16种氨基酸，如亮氨酸、蛋氨酸、丙氨酸、甘氨酸、谷氨酸、天冬氨酸等。

珍珠粉性甘、咸、寒，可收敛生肌、消炎、促进组织再生，可促进ATP酶的活力，抑制脂褐质的生成。它可用于多种药品中，外用可治咽喉肿痛、溃疡久不愈合。它还可用于多种化妆品中作为营养添加剂，使皮肤滋润、柔软、光滑洁白。使用时最好将其水解成为水解蛋白，这样易于被皮肤吸收，可增加细胞活力、防止皮肤衰老。

（7）芦荟　芦荟（Aloe）是百合科，属多年生常绿草本植物，原产于非洲热带干旱地区，后因人类的干预和迁移，现在芦荟分布几乎遍及世界各地。芦荟自古埃及时代就被当作药用，我国从唐、宋年代就已有芦荟治病的记载。人们逐渐知道芦荟具有止痛、消炎、润便、抑菌、止痒、收敛和健胃等多种功效，可用来医治许多疾病。20世纪中叶以来，美国、日本和欧洲许多国家除了将芦荟应用到医药临床之外，还将它应用到化妆品和食品中，取得了良好的效果。

芦荟叶片厚实多肉，含有氨基酸、芦荟多糖、有机酸、微量元素、有机锗等100多种成分，对芦荟的皮肤学研究表明，芦荟具有收敛、柔软、保湿、消炎、增白、解除皮肤硬化和角质化、改善伤痕、促进和改善头发生长等作用，广泛应用于各种化妆品中。

从芦荟叶中得到的芦荟提取物组成十分复杂，而且因芦荟的品种和生长条件的不同，所含的化学成分也不尽相同。目前，用于化妆品的芦荟提取物的类型主要有从芦荟叶肉中提取的芦荟凝胶汁（浓缩汁）、芦荟粉、芦荟油等。这些芦荟提取物都含有多种生理活性物，其中最重要的活性成分为芦荟多糖，这些活性成分相互协同，使芦荟具有优异的护肤疗效，包括抗敏、防晒、促进皮肤新陈代谢、减轻皮肤皱纹、增强皮肤弹性和光泽，生发、乌发等多种功效。

（8）何首乌　何首乌又称首乌、赤首乌（Polygonum multiflorum Thunb），为蓼科植物何首乌的干燥块根。祖国医学认为其性微温、气微、味微苦而甘涩，归肝、心、肾经，系著名滋补中药，能够补肝肾，益精血，壮筋骨。现代研究表明，何首乌的成分主要有卵磷脂、羟基蒽醌类化合物（主要为大黄素、大黄酚、大黄酸等葡萄糖苷，均为二苯代乙烯类化合物）、微量元素钙、铁等，具有较强的抗衰老作用。何首乌的抗衰老作用主要是通过清除自由基、修复损伤的基因、增强机体免疫功能、延缓细胞衰老等机制来实施的。

（9）海藻　海藻（sargassum fusiforme）是生长在海底和海面的无根、无花、无果的一类地球上最古老的植物。它是从海洋中吸收营养，通过孢子进行无性繁殖的低级植物。这类植物种类很多，据记载约有17000种，按其颜色可简单分为绿、蓝、红、棕四大类，其中红、棕两类多数利用在化妆品工业中。世界上海藻极其丰富，每年都有几百万吨的产量。我国人民早就将海藻作为食品，以预防缺碘所引起的疾病。

人们还利用海藻来医治各种创伤，还可用它来作染料、颜料等。但海藻这种世界上最丰富的植物还未被完全利用。

据对海藻的现代分析，海藻含有多种维生素，如维生素A、维生素B_1、维生素B_3、维生素B_6、维生素B_{12}、维生素C、维生素D、维生素E、维生素K和叶酸等，还含有丰富的无机物如碘、钙、磷、铁、钠、钾、氮、镁、硫、氯、铜、锌和锰及微量钡、硼、铬、锂等。海藻还含有大量的氨基酸和糖类，如含有丝氨酸、丙氨酸、精氨酸、甘氨酸、赖氨酸、天冬氨酸、缬氨酸、亮氨酸、异亮氨酸和色氨酸及岩藻糖、甘露糖、木糖、半乳糖、葡萄糖，此外海藻还含有其他成分，如藻酸、琼脂、蛋白质、纤维素、甘露糖醇等。因此，海藻及其萃取物含有丰富的营养成分并具有多种功能。如它具有良好的润肤护肤作用，可使皮肤变得柔软细腻。它在皮肤表面可形成保护膜，以防止水分的散发，即具有良好的保温作用。

近年来，国内外已将海藻萃取物应用于化妆品中，将它添加到香波、浴液、膏霜、面膜等制品中。海藻是一类极有开发前景的化妆品原料。

（10）灵芝　灵芝（ganoderma）是我国一种名贵的药材。它是一种高等植物真菌，属多孔菌科。

灵芝提取物内含有麦角甾醇、水解蛋白、脂肪酸、维生素B、甘露糖醇、多糖类、微量元素有机锗等多种有效活性成分，还有大量的酶。灵芝能增强心脏功能，促进血液循环，是延长寿命的有效补药。近代研究表明，灵芝提取液具有清除体内自由基的生理活性，对皮肤具有保湿、美白、防皱、抗衰老等作用。因此，灵芝是化妆品的极好的营养滋补添加剂，多将灵芝添加到膏霜类产品中。

（11）甘草提取物　甘草提取物（glycyrrhiza extract）主要成分为甘草甜素（6%~14%）、甘草甜素钙钾盐、甘草苦苷等，另含有蔗糖（2.4%~6.5%）、葡萄糖（3.8%）、甘露糖醇和天冬氨酸（2%~4%）。甘草提取物用作化妆品添加剂，其作用是抗炎、防治手足皲裂及冻伤，可用于膏霜、奶液等化妆品中。甘草在中极性溶剂中（乙酸乙酯、氯仿、乙醚）的可溶性成分有养发、护发的显著效果。甘草提取物还可用作食品添加剂、调味剂、甜味剂，用于烟草、雪茄，也用于巧克力、啤酒、香草、甜酒等作为香精的配制基料。

（12）沙棘　沙棘（hippo phae）别名为醋柳、酸刺，它是一种多年生的落叶灌木，是一种野生植物，主要分布在欧亚大陆，我国的西北、华北、西南等地也有大量的沙棘。早在我国唐朝时期，就有用沙棘作为中药来治疗耳舌生创、消化不良、发热等疾病的记载。

经科学测定，沙棘含有丰富的维生素、类黄酮、不饱和脂肪酸、氨基酸、胡萝卜素、黏多糖和微量元素等近百种生理活性物质，大都是人体所必需的营养成分和天然药用成分。因此，20世纪中叶以来，被誉为维生素C王的沙棘在食品和医药工业中被广泛利用，加工成保健食品和饮料等。20世纪70年代之后，沙棘才被应用到化妆品中。在化妆品中主要是应用沙棘提取物——沙棘油。沙棘油的主要活性成分是维生素E（生育酚）和维生素C、胡萝卜素、不饱和脂肪酸和游离氨基酸等，具有消除体内自由基、减少脂褐质含量和抗氧化等功能，因而对皮肤及头发具有优良的营养和保护作用。

沙棘可广泛应用于化妆品中，目前添加了沙棘的化妆品主要有香脂、抗皱霜、剃须膏、浴液、香波、唇膏、粉饼等。

第四节　抗衰老产品配方示例及制备工艺

一、含维生素的抗衰老化妆品配方示例

各种维生素应用于化妆品中，均有一定的营养、抗衰老作用，含维生素的抗衰老化妆品典型配方示例见表10-1。

表10-1　　含维生素的抗衰老化妆品配方

组分	配方1 质量分数/%	配方2 质量分数/%
A相　鲸蜡硬脂醇聚醚-6	2.0	2.0
鲸蜡硬脂醇聚醚-25	1.5	1.5
棕榈酸异丙酯	—	3.0
角鲨烷	3.0	—
霍霍巴油	2.0	2.0
白油	3.0	3.0
B相　透明质酸	0.2	0.2
维生素A棕榈酸酯	—	1.0
维生素E乙酸酯	—	0.5
D-泛醇	1.0	—
汉生胶	0.2	0.2
EDTA-Na_2	0.1	0.1
水	至100	至100
C相　防腐剂	适量	适量
香精	适量	适量

制法：

（1）水相（B相）和油相（A相）分别加热至80℃；

（2）把油相加入水相中，均质乳化3min；

（3）搅拌降温到50℃时，加入C相，继续搅拌降温至36~38℃时出料即可。

二、含植物提取物抗衰老化妆品配方示例

含植物提取物抗衰老化妆品因含植物提取物的种类不同，其配方结构与制备工艺也有不同，典型配方示例见表10-2。

制法：

（1）B相和A相分别加热至80℃；

（2）把B相加入A相中，均质乳化3min；

表10-2　　　　含植物提取物抗衰老化妆品配方

组分		配方1 质量分数/%	配方2 质量分数/%
A相	鲸蜡硬脂醇聚醚-6	2.0	2.0
	鲸蜡硬脂醇聚醚-25	1.5	1.5
	角鲨烷	1.0	—
	白油	—	3.0
	霍霍巴油	5.0	2.0
	葡萄籽油	4.0	—
	甜杏仁油	5.0	2.0
	沙棘油	3.0	—
	二甲基硅油	1.0	3.0
B相	透明质酸	0.2	0.2
	D-泛醇	1.0	—
	棕榈酰羟化小麦蛋白	—	2.5
	$EDTA-Na_2$	0.1	0.1
	水	至100	至100
C相	芦荟胶	—	1.0
	汉生胶	0.2	0.2
D相	防腐剂	适量	适量
	香精	适量	适量

（3）搅拌降温至60℃时，加入C相的活性物质，适当加快搅拌速度，搅拌10min左右；

（4）搅拌降温到50℃时，加入D相，继续搅拌降温至36~38℃时出料即可。

第十一章　洗发用品

洗发用品是人们日常生活中不可缺少的必需品。洗发用品主要是包括清洗和调理头发的化妆品，其英文名称为shampoo，音译为香波，现已成为洗发用品的同义词。

香波主要分为洗发香波、二合一香波及去屑香波。二合一香波不同于洗发香波的是在清洗头发的同时提供一定程度的护发或调理效果；去屑香波则具有洗发和去除或减少头皮屑的双重功效。但随着人们生活水平的提高及科学技术的发展，又开发了婴儿香波、防晒香波等具有不同性能的香波产品。因此，在市场上，消费者可以根据自己的发质选择不同护发效果的香波，如适用于正常头发、干性头发、油性头发等不同发质的香波；或具备去屑、防晒等不同功效的香波产品。

第一节　香波概述

香波是一种主要的发用化妆品，香波的发展已有较长的历史。20世纪30年代前，最早人们只使用肥皂清洁头发，其后用椰子油皂制成液体香波，但这些以皂类为基料的洗发用品不耐硬水，碱性较高，洗后头发发黏、发脆、不易梳理。进入20世纪30年代后，以表面活性剂为基料的液体香波开始问世，这类香波同以皂类为基料的洗发用品相比，抗硬水性和温和性得到了大大的提高，但其主要功能仍是以洗涤为主，基本没有护理等其他功能，人们必须在洗发后使用护发素，这给人们的使用带来不便。随着表面活性剂科学的发展，尤其是阴阳离子复配技术的发展，使得洗发和护发可同时进行的二合一香波开始问世，其后香波又逐渐向洗发、护发、养发等多功能方向发展。现在各种天然活性添加剂、中草药和植物提取液及由天然油脂加工而成的表面活性剂越来越多地在产品中得到应用，“回归自然、返璞归真”已成为当今潮流。

一、香波的功能

以表面活性剂为主制成的香波制品种类繁多，按剂型和功能分主要有透明香波、膏状香波、珠光香波、调理香波、去屑香波、专用香波等。使用时能从头发及头皮中去除表面的油污和皮屑，而对头发、头皮和人身健康无不良影响。近年来，由于人们洗发次数的增多，要求香波脱脂力低、性能温和，有柔发性能的调理香波和对眼睛无刺痛的婴儿香波日趋盛行。其主要功能是洗净吸附在头发和头皮上的污垢，同时还能提供一些其他功能，如去头屑、赋予头发良好的梳理性、具有润滑和柔软的感觉、不飘拂、同时留下怡人的香气。因此，理想的香波应具有以下功能：

①适度的清洁能力，可除去头发上的沉积物和头皮屑，但又不会过度脱脂和造成头发干涩；

②洗发过程中可产生丰富细密的泡沫，且泡沫稳定性好，即使在头皮屑和污垢的存在下，也能产生致密和丰富的泡沫；

③容易从头发上冲洗干净；

④对眼睛和头皮刺激性低、无毒，可安全使用；

⑤干湿梳理性好、有光泽，并无不愉快气味；

⑥各种调理剂和添加剂的沉积适度，长期重复使用不造成过度沉积；

⑦产品本身及在使用中和使用后具有悦人的香气。

二、香波的配方组成

香波有各种各样的剂型，市售的香波主要为液态（透明或珠光），大多数液态香波有表11-1所示的组成。表中所列的成分不是任何一种香波都必须具有的成分，其中表面活性剂、稳泡剂、调理剂、防腐剂和香精是基本成分，其他成分则取决于消费者的需求、配方设计的要求和成本，可作不同的选择。

表11-1　香波的基本配方组成

组　分	主要功能	代表性原料
主表面活性剂	清洁和起泡作用	AS、AES、AS-NH_4、AES-NH_4、仲烷基磺酸钠
辅助表面活性剂	稳泡、增加黏度、降低刺激性	CAB、BS-12、氧化胺、烷醇酰胺、DOE-120、咪唑啉、MES
调理剂	调理作用（柔软、抗静电、润滑、光泽）	IES、聚季铵盐-10、阳离子瓜尔胶、三-十六烷基甲基氯化铵、乳化硅油
增黏剂和分散稳定剂	调节黏度、增加稳定性	电解质（如NaCl、NH_4Cl）、聚乙二醇双硬脂酸酯、水溶性聚合物
珠光剂	赋予产品珠光	乙二醇双硬脂酸酯、乙二醇单硬脂酸酯
螯合剂	络合钙、镁和其他金属离子	EDTA-Na_2、EDTA-Na_4
酸度调节剂	调节pH	柠檬酸、乳酸
色素	赋予产品颜色	化妆品用色素
香精	赋香	—
防腐剂	抑制微生物生长	尼泊金酯类、凯松、DMDMH、Kathon
功能添加剂（去屑剂、植物提取液等）	赋予各种特定功能（如去头屑、特效、修复等）	ZPT、OCT、芦荟提取液、金缕梅提取液

第二节　香波所用原料

一、主表面活性剂

香波中主表面活性剂主要起清洁和起泡作用，这类表面活性剂种类较多，目前最常用的表面活性剂是一些阴离子表面活性剂，应用最广的是月桂醇醚硫酸盐（钠盐或铵盐，简称

AES或SLES）和月桂醇硫酸盐（钠盐或铵盐，简称SLS或AS），有时为两者的混合物。

（一）烷基硫酸酯盐

烷基硫酸酯类阴离子表面活性剂的分子通式为$ROSO_3M$，其中$R=C_{8\sim18}$，$M=Na^+$、K^+、$HN^+(CH_2CH_2OH)_3$。烷基硫酸盐以高级脂肪醇为原料经硫化后再用碱中和制备而得。

$$ROH+H_2SO_4 \longrightarrow ROSO_3H \qquad ROSO_3H+MOH \longrightarrow ROSO_3M$$

脂肪醇硫酸盐通常也称为烷基硫酸盐（缩写AS）。这类阴离子表面活性剂的亲水基团是硫酸基，带有负电荷，溶于水中时具有表面活性的部分为阴离子。

脂肪醇硫酸酯盐的洗涤力以$C_{14\sim18}$为最好，$C_{11\sim12}$洗涤力较差。C_{15}的脂肪醇硫酸酯盐泡沫力最好，在$C_{13\sim14}$间显著上升，在$C_{15\sim16}$间显著下降。月桂醇硫酸钠可溶于水，有优良的起泡性和清洁性，但有一定的刺激性，在酸性条件下易水解。月桂醇硫酸铵具有月桂醇硫酸钠的所有优点，但其刺激性明显低于月桂醇硫酸钠。在使用铵盐时pH必须控制在6.5以下，否则会释放出氨气，尤其在炎热的夏季。月桂醇硫酸盐一般不单独作为主表面活性剂使用。

烷基硫酸酯盐在水中的溶解度与烷基链长有关，与正离子的种类有关，与温度有关。烷基硫酸酯盐同系物随着碳数的增加溶解度下降。烷基硫酸酯钾盐比钠盐溶解性差，而钠盐又比胺盐溶解性差。如果制成三乙醇胺盐，其溶解性和有关性能均较钠盐好。

椰子油加氢所得的$C_{8\sim18}$醇中的C_{12}和C_{14}醇是较理想的亲油基，它的硫酸酯盐有溶解性、泡沫性和去污性的最好平衡值。$C_{12\sim14}$窄分布的脂肪醇硫酸酯盐应用也很广泛，它有很好的润湿作用，能产生丰富的泡沫。其溶液黏度的大小也取决于成盐的阳离子、以盐形式存在的不纯物和未硫酸化的脂肪醇含量。

（二）烷基聚氧乙烯醚硫酸酯盐

在烷基硫酸酯的分子中再引入聚氧乙烯醚结构或酯结构，则可获得性能更优良的表面活性剂。烷基聚氧乙烯醚硫酸酯盐的生物降解性好，其溶解度、去污力、起泡性等物理性能随脂肪醇碳链长度的不同而有差异，在水中的溶解度随烷基链中碳原子数的增加而减少。其溶解度还与成盐的阳离子有关，相应的顺序为：三乙醇胺盐＞铵盐＞钠盐＞钾盐。

烷基聚氧乙烯醚硫酸盐简称醇醚硫酸盐，其分子式为：

$$R—O(CH_2CH_2O)_n—OSO_3M$$

其中R为$C_{12}\sim C_{16}$烷基，n一般为2~3，M为Na^+、NH_4^+、$[NH(C_2H_5OH)_3]^+$。其合成途径为：先使脂肪醇与环氧乙烷缩合，然后再硫酸化、中和，最后得到脂肪醇聚氧乙烯醚硫酸盐，其化学方程式为：

$$R—OH \xrightarrow{n(CH_2CH_2O)} R—(CH_2CH_2O)_n \xrightarrow{SO_3} R—(CH_2CH_2O)_n—OSO_3H$$

$$\xrightarrow{NaOH} R—O(CH_2CH_2O)_n—OSO_3Na+H_2O$$

烷基聚氧乙烯醚硫酸钠盐简称为AES，AES为淡黄色的黏稠液体，其物理性质与烷基"R"中碳原子数有关，更与环氧乙烷（EO）的加成数n密切相关。一般烷基R多为十二烷基，EO加成数n为4时，其溶解性最佳，n数越大，则溶解性越好。当n为4~6时，其发泡性好；当$n>20$时，发泡力便急剧下降；当n为1~2时，其去污力强；另外，n愈大其耐热性愈好。市售AES的质量分数一般为25%和70%左右，其亲油基可以是天然醇，也可以是合成醇。平均乙氧基化度为2~3，实际上是不同加成数的混合物。

由于AES中加成了EO，增加了其亲水基，使其性能比AS优越，它还具有非离子表面活性剂性质，在硬水中仍有较好的去污力，且不受水的硬度的影响。烷基聚氧乙烯醚硫酸钠和烷基聚氧乙烯醚硫酸铵的亲水基还包括聚氧乙烯基，疏水基主要是烷基，在分子结构中还可能存在酰胺基、酯键、醚键。脂肪醇聚氧乙烯醚硫酸酯盐通常比脂肪醇硫酸酯盐的溶解度要大，其耐热性也比AS的好，刺激性远低于AS。AES的透明点比AS的低，且随加成EO数的增加而降低。另外，AES具有良好的与其他阴离子、非离子表面活性剂的配伍性。产品的活性物含量为（70±2）%，pH为7~9。AES在一般pH范围内是稳定的，但在强酸或强碱的条件下，会发生水解。AES的发泡密度和体积略低于AS，当与烷基醇酰胺和甜菜碱等表面活性剂复配时，对最终产品的黏度和泡沫都会有协同效果。黏度和泡沫的峰值一般在它们的含量质量分数为10%~50%范围内。

月桂醇醚硫酸盐是目前最流行的主表面活性剂，一般含有2~3mol的环氧乙烷。月桂醇醚硫酸盐具有良好的清洁和起泡性能，水溶性好，刺激性低于月桂醇硫酸盐，与其他表面活性剂和添加剂具有良好的配伍性。它可单独或与月桂醇硫酸盐复配为香波的主表面活性剂，当两者复配使用时，前者的比例越高，则体系的温和性越高，增稠性能越好，但泡沫性能稍差；反之，则体系的刺激性稍高，增稠性能稍差，但泡沫更丰富。

（三）烯基磺酸盐

烯基磺酸盐简称AOS，AOS是由α-烯烃磺化反应制得的以$C_{14\sim16}$为主的阴离子表面活性剂，主要由70%左右的烯基磺酸盐、约30%的羟烷基磺酸盐和约0~5%的烯基二磺酸盐组成。AOS具有良好的乳化力，生物降解性好，对皮肤的刺激小，与其他阴离子表面活性剂有良好的配伍性。它的不足之处在于其产品是很复杂的混合物，产品质量不易控制。AOS在洗涤剂工业中有广泛的应用，在化妆品中可用于香波、浴液、洗手液等制品。

AOS是下列四种物质的混合物（R为烷基）：

$R—CH_2—CH=CH—CH_2—SO_3Na$

$R—CH=CH—CH_2—CH_2—SO_3Na$

$R—CH_2—CH(OH)—CH_2—CH_2—SO_3Na$

$R—CH(OH)—CH_2—CH_2—CH_2—SO_3Na$

烯基磺酸盐的碳原子数一般在14~18之间，这时的去污力较好。$C_{14\sim16}$AOS因其溶解性好、泡沫丰富、性能温和，特别适宜于配制香波、浴液和餐具洗涤剂等液体产品。水硬度对AOS去污力的影响远小于直链烷基苯磺酸盐（LAS盐）与烷基硫酸酯盐（AS盐）。碳链长短对AOS去污力的影响很大，在54mg/kg的硬水中，去污力的排列顺序是$C_{16}>C_{18}>C_{14}$，但在360mg/kg的硬水中，去污力的排列顺序则为$C_{14}>C_{16}>C_{18}$。AOS的起泡性和泡沫稳定性均优于LAS，其中以$C_{14\sim16}$AOS的泡沫性能最好，在54~360mg/kg的硬度范围内，都表现出很好的起泡性。AOS在低温条件下具有较低的临界胶束浓度、优良的增溶能力及钙皂分散力。

二、辅助表面活性剂

香波中辅助表面活性剂主要起稳泡、增泡、增加洗净力、增加黏度和降低主表面活性剂的刺激性等作用，也可在电解质增黏剂存在和不存在时，增加产品的黏度。辅助表面活性剂主要为非离子表面活性剂和两性表面活性剂。

（一）非离子型表面活性剂

非离子型表面活性剂在水溶液中不解离成离子，而是呈中性的分子状态。非离子表面活性剂的亲油基是脂肪酸、脂肪醇、脂肪胺等含活泼氢的长链化合物；亲水基多为环氧乙烷、多元醇、乙醇胺等。非离子表面活性剂的亲油基和离子型表面活性剂的相差无几，但其亲水基中的聚氧乙烯链可有很多的变化，可以合成在水中具有不同溶解度的系列产品。

非离子表面活性剂依其亲水基结构不同，主要有两类：一类是亲水基为环氧乙烷的，称为聚氧乙烯型或聚乙二醇型非离子表面活性剂；另一类是亲水基为多元醇的，称为多元醇型表面活性剂。

非离子表面活性剂具有高的表面活性，具有良好的洗涤和乳化性能，耐硬水，也不受pH的限制，刺激性低，毒性小，其应用也日益广泛。

多种非离子表面活性剂都可在香波中作为辅助表面活性剂使用，如烷醇酰胺常用于香波配方中，它不但具有很好的稳泡性能，而且具有优异的增稠性能。烷基糖苷是一种温和的非离子表面活性剂，在配方中不但可以起到稳泡和增稠的作用，而且还可大大降低阴离子表面活性剂的刺激性。

（1）多元醇酯型　多元醇酯中通常指含有两个以上的羟基化合物，它是由多个羟基与脂肪酸的憎水基相结合，则称为多元醇型的非离子表面活性剂。它们多为不溶性的，用途广泛，常作为W/O型乳状液的乳化剂，有的可在香波中用作珠光剂等。

该类表面活性剂是将甘油等多元醇的一部分羟基与脂肪酸发生酯化反应，剩余的羟基保留作为亲水基。多元醇主要包括含3个羟基的甘油和三羟甲基丙烷、含4个羟基的季戊四醇和失水山梨醇、含6个羟基的山梨醇、含8个羟基的蔗糖及含更多羟基的多聚甘油和棉子糖等。这类产品可以含有一个或几个酯键。代表性的产品有单脂肪酸甘油酯、二脂肪酸甘油酯、失水山梨醇高级脂肪酸酯和蔗糖高级脂肪酸酯等。这类表面活性剂在水中的溶解度不高，仅能达到乳化分散状态，属于亲油性表面活性剂，在配方中常与亲水性表面活性剂复配使用。

如果将该类表面活性剂分子中剩余的羟基加成环氧乙烷，可以得到各种HLB值的非离子表面活性剂，水溶性得到明显提高，具有更好的乳化力和增溶性，如聚氧乙烯失水山梨醇脂肪酸酯（吐温系列）、乙氧基化甲基葡萄糖苷硬脂酸酯等。

（2）烷基醇酰胺　参见第六章第二节三、（一）。

（二）两性表面活性剂

两性表面活性剂是指分子内分别含有一个或一个以上的阴离子官能团和阳离了官能团的表面活性剂。一般情况下，在酸性环境中呈阳离子性，在碱性环境中呈阴离子性。

两性表面活性剂具有良好的去污、起泡、杀菌、抑菌和柔软等性能，耐硬水，对酸、碱和各种金属离子都比较稳定，毒性低，对皮肤刺激性低，具有良好的生物降解性，广泛用于洗发香波、沐浴露、婴儿用品等。两性表面活性剂主要有甜菜碱型、咪唑啉型、氧化胺和氨基酸型。椰油酰胺丙基甜菜碱是目前香波配方中应用最广的辅助表面活性剂，其他常用于香波中的两性表面活性剂包括咪唑啉、氧化胺等，具体参见第六章第二节三、（一）两性。

（三）阴离子型表面活性剂

有些阴离子表面活性剂也作为辅助表面活性剂应用于香波中，主要有*N*–酰谷氨酸盐、*N*–酰肌氨酸盐、酰胺型磺基琥珀酸酯盐等，具体参见第六章第二节三、（一）。这些表面活性剂在配方中主要起降低产品刺激性的功能，多用于温和配方中，它们的共同缺点是不易增稠。

三、调 理 剂

调理剂的主要作用是护理头发，使头发光滑、柔软、易于梳理。常用的调理剂主要有阳离子表面活性剂、阳离子聚合物及硅油等。

（一）阳离子表面活性剂

阳离子表面活性剂具有乳化、去污、分散、润湿、增溶等性能，但其去污和发泡性能远低于阴离子表面活性剂。阳离子表面活性剂可以用作调理剂、杀菌剂和乳化剂。

阳离子表面活性剂溶于水后其亲水基解离成阳离子，所带电性正好与阴离子表面活性剂相反，而且小分子的阳离子表面活性剂电荷密度较高，与阴离子表面活性剂配伍易产生沉淀而失去效能。因此，阳离子表面活性剂已较少用于香波体系中，主要用于护发素体系中。在香波中由电荷密度较低、易与阴离子表面活性剂配伍的阳离子聚合物所代替。

（二）阳离子聚合物

阳离子聚合物是另一类普遍使用的有效调理剂。阳离子聚合物是由季铵化的脂肪烷基接枝在改性天然聚合物或合成聚合物制成的。其部分结构与季铵盐相似，每个分子中有很多阳离子位置，具有较高的相对分子质量，通过库仑吸引力牢固地吸附在带负电荷的表面。阳离子聚合物在洗涤过程中能吸附于头发表面的机理是：清洗和沐浴一般来说是在体系表面活性剂的临界胶束浓度（CMC）以上进行的，在此过程中阳离子聚合物保持可溶状态，而在冲洗时，表面活性剂会被稀释到接近它的CMC，聚合物在水中的溶解性降低，进而被吸附到头发上，而表面活性剂被冲走。

阳离子聚合物沉积在头发的表面，使头发润滑、易于梳理，增加头发体感，分散性好，使开叉头发有所改善。阳离子聚合物因有较高的活性，用量较少，在配方中与阴离子表面活性剂配伍，是一种较理想的调理剂，特别适用于二合一香波。阳离子聚合物的主要缺点是重复使用时会产生积聚，使头发加重下垂、手感和外观不良，间断使用或与其他类型香波交替使用可减少这个缺点。因此，聚合物的阳离子性质和头发之间的静电相互作用，对头发具有很好的亲和性。它们具有活性高、用量少、和阴离子表面活性剂配伍性好等优点，但多次重复使用后易产生积聚。

阳离子聚合物主要包括季铵化羟乙基纤维素（如JR-400）、季铵化羟丙基瓜尔胶（JaguarC-13S、C-162）、丙烯酸/二甲基二丙烯基氯化铵共聚物（Polyquaterium-22）、乙烯吡咯烷酮/二甲基乙基氨基丙烯酸-硫酸二乙酯季铵盐共聚物（Polyquaterium-11）、丙烯酰胺/*N*，*N*-二甲基-2-丙烯基-1氯化铵共聚物（Polyquaterium-7）、季铵化二甲基硅氧烷（Silicone quaterium-3或4）、季铵化水解胶原（Crotein Q）、季铵化水解角蛋白（Croquat WKP）、季铵化水解豆蛋白（Croquat Soya）、季铵化丝氨酸（Crosilkquat）等。下面主要介绍应用于香波中用作调理剂的阳离子聚合物。

（1）聚季铵盐-10　聚季铵盐-10是由羟乙基纤维素与三甲基铵取代的环氧化合物反应而制得的聚合的季铵盐，具有纤维素的骨架，它来源于天然的、可再生资源，最常用的原材料是棉花与木材。纤维素是指连聚合物，由β-1，4键连接的脱水葡萄糖组成，每个脱水葡萄糖单体都有三个可用的羟基（—OH）基团，不同分子之间通过规则的氢键连接成结晶结构，很难溶于水。聚季铵盐-10是在纤维素主链上加入羟基基团来改变结晶结构，使聚合物变成较易分散于水中的产品，并将通过对羟乙基纤维素的季铵化作用，产生多个阳离子位点，表面活性剂上的阴离子的端基可以被吸引到这些阳离子位点上，同时这些阳离子位点也促进了其在带负电的头发表面的吸附。

市售商品为Amerchol公司的JR-400，在pH3~12范围内对水解作用稳定；所具备的阳离子特性使之易与头发和肌肤亲和，能提供良好的肤感及洗后的润滑感；能赋予头发良好的湿梳和干梳性，具有抗头发缠结、多次使用不累积的特性，同时对受损头发有一定的修复作用；原料本身对皮肤、眼睛无刺激性，还可以降低表面活性剂及其他成分对皮肤的刺激性；和表面活性剂有很好的配伍性，能赋予产品非牛顿流体的假塑性特征。

（2）聚季铵盐-7　聚季铵盐-7是二甲基二烷基氯化胺/丙烯胺共聚物，产品中含有两种防腐剂，结构式为：

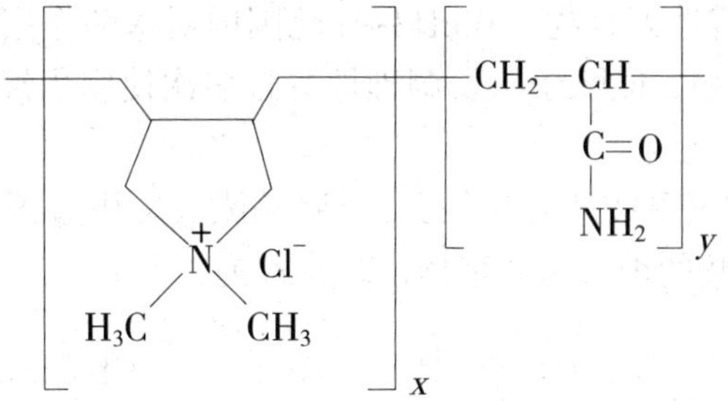

市售商品为ISP的CONDITIONEZE™-7，在pH3~12范围内对水解作用稳定；所具备的阳离子特性使之易与头发和肌肤亲和，能提供良好的肤感及洗后的润滑感；能赋予头发良好的湿梳和干梳性，具有抗头发缠结、多次使用不累积的特性。

（3）聚季铵盐-11　聚季铵盐-11是乙烯基吡咯烷及二甲氨基异丁酯的聚铵共聚物，结构式为：

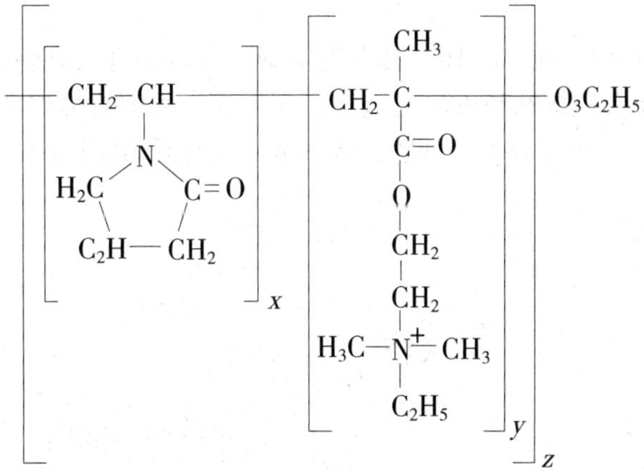

市售商品为ISP的GAFQUAT®440B/755N，具有阳离子的调理、亲和等特性，在头发表面能形成透明、不黏滞的连续薄膜。聚季铵盐-11多次使用积聚较少，能赋予头发调理、丰满、易梳理、有光泽、滑爽等特性；可与非离子、阴离子及两性表面活性剂配伍。

（4）聚季铵盐-28　聚季铵盐-28是乙烯吡咯烷酮及甲基丙烯酰胺丙基三甲基氯化铵共聚物，结构式为：

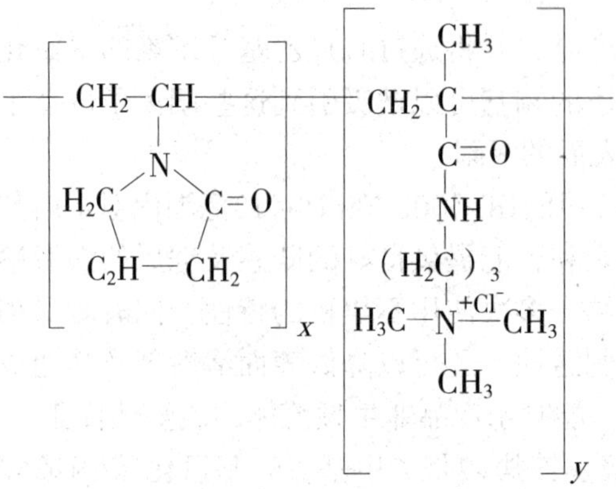

市售商品为ISP的GAFQUAT®HS-100，在头发表面能形成透明、光亮薄膜，有弹性而不黏滞。聚季铵盐-28为水溶性聚合物，在pH3~12范围内对水解作用稳定；所具备的阳离子特性使之易与头发和肌肤亲和，能赋予头发调理性，且多次使用积聚较少；可与非离子、阴离子及两性表面活性剂配伍。

（5）聚季铵盐-55　聚季铵盐-55是乙烯吡咯烷酮、二甲胺丙基甲基丙烯酰胺和十二烷基二甲基丙基甲基丙烯酰胺的季铵化共聚物，结构式为：

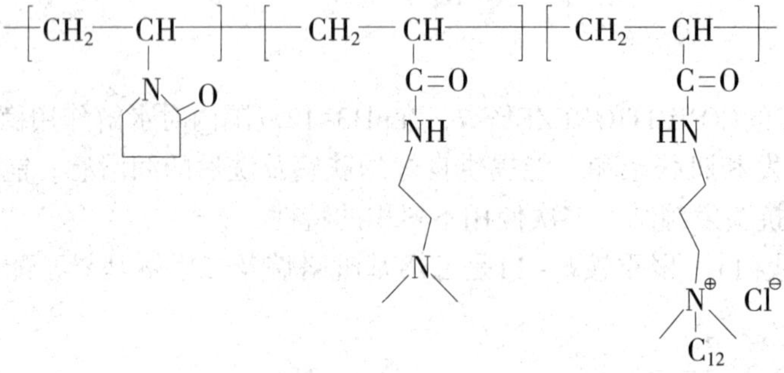

市售商品为ISP的STYLEZE W-10，具有高保型、高抗湿性及高弹性，赋予头发光滑、柔软且不粘手的感觉，能稳定摩丝和香波的泡沫，与表面活性剂有良好的配伍性。

（6）聚季铵盐-44　聚季铵盐-44是支链型的乙烯吡咯烷酮与季铵化咪唑啉的共聚物，结构式为：

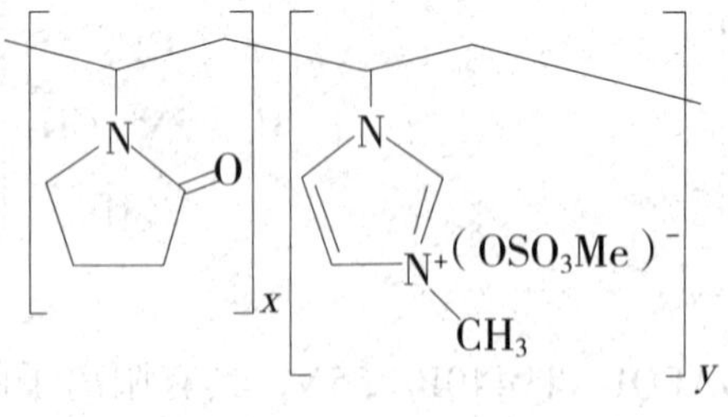

聚季铵盐-44是可用于透明洗发露的调理聚合物，能赋予头发良好的调理性，良好的干湿梳理性，并没有积聚。

（7）聚季铵盐-6　聚季铵盐-6是二甲基二丙烯氯化铵阳离子聚合物，具有阳离子表面活性剂特性和高附着性，可用于护发素、香波及发胶、润肤霜、沐浴产品。

（8）聚季铵盐-22　聚季铵盐-22是二甲基二丙烯氯化铵及丙烯酸阳离子聚合物，产品中含有两种防腐剂，具有较高的附着力，对头发及皮肤有良好的护理效果，可用于洗发水、护发素和喷发胶以及润肤露和剃须霜等产品中。

（9）聚季铵盐-39　聚季铵盐-39是二甲基二丙烯氯化铵、丙烯酰胺及丙烯酸的阳离子多聚物，也含有两种防腐剂。这种聚季铵盐具有极强的消除静电效能和良好的润湿性，能在发肤上形成一层水化膜，对发肤有极佳的护理功能，用于洗发水、膏状护发素、定型露，亦能用于护肤系列产品。

（三）硅油

有机硅具有独特的硅氧键结构Si-O-Si，赋予较大的键角和键长，分子间作用力小，不像一般的有机分子容易结晶，因此，透气性良好。其较高的键能，使有机硅聚合物具有突出的耐热性和优异的柔软性；其分子链的螺旋结构和甲基纵向外侧，使之具有极低的表面张力，良好的拒水性能。因为硅氢键（Si—H）具有较大的活性，能在高温和金属盐作用下发生水解和缩合交联成膜，有机硅季铵盐的活性基团有抗菌、防霉的功能；由于结构上的特殊性，使有机硅氧烷聚合物具有润滑、柔软、拒水、消泡、抗菌、防霉等一系列特性，适用于个人护理用品中。

含聚硅氧烷的化妆品的特性主要有以下几点：

①润滑性能好，涂敷皮肤后能形成一层均匀的具有防水性的保护膜，但又没有任何黏性和油腻的感觉，光泽好。

②抗紫外线辐射的性能好，它在紫外线照射下不会氧化变质而引起对皮肤的刺激。

③抗静电性能好，试验表明，擦过含聚硅氧烷护肤霜的皮肤静电全部消除，并有明显的防尘效果。

④透气性好，即使在皮肤上形成硅氧烷膜也不影响汗液排出。它对香精香料具有缓释定香作用，因而保香期较长。

⑤稳定性高，化学上惰性，对化妆品其他组成，特别是活性成分没有任何不良影响，配伍性好。

⑥无毒、无臭、无味，对皮肤不会引起刺激和过敏，安全性高，对某些皮肤病具有一定疗效，如发汗困难型湿疹、神经性皮炎和职业性皮炎等。

硅油是目前应用较广泛的一类调理剂，一般会制成乳液型式。它可在头发上形成有效的保护膜，显著改善头发的干湿梳理性，赋予头发润滑、柔顺和光泽等；硅油的使用，可极大地改善发丝的梳理性及赋予发丝特殊的滑爽、光亮及防尘抗静电性能；长期使用不会在头发上积聚，同时能降低阴离子表面活性剂对眼睛的刺激性。硅油一般分为普通硅油与改性硅油，迄今，已开发成功用于化妆品的有机硅产品有：二甲基聚硅氧烷、甲基苯基聚硅氧烷、甲基含氢硅油、聚醚改性硅油、长链烷基改性硅油、环状聚硅氧烷、氨基改性硅油、羧基改性硅油、甲基聚硅氧烷乳液、有机硅腊、硅树脂、有机硅处理的粉体等系列。

（1）聚醚改性硅油　聚醚聚硅氧烷共聚物是非离子表面活性剂，俗称水溶性硅油。它可用作润湿剂、乳化剂、泡沫调节剂、润滑剂、赋脂剂和发胶树脂的增塑剂，在pH1~12之间性能稳定。聚醚改性硅油的分子结构中有疏水基团和亲水基团，所以具有表面活性剂的特性。它被广泛用于聚氨酯泡沫的匀泡剂、化妆品原料塑料添加剂、防雾剂、纤维油剂、织物后整理剂、涂料添加剂、消泡剂及其他领域，是改性硅油中销量最大的一类非反应性改性硅油。聚醚改性硅油分子结构有以下四种基本类型：

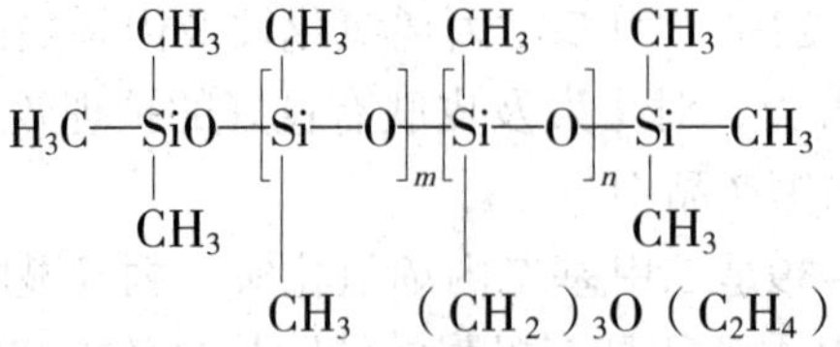

（Ⅰ）

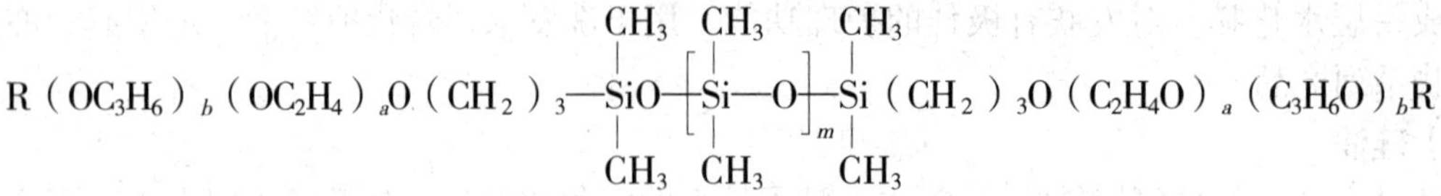

（Ⅱ）

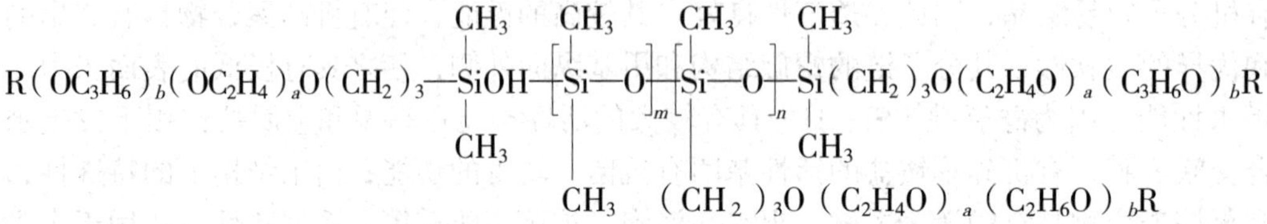

（Ⅲ）

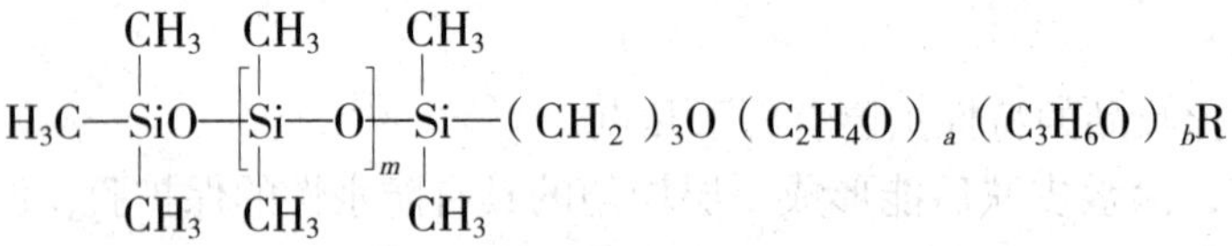

（Ⅳ）

R=H、—CH_3、—C_4H_9、—$COCH_3$

结构（Ⅰ）聚醚改性硅油为常用品种形式，结构（Ⅱ）、（Ⅲ）、（Ⅳ）为聚醚改性硅油的特殊品种。此外，还有目前已很少使用的硅氧键连接的水溶性聚醚改性硅油。改变m、n、a、b值，可以制得不同聚硅氧烷与聚醚组合形式、不同聚醚结构与相对分子质量、不同聚硅氧烷结构与相对分子质量的改性硅油，以适应各种用途。

为保持聚醚改性硅油的表面活性，一般应控制$b/(a+b)$=0.2~0.8，即$b/(a+b)$小于0.2时疏水性强，亲水亲油平衡值（HLB值）小；$b/(a+b)$大于0.8时亲水性强，HLB值大。聚醚链段的平均摩尔质量一般控制在500~5000 g/mol，不能充分发挥表面活性作用；而超过5000 g/mol则黏度过高，会使分散性变差。m与n的比例也有严格的限制，一般控制在3∶1~15∶1。聚醚链段的末端羟基或不同的烷氧基、酰氧基对表面活性也有影响。从表面活性及使用性能考虑，结构（Ⅰ）的聚醚改性硅油合适的黏度范围为100~8000mPa·s（25℃）。

聚醚改性硅油产品中，在n段连接的聚醚，可以有两种或三种不同结构及分子长度。市场上销售的聚醚改性硅油品种较多，一般都向用户提供适用范围及用法。

（2）长链烷基改性硅油　甲基长链烷基硅油，即烷基改性硅油，其分子结构通常有以下三种：

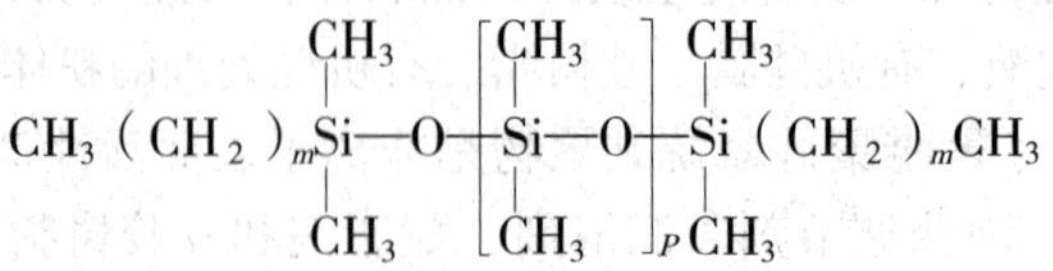

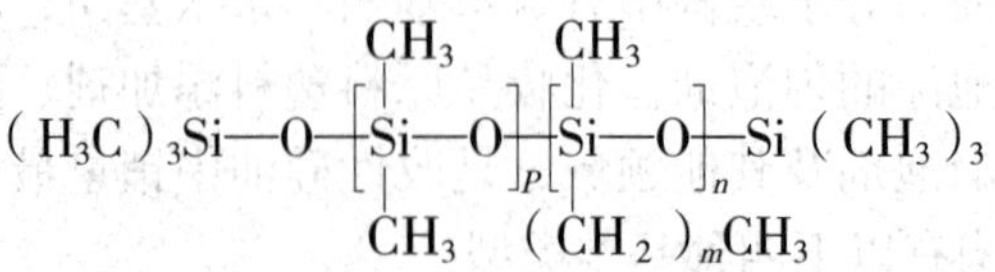

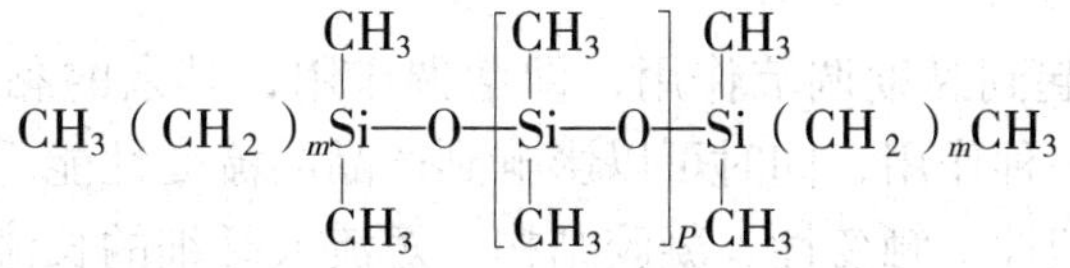

长链烷基的m=0时即为甲基，随着碳原子数的增加，二甲基硅油的特性如耐热性、耐寒性下降，但有机特性如润滑性、涂饰性与有机树脂的相容性则增加。

（3）氨基改性硅油　氨基改性硅油是聚二甲基硅氧烷中的甲基被胺烷基所取代而成的有机硅化合物，其结构式为：

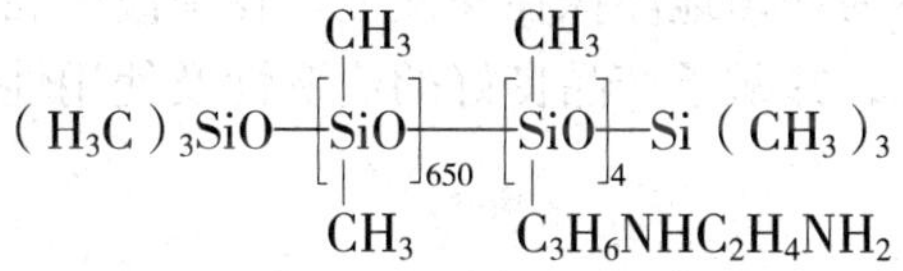

这类具有胺基官能团的硅油是非常独特的长链调理剂，这类硅油能改进润湿和润滑性，与阳离子、非离子乳化剂相容性甚好，与阴离子表面活性剂复配性差。它们在化妆品中常用于香波、护发素、发乳等制品，可增加头发的光泽和柔软性、梳理性，改善固发效果，也易于洗去。将氨基硅油用于洗发香波，能防止因烫发、染发而损伤头发。

氨基硅油用作香波调理剂时，由于透明香波要求调理剂在香波中的溶解性相当好，氨基硅油可做成透明的微乳液，配合适当的阴离子表面活性剂，便可做成透明香波。用氨基硅油调理剂配制的香波洗发后手感容易发涩，手感发涩的原因可能是氨基硅油用量太多，在头发上吸附太多，所以，氨基硅油用于洗发香波时应相应减少其用量。

（4）羧基改性硅油　羧基改性硅油的结构式为：

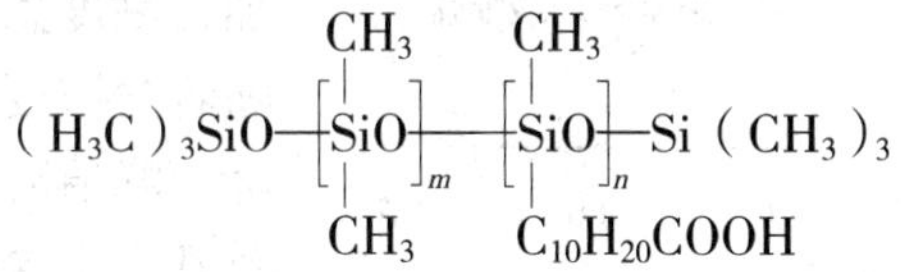

羧基改性硅油是浅色透明、黏性极大的有特殊气味的液体，属于非离子表面活性剂，表面张力极低。

（5）有机硅乳液　香波体系属于非乳化体系，直接将硅油应用于香波配方中很难保证产品的稳定性。由于硅油的疏水性，增加了在水体系中分散的难度，使其在某些方面的使用受到限制。而通过先将硅油乳化分散于水相，制备成O/W型硅油乳液，从而使得硅油可方便应用于洗发香波中。

配制硅油乳液的方法主要有四种，即转相乳化法、自然乳化法、交替添加乳化法、机械强制乳化法。

此外还有二甲基聚硅氧烷、甲基苯基聚硅氧烷等，具体性质参见第七章第二节一、（三）合成油脂和蜡。

四、黏度调节剂

黏度调节剂主要是调节产品的黏度与稠度，一般有降黏剂与增黏剂。用于黏度调节剂的物质主要有：无机盐电解质、有机天然水溶性聚合物、有机半合成水溶性聚合物、有机合成类水溶性聚合物及无机聚合物等。

无机盐电解质主要起到黏度调节作用，即增稠作用，其余的黏度调节剂对体系黏度或稠度的影响只是其中的一种作用，同时可以影响到产品的流变性能。通过改变产品的流变行为，可以使产品具有假塑性、触变性、凝胶结构、短流或纤细的长流结构，影响到产品的货价稳定性。通过黏度调节剂立体网格结构的形成，改善乳状液的稳定性，使活性物均匀分散，防止凝块的生成等；而且还会影响到产品与黏度无关的一些性能，包括使用时的润滑性、分散性、透明度、拒水性、泡沫质量、活性物的运输和渗透等。

香波需要保持适当的黏度，黏度太低，产品稳定性较差，而且放在手里易流走，不易控制；黏度太高，在使用中不易均匀地涂抹在头发上。在香波中黏度调节剂的作用主要是提高香波的稠度，改善其稳定性，并赋予产品良好的流变性及使用性能。下面分别介绍几种用于香波的黏度调节剂。

（一）电解质增黏剂

一些无机和有机盐可用于香波作增黏剂，如氯化钠、氯化铵、单乙醇胺氯化物、二乙醇胺氯化物、硫酸钠、磷酸铵、磷酸二钠和三磷酸五钠等。氯化钠和氯化铵是最常用的电解质增黏剂。当使用无机盐作增黏剂时，必须注意到无机盐的加入会引起体系浊点的升高，此外，有时只要添加少量盐类，黏度就会产生急剧的变化。盐的浓度对黏度的关系曲线呈钟形（如图11-1所示），随着盐浓度的增加，黏度急剧增加，达到一个峰值后，随着盐浓度的继续增加，黏度又急剧下降。峰值时盐的浓度与表面活性剂浓度及其本身含盐量、两性表面活性剂浓度等因素有关。黏度的增加是由于添加电解质后，表面活性剂胶束增大，使其运动阻力增大，表现为黏度的增加。到达最高点以后，表面活性剂开始发生盐折，从体系中析出，使黏度逐渐下降。

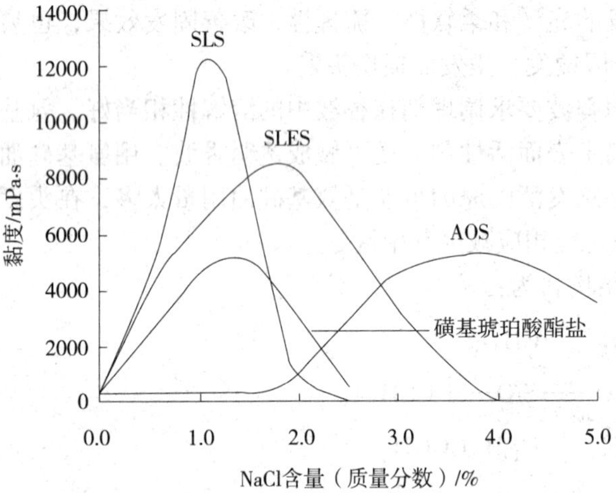

图 11-1　NaCl在一些表面活性剂体系中的增稠性能

用无机盐增稠体系的黏度对温度变化十分敏感，即低温时黏度较高，而高温时黏度又很低。

氯化铵是更有效的增稠剂，它不存在使用氯化钠时遇到的浊点升高问题，然而，使用氯化铵的增稠体系最终产品的pH必须低于7。单乙醇胺氯化物在配制凝胶香波时，与月桂基硫酸酯单乙醇胺盐配伍，也是有效的增稠剂。

（二）有机天然水溶性聚合物

有机天然聚合物以植物或动物为原料，通过物理过程或物理化学方法提取而得，这类产品常见的有胶原（蛋白）类和聚多糖类聚合物。胶原（蛋白）类包括明胶、水解胶原、角蛋白、弹性蛋白、植物蛋白、网状硬蛋白和季铵化蛋白等，是由哺乳动物的皮制得的胶原和植物蛋白经过水解、分离纯化制成的。聚多糖类聚合物包括阿拉伯胶、琼脂、角叉菜胶、果胶、瓜尔胶、汉生胶和海藻酸盐等，是由树木和壳渗出液、种子、海藻和树木提取物经精制提炼而得的。

用于香波中的有机天然水溶性聚合物主要包括汉生胶、瓜尔胶。

（1）汉生胶　汉生胶是一种相对分子质量很高的天然碳水化合物，有三种不同的糖组分：β-D-葡萄糖、β-D-甘露糖和β-D-葡萄糖醛酸（混合的钾、钠和钙盐）。聚合物链中每一重复嵌段含有两个葡萄糖（主链）、两个甘露糖和一个葡萄糖醛酸单元（支链）。聚合物的主链化学结构与纤维素相同，两个甘露糖单元和一个葡萄糖醛酸构成支链，其相对分子质量在100万以上。

由于支链的屏蔽作用，使汉生胶能特别抵抗酶的作用。与其他天然胶类相比较，汉生胶不变的结构及物理和化学性质的稳定性是很突出的。

汉生胶增稠体系主要有以下几点特性：

①低浓度汉生胶溶液的黏度很高，室温下质量分数为0.5%溶液的黏度约为0.4Pa·s，质量分数为1%溶液的为1Pa·s，质量分数为2%溶液的为3~4Pa·s。盐类对汉生胶黏度的影响与汉生胶溶液的浓度有关。

②温度变化对汉生胶溶液的黏度影响很小，例如质量分数为1%的汉生胶溶液，在0~90℃范围，其黏度几乎不变，保持在1.1~1.2Pa·s。pH对汉生胶溶液黏度的影响也是很小的，例如，质量分数为1%浓度的食品级汉生胶溶液（含氯化钠0.1%（质量分数））在pH2~13范围内黏度基本保持恒定。

③汉生胶水溶液是典型的假塑性流体，即其剪切应力与剪切速度之比随剪切速率的增大而下降。换言之，表观黏度随搅拌激烈程度而变小。在剪切应力较低时，切变速度随切应力增加而缓慢增大，当剪切应力到达某一范围时，剪切速度随剪切应力增加而急剧增大，即表现为表观黏度急剧下降。在撤销剪切应力后，经过一段时间可恢复至原有的黏度。与其他增黏剂相比，汉生胶溶液是耐剪切的，这一特性使它在应用时非常重要。

④汉生胶可直接溶于多种酸溶液中，然而，一般把酸加至汉生胶溶液中效果较好。汉生胶在大多数有机酸中很稳定，但与无机酸的配伍性取决于酸的类型和浓度。汉生胶也可与大多数碱性化合物配伍，如浓氢氧化铵、氢氧化钠溶液等，但浓度大于12.0%的氢氧化钠会使汉生胶溶液产生凝胶或沉淀。

在很多盐类存在时，汉生胶溶液都有很好的配伍性和稳定性；汉生胶水溶液对与水混溶的溶剂的容忍度达到50%~60%（如乙醇、甲醇、异丙醇或丙酮），高乙醇浓度会使汉生胶溶液凝胶或沉淀；质量分数小于20%的非离子表面活性剂可与汉生胶很好的配伍；汉生胶可与大多数防腐剂配伍，但不与季铵盐配伍，添加屏蔽剂可改善其配伍性；一般来说，在很多组分存在时，汉生胶都有很好的配伍性。

（2）瓜尔胶　瓜尔胶是一种冷水溶胀高聚物。瓜尔胶基本上是由β-D-吡喃甘露糖基元组成的直主链（1，4-苷键连接），单个的α-D-半乳糖（1，6-苷键连接）均匀、间隔地接枝在主链上形成的多糖，β-D-吡喃甘露糖和α-D-半乳糖的比例为2：1。加热瓜尔胶溶液可以缩短达到它的最高黏度所需的时间，水是瓜尔胶唯一的通用溶剂。瓜尔胶可以以有限的浓度溶解于与水混溶的溶剂中。

瓜尔胶增稠体系主要有以下几点特性：

①瓜尔胶是目前已知的最高效的水增稠剂之一，瓜尔胶及其衍生物都是非牛顿型液体，具有一些弹性的假塑性流体。加热时，它们的溶液会可逆变稀，如在高温下保持较长的时间

时，会发生不可逆降解。

②瓜尔胶及其衍生物最常用的质量分数为1%以下。

③瓜尔胶及其衍生物在一般使用浓度下其屈服值为零，即只要施加小的剪切作用，就开始流动。瓜尔胶溶液的表观黏度随着剪切速率的增加而迅速下降，然后，取决于溶液的浓度，黏度平缓地下降，并达到一最小值。

④分散于冷水中的瓜尔胶约2h后呈现很强的黏度，以后黏度逐渐增大，24h达到最高点，加热则迅速达到最高黏度。

瓜尔胶不溶于有机溶剂，但在一定范围内溶于与水混溶的溶剂。瓜尔胶可进行羟烷基化和季铵化反应，生成一系列衍生物，在化妆品中应用较广的是羟丙基瓜尔胶和瓜尔胶羟丙基三甲基氯化铵。羟丙基瓜尔胶除具有瓜尔胶的一般特性外，其水溶解度和溶液的透明度以及乙醇的忍耐度都有很大改进，电解质配伍性也有所提高。瓜尔胶羟丙基三甲基氯化铵是阳离子型瓜尔胶，它是完全溶于水和乙醇，呈透明的溶液。

（三）有机半合成水溶性聚合物

有机半合成水溶性聚合物是由天然物质经化学改性而制得，主要有两大类：改性纤维素和改性淀粉。常见的品种有羧甲基纤维素钠（CMC）、乙基纤维素（EC）、羟乙基纤维素（HEC）、羟丙基纤维素（HPC）、甲基羟乙基纤维素（MHEC）和甲基羟丙基纤维素（MHPC）等纤维素醚，玉米淀粉、辛基淀粉琥珀酸铝等改性淀粉。用于个人护理用品中增黏的主要是纤维素类聚合物，如羧甲基纤维素钠与羟乙基纤维素。CMC的醚化基团是氯乙酸钠，HEC的醚化基团是环氧乙烷。

纤维素是世界上最丰富的有机化合物，它占植物界碳含量的50%以上。纤维素是由许多β-D-葡萄糖分子以1，4-苷键连接而成的直链聚合物。为了使纤维素具有水溶性和某些其他特性，需对纤维素进行化学改性。纤维素醚是由纤维素链上葡萄糖单元的羟基与醚化基团反应而成的，在每个β-D-葡萄糖环中，有三个羟基可进行亲核取代反应，可以一对一地进行取代反应，或形成支链。在取代反应中，用取代度（degree of substitution，DS）来表示每个环中发生反应的羟基的平均数，每个环中有三个羟基，DS的最大值为3。当有可能形成支链时，利用摩尔取代度（molar substitution，MS）表示，MS可大于3。纤维素的取代基一般为甲基、乙基、羧甲基、羟烷基等，生成纤维素醚及其衍生物。

（四）无机水溶性聚合物

无机水溶性聚合物主要包括一些在水或水-油体系中可分散形成胶体或凝胶的天然或合成的复合硅酸盐，最常见的有硅酸铝镁、水辉石和合成水辉石、膨润土；非水相流变调节剂有：季铵化膨润土、季铵化水辉石。它们有很好的悬浮功能、特有的流变性、良好的温度稳定性以及很大的比表面积。

（1）硅酸镁钠（synthetic magnesium silicate）　硅酸镁钠是在矿化剂存在时，用水热法由简单硅酸盐、锂盐和镁盐合成，经过滤、洗涤、干燥和研磨，制得纯的层状结构的合成硅酸镁钠。

硅酸镁钠增稠体系主要有以下几点特性：

①这类黏度调节剂在高黏度时形成的胶体为凝胶，低黏度时形成的胶体为溶胶。在25℃的自来水中强烈搅拌，10min后可以完成凝胶的形成过程。这种凝胶靠静电力保持在一起，由单个絮凝晶片形成“纸盒式间格”结构，从而形成凝胶。

②这类黏度调节剂不只是靠黏度来稳定体系的固态粒子，是靠将固态粒子保持在三维凝胶“纸盒式间格”结构内，使固体粒子稳定地悬浮在体系中，对所有密度的粒子都具有优异的悬浮作用。

③与其他有机类增稠剂比较，硅酸镁钠的剪切变稀性能最突出，即触变性更强。

④硅酸镁钠可容易地分散于冷水和热水中，但在热水中必须有效地混合，防止部分已水合的粒子结团。

这类黏度调节剂可与大多数含水体系使用的增稠剂配伍，与CMC复配有明显的协同增效作用。水的硬度对硅酸镁钠凝胶的形成有一定的影响，主要影响凝胶形成的时间。

（2）硅酸铝镁（magnesium aluminum silicate） 硅酸铝镁是由天然绿土矿经专门工艺过程精制得到的复合层型，它不溶于水，在水中形成胶体分散溶液，其水合作用过程类似于硅酸镁钠。硅酸铝镁在水合过程中，分散液停止搅拌，静置后，形成“纸盒式间格”结构。开始时过程进展较快，分散液黏度迅速增加，随着过程进行，未缔合的晶片找到其合适的位置较困难，黏度的增加速度较慢。硅酸铝镁增稠体系，具有假塑性流体的流变特性，有明显的触变性。

硅酸铝镁增稠体系主要有以下几点特性：

①硅酸铝镁在低浓度时能稳定O/W乳液，同时通过增加内相的黏度，也可稳定W/O乳液。

②作为悬浮剂，硅酸铝镁的分散效率优于其他有机聚合物胶类，它的水分散液不黏、不油腻。

③硅酸铝镁水分散液在pH3~11范围内均稳定，但电解质会使硅酸铝镁分散液增稠或絮凝，从而影响其稳定性。

④硅酸铝镁的水合程度随混合时间、混合强度及水温度的增加而增强。

硅酸铝镁与有机增稠剂复配时有协同增效作用，通过复配可获得合适的黏度和塑变值，以获得单一增稠剂不能获得的流变特性；一般情况，硅酸铝镁最常与阴离子聚合物胶类复配，与非离子增稠剂复配会发生聚凝；硅酸铝镁分散液可与水相混溶的有机溶剂相混合。

此外，还有膨润土和季铵-膨润土、锂蒙脱土和季铵-锂蒙脱土及二氧化硅等，它们有很好的悬浮功能、特别的流变性质、良好的温度稳定性、很大的比表面、对电解质的容忍度也较高，但较少应用于香波产品中，此处不再介绍。

五、珠 光 剂

乳白或珠光状香波可增加产品的美感，此外，有时有些原料不能配制成透明香波，需要制成珠光香波，使产品更能为消费者所喜爱。添加少量细小白色聚合物分散液可使香波呈乳白状，如聚丙烯/丙烯酸酯共聚物，也有很多其他复合的混合物。使用不同浓度或不同种类的珠光剂，达到珠光效果是不同的。为了使制备过程易于进行，建议在把珠光剂稀释至质量分数为10%溶液后，再添加至香波的基质中。大多数珠光香波是依赖于各种硬脂酸酯晶片在液体基质的悬浮作用，晶片反射光线，产生乳白色或珠光。不同的硬脂酸酯有不同的效应，单硬脂酸二乙二醇酯比单硬脂酸单乙二醇酯产生更美丽、更乳白的珠光，后者乳白程度较低但更闪光。珠光效应取决于晶片大小、形状、分布和乳白晶片的反射作用。

常用的珠光剂主要有乙二醇硬脂酸单酯和双酯、脂肪酸金属盐、单硬脂酸和棕榈酸丙二醇酯及甘油酯、高级脂肪酸（硬脂酸、二十二烷酸）烷基醇酰胺、脂肪醇（十六和十八醇）、聚乙烯聚合物和乳胶、硬脂酸锌和硬脂酸镁、微细分散的氧化锌和二氧化钛、硅酸铝镁等。目前普遍使用的是乙二醇单硬脂酸酯和乙二醇双硬脂酸酯。

在珠光产品中，产品必须有足够的稠度，确保珠光晶片不沉降。产生珠光效应的方法主要有以下几条途径：

（1）直接将浓缩的珠光浆产品在室温下添加于体系中，搅拌均匀即可。

（2）将选定的珠光剂（最常用乙二醇单（双）硬脂酸酯）加于温度约为75℃的热混合物或基质中，在适当的冷却过程中及搅拌速度下，珠光剂重新结晶出来，产生珠光效果。

（3）高浓度的液态或半固态的珠光剂，在室温下加于基质，混合制成最终产品。使用浓缩珠光浆是经济有效的方法，质量分数为2%的含量就会有良好的珠光效果。

利用（2）方法制备珠光浆时，影响珠光外观的主要因素有：硬脂酸酯的组成、烷基醇酰胺和其他组分的存在及含量、冷却速度、搅拌剪切速度、基质组成等。典型的珠光浆配方如表11–2所示。如利用高速剪切混合，所制得的珠光浆呈高度乳白状，闪光低；若使用低速剪切混合则相反。快速冷却有利于乳白状形成而慢速冷却有利于闪光形成，即任何有利于大晶体生长的条件会增加闪光，而降低乳白作用。改变烷基醇酰胺组分也对珠光效应有影响，椰油基二乙醇酰胺能产生较弱的闪光，月桂基单异丙醇酰胺则产生较强的闪光。市售的珠光浆多数是以月桂醇醚硫酸酯钠盐为基质，但也有两性或非离子表面活性剂为基质的。

表11–2　珠光浆配方

名称	含量/%	名称	含量/%
聚乙二醇单/双硬脂酸酯	20	月桂醇醚硫酸酯钠盐（27%）	60
椰子油单乙醇酰胺	20	乙二醇（降低黏度）	适量

六、螯合剂

螯合剂的作用是络合或螯合碱土金属离子或重金属离子，避免香波中阴离子表面活性剂遇到Ca^{2+}和Mg^{2+}离子发生反应而沉淀。重金属离子被整合后，可防止重金属离子使防腐剂、酶、蛋白质等活性物失活或使着色剂变色。常用的整合剂有EDTA及其盐类，如EDTA、EDTA–Na_2、EDTA–Na_3和EDTA–Na_4，其用量一般为0.05%~0.10%。另外，还有柠檬酸、酒石酸等。EDTA对钙、镁离子较有效，而柠檬酸和酒石酸对铁离子有一定的效果。EDTA及其盐类添加对一些水溶性聚合物的黏度有些影响，使用时也应注意。

七、酸度调节剂

微酸性对头发护理、减少刺激有利，有时配方中有些组分需在一定的pH条件下才能稳定或发挥其特定的作用，如铵盐体系必须将pH控制在微酸性，烷醇酰胺应用于表面活性剂溶液体系中时，会使pH升高。当使用铵盐表面活性剂时，为了避免挥发性氨形成，pH应调节至低于7；在配制调理香波时，或使用甜菜碱、两性表面活性剂、季铵化聚合物时，pH低于6可获得最好的调理性；用无机盐作增黏剂时，微酸性会使增稠效果变好；有些防腐剂也要求在一定的pH范围内才能达到较好的效果。因此，在很多情况下需要调节体系的pH在7以下，略偏酸性。常用的酸度调节剂有柠檬酸、酒石酸、磷酸等。

八、防 腐 剂

防腐剂的作用是防止香波受霉菌或细菌等微生物的污染而致变质的物质。很多表面活性剂在出厂前已经添加了防腐剂，这部分防腐剂的作用在配方时应加以考虑。有些大的生产商，在订购原料时会让供应商指定使用某种防腐剂。一些香波组分，例如蛋白质和中草药提取物都添加特定的防腐剂。香波体系防腐剂的选择必须根据各国的法规和香波组分的配伍性。甲醛或会释放出甲醛的防腐剂不可应用于含蛋白质的香波体系，甲醛会与自由氨基反应缩合，使蛋白质失活。选用防腐剂时应注意到基质的pH和某些组分的不配伍性问题。常用的防腐剂有二羟甲基二甲基乙内酰脲（DMDMH）、凯松、尼泊金酯类、杰马系列等。另外，螯合剂的加入会提高防腐剂的防腐效果。

九、香精和色素

香精虽在配方中所占的比例很小，但影响香波的感官特性，直接影响到消费者的接受程度，其重要意义已显得越来越重要。香精的香型是带有流行性，随潮流变化，与民族习惯、职业、性别和个人爱好有关。自然香气一直还是较流行的，如草香、果香和花香。

在选择香精时要考虑其在产品中的稳定性、香气、洗发时和洗后的香味，还要考虑香气和品牌的吻合。从配方基本技术要求考虑，香波香精的选用必须考虑到香精的溶解度和配伍性（即不影响产品黏度和稳定性），它不会引起产品变色，不引起对皮肤和眼睛的刺激。溶解度的问题可通过添加增溶剂来解决，如壬基酚醚-9和PEG-40氢化蓖麻油等。一些含醇类较多的香精对黏度影响较大。香波中的调理剂、防腐剂和其他活性物可能会与香精中的某些组分反应，使香精气味改变。香精还会对产品的黏度产生较大的影响，如一些含醇类较多的香精。

色素可赋予产品鲜艳、悦目的外观，但选择的色素必须符合化妆品卫生标准。同时，在采用透明包装时，应考察其稳定性以及与香波其他组分的配伍性。

使用着色剂时，应主要考虑产品的pH及光照对其稳定性的影响，以及对某些重金属离子敏感性，因为着色剂的褪色或变色主要与这些因素有关。添加少量水溶性的紫外线吸收剂，如二苯（甲）酮-4和二苯（甲）酮-2，可防止光致褪色，其一般用量质量分数为0.05%~0.10%。pH的控制可通过酸度调节剂和缓冲溶液来解决。添加螯合剂如EDTA-Na_4，可使重金属离子络合。

由于着色剂的添加量很少，一般不将着色剂直接添加于产品中，而是稀释溶解或配成稀色料后再加入产品中，这样可以尽量避免着色的不均匀。

十、祛屑止痒剂

目前常用的祛屑止痒剂有吡啶硫酮锌（ZPT）、Octopirox、甘宝素（Climbazole）、十一碳烯酸衍生物、酮糠唑和Minox™AD等。

（一）吡啶硫酮锌（ZPT）

吡啶硫酮锌又称锌吡啶硫酮，其化学名称为双（2-硫代-1-氧化吡啶）锌，分子式为$C_{10}H_8N_2O_2S_2Zn$，结构式为：

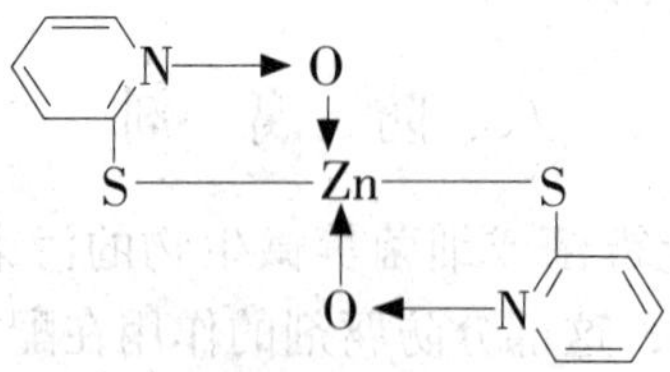

ZPT为高效安全的祛屑止痒剂和广谱杀菌剂，可以延缓头发衰老，减少脱发和白发。其应用于香波配方中，经常会出现沉降，偶尔操作不慎也会出现变色现象，遇铁离子易变色，因此，配方中必须加入悬浮剂和稳定剂。它与EDTA不配伍，加入少量硫酸锌或氧化锌可减缓变色。ZPT对光不稳定，会遮盖香波的珠光。

（二）吡啶酮乙醇胺盐（Octopirox）

Octopirox的化学名为1-羟基-4-甲基-6-（2，4，4-三甲基戊基）-2（1H）-吡啶酮-2-氨基乙醇盐（1∶1），化学结构式为：

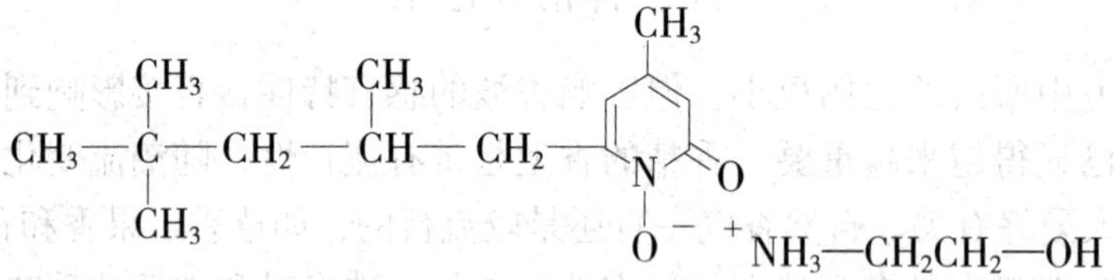

OCT主要性能有：具有广谱的杀菌抑菌性能；溶解性和复配性能好，可制成透明香波；刺激性低，性能温和，可用于免洗产品中；可明显增加体系的黏度；遇铁、铜离子易变黄，价格较高。

Octopirox和ZPT是目前国际上使用最普遍的两种祛屑剂，但由于Octopirox有很好的溶解性和复配性，能溶于表面活性剂体系，在pH3~9的范围内可以稳定存在，并且有很好的热稳定性，使其应用领域较ZPT更为广泛，生产工艺较ZPT更为简便。Octopirox的祛屑机理是通过杀菌、抑菌抗氧化作用和分解氧化物等方法，从根本上阻断头屑产生的外部因素，有效地根治头屑、祛头痒。Octopirox在“洗去”类发用产品中，建议加入量一般为0.3%~0.5%；对于“酒精挥发免洗类”发用产品如喷发胶等，建议加入量一般为0.05%~0.20%。

Octopirox增稠作用相当明显，在使用Octopirox后，香波体系中可以不加或者少加黏度剂，这不仅简化了生产工艺，还增加了产品（尤其是珠光或者铵盐体系香波）的稳定性。

Octopirox具有广谱杀菌抑菌性质，它不仅能有效地杀死产生头屑的两种主要细菌：瓶型酵母菌和正圆形酵母菌（MIC为4.0~16.0μg/mL），同时还能有效地抑制革兰氏阳性、阴性菌以及各种真菌和霉菌。因此目前已有很多化妆品生产厂家将Octopirox用于肥皂和膏霜，同时还有许多厂家用它取代防腐剂，相继向市场推出了“无防腐剂祛屑香波”、“无防腐剂祛屑发乳”和“无防腐剂祛体臭肥皂/膏霜”等产品，从而迎合了人们日益增长的对化妆品“高效、低刺激、无防腐剂”的要求。

（三）甘宝素

甘宝素又称活性甘宝素，化学名称为二唑酮，分子式为$C_{15}H_{17}O_2N_2Cl$，化学结构式为：

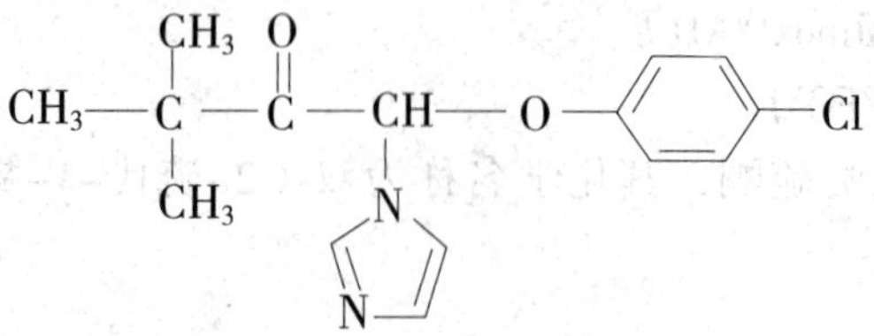

活性甘宝素为白色或灰白色结晶状，略有气味，无吸湿性，对光和热均稳定，熔点95~97℃。其性能是具有独特的抗真菌性能，对光、热和重金属离子稳定，不变色，易制得透明香波。

该化合物具有独特的抗真菌性能，对能引起人体头皮屑的卵状芽孢菌属或卵状抗真菌属以及白色念珠菌、发癣菌有抑制作用。其祛屑止痒机理是通过杀菌和抑菌来消除产生头屑的外部因素，以达到祛屑止痒的效果，它不同于单纯地通过脱脂的方式暂时地消除头屑。甘宝素若与吡啶硫酮锌合用时对祛屑具有明显的协同效应。

（四）十一碳烯酸衍生物

十一烯酸单乙醇酰胺酯二钠盐是十一碳烯酸衍生物产品中常用的一种，由十一烯酸单乙醇酰胺与马来酸酐发生酯化，再经Na_2SO_3磺化而制得的，其结构式为：

$$\begin{array}{l} \qquad\qquad\qquad\qquad\qquad\qquad\quad O \\ \qquad\qquad\qquad\qquad\qquad\qquad\quad \| \\ \quad CH_2—COOC_2H_4NH—C—(CH_2)_8CH{=}CH_2 \\ \quad | \\ NaSO_3CHCOONa \end{array}$$

十一烯酸单乙醇酰胺酯二钠盐对人体皮肤和头发的刺激性小，具有良好的配伍性、水溶性、稳定性和抗脂溢性，与头发角朊有着牢固的亲和性。其治疗皮屑的机理在于抑制表皮细胞的分离，延长细胞变换率，达到减少老化细胞产生和积存现象，使用后还会减少脂溢性皮肤病的产生。它的用量一般为2%时效果比较明显。

十一烯酸单乙醇酰胺酯二钠盐主要性能为具有广谱抗菌性能，是温和的表面活性剂，水溶性好，价格低廉，对热不稳定，祛屑效果不如ZPT、OCT。

（五）酮康唑

酮康唑的化学名称为1–乙酰基–4–｛4–［2（2，4–二氯苯基）–2（1H–咪唑–1–甲基）–1，3–二氧戊环–4–甲氧基］苯基｝–哌嗪，为白色或类白色结晶性粉末，无臭无味，几乎不溶于水中，但可溶于一定浓度的表面活性剂体系中，酮康唑在香波中的添加量一般为0.2%~0.3%。

酮康唑由于对卵圆形糠秕孢子菌有较强的抗菌活性，祛屑效果明显，但止痒效果一般；价格较高，对光和热稳定性不好，容易变红。有研究表明，酮康唑与聚维酮碘溶液配合，祛屑效果更好。聚维酮碘是聚乙烯吡咯酮和碘的有机复合物，作用于头发和头皮后可解聚释放碘，并可深入到感染深层，有杀灭细菌及真菌、抗病毒等作用，并具有抑制皮脂分泌、减少炎细胞浸润的药理作用。同时其碱性的基质还能改变局部的pH，降低糠秕孢子菌的脂酶活性，有效杀灭糠秕孢子菌及头皮杂菌，对头皮杂菌亦有较强作用，且刺激性、毒性比碘酊、碘溶液小，使用时患者均能耐受。两者合用，能有效杀灭头发及头皮中糠秕孢子菌及致病杂菌，彻底清除头皮糠疹，并可使头发柔顺亮丽，疗效极佳。

（六）其他类祛屑止痒剂

水杨酸实际上是β–羟基酸，具有剥落角质和杀菌抗炎的作用，其一定量的范围内在香波中可以安全使用。

香波中另一类具有极大潜在应用价值的祛屑剂是天然植物提取物。天然提取物一般富含有多种活性成分，具有抗菌消炎、提供营养、改善毛细血管血液循环等功效，而且作用温和持久，刺激性小，对于祛屑、防脱和改善发质有良好的效果，具有较好的发展前景。这类天然提取物主要有：胡桃油、防风、山茶、木瓜、积雪草、花皂素、甘草、头花千金藤等。

近年来用于配制祛屑香波的其他成分有：玉洁新（DP300）、氯甲酚、氢化可的松、磷脂、氨基酸、桧木油、杜松油、维生素及其衍生物等。

第三节　香波配方示例及制备工艺

一、透 明 香 波

透明香波是出现最早，也最大众化的洗发产品。这类香波的配方一般比较简单，在选用原料时必须使用一些溶解度较高的原料，使产品在低温时仍具有很好的透明度。由于受到产品透明度的影响，使许多原料的应用都受到了限制。随着化妆品配方水平的提高和原料的发展，透明香波已不再是以前的单一功能，它同样可提供调理祛屑等功能，如市场上的花王飞逸、伊卡璐等。典型的透明香波配方见表11-3。

表11-3　　透明香波配方

组分	配方1 质量分数/%	配方2 质量分数/%
去离子水	至100.00	至100.00
EDTA-Na_2	0.10	0.10
脂肪醇聚氧乙烯醚硫酸钠（27%）	36.30	—
月桂基硫酸酯三乙醇胺盐（30%）	—	40.00
椰油酰胺丙基甜菜碱（30%）	6.00	5.00
椰油基二乙醇酰胺（6501）	3.00	—
聚季铵盐-7	—	2.00
氧化胺（30%）	—	8.00
防腐剂	适量	适量
香精、色素	适量	适量
NaCl	适量	适量

表11-3中配方1、2均为透明香波，所用原料均为液体，在水中的分散性较好，制备工艺比较简单，只需在常温下依次将各组分加入去离子水中，搅拌均匀即可。

二、珠 光 香 波

珠光香波即在透明香波的基础上加上珠光剂，由于该类香波对产品的透明度没有要求，所以选择原料的限制就大大低于透明配方。目前在香波中使用珠光剂有两种方式，一种是直接使用珠光剂，另一种方法是使用珠光浆。典型的珠光香波配方见表11-4。

配方1为一冷配香波，其制备工艺是在室温下逐一将各原料加入水中，搅拌均匀即可。配方2需要在加热条件下制备，工艺为：

（1）依次将Part A中各组分加入去离子水中，边搅拌边将体系升温至70~75℃；

（2）将Part B中各组分加入至体系中，搅拌至所有组分溶解；

（3）体系均匀后开始降温至40℃，加入Part C所有组分，搅拌均匀即可。

表11-4 珠光香波配方

组分	配方1 质量分数/%	配方2 质量分数/%
Part A 去离子水	至100.00	至100.00
EDTA-Na_2	0.10	0.10
脂肪醇聚氧乙烯醚硫酸钠（27%）	41.50	41.50
椰油酰胺丙基甜菜碱（30%）	5.00	5.00
椰油基二乙醇酰胺（6501）	—	2.00
烷基糖苷（50%）	2.00	—
Part B 乙二醇双硬脂酸酯	—	1.00
乙二醇单硬脂酸酯	—	0.60
Part C 珠光浆	4.00	—
Glydant	0.30	0.30
柠檬酸	适量	适量
氯化钠	适量	适量
香精	适量	适量

结合配方1、配方2各自的特点，有以下几点说明：

（1）配方1直接使用珠光浆，这种方法比较简单，直接在室温下加入即可，既简化了香波的制备工艺，同时又可保证每批产品珠光的一致性。

（2）配方2使用珠光剂，使用这种方法首先要保证珠光剂在70~75℃时完全溶于表面活性剂溶液中；其次必须严格控制冷却过程中的冷却速度和搅拌速度，否则难以产生理想均一的珠光效果。

（3）对配方2而言，乙二醇双硬脂酸酯和乙二醇单硬脂酸酯的比例会影响产品的珠光，前者易产生细腻的珠光，而后者产生的珠光较明显，但比较粗。

（4）从经济角度而言，使用珠光剂较珠光浆便宜。

三、调理香波

调理香波是目前最受消费者欢迎的一类香波，人们熟悉的二合一香波即是其中的一种，其洗发护发一次完成。调理香波是在普通香波的基础上加入各种调理剂，如各种阳离子表面活性剂、阳离子聚合物、硅油等。但在选择调理剂时必须考虑其与体系中其他组分的相容性，如阳离子表面活性剂与阴离子表面活性剂的相容性，硅油或其他油类对产品泡沫的影响等；同时我们还应考虑调理剂在头发上的积聚，尤其是多次重复洗涤。目前市面上所见到的飘柔、潘婷、夏士莲、舒蕾等均属于此类产品。典型的调理营养香波配方见表11-5。

由于调理香波中添加了多种调理剂，其制备工艺因添加原料的性能不同会略有不同，以

表11-5　　　　　　　　　　　　　　　　　　　　　调理营养香波配方

组分	配方1 质量分数/%	配方2 质量分数/%
Part A 去离子水	至100.00	至100.00
$EDTA-Na_2$	0.10	0.10
阳离子瓜尔胶（C-14S）	0.50	—
脂肪醇聚氧乙烯醚硫酸铵（25%）	28.00	32.00
脂肪醇硫酸铵（25%)	14.00	12.00
椰油酰胺丙基甜菜碱（30%）	3.00	5.00
椰油基单乙醇酰胺	1.50	—
三-十六烷基甲基氯化铵（TC-90）	—	0.60
维生素原B_5	0.60	0.50
Part B 乳化硅油	3.50	3.50
珠光浆	4.00	3.50
Glydant	0.30	0.30
柠檬酸（50%溶液）	适量	适量
氯化铵	适量	适量
香精	适量	—

配方1、2为例，大致的制法如下：

（1）将$EDTA-Na_2$和阳离子瓜尔胶加入去离子水中，搅拌至完全溶解；

（2）将体系升温至70~75℃，依次加入Part A的其他组分，搅拌至溶解；

（3）然后体系开始降温，至40℃后加入Part B，搅拌均匀。

以上二配方为铵盐体系，故产品最终pH应控制在6.5以下。

四、祛屑香波

头皮屑是由于头皮功能失调引起的，它与头发的物理和化学性质无直接关系。引起头皮屑可能的因素包括：污垢和头皮分泌的皮脂混在一起干后成为皮屑；细菌滋生，产生脂溢性皮炎；角质细胞异常增生；新陈代谢旺盛、神经系统紧张、药物和化妆品引起的炎症等。近年来的研究表明，头屑过多和头皮发痒与卵糠秕孢子菌的异常繁殖有密切的关系。因此在香波中添加一些具有抑菌和杀菌功能的活性物可减少头皮微生物的生长，有效控制头皮屑。

头皮屑与年龄有关，青春期前很少有头皮屑，一般从青春期开始，20多岁时达到最高峰，中年和老年时下降。头皮屑冬天较多，夏天较少，男女没有很大的差别。

常用的祛头皮屑剂有ZPT、OCT、甘宝素、十一碳烯衍生物、酮糠唑等。ZPT具有很好的祛屑止痒效果，但遇铁离子易变色，与EDTA不配伍，配方中须加悬浮剂；OCT是目前最温和的祛屑止痒剂，可用于配制透明香波，具有较好的增稠效果，但易变色，且价格较高；甘宝素的祛屑止痒效果不是很明显，但其在配方中不变色，稳定性好；十一碳烯衍生物作用温和，水溶性好，但要注意和配方中一些阳离子调理剂的配伍，以防出现沉淀；酮糠唑是1992年美国FDA批准的可用于香波中的祛屑止痒剂，具有很好的祛屑效果，但止痒效果一般，产品易发红。

香波中另一类具有极大潜在应用价值的祛屑剂是天然植物提取物。天然植物提取物富含各种活性成分，具有抗菌消炎、提供营养、改善毛细血管血液循环等功效，而且作用温和持久。但目前天然植物提取物的价格较高，使其应用受到了极大的限制。典型的祛屑香波配方见表11-6。

表11-6　　祛屑香波配方

组分	配方1 质量分数/%	配方2 质量分数/%
Part A 去离子水	至100.00	至100.00
$EDTA-Na_2$	0.10	0.10
Aculyn33	1.50	—
脂肪醇聚氧乙烯醚硫酸钠铵（25%）	33.60	50.00
脂肪醇硫酸铵（25%）	16.80	—
椰油酰胺丙基甜菜碱（30%）	5.00	7.00
阳离子瓜尔胶（JAGUARC-14S）	0.40	—
Part B 三乙醇胺	适量	—
乳化硅油	3.00	3.50
OCT	—	0.30
吡啶硫铜锌（ZPT，50%）	2.00	—
珠光浆	4.00	3.50
防腐剂	适量	适量
柠檬酸	适量	适量
氯化铵	适量	适量
香精	适量	适量

表11-6配方1、2中，因加入了水溶性增黏剂Aculyn33，配制工艺与调理营养香波配方1、2略有不同，具体制备方法如下：

（1）将$EDTA-Na_2$、阳离子瓜尔胶和Aculyn33加入去离子水中，搅拌至溶解；

（2）将体系升温至70~75℃，依次加入Part A的其他组分，搅拌至溶解；

（3）体系降温至40℃，用三乙醇胺中和至pH为7左右，加入Part B其他组分，搅拌均匀。

在祛屑香波配方中，ZPT难以被稳定悬浮在体系中，必须考虑加入悬浮剂，否则容易分层；而且含ZPT配方对设备要求较高，少量重金属离子就会使产品变色。

五、防 晒 香 波

一些环境因素（如阳光、风、雨、空气污染、游泳池中的化学物质等）可能会引起头发的损伤，改变头发的化学结构或化学降解。所有这些环境因素中危害最大的是紫外线。

头发长期暴露于紫外线的辐射后，会发生一些光化学反应，对头发的物理和化学性能都有很大的影响。其危害主要表现在以下几点：

（1）头发褪色；

（2）吸着特性发生变化，在碱中溶解度增大，头发中胱氨酸含量减少，半胱氨酸含量增加；

（3）头发的拉伸强度下降。

适用于头发防晒保护的防晒剂包括：二苯甲酰甲烷衍生物、二甲基对氨基苯甲酸辛酯、甲氧基肉桂酸辛酯樟脑亚苄基硫酸铵、5–苯甲酰–4–羟基–2–甲氧基苯磺酸基异苯甲酮等。典型的防晒香波配方见表11–7。

表11–7　　防晒香波配方

组分	配方1 质量分数/%	配方2 质量分数/%
Part A 去离子水	至100.00	至100.00
$EDTA-Na_2$	0.10	0.10
脂肪醇聚氧乙烯醚硫酸钠（27%）	40.00	40.00
椰油酰胺丙基甜菜碱（30%）	6.00	6.00
椰油基二乙醇酰胺	3.00	3.00
聚季铵盐–7	3.00	—
聚季铵盐–44	—	2.0
二甲基对氨基苯甲酸辛酯	0.30	0.30
二苯（甲）酮–4	0.30	0.30
Part B Kathon CG	0.10	0.10
柠檬酸	适量	适量
氯化钠	适量	适量
香精	适量	适量

在防晒配方中，防晒剂的加入一般对工艺影响不大。配方1、2的制备工艺如下：

（1）首先将$EDTA-Na_2$加入去离子水中，搅拌至溶解；

（2）将体系升温至60℃左右，依次加入Part A的其他组分，搅拌至溶解；

（3）然后等体系降温至40℃后，加入Part B中各组分，搅拌均匀即可。

第十二章 护发用品

正常的头皮，其皮脂腺分泌的油脂较身体其他部位皮肤分泌的多，油性较强。头发角质的表皮有一层薄的油膜，此层薄膜可维持头发的水分平衡，保持头发光亮，同时还直接保护着头发和头皮，减轻风、雨、阳光和温度等变化的影响。

如果此层油膜的油分比正常头发减少很多（如接触碱性物质、洗发、染发或烫发等对头发的脱脂作用，以及长期的风吹、日晒、雨淋等），头发就会变得枯燥、发脆、易断等，此时就需要适当地补充水分和油分，以恢复头发的光泽和弹性。护发用品的主要作用是补充头发油分和水分的不足，使头发保持天然的、健康和美观的外表，赋予头发光泽、柔软和生气，同时还可减轻或消除头发或头皮的不正常现象（如头皮屑过多等），达到滋润和保护头发、修饰和固定发型之目的。

市场上护发制品的名称繁多，较早时期使用养发水、润丝，后来又出现护发素、焗油。根据现今护发用品的发展，护发用品可分为两大类：第一类，用于治疗或舒缓头发和头皮有关的不适或疾病的疗效护发制品，如止头屑、防脱发和油性头发及头皮制品，这类制品常称为养发水。第二类，用于改善、恢复和保持头发的调理性，护发素与润丝都属于这类制品。护发素是一种主要的护发用品，在护发用品市场中占较大的份额。

随着科学技术的日新月异，当今市场上护发产品的发展逐步趋向于细分化和多样化。如何使用护发产品且使它具有更好的效能是化妆品学领域的重要课题。近年来，随着追求时尚美的热潮中，越来越多的妇女烫发、染发，这导致了染发产品销售额稳步增长，与此同时，用于修复因染发而引起的头发损伤香波和护发素应运而生。现在市场上出现的护发产品较为普遍的有几种：基本护发素、护发喷胶、焗油膏、特效护发素、活性护发素。护发产品按不同形态又可分为乳液状、透明发膏、气雾剂型等。

第一节 护发素概述

在使用香皂洗头的时代，洗发后为保持良好的触感，一般使用植物油、鸡蛋黄或蛋清、柠檬汁再擦洗、冲洗，使洗后头发具有柔软和光泽的外观。现今，虽然使用较温和的调理香波，但不可避免也会造成头发过度脱脂和某些调理剂的积聚。此外，随着头发漂白、烫发、染发，定型发胶、摩丝的使用，洗头频率的增加，日晒和环境的污染，也会使头发受到不同程度的损伤。这样，在一定程度上增加了对头发调理剂和护发制品的需要。

护发素的护发机理：当我们用香波洗发时，在洗去污垢的同时，也会洗去头发表面的油分，头发表面的毛鳞片受到损伤，头发之间的摩擦力增大，使得头发易于缠结，难以梳理，且特别容易产生静电，易于飘拂；而在烫发、染发的过程中对头发造成的损伤就更加严重，如图12-1为受损头发的电镜照片。由于香波的脱脂，使头发也少光泽。一般认为头发带有负电荷，当以带正电的阳离子表面活性剂吸附在具有负电荷的头发上，这时带正电荷极性部分吸附在头发上，而非极性部分即亲油基部分向外侧排列（即定向吸附），这如同头发上涂上油性物质，在头发表面形成一层油膜。因此，头发被阳离子表面活性剂的亲油基分开，头发变得滑润起来，降低了头发的运动摩擦因数，从而使头发易于梳理、抗静电、光滑、柔软等，即护发素具有调理作用，如图12-2为护理后头发的电镜照片。

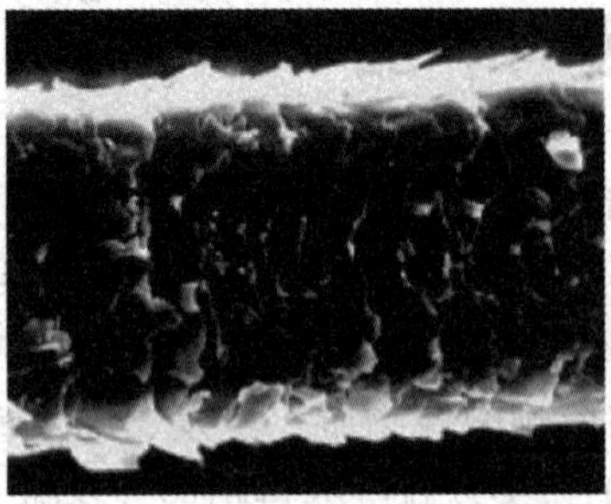

图12-1 受损伤头发表面

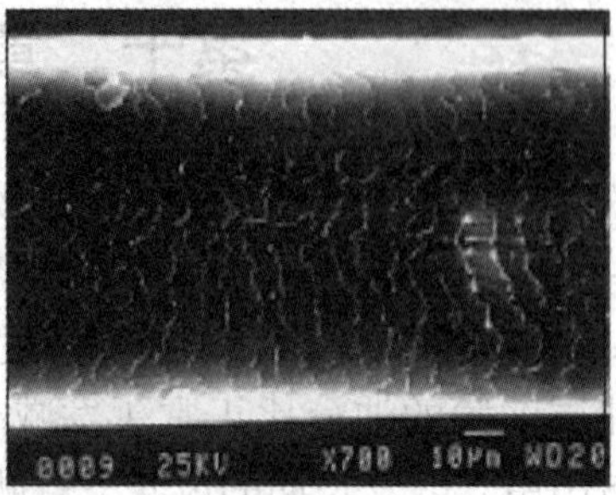

图12-2 护理后的头发表面

理想的护发素应具有以下功能：

①能改善干梳和湿梳性能，使头发不会缠绕；

②具有抗静电作用，使头发不会飘拂；

③能赋予头发光泽；

④能保护头发表面，增加头发的体感。

除上述的这些基本要求外，根据不同的需要，护发素还有一些专门的功能，如改善卷发的保持能力（定型作用），修复受损伤的头发，润湿头发和抑制头屑或皮脂分泌等。

护发素有各种各样的剂型，市售的护发素主要为乳液状，因为乳液型可加入多种护发、养发成分，具有更好的使用效果。近年来，透明型也开始流行。护发素的主要配方组成见表12-1。

表12-1 护发素的基本配方组成

组分	主要功能	代表性原料
调理剂	乳化、抗静电和抑菌作用	季铵盐类阳离子表面活性剂
乳化剂	乳化作用	非离子表面活性剂
阳离子聚合物	调理、抗静电作用、流变性调节剂、头发定型	季铵化的羟乙基纤维素、水解蛋白、二甲基硅氧烷、壳多糖等
赋脂剂	调理剂、赋脂剂	各种植物油、乙氧基化植物油、三甘油酯、支链脂肪醇类、支链脂肪酸酯
增稠剂	调节黏度、改善流变性能	盐类、羟乙基纤维素、聚丙烯酸树脂
香精	赋香	—
防腐剂	抑制微生物生长	—
螯合剂	螯合钙、镁等离子	EDTA盐类
抗氧化剂	防止油脂类化合物氧化酸败	BHT、BHA、生育酚
着色剂和珠光剂	赋色、改善外观	汽巴®天来加®TT
其他活性成分	赋予各种功能，如祛头屑、定型和润湿等	ZPT、PCA-Na、泛醇等

第二节　护发素所用原料

一、主表面活性剂

护发素中最常用的活性调理剂是季铵盐类阳离子表面活性剂，它有如下通式：

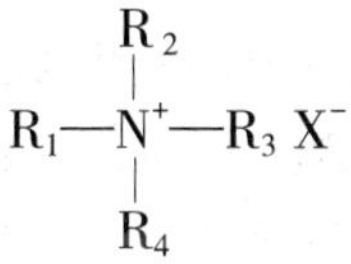

其中，X为无表面活性的阴离子，如Cl^-、Br^-和$CH_2OSO_3^-$等，R_1、R_2、R_3和R_4是烷基或其他基团，一般情况下，季铵基是由2~3个甲基和1~2个长链脂肪酸烷基所组成。

季铵盐是应用最广的一类阳离子表面活性剂。在结构上，季铵盐可以看作是有机基团取代铵离子的四个氢原子后所形成的阳离子表面活性剂，其中的取代有机基团可以是芳香族或脂肪族的疏水基，或者由环氧乙烷之类的亲水基所组成。它可用叔胺与烷基化试剂进行反应制得。其烷基化试剂有：氯甲烷、苄基氯等卤代烷、硫酸二甲酯等硫酸二烷酯、环氧乙烷等环氧化物和对甲苯磺酸甲酯等磺酸酯。季铵盐碱性较强，在酸性或碱性介质中都稳定，热稳定性也较好。通过研究季铵盐的溶解性、调理性以及它们之间的关系可知，季铵盐的溶解性取决于所含烷基的链长、烷基的数目和乙氧基存在与否。$C_{8\sim16}$单烷基三甲基季铵盐能溶于水，$C_{16\sim18}$的单烷基三甲基季铵盐难溶于水，但能溶于极性溶剂；单烷基三甲基季铵盐不溶于非极性溶剂，而双烷基二甲基季铵盐溶于非极性溶剂，不溶于水。

季铵盐突出的特性是对有负电荷的固体表面的吸附作用和杀菌消毒作用，其润湿作用、发泡和乳化作用在各种季铵盐之间存在较大的差别。季铵盐具有很有限的洗涤作用。一般季铵盐与其他制剂复配时应特别注意，其禁配化合物有阴离子表面活性剂、氧化物、过氧化物、硅酸盐、硝酸银、柠檬酸钠、酒石酸钠、硼砂、高岭土、蛋白质和一些高分子化合物。这些禁配物最易导致其杀菌力的降低或产生浑浊、沉淀。

季铵盐被用作护发素主要调理剂的原因首先是因为季铵盐含有带正电荷的氮原子，并有1~2个脂肪链包绕着它，这样的化学结构使它对毛发的亲和性较好。它能吸附于毛杆，形成单分子吸附膜，这种膜赋予头发柔软性及光泽，使头发有弹性，并防止静电产生，梳理方便，进而成为较理想的头发调理剂；其次，季铵盐已在化妆品和洗涤用品工业中广泛应用多年，积累了大量的数据和资料，已证实其有效性、稳定性和安全性；此外，季铵盐是当今性价比最好的调理剂之一，季铵盐品种的多样性，可满足各种配方的需要。

常用作头发调理剂的季铵盐包括如下几种：

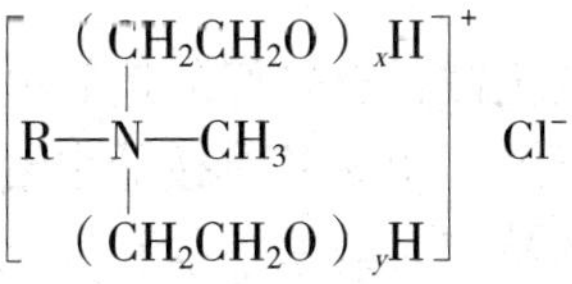

$R=C_{12\sim18}$

$x+y$=2或15

乙氧基化季铵盐：

PEG-2椰油基甲基氯化铵，PEG-15椰油基甲基氯化铵

PEG-2油酸酯基甲基氯化铵，PEG-2硬脂基甲基氯化铵

PEG-15硬脂基甲基氯化铵

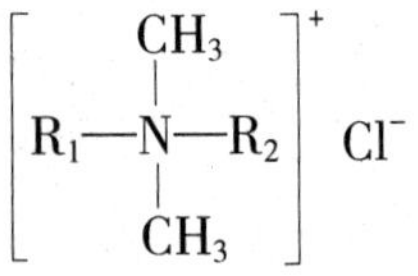

R_1、$R_2=C_{12\sim18}$

双烷基二甲基氯化铵：
双椰油基二甲基氯化铵，双牛油脂基二甲基氯化铵（Quaternium-18），双硬脂基二甲基氯化铵

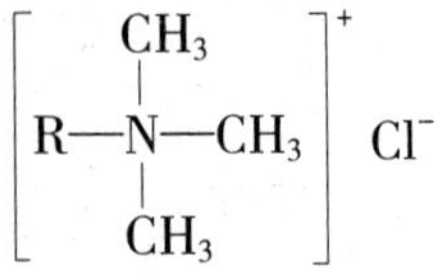

$R=C_{8\sim18}$

烷基三甲基氯化铵：
月桂基三甲基氯化铵，椰油基三甲基氯化铵
十六烷基三甲基氯化铵，豆油脂基三甲基氯化铵
牛油脂基三甲基氯化铵，硬脂基三甲基氯化铵

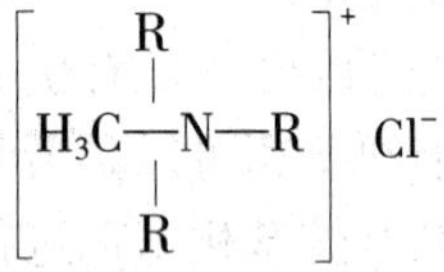

三烷基甲基氯化铵：
三-十六烷基甲基氯化铵

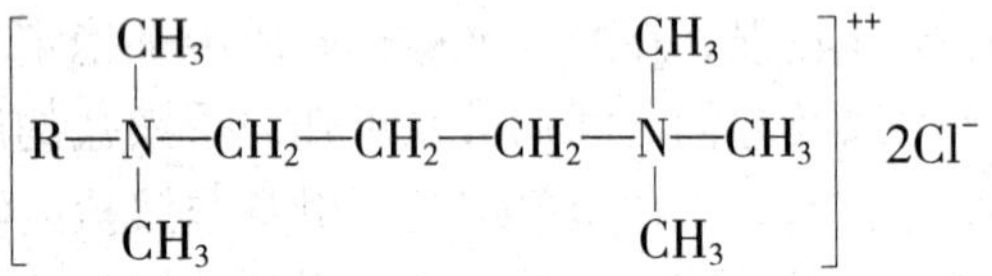

双季铵盐：
牛油脂基二甲基胺基丙基三甲基二氯化铵

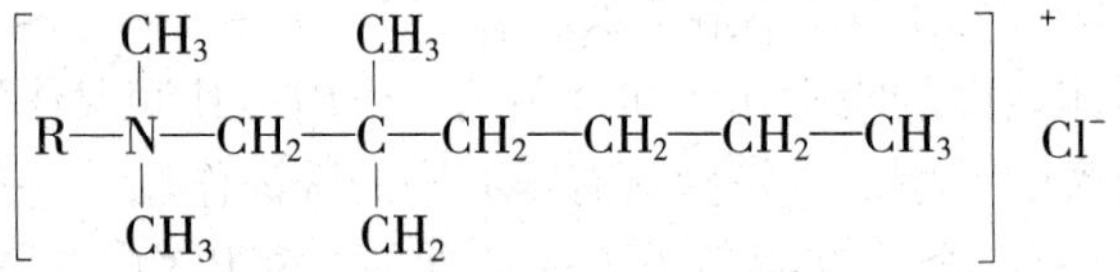

氢化牛油脂基辛基二甲基氯化铵或硫酸甲酯铵盐

对以上各种阳离子的调理性能研究可知：烷基链长越长和数目越多，抗缠绕性、湿梳性能和干梳性能越好，但水溶性差。三-十六烷基甲基氯化铵和双硬脂基二甲基是近年发展的新型头发调理剂，其润滑性最好，即湿梳阻力特别小。双季铵盐（牛油脂基二甲基胺基两基三甲基二氯化铵）由于分子中有两个正电荷位置，其调理性较单季铵盐好。

季铵盐所含烷基的链长直接影响阳离子调理剂在头发上的吸附性，三-十六烷基甲基氯化铵不溶于水，但有很好的调理性能。长链的双烷基和三烷基季铵盐如果使用过量，会造成积聚或“过分调理”。然而，积聚是较容易克服的，如使用较低的浓度，也可与其他季铵盐配伍使用，在轻度或中等调理作用的配方中，用作辅助的调理剂。较长链的季铵盐在深度调理护发素的产品中使用最普遍。这类护发素1~3周使用一次为宜，作为每天使用调理香波的补充，也推荐使用于难于梳理和受损害的头发。

季铵盐类之间的抗静电性能差别较小。PEG-2油酸脂基甲基氯化铵具有较好的抗静电性能，其水溶性也好，可用于较温和调理作用、经常使用的护发素配方。单烷基季铵盐水溶性较好，较易配制，常用于具有调理性的护发素，并具有容易清洗的特点。双季铵盐和氢化牛油脂基辛基二甲基氯化铵或硫酸甲酯铵盐是近年发展的新的季铵盐头发调理剂，其各种调理功能都较优异，应用也日益广泛。

阳离子表面活性剂可分为季铵盐和胺衍生物，在护发素中主要使用季铵盐，而很少用胺衍生物。常用的阳离子季铵盐有十八烷基三甲基氯化铵、十六烷基三甲基氯化铵、十二烷基二甲基卞基氯化铵及硬脂基咪唑啉硫酸乙酯盐。

（1）十八烷基三甲基氯化铵　十八烷基三甲基氯化铵简称1831，其结构式为：

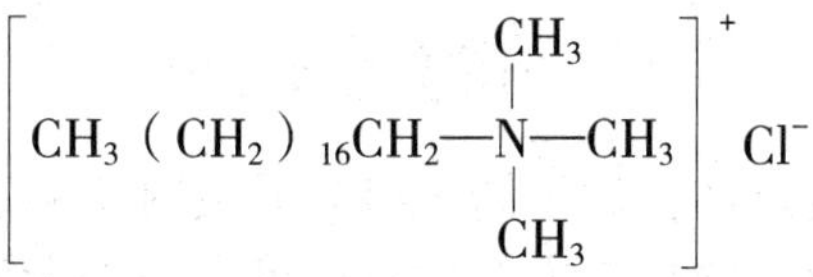

1831为季铵盐型阳离子表面活性剂中的代表产品，它是白色固体，溶于甲醇、乙醇、三氯甲烷和热水中，不溶于苯、丙酮等；其含量高，具有良好的调理性能，还具有杀菌、乳化作用；生物降解性优良，可与阳离子、非离子和两性表面活性剂配伍；稳定性好，耐热、耐光、耐强酸强碱。

（2）十六烷基三甲基氯化铵　十六烷基三甲基氯化铵简称1631，其结构式为：

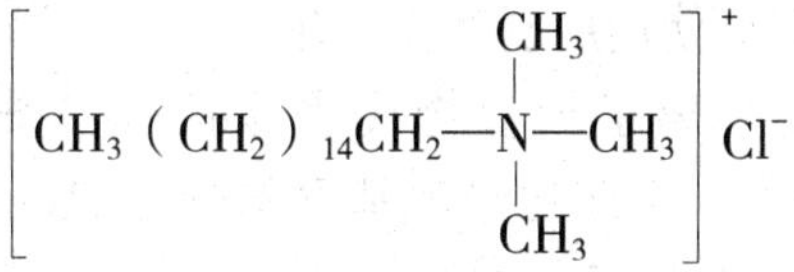

1631的性能、用途类似于1831，产品为白色或浅黄色膏状物，易溶于醇类和热水中；具有抗静电、杀菌、乳化、柔软等性能；生物降解性优良，可与阳离子、非离子和两性表面活性剂配伍；稳定性好，耐热、耐光、耐强酸强碱。

（3）十二烷基二甲基卞基氯化铵　十二烷基二甲基卞基氯化铵简称1227，其结构式为：

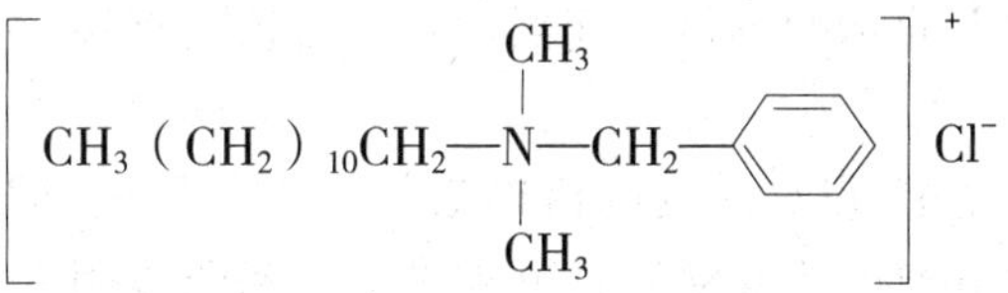

1227为无色或白色或淡黄色固体，微有刺鼻气味，难溶于水，易溶于95%乙醇；较稳定，耐酸不耐碱，可与非离子、阳离子表面活性剂复配；具有优异的抗静电、柔软、杀菌性能。

（4）硬脂基咪唑啉硫酸乙酯盐　硬脂基咪唑啉硫酸乙酯盐简称IES，结构式为：

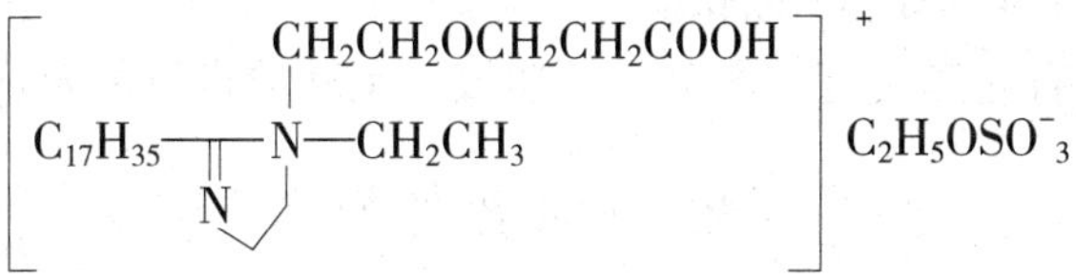

IES为琥珀色液体，活性物含量为100%，水溶液（10%浓度）pH为6.9；不溶于矿物油，可溶于水、芳香族碳氢化合物、氯化烃和氟化烃等；具有优异的抗静电、润滑、柔软和缓蚀等功能。

二、辅助表面活性剂

护发素中辅助表面活性剂主要是起乳化作用的非离子表面活性剂，乳化剂应选择脱脂力弱、刺激性小以及和其他原料配伍性好的表面活性剂。护发素中主要选用一些非离子型表面活性剂，如单硬脂酸甘油酯、棕榈酸异丙酯、失水山梨醇脂肪酸酯、聚氧乙烯脂肪醇（羊毛醇或油醇等）醚、聚氧乙烯失水山梨醇脂肪酸酯等。其主要作用是乳化，并可起到护发、护肤、柔滑和滋润作用。详见第七章第二节二、乳化剂。

三、阳离子聚合物

因头发表面带有一定的负电性，故阳离子组分易吸附于头发表面。聚合物调理剂一方面可降低头发的静电，另一方面，覆盖于毛表皮上还可以减少发丝之间以及发丝和梳子之间的摩擦力，从而减少对头发的伤害。阳离子聚合物在受损角蛋白纤维上的沉积有利于在头发表面形成保护膜，以平滑受损的毛表皮、增加头发截面积、临时性修复开裂的发端、减少吸水和改善发型保持力。这种保护膜的反射还可以增强受损头发的光泽，比较图12-1与图12-3电镜照片说明了头发表面吸附阳离子聚合物的变化情况。但阳离子聚合物多次重复使用后易产生积聚。

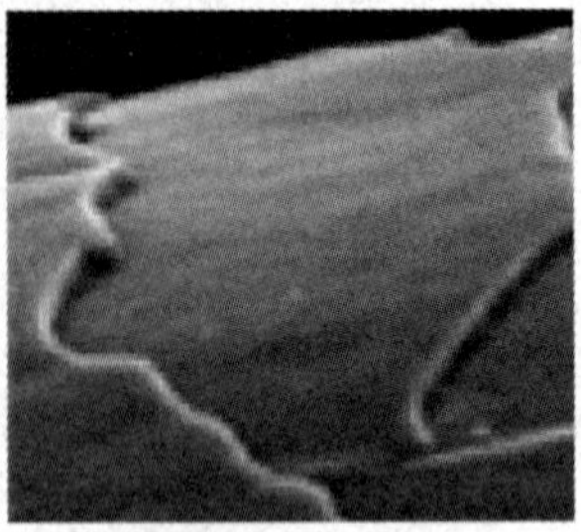
图12-3　吸附阳离子聚合物的头发表面电镜照片

阳离子聚合物代表原料有：季铵化羟乙基纤维素（如JR-400）、季铵化羟丙基瓜尔胶（如Jaguar C-14S）、丙烯酰胺-*N*,*N*-二甲基-2-丙烯基-1氯化铵（聚季铵盐-7）等。有关阳离子聚合物的详细内容参见第十一章第二节三、（二）阳离子聚合物。

四、赋 脂 剂

应用于护发素中的赋脂剂主要指白油、植物油、羊毛脂、脂肪酸、高碳醇、硅油等油性原料，可补充洗发后头发上油脂的不足，起到护发、改善梳理性、柔润性和光泽性，并对产品起到增稠的作用。

油的黏度关系到敷用性能和对头发的修饰效果。高黏度的油虽然对头发的修饰效果较好，但不易在头发上均匀分布，有黏滞感；低黏度的油易于吸附在头发上均匀分布，且有一定的修饰效果。植物油脂与人体皮肤组成相似，对皮肤具有良好的渗透性，能被皮肤吸收，但加入量较多时有一定的黏滞感。正构烷烃矿物油会在头发表面形成不透气薄膜，影响头皮的正常呼吸作用，而异构烷烃有良好的透气性，且润滑性能好，能形成一层薄的保护膜，对头发的光泽和修饰起到良好的作用。动物油脂对头发也有很好的保护作用，如羊毛脂能渗进头皮、增加头发光泽，还可以防止油脂酸败。脂肪酸的酯类如豆蔻酸异丙酯和棕榈酸异丙酯等，能被毛发吸收，既有光泽又有滋润毛发的功效，是性能良好的合成油性原料。

五、特种添加剂

考虑到护发素的多效性，往往在配方中加一些具有特殊功能和效果的添加剂，以增强或提高产品的使用价值和应用范围，增进产品的护发、养发、美发效果，改善头发的梳理性、光泽性等。添加剂的品种很多，可根据要求有针对性地选择一些特殊添加剂，制出具有多种功效的护发素。

（1）水解蛋白　水解动物蛋白是明胶、干酪素、鱼粉等原料经酸、碱、酶水解而得到的蛋白质、小分子多肽和氨基酸的产品名称，其主要成分是各种氨基酸，是人体不可缺少的营养成分之一。它促进头发的生长，改善头发结构，能在头发上形成保护层以修补受损的头发。

（2）胎盘　胎盘是一种滋补药品，除人体胎盘外，牛、羊等动物胎盘亦可应用。近代药物学发现，胎盘含有丰富的碳水化合物、酸性黏多糖、蛋白质、氨基酸、脂肪酸、沙素、维生素及常量微量元素。其生理活性物质可赋予化妆品较明显的细胞代谢及赋活作用。其含有蛋白质水解多肽，而能起到护发素和护肤的双重功效。将胎盘提取物配入发用品，对毛发乳头及毛母细胞会产生营养功效。经头发渗透吸收后，可促进末梢血管扩张及血液循环，促使头发活化，使其变得滋润光泽，并可防治各类脱发症。

（3）蜂胶　蜂胶是蜜蜂在采蜜过程中产生的分解混合物，具有特殊的香气。其主要由树脂、香脂、蜡、精油、花粉组成。其他成分还有脂肪酸、氨基酸、有机酸、醚类、微量元素及多种维生素，以及黄酮、色素、黄烷酮和类黄酮等物质。蜂胶具有很好的抑菌效果，对引起痤疮的表面葡萄球菌和引起皮屑多的卵圆状皮屑芽孢菌，均有很好的抑菌作用，可用以制取祛头屑调理香波。

（4）壳多糖　壳多糖是高相对分子质量的直链型聚合物，作为固发剂原料，其优点是薄膜硬度适中、不泛黏、无异味、不变色，亦不会对皮肤产生过敏现象，且固发后自然感好。另外还可添加酸性染料或碱性染料，既有固发作用，又有染发效果。壳多糖用于香波或发用调理剂中，具有使头发良好的蓬松感、光泽好及易梳理等特性。

（5）水貂油　水貂油是从水貂皮下脂肪中提取的脂肪油，由丰富的脂肪酸和大量的不饱和脂肪酸和甘油酯组成。它含有多种营养成分，其理化性能与人体脂肪极为相似，且渗透性好，易为皮肤吸收。它可软化皮肤，尤适宜干性皮肤。此外，水貂油在毛发上有良好的附着性，并能形成具有光泽的皮膜，可调节头发生长，使头发柔软，且富有光泽和弹性。

（6）胚芽油　化妆品用胚芽油一般以玉米和小麦的胚芽油为主。胚芽中含有脂肪、蛋白质、非氮物质、纤维素以及丰富的维生素及 γ-谷维生素。其有效成分有较强的抗菌力，可抑制细菌的内侵，以保护皮肤，调节皮肤pH及皮肤的正常生理功能。也正由于胚芽油含有丰富的 γ-谷维素、维生素等成分，使其具有促进头发生长、提高头发生长质量、增强头发弹性及易梳理的特性。

（7）大豆磷脂　大豆磷脂主要成分是磷脂酰胆碱、磷脂酰乙醇胺、磷脂酰肌醇、磷脂酸、其他磷脂、碳水化合物、甾醇、甘油三酯等。大豆磷脂是一种优异的天然表面活性剂和生理活性物质，由于含有大量亚油酸，用于发用品，可滋润头发，防止干燥，且能提高香波的去污力及泡沫稳定性，对毛发起到软化作用，还可防治头皮的脂溢性病变。

（8）绿肽　绿肽是蚕丝的加工产物，含有丰富的氨基酸和蛋白质，能直接被人体皮肤和毛发吸收、吸附，起到护肤、护发的作用。丝蛋白与头发角蛋白结构十分相似，易附着于头发表面，可形成一层透明的保护膜，增加头发弹性、柔软和保湿性能。此外，蚕丝的又一产物丝素粉，是一种丝蛋白晶体，极易悬浮于水溶液中，应用于香波，会起到调理作用和对头发的渗透作用。

（9）维生素E　维生素E能扩张毛乳头的毛细血管，促进血液循环，促进毛发生长。它能有效地调整皮脂的分泌，且具有抗氧化作用，能有效地防止产品中不饱和成分的氧化变质。

（10）霍霍巴油　霍霍巴油具有良好的保湿性和柔润性，可促进头发再生、抑制头发脱落等。它可用于配制润滑调理护发素。

（11）泛酸　泛酸又名遍多酸、本多生酸、鸡抗皮炎因子，属于水溶性B族维生素。它有促进毛发再生、防止发痒和脱发的作用，并具有防止皮肤粗糙、消除细小皱纹的效果。

（12）斑蝥酊　斑蝥酊能刺激毛根、强壮发质、促进毛发生长等，常被用于治疗脱发的香波中。

用于配制各种特效护发素的添加剂还有芦荟胶、散沫花提取液、啤酒花、甲壳质、薏苡仁提取液、杏仁油及其他中草药、动植物提取物等。

第三节　护发素配方示例及制备工艺

一、透明型护发素

透明护发素外观透明、美观，深受消费者的喜爱，是一种比较流行的护发用品。透明护发素在室温下保持透明，胶体均匀，易在头发上均匀分布，无黏滞感，不会硬化，使用方便，用后可保持良好发型。透明护发素的添加剂种类有很多种，有维生素类、氨基酸类、中草药提取液、动植物提取液、合成季铵盐等。典型的透明型护发素配方见表12–2。

表12–2　透明型护发素配方

组分	配方1 质量分数/%	配方2 质量分数/%
Part A 去离子水	至100.00	至100.00
十六烷基三甲基氯化铵（1631）	3.0	—
聚季铵盐–7	—	3.0
PEG–40氢化蓖麻油	0.5	0.5
Part B 乙醇	12.00	—
香精	适量	适量
Part C 甘油	—	6.0
丙二醇	8.0	—
Tween–20	1.0	1.0
防腐剂	适量	适量

由于透明护发素考虑到产品的透明度，所加的原料在介质中分散性较好，以配方1、2为例，大致的制备工艺如下：

（1）将阳离子表面活性剂1631加入去离子水中，搅拌至完全溶解；

（2）再将已溶解好香精、色素的乙醇溶液加入上述混合物中；

（3）在搅拌下加入其他原料，混合均匀即可。

二、乳化型护发素

乳化型护发素通过运用乳化方法制备而成，体系呈不透明状态，含有丰富的养发护发成分，可渗透到头发内部，增强头发的生长能力，防止头发老化和脱落，并有止痒祛头屑等作用。它有效地防止了头发因染、烫引起的干燥、无光、枯黄、断裂、分叉等。典型的乳化型护发素配方见表12–3。

乳化型护发素可以广泛地选择所需原料，通过乳化剂的乳化作用较好地保持了产品的稳

表12-3 乳化型护发素配方

组分	配方1 质量分数/%	配方2 质量分数/%
Part A 去离子水	至100.00	至100.00
甘油	5.0	3.0
聚乙烯醇	1.0	—
聚乙烯醇（20）失水三梨醇	1.0	—
Part B 硬脂基三甲基氯化铵	2.0	12.0
十六醇	3.0	—
硬脂酸甘油酯（和）PEG-100 硬脂酸酯	—	1.5
聚氨丙基二甲基硅氧烷	—	2.0
十八烷基二叔丁基-4-羟基肉桂酸氢酯	—	0.03
十六/十八醇	—	2.0
棕榈酸异丙酯	—	1.0
单硬脂酸甘油酯	1.0	—
Part C 聚季铵盐-7	—	3.0
Part D 聚季铵盐-44	—	4.0
香精	适量	适量
防腐剂	适量	适量

定性。以配方1、2为例，大致的制备工艺如下：

（1）将Part A组分混合加热至90℃；

（2）将Part B加热熔化，在75℃时将A相加入B相中搅拌乳化；

（3）将体系冷却至45℃时逐一加入C相各组分，搅拌均匀冷却至室温即可。

三、免洗护发素

免洗护发素不需用水冲洗，不易沾尘埃，不沾衣领、被褥，防静电易于梳理成型。常使用免洗护发素，头发更加柔顺、润滑富有弹性，美观大方。典型的免洗护发素配方见表12-4。

表12-4 免洗护发素配方

组分	配方1 质量分数/%	配方2 质量分数/%
Part A 去离子水	至100.00	至100.00
维生素B_5	0.1	—
1，3-丁二醇	—	5.0
PEG-12二甲基硅氧烷	3.0	—
氯化钠	0.5	—

续表

组分	配方1 质量分数/%	配方2 质量分数/%
防腐剂	0.5	—
蓝色I号染料	适量	—
Part B 二甲基硅氧烷	5.0	—
香精	0.2	—
聚丙烯酸钠和硅油混合物	—	4.0
挥发性硅油	—	5.0
苯基硅油	—	2.0
维生素E醋酸酯	—	0.5
Part C 香精	—	0.5
防腐剂	—	0.5
黄色5号	—	适量

由于免洗护发素是全部粘附于头发表面的产品，因此在原料的选择上有一定的限制。以配方1为例，其大致的制备工艺如下：

（1）分别混合Part A和Part B；

（2）将Part A加入Part B中，搅拌均匀。

配方2的制备工艺：

（1）将Part A和Part B在室温下分别搅拌均匀；

（2）缓慢搅拌Part A，逐步加入Part B，至搅拌均匀；

（3）逐步加入Part C各组分，搅拌均匀即可。

第十三章　口腔卫生用品

洁白、健康和美观的牙齿不仅能美化人的仪表，而且对维护全身健康也有很大影响。口腔内存在着各种细菌、齿垢、齿石等沉积物以及食物残渣、脱落的上皮细胞等各种物质，它们腐败、发酵后成为不洁之源，这对牙齿、口腔黏膜无疑是有害的。为此要保持口腔内组织的清洁并提高其功能，必须清除这些有害因素。

口腔具有自身清洁牙齿及口腔的功能，如唾液的分泌及其作用，摄取食物后咀嚼作用及口腔内细菌群的作用等。但是光靠口腔自身的作用是不够的，还必须借助牙膏与牙刷或其他口腔卫生用品的刷清作用。

口腔卫生用品主要包括牙膏、牙粉和漱口水。借助于它们的作用能除去牙齿表面的食物碎屑，清洁口腔和牙齿，防龋消炎，去除口臭，并且使口腔留有清爽舒适的感觉。其中以洁齿为主要目的的牙膏，已成为必不可少的日用卫生用品。许多高档次、多功能的牙膏不断推出，使牙膏的品种日益增多，成为深受广大消费者喜爱的产品。

第一节　牙膏的概述

牙膏是和牙刷配合，通过刷牙达到清洁、健美、保护牙齿之目的的一种商品。

牙膏是一种以洁齿和护齿为主要目的的口腔保健用品，坚持每天早晚各一次刷牙，可以使牙齿表面洁白、光亮，保护牙龈，减少龋蛀机会，并能减轻口臭。特别是临睡前刷牙，可以减少细菌分解糖类产生的酸对牙釉的侵蚀，能更有效地保护牙齿。

早期的牙膏采用肥皂作为洗涤发泡剂，它除了具有洗涤和发泡作用之外，由于其胶体性质，也是牙膏内的主要胶合剂，同时具有润滑作用，赋予牙膏可塑性，挤出后易成条、表面光滑细致。但由于肥皂溶液在温度高时易成流质，温度低时结成硬性胶体，不易控制；且由于肥皂碱性较高，pH一般需控制在9~10之间（pH太低，产生酸性皂，影响发泡性能），会刺激口腔黏膜，有害口腔；同时肥皂本身有一些不舒适的气味和口味，虽加入较多的香精，还是很难改善。

20世纪40年代，随着科学技术的迅速发展，许多新的原料（包括摩擦剂、保湿剂、增稠剂和表面活性剂）被应用于牙膏配方，再加上生产工艺改进，使牙膏工业得到了较大发展，牙膏的质量不断得到提高。最为突出的是牙膏的配方从肥皂——碳酸钙型改为十二醇硫酸钠——磷酸钙型，并从单一的洁齿功能向添加各种药物成分、具有防止牙病等作用的多功能发展。

一、牙膏的功能

随着人民物质、文化生活水平的提高，特别是对保护牙齿重要意义认识的提高，对牙膏的品质和功能的要求也越来越高。优质的牙膏应具有如下一些性能。

①适宜的摩擦力：为了除去牙齿表面的牙菌斑、软垢、牙结石和牙缝内的嵌塞物，预防

龋齿和牙周病的发生，美化牙齿，必须有适当的清洁力。清洁力主要是依靠粉末的摩擦力和表面活性剂的起泡去垢力。因此一种牙膏必须具有适宜的摩擦力，摩擦力太强会损伤牙齿本身或牙周组织；摩擦力太弱，又起不到清洁牙齿的作用。

②优良的起泡性：尽管牙膏的质量不取决于泡沫的多少，但在刷牙过程中应有适度的泡沫。丰富的泡沫不仅感觉舒适，而且能使牙膏尽量均匀地迅速扩散、渗透到牙缝和牙刷够不到的部分，有利于污垢的分散、乳化及去除。

③具有抑菌作用：口腔内存在有很多细菌，其中不少是有害牙齿健康的致病菌（如变性链球菌、乳酸杆菌和放线菌等）。通过牙膏中有效成分的作用，抑制口腔内细菌的生长，降低细菌对食物的发酵分解产酸的能力，减少对牙齿的腐蚀，从而保障牙齿的健康。

④提高牙齿和牙周组织的抗病能力：性能优良的牙膏，不仅不损伤牙齿，而且能促进其再矿化作用，提高牙齿的抗酸能力，减少龋齿的发生，并对某些牙病有一定的治疗效果。

⑤有舒适的香味和口味：牙膏的味和香是消费者决定是否购买的重要因素，因此不仅要从口腔卫生的角度考虑，而且必须考虑使人们乐于刷牙。一般在使用中和使用后应有令人满意的清爽感觉。

⑥良好的感官和使用性能：牙膏应具有一定的稠度，理想的稠度，应该是易从软管中挤出，挤出时呈均匀、光亮、细腻及柔软的条状物，在牙刷上保持一定形状。刷牙时，它既能覆盖牙齿（具有好的分散性），又不致飞溅，吐掉后口中易漱净及使用后牙刷容易清洗等。

⑦稳定性：牙膏膏体在贮存和使用期间必须具有物理和化学稳定性，即不腐败变质、不分离、不发硬、不变稀、pH不变。药物牙膏应保持有效期的疗效。

⑧安全性：牙膏是每天入口的东西，虽说刷牙后吐掉，但毕竟是入口之物，因此要无毒性，对口腔黏膜无刺激性。

二、牙膏的种类

由于牙膏组成的复杂性，导致有关牙膏分类方法的多样性。有按酸碱度分类的，如中性、酸性和碱性牙膏；按摩擦剂分类，如碳酸钙型、磷酸钙型、磷酸氢钙型和氢氧化铝型；按洗涤发泡剂分类，如肥皂型、合成洗涤剂型；按香型分类，如留兰香型、水果香型、薄荷香型等；按功能分类，如普通牙膏、药物牙膏，其中药物牙膏又可分为防龋牙膏、脱敏牙膏、消炎止血牙膏和防止结石牙膏等；根据牙膏的外形，可分为透明牙膏和不透明牙膏两大类。

由于透明牙膏和不透明牙膏不仅在外观上，而且在原料选用（主要是摩擦剂和保湿剂）、成分配比以及工艺操作等都有较大差别，同时从功能上，既可以制成不透明的普通或药物牙膏，也可以制成透明的普通或药物牙膏。因此，将牙膏主要分为透明牙膏和不透明牙膏两大类。

三、牙膏的配方组成

牙膏是一种复杂的混合物，由液相和固相组成。为了使固态粒子长期悬浮在液相中，必须加入适当的胶合剂；为了改进口味而加入香料和甜味剂；为了使牙膏具有防治口腔疾病的能力而加入各种药效成分等。牙膏配方组成和功能见表13–1。

表13-1 牙膏的基本配方组成

组分	主要功能	代表性原料
研磨剂	与牙刷配合，通过摩擦作用，有助于清除牙菌膜	$CaCO_3$、$CaHPO_4$、$CaHPO_4 \cdot 2H_2O$、$Al_2O_3 \cdot 3H_2O$、$Ca_2P_2O_7$（$NaPO_3$）$_2$、$MgHPO_4 \cdot 3H_2O$、水合SiO_2
保湿剂	保湿、耐干、分散或溶解其他制剂，有助于制得防腐稳定的膏体	甘油、丙二醇、山梨（糖）醇
起泡剂	泡沫作用和清洁作用，抑菌作用	月桂醇硫酸钠、月桂酰肌氨酸钠、蔗糖脂肪酸酯
增稠剂和黏结剂	改善牙膏流变性和黏度	羟乙基纤维素、黄蓍胶、角叉胶、海藻酸盐
防腐剂	抑菌作用，增加牙膏稳定性	对羟基苯甲酸类
香精	改善口感和味道	1-薄荷醇、1-香芹酮、茴香脑、丁子香酚
甜味剂	改善口感和味道，口腔留下愉快、清新、凉快感觉	糖精、甘草酸等
着色剂	赋色	食用色素
缓蚀剂	防止对铝牙膏管腐蚀作用	硅酸钠、磷酸氢钠
防龋剂	减少和预防龋齿	氟化钠、氟化亚锡
防止菌斑和防牙龈炎化合物	预防牙齿疾病、牙质强化、杀菌作用	2，4，4'-三氯-2'-羟基二苯醚、血根碱、洗必泰、ZCT+CPC等
抗牙石剂	控制牙石形成	焦磷酸盐、磷酸化多羟基化合物、聚丙烯酰胺均聚物
消炎剂	消炎作用	二氢胆甾醇、尿囊素、干草甜素、ε-氨基乙酸、甘菊环
除臭剂	除口臭	叶绿素铜钠
水	介质、溶解作用	去离子水

第二节 牙膏的原料

牙膏的主要原料有摩擦剂、洗涤发泡剂、胶合剂、保湿剂、甜味剂、防腐剂、稳定剂以及其他添加剂等。每一类原料都有其特殊的功能，应很好地考虑选择。

一、摩 擦 剂

摩擦剂是牙膏的主体原料，一般占配方的20%~50%。其目的是在刷牙时，和牙刷一起通过摩擦清洁牙齿，去除食物残渣、软垢、牙菌斑和牙结石，防止新污物的形成。摩擦剂是牙膏的主要组分之一，其作用主要有：颗粒的硬度较牙垢和牙石高，在牙刷的压力下剪切破碎牙垢和牙石；破碎的牙垢和牙石被摩擦剂所分散，并与摩擦剂、表面活性剂乳化成悬浮物，降低黏性，包括牙菌斑一起离开牙齿表面；悬浮物被水冲洗，完成清洁口腔与牙齿的目的。

在刷牙过程中牙膏摩擦性是机械清除牙齿污渍的重要因素之一。为了达到良好的清洁效果而不损伤牙齿和牙龈，应该从清洁与安全两个方面来考虑。首先，牙膏的摩擦性与其清洁效果不一定成正比，当摩擦性超过一临界值后，并不能进一步提高清洁效果；其次，牙齿污渍或牙菌斑的硬度远小于牙齿本身，按硬度可排列为：牙釉质>牙本质>菌斑和软垢，因此牙膏的摩擦性应可以清除菌斑和污渍而不损伤牙齿硬组织。同时应该指出的是，如果牙膏中摩擦剂的摩擦性过低（RDA值<50）是达不到有效的清洁效果的。

摩擦剂一般是粉状固体，因此对于粉质的硬度、颗粒大小和形状要加以选择。如果粉质太软或颗粒太小，则摩擦力太弱，起不到净牙的作用；如果粉质太硬或颗粒太大，则摩擦力强，对牙齿有磨损。一般要求颗粒直径在5~20μm之间，莫氏硬度2~3°之间，粒子的结晶须避开容易损伤牙齿的针状及棒状等不规则晶形，而选用规则晶形及表面较平的颗粒为宜。同时还要考虑粉质的外观洁白、无异味、安全无毒、溶解度小、化学性质稳定、与牙膏中其他成分配伍性好、不腐蚀铝管等。

（1）碳酸钙（$CaCO_3$） 碳酸钙是普通类牙膏的常用摩擦剂，因它资源丰富且价格较低，是日用口腔卫生用品的理想原料。牙膏用的碳酸钙分轻质碳酸钙（沉淀碳酸钙，PCC）和重质碳酸钙（天然碳酸钙，GCC）两种。天然碳酸钙是纯净的石灰石在大自然特殊情况下经漫长岁月自然形成，自然界存在的品种很多，国内用于牙膏的天然碳酸钙有方解石粉、白云石粉。

牙膏生产对碳酸钙品质的要求有以下几点：

①硫及硫化物控制在5mg/kg以下，因为硫及硫化物会使牙膏铝管腐蚀，并使牙膏中的酯类香精变质发臭。

②作为口腔用品，铅、砷的含量必须控制在20mg/kg以下，砷含量控制在5mg/kg以下。

③铁含量一般要求在100mg/kg以下，因为铁直接影响方解石矿粉和牙膏的稳定性，也必须严格控制。

④碳酸钙含量一般控制在98%以上，因为碳酸钙含量代表方解石矿石的纯度，碳酸钙含量越高，则矿石中的杂质越少，越有利于牙膏的稳定。

⑤对镁、锰、铜、铝、氟、氯等化学成分的控制，主要是看数据上有无特别异常，同时要看到能否通过牙膏试验。

方解石粉具有资源丰富、价廉物美之特点。它取自天然矿石，一般均在石灰石矿中。它的纯度很高，碳酸钙含量一般在98%以上。矿石色泽较白，杂质较少，有玻璃光泽，为我国牙膏生产的主要摩擦剂。方解石属斜方晶体，方解石经粉碎磨细后，平均颗粒2~6μm，可通过500目筛孔，pH9.5~10.0，莫氏硬度3.0°，相对密度2.6~2.8，摩擦值为1240，磨蚀系数为0.012，对牙釉质有磨损现象，常与摩擦力较低的磷酸盐摩擦剂配合使用。

白云石粉称为天然碳酸钙，它的主要成分为$CaMg(CO_3)_2$和$CaCO_3$，粉碎到400目以上也可作为牙膏摩擦剂。它的摩擦值比方解石粉低，白度在94~96，天然资源丰富，也是廉价原料。

轻质碳酸钙系指化学合成法制取的产品，一般以石灰石为原料，经煅烧、消化、碳化、分离、干燥和分级等工序制备沉淀碳酸钙。因质轻、堆积密度小，为区别于机械粉碎法制取的质重、堆积密度大的重质碳酸钙，而称为轻质碳酸钙。其性能与方解石粉相同，但纯度高、晶体整齐、粒度均匀，制成的牙膏洁白、细腻、有半透明感，近似磷酸氢钙牙膏，是较为理想的原料。

以轻质碳酸钙作牙膏摩擦剂比其他摩擦剂价格低，它具有微碱性，可使口腔pH至5.5左右，具有清除酸性牙斑和中和口腔内酸性代谢产物（如柠檬酸）的双重作用，应在牙膏行业推广。摩擦剂在牙膏中用量一般为20%~60%。当用碳酸钙作摩擦剂时，一般用量为50%。

因重质碳酸钙存在着硬度较高、粒度分布不均及口感欠佳等不足，故高露洁率先使用轻质碳酸钙作牙膏摩擦剂。但轻质碳酸钙因工艺问题，如包蕊问题，CO_2与$Ca(OH)_2$反应不易完全，pH偏高（达10以上），煅烧不纯，产品中往往含有硫化物易使牙膏变质。而且这种碳酸钙对铝管的腐蚀成为难以克服的质量问题。

（2）二水合磷酸氢钙（$CaHPO_4 \cdot 2H_2O$） 二水合磷酸氢钙是无色、无臭、无味的粉末，不溶于水，但溶于稀释的无机酸中。它50℃以上失去结晶水，190℃失水，红热时生成焦磷酸钙。其莫氏硬度2.0~2.5°，粉末平均粒度为12~14μm，相对密度2.306，pH7.6~8.4。以二水合磷酸氢钙作为摩擦剂的牙膏接近中性，对口腔黏膜的刺激性小，不易损伤牙齿。磷酸氢钙的硬度较低，有适合的洁齿力但不损伤牙齿。这类牙膏膏体外观光泽度好，不腐蚀铝管，对牙齿表面有较好的抛光性，有较好的扩散性及较优的口感；特别是与可溶性氟化物配伍制成的含氟牙膏，因磷酸氢钙与牙釉质的组成元素相似，即都含钙和磷，故能对病损牙齿产生良好的再矿化修复作用，为其他软性磨料所不及。所以二水合磷酸氢钙是当今世界牙膏中最常用的一种（软性）磨料。

二水合磷酸氢钙如果选用不当或应用不当，都会产生副作用，其常见的副作用一是牙膏日久增稠结粒；二是膏体渗水分离。增稠结粒是由于它稳定性差，在高温条件下容易失去两个结晶水而水解成无水磷酸氢钙，进一步生成羟基磷灰石，使牙膏发硬、结块。渗水现象是配方与工艺加工不当而造成膏体不稳定，原因是多方面的，其中具有容易发生副作用的药物配伍不当使膏体易发生渗水现象、与碳酸钙复配比例不当而易使膏体气胀渗水，这是应用磷酸钙制造牙膏时要特别注意的问题。因此，二水合磷酸氢钙主要适宜于无肥皂的中性牙膏，而且必须加入稳定剂避免牙膏发硬。常用的稳定剂有磷酸镁、硬脂酸镁、硫酸镁和焦磷酸镁等。

二水合磷酸氢钙是最常用的一种比较温和的优良摩擦剂，以它制成的膏体外观较碳酸钙为佳，但价格较贵，在我国常用于高档产品。由于二水合磷酸氢钙与多数氟化物不相容，会生成氟磷灰石，影响配方中有效氟的含量，所以它不能用于含氟牙膏。

（3）二氧化硅（$SiO_2 \cdot xH_2O$） 二氧化硅的化学性质呈惰性，除溶于强碱（如氢氧化钠）和氢氟酸外，与牙膏中氟化物和其他药剂相容性好，是近年来发展较快的摩擦剂。二氧化硅的结构和粒度用工艺条件加以控制，从而控制了SiO_2的摩擦值，这样既可以保证牙膏的洁齿力而又不伤牙釉质。用作摩擦剂的二氧化硅是无色结晶或无定形粉末，几乎不溶于水或酸，摩擦力适中，属软性磨料，平均粒度4~8μm，pH7.0~7.5。它与氟化物配伍性好，在配方中用量不大，是一种理想的药物牙膏摩擦剂。

二氧化硅是开发透明牙膏的独特磨料，因二氧化硅的折射率为1.45~1.46，与甘油和山梨醇的折射率（1.47、1.46）相似，因此，牙膏组分利用固相与液相折光率相似而使其膏体呈透明状态。二氧化硅常用作透明牙膏的摩擦剂。

（4）无水磷酸氢钙（$CaHPO_4$） 无水磷酸氢钙是二水合磷酸氢钙脱结晶水而成，无水磷酸氢钙摩擦力较二水合磷酸氢钙强，莫氏硬度为3.5°，平均粒度12~14μm，一般配方中只用其少量（3%~6%）就能增加二水合磷酸氢钙膏体的摩擦力。它也和多数氟化物不相溶，不能用于含氟牙膏。其脱水温度及时间均与成品硬度及摩擦值有关，因此，选择无水磷酸氢钙应指定牙膏及所需规格。由于无水磷酸氢钙的摩擦值、磨蚀系数较高，与牙釉质有磨损现象，故不能单独作为牙膏的摩擦剂使用。它有较好的去除烟渍与菌斑效果，故与二水合磷酸氢钙复配应用为佳。

（5）磷酸三钙［$Ca_3(PO_4)_2$］　磷酸三钙是白色、无臭、无味的粉末，不溶于稀释的无机酸，与水混合，对石蕊试纸呈中性或微碱性反应。它和不溶性偏磷酸钠混合使用，是一种良好的摩擦剂。它颗粒细致，平均粒度10~14μm，制成的牙膏光洁美观。

（6）焦磷酸钙（$Ca_2P_2O_7$）　焦磷酸钙是白色、无臭、无味的粉末，易溶于稀释的无机酸，能与水溶性氟化物混合使用。其他含钙的粉质摩擦剂与一部分水溶性氟化物作用时会变成水不溶性的氟化钙，因而减少了牙膏的防龋作用。焦磷酸钙摩擦性能优良，属软性磨料，莫氏硬度为5°，平均颗粒10~12μm，相对密度3.09，pH5~7。

（7）水不溶性偏磷酸钠（$NaPO_3$）$_n$　水不溶性偏磷酸钠为白色粉末，工业品含有2%的水溶性焦磷酸盐和单磷酸钠。它摩擦力适度，莫氏硬度2.0~2.5°，平均粒度8~12μm。当它与钙盐混合使用时，特别是磷酸三钙和磷酸氢钙，其摩擦作用要比各自单独使用的效果好。它与氟化物配伍性好，但价格较贵。

（8）氢氧化铝［$Al(OH)_3$］　氢氧化铝又称氧化铝三水合化合物（α-$Al_2O_3 \cdot 3H_2O$），也是较好的牙膏摩擦剂，为白色至微黄色粉末，在水中的溶解度极微，稳定性较好。其相对密度为2.42，莫氏硬度3.0~3.5°，平均粒度6~9μm，pH7.5~8.5。它的质量稳定，摩擦值适宜，碱性比碳酸钙低，外观洁白口感好。以氢氧化铝为摩擦剂制成的膏体与二水合磷酸氢钙的相似，与氟化物和其他药物有很好的配伍性。它可与单氟磷酸钠配伍使用，具有抗龋齿性能，价格比磷酸氢钙低，是制造药物牙膏较理想的原料。

氢氧化铝是一种两性原料，在膏体中能起酸碱平衡的调节作用，起到微电池正负极的调节而产生铝的同离子效应，因此，它对铝管不易发生腐蚀问题。

（9）铝硅酸钠　铝硅酸钠是一种水不溶性新摩料，其SiO_2和Al_2O_3的摩尔比至少为45：1，该晶体折射率一旦与液相的一致，牙膏即呈透明。以铝硅酸钠为摩料的配方中可以加入氟化物，特别是单氟磷酸钠，也可使用洗必泰。

据报道，A型沸石还有防腐蚀性能，可用于未喷涂铝管的膏体中，用量为0.5%~5.0%。

（10）热塑性树脂　热塑性树脂与氧化物有良好的配伍性，与氟化物不起反应。它包括聚丙烯、聚乙烯、聚氯乙烯、聚甲基丙烯酸甲酯等，以相对分子质量1000~100000、平均粒度15~25μm者为佳。其用量一般为30%~45%，一般与粒度5μm的硅酸锆混合使用，硅酸锆用量为2%~5%。热塑性树脂是一种有效的洁齿摩擦剂。

二、洗涤发泡剂

牙膏的洁齿作用，除了摩擦剂的机械摩擦外，还要靠表面活性剂的洗涤作用。表面活性剂具有降低液体的表面张力而使液体起到发泡、乳化、分散、润湿等作用。表面活性剂能降低表面张力，使牙膏在口腔中迅速扩散，可渗透、疏松牙齿表面的污垢和食物残渣，使之被丰富的泡沫乳化而悬浮，在漱口时被冲洗除去，从而达到清洁牙齿和口腔的目的。

用于牙膏的表面活性剂必须无毒、无刺激、无不良味道，不影响牙膏的香味，配方中用量通常为1%~3%。在众多的表面活性剂中，牙膏工业中常用的是十二烷基硫酸钠、月桂酰基肌氨酸钠。

可用作牙膏洗涤发泡剂的表面活性剂还有：月桂醇磺乙酸钠、椰油酸单甘油酯磺酸钠、2-乙酸基十二烷基磺酸钠、2-乙酸基十四烷基磺酸钠、氯化鲸蜡基·三甲基铵等。

（1）月桂醇硫酸钠　月桂醇硫酸钠，亦称十二醇硫酸钠、十二烷基硫酸钠、K12或发泡剂AS。它是普遍采用的牙膏发泡剂，其泡沫丰富而且稳定，去污力强，碱性较低，对口腔黏膜刺激性小，用其制成的牙膏对温度的稳定性较肥皂型牙膏好得多，因而得到广泛的应用。

（2）月桂酰基肌氨酸钠　月桂酰基肌氨酸钠亦称月桂酰甲胺乙酸钠（S12），在牙膏中除具有洗涤发泡作用外，还能防止口腔糖类发酵，减少酸的产生，有一定的防龋效能。由于它的水溶性较好，析出晶体的温度较低，因而具有稳定膏体的作用，可减轻膏体凝聚结粒，保持膏体细腻稳定。虽然它产生的泡沫很丰富，但在漱口时极易漱清。它在酸、碱介质中都很稳定，是一种比较理想的牙膏用发泡剂。

三、胶　合　剂

牙膏是固液两相的混合物，为使固体颗粒稳定地悬浮于液相之中，通常使用胶合剂。胶合剂能胶合膏体中的各种原料，使其具有适宜的黏度，易从牙膏管中挤出成型，并赋予膏体细致光泽，在贮存和使用期间不分离出水，配方中用量为1%~2%。可使用天然树胶、纤维素类或合成的有机物及无机物作为胶合剂。常用的纤维素类有羧甲基纤维素和羟乙基纤维素；合成有机物如聚乙烯醇、聚乙烯吡咯烷酮、聚丙烯酰胺等；无机物如胶性二氧化硅增稠剂等。其中最常用的是羧甲基纤维素钠（CMC）。

（1）羧甲基纤维素钠（CMC）　羧甲基纤维素钠是一种纤维素醚，由碱性纤维素和一氯乙酸钠反应而成。它是白色纤维状或颗粒状粉末，无臭、无味、有吸湿性，易溶于水及碱性溶液形成透明黏胶体，其吸湿性随羟基取代度而异。其水溶液的黏度随pH、取代度、温度的不同而异。用于牙膏的CMC，通常取代度在0.8~1.2之间，2%水溶液的黏度在0.6~1.2Pa·s之间。

羧甲基纤维素钠在水中实际上不是溶解而是解聚，即聚合分子的解聚。CMC遇水后首先以粉末状态悬浮于水中，然后在水中膨胀达到最高黏度，最后完成解聚而黏度稍有下降。低取代度的CMC，由于羧甲基分子不均匀而不能完成解聚，黏度虽然较高，但黏液粗糙，有时显出游离纤维素，制成的膏体不够细腻、光亮。

羧甲基纤维素钠的黏度受无机盐（如NaCl、Na_2SO_4、Na_3PO_4等）的影响较大，盐阻止CMC的解聚而使黏度降低。但若先将CMC解聚后再加入上述盐类，则这一作用就不明显。羧甲基纤维素钠与无机增稠剂配合使用，产生协同效应，混合物的黏度比单体黏度明显增高。

羧甲基纤维素钠的解聚是一个比较缓慢的过程，由CMC制成的牙膏，其黏度在贮存期间由于CMC进一步解聚而继续增高。一般在20~25℃条件下，贮存2~4个星期才达到最高黏度。

羧甲基纤维素钠是纤维素制品，容易被纤维素酶降解。纤维素酶通常由牙膏原料（酶制剂也可带入部分纤维素酶）、包装容器被细菌污染而产生。所以应用CMC为胶合剂的牙膏，应同时加入防腐剂，如苯甲酸钠或对羟基苯甲酸酯等，以阻止酶对CMC的降解作用。

（2）羟乙基纤维素（HEC）　羟乙基纤维素是由棉纤维经碱化处理，再与环氧乙烷反应而成。由于环氧乙烷可能在一个羟基上聚合成长链，所以其摩尔取代度（MS）是表示每个失水葡萄糖基上连接的氧乙烯分子的平均数。用于牙膏的HEC其MS在1.8~2.5之间。

羟乙基纤维素与羧甲基纤维素钠不同，其结构中的羟乙基为非离子型，其水溶液有增稠、粘合、成膜等性能。作为胶合剂通常用1%~2%的水溶液，在搅拌下HEC溶于水中在20~60min内即可达到最高黏度。HEC的溶解速度与溶液的pH和温度有关，同一规格的HEC在pH8时较pH7时溶解至最高黏度快一倍，35℃时溶解速度比5℃时快两倍。HEC与CMC一样能生物降解而失去黏度，与细菌或真菌产生的酶作用生成水溶性糖类，所以在使用HEC时应同时加入防腐剂。

羟乙基纤维素可与其他胶合剂如CMC等配合使用产生协同效应。而HEC对盐有较大的相容性，可在高浓度的盐溶液中溶解，低浓度的HEC溶液比高浓度的HEC溶液有较大的容盐性，但在磷酸二氢钠、硫酸钠、硫酸铝溶液中HEC会产生沉淀。因此，羟乙基纤维素用于牙膏中除膏体细腻、黏度稳定等性能外，特别适应配制药物牙膏和添加盐类添加剂的牙膏。

（3）海藻酸钠　海藻酸钠亦称藻蛋白酸钠，是白色或淡黄色粉末，几乎无臭无味，有吸湿性，溶于水成黏稠状胶态溶液，1%水溶液pH为6~8。其增稠性能在pH6~9时稳定，加热到80℃以上则增稠性能降低。它能调节牙膏制成适宜的黏度，对于口腔的感觉较好，其性能很适宜于作牙膏的胶合剂。海藻酸钠的水溶液与钙等多价金属离子接触时成海藻酸钙，将凝固成胶状而沉淀，但添加草酸盐、氟化物、磷酸盐等可抑制其凝固作用。它易于生长细菌或霉菌，海藻酸钠溶液被细菌污染后，溶液的黏度降低，应煮沸后立即配料并同时加入防腐剂，如对羟基苯甲酸的酯类、山梨酸或其他抑菌剂。

（4）鹿角菜胶　鹿角菜胶是从红海藻的水萃取液中制得，主要成分是D-半乳糖聚糖硫酸酯的钾、钠、钙或镁盐，分为三种类型：即Lambda型、Kappa型和Lota型。其中Lambda型不能形成凝胶，另两种可形成凝胶，尤以钾离子的凝胶作用最强。Kappa型的凝胶能被机械作用破坏，而Lota型凝胶不被破坏。两种凝胶的熔化温度不同，Kappa型为50~55℃，Lota型为85~92℃。所以Lota型受温度影响要小，即使贮存在60℃温度下，其凝胶也不融化，不致牙膏变软或变硬，所以选用Lota型的鹿角菜胶用于牙膏最理想。

鹿角菜胶在甘油、山梨醇、聚乙二醇和丙二醇中的溶解度很小，很容易分散在它们之中，不需加热即能溶解在水中形成真溶液。由于其凝胶是真溶液，所制成的牙膏光亮坚挺而不黏腻。鹿角菜胶制成的牙膏有优良的挤出性、香味释放性及易于漱洗性，是优良的胶合剂。

鹿角菜胶和牙膏中的有效成分有较好的相容性，也不会像纤维素衍生物那样易受酶的降解，因此适用于含酶制剂的防腐牙膏中。

（5）硅酸铝镁　硅酸铝镁是复杂的胶态物质，一般由火山岩矿物制取，呈小形片状结晶或粉末，白至微黄色，无味、无臭，组织软滑，不溶于水和有机溶剂。但它在水中可膨胀成较原来体积大许多倍的胶态分散体，其5%水分散体的黏度约为0.25Pa·s，pH约为9。硅酸铝镁在广泛的pH范围内稳定。

硅酸铝镁用于牙膏有以下特性：

①触变性：硅酸铝镁的水分散体呈胶状，一经机械作用，表观黏度立即下降，呈自由流体状态。在测定其表观黏度时，其流体特性与假塑性流体相似，即表观黏度随剪切速率的增加而逐渐减小，在同一剪切速率下，则表观黏度随时间的延长而减小。

②抗酶能力：硅酸铝镁不受酶的影响，黏度不发生变化。

③容盐性：硅酸铝镁与牙膏中的电解质如NaCl、十二烷基硫酸钠、单氟磷酸钠等共存

时，黏度不仅不下降反而有所增加。

④增稠效应：硅酸铝镁与羧甲基纤维素钠等有机增稠剂配合使用有显著的增稠效果。

硅酸铝镁水分散体的黏度随加热时间延长而增加；遇电解质变稠，甚至部分凝聚；与少量的纤维素胶如CMC混合，有显著的增稠效应；硅酸铝镁不受酶的影响，黏度不发生变化。

（6）胶性二氧化硅　胶性二氧化硅具有极细的粒度，平均粒度10μm以下，它有巨大的比表面积和成链性等特点，可作为牙膏的胶合剂。用胶性二氧化硅制成的膏体具有良好的触变性和抗酶能力，还有良好的药物协调性、防止膏料腐蚀铝管等能力。但二氧化硅也需与其他有机增稠剂配合使用，才有较好的黏度和膏体成型性。

四、保　湿　剂

保湿剂是牙膏膏体的主要组成之一，因它具有吸湿性，主要作用是防止膏体中水分逸失，并能从潮湿空气中吸收水分，使膏体保持一定的水分、黏度和光滑程度，即使牙膏管的盖子未盖也不致干燥发硬而挤不出。另外两个重要作用是：一是降低冰点，二是提高共沸点。降低冰点使牙膏在寒冷地区不会结冻发硬，至少在-10℃的低温下能正常使用；提高共沸点使受过低温的膏体受热时不会导致膏体分离出水，在50℃的环境内膏体能持久不坏。保湿剂都有防冻能力，但强弱不一，如加入过多，会产生破坏结合水，降低胶体黏度，出现分水现象，所以要适量。保湿剂在不透明牙膏中用量为20%~30%，在透明牙膏中用量可高达75%。最常用的保湿剂有甘油、山梨醇、丙二醇等，其中甘油和山梨醇味甘甜，而丙二醇微有辣味，但吸湿性很大。

（1）甘油　牙膏所用保湿剂最具代表性的是甘油，学名为丙三醇。纯净甘油为无色、黏稠液体，味甜，甜度为蔗糖的0.48倍。它有吸湿和抗冻的特性，在牙膏中主要起到保湿、增稠、防冻作用。甘油在机械作用下能保持一定的流变性和触变性，利于加工制造，对膏体有一定的耐寒与耐热性能，能保持膏体性能稳定。

（2）山梨醇　山梨醇是由葡萄糖加氢制得，山梨醇是一种六碳六羟基直链多元醇（$C_6H_{14}O_6$），它有甜味，溶于水、甘油、丙二醇，微溶于乙醇等有机溶剂但不溶于大多数其他有机溶剂。液体山梨醇是澄清、无色、无臭、糖浆状的水溶液，含50%~70%的总固体。它是一种不可燃、无毒性、不挥发的溶液，能从空气中吸收较少的水分，应存储于不锈钢或铝制容器中。如果山梨醇溶液储存时接触铁，就会生成氧化铁而变色。70%山梨醇在20℃以下储存则溶液增稠或析出晶体，可加热恢复其流动性，不会影响其质量。

（3）丙二醇　丙二醇是无色无味的黏稠液体，微具甜味略带涩，可与水及大多数溶剂混溶，具有较高的抑制霉菌生长和发酵作用。它的水溶液冰点比甘油低，是无毒的石油化工合成原料。

（4）聚乙二醇　近年来也有厂家采用相对分子质量在200~600之间的聚乙二醇在牙膏配方中用作保湿剂。聚乙二醇和水混合，体积发生收缩。当相等量的水和聚乙二醇混合，它的收缩率为2.5%，同时明显地产生热。等量的水和聚乙二醇200混合，温度可上升12℃，与聚乙二醇400混合可上升14℃。利用这一效果可增加溶解性能，如溶化胶合剂时可不需另外加热。

木糖醇也可用作保湿剂，且具有和蔗糖相同的甜味效果，可不另加甜味剂。但与蔗糖不同的是，它不是致龋物质。

五、其 他 助 剂

（1）香精　牙膏的香味是消费者评定其质量优劣和决定是否购买的一个重要标志。人们早上醒后要刷牙、漱口，所以牙膏在使用后应使人们感觉口齿清爽、芬芳，身心愉快。牙膏的原料多种多样，有些会带有不愉快的气味，因此在牙膏配方中要加入香精。牙膏用的香精香型应清新优雅，清凉爽口，常用香型有留兰香型、薄荷香型、果香型、茴香型以及冬青香型等。香精用量一般为1%~2%，用量过多会减少牙膏的发泡量，同时刺激口腔黏膜。

（2）甜味剂　牙膏中的香料成分大多味苦，摩擦剂有粉尘味等，这就需要添加甜味剂来改善牙膏的口味。

甜味剂包括糖精、木糖醇、甘油等。其中最常用的是糖精钠，它是由甲苯等化工原料经合成而得，甜味比蔗糖大500倍。它很稳定，无发酵弊病，在牙膏中的用量为0.05%~0.25%，但不宜过量，以免牙膏变为苦味。其加入量应根据甘油用量及甜味香料的有无和多少来合理配用。

（3）防腐剂　牙膏配方中加有甘油、山梨醇、胶合剂等，这些成分的水溶液长时间贮存容易发霉，故需添加适当的防腐剂。常用的防腐剂有对羟基安息香酸甲酯或丙酯、苯甲酸钠、山梨酸等，用量为0.05%~0.50%。

（4）缓蚀剂　铝本身在空气中能形成一种氧化铝保护膜，具有一定的抗腐蚀性能，但与膏体接触后，由于pH、温度等条件的影响，对铝管往往有腐蚀作用。为此，除向管内喷涂保护层（醇溶性酚醛树脂）或采用铝塑复合管外，通常还加入缓蚀剂来补救。主要的缓蚀剂有硅酸钠、磷酸氢钙、焦磷酸钠、氢氧化铝等。

另外，水是牙膏的主要原料之一，要求使用去离子水或蒸馏水。如果水中含有钙、镁、铁等金属离子，易导致变色、变味、变质等现象发生。

六、特种添加剂

牙膏作为口腔卫生用品，不仅是为了清洁牙齿，更重要的是为了预防或治疗口腔和牙齿的疾病，保持牙齿的清洁和健康。牙膏特殊添加剂是指在牙膏基本配方的基础上添加一些具有特殊效用的物质，如化学药物、酶制剂、中草药等，使牙膏在洁齿与口腔卫生的基本功能上，对口腔与牙科常见病起到预防治疗及辅助疗效作用，这是第三代加药牙膏的研究课题。

（1）氟化物防龋剂　要有效地防治龋齿就必须探究龋齿形成的原因，掌握致龋机理，进而对症下药。经过科学家们多年研究，目前大多认为变形链球菌是主要的致龋菌，其在牙面上粘附和定居是变形链菌致龋的始动因子。研究表明活性氟可以有效地抑制链球菌，使羟基磷灰石转化成为氟磷灰石，提高牙釉质的硬度，增强牙齿的抗龋力。

用含氟牙膏刷牙可消除菌斑或抑制菌斑中细菌的生长，降低口腔内乳酸对牙釉的侵蚀，使牙齿的牙釉具有耐酸、抗磨等性能，提高对“蛀牙”的防治作用。研究结果表明含氟牙膏可减少20%~35%的龋齿发病率。氟化物作为牙齿防龋剂应用于牙膏中已有30余年的历史，氟化物防龋的效果是当今国际公认的，因此，在牙膏中使用很普遍，国内外发表的专利也很多。

氟化物的防龋机理一般认为有两点：一是氟化物与牙釉作用在牙釉质表面形成氟磷酸钙

提高了牙釉质硬度，从而提高了抗酸蚀能力；二是抑制口腔细菌的繁殖，减少菌斑的形成。牙膏中常用的氟化物有以下几种。

①氟化钠（NaF）：由水晶石（$3NaF \cdot AlF_3$）与氢氧化钠共熔制得氟化钠，将工业级的氟化钠用试剂规格提纯，达到CP级或AR级牙膏用的氟化钠标准。氟化钠牙膏是最常见的一种氟化物牙膏，其防龋作用通常是氟离子产生的。然而，使用氟化钠时，游离的氟离子会与牙膏膏体中析出的钙离子反应，生成氟化钙而降低甚至失去预防龋齿的效果。

②单氟磷酸钠（Na_2PO_3F）：单氟磷酸钠由NaF与NaH_2PO_4在熔融状态下反应制成纯度为92%以上的白色粉末，未反应的NaF在0.4%以下。实验研究证明，单氟磷酸钠具有良好的防龋效果，且与一般摩擦剂具有较好的兼容性，从而极大地促进了单氟磷酸钠牙膏配方的发展。现在氟化物牙膏（特别是采用普通摩擦剂的氟化物牙膏）添加的氟化物大多是单氟磷酸钠，如两面针盐洁牙膏。单氟磷酸钠的主要作用是促进牙釉质表面的矿化作用，其有效性随浓度增加而增加，而氟化钠则主要是使龋损伤部分再矿化，其低浓度比高浓度有效，两者复配协同作用，能起到较好的防龋效果。

③氟化亚锡（SnF_2）：氟化亚锡由锡与氢氟酸反应制得，它呈薄汽状结晶，熔点213℃，水中溶解度为30%，pH为5.5~6.5，呈微酸性。经研究表明，氟化亚锡对酸蚀下牙釉质显微硬度降低的抑制作用明显强于氟化钠，可能是由于锡不仅可以促进釉质对氟的吸收利用，还可能与氟及釉质脱矿析出的磷酸根等在釉质表面形成更耐酸、强度更高的锡-磷-氟复合物有关。含锡氟化物可显著提高牙釉质的抗酸能力，在抑龋防龋方面，氟化微量元素拥有广泛的应用前景。

除了含氟牙膏之外，加酶牙膏和含厚朴酚中药牙膏也是防龋防蛀类牙膏的两个重要品种。

牙膏中加酶的作用就是利用酶的催化，使牙面上难溶解的胶质转化为水溶性物，在刷牙漱口时能被水冲洗掉，达到防龋病的目的。厚朴酚对致龋变异链球菌有较强的抗菌作用。

（2）脱敏剂　牙本质过敏是受冷、热、酸、甜刺激或刷牙、咬物的刺激时的一种酸痛感觉，大多由于牙齿磨蚀、牙龈萎缩、牙根暴露等情况使牙本质暴露所致（在刺激下造成牙本质细胞的细胞浆突起传导时所产生的敏感症状）；也可由牙髓血循环的改变，如有创伤牙合的牙齿，牙根尖部长期充血等影响而出现敏感症状；龋齿发展到牙本质时，也常有这种敏感症状。故牙本质过敏疼痛症是牙科的多发病，成年人普遍存在此症。

在牙膏配方中加入脱敏药物，如氯化锶、甲醛、氯化锌、硝酸银等化合物和中草药提取物等，其有效成分被牙釉、牙本质吸收，能降低牙体硬组织的渗透性，提高牙组织的缓冲作用，增加牙周组织的防病能力，达到脱敏效果。防酸牙膏、脱敏牙膏均属脱敏镇痛类功能性牙膏。

由于脱敏牙膏的有效成分各异，因此脱敏的作用机理也不尽相同。目前研究认为，可能的脱敏作用机理有如下几种：第一，脱敏牙膏中的某种离子成分进入牙本质小管与牙体硬组织中的钙发生化学反应，生成难溶物沉积并（从内部）堵塞牙本质小管。如氟离子可生成氟磷灰石和氟化钙，锶离子可生成钙化锶磷灰石等。第二，氟可提高牙体组织抗酸能力，抑制牙本质的酸溶解而防止更多的牙本质小管开放并能促进再矿化。第三，钾离子可降低牙髓神经末梢的兴奋性而使疼痛减轻。第四，脱敏牙膏与口腔中的唾液协同作用，可在刷牙后的牙本质表面形成一层含矿物质的有机物薄膜而封闭牙本质小管。

牙膏中常用的脱敏剂有以下几种。

①硝酸钾（KNO_3）：它是无色晶体粉末，用于牙膏中的硝酸钾易选用试剂标准。硝酸钾

在刷牙时可释放出活性钾离子，控制神经末梢传导疼痛信号，从而达到脱敏目的。

②氯化锶（$SrCl_2 \cdot 6H_2O$）：它是由碳酸锶和氯化钙复分解反应而成，是无色、无臭的结晶体。氯化锶的锶离子能被牙釉、牙本质吸收，生成碳酸锶、氢氧化锶等沉淀物。它能渗透到牙齿根部，能降低牙体硬组织的渗透性，提高牙组织的缓冲作用，减少龈缘牙周组织对毒物及其他刺激如酸、甜、冷、热的敏感性，阻滞牙齿硬组织的神经传导，达到脱敏镇痛效果。锶又能与牙周组织密切结合，增强牙组织的防病能力，并可加速继发性牙本质的形成，使疼痛缓解，达到脱敏效果。

③尿素［$CO(NH_2)_2$］：它是最早使用的脱敏剂（即铵盐牙膏），是由二氧化碳和氨在高温和高压下，反应生成氨基甲酸铵，经分解而成的，是重结晶的纯品。它是白色结晶或粉末状。尿素能抑制乳酸杆菌的孳生，能溶解牙面斑膜而起抗酸脱敏镇痛作用。

④其他：如丁香酚、丹皮酚、细辛等。从全草、牡丹皮、白桦树皮等植物中提取的丹皮酚（$C_9H_{18}O_3$）是一种天然无毒的牙膏添加剂，具有清热凉血、消阏化斑、消炎、消肿止痛、抗过敏、抗病毒、通经活络、祛风祛寒等作用，对牙本质过敏也有一定的疗效。它常与氯化锶混合使用，可发挥协同作用，从而增强脱敏止痛的效果。

（3）消炎杀菌剂　牙周病是一种世界性口腔疾病，我国城市成人发病率超过90%。大量的研究证明牙周病是由细菌感染所致，控制牙龈边缘上的噬菌区是预防牙周病的有效办法。牙龈出血症与口臭也是这种牙病的初期，患者初期若不注意，严重后即发生肿胀、淤脓、牙齿松动，导致牙袋败坏而造成牙齿脱落或被迫拔除。因此，近年来开发了不少牙膏中的消炎杀菌组分。消炎止血类牙膏能防治牙周炎、牙龈出血等口腔疾病，控制牙结石和菌斑的形成。此类牙膏添加的药物主要有洗必泰、季铵盐、叶绿素铜钠盐、玉洁纯和中草药提取液等。

①醋酸洗必泰（$C_{22}H_{30}Cl_2N_{10} \cdot 2C_2H_4O_2$）：学名1，6-双（*N*-对苯双胍）己烷，纯度大于97.5%，是白色粉末或结晶。它是消毒防腐剂，是皮肤及黏膜的广谱杀菌消毒药物，它在国外牙膏中是常用的消炎剂。

洗必泰是一种广谱抗菌剂，它能与唾液糖蛋白结合，使牙面吸附的蛋白减少，从而影响获得膜的形成，干扰菌斑的形成；它也可与细菌细胞外多糖结合，使细菌不易吸附到获得膜上。目前，洗必泰已广泛应用于牙周疾病和龋病的预防上，并收到了良好的效果。研究发现，洗必泰与氟化物复配有协同作用，复配使用比两种药物单独使用对减少牙龈炎和龋病的防治效果更加明显。洗必泰使用安全，无明显副作用，但有苦味，长期使用可使牙齿染色、变黄。

②洗必泰碘：它是由洗必泰与碘合成的新型消毒杀菌剂，是棕色结晶体，其浓度在5mg/L时即有极强的杀菌效果。它是个复盐，不受牙膏阴离子型物质的干扰，是针对牙膏中的应用开发成功的新型消炎剂。

③甲硝唑（$C_6H_9N_3O_3$）：又名灭滴灵，学名为1-（2-羟乙基）-2-甲基-5-硝基咪唑，其纯度为99%，白色结晶粉末，味微苦。甲硝唑对致病的厌氧菌有抗菌作用，因此，它是厌氧菌引起的牙周疾病的牙膏特殊添加剂。

④止血环酸（$C_8H_{15}O_2N$）：纯度98%以上的止血环酸为白色结晶粉末，味微苦。它是氨基酸类化合物，具有极强的抗纤维蛋白溶解作用，对因牙周组织因子失调所致的出血症有疗效而无副作用。它能抑制引起过敏和炎症的泡浆素和蛋白质分解的快速产生，从而能迅速消除炎症。

⑤季铵盐（$R_4N^+Cl^-$）：它是阳离子表面活性剂，品种很多，牙膏中常用的季铵盐为十六烷基三甲基氯化铵。它对杀灭黄色葡萄球菌、链球菌、枯草杆菌等口腔疾病致病菌及真菌特别有效。此外，它能与牙菌斑中蛋白质发生反应而改变菌斑的化学性，有抑制牙石形成的效应。

⑥叶绿素［（$C_{34}H_{31}O_6N_4 \cdot CuNa_3$）+（$C_{34}H_{31}O_6N_4CuNa_2$）］：它是天然的植物提取物，经铜钠处理的叶绿素铜钠，为墨绿色粉末，是食品天然色素着色剂。它在牙膏中作为消炎除口臭的特殊添加剂应用已有很久的历史，在牙膏中易选用食品级标准。

天然叶绿素有抑菌和对人体细胞组织的再生有帮助，在治疗牙床脓肿、出血、促进牙龈组织生长等方面有积极作用。它能除口臭，缓解上呼吸道感染及抗酸等。叶绿素是吡咯的衍生物，是从绿色植物中提取出的色素，实际使用的叶绿素多从蚕粪、南瓜叶中用乙醇溶液提取。

⑦冰片（$C_{10}H_{18}O$）：它是由天然植物提取或由松节油合成，是白色半透明片状晶体，有清香味。它具有清热止痛、消除口疮与咽喉肿痛的功能和消炎功效。

⑧三氯生（Triclosan，2，4，4′–三氯–2′–羟基二苯醚）：该产品为高纯度白色结晶粉末，微具芳香味。由于其对革兰阳性菌、革兰阴性菌、酵母及病毒抗生素菌、非抗生素菌均有广泛高效的杀灭及抑制作用，同时不沾染产品及皮肤，无任何刺激气味。

三氯生具有抑菌、杀菌作用，可有效防止牙菌斑的形成，可粘附在口腔黏膜上，从而长时间发挥作用。它对牙龈出血、牙周炎等都有较明显的疗效，是公认的广谱杀菌剂，口感较好。它与牙膏成分配伍性好，是迄今为止最有效、最流行的杀菌剂，是口腔护理品的首选药物。

（4）抗牙石除渍剂　人体口腔中都有细菌，易同唾液中蛋白类黏液形成菌斑，钙化了的菌斑形成牙垢，又叫牙石，主要成分是$Ca_3(PO_4)_2 \cdot H_2O$。烟、茶、咖啡和食物色素与口中黏液易污染牙面，形成色渍。据报道，80%以上的龋齿和牙周炎都是由牙菌斑引起的，牙菌斑是局部龋齿的因素，也是牙结石形成的基础。人体的口腔中都有细菌，它易与唾液中的糖蛋白类、食物中的碳水化合物凝聚在一起形成菌斑，菌斑不及时清除就会逐步钙化形成牙结石。因此，在牙膏中添加一些药剂，能溶解或消除一些色渍，阻止菌斑的形成及其进一步钙化是防止牙结石的有效途径。这类牙膏主要有锌盐牙膏、加酶牙膏等。在牙膏中已开发成功的抗牙石除渍剂主要有以下几种：

①焦磷酸盐（如钠盐或钾盐等）：牙膏里加入焦磷酸盐后，焦磷酸离子会攻击牙石的晶种，抑制牙石晶体的生长并使它溶解，将磷酸钙回收。现在很多抗牙石牙膏里加进一种或多种焦磷酸盐预防牙垢的生成。

②柠檬酸锌：它是由柠檬酸与氧化锌反应而生成的，为白色结晶粉末，纯度在95%以上。柠檬酸锌是抑制菌斑和抗结石的传统药物，对微生物亦有明显的抑制和杀灭作用。其抗牙结石的机理是：柠檬酸锌在唾液中缓缓溶解，逐渐释放出锌离子，柠檬酸锌的锌离子能阻止过饱和磷酸根离子和钙离子生成磷酸钙沉淀，能阻止牙石的形成，故它有溶解牙石和抑制菌斑钙化的作用。但牙结石的化学成分与牙釉质极为相似，能溶解或消除牙结石的药物通常也能侵害牙组织。为解决这一缺陷，可加入适量的氟化钠，因氟化钠能增加牙组织的硬度，且有良好的抗菌斑作用。因此，柠檬酸锌与氟化钠合用能发挥良好的溶解牙结石、抑制菌斑钙化且不损害牙组织的协同作用。

③植酸钠及其衍生物：植酸钠是由米糠中提炼植酸，再与钠盐中和而成。它有粉末、膏

状和液体三种，其粉状物为白色结晶粉末，纯度大于95%，pH为6~8。植酸钠有溶解牙面色渍与牙菌斑的效果，从而可减少和阻止牙石的形成。植酸衍生物具有同样效应。

④酶制剂：它是生物发酵制剂，由淀粉酶、葡聚酶、脂肪酶与溶菌酶组成的复合制剂，是淡黄色粉状物。它对去除牙菌斑与牙垢有显著的效果，因牙菌斑主要组成之一是葡聚糖，用它分解后再溶解除掉，从而起到抗牙石效果。

第三节　牙膏的配方示例及制备工艺

一、牙膏的配方示例

（一）透明型牙膏

透明型牙膏配方见表13-2。

表13-2　透明型牙膏配方

组分	配方1 质量分数/%	配方2 质量分数/%	配方3 质量分数/%
铝硅酸钠	—	16.0	16.0
二氧化硅增稠剂	—	7.0	7.0
二氧化硅干凝胶	14.0	—	—
二氧化硅气凝胶	8.0	—	—
甘油	15.0	20.0	20.0
山梨（糖）醇（70%）	44.0	44.0	44.0
羧甲基纤维素钠	0.25	0.25	0.25
氯化钠	0.10	—	—
单氟磷酸钠	—	0.76	0.76
聚乙二醇	5.0	—	—
月桂醇硫酸钠	1.5	1.5	1.5
糖精钠	0.17	0.17	0.17
苯甲酸钠	0.1	0.1	0.1
香精	1.0	1.0	1.0
水溶性FD&C蓝染料（1%）	0.01	—	—
群青蓝色素	—	0.0005	—
着色剂	—	—	0.5
去离子水	至100	至100	至100

要使膏体透明，必须使构成膏体的液相和固相折射率一致。固相部分主要是无定形二氧化硅，它的折射率主要由生产制备的工艺决定，一般在1.450~1.460之间，一旦成为成品，就无法更改。液体折射率按二氧化硅的折射率来调节，使之与固相一致。液相部分主要是甘油

和山梨醇，甘油浓度从0~100%，其折射率为1.333~1.470；山梨醇浓度从0~70%，其折射率为1.330~1.457。它们的折射率变化范围可以包含在二氧化硅的折射率范围内。因此，通过调节液相中甘油、山梨醇的浓度，改变膏体液相的折射率，使之和固相一致，即可制成透明型牙膏。

透明牙膏用的二氧化硅有两种规格，一种是摩擦剂，另一种是增稠剂，两种规格的二氧化硅总量在18%~25%之间，摩擦剂与增稠剂的比例为1：1或1：0.5。

（二）普通型牙膏

普通型牙膏配方见表13–3。

表13–3　　普通型牙膏配方

组分	配方1 质量分数/%	配方2 质量分数/%	配方3 质量分数/%
碳酸钙	50.0	—	—
水玻璃或硝酸钾	0.2	—	—
磷酸氢钙	0.4	45.0	0.8
焦磷酸钠	—	0.8	—
氢氧化铝	—	—	47.0
甘油	15.0	20.0	20.0
山梨（糖）醇（70%）	12.0	10.0	12.0
羧甲基纤维素钠	0.25	0.25	0.25
聚乙二醇	5.00	—	—
月桂醇硫酸钠	2.5	2.5	2.5
糖精钠	0.3	0.3	0.2
苯甲酸钠	0.10	0.10	0.10
香精	1.00	1.00	1.00
去离子水	至100	至100	至100

配方1属于碳酸钙型牙膏，配方特点是甘油用量少、水多，并添加了水玻璃和磷酸氢钙等缓蚀剂。配方中的碳酸钙是天然方解石粉，它来源广泛、成本低。这类牙膏液体部分的比例为35%是适宜的。甘油的这种低用量虽然不能完全阻止管口干燥，以及影响牙膏的耐寒性，但在一定的时间内，仍能保证膏体的柔软或成型。为保证膏体的稳定性，需适当提高羧甲基纤维素钠的用量，其用量应不低于1%。香精、月桂醇硫酸钠的用量根据销售对象、配方结构和生产工艺有所不同，香精与月桂醇硫酸钠的用量比以1：2为宜。

配方2属于磷酸氢钙型牙膏，配方的特点是甘油用量较多、水少，并添加了稳定剂焦磷酸钠。配方中是以含结晶水的磷酸氢钙（$CaHPO_4 \cdot 2H_2O$）作为牙膏摩擦剂。$CaHPO_4 \cdot 2H_2O$在水溶液中易水解生成磷灰石和磷酸，可使牙膏稠度显著增大，甚至最终导致牙膏完全硬化。其水解反应式可表示为：

$$CaHPO_4 \cdot 2H_2O \rightarrow CaHPO_4 + 2H_2O$$

$$CaHPO_4 + H_2O \rightarrow Ca_5(PO_4)_3OH + H_3PO_4$$

上述反应在有水存在时，会加速进行。为减缓或防止这些化学变化，添加焦磷酸钠和增加甘油的用量十分必要，这是因为焦磷酸钠有抑制二水合磷酸氢钙的脱水作用，同时焦磷酸根与钙离子络合，从而抑制磷灰石的生成。焦磷酸钠作为稳定剂在牙膏中加入量以8%为宜，少则膏体偏软，多则膏体增稠。无水磷酸氢钙能增强洁齿率。甘油用量的确定，还应考虑到其对膏体的润湿作用及稳定膏体香味的作用。按40：60或50：50的甘油：水比率是适合于磷酸氢钙牙膏的。磷酸氢钙牙膏由于甘油用量大，吸水量较高，因此，其CMC用量少，一般在0.7%左右，不超过1%。香精与月桂醇硫酸钠的用量与碳酸钙牙膏类似。

配方3属于氢氧化铝型牙膏，配方特点是甘油用量小，且适宜于制备全山梨醇牙膏，同时添加磷酸二氢钠或磷酸氢钙作稳定剂。氢氧化铝的水悬浮液pH为8.5~9.0，牙膏稍偏碱性，导致铝管受碱性腐蚀，因此，加入适量的磷酸氢钙或磷酸二氢钠，以起中和、缓冲作用。氢氧化铝的吸水量不高，因此，羧甲基纤维素钠用量通常不能低于1%。氢氧化铝具有特殊的涩味，因此在香精选型上要注意协调性，一般选香味浓重的薄荷香型或冬青留兰香的香型，以掩盖部分不良口味。

（三）药物牙膏

药物牙膏配方见表13–4。

表13–4　药物牙膏配方

组分	配方1 质量分数/%	配方2 质量分数/%	配方3 质量分数/%	配方4 质量分数/%
碳酸钙	—	—	50.0	50
单氟磷酸钙	0.8	—	—	—
磷酸氢钙	43.0	—	—	—
焦磷酸钠	0.8	—	—	—
丹皮酚	—	—	0.05	—
氯化锶	—	0.3	—	—
氟化钠	—	—	0.3	—
柠檬酸锌	—	—	1.2	—
草珊瑚浸膏	—	—	—	0.05
止血环酸	—	—	—	0.05
叶绿素铜钠盐	—	—	—	0.05
氢氧化铝	4.0	50.0	45.0	—
甘油	25.0	15.0	20.0	20.0
羧甲基纤维素钠	0.8	1.5	2.5	2.5
聚乙二醇	5.00	—	—	—
月桂醇硫酸钠	2.5	1.5	1.3	1.3
糖精钠	0.3	0.3	0.2	0.2
苯甲酸钠	0.10	0.10	0.10	0.10
香精	1.00	1.00	1.00	1.00
稳定剂、缓蚀剂	适量	适量	适量	适量
去离子水	至100	至100	至100	至100

配方1是防龋型牙膏，主要是含氟化物牙膏（牙膏中加氟化钠、单氟磷酸钠和/或氟化亚锡）、含硅牙膏（加硅酮或其他有机硅）、含胶或胺盐牙膏（加尿素或其他铵盐）、加酶牙膏（加葡聚糖酶或蛋白酶），还有中药牙膏。含氟化物牙膏的防龋作用主要是通过水溶性的氟离子来实现的，因此，保持稳定的有效氟离子浓度是制备含氟化物牙膏的关键。实现稳定性的主要途径有：选用对氟化物相容度高的氢氧化铝、焦磷酸钙和（或）二氧化硅为氟化物牙膏的摩擦剂；选用对钙离子亲和能力低的单氟磷酸钠为防龋剂，由其与碳酸钙或磷酸氢钙配伍制备含氟牙膏；采用复合摩擦剂与单碳酸钙或磷酸氢钙配伍制备含氟牙膏；采用复合摩擦剂与单氟化物或双氟化物制备含氟化物牙膏；氟离子含量在1000mg/kg左右，符合卫生标准，低于6000mg/kg时，防龋效果差。

配方2是脱敏镇痛型牙膏，主要有锶盐牙膏（加氯化锶）、含醛牙膏（加甲醛）、含硝酸盐牙膏（加硝酸钾）和中草药牙膏（含丹皮酚、丁香油等）。锶盐牙膏的脱敏作用主要是通过锶离子成分进入牙本质小管与牙体硬组织中的钙发生化学反应，可生成钙化锶磷灰石难溶物沉积，并（从内部）堵塞牙本质小管。配方中采用氢氧化铝作摩擦剂，使水溶性的锶离子得以保存，是比较理想的锶盐牙膏。为了避免由于加大引入锶离子的量而可能导致的膏体不稳定，并兼顾脱敏效果和考虑产品成本，可以在此类牙膏配方中添加适量的甲醛、丹皮酚等其他脱敏镇痛药物。

配方3是防牙结石型牙膏，阻止牙齿菌斑的形成或避免其进一步钙化是防牙结石的有效途径。防结石型牙膏主要有锌盐牙膏（加柠檬酸锌）、含磷酸盐牙膏（加六偏磷酸钠和羟基亚酸二钠或乙二胺四乙酸二镁）。柠檬酸锌的溶解度很小，能在刷牙后滞留在眼沟、菌斑、牙结石上以及牙刷触及不到的地方，在唾液中缓慢溶解，逐渐释放出锌离子，持久地发挥作用，阻止牙结石的产生。而氟化钠能增加牙组织硬度，且有良好的抗菌斑作用。因此，氟化钠和柠檬酸锌合用能发挥良好的溶解牙结石、抑制菌斑钙化、不损害牙组织的协同作用。此外，在此类牙膏中，不宜选用钙质摩擦剂，而应选用摩擦作用较强的氢氧化铝，易于菌斑和结石的消除。

配方4是消炎止血型牙膏，消炎止血牙膏主要包括中草药牙膏、阳离子牙膏（加洗必泰、季铵盐等）、硼酸牙膏（加硼酸钠）、叶绿素牙膏（加叶绿素铜钠盐）和添加止血环酸、冰片、百里香酚等的牙膏。直至目前，我国开发的含有各种中草药的消炎止血牙膏类占药物牙膏的首位。由于中草药具有温和性、刺激性小、安全无毒以及抑菌、消炎和止痛作用的特点，此类牙膏成为我国所独有的一种防治牙病的药物牙膏。

使用单一中药药剂时所需剂量一般较高，往往造成膏体稳定性差，或由于刺激味和药味重，影响其使用性，因此，一般采用两种以上药物以形成复方牙膏，提高牙膏的疗效。

含有多酚羟基、5-羟基或4-酮基结构的中草药，易与铝、镁、钙等重金属离子络合，生成的络合物会改变原药的性质和作用。而目前我国牙膏中所采用的中草药，其有效成分的分子结构，多数是含有多酚羟基、羟基或酮基的苯环、大环和杂环类化合物，因此，配制时需避免产生此作用。作为药物牙膏，其香味需与药物的配伍性恰当，产生特殊的销售效果；调理不当，则适得其反。不少中草药牙膏添加的药物是用水或酒精的提取液和浸膏，色泽较深，不易被消费者所接受。因此，在此类牙膏中加入适量的色素是必要的，但加入的色素应是以天然植物色素为宜。

二、牙膏的制备工艺

配方是产品的基础，而工艺则是产品的根本，因此，在研究牙膏产品配方时必须研究工艺条件，才能达到产品设计的质量、产量及技术指标的预期效果。牙膏的制备工艺包括间歇制膏和真空制膏。

（1）间歇制膏　间歇制膏是我国“合成洗涤型牙膏”冷法制膏工艺中普遍采用或曾经采用的老式工艺。它有两种制备方法，一种是预发胶水法；一种是直接拌料法。

第一种工艺是先将胶黏剂等均匀分散于润湿剂中，另将水溶性助剂等溶解于水中，在搅拌下将胶液加至水溶液中膨胀成胶水，静置备用。然后将摩擦剂等粉料和香料等依次投入胶水中，充分搅匀，再经研磨均质，真空脱气成型。

第二种工艺是将配方中各种组分依次投入搅拌机中，靠强力搅拌和捏合成膏，再经研磨均质，真空脱气成型。

间歇制膏工艺主要特点是投资少，而它的不足之处是卫生难以达标，故已逐渐被真空制膏工艺取代。

（2）真空制膏　真空制膏也是一种间歇制膏，只是在真空（负压）下操作，其主要特点是：工艺卫生达标，香料逸耗较少（新工艺比老工艺可减少香料逸损10%左右）。因香料是牙膏膏料中最贵重的原料之一，因此可大大降低制备成本。真空制膏也是当今国内外牙膏制备业普遍采用的先进工艺，工艺流程如图13-1所示。

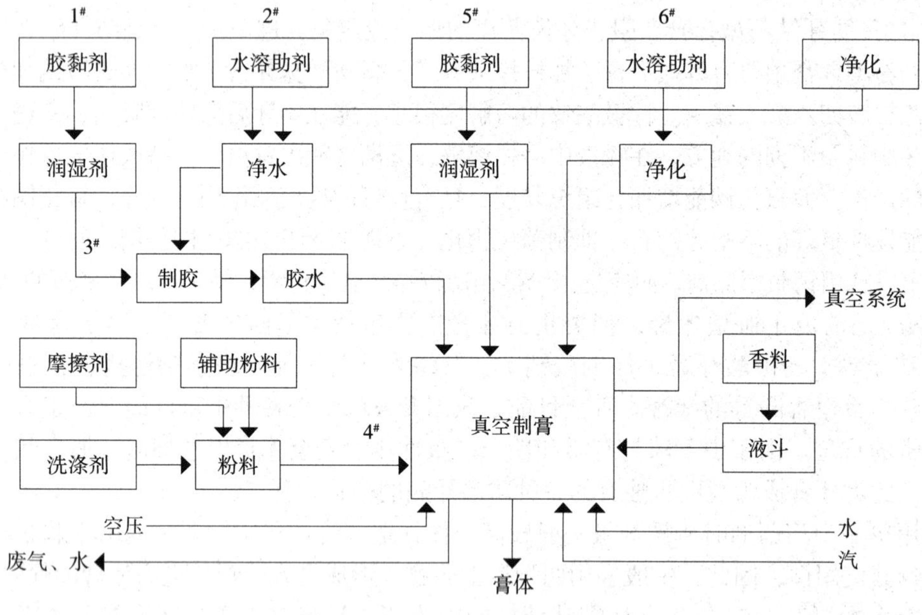

图13-1 牙膏制备工艺流程图

真空制膏工艺目前在国内有两种方法：一种是分步法制膏，它保留了老工艺中的发胶工序，然后把胶液与粉料、香料在真空制膏机中完成制膏。它的特点是产量高，真空制膏机利用率高。另一种是一步法制膏，它从投料到出料一步完成制膏。其特点是工艺简化、卫生、制备面积小、便于现代化管理。

分步法制膏工艺操作：

①根据配方投料量，完成制胶，并取样化验，胶液静置数小时备用。

②根据配方称取胶液用泵送入制膏机中，然后依次投入预先称量的摩擦剂及其他粉料与

洗涤剂进行拌料。粉料由真空吸入，流量不宜过快，以避免粉料吸入真空系统内。还应注意膏料的溢泡，必要时采取破真空加以控制，直至膏面平稳为止。开启胶体磨数分钟。

③在达到真空度要求后（–0.094MPa），投入预先称量的香精，投毕进行脱气，数分钟后制膏完毕。

④将膏料通过输送泵送至贮膏釜中备用，同时取样化验。

一步法制膏工艺操作：

①预混：预混制备部分分油相（根据配方投料量，将胶黏剂预混于润湿剂中）、水相（根据配方投料量，将水溶性助剂预溶于水，然后投入定量的山梨醇等）和固相（根据配方投料量，把摩擦剂及其他粉料计量后，预混于粉料的罐中备用）等。

②制膏：真空制膏机开机前先开启电源并试启刮刀，再进油相胶料，开始搅拌待真空到达–0.085MPa时开始进料。先进水相液料，开启刮刀，再进油相胶料，开始搅拌，注意胶液进料速度不宜过快，以免结粒起泡。进料完毕待真空度到位后开启胶体磨数分钟，停磨数分钟再第二次开启均质数分钟后停磨，制胶完毕停机取样化验，胶水静置片刻。拌膏开始前先开启刮刀，再开启搅拌及真空泵，待真空到达 – 0.085MPa时开始进粉料，进料完毕待真空度到位、釜内膏面平稳后，开动胶体磨数分钟后，再开胶体磨数分钟均质，停数分钟后三次均质，再投入预先称量的香精，用适量食用酒精洗涤香料料斗。进料完毕，待真空到位后均质数分钟，再脱气数分钟后停机，制膏完毕。将膏料通过输送泵送至贮膏釜中备用，同时取样化验。

③进、出料：进料时要先开制膏釜球阀，再开料阀，进料完毕关料阀，再关球阀；出膏时，先开膏料输送泵，再开制膏釜球阀，出料完毕先关球阀，再关泵。

第十四章　美容类产品

美容即美化容貌，俗称化妆，而美容化妆用品和材料，称为美容化妆品。该类产品主要是用于脸、眼、唇及指甲等部位，以达到掩盖缺陷、赋予色彩或增加立体感、美化容貌的目的。根据所应用的部位不同，美容类产品一般分为脸部美容类化妆品、眼部美容类化妆品、指甲美容类化妆品、唇用美容类化妆品以及香水类化妆品等，各类美容化妆产品因功能的不同，种类繁多。

随着人们生活水平的提高和社会的进步，对美容化妆越来越重视，美容化妆品已成为生活中不可缺少的一部分。同时随着技术的发展，也有越来越多具备不同功能的美容化妆产品来适应消费者的需求。本章主要介绍粉饼、唇膏等两种常用的美容化妆品。

第一节　粉　　饼

粉饼（Compact powder）是由粉状白粉压制而成的化妆品，其形状随容器形状而变化。一般粉饼的包装精美，附有粉扑和小镜子等配件，随身携带方便，使用时粉末飞扬少。粉饼主要供补妆用，即修补化妆的不均匀部位及脱落部位。粉饼是第二次世界大战后发展的产品，现今，已逐渐取代散白粉，为广大女性所欢迎，成为职业女性外出随身携带作为补妆最常用的美容化妆品之一。

粉饼由于剂型不同，在产品使用性能、配方组成和制造工艺上有差别。除要求粉饼具有良好遮盖力、吸收性、柔滑性、附着性和组成均匀等特性外，还要求粉饼具有适度的机械强度，使用时不会碎裂，并且使用粉扑或海绵等附件从粉饼舔取粉体时，较容易附着在粉扑或海绵上，然后，可均匀地涂抹在皮肤上，不会结团，不感到油腻。通常粉饼中都添加较大量的胶态高岭土、氧化锌和金属硬脂酸盐，以改善其压制加工性能。如果粉体本身的粘结性不足，添加少量的粘合剂，在压制时可形成较牢固的粉饼。可以使用水溶性粘合剂、油溶性粘合剂和乳化体系的粘合剂。水溶性粘合剂在配方中的质量分数约为0.1%~3.0%，一般先配制成5%~10%的溶液，然后与粉体混合。水溶性粘合剂可以是天然或合成的水溶性聚合物，一般常用低黏度的羧甲基纤维素，通常还添加少量的保湿剂。油溶性粘合剂包括硬脂酸单甘酯、十六醇、十八醇、脂肪酸异丙酯、羊毛脂及其衍生物、地蜡、白蜡和微晶蜡等。

一、粉饼的组成

粉饼主要成分为体质粉体、着色颜料、白色颜料、防腐剂和香精，有时添加防腐剂的金属皂。各成分的代表性原料及功能见表14-1。

二、粉饼的基质组分

粉饼的基质组分主要是粉质原料，用于化妆品的粉质原料一般是不溶于水的无机粉料，

表14-1　粉饼的基本配方组成

组分		代表性原料	主要功能
体质粉体	无机填充剂	滑石粉、高岭土、云母、绢云母、碳酸镁、碳酸钙、硅酸镁、二氧化硅、硫酸钡、硅藻土、膨润土	铺展性、吸收性、填充作用
	有机填充剂	纤维素微球、尼龙微球、聚乙烯微球、聚四氟乙烯微球、聚甲基丙烯酸酯微球	
	天然填充剂	木粉、纤维素粉、丝素粉、淀粉、改性淀粉	
白色颜料		钛白粉、氧化锌	遮盖性
着色颜料	有机颜料	食品、药品及化妆品用焦油色素	着色性
	无机颜料	红色氧化铁、黄色氧化铁、黑色氧化铁、锰紫、群青、氧化铬、氢氧化铬、赭石、炭黑	
	天然颜料	β-胡萝卜素、花红素、胭脂红、叶绿素、藻类	
珠光颜料		鱼鳞箔、氯氧化铋、云母钛、鸟嘌呤、铝粉	赋予光泽
金属皂		硬脂酸镁、硬脂酸锌、硬脂酸铝、月桂酸锌、肉豆蔻酸锌	附着性

其用量可高达30%~80%，磨细后在化妆品中发挥其遮盖、滑爽、吸收、吸附及摩擦等作用。所选用粉质原料皆属于白色粉末，细度达300目以上，水分含量应在2%以下，其质量要求很高，不能对皮肤有任何刺激性。原料或制品的杂菌数应按规定小于10个/g，不得检出致病菌；原料的pH也应加以控制，如碳酸钙的pH应小于9.5，目的是使粉类制品的pH接近7；原料或制品的重金属含量也应加以控制，一般控制含铅量小于20mg/kg，含汞量小于3mg/kg，含砷量小于5mg/kg。

化妆品用粉质原料因要求较高，故可用品种不多，一般都来自天然矿产粉末，主要品种有滑石粉、高岭土、锌白、钛白粉及膨润土等。

（1）滑石粉（talc）　滑石粉是天然矿产的含水硅酸镁，性柔软，易粉碎成白色或灰白色细粉，主要成分是$3MgO \cdot 4SiO_2 \cdot H_2O$。滑石粉具有薄片结构，它割裂后的性质和云母很相似，这种结构使滑石粉具有光泽和滑爽的特性。滑石粉因产地不同，质地也不一样，成分也略有不同，以色白、有光泽和滑润者为上品，优质滑石粉具有滑爽和略有粘附于皮肤的性质。我国滑石矿蕴藏丰富、质地优良，辽宁、山东、广西等地均有蕴藏，尤以辽宁海城的滑石矿床（粉红色滑石）为世界上著名的产地。

化妆品用滑石粉，经机械压碎，研磨成粉末状，其细度分200目、325目及400目等多种规格，色泽洁白、滑爽、柔软，相对密度为2.7~2.8。它不溶于水、酸、碱溶液及各种有机溶剂，其延展性为粉料类中最佳者，但其吸油性及附着性稍差。在化妆品配方中，滑石粉对皮肤不发生任何化学作用，是制造香粉不可缺少的原料。

（2）高岭土（kaolin）　高岭土又称白（陶）土或磁（瓷）土，是天然矿产的硅酸铝，为白色或淡黄色细粉，略带黏土气息，有油腻感，主要成分是含水硅酸铝（$2SiO_2 \cdot Al_2O_3 \cdot 2H_2O$），以白色或微黄或灰色的细粉、色泽白、质地细者为上品。我国的高岭土矿分布非常广泛，几乎各省都有。目前，较著名的产地有安徽的祁门、江苏的苏州等。

高岭土不溶于水、冷稀酸及碱中，但容易分散于水或其他液体中，对皮肤的粘附性好，有抑制皮脂及吸收汗液的性能。将其制成细粉，与滑石粉配合用于香粉中，能消除滑石粉的闪光性，且有吸收汗液的作用，被广泛应用于制造香粉、粉饼、水粉、胭脂等。

（3）锌白（zine oxid，ZnO） 锌白又称锌白粉，是将氧化锌、锌矿的蒸气或碳酸锌加热制取的，其化学成分为ZnO，为无臭、无味的白色非晶形粉末，在空气中能吸收二氧化碳而生成碳酸锌。其相对密度为5.2~5.6，能溶于酸，不溶于水及醇，高温时呈黄色，冷却后恢复白色，以色泽洁白、粉末均匀而无粗颗粒为上品。

锌白带有碱性，因而可与油类原料调制成乳膏，富有较强的着色力和遮盖力，此外，锌白对皮肤微有起燥和杀菌的作用。锌白可用作粉类或防晒化妆品的原料，用量在15%~25%。

（4）钛白粉（titanium dioxide，TiO_2） 钛白粉是从钛铁矿等天然矿石用硫酸处理得到的，其纯度为98%。钛白粉的主要成分是TiO_2，为白色、无臭、无味、非结晶粉末，化学性质稳定，折射率高（可达2.3~2.6），不溶于水和稀酸，溶于热浓硫酸和碱。

钛白粉是一种重要的白色颜料，也是迄今为止世界上最白的物质，在白色颜料中其着色力和遮盖力都是最高的，着色力是锌白的4倍，遮盖力是锌白的2~3倍。当其粒度极微（粒径为30μm）时，对紫外线透过率最小，故可用于防晒化妆品中。钛白粉的吸油性及附着性亦佳，只是其延展性差，不易与其他粉料混合均匀，故常与锌白粉混合使用，用量常在10%以内。钛白粉在化妆品粉类制品中应用很广，用作香粉、粉饼、粉乳等重要的遮盖剂以及防晒制品原料。

（5）膨润土（bentonite） 膨润土又名皂土，是黏土的一种，取自天然矿产，主要成分为Al_2O_3与SiO_2，为胶体性硅酸铝，是具有代表性的无机水溶性高分子化合物。它不溶于水，但与水有较强的亲和力，遇水则膨胀到原来体积的8~10倍，加热后失去吸收的水分，当pH在7以上时其悬浮液很稳定。膨润土易受电解质的影响，在酸、碱过强时，则产生凝胶。在化妆产品中膨润土可用作乳液体系的悬浮剂及粉饼中的体质粉体。

三、粉饼的配方示例及制备工艺

由于粉体的表面处理技术的发展，粉饼的生产工艺也有很大的改进。粉饼的生产工艺有两种：湿法和干法。相应的配方示例见表14-2。

表14-2　　粉饼配方

组分		配方1 质量分数/%	配方2 质量分数/%	配方3 质量分数/%
组分 A	滑石粉	72.0	60	55
（颜料粉体）	高岭土	—	—	10
	氧化锌	—	—	10
	硬脂酸锌	—	11.0	—
	碳酸镁	—	—	5
	沉淀碳酸钙	—	—	10
	米淀粉	—	—	10
	二氧化钛	7.2	7.5	—

续表

组分		配方1 质量分数/%	配方2 质量分数/%	配方3 质量分数/%
	黄色氧化铁	0.6	—	—
	红色氧化铁	0.3	—	—
	黑色氧化铁	0.1	—	—
	月桂醇硫酸钠	—	0.8	—
	无机颜料	—	1.0	—
组分 B	硬脂酸	3.0	—	—
（基质组成）	乙酰化羊毛脂	0.6	1.5	—
	脂肪醇	0.8	1.5	—
	硬脂酸单甘油酯	0.5	—	6
	三乙醇胺	0.5	—	—
	白矿油	6	5	4
	山梨（糖）醇（70%）	—	—	5
	甘油	—	7.5	—
	丙二醇	1.6	—	—
组分 C	六氯酚	—	0.20	—
	烷基二甲基苄基氯化铵	—	0.25	—
	防腐剂	适量	适量	适量
组分 D	香精	0.2	适量	适量

配方1、2属于干法制备粉饼，干法适于大规模生产，主要是需要使用较大的压力。配制方法是将组分A在螺条式混合器中混合约1h，然后将预先充分混合好的组分C加入混合器中，混合约2h后，通过粉磨机研磨，并通过40~45目筛。整个操作过程中，物料的温度不允许比室温高出10℃。冷却后，混合粉料再重新通过粉磨机。将筛过的粉料置于螺条式混合机内，边搅拌边喷入预先熔化好的呈液态的组分B，搅拌5h，待冷却后喷入香精。然后，通过造粒机造粒，再通过粉磨机，并通过25目筛。冷却后通过40目筛，在筛分过程中需确保不发热，不使温度升高，以免造成香精挥发损失。最后将制得的粉料填充在容器内，加压成型，一般加压300kPa即可使粉末压成粉饼。通常在加压成型前，将制得粉料在适当的湿度下存放几天，使粉体内部的气泡容易进出，在压制时粉体不会太干。在干压成型的过程中，一般在开始时加较小的压力，将空气挤出，避免在粉饼内形成气孔。然后在压模离开粉饼表面以前，加压至1000kPa。如果配方合适，粉料加工精良，可直接加压至4MPa，加压成型。

配方3属于湿法制备粉饼，湿法过程是先将着色颜料与粉类原料研磨混合均匀，然后过筛，再添加粘合剂溶液或乳液和香精，再充分混合后，通过60目筛，所得混合物颗粒在室温下或温热空气中干燥（温度不应超过香精挥发性的温度），最后将产品压制成型，放入适当的包装容器内。

第二节 唇　膏

唇膏又称口红，是锭状的唇部美容化妆品。使用唇膏可勾勒唇形，润湿、软化唇部，保护唇部不干裂，属使用极为普遍、消费量极大的化妆品类型。唇膏类美容化妆品的主要功能是赋予嘴唇以色调，强调或改变两唇的轮廓，显示出更加有生气和活力。

唇膏的作用有以下几方面。

①使用唇膏可赋予女性嘴唇以诱人的色彩和美丽的外貌。

②唇膏可突出嘴唇的优点，掩盖其各种缺陷，如唇膏可使窄的不调和嘴唇变宽，使宽的肉感型嘴唇显得窄小。如适当地使用唇膏，还能改变整个面部外形。

③采用油性唇膏，能赋予嘴唇湿润的外观，同时还能产生软化作用。

④现有专门用于防止嘴唇干裂的五色防裂唇膏，这种唇膏适宜于男女老幼，是一种理想的保护嘴唇用品。现还有在唇膏中添加了防晒剂，保护嘴唇免受紫外线的伤害。

唇膏类化妆品是直接应用于嘴唇，嘴唇是面部皮肤的延伸，在口腔内与黏膜相连。其角质层比一般皮肤薄，且又无毛囊、皮脂腺、汗腺等附属器官，但有唾液腺。两唇角质层不仅薄，而且连颗粒层也薄，所以，颗粒层中的颗粒及黑色素皆已不存在，以致真皮乳头的毛细血管呈现出透析红色，两唇显出红润。根据唇部皮肤的特点和唇部美容化妆品的功能，唇部用品应该具备如下必要的特征。

①绝对无毒和无刺激性，唇膏最易随着唾液或食物进入体内，若有毒性，会危害健康，因此，唇膏所用原料应是可食用的（食品级原料）。嘴唇与口腔黏膜相靠近，它对刺激相当敏感，如接触香料中的醛和酮类成分，可能会引起水泡或发炎。着色剂（染料、色淀和颜料）的重金属含量比一般化妆品着色剂要低。

②具有自然、清新愉快的味道和气味，一般唇膏使用食品香料，令人产生可食的舒适感或清爽感，同时长期使用，也不致有厌恶感。

③外观诱人，颜色鲜艳和均匀，表面平滑，无气孔和结粒。涂抹时平滑流畅，不发生溶合，不与水分发生乳化而脱落，有较好的附着力，能保持相当的时间，但又不至于很难卸妆除去。

④质量稳定，不会因油脂和蜡类原料氧化产生异味或“发汗”等，也不会在制品表面产生粉膜而失去光泽。在保管和使用时不会折断、变形和软化，能维持其圆柱状，也不会成片、结块和破碎，有较长的货架寿命。

⑤无微生物污染。

一般来说，从色彩上唇膏大致分为三种类型，即原色唇膏、变色唇膏和无色唇膏；从功用上可分为滋润型、防水型、不沾杯型和防晒型。

①原色唇膏是最普遍的一种类型，有各种不同的颜色，常见的有大红、桃红、橙红、玫红、朱红等，由色淀等颜色制成。为增加色彩的牢附性，常和溴酸红染料合用。现代唇膏的色彩更强调衍生出来的各种中间色，且向深色（棕、紫）调发展，甚至出现绿、蓝色调。另外，原色唇膏中经常添加具有异常光泽的珠光颜料，称为珠光唇膏，涂擦后唇部可显现闪烁的光泽，充满青春的魅力，能提高化妆效果。

②变色唇膏内仅使用溴酸红染料而不加其他不溶性颜料，将这种唇膏涂擦在唇部时，其色泽立刻由原来的淡橙色变成玫瑰红色，故称为变色唇膏。变色唇膏的着色剂只有溴酸红染料（四溴荧光素），其色泽是淡橙色，由于它的酸碱度与唇部皮肤不同，而皮肤有自动调节酸碱度的能力。所以，当这种唇膏接触唇部后，其酸碱度达到唇部酸碱度时，其色泽即刻由淡橙变成玫瑰红色。

③无色唇膏则不加任何色素，其主要作用是滋润柔软嘴唇、防裂、增加光泽。

④乳化体唇膏是传统唇膏，主要是以油、脂、蜡等油性原料为主体，即为不含水的油性唇膏。但近来从唇膏对嘴唇的护肤作用和唇部的湿度平衡考虑，研制出了由油性原料、着色剂配合水、保湿剂及乳化剂，经过乳化作用而制得的乳化唇膏。这种乳化唇膏含有水分和保湿剂，对唇部皮肤具有一定的保湿和护肤作用。乳化唇膏是W/O型乳化体，当唇膏的水分挥发后，其光泽会受到一些影响。

⑤防水唇膏中添加了具有抗水性的硅油成分，涂布后可形成防水性的薄膜，以减轻因饮水（饮料）时唇膏脱落。

一、唇膏的组成

唇膏的基质组分主要包括：着色剂、油脂和腊类、香精和防腐剂等，代表性原料及功能见表14–3。

表14–3　唇膏的基本配方组成

组分		代表性原料	主要功能
着色剂	溶解性颜料	二溴荧光素、四溴荧光素、四溴四氯荧光素	着色性
	不溶性颜料	炭黑、氯氧化铋、云母钛、鸟嘌呤、铝粉	
	珠光颜料	云母–二氧化钛、氧氯化铅	
油脂和蜡		精制蓖麻油、可可脂、羊毛脂及其衍生物、鲸蜡、鲸蜡醇、单硬脂酸甘油酯、肉豆蔻酸异丙酯、地蜡和精制地蜡、巴西棕榈蜡、蜂蜡、小烛树蜡、凡士林、卵磷脂、蜡状二甲基硅氧烷	溶解颜料、滋润
其他添加剂		泛醇、磷脂、维生素A、维生素E、防晒剂	保湿、防裂、防晒
香精		玫瑰醇和酯类、无萜烯类	赋香性

二、唇膏的基质组分

唇膏是由油、脂和蜡类原料溶解和分散色素后制成的，油、脂、蜡类构成了唇膏的基体。其主要原料由着色剂和油、脂、蜡类组成，还通常加入香精和抗氧剂。

（1）着色剂　着色剂或称色素，是唇膏中最主要的成分。在唇膏中很少单独使用一种色素，多数是两种或多种色素调配而成。唇膏中的色素分为可溶性染料、不溶性颜料和珠光颜料三类，其中可溶性染料和不溶性染料可以合用，也可单独使用。

可溶性染料通过渗入唇部外表面皮肤而发挥着色作用。应用最多的可溶性着色染料是溴酸红染料，它是溴化荧光素类染料的总称，有二溴荧光素、四溴荧光素、四溴四氯荧光素等。溴酸红染料能染红嘴唇，并有牢固持久的附着力。现代的唇膏制品中，色泽的附着性主要是依靠溴酸红。但溴酸红不溶于水，在一般的油、脂、蜡中溶解性较差，要有优良的溶剂才能产生良好的着色效果。

不溶性颜料是一些极细的固体粉粒，经搅拌和研磨后，混入油脂、蜡类基质中。这样的唇膏涂敷在嘴唇上能留下艳丽的色彩，并赋予一定的遮盖力。不溶性颜料包括有机颜料、有机色淀颜料和无机颜料。唇膏使用的不溶性颜料主要是有机色淀颜料，它是极细的固体粉粒，色彩鲜艳，有较好的遮盖力，经搅拌和研磨后，加入油脂、蜡基质中。但有机色淀的附着力不好，需要和溴酸红染料并用。无机颜料中二氧化钛是常用品种，可使唇膏产生紫色色调和乳白膜。

珠光颜料中多采用合成珠光颜料，如氢氧化铋、云母-二氧化钛膜等，随膜层的厚度不同而显示不同的珠光色泽。云母-二氧化钛膜对人体及皮肤无毒、无刺激性，产品品种有多种系列。

（2）油脂、蜡类　油脂、蜡是唇膏的基本原料，含量一般占90%左右。各种油脂、蜡用于唇膏中，使其具有不同的特性，以达到唇膏的质量要求，如粘着性、对染料的溶解性、触变性、成膜性以及硬度、熔点等。

制备唇膏常用的油脂、蜡类原料有以下13种。

①蓖麻油（castor oil）：蓖麻油从蓖麻种子中挤榨而制得，为无色或淡黄色透明黏性油状液体。其相对密度0.950~0.974（15℃），酸值<4.0，皂化值176~187，碘值80~91，折射率n_D^{25}1.473~1.477。

蓖麻油对皮肤的渗透性较羊毛脂差，但优于矿物油。因为蓖麻油相对密度大、黏度高、凝固点低，它的黏度及软硬度受温度的影响较小，可作为口红的主要基质原料，使其外观更为鲜艳、黏性好、润滑性好，同样也可用于膏霜、乳液中。蓖麻油是唇膏中最常用的油脂原料，可赋予唇膏一定的黏度，以增加其黏着力，还对溴酸红染料有较好的溶解性，但与白油、地蜡的互溶性不好。其用量一般为12%~50%，以25%较适宜，不宜超过50%，否则易形成黏稠油腻膜。它的缺点是有不愉快的气味和容易产生酸败，因此原料的纯度要求较高，不可含游离碱、水分和游离脂肪酸。

②橄榄油（olive oil）：橄榄油在口红中可用来调节唇膏的硬度和延展性，具体性质参见第七章第二节一、（一）（1）橄榄油。

③可可脂（cocoa butter）：可可脂是从可可树果实内的可可仁中提取制得的。其相对密度0.945~0.960（15℃），酸值<4.0，皂化值188~202，碘值35~40，熔点32~36℃。因其熔点接近体温，可在唇膏中降低凝固点，并增加唇膏涂抹时的速熔性，可作唇膏优良的润滑剂和光泽剂。其用量一般为1%~5%，最高的用量一般不超过8%，过量则易起粉末而影响唇膏的光泽性并有变为凸凹不平的倾向。

④无水羊毛脂（lanolin）：羊毛脂是从羊毛中提取的一种脂肪物，它分为无水羊毛脂和有水羊毛脂。无水羊毛脂的酸值<1.0，皂化值88~110，碘值18~36，熔点38~42℃。

羊毛脂是哺乳动物的皮脂，其组成与人体的皮脂很接近，对人体的皮肤有很好的柔软、渗透及润滑作用，同时具有防止脱脂的功效，是制造膏霜、乳液类化妆品及口红的重要原料。无水羊毛脂应用于口红中具有良好的兼容性、低熔点和高黏度，可使唇膏中的各种油、蜡粘合均匀。羊毛脂对防止油相的油分析出及对温度和压力的突变有抵抗作用，可防止唇膏发汗、干裂等。羊毛脂还是一种优良的滋润性物质，与蓖麻油一样，均是唇膏不可缺少的原料。由于羊毛脂气味不佳，其用量不宜过多，一般为10%~30%，现也多采用羊毛脂衍生物以避免此缺点。

⑤鲸蜡和鲸蜡醇（spermaceti wax & cetyl alcohol）：鲸蜡是从抹香鲸、槌鲸头盖骨腔内提取的一种具有珍珠光泽的蜡状固体，呈白色透明状。其相对密度0.940~0.950（15℃），酸值<1.0，皂化值120~130，碘值<4.0，熔点42~50℃。鲸蜡醇又名十六醇或正棕榈醇，为白色半透明结晶状固体，其熔点为49℃。

鲸蜡的主要成分是鲸蜡酸、月桂酸、豆蔻酸、棕榈酸、硬脂酸等，可应用于膏霜及唇膏中。因鲸蜡的熔点低，在唇膏中可增加触变性，但不增强唇膏的硬度。鲸蜡醇是一种良好的助乳化剂，对皮肤具有柔软性能，可应用于乳液、唇膏中。它在唇膏中具有缓和作用并可溶解溴酸红染料，但因可使唇膏涂敷后的薄膜形成失光的外表面而不被重用。

⑥单硬脂酸甘油酯（glyceryl monostearate）：简称单甘酯，为纯白色至淡乳色的蜡状固体。其酸值<15，皂化值150~180，碘值<3.0，熔点58~59℃。

单甘酯是W/O型乳状液的乳化剂，可应用于膏霜及唇膏中。它在唇膏配方中对溴酸红染料有很高的溶解性，且具有增强滋润和加强骨干的作用。

⑦肉豆蔻酸异丙酯（isopropyl myristate）：化学名称是十四酸异丙酯，简称IPM，其相对密度0.847~0.853，酸值<1.0，皂化值205~212，碘值<1.0，凝固点<9℃。

肉豆蔻酸异丙酯具有良好的延展性，与皮肤相容性好，能赋予皮肤适当油性，不易水解与腐败，对皮肤无刺激，被广泛应用于护发、护肤及美容化妆品中。肉豆蔻酸异丙酯可以作为唇膏的互溶剂及滑润剂，可增加涂抹时的延展性，用量约为3%~8%。

⑧精制地蜡（ozokerite wax）：具体性质参见第七章第二节一、（二）（4）地蜡。二级品地蜡在唇膏中作为硬化剂，有较好的吸收矿物油的性能，可使唇膏在浇注时收缩而易于脱出，但用量过多，则会影响唇膏表面光泽。

⑨巴西棕榈蜡（carnauba wax）：巴西棕榈蜡是从南美巴西的棕柏树叶浸提而制得的。其相对密度0.990~0.999，酸值2~9，皂化值79~88，碘值8~14，熔点83~86℃。

巴西棕榈蜡为高熔点的质硬而脆的不溶于水的固体，是化妆品原料中硬度最高的一种，与蓖麻油等油脂类原料的相容性良好，广泛用于唇膏和膏霜类化妆品中。它在唇膏中作硬化剂，用以提高产品的熔点而不致影响其触变性，并赋予光泽和热稳定性，因此对保持唇膏形体和表面光亮起着重要作用。其用量在1%~3%，一般不超过5%，过多会引起唇膏脆化，也可通过加入蜂蜡得以缓和。

⑩蜂蜡（bees wax）：具体性质参见第七章第二节一、（一）（4）蜂蜡。蜂蜡用于唇膏能提高唇膏的熔点而不明显影响硬度，具有良好的兼容性，可辅助其他成分成为均一体系，并同地蜡一样，可使唇膏容易从模具中脱出。

⑪小烛树蜡（candelilla wax）：小烛树蜡是从小烛树的茎中提取而得到的，是一种淡黄色半透明或不透明固体。其相对密度0.982~0.986，酸值11~19，皂化值47~64，碘值19~44，熔点65~69℃，不皂化物47%~50%。

小烛树蜡的主要成分是碳氢化合物、高级脂肪酸和高级羟基醇的蜡酯、游离高级脂肪酸、高级醇等，较易乳化和皂化。小烛树蜡一般用于口红中，可用作蜂蜡和巴西棕榈蜡的代用品，用以提高产品热稳定性，也可作为软蜡的硬化剂。

⑫凡士林（vaseline）：具体性质参见第七章第二节一、（二）（2）凡士林。凡士林在

唇膏中的用量不宜超过20%，以避免阻曳现象。

⑬白油（mineral oil）：白油可用作唇膏的润滑剂，但常会影响产品的黏着性及附着力，遇热还会软化，析出油分，使用逐渐减少。具体性质参见第七章第二节一、（二）（1）液体石蜡。

（3）香精　唇膏的香料，既要芳香舒适，又需口味和悦，还要考虑其安全性。消费者对唇膏品种的喜爱与否，制品的口味是其中很重要的因素。因此，对唇膏的香料要求是：既要完全掩盖脂蜡的气味，还要体现淡雅的清香气味，可被消费者普遍接受。许多芳香物会对黏膜产生刺激，不适宜用于唇膏中；有苦味和不适口味的芳香物，极易产生身体的不良反应。唇膏经常使用一些清雅的花香、水果香和某些食品香料品种，如橙花、茉莉、玫瑰、香豆素、香兰素、杨梅等。香精在唇膏中的用量约为2%~4%。

三、唇膏的配方示例及制备工艺

表14-4主要列举了珠光唇膏、普通唇膏及变色珠光唇膏的配方示例。

表14-4　　唇膏配方

组分	配方1（珠光唇膏）质量分数/%	配方2（普通唇膏）质量分数/%	配方3（变色唇膏）质量分数/%
蓖麻油	42.0	45.0	45.0
羊毛脂	8.0	10.5	27.0
硅油	2.0	—	3.0
单硬脂酸甘油酯	9.0	—	5.0
肉豆蔻酸异丙酯	6.0	—	—
巴西蜡	4.0	—	6.0
蜂蜡	18.0	7.0	9.0
鲸蜡醇	2.0	—	—
云母/二氧化钛	3.0	—	—
地蜡	—	—	—
棕榈酸异丙酯	—	7.0	8.0
聚乙二醇	—	7.0	—
二氧化钛	—	10.0	—
可可脂	—	—	4.0
颜料	3.0	10.0	—
溴酸红	—	1.0	0.2
抗氧化剂	适量	—	适量
香精	适量	适量	适量
防腐剂	—	适量	—

唇膏的制备主要是将着色剂分布于油中或全部的脂蜡基中，成为细腻均匀的混合体系。将溴酸红溶解或分布于蓖麻油中，或配方中的其他溶剂中。将蜡类放在一起熔化，温度控制在比原料最高熔点的略高一些。将软脂及液体油熔化后，加入其他颜料，经研磨机（如胶体磨）磨成均匀的混合体系。然后将上述三种体系混合再研磨一次，当温度下降至约高于混合物的熔点5~10℃时，即进行浇注，并快速冷却。香精在混合物完全熔化时加入。

颜料容易在制备过程中出现在基质中的聚集结团现象，较难分布均匀。为此，通常先将颜料以低黏度的油浸透，然后再加入较稠厚的油脂进行混合，并通常在油脂处于较好的流动状态下（约高于脂蜡基的熔点20℃）趁热进行研磨，以防止在研磨之前的颜料沉淀。此时研磨的作用并非是使颜料颗粒加细，而主要是使粉体分散。

膏料中如混有空气，则在制品中会有小孔。在浇注前通常需加热并缓慢搅拌以使空气泡浮于表面除去或采取真空脱气方法，排出空气。

第十五章　高新技术化妆品

随着科学技术的进步，在以分子生物学为基础的现代皮肤生理学逐步揭示了皮肤受损伤及衰老机理的同时，很多新型技术应用于化妆产品中，能更好地降低化妆品原料的过敏性，使有效成分更好地发挥作用，推动了化妆品科学的发展。

目前应用于化妆产品中的新型技术主要有：脂质体技术、微胶囊技术、聚合物微球载体技术、纳米微球载体、多重乳状液、微乳液、固体颗粒乳化剂及液晶化妆品等。

第一节　缓 释 载 体

缓释载体又称控制释放剂、延效制剂或长效制剂。它是指用适当的方法延长药物在人体中的吸收、分布、代谢和排泄过程，从而达到延长药效目的的制剂。当药物或活性物涂敷于皮肤上，开始时浓度较高，很快达到峰值，经较短时间后，浓度很快下降至较低的谷值。药物或活性物浓度峰值和谷值的急剧变化不仅降低了它们的利用率，而且会引起一些副反应，如刺激性、致敏性等。近年来，缓释制剂在化妆品中得到了广泛应用。化妆品用缓释制剂与药物的控制释放制剂不同，它主要是透过皮肤的缓释制剂，包括脂质体、胶囊、微胶囊和聚合物微球载体和纳米微球载体（纳球）等。

一、脂质体化妆品

20世纪60年代，英国剑桥大学Bangham教授发现了磷脂在水溶液中可形成一种脂质双分子层的封闭囊泡，他将这种囊泡命名为“脂质体”。脂质体是一种封闭的双分子层（或单分子层）膜的空心小球，它由磷脂组成，能将活性成分密封在它的结构中。由于磷脂是细胞膜的主要成分，因此脂质体在结构上类似于人体细胞，对人体细胞具有高度的亲和性。脂质体的组成成分主要是天然形成的磷脂，如磷脂酰胆碱（PC）、磷脂酰乙醇胺（PE）、磷脂酰丝胺酸（PS）、磷脂酰甘油（PG）、磷脂酸（PA）及其他两亲性分子的混合物。脂质体主要应用在两个方面：一是在医药中作为免疫佐剂及药物载体；二是在美容化妆品中作为保湿剂及营养物质载体。

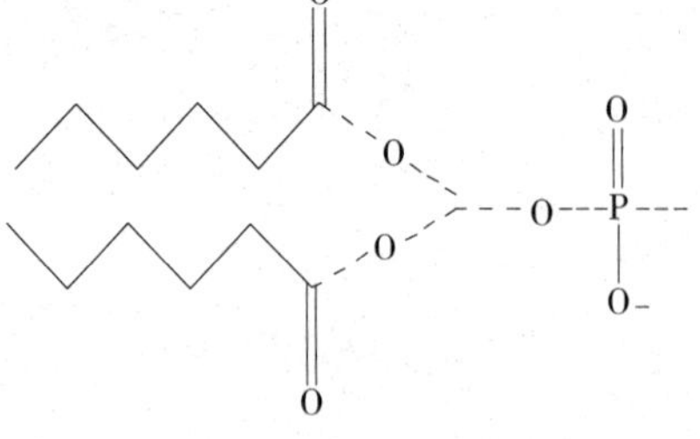

图15-1　卵磷脂的结构式

近年来脂质体被应用于化妆品生产中。脂质体是由类脂组成的双分子层的空心小球，类脂是一种天然表面活性剂，具有独特的亲水亲油结构。例如卵磷脂的结构式（见图15-1），在水中为保持亲油亲水平衡处于稳定状态而形成一个定向排列的磷脂双分子链结构，其亲油基向内而亲水基向外，它的亲水外表面可以吸附水、尿、血浆、蛋白等其他亲水性物质。根据磷脂的具体组成，磷脂双分子链可以不带电，也可能带正、负电荷。采用不同方法制备出的脂质体有三种基本结构，即多层大囊（MLV）、单层大囊（LUV）和单层小囊（SUV），见图15-2。多层大囊是由多个双分子磷脂链组成，其直径一般为0.4~3.5μm；单层大囊由一个双分子磷脂链组成的圆形封闭结构，脂质体的直径为0.1~1.0μm；而单层小囊是由一个较短的双分子磷脂链形成的环形结构，直径只有20~80nm。各种脂质体的性质见表15-1。

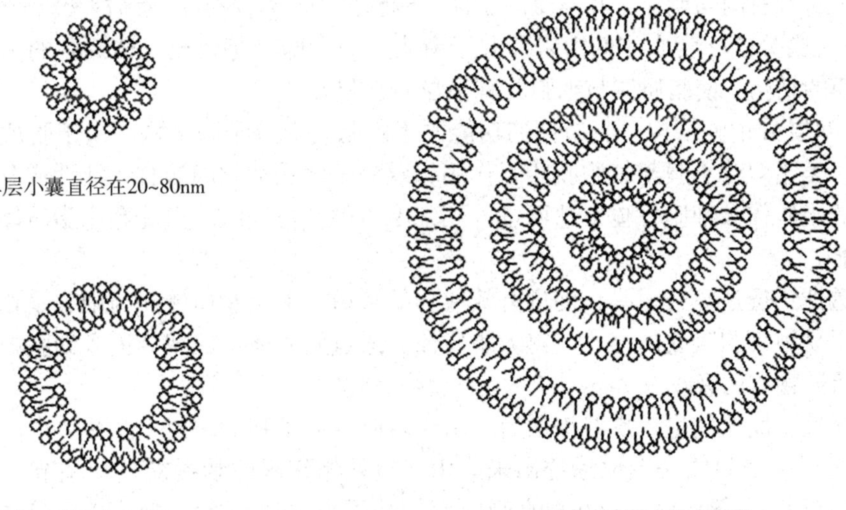

图15-2　脂质体的三种基本结构

表15-1　各种脂质体的性质

类　型	优　点	缺　点
多层大囊脂质体（MLV）	贮留体积较大，贮留效率高，稳定性较好	形状和大小不均匀，难于容纳聚合物，难于有效地将内容物传送给细胞
单层小囊脂质体（SUV）	形状和大小均匀（20~80nm）	贮留的有效体积小，难于容纳聚合物，脂质体中容易发生再熔融
单层大囊脂质体（LUV）	可容纳聚合物，贮留体积大，贮留效率高	大小不均匀

脂质体是一种人工制备的类脂质小球体，由一个或多个酷似细胞膜的类脂双分子层包囊着水相介质组成，构成双分子层类脂的亲水性部分形成膜的内外表面，而亲脂性的尾端部分处于膜的中间，膜壁厚度约为5~7nm，而囊的直径一般在25~500nm之间。在脂质体双分子磷脂链内部由于长链烃基亲油基有疏水性，所以非极性的亲油分子易于与之结合，因此油性分子往往被结合到双分子磷脂链的内部，而亲水性分子往往与双分子磷脂链外部的亲水基有很好的结合力，因此亲水的极性分子常结合在磷脂分子链的外部或两个双分子磷脂链之间。所以，脂质体既可以作油溶性分子也可以作水溶性分子的包覆载体，将脂溶性物体或水溶性物体的溶液与脂质体水溶液混合搅拌就可完成包覆。

纳米脂质体药物载体具有以下优点：由磷脂双分子层包覆水相囊泡构成，生物兼容性好；对所载药物有广泛的重要性，水溶性药物载入内水相，脂溶性药物溶于脂膜内，两亲性药物可插于脂膜上，而且同一个脂质体中可以同时包有亲水性疏水性药物；磷脂本身是细胞膜成分，因此纳米脂质体注入体内无毒，生物利用度高，不引起免疫反应；保护所载药物，防止体液对药物的稀释和被体内酶的分解破坏；纳米粒子将使药物在人体内的传输更为方便。

（一）脂质体的功能

脂质体所具有的功能在于其本身的特性：磷脂分子、双层分子膜结构和脂质体内容物。

（1）磷脂分子　脂质体的由来即源于磷脂，而磷脂又是构成人体细胞的重要成分，尤其是细胞膜的结构，使脂质体与细胞具有很强的亲和力。

（2）双层分子膜结构　脂质体的功能源于磷脂的双分子膜结构。由于脂质体与细胞膜结构相似，类脂双分子膜与细胞膜相互作用，双分子膜和细胞膜溶合，活性成分被释放，吸收或完整的脂质体被细胞吞噬，然而进入到细胞质中，再吸收，由此利用脂质体便可以达到下面的功能。

①渗透性：透过双分子膜，促进有效成分的渗透。由于脂质体能与细胞膜相互溶合，因此可以把不易被细胞吸收的物质包封入脂质体，透过脂质体这一载体进入细胞内部，以此促进细胞对活性物质的吸收。

②缓释性：脂质体进入皮肤深层后，由于磷脂双分子膜的包封，脂质体内的物质不可能一下子释放出来，只能缓慢地渗透出来。由于机体组织吸收快慢能自动调节，因此可以延长细胞吸收活性成分的时间，并提高吸收率。如果包封的是保湿剂，则可使皮肤长时间保持滋润。

③稳定性：由于包封作用，提高了某些被包封成分的稳定性，以免使这些物质在进入细胞之前被氧化或自行分解，从而提高这些物质的利用率。使用脂质体作为载体可以减少被包封物质对皮肤的刺激性。

④导入性：脂质体进入人体内具有一定的靶向性，如脂质体进入人体内有趋向肝脏的特点，因此脂质体药物有重要的意义。

（二）脂质体对皮肤的作用

脂质体作为一种载体，它具有可同时携带水溶性和脂溶性的活性成分与营养物质的特性，而它与一般载体不同的是，脂质体的双分子结构和膜材料（磷脂等）本身就有着特殊作用，使得脂质体化妆品更具功能性。可以认为脂质体对皮肤有以下几种作用。

（1）吸附　吸附是脂质体作用的开始。在适当的条件下，脂质体通过静电疏水作用，非特异性吸附到细胞表面，或通过脂质体的特异性配体与细胞结合而吸附到细胞表面。吸附在细胞表面的脂质体仅在蛋白溶解酶的作用下才能与细胞脱离，吸附使细胞周围的包封物的浓度升高，这样包封物可慢慢渗透到细胞内部。体外实验以电子显微镜观察发现，在接近或低于脂质体脂质双分子层相变温度时，流动低的脂质体可稳定吸附到培养的细胞表面，这种作用是依赖于温度的。在吸附机制方面，属于普通物理吸附现象，受两者粒子的大小、密度和表面电荷等因素的影响。

（2）保湿作用　当磷脂类脂质体化妆品涂于皮肤表面后，磷脂轻度键合到角质层的角蛋白上，使皮肤有一种舒服的自然感觉。磷脂所形成的一层膜使皮肤表面具有亲油性，该膜不能用水除去，具有轻微的封闭作用，降低了透过皮肤水分的损失，提高了皮肤作为阻挡层的功能。磷脂与角蛋白的亲和力较强，易引起一些脂质体的破损，这种较强的相互作用同样也可在皮肤角质层与其间的磷脂类脂质体间发生。由角蛋白、脂质体形成一些双层结构络合物而作为“细胞间胶质”，这些细胞间胶质起着重要的阻挡作用，并对渗透皮肤的水分损失有不均衡的影响。

（3）接触释放　脂质体与细胞接触引起脂质体通透性的增加，脂质体包封物“接触释放”，这样释放的包封物在细胞膜附近形成较高浓度。脂质体可包覆油溶性和水溶性的各种活性成分和营养物质，经穿过皮肤而渗透至皮肤深处，被包覆的有效成分在表皮、真皮内沉积而形成“储存库”，在细胞内外直接、持久地发挥各种作用，从而实现对皮肤的润湿、防皱、抗衰老、祛斑、防粉刺及多种对皮肤的保养美容等作用。如包覆透明质酸的脂质体化妆品，对皮肤具有极好的保湿、滋润作用，使皮肤光滑、细腻、富有弹性；包覆维生素C、维生素E脂质体化妆品，有强的抗氧化能力，可直接进入皮肤深处，作用于黑色素细胞，抑制黑色素细胞产生黑色素的功能，有减少皮肤色素沉着、增白、抗皱等作用；包覆了紫外吸收剂的脂质体化妆品，其有效成分在皮肤角质层内分布均匀，除了具有防晒作用外，同时还具有一定的防水性能；包覆各种植物油、活性肽、胶原蛋白等活性成分的脂质体化妆品，具有激活细胞、消炎、改善皮肤的新陈代谢的作用，对皮肤具有良好的美容效果。故在美容行业中，脂质体化妆品使用较多。

（4）融合作用　脂质体中未键接的磷脂可能会进入更深的皮肤层，在那里，细胞膜的磷脂起源物又重新粘结起来，细胞膜很快会把它们吸收，而使细胞膜流态化。已确证含亚油酸和 α-亚油酸的多元不饱和植物磷脂能增加膜的流动性和渗透性，从而大大增加了细胞的代谢作用。脂质体膜与细胞膜的构成成分相似，可将它的膜插入细胞膜的脂质层中而释放出水相包封物到细胞内。一般而言，在制备脂质体时，在膜中掺入融合剂，如溶血卵磷脂、聚苯乙烯，其中表面活性剂容易使脂质发生融合，这些材料对细胞有一定的毒性。体外实验证明脂质体可将生物活性大分子，如酶、DNA、MPAN或毒素以细胞融合方式传递到培养细胞内。

（5）脂质交换　脂质体的脂类与细胞膜上的脂类发生交换。其过程是脂质体与细胞先是吸附，然后在细胞表面蛋白的介导下，特异性地交换脂类的极性顶部基团或非特异性地交换酰基链。

（三）脂质体的作用机理

脂质体化妆品的作用机理与经皮肤给药的机理是相类似的。皮肤由表皮、真皮和皮下脂肪组织组成，完整的表皮组织阻止物质透过皮肤，一般认为表皮的角质层是限制物质向内、向外移动的主要屏障。人体皮肤中磷脂以双分子膜的方式存在，它包封着蛋白质、糖蛋白、糖脂和胆甾醇等，这种体系是靠氢键、范德华力等作用力得到稳定的。化妆品用脂质体应最大量地使包封物保留在皮肤中，包封物极易与皮肤表面或内部的蛋白质、碳水化合物和脂类产生缔结作用，被角质层吸收，使脂质体在表皮和真皮内形成药物贮库，形成一个缓控释模型，减少包封物进入血液的量。

脂质体可以作为载体，可促进透皮吸收已被公认。首先，磷脂表面上的键接到角质层的角蛋白上，这一层膜使皮肤具有油性，可降低皮肤表面水分的损失，大多数脂质体是能够借助于磷脂-角蛋白的相互作用和在双层类脂物的间质来起作用的。其次，脂质体中未键接的磷脂可能深入更深的皮层，而由磷脂组成的细胞膜，使其本身粘接起来，并会很快形成细胞膜。第三，在多元不饱和磷脂中化学键合的亚油酸可能提高了皮脂腺的功能，被角质层吸收的磷脂部分水解，一定会产生一些游离亚油酸，并被分布于表皮之中，从而起到改善皮肤的作用。除此之外，由于涂敷后在皮肤表面还留下一层油膜，用水不易洗去，能够阻隔表面水分蒸发，所以经常使用，就会产生抗皱效果。但其详细的作用机理尚未完全阐明。

（四）脂质体的评价和稳定性

脂质体主要应用于药物、疗效化妆品和一般化妆品，它的性能好坏、配伍性和使用环境有关。在评价脂质体产品时必须考虑的因素包括：化学组成（组成中脂质体的类别和有效物）、物理性质（黏度和流变性）、化学和物理的稳定性（抗氧化、热稳定性和光稳定性）、与其他组分的相溶性（其他介质和其他添加剂）、脂质体或其他组分进入皮肤的渗透性、作为药物或化妆品的作用和效能、使用剂量与传统配方的比较等。

一种脂质体能否在某一种介质中稳定存在是首要的问题，脂质体稳定性包括化学稳定性、热和光稳定性。化学稳定性与脂质体组成中脂质类别和结构基团有关。含有聚氧乙烯脂肪醇的分子结构中含有醚键，在pH<5和pH>8时极易水解，但由于皮肤pH为6~7，在一般皮肤制剂中问题并不大。

天然磷脂和油脂对氧化作用较敏感，易被氧化，可配入维生素E、维生素C、维生素A以及它们的衍生物来阻止氧化作用的发生，单独或混合加入均可。也可添加羟基茴香醚（BHA）和丁羟基甲苯（BHT）等合成抗氧化剂。

脂质体分散液的配方要受到与配方中其他组分相溶性的限制，在这方面，重要的组分有表面活性剂、乙醇、丙二醇和乳液组分。表面活性剂对脂质体有极大的影响，它会参与分子层的形成，影响到胶束的形成，改变脂质体的稳定性，基于这一原因，无法将脂质体配入液体皂或香波中。一些脂质体对乙醇和丙二醇相对稳定，可以加入质量分数为10%~20%乙醇或5%~10%丙二醇作为防腐添加剂，可保存质量分数为5%~10%高浓度脂质体的分散液。在脂质体生成后，加入配方的组分和添加剂对其作用应极小或没有影响，这些组分和添加剂对配方也是必需的，如防腐剂、香精和芳香油、黏度调节剂和未被包封的活性组分。如果在脂质体形成后加入高相对分子质量多价物质，它们对脂质体的渗透作用和传递性会有不利的影响。此外，一些溶剂会使被包封的活性物变性，如一些有机溶剂会使胎盘提取液变性。

脂质体的双分子层的脂质的相转变温度T_C对脂质体的热稳定性有较大的影响。一般的稳定剂包括：蓖麻油、豆油、蛋氨酸、丝氨酸、胆甾醇、植物甾醇、酪蛋白、单甘（油）酯和双甘（油）酯等。

磷脂结构内如存在光敏性的基团，在光的作用下，脂质体磷脂会发生聚合作用。具有这种功能的基团有丙烯酰基、甲基丙烯酰基、乙烯基、马来酸、巯基和丁二炔基。由丁二炔基磷脂形成的脂质体在受紫外线的激发聚合后其结构不变，聚合后的渗透性随着沿酰键上可聚合部分的位置不同而功能发生变化。

脂质体的安全性包括脂质体有效物的安全性。大多数实践经验表明，天然磷脂制得的脂质体原料，以非脂质形式大量用于减肥食品、化妆品和药物制造，其产品允许口服、局部施用和静脉注射。

脂质体包封的有效物的剂量应根据有关药物和化妆品法规的规定，在其最大允许用量范围内。但由于脂质体中的磷脂可增加这些有效物的渗透性和靶向性，所以，含有脂质体配方中的有效物的剂量应重新评估，并进行安全性试验。

（五）脂质体的制备

制备脂质体的方法主要有物理分散法和两相分散法。

（1）物理分散法　物理分散法主要有以下两种。

①薄膜成型法：这是脂质体制备方法中最原始而至今仍常使用的一种方法。它是将类脂材料溶解在有机溶剂中，形成囊泡后，在旋转蒸发器上和真空下蒸发溶剂，加入缓冲剂，再加一些小玻璃球以帮助分散，最后形成乳白色的分散液。或者类脂膜形成后，再加水膨胀、水合，并慢慢搅拌而形成脂质体。

②预脂质体法：该法是将类脂干燥到一个多孔的支持体上（如粉状氯化钠、山梨醇或多糖等），然后在搅拌下加入少量水以润湿被粉末包覆的干燥类脂，当支持体溶解后，就形成了一个MLV悬浮液。一般这个过程是一点一点加水，待水蒸发后再加剩余的水，最后形成一个干燥的预脂质体，使用时，加水溶解干燥预脂质体，即成为脂质体的分散液。

（2）两相分散法　这种方法的基本原理是将类脂溶于有机溶剂中，然后将油相与水相接触，同时让溶剂蒸发而形成脂质体。该法又可分为三种类型：溶剂和水可互溶（如乙醇注入法）；溶剂和水不相溶，但水相过量（如乙醚注入法）；溶剂和水不相溶，但溶剂过量（如反相蒸发法）。

①乙醇注入法：将类脂的乙醇溶液通过一个细的针头迅速注入到水溶液介质中，随着乙醇的蒸发而形成脂质体。该法的包覆率低，且乙醇难以除去。

②乙醚注入法：将类脂的乙醚溶液通过一个细的针头慢慢注入到升温的水溶液介质中，形成脂质体。该法包覆率较高且被氧化可能性小，不足的是速度慢，不适合大量制备。

③反相蒸发法：该法是先将类脂溶于乙醚中，然后加水溶性介质以形成油包水乳液，真空下蒸发溶剂，得到了脂质体胶。该法包覆率高，一般40%左右可形成LUV，微粒也较均匀、稳定。

脂质体的制备除了上述所介绍的方法之外，还有超声波法、钙诱导融合法等多种方法。现在国内外许多化妆品原料公司已将脂质体的制备实现了工业化，生产出包覆各种活性物质的脂质体，如SOD脂质体、维生素E脂质体、透明质酸脂质体、精油脂质体等多种脂质体。

（六）脂质体在化妆品中的应用

脂质体化妆品除了具有微胶囊的优越性外，还有其独特的性质。脂质体中的卵磷脂、胆固醇等本身就是天然的表面活性剂，具有良好的亲水性和亲油性，因此可以提高乳液的稳定性。脂质体与皮肤有良好的亲和性，其作用于皮肤表面后，可以不断渗入皮肤并在角质层中积聚，其中的大量不饱和脂肪酸和亲水基组织可分解到角质层中，给皮肤补充必要的脂肪酸，使皮肤不会由于这种酸的不足导致丘疹和黑头增多现象，亲水基则可以润湿角质化的组织。通过这两种作用，可明显提高皮肤的湿度，改善皮肤的粗糙度。脂质体与皮肤角质层中脂类结构相似，都具有双膜结构，因此，可以增强有效成分对皮肤的渗透性，使活性成分可以达到皮肤深层，更有效地被吸收，而膜材类脂却可滞留在皮肤表层和角质层起保湿作用。

正是由于这些优异性能，脂质体在化妆品中的应用已引起人们极大关注，至今欧美已有100多个新型含脂质体的化妆品上市。脂质体的组成和结构决定了它具有其他化妆品载体所没有的特点。

（1）双亲性　脂质体是磷脂分子分散在水中形成的，每一层是脂质双分子层，每层之间被水隔开，在脂质体的水相和脂质体双分子层组成的膜内可以包封多种物质。从实用的观点出发，脂质体作为载体，其价值在于能掺入水溶性的物质和脂溶性的物质，并且掺入方式完全是物理性的，对这些物质的化学性质无任何限制。

（2）长效作用　脂质体作为载体还具有长效作用。实验证明，脂质体及包封药物在血循环中保留时间长，多数要比游离药物长得多。体内动力学研究指出，不同脂质体物在体内存留时间不同，可以从几分钟到几天。

（3）保护作用　实验证明，将一些不稳定、易氧化的药物包封在脂质体中，药物因受到脂质双层膜的保护，在很大程度上提高了药物的稳定性，同时脂质体也增加了药物在体内的稳定性。这是由于药物进入靶区前被包在脂质体内，使药物免受机体酶和免疫系统的分解；当进入靶区后，脂质体和细胞相互作用或被内吞，经溶酶体的作用，使脂质体解体，而释放出药物。就化妆品而言，一些活性物质，如果只是简单地与其他基质混合在一起，由于物质的相互作用、氧化、pH的影响等，许多活性物质尚未使用早已失活。敷于皮肤上后，即使还有活性的活性物质，会很快被风干而失去活性。如果将各种活性物质包封在脂质体中［如维生素C、维生素E、超氧化物歧化酶（SOD）］，既避免了相互作用，又避免了风干失活，还可以防止活性物质的降解与变质，增加稳定性、减小刺激性。将活性物质包裹于脂质体中，既提高稳定性、缓释性，又增加了选择性和通透性。

（4）保湿作用　研究证实脂质体化妆品对皮肤有良好的保湿作用，即使在空载的形式下，脂质体在皮肤深层仍可起到活化细胞和保留水分的作用。

（5）护肤作用　人体的皮肤是由一层致密的细胞构成，细胞膜对大分子生物活性物质是不通透的，使得化妆品中的活性成分难以通过渗透、吸收等生理过程发挥功效。脂质体的类细胞膜结构使它能与人体表皮细胞融合，增加表皮细胞膜的流动性；再加上粒径大小和较好的液态和可变形性，有利于脂质体穿透表皮屏障，使被包封物的有效成分能够进入真皮层中的微循环。脂质体渗入皮肤并在角质层中积聚，与细胞间的脂层发生作用后，其双膜的流动性不断增加，磷脂中的不饱和脂肪酸和亲水基首端组织不断分解到角质层中，不饱和脂肪酸一方面可补充由于某些原因所造成的皮下组织细胞排列的不均；另一方面可减少多余脂肪和毒素在皮肤上的沉积，同时磷脂的亲水基可以润湿角质化的组织。通过以上两种作用的综合，脂质体对皮肤的粗糙度有明显的改善。与未使用脂质体的护肤品相比，其护肤效力强几倍至几十倍。因此，有人称脂质体为皮肤“质子”。

近年来，由于脂质体稳定性的改进，脂质体在化妆品和皮肤制剂中得到了较广泛的应用，各类含有有效成分的脂质体已在市场出售。脂质体在药剂和化妆品制品中的作用主要有：作为药品和化妆品活性组分的传送体系，增加药效和化妆品的效果，储存和保护活性组分（特别是易受氧化和对外界敏感的活性组分），保持其活性，使用时可控制释放；脂质组分（非活性组分）本身的作用。

脂质体可看作是被稳定的胶束，任何对胶束有影响的物质都会影响到含脂质体配方的稳定性。在使用脂质体时，可参考供应商提供的有关配伍方面的信息，但必须进行配方试验，以确保其制品的稳定性。其中，表面活性剂对脂质体稳定性的影响最大，如十六醇磷酸脂、乙氧基化蓖麻油（Cremophor RH 40）、Tween-60、壬基酚聚氧乙烯（9~10）醚（即OP-10）等约在质量分数为0.5%时就会破坏脂质体。防腐剂凯松-CG（Kathon CG）在质量分数为0.005%时也会破坏脂质体。二价阳离子如Ca^{2+}和Mg^{2+}等以及某些香料对脂质体稳定性的影响也较大。

脂质体在添加时，应避免激烈地搅拌混合，最好在最后阶段加入。温度超过50℃将会引起脂质体结构的破坏，在低于40℃时添加较安全，故建议的储存温度为0~25℃。阳光也会使磷脂变黑，产品最好是含紫外线吸收剂，包装最好是乳白色。脂质体产品在40℃下稳定保存3个月，二次冷冻融化循环粒子的大小不变化，可认为该产品是稳定的。

二、固体纳米脂质体

近二十年来，脂质体被越来越广泛地应用于化妆品配方。脂质体在包裹和运输活性组分方面具有很好的作用，但在保护所载运的活性组分的化学降解及灵活调解活性组分的释放过程方面却无能为力；而且当脂质体应用于O/W型膏霜乳液配方中时，脂质体在与油相的接触过程中可能会溶解。因此脂质体在配方中的稳定性又是我们必须要考虑的问题，但测定脂质体在配方中的稳定性却不太容易。固体纳米脂质体（Solid lipid nanoparticles，SLN）是20世纪90年代初新开发的一种活性组分载体，这一载体结合了乳化、脂质体及微海绵状载运系统（microsponge delivery system）的优点，可以保护所载运的活性组分的降解，并有目的地控制活性组分的释放过程，避免脂质体的一些弱点。

在20世纪90年代，SLN作为一种新型包裹活性组分的载体引起了很多学者的重视，SLN的研究主要集中于在药物中的应用，如口服或注射药品。但在最近七年的时间里，由于SLN对典型活性组分的包裹及输运，且护肤产品比药品可以快速地投放到市场上，SLN被很快地应用到护肤产品的典型配方中。

（一）固体纳米脂质体的制备

固体纳米脂质体主要是由油酯与表面活性剂在一定的条件下制备，形成的一种固体微粒结构，活性组分在制备过程中以一定的形式嵌于这一微粒结构中。SLN的结构不仅决定了活性组分在皮肤表面的作用方式、作用时间，而且SLN自身的结构也增强了化妆品本身的性能，如保湿、防晒等。

固体纳米脂质体可以通过三种方式制备：

（1）高压均质技术　将含油酯的油相加热溶解后与活性组分初步分散在表面活性剂溶液中，然后在高温高压下均质。例如，二十二酸甘油酯在85℃下溶解，再加入辛酸/癸酸三甘油酯及维生素A，将热油相分散在表面活性剂溶液进行预混，然后将预混物料在50MPa（500bar）及85℃下重复均质三次，在冷却过程中形成固体纳米脂质体结构。

（2）微乳技术　将甲氧基肉桂酸辛酯及吐温80分散于熔化了的蜂蜡中，然后加入到温水中（60℃），于室温下制备成微乳液，最后经水冲洗三次形成微球（粒径在250nm左右）。

（3）溶剂乳化扩散技术　单甘酯溶解于苯甲醇或丁基乳酸盐的饱和水溶液中，在47℃左右均质乳化，在初始乳化阶段，通过快速加入水使溶剂分散至连续相，搅拌1h后制得SLN悬浮液（粒径在500nm左右）。

（二）固体纳米脂质体在化妆品中的应用

由不同制备方式制得的SLN载运系统，有不同的性能。SLN应用于化妆品配方中主要功能有以下几方面：

（1）渗透作用　对于功能型护肤产品，最主要的是活性组分能粘附在皮肤上并渗透进皮肤较合理的位置，即活性组分在皮肤上既有渗透性又不可渗透得太深，渗透得太深会引起药理作用。配方的化学组成是影响活性组分渗透程度的主要因素，所形成膜的性质影响了皮肤的水合性能。小粒径的SLN与皮肤角质层有很好的亲和性，能有效地将活性组分输送并渗透进角质层，使得活性组分有效地作用于皮肤的深层细胞。由此，可以制备一些含营养、疗效成分的功能型护肤产品，使活性组分能有效地发挥其功效性。

（2）保湿作用　小颗粒物质之间有很强的粘附性，而这种粘附性随粒径的减小而增强。小粒径的SLN之间的粘附力使得其在皮肤上形成一层膜，这种膜具有很好的闭合性。粒径小于400nm的SLN在皮肤上可以形成很好的闭合（occlusion）体系，可增强皮肤的水合作用，应用于各种护肤产品中提高了配方的保湿性能。

（3）稳定作用　活性组分嵌于SLN微孔结构中后，可降低活性组分的化学降解性能从而增强其稳定性。因此，通过SLN微孔结构的包裹，可以将一些不稳定的活性组分应用于配方中，如维生素A、维生素E等。

（4）缓释作用　SLN可以有目的地控制所包裹活性组分的释放过程。将SLN应用于香水体系，有望开发出香气持久的香水配方。将SLN应用于防蚊剂中，SLN可以很好地粘附于皮肤上，使避蚊胺从SLN中持续释放出来，可以有长时间的防蚊作用。

（5）防晒作用　在防晒产品中所用到的防晒剂主要有化学防晒剂及物理紫外屏蔽剂，对于化学防晒剂的副作用主要是光敏反应及光线损害效应；少量的物理紫外屏蔽剂（如二氧化钛）也可能渗透到皮肤内部，与免疫系统发生作用。SLN有UV阻隔潜能，可以作为一种物理防晒剂，同时可以包裹化学防晒剂起到协同增效作用，并降低对皮肤的刺激性，以实现更好的光保护作用。SLN应用于防晒配方中，可以制得低刺激性、高防晒性能的产品。

三、微胶囊化妆品

微胶囊技术是20世纪60年代开发使用的，是用天然或合成的高分子材料将固体或液体的成分包裹在直径为1~5000μm的小胶囊，超薄壁厚仅10nm。最初的微胶囊技术是在制药工业中作为一种新剂型来使用的，目前，世界著名化妆品产品中，活性成分的传输技术中，新型载体是关键，化妆品传统载体是水和动植物各种油脂，近年来，许多化妆品的添加剂用微胶囊包覆，使产品性能更加优越。

微胶囊化妆品是指以独特的控制释放（缓释）作用为特征的包囊技术。它是指成膜物质将固体、液体和气体物质包覆而成的微小胶囊物（简称微囊），在使用时，根据缓释作用的原理将活性组分按预先希望的速率逐步从微囊中释放出来，其包覆的过程与方法成为微胶囊化（法），也称为微胶囊技术。包覆技术的实现需满足两个条件：一是活性组分必须能包裹在微囊中；二是作为运输媒介的微囊具有适宜的性质以确保包在其中的活性组分在希望的条件下能够释放。微胶囊技术近年来在化妆品行业中得到了广泛的应用。

微胶囊的结构很像鸡蛋，里面的核可以是单核或多核，外面的壳也可以是单壳或多壳。微胶囊中活性组分的释放主要有两个途径：一是微胶囊受到压力或剪切力后，胶囊破碎，活性成分释放出来；另一种是活性组分通过渗透或扩散作用，以一定的速率从微胶囊中逐步释放，其释放速率，受活性组分的性质、胶囊壁和囊外媒介的影响。多种微胶囊的结构见图15-3。

（一）微胶囊的性能

微胶囊的性能主要有以下几方面。

（1）微胶囊有巨大的比表面　由于微胶囊直径很小，虽其表面积不大，但其比表面（表面积与体积之比）可很大，故在一定容器内，由于聚集的微胶囊总个数相当大，就有相当大的总表面积。微胶囊巨大的总表面积对于囊芯材料的释放具有重要意义。

（2）微胶囊可以改变物质的形态特征　将液态物质（或气态物质）微胶囊化后，可得到微细如粉的粒状物质，在外形及使用上具有固体特征，但其内部相仍然是液体（或气体）。微胶囊也可转变物质颜色、气味、质量、体积等，这些特性使微胶囊具有广泛的应用。在化妆品中这些特性亦可得到了充分的应用，如特有色泽和气味的中草药液微胶囊化后，配制到化妆品中，可以制得无色无味的优质化妆品。

（3）微胶囊具有隔离活性成分的特性　微胶囊使被包覆的物质（在化妆品中多是活性物质）免受环境中的湿度、温度、紫外线等的作用，而保持其本身的活性。除此之外，由于微胶囊化后隔离了各组分，故能阻止活性成分（囊芯物质）与其他组分发生化学反应。若体系中含有两种能发生反应的化学成分，将其中之一微胶囊化，再与另一种成分混合时，此时它们是不会发生反应的。而当微胶囊一旦破损，两种化学成分相互接触时，反应即可发生。在配制染发化妆品时，利用微胶囊这一特性，将染发剂与氧化剂两者之一微胶囊化，即可制得使用方便的只有一剂型的微胶囊染发化妆品。

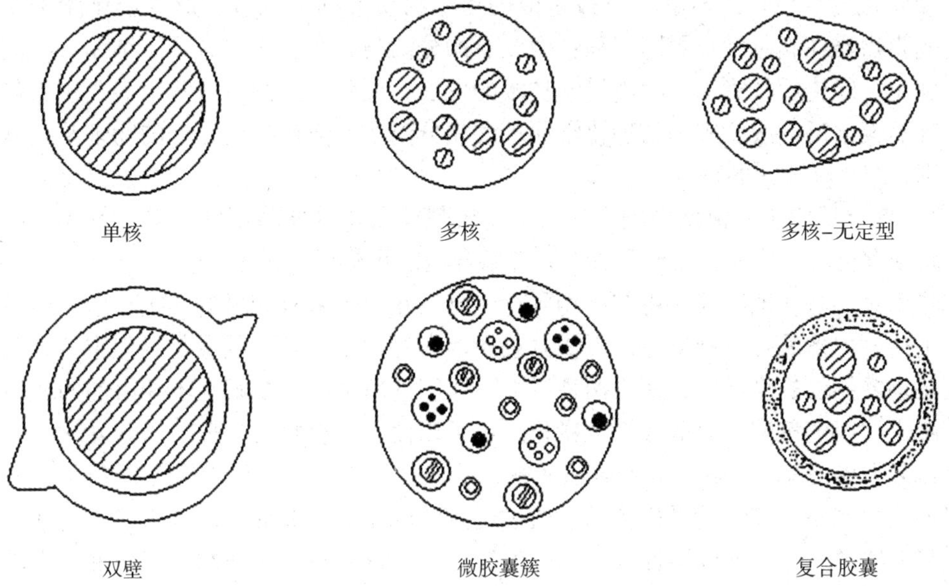

图15–3　多种微胶囊的结构

（4）微胶囊可降低物质的挥发性　易挥发的物质经微胶囊化后，可以抑制其挥发性，因而可延长贮存期，即微胶囊可贮存易挥发物质。如挥发性精油（薄荷油等）是很易挥发的物质，将其微胶囊化后，便可降低其挥发性，可长久保持散发气味。对此，常将微胶囊化的香精、香料应用于化妆品及食品等工业中。

（5）微胶囊可转变物质的光敏性及热敏性　对于具有光敏性和热敏性的物质，经微胶囊化后，由于避免该物质直接与光或热接触，或受到囊膜的阻挡，可以减少光（热）敏性。微胶囊也可降低某些物质的毒性。

（6）微胶囊的释放与渗透特性　在微胶囊的应用中，有时需要胶囊的囊芯物质即刻释放出来，而有时需要芯材以特定的速度经过一段时间逐渐释放出来。

为使微胶囊芯材即刻释放，可借助外界的机械作用（压力与摩擦），光、热的作用，化学作用（介质pH变化，溶剂萃取）及生化（酶）的作用引起囊膜部分的或完全的破坏而完成。微胶囊芯材的逐渐释放，是在囊膜不受损的情况下，通过引起微胶囊内部膨胀而对囊芯物质或囊膜产生压力而实现的。

溶质的渗透速度正比于微胶囊的表面积，而反比于微胶囊的厚度，在微胶囊膜厚相同的情况下，微胶囊粒度愈小（总表面积愈大），渗透速度愈高。微胶囊的渗透性对各种实际应用具有非常重要的意义。根据需要，可制备各种具有特定要求的半渗透性或低渗透性的微胶囊。

（二）微胶囊的制备

微胶囊的制法首先是要把囊芯物质分细，然后再以这些微粒（滴）为核心，使聚合物成膜材料在其上面沉积、涂层，形成一层薄膜，将囊芯微粒包覆，这个过程称为微胶囊化。微胶囊化过程实际上是一个涂膜的过程，即将被涂膜的物质分散至直径以微米计的微粒（滴）后，通过化学、物理方法在其周围涂上一层高分子薄膜。

微胶囊化主要包括的步骤：将被包覆的囊芯物质分细、分散，形成悬浮体系或乳浊体系；使囊膜物质在囊芯微粒周围沉积；微胶囊的分离与收集（靠热凝聚、结晶、沉淀或交联等使囊膜完全硬化后收集）。随着科学技术的发展，微胶囊的制备方法很多，主要包括应用化学原理的聚合反应法、应用物理化学原理的相分离法、应用物理原理的物理及机械法等，下面分别介绍这些方法的特点。

（1）聚合反应法　根据微胶囊化时制备胶囊膜所用的原料不同，聚合方式也不同，因此可以将聚合反应法分为界面聚合法、原位聚合法以及悬浮交联法。

①界面聚合法：该工艺是将芯材物乳化或分散在一个溶有壳材的连续相中，然后在芯材的表面上通过单体缩合聚合反应而形成微胶囊。在界面聚合法微胶囊化过程中，分散相和连续相两者均要能够提供单体，而且两种以上不相容的单体分别溶解在不相溶的两相中。该法可以使疏水材料的溶液或分散液微胶囊化，也可以使亲水材料或分散液微胶囊化。界面聚合法又可以分为界面缩聚法和界面加聚法两种。

界面反应制备微胶囊的过程包括：通过适宜的乳化剂形成油包水乳液或水包油乳液，使水溶性反应物的水溶液或油溶性反应物的油溶液分散进入有机相或水相；在油包水乳液中加入非水溶性反应物，或在水包油乳液加入水溶性反应物以引发聚合，在液滴表面形成聚合物膜；含水微胶囊或含油微胶囊从油相或水相中分离。

②原位聚合法：原位聚合法也是利用聚合原理形成聚合物薄膜而形成微胶囊，它与界面聚合法不同之处在于：界面聚合法中参加聚合反应的单体为两种，一种是油溶性的单体，另一种是水溶性的单体，它们分别位于芯材液滴的内部和外部，并在芯材液滴的界面进行反应，形成聚合物薄膜；而在原位聚合法制备微胶囊化的过程中，单体成分及催化剂是全部位于芯材液滴的内部或者外部，在微胶囊化体系中，单体在单一相中是可溶的，而聚合物在整个体系中是不可溶的，所以聚合反应在芯材液滴的表面上发生。该法可应用于气溶胶、液体、水溶性或油溶性的单体或单体的混合物，亦可采用低相对分子质量的聚合物或预聚物来代替单体。因此，各种各样的材料如均聚物、共聚物、接枝共聚物和嵌段共聚物均可用来构成微胶囊的囊膜。

③悬浮交联法：界面聚合法与原位聚合法均是以单体为原料，并经聚合反应形成壳膜的，而悬浮交联法是以聚合物为原料，即先将线型聚合物溶解形成溶液，然后，当线型聚合物进行悬浮交联固化时，聚合物迅速沉淀析出并形成胶囊壳。

悬浮交联制备聚合物微胶囊极类似于悬浮聚合，主要由三个阶段组成：第一阶段形成液滴，将芯材料在聚合物溶液或熔融物中溶解或分散，将该溶液或分散液加入与聚合物不相溶的液体（悬浮介质）中，在搅拌器、均化器等作用下使两者混合；第二阶段聚合物交联，通过加入交联剂，在适当温度下，在稳定的搅拌混合条件下使得聚合物液滴固化；第三阶段产品回收，通过浮选、过滤或离心的方法回收微胶囊并且用适当的溶剂洗涤并除去残存的稳定剂等物质。

（2）相分离法　相分离过程也称为凝聚过程，根据包囊材料在水中溶解性的不同，可以将相分离法分为水相相分离法和有机相相分离法。对水不溶性固体或液体进行微胶囊化的相分离方法称为水相相分离法；对水溶性固体或液体进行微胶囊化的相分离方法称为有机相相分离法。水相相分离法又可分为单凝聚法和复凝聚法。

①单凝聚法：单凝聚法制备微胶囊是一种以高分子材料为胶囊囊壁材料，将囊芯物分散到囊壁材料的水溶液中，然后加入凝聚剂。由于大量的水与凝聚剂结合，致使体系中胶囊囊壁材料的溶解度降低而凝聚出来，形成微胶囊。其微胶囊化过程可视为连续的三步：被包囊材料分散到壳材料的水溶液中；凝聚层沉析在芯材料周围；凝聚层的胶凝与固化。此方法也用于非水溶性物质的微胶囊化。

②复凝聚法：由两种或多种带有相反电荷的线性无规则聚合物材料作囊壁材料，将囊芯物分散在囊壁材料水溶液中，在适当条件下（包括pH、温度、浓度及电解质浓度），使得相反电荷的高分子材料间发生静电作用。相反电荷的高分子互相吸引后，溶解度降低并产生了相分离，体系分离出的两相分别为稀释胶体相和凝聚胶体相，胶体自溶液中凝聚出来，这种凝聚现象称为复凝聚。在该法中，由于微胶囊化在水溶液中进行的，故芯材料必须是非水溶性的固体粉末或液体。

③油相相分离法：向作为胶囊囊壁的聚合物有机溶剂的初始均相溶液中加入一种对该聚合物为非溶剂的液体，引发相分离而将囊芯物包囊成微胶囊。有机相相分离法制备水溶性物质或水溶液的微胶囊化过程包括两步：将所要包囊的芯材料分散在聚合物溶液中；通过冷却或加入沉淀剂的方法，使得聚合物凝聚、层析在分散的被包囊颗粒的周围。

（3）物理及机械法　物理及机械法主要包括溶剂蒸发或溶液萃取、熔化分散冷凝法、喷雾干燥法以及流化床法等。

①溶剂蒸发或溶液萃取法：该法又称干燥浴法、脱溶剂法、乳液固化法。在该法中，用作胶囊化介质的是水，或者是挥发性油。将壳材料或芯材料的混合物以微滴状态分散到介质中，随后挥发性的分散介质急骤从液滴中蒸发或者被萃取，形成了囊壳，再通过加压、减压、搅拌、溶剂萃取、冷却或冻结的手段将囊壳中的溶剂除去。该工艺一般用于水分散介质中的微胶囊化法。

②熔化分散冷凝法：该法是利用蜡状、脂肪和聚合物溶液等可熔融材料在受热时的独特性质来实现微胶囊化的。一般来说，典型的蜡状物质具有较低的软化点，当这种蜡状物质受热时，会软化并变成液体。当该材料变成液态后，可将芯材料分散到液态蜡中，并形成分散液。当体系冷却时，蜡状壳材料就围绕着芯材料形成固态壳膜，从而产生了微胶囊。该法对水溶性材料的微胶囊化特别有效。

③喷雾干燥法：该工艺是将芯材料和壳材料的溶液合并在一起后，通过喷雾干燥或喷雾冷却技术进行微胶囊化，雾化后的液滴在气流中干燥。在喷雾干燥技术中，首先制备含有膜材的稀溶液，而后将芯材分散于其中形成悬浮液或乳浊液。用泵将此分散液送到含有喷雾干燥装置的雾化器中，分散液则被雾化成小液滴，液滴中所含溶剂迅速蒸发而便于析出形成囊

膜，干燥后即得到微胶囊。

④流化床法：此法又称为空气悬浮喷涂法，是应用流化床的强气流将芯材微粒（滴）悬浮于空气中，而后通过喷嘴将调成适当黏度的膜材溶液涂于悬浮的微粒（滴）表面，提高气流温度而使膜材溶液中的溶剂挥发，则膜材析出形成囊膜，而制得微胶囊。

（三）微胶囊在化妆品中的应用

（1）微胶囊在化妆品中的应用

①定时、缓慢释放：活性成分经微胶囊化后，可以按照要求的速率逐步释放，以达到长效、高效的目的。如防晒剂、芦荟等天然植物包于微胶囊中，利用其缓释功效，可延长活性成分的作用时间。将除臭剂用水溶性高分子材料包裹成微胶囊用于人体后，微囊壁会随着汗液的渗出被破坏，使除臭成分释放出来，其释放速度根据出汗程度而定，从而被高效利用。

②稳定有效成分：如维生素C、维生素E、氨基酸、超氧化物歧化酶（SOD）等活性物质容易受空气、温度等外界条件以及产品配方中其他成分的影响，将其包裹于微胶囊中，可以提高其稳定性。

③减少特殊添加剂对皮肤的刺激：果酸等对皮肤有良好的再生、抗衰老功效，但直接与皮肤接触会对皮肤产生刺激，将其包裹在微胶囊中既防止了对皮肤的刺激，又可以缓慢释放，为皮肤提供持久的保护作用。防晒化妆品中防晒剂对皮肤有刺激作用，日本专利报道可采用明胶做包覆物，制成微胶囊添加在产品中，减少了防晒剂对皮肤的刺激，同时防晒效果不减。

④使不兼容物质在同一体系中存在：如持久性染发剂通常分为两剂，使用前再混合在一起，给包装和使用都带来了不便。利用微胶囊技术将两剂分别用微胶囊包裹，可使它们稳定存在于同一体系中，染发时通过摩擦使囊壁破裂，在头发上发生反应而染发。

⑤遮盖不良颜色和气味：如在化妆品中加入磁性微粒，通过按摩可将皮肤外部死亡细胞及排泄物除去，有很好的健肤效果，但因磁性微粒呈黑色而影响洗面奶、磨砂膏等的外观。可用钛白粉与高分子化合物溶合、包裹成微胶囊，使外观呈白色。

（2）微胶囊技术在应用中的注意事项

①囊壁材料相对于所包裹的活性组分而言，在产品成本中所占的比例极小，要注意选择优化微胶囊生产的方法与途径，避免制造过程造成成本不合理加大，使整个产品成本结构不合理。

②尽可能提高微胶囊的包裹能力。囊壁材料要具备足够好的力学强度，保证囊壁厚度、微囊尺度以及包裹能力的合理加大。微胶囊包裹对介质的条件较敏感，在压力、摩擦、外壳层溶解的影响下包裹膜会被破坏或泄漏，加工过程不适当或基质配方的变化也影响其稳定性。只要包裹膜破裂，其控制释放功能便消失。这些因素都限制了微胶囊在化妆品的广泛应用。聚合物微球胶囊可克服上述缺点，这类体系是以吸附作用为基础的聚合物微球载体。微球载体是一些高分子材料制成的微型海绵状的球体，球体包括或吸附各种不同的药物或活性物，这样构成的释放体系成为微球载体，也称为延时释放球体。

四、聚合物微球载体化妆品

聚合物微球载体化妆品所使用的聚合物包括：甲基丙烯酸共聚物、三醋酸纤维素、聚硅氧烷、角鲨烷、植物甾烷、糖脂、胆甾醇、尼泊金酯类、甘油、胶原、吡咯烷酮羧酸、尿囊素、柠檬酸、维生素A和维生素E、香精、表皮生长因子、细胞吸收因子、着色剂、动物和植物提取物。

聚合物微球载体是海绵状固体，它是不会被侵蚀的、不溶的惰性物质，它吸附的不挥发性的活性物质是依靠溶解和浓差扩散将活性物释放出来。它有一定的机械强度，不会因摩擦和加压而被破坏。微型载体有如下的功能：

①把难处理的液态制剂转变为易于使用的粉末，同时也改进产品的外观特性，特别是一些固体的美容化妆品。

②将一些对介质敏感或不配伍的制剂吸附在球内，使之与介质分隔开，保护这类制剂。

③使活性物较长时间、缓慢地释放至皮肤表面。

④缓慢的低剂量的活性物传输过程，可降低活性物的副反应（如刺激性和致敏作用）。

⑤具有持续释放活性物给皮肤和吸收皮肤分泌物的双重功效，特别适于营养按摩和磨砂膏使用。

各种材料制成的微球载体的球径大小和活性物吸附载量也不同。一般球径为100~2000μm，尼龙微球载体直径5~20μm。活性物吸附载量（质量分数计）：棕榈酸黄芪酯10%，α-泛醇10%，抗坏血酸10%，生育酚醋酸酯12%，二羟基丙酮25%，二甲基硅氧烷5%，甲氧基肉桂酸辛酯20%，透明质酸溶液4%，香精30%。

五、纳米微球载体化妆品

纳米微球载体（纳球）是一种多孔的微粒，直径极小，均为纳米（nm，1nm=10^{-9}m）级，故称为纳球，如直径为100nm，就称为纳球100。纳球的结构呈多孔状，这就增加了球体的表面积，使纳球具有极强的吸附能力，能运载更多的活性物质。纳球结构见图15-4。

纳球球体多由聚合物构成，如聚苯乙烯、聚硅氧烷等聚合体。纳球载入的活性物有透明质酸、硅油、维生素、胶原蛋白、精油等多种营养活性物质。

纳球是一种渗入式的载体，是将活性物质渗入到如海绵似的纳球中，通过扩散机制慢慢地释放，控制其扩散使其在一段时间内持续释放活性物。纳球的这种缓释特性，可使皮肤在一个较长时间内均匀获得其所载的活性物，避免皮肤瞬间负荷过量，引起不可耐受反应和生物平衡失调，从而提高了活性物的有效性。

图15-4 纳球结构

通过对纳球表面涂敷一层低分子聚合物（其厚度仅几个分子），赋予其特殊的化学功能（要求这些化学功能物质不能与活性物质发生反应，还要不影响活性物质的释放），使得纳球只对所选定的目标才释放活性物质，这时纳球即具有定向释放效应。

将纳球应用于化妆品中，其使用部位多是人体的皮肤、头发和指甲等，它们的化学组成主要是蛋白质、角蛋白等。蛋白质中的特殊氨基酸——半胱氨酸是发生化学键合的结构部位，是实现纳球定向释放的靶向目标。

第二节　多重乳状液

多重乳状液也称为复合乳状液，多重乳状液是1925年被Seifriz发现的，但直到1965年人们才开始有目的的制备和研究多重乳状液，多重乳状液是一种O/W型和W/O型的乳液共存的复合体系。

多重乳状液有两种情况，如它的分散相油滴里含有一个或多个水滴，这种含有水滴的油滴被悬浮在水相中形成乳状液，它的外相是水，内相是油滴，但油滴内又含有分散的水滴，这样的体系成为水/油/水（W/O/W）型乳状液；它的分散相也可能是水滴中含有一个或多个油滴，而含有油滴的水滴被悬浮于油相中所形成的乳状液，它的外相是油，内相是水，但水滴内又含有分散的小油滴，这种多重乳状液被称为油/水/油（O/W/O）型乳状液。多重乳状液液滴存在形式一般分为三种，如图15-5所示。

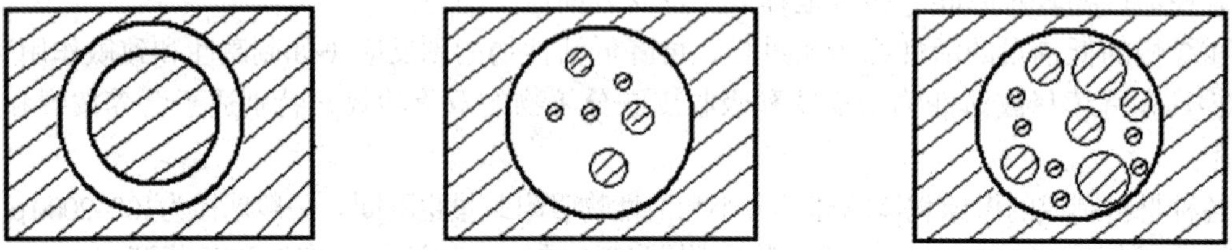

图15-5　多重乳状液液滴存在形式

一、多重乳状液的性能

O/W和W/O型乳状液是在化妆品中较广泛使用的两种类型乳状液。O/W型乳状液有较好的铺展性，使用时不会感到油腻，有清新感觉，但其润肤性能不如W/O型乳状液。W/O型乳状液具有光滑的外观，高效的洗净效果和优良的润滑作用，但油腻感较强，有时会感到很黏。W/O/W型多重乳状液不但克服了这两种乳状液的上述缺点，同时具备两者的优点，而且赋予了这种形态的产品以更加优越的特性。如由于其多重结构，在内相添加的有效成分或活性成分要通过两相界面才能释放出来，这可延缓有效成分的释放速度，延长有效成分的作用时间，达到控制释放和延长释放的作用。另外，多重乳状液中不同的活性成分可以置于不同的乳化相中而彼此又被隔离，可减少它们之间的接触，使它们各自产生即时的或持续的释放特性。这些特性在医药、食品、化妆品工业中得到了广泛应用。

多重乳状液的性质在很大程度上取决于第一种乳液（如W/O）的液滴大小和稳定性。Florence和Whitehill建议，根据液滴油相的性质将W/O/W多重乳状液分成三种主要类型。A型是包含一个内W/O型的液滴，相当于油相包覆的微囊，一般平均直径约为8~9μm，约80%的液滴只含有一个内水相液滴（平均直径约3μm）。B型含有一些小的、彼此分离的内水相液滴（平均直径约2μm）。C型含有很多彼此接近的内水相液滴。对于给定的体系，三种类型的多重乳状液都存在，它取决于体系所用表面活性剂的性质，一般情况是其中是一种类型占优势。

二、多重乳状液的制备

多重乳状液有两种制备方法：一步乳化法和两步乳化法。

（1）一步乳化法　一步乳化法又称为转相乳化法，是最早使用的方法。如制备W/O/W型乳状液是在含有亲油性乳化剂的油中加入少量水先制成W/O型乳状液，然后再继续加含有亲水性乳化剂的水得到W/O/W型多重乳状液，或将含有亲油性乳化剂的油和含有亲水性乳化剂的水溶液直接混合，在机械搅拌作用下生成的。利用强力搅拌（如500r/min）可以制得稳定的W/O/W型多重乳状液，但一般需要靠丰富的实践经验才能得到好的乳化效果。所以，目前都改用相对容易获得稳定的多重乳状液的两步乳化法。

（2）两步乳化法　两步乳化法是制备多重乳状液，特别是制备三组分体系（W/O/W）的可靠方法。第一步是先用亲油性乳化剂制备W/O型乳状液，然后将该乳状液滴加至含有亲水性乳化剂的水相中，即可制得W/O/W型多重乳状液。在这一方法中第二步是关键的一步。类似也可以制得O/W/O型多重乳状液。

生成多重乳状液的稳定性与亲水性乳化剂、亲油性乳化剂的种类、使用时的比例、制备时的温度、搅拌速度等因素有关。

三、影响多重乳状液形成的因素

多重乳状液常常和简单乳状液（W/O型或O/W型）同时存在，可见多重乳状液体系是单一乳状液和多重乳状液的混合体。故要提高多重乳状液在制得的乳状液中所占的比例，且再现性和稳定性要好，到目前为止还比较困难。在用一次乳化法时所制得的多重乳状液，实际上是以W/O型与O/W型乳状液在相转变过程中的一种中间状态而存在的，很不稳定。除了制取方法外，影响多重乳状液的形成因素很多，主要包括以下几方面。

（1）乳化剂浓度　多重乳状液的制备，乳化剂的选择是一个重要因素。在制取W/O/W型多重乳状液时，采用两步乳化法，第一步形成W/O型的乳化过程中，亲油性乳化剂加入量愈多，其制备出的W/O/W型多重乳状液的形成率愈高，生成率随油相乳化剂浓度增加而增加。W/O/W型多重乳状液的生成率也受第二步乳化过程中所用的亲水性乳化剂种类和浓度的影响，一般说非离子型乳化剂比离子型乳化剂的生成率高，生成率随亲水性乳化剂浓度的增加而减少。而对于O/W/O型多重乳状液，其情况与上述相反。

（2）乳化剂用量比　W/O/W型多重乳状液的生成率，不仅与亲油性乳化剂、亲水性乳化剂的浓度有关，而且与它们用量比例有关。为了提高W/O/W型乳状液生成率，一般是应该加大亲油性乳化剂与亲水性乳化剂用量之比。亲油性乳化剂必须要比单使O/W型乳状液稳定地生成的最低浓度偏高的浓度，亲水性乳化剂则必须采用使W/O型乳状液分散于水相中的最低浓度。对不同的体系它们的用量最佳比值是不同的。对于O/W/O型多重乳状液，其结论与上述相反。

（3）W/O型（O/W型）乳状液相体积　在配制W/O/W型多重乳状液中，第一次乳化后所投入的W/O型乳状液所占的相体积对生成率有着重要的影响。当相体积的比例占到较大时（约70%~80%），则生成率较高（可高达90%的生成率）。随着W/O型所占相体积的增加，W/O/W型的生成率也增加。

对O/W/O型多重乳状液来说，当一次乳化后的O/W型乳状液的相体积在超过30%时，其生成率急剧增加，相体积在40%以上时，O/W/O型多重乳状液的生成率约有80%。但当O/W型的相体积占到68%左右时，此时体系转变为O/W型乳状液。

多重乳状液的生成率还与制备的工艺条件如搅拌速度、搅拌时间、温度等有密切关系。

第三节　微　乳　液

微乳液是指一种液体以粒径在10~100nm的液滴形式分散在另一种不相混溶的液体中形成

的透明的分散体系，最早是由Hoar和Schulman等人首次报道了这一分散体系。Schulman等人发现，水和油与大量的表面活性剂和助表面活性剂混合能自发形成透明或半透明的体系。这种体系可以是油分散在水中，也可以是水分散在油中。分散相质点是球形，但直径很小，通常在10~100nm范围内，是热力学稳定体系。为将它与一般的乳状液加以区别，Schulman提出了“微乳状液”或“微乳液”一词。因此，微乳液的定义是：两种互不相溶液体形成的热力学稳定的、各相同性的、外观透明或半透明的分散体系，微观上由表面活性剂界面膜所稳定的一种或两种液体的微滴所构成。

一、微乳液的特性

微乳液与一般乳状液之间有明显区别。它们不仅粒子大小不同，而且乳状液一般需要外力作用才能形成，是一种不透明的热力学不稳定体系，而微乳液可自发形成或稍加搅拌即可形成的外观透明的表面活性剂用量较高的热力学稳定体系。由于乳状液与微乳液的稳定性不同，微乳液的稳定性高，长时间放置，用普通离心机高速离心都不分层，因此可用离心的方法鉴别乳状液和微乳液。微乳液的导电特点与一般乳状液相似，即如果外相为水，则电导就大；若外相为油，电导就很小。微乳液呈透明或半透明，多数有乳光。由于显微镜亦不能发现它的液珠，故其液珠大小在0.2μm以下。又据光散射、超离心沉降及电子显微镜等方法的研究，确认微乳液液珠直径均小于0.1μm，而且大小均匀，这一点与乳状液有着明显的不同。微乳液除了具有如上的一些性质外，还有一个十分显著的特性，即由实验证实，它的界面张力可以降至10^{-4}~10^{-2}mN/m。

微乳液是由油、水、表面活性剂及助剂所构成，其中表面活性剂作为乳化剂，而助剂多为醇类极性有机物质，两者在微乳液中的用量较大，一般高达15%~25%，这是形成或制备微乳液的基本条件和前提。例如，在苯中加入10%的油酸，而后在搅拌下再加入KOH溶液进行中和，便得到了通常的乳状液。若再继续加入一定量的正己醇，则浑浊的乳状液就变为透明的微乳状液。

微乳液能成为稳定的油、水分散体系的原因，一种解释认为在一定条件下产生了所谓的负界面张力，从而使液滴的分散过程自发进行。另一种解释认为是表面活性剂胶束对水或油的加溶作用，微乳液是一种溶胀（加溶）的胶束溶液。

向乳状液中加入一定量的表面活性剂和极性有机物助剂，可把乳状液转化为微乳液。而在浓胶束溶液中，也可溶解一定量的油或水形成微乳液。于是此时又可以认为，微乳液是胶束增溶以后的胶束溶液。从这两个角度看来，微乳液应该是一种介于乳状液和胶束溶液之间的一种多相分散系统。为了便于了解微乳液的特性，表15-2列出了乳状液、微乳液和胶束溶液的性能比较。

二、微乳液的制备

制备微乳液的方法是首先将一种稍溶于油相的亲水表面活性剂溶于油相，用量要比生成O/W乳状液要大，然后搅拌使油相分散于水相中，再添加极性有机物（辅助表面活性剂）即产生透明的O/W型微乳液。微乳液也分为O/W型和W/O型，使用易溶于水的乳化剂，加入大量的水易生成O/W型微乳液；而使用易溶于油相的乳化剂，油量占比例较多时，则易生成油为外相的W/O型微乳液。

表15-2　乳状液、微乳液和胶束溶液的性能比较

项目	乳状液	微乳液	胶束溶液
分散度	粗分散体系，质点大于0.1μm，显微镜可见，有的甚至肉眼可见，一般质点大小不均匀	质点大致在0.01~0.10μm间，显微镜不可见，一般质点大小均匀	质点一般小于0.01μm，显微镜不可见
质点形状	一般为球状	球状	溶液稀时为球状，浓时可呈各种形状
透光度	不透明	半透明至透明	一般透明
稳定性	不稳定，经离心易于分层	稳定，经离心也不能使之分层	稳定，不能分层
表面活性剂用量	可少用，不一定加辅助表面活性剂	用量多，需加辅助表面活性剂	超过临界胶束浓度（CMC）所需量即可，但增溶油或水量多时需多加
与油、水之混溶性	O/W型与油不混溶，W/O型与水不混溶	与油、水在一定范围内可混溶	未达增溶饱和量时，可溶解油或水

在制备微乳液的过程中，无需外加功，只需依靠体系中各成分的匹配即可，但会受油相、温度、pH和表面活性剂等因素的影响。一般的微乳液分散相的体积越大，体系温度越高越不稳定；表面活性剂需达到一定的量，量太少无法形成微乳液，量多时对微乳液影响不大；以阴离子表面活性剂形成的微乳液，助表面活性剂的碳原子数为6时自由能最低，当油的链长与助表面活性剂碳原子的和比表面活性剂的碳原子小1时，微乳液最稳定；水包油型的体系pH越偏离中性，体系越不稳定。微乳液的结构包括水包油型（O/W）、油包水型（W/O）和双连续相结构。

微乳液的制备可以利用HLB值法和盐度或温度扫描法。HLB值法是选择HLB值为4~7的表面活性剂可以形成W/O型微乳液，选择HLB值为9~20的表面活性剂可以形成O/W型微乳液。盐度或温度扫描法是在表面活性剂/水/油做出的相态扫描中寻找微乳液区域，离子型表面活性剂用盐度法扫描，非离子型表面活性剂用温度法扫描。

三、微乳液在化妆品中的应用

微乳液比起乳状液来说在制取化妆品时有以下许多明显的优点：

①光学透明，任何不均匀性或沉淀物的存在都容易被发觉；

②是自发形成的，具有高效节能的特点；

③稳定性好，可以长期贮藏，不分层；

④有良好的增溶作用，可以制成含油成分较高的产品，且产品无油腻感；通过微乳液的增溶性，还可以提高活性成分和药物的稳定性和效力；

⑤胶束粒子细小，易渗入皮肤；

⑥微乳液还可以包裹TiO_2和ZnO纳米粒子添加在化妆品中具有增白、吸收紫外线和放射红外线等特性。

所以，微乳液化妆品近年来发展非常迅速，在化妆品的多个领域得到了很好的应用，市

场前景非常广阔。

第四节　固体颗粒乳化体系

用固体颗粒代替传统的化学乳化剂称之为Pickering乳化，固体颗粒作为乳化剂在分散相液滴表面形成一层薄膜，阻止了液滴之间的聚集，制得稳定的油—水分散相。以固体颗粒作为乳化剂时，乳状液的稳定性依赖于固体颗粒的粒径、表面润湿性及固体颗粒之间的相互作用，其中颗粒表面的润湿性是最重要的影响因素。当固体颗粒表面接触角为90° 左右时，可以在油/水界面形成结构比较稳定的薄膜，有较佳的乳化性能。

一、固体颗粒乳化的作用机理

目前对于固体颗粒乳化剂的作用机理尚不太明确，经研究表明，可能有以下两种机理：一种是固体颗粒吸附于油水两相界面，形成一层膜阻止了被分散液滴之间的聚集，表面改性了的固体颗粒之间的静电斥力有效地阻止了液滴之间的碰撞、聚集。如形成W/O乳化体系的固体颗粒粘附在油/水界面，油/固界面的电荷在油介质中产生了一个长程斥力，促进了固体颗粒在油水界面的单层排列，同样的斥力也存在于相邻两个水滴界面上的固体颗粒之间，使得体系达到一个动力学平衡状态。另一种是颗粒与颗粒之间的相互斥力使得固体颗粒在体系中形成一个颗粒-颗粒或颗粒-液滴的三维网络状结构。同时固体颗粒乳化体系可以形成一个热力学稳定体系，固体颗粒在乳化过程中，会产生乳化自由能。通过固体颗粒表面润湿性、颗粒半径、液滴的大小及油/水界面张力计算而得的乳化自由能，经研究结果表明固体颗粒表面的三相线性界面张力大大影响了乳化自由能，尤其对于微细固体颗粒。

二、固体颗粒与表面活性剂乳化特性的不同

固体颗粒与表面活性剂均具有乳化作用，但其作用机理及乳化方式却不相同。表面活性剂乳化体系是亚稳体系，属于热力学不稳定体系。表面活性剂在油/水界面上的吸附是一种动态平衡，在一定的条件下，可以快速吸附与脱附；以表面活性剂为乳化剂时，油相的不同决定了形成乳液的类型；在某些条件下，表面活性剂乳化体系还容易转相；HLB值是表面活性剂乳化性能的衡量指标，不同HLB值的表面活性剂适合于乳化不同性质的油/水相。而运用固体颗粒乳化是可以制得动力学、热力学均非常稳定的油/水分散体系；固体颗粒在油/水界面可以形成一种稳定的膜；在体系中不会与其他组分相互作用，有良好的配伍性能；在固体颗粒乳化体系中，油相的性质不影响形成乳液的类型，但颗粒在体系中的初始分散位置却会影响形成乳状液的类型；固体颗粒初始存在相一般为连续相，在乳化过程中，可以通过调整油、水比例来改变体系的乳化类型；表面润湿性是固体颗粒可以作为乳化剂的决定因素。

同表面活性剂的HLB值一样，固体颗粒表面的润湿性是定量确定体系形成O/W或W/O乳化体系的重要依据。虽然固体颗粒不像表面活性剂分子一样具有两亲性，但它有很强的表面活性，能覆盖在乳液液滴表面，有效阻止液滴之间的聚集。覆盖了固体颗粒的分散相液滴之间的斥力是阻止液滴之间碰撞并聚集的主要原因。带电液滴之间存在静电斥力，在O/W体系中，固/油界面所带的电荷通过油介质产生较强的长程斥力，促进了固体颗粒的定向排列；在W/O体系中，同样的斥力产生于固体颗粒之间的水滴之间。在固体颗粒乳化体系中，乳状液

的稳定性主要取决于体系中颗粒与颗粒之间、颗粒与液滴之间形成的网络结构。

三、影响固体颗粒乳化性能的因素

固体颗粒替代传统表面活性剂乳化油/水分散体系时，有着不同的作用原理，因此，影响固体颗粒乳化性能的因素也不同于用表面活性剂作为乳化剂。固体颗粒必须在适合的粒径、表面润湿性及作用浓度下，才有较佳的乳化能力，同时乳化体系的稳定性也受到体系中其他因素的影响，如pH、离子浓度及表面活性剂乳化剂等。在固体颗粒乳化过程中，主要影响因素有以下几方面：

①固体颗粒的粒径：这是非常重要的一个因素，显然，固体颗粒的粒径应远远小于被乳化液滴的粒径（一般是被乳化液滴的1/10，粒径一般小于200nm）。一般情况下，随着粒径的减小，被乳化体系的稳定性增强。但当粒径小于0.5nm时，固体颗粒极易离开油/水界面，分散于体系中而使乳液不稳定。

②固体颗粒表面的润湿性：这是固体颗粒可以作为乳化剂最重要的一个因素。当所有的固体颗粒吸附于油/水界面时，其颗粒表面必须是两亲性的，但亲水性略强的固体颗粒倾向于形成O/W型乳状液，反之较易形成W/O型乳状液。

③固体颗粒的浓度：固体颗粒在界面上的分布越密，乳化稳定性越高，但其浓度一般不超过体系总量的30%。

④固体颗粒之间的相互作用：固体颗粒之间不能凝聚，但颗粒之间要有一定的絮凝作用，才能形成稳定的膜，颗粒之间完全的絮凝与不絮凝都不能形成稳定的乳液。在有的体系中，带电颗粒可以增强分散相液滴之间的斥力，从而增强乳液的稳定性。

固体颗粒所形成乳状液的乳化类型主要受以下几种因素的影响：固体颗粒初始分散相、油水比例、固体颗粒表面疏水/亲水性比例、水相pH、固体颗粒的浓度等。在制备乳化体系过程中，可以通过改变固体颗粒初始分散体系而制备不同的乳化体系，即如果固体颗粒先分散于水相，体系则形成O/W型乳状液；反之，如固体颗粒先分散于油相，体系则形成W/O型乳状液。

四、固体颗粒乳化在化妆品中的应用

用Pickering乳化剂替代传统乳化剂所研制的配方具有良好的稳定性、皮肤耐受性以及防晒产品具备更好的防晒性能及防水性。因此，固体颗粒乳化剂在化妆产品中的应用主要包括以下几方面：

①将Pickering乳化应用于护肤产品中，可以制得热力学、动力学均稳定的乳化体系。

②固体颗粒乳化剂在电解质存在的条件下也能形成稳定性很好的乳状液，因此可开发很好的收敛剂及杀菌剂。

③用固体颗粒乳化剂替代传统的化学乳化剂时，可以开发更好的低刺激抗过敏配方。在最近的研究报道中，越来越多的表面改性无机固体颗粒作为乳化剂应用于化妆品配方中，如表面吸附了硬脂酸铝或聚二甲基硅氧烷的氧化锌、二氧化钛等。以超细颗粒（粒径小于200nm）作为乳化剂的配方有很好的皮肤耐受性。

④氧化锌、二氧化钛本身是很好的物理防晒剂，同时可作为固体颗粒乳化剂应用于防晒配方中，这样可省去使用化学乳化剂，降低产品的刺激性，同时其本身又可作为防晒剂，与

化学防晒剂复配使用，提供更佳的防晒效果。

以固体颗粒为乳化剂的乳化体系性质不同于传统乳化剂的护肤品配方，主要包括新型防晒配方和低刺激性配方，该类型的配方主要有以下优势：首先由于用固体颗粒乳化剂替代了传统的表面活性剂乳化剂而使配方的刺激性大大降低；其次固体颗粒乳化剂本身可作为防晒剂使用，并与其他防晒剂有协同增效作用，降低配方中防晒剂的总用量，进而降低产品的刺激性并使产品更加清爽；再次，固体乳化剂的使用可改善产品的肤感和涂抹性，开发消费者更满意的产品，提高产品市场占有率；最后，由于固体乳化剂和许多活性组分的兼容性更好，所以在选择活性组分时的范围会更广，配方的功能性也会体现的更明显；另外，固体颗粒乳化体系的稳定性不受油脂性质的影响，针对不同的护肤产品，可以更宽范围的选择油脂，以制备出性能更佳、更稳定的产品。

第五节　液晶化妆品

液晶是处于固、气、液三态之外，介于晶体（固态）与液态之间的一种呈稳定状态的第四态物质。它既有晶体的性质（如双折射）又有液体的某些性质（如流动性），所以命名为液晶。按其结构不同，可分近晶相液晶、向列相液晶和胆甾醇相液晶。

液晶按形成条件可分为两类：热致液晶（胆甾相液晶）和溶致液晶（或离液液晶）。热致液晶是物质随温度变化而形成的介晶状态；溶致液晶是指具有一定结构要求的化合物与溶剂组成的液晶体系，如两亲分子在水中所形成的液晶。

液晶具有很多优良的性质，如对温度敏感的显色特性。有的液晶结构对光具有偏振二向色性，当日光照射到液晶表面时，一部分光可通过，另一部分光被折射，即对光具有选择性反射，这样液晶就呈现出不同的颜色。

在O/W型乳化体中，液晶的存在可增加稳定性，延长水合性能和控制药物缓释。液晶非常容易在配方中形成，所得到的O/W型乳化体具有极清爽真实的肤感而且可以溶入任何活性物。另外液晶与皮肤具有相似的结构，因而与皮肤有良好的亲和力和渗透性。液晶还可替代色素，作为化妆品的着色剂。

目前用于化妆品的液晶有热敏性液晶即胆甾相液晶（Cholesteric Liquid Crystal）和溶致液晶（Lytropic Liquid Crystal）。胆甾相液晶主要用于配制具有温色效应的彩色膏体液晶，外观颜色鲜艳并随着温度的不同而有不同的颜色，光彩夺目，引人入胜，多作为彩妆膏体。溶致液晶主要用作配制护肤型膏体、液晶化妆品，外观白色细腻，在显微镜下观察呈微粒球状网形结构，有的呈层状结构，肤感舒适、白嫩富有美感。

溶致液晶是液晶中品种最多、用途最广的一种，溶致液晶是由双亲分子（棒状分子一端是亲水的极性基头，另一端是亲油的非极性基链）及其相应的助剂在水溶剂中组成的。最简单的溶致液晶是单个双亲分子与水作用而成的单相溶致液晶。

目前，作乳化剂用的表面活性剂都类似于溶致液晶中的双亲分子，其分子的相互缔合，可使体系具有最小的自由能。分子中非极性基链通过范德华引力相互缔合，其极性部分通过静电引力相互作用。在通常的情况下，双亲分子在水溶液的状态下缔合的基本集聚形态有三种：O/W型层状结构，O/W型球状结构和O/W型柱状结构，这些结构形态与水的浓度和温度有关。

一、液晶乳化剂

液晶化妆品是运用液晶乳化剂乳化，使体系中存在液晶结构的化妆产品。液晶乳化剂是当代国际流行的重要乳化剂，它是开发高档次化妆品的乳化材料。研制液晶乳化剂首先要选择具有液晶结构的双亲分子（双亲性能的表面活性剂）活性剂，这种具有双亲分子的活性剂通常有四类，阴离子型、阳离子型、两性离子型和非离子型。

作为液晶乳化剂活性成分的非离子型的双亲分子，其特点是无毒无害，无刺激性，安全可靠，性质温和，水溶液表面张力低，临界胶团浓度低于阴离子表面活性剂，胶团聚集作用大，加溶作用大，具有良好乳化能力与洗涤作用。就世界范围看，其产量与阴离子表面活性剂相当，占世界用量40%。常用的非离子表面活性剂有脂肪醇聚氧乙烯醚、烷基酚聚氧乙烯醚、烷基酯聚氧乙烯醚等。

二、液晶化妆品的性能

液晶化妆品是近年来出现的新的高档化妆品，由于液晶产品大多来源于自然界，其分子结构与皮肤相近。构成人体细胞的分子，大都是液晶分子或类似于液晶分子，因而液晶化妆品对人体组织有良好的适应性，对皮肤有很好的渗透性、润湿性，肤感舒适、安全可靠。由于液晶分子棒状的双亲分子排列有序，对光有偏振二向色性，有独特的光学效应，其内在组织形态是微粒球状成网状或层状两种。液晶化妆品的特性主要体现在以下几方面。

（1）增加体系稳定性　液晶的独特结构在产品的流变性上起到了阻碍凝聚的作用。另外，由于液晶高度的黏弹性，层状液晶可减缓油滴的移动，从而可稳定体系。

（2）高效保湿作用　液晶中油滴周围的层状液晶相和水中的胶网状结构都含有冲胀了水的多层结构，水包油乳化体中高达总水量的50%的水被包围在这样的结构中，当涂用在皮肤上时，这样的水分不易于即刻挥发，从而可以达到长久的保湿效果。由于液晶的这种结构特性，其保湿效果是普通乳化体的3倍。

（3）控制药物缓释　液晶可以阻止溶解在油相中的药物快速释放，在这种乳化体中的药物释放比没有这种结构的乳化体缓慢1000倍，这种效应归因于层状液晶的多层结构，它降低了溶解在油滴中的药物在界面间的传递。

第三篇　化妆品性能评价及检测

第十六章　化妆品的功效评价

现代科学技术，尤其是生物技术和计算机技术的飞速发展和广泛应用，给化妆品行业带来了全新的发展机遇，赋予化妆品以一定的功效性是新世纪化妆品发展的重要趋势。随着化妆品科学研究的深入，已不能再把化妆品单纯地看作是化学工业产品，而首先应该是安全的有利于人体皮肤健康的产品，在此前提下可赋予其一定的功效。进入新世纪后，人文科学的注入更使化妆品的科技内涵有了进一步升华，即现代化妆品研究需融合“使用化妆品的”人类相关的科学，如运用细胞生物学、分子生物学等前沿科学的研究成果，在揭示人体皮肤的新陈代谢机理、探索皮肤老化原因的基础上寻求延缓皮肤衰老的对策。

赋予化妆品特定的护理功效是国际化妆品科技发展的一个主导方向，是现代人身心健康的需要。同时消费理念也逐渐理性化，对广告的诱导和概念炒作不再盲目追随，但对化妆品的安全性以及护理功效和特殊功效的要求却越来越高，如对化妆品在保湿、抗皱、防晒、美白祛斑、育发防脱、健美瘦身、美乳丰胸和抗粉刺等方面都有需求。为此，目前世界各国的知名化妆品企业和有关研究机构都加强了在化妆品护理功效方面的基础研究，确定功效性评定方法，建立并完善功效性评价体系。

下面主要介绍化妆品保湿性的功效评价方法、抗衰老化妆品的功效评价方法、祛斑美白化妆品的功效评价方法、防晒化妆品的功效评价方法、香波调理性能的评价方法等。

第一节　化妆品保湿性的功效评价方法

护肤产品能增加皮肤表面的柔软性和平滑性，并延长这种效果的持续时间。这是因为角质层从产品中吸收水分而引起的吸留作用和即刻水合作用，减少皮肤表面水分的散失，使皮肤少受外界环境的影响。皮肤保湿性是基础化妆品的最基本的性能，而水、保湿剂和油分是赋予护肤产品保湿性能的主要成分。水直接使角质层柔软；保湿剂能够更有效地保留水分，防御和抑制干燥后的硬化；油分能延长水和保湿剂的保留和柔软效果。

保湿护肤品主要通过保水和吸湿两大机理对皮肤起保湿作用：一方面，护肤品在皮肤表面形成一层封闭的润滑膜，阻止皮肤表面的水分向环境散失；另一方面，护肤膜中含有的保湿剂可以与水强力结合，使皮肤的角质层保持湿润。评价护肤产品对皮肤的保湿性能，实际上就是测试和评价化妆品对皮肤水分的保持作用。国内外测试保湿效果的方法很多，主要包括经典称量法和仪器测定法，仪器测定法主要通过测定皮肤角质层水分含量、测定水分经皮肤散失量、测试皮肤弹性及测试皮肤粗糙度等方法来评价产品的保湿性能。

一、体外称量法

（1）吸湿试验　将由饱和（NH_4）$_2SO_4$水溶液作为相对湿度81%的干燥器和由饱和K_2SO_3水溶液作为相对湿度43%的干燥器置于20℃恒温环境中，精确称取1.0g干燥试样2份，分别置于直径为3cm的结晶皿中，放在两个干燥器内，经过40h后精确称取各试样质量，由放置前后试样的质量差，用下式求出吸湿率：

吸湿率（%）=100（m_n-m_o）/m_o

式中，m_o为试样放置前质量，m_n为试样放置40h后质量。

（2）保湿试验　将上述吸湿后的试样继续放置48h，精确称取各试样质量，由继续放置前后试样的质量差，通过下式求出保湿率：

保湿率（%）=100m'_n/m'_o

式中，m'_o为试样含水质量，m'_n为放置后试样含水质量。

二、皮肤角质层水分含量的测定

化妆品可保持住皮肤表面的水分，使皮肤表面滋润，同时也使皮肤表层的电导增加，因此，皮肤表层的电导率越高则表明皮肤角质层水分含量高。测定人体表面皮肤使用化妆品后的电导率，与未使用化妆品之前的电导率进行比较，即可测定化妆品的保湿效果，进行化妆品保湿性能的评价。

使用电导法还可以进行角质层水负荷试验，测试皮肤角质层的吸水能力和水分保持能力：将水滴置于皮肤表面，人为地制造100%相对湿度的环境，测试到很高的电导值即角质层水分的剧增，可以得到角质层的吸水能；擦去水滴，让皮肤从100%相对湿度环境回复到原有的低湿度环境，测试到电导值快速降低后平缓下降，为角质层水分保持能。

运用高频电导装置测定皮肤角质层水分含量的原理是：皮肤角质层除含有水分外，还含有盐类、氨基酸等电解质。一般纯水不导电，由于角质层内含有电解质，而呈现出与水分含量相应的电流。用直流电测试容易引起电极表面电子积聚，而使电流变得难以流动，若使用交流电则不会发生这种现象，只需测定电导和电容。电导法和实测角质层水分含量的相关系数高达0.99，可以非常灵敏地测定角质层的水分含量。

仪器：3.5MHz的SKICON-100型或SKICON-200型高频电导测定仪。

操作方法：用一定力将测定用电极置于被测部位皮肤表面，从另一电极流过高频电流，经角质层通入皮肤组织中，再经角质层流回另一电极。其中主要的电阻来自角质层，特别是最干燥的表层部分。测定回路的总电导作为水分含量，数次电导数值的平均值即为皮表角质层的水分量。

测试条件：角质层含水分的状态与角质层的特性、部位、测试季节、环境的温度、湿度、人体出汗等都有影响，一般要求温度在20℃或25℃、相对湿度为40%~60%的条件下，被测试者最少提前30min进入测试环境中安静待测，在测定前10min将测试部位暴露出，最好选择人体的前臂测试。

三、水分经皮肤散失量的测定方法

仪器：TM210Tewameter（皮肤水分散失测试仪）。

除了出汗外，人体表皮的水分经皮肤散失（transepidermal water loss，TEWL）是一直在不间断进行的。角质层以外的表皮组分在组织内充满水分，呈饱和状态，但其保持水分的能力较弱。而角质层起到屏障作用将生物体与外界隔开，保持住水分不流失却又有通透作用。TEWL值不能直接表示角质层的水分含量，而是表明角质层水分散失的情况，说明角质层屏障的功能，是评价角质层状态的重要参数。

皮肤水分散失测试仪测定水分经皮肤散失量的测试原理是：使用特殊设计的两端开放的圆柱形腔体，测量探头在皮肤表面形成相对稳定的测试小环境，通过两组温度、湿度传感器测定近表皮（约1cm以内）由角质层水分散失形成的在不同两点的水蒸气压梯度，直接测出经表皮蒸发的水分量。

测试方法：选择好测试时间，将筒状探头垂直置于被测皮肤上15s，测定值稳定后才可读取数值，仪器自动采集TEWL数据，并按时间顺序显示出来，成为一条TEWL数值-时间曲线。仪器可自动显示皮肤水分流失TEWL数值、曲线、平均值和标准偏差。可取数次不同测定时间测试的数值的平均值为最终结果。

测试条件：被测试者的身体状况、皮肤角质层的特性、部位、测试季节、环境温度、湿度等都影响角质层水分的自然蒸发散失。因此要求被测试者的身体状况正常，一般温度在20℃或25℃、相对湿度为40%~60%的特定条件下，环境避免空气流动，被测试者最少提前30min进入测试环境中安静待测，测试时全身放松，最好采取平躺的姿势。

测得TEWL值高则表明经皮肤散失的水分多，角质层的屏障效果不好。使用化妆品后，TEWL值应明显降低，差值越大，说明化妆品保湿效果越好，使用化妆品后使角质层的屏障作用明显增强。该方法可以进行不同化妆品保湿性能的比较，还可进行长时间皮肤水分散失情况的监测。

四、皮肤粗糙度的测试方法

仪器：SV500皮肤皱纹定量测试仪。

人体表面皮肤的细腻程度、纹理的变化等外观状态和感官印象，可以直接地反应出一个人皮肤的护理情况，间接说明皮肤水分保持状态。皮肤护理得好，水分保持得好，皮肤就会光滑、细腻，皱纹细、浅。皮肤皱纹定量测试仪测试皮肤粗糙度的作用原理是：用专用工具和硅氧烷液体（黏性的硅氧烷液体可以填充进最小的皮肤皱纹内，详细地再现皮肤纹路，这种硅氧烷可应用于人类所有的皮肤上做皮肤膜片，对人体无害）涂在人体皮肤表面，形成与人体皮肤纹路相吻合的反向复制膜片。膜片上有皱纹的地方是凸起的形状，没有皱纹的地方是凹陷的形状。当一束特定波长的光线照到该膜片上后，有皱纹凸起的地方透光量就少，没有皱纹凹陷的地方透光量就多。将从皮肤表面取下来的蓝色的硅氧烷膜片贴到一个专用的类似磁盘的塑料板上，将此塑料板及板上所贴的膜片一起插入到主机中，将一束平行光照射并穿过硅氧烷膜片，膜片背后的CCD摄像镜头收集到从膜片上穿过后的光信号后，得到人体皮肤皱纹的三维图像，经过数字化仪处理输入到计算机中，通过专用软件处理和分析数据，得到皮肤皱纹即皮肤粗糙度的各种数据和参数。

皮肤皱纹（皮肤表面粗糙度）的参数评定如下：

皮肤粗糙度主要从皮肤粗糙度（Rt）、平均粗糙度（Rz）、最大粗糙度（Rm）、平滑深度（Rp）及算术平均粗糙度（Ra）五个参数来衡量，单位是mm。

①皮肤粗糙度：Rt即所有剖面中最高峰和最凹点之间的距离；

②平均粗糙度：Rz即同样长度的五个连续分段测量范围内的皮肤粗糙度Rt的算术平均值；

③最大粗糙度：Rm即在被切割的皮肤断面中，相邻的最高峰和最凹点之间距离的最大值；

④平滑深度：Rp即皮肤表面轮廓线和皮肤皱纹底线之间的平均距离；

⑤算术平均粗糙度：Ra即在基本长度范围内，被测皮肤表面轮廓线上各点至轮廓中线距离的绝对值的算术平均值。

测试条件：测试季节、环境的温度、湿度等对皮肤粗糙度测试有影响但不是很大。一般要求测试环境温度、相对湿度恒定、统一即可，若在20℃或25℃和40%~60%相对湿度的条件下进行测试最佳。被测试者应提前将被测试部位清洗干净，晾干后待测。

测试结果：根据测试皮肤粗糙度Rt、Rz、Rm、Rp和Ra五个参数的综合结果进行判定，主要用于使用化妆品前后自身比较试验，也可用于抗衰老方面的测试研究。

五、皮肤弹性测试仪测试皮肤弹性的测定方法

测试仪器：SEM575型皮肤弹性测试仪。

人体表面皮肤弹性的大小、拉伸量和回弹性等的好坏，可以直接反映出一个人肌体的活性、皮肤的健康状况，也可间接说明皮肤水分保持状态。皮肤护理得好，水分保持得好，皮肤的弹性就好，充满活力。皮肤弹性测试仪测试皮肤弹性的作用原理是：基于吸力和拉伸原理，在被测试的皮肤表面产生一个2~50kPa的负压将皮肤吸进一个特定测试探头内，皮肤被吸进测试探头内的深度通过一个非接触式的光学测试系统测得。测试探头内包括光的发射器和接收器，光的比率（发射光和接收光之比）与被吸入皮肤的深度成正比，由此来确定皮肤的弹性性能。

测试条件：一般要求测试环境温度、相对湿度恒定、统一即可，在20℃或25℃和40%~60%相对湿度的条件下测试最佳。

皮肤弹性的衡量指标有：皮肤的最大拉伸量（U_f）、弹性部分拉伸量（U_e）及塑性部分拉伸量（U_v）。

测试结果：对于皮肤而言，越是年轻的、弹性好的皮肤，U_e的数值就越高；而对于年老的、弹性差的皮肤，弹性部分值U_e比较低，而黏弹性部分U_v值就比较高。

第二节　抗衰老化妆品的功效评价方法

皮肤的纹理和皱纹是人体皮肤表面所能观察到的主要结构。皮肤纹理是人体皮肤表面微小的、呈多角形的皮丘皮沟，它使得皮肤柔韧、富有弹性，并使皮脂腺、汗腺中的分泌物能沿其纹路扩展到整个皮肤表面。随着年龄的增加，皮肤衰老，其纹理的深度下降，各多角形之间融合，皱纹逐渐形成，并逐渐增多，加深。而从分子生物学角度看，皮肤衰老则表现为皮肤细胞增殖能力下降，表皮更新速度减慢，表皮重建能力减弱，真皮胶原合成减慢，皮肤色素分布不均等。

对化妆品抗衰老性能的评价主要包括：水分经皮肤散失率、活性成分抗氧化能力、皮肤

黏弹性、皮肤皱纹的测定以及皮肤离体实验等。

一、水分经皮肤散失率的测定

水分经皮肤散失率的测定是评价抗衰老化妆品的润肤性能和皮肤屏障功能修复能力。水分经皮肤散失率不表示角质层的含水量，而反映角质层的屏障功能，是评价角质层状态的重要因子。

二、活性成分抗氧化能力的测定

活性成分的抗氧化能力通常在生化系统中测定。当特定自由基产生源（通过Feton反应产生羟自由基，AAPH产生过氧化氢自由基，SIN-1产生NO自由基）与指示剂反应，系统中产生的自由基会使指示剂的信号减弱。抗氧化测试方法测定的是活性成分保护指示剂的能力；氧自由基吸附能力（ORAC）测试法是常用的测定AAPH产生的过氧化氢自由基的方法。

另一种类似的方法是测定细胞在脂质过氧化、谷胱甘肽氧化还原以及线粒体氧化还原过程中的被氧化程度。在这种实验中，被测试的细胞被暴露在自由基源如紫外光中，通过测定与细胞混合的谷胱甘肽的氧化态和还原态的量的变化，确定被测试细胞的氧化程度，以此评价活性成分的抗氧化能力。

三、皮肤黏弹性的测定

从化妆品使用前后皮肤的黏弹性变化来评价抗衰老化妆品活性成分对皮肤的柔软作用。皮肤的力学特性与角质层的机械强度和水分皮脂的平衡、胶原纤维、弹力纤维、基质构造及其存在形态有很大的关系，呈现复杂的黏弹性特点。

四、皮肤皱纹的测定

皮肤皱纹的测定，一直是皮肤衰老与抗衰老研究的一个重要手段，也是目前抗衰老祛皱产品效能评估较客观的方法之一。早期应用机械探测方法，使用具有一定强度的探针对皮肤覆膜表面进行探测，其精度与灵敏度都不高。目前国际上广泛采用硅胶皮肤覆膜制备样品，然后用计算机图像分析技术，通过检测皱纹在斜射光下形成的阴影面积，再换算得到皮纹和皱纹的深度。该方法是基于一定角度直射光下皱纹形成影子的原理，因而它的测定结果必然会受到光线照射角度与皮纹、皱纹方向和角度的影响；其次，由于较大的皱纹所形成的阴影可能遮盖邻近较小的皱纹，因此在实际操作中可能出现低估实际皱纹的现象。近年来，由于高新技术的发展，国外用激光扫描或共聚焦显微镜结合计算机图像分析进行皮肤表面结构研究，能对皮肤表面结构进行精细分析和重现皮肤的三维结构。

五、皮肤离体试验

抗衰老化妆品应用后所产生的效果常受到有效成分与基质的埋化特性、剂型、浓度、使用方法、用量、作用部位、接触面积、使用持续时间、透皮剂性质以及机体状况等因素的影响。透皮吸收问题多年来一直是抗衰老化妆品有效性评价的前提。抗衰老化妆品中活性成分透皮进入皮下毛细血管的途径有通过细胞间隙穿透，经附属器官包括毛囊、皮脂腺、汗腺的通道进入等。当前对于小分子透皮吸收已经形成共识，但是对大分子活性成分透皮吸收的可能性等，人们的认识还很不一致。放射性同位素示踪技术常用于了解抗衰老化妆品在皮肤上的吸收和分布情况。

第三节 祛斑美白化妆品的功效评价方法

祛斑美白化妆品的功效评价方法主要分为两大类：美白活性成分分析及美白效果评价。美白活性成分分析主要是通过高效液相色谱（HPLC）等方法对美白化妆品中的美白活性物质的种类与含量进行测定。下面主要介绍祛斑美白化妆品美白效果的评价方法。

祛斑美白化妆品功效评价方法大致可分为间接法和直接法。间接法可分为化学分析法和细胞学实验法。化学分析法是根据黑色素形成机理，通过测定细胞内酪氨酸酶的活性是否受到抑制而评价；细胞学实验法是通过体外细胞受美白剂作用，采用生化方法或高科技细胞图像分析，测定酪氨酸酶的活性和细胞内黑色素的含量。间接法为经典方法，亦是目前祛斑美白功效测定的主要方法。

直接法可通过动物实验和人体试用试验后进行功效评价。如通过对动物的斑贴试验、目测或照相观察测量实验区皮肤色素沉着的变化，说明受试样品的功效性。如果进行人体试验则必须在保证受试样品安全的前提下受试，亦通过对受试者的斑贴试验，在规定时限内观察被测皮肤色泽变化。

一、细胞水平功效测定

（一）酪氨酸酶活性测定

黑素细胞的黑素合成机制是复杂的，人们对黑素合成调控的认识经历了酪氨酸酶单酶学说到多酶学说，目前又发现酪氨酸酶呈现多态性，至今没有定论。从国外文献来看，评价美白化妆品的功效主要以检测使用美白化妆品有效成分后，是否抑制酪氨酸酶活性为主要手段。

黑素细胞内的黑素体合成黑素主要靠酪氨酸酶催化。该酶是一含有约10%血清型糖链的膜结合型糖蛋白，有酪氨酸羟基酶和多巴羟基酶两方面活性。前者将酪氨酸转变成多巴（二羟基苯基丙氨酸）；后者将多巴转变成多巴醌。可以通过测定化妆品对酶活性的影响来评价化妆品的增白功能。酪氨酸酶活性检测方法有放射性同位素法、免疫学法和生化酶学法，其中以生化酶学法较为简单成熟。酶的材料来源可以从蘑菇中得到的酪氨酸酶，也可以从B-16黑素瘤细胞或动物皮肤中得到。

生化酶学法的基本检测方法如下。

lmL酶液（0.66mg/mL）、lmL L-酪氨酸（0.607mg/mL）、lmL试样在pH为8.0的PBS中反应7~10min。用分光光度计测305nm处的吸光度（A）值，以ΔA/min计算酪氨酸羟基酶活力（1U=0.001ΔA/min）。

0.12mL酶液（0.66mg/mL）、1.38mL L-多巴（2.17mmol/mL）、1.5mL试样在pH为6.8的PBS中反应7~10min。用分光光度计测475nm处的吸光度（A）值，以ΔA/min计算多巴羟基酶活力（1U=0.001ΔA/min）。通过酶活力的改变来评价化妆品的美白功能。

酶实验法简单易行，无需动物实验或细胞实验的烦琐步骤，实验结果可快速得到。但酶法仍需结合各种实验方法，才能正确评价化妆品的美白功能。

培养细胞中酪氨酸酶活性测定的具体方法如下：取备用细胞悬液加PBS缓冲液调节细胞

密度在104左右，各吸取1mL细胞悬液分别置于3个平行试管中，离心后弃去上清液。分别加入lmL质量分数为0.5%的脱氧胆酸钠溶液于上述试管中，并充分振摇使细胞溶解。将试管置于0℃15min，再置于37℃水浴10min，即刻分别加入质量分数为0.1%的L-DOPA溶液。振摇后在分光光度计475nm处，分别于0min和10min时读取吸光度值，计算两个时段的吸光度值的差值，并除以细胞数，作为评价酪氨酸酶活性高低的指标。

在测定美白活性物质对酪氨酸酶活性的抑制作用时，常用半数抑制量IC_{50}（the50%inhibitory concentration）或ID_{50}（the50%inhibitory dose）来表示其抑制效果。IC_{50}或ID_{50}值越小，表明活性物质的抑制作用越大。

（二）黑素含量测定

美白活性物质功能评价的最重要检测指标，就是细胞中黑素含量的测定。无论美白活性物质是抑制酪氨酸酶活性，或者阻断信号传导途径，还是通过其他途径作用，其美白效果的最终评判要以黑素细胞中黑素含量是否降低为准则。目前美白活性物质的功效评价较多采用生物化学（分光光度法）测定黑素细胞中的黑素含量。此方法经典稳定，但由于需要将被测细胞破碎，专门提取黑素进行比色分析，从而导致操作步骤比较复杂，实验要求高，使其应用受到一定的限制。

用细胞试验法测定黑素含量的方法是：将B-16黑素瘤细胞用0.1%葡糖胺培养至完全白化，再加入2mmol/L茶碱使细胞恢复到黑素合成状态，同时加入试样，镜检细胞颗粒的色调，判断样品对新生黑素抑制/促进效果。最后对细胞颗粒进行离心分离操作，使细胞内颗粒释放出来，于420nm测吸光度，进行黑素总量的测定，以判断样品对黑素数量的影响。

用细胞试验法可避免动物试验中由于动物个体差别引起的实验误差，使实验重复性更好。但该方法对细胞数量、环境温度、测定时间等因素要求高，操作步骤比较复杂，如果样本量较多时，被测试细胞在等待过程中会出现死亡，如果死亡细胞数量过多，就会影响测试结果的准确性。

细胞图像分析技术是近年来发展起来的组织中物质定量检测手段，它是根据特殊染色组织的像素点多少进行定量。在这个过程中，细胞经10%福尔马林缓冲溶液固定，不存在细胞死亡问题，数据的采集和处理均由计算机完成，减小了误差，可以保证结果的正确性与可靠性。

（三）细胞水平测定的其他内容

美白活性物质在细胞水平的功效评估除了测定酪氨酸酶活性抑制情况、黑素细胞内黑素含量之外，还包括以下内容：

①通过四唑盐比色法（MTT法，methylthiazol tetrazolium），测定观察组和对照组吸光度值，根据吸光度值计算细胞增殖指数，观察美白活性物质对黑素细胞生长情况的抑制作用。此外，还可以通过乳酸脱氢酶（LDH）测定方法以及显微镜观察等方法研究美白活性物质对黑素细胞生长的影响。

②通过光镜、电镜观察黑素细胞外部形态，研究美白活性物质对黑素细胞形态、结构的影响。

③通过分子生物学方法（Northenblot，Southenblot）对黑素合成过程中相关酶（酪氨酸酶、DHICA氧化酶和多巴色素互变酶）的mRNA、DNA的表达水平及酪氨酸酶合成量进行测定，以评价美白活性物质对这些酶的影响。

二、动物试验法

用棕色或黑色成年豚鼠10只，均于背部两侧剃毛成若干1cm × 2cm大小的去毛区。用棉棒将化妆品依次涂布一圈，每日2次，并设空白对照。28d后取皮肤活组织，固定、包埋、切片，进行组织学观察，基底细胞中含黑素颗粒细胞计数及多巴阳性细胞计数。

该方法采用黄棕色豚鼠，其皮肤黑素细胞和黑素小体的分布近似于人类，试验结果重复性好，较小鼠模型更适合用于研究化妆品的美白功能。

三、人体皮肤试验

人类的肤色有白色、黄色、黑色、棕色等不同种类。对于皮肤颜色变化的判定，最初采用目测法，但这种方法受观察者的光感差异、观测时的照明光源影响很大。随着科技及相关研究的进一步发展，人们采用照相的方法判定皮肤颜色的变化。在相片上分析皮肤灰度值的变化来评价皮肤颜色的变化。照相法受照相时光线及冲印条件的影响很大，而且反映的皮肤颜色变化单一。肤色的变化不能简单的以黑白概全，所以以往肤色量化采用的灰度值不适用于肤色的判断。近年来，国外普遍采用国际照明委员会（CIE）规定的色度系统（Lab色度系统）测量皮肤颜色的变化。通常认为该方法量化比较准确，能够反映皮肤颜色空间多位的变化，使肤色的量化更可靠。

在Lab色度系统中，Lab色度系统表明了颜色在色空间的位置，并加以量化，使颜色变化可以以数值的形式表达。通过全面、准确的量化，肉眼不能观察到的细微变化也可以反映出来。另外，Lab色度系统反映的是皮肤颜色的色彩变化，它不仅能反映肤色的黑白变化，还能反映皮肤的变红、变黄等。因而在以肤色变化为观察终点的人体肤色分类及防晒、美白化妆品功效评价中，Lab色度系统得到了普遍应用。

通过人体皮肤试验评价美白化妆品的美白功效主要包括以下两种方法。

①色素沉着的抑制效果试验：随机选择皮肤健康的成人，以前臂内侧2cm × 2cm区域为受试部位。一侧为试验区，另一侧为对照区，每周末用色度计测定一次，根据皮肤色度减褪程度评价美白剂的功效。

②实际使用试验测定污斑改善效果：实际使用试验的评价方法凭视感制定，用图像解析进行污斑的定量化，确认增白剂对污斑的改善效果。

目前建立的增白效果的测定方法是测定紫外线照射后二次黑化的预防和减弱。用图像解析法测定污斑的改善效果的尝试被各化妆品厂采用，而目前测定污斑明确改善效果的报告几乎没有。用图像来解析污斑的改善效果，难以达到标准化，主要存在的问题为：使用试验时间太长（通常3个月以上），操作控制困难，又因污斑明显受紫外线影响，所以操作难以在同样条件下进行；确立获取图像的方法（包括照明方法）和图像解析手法，因各研究者各自独立使用照明和摄像机，所以解析结果的相互比较存在困难。

第四节　防晒化妆品的功效评价方法

防晒化妆品的功效是防晒，或防止紫外辐射对人类皮肤的不良影响。由于UVC被大气臭氧层完全吸收，来自太阳辐射的紫外线只有UVB和UVA才能到达地球表面。因此，防晒化妆品的主要功效体现在对UVB和UVA的防护效果上。

目前，在众多的功效性化妆品中，防晒化妆品可以说是唯一具有国际性统一的功效性评价体系，该评价体系包含SPF值的人体测定方法和标准。

一、防晒化妆品SPF值人体测定法

SPF值是日光防护系数（sun protection factors）的缩写，它是防晒化妆品保护皮肤避免日晒红斑的一种性能指标。所谓日晒红斑也称为紫外线红斑，主要是日光中UVB诱发的一种皮肤红斑反应，因此，防晒化妆品的SPF值也经常代表对UVB的防护效果指标。目前，人体法测定防晒品的SPF值是国际统一的技术模式。

（1）SPF值测定过程中的概念

①紫外辐射：在SPF测定中被光生物学家和皮肤病学家认可的紫外线波段为：UVC，200~290nm；UVB，290~320nm；UVA，320~400nm。

②最小红斑量（minimal erythema dose，MED）：MED在紫外线照射后16~24h后，在照射部位出现清晰可辨的红斑（边界清晰并覆盖大部分照射区域）所需要的最低紫外照射剂量（J/m^2）或最短时间（s）。

③SPF值：SPF值由下式表示：

$$SPF=\frac{\text{使用防晒化妆品防护皮肤的MED（}MED_p\text{）}}{\text{未防护皮肤的MED（}MED_u\text{）}} \tag{16-1}$$

（2）测定方法简述　国际SPF试验方法是一种利用已知输出性能的氙灯日光模拟器所进行的实验室方法。为了测定SPF值，需在试验志愿者皮肤上用紫外线照射出一系列递增的迟发性皮肤点状红斑反应。试验部位限于后背腰部和肩线之间。

受试者背部皮肤至少应分三区：第一区直接用紫外线照射；第二区涂抹测试样品后进行照射；第三区涂抹SPF标准对照品后进行照射。照射时紫外线的剂量依次递增，被照射皮肤由于表浅血管扩张而产生不同程度的迟发性红斑反应。照射后16~24h由经过培训的评价人员判断。

受试者正常皮肤的MED、测试样品保护所保护皮肤的MED必须在同一受试者并在同一天判断。在一次试验中，同一受试者皮肤上可进行多个产品的测试。

单个受试者的SPF值就是上述两个MED的比值（MED_p/MED_u）。所有受试者的个体SPF值保留一位小数，求其算术平均数即为该测试产品的SPF值。每次试验中至少保证10个以上的受试者出现有效结果，受试者人数不得超过20人。

上述SPF均值的可信限（95%可信区间）应位于SPF均值的17%范围之内（标准差应小于SPF1均值的17%）。根据测试产品配方所估计的SPF值大小，每次试验应选用适当高的SPF值或低SPF值标准品。标准品SPF值的测试结果也应位于估计范围之内。

（3）受试者的选择

①受试者的皮肤类型：按照Fitzpatrick皮肤分型方法，参加SPF试验的所有受试者的皮肤类型或皮肤光型应属于Ⅰ、Ⅱ、Ⅲ型。

②受试者参加试验的频率：为了保证受试者参加一次试验后所引起的皮肤晒黑或色素沉着有足够的时间消褪，受试者参加两次SPF试验的间隔时间应为2个月以上。

③受试者的数量：每次SPF试验至少应有10例有效结果，最大不超过20例。

选择了适合的受试者，在测试前24h、涂样品后等待时间内以及曝光后24h，受试者应当避免任何形式的紫外线接触。

（4）试验面积　后背是试验规定的解剖学部位。试验部位应在肩胛线和腰部之间画出边界。骨骼突起或其他不平部位应设法避免。

（5）紫外辐射光源　所使用的人工光源必须是氙弧灯日光模拟器并配有过滤系统，紫外辐射光源的要求主要应考虑以下四方面因素：

①紫外辐射的性质：紫外日光模拟器应发射连续光谱，在紫外区域没有间隙或波峰。光源输出在整个光束截面上应稳定、均一（对单束光源尤其重要）。

②总辐照度（紫外线、可见光、近红外线）：当光源的总辐照度过高时，受试者被照射的皮肤可能会有热感甚至痛感。因此，在SPF试验之前应明确所使用光源最大辐照度（紫外线、可见光、近红外线）。

③光束的均一性：当大光束紫外光源被分隔成数束在不同照射部位上同时曝光时，光束的强度应尽可能均一。在辐照平面上，任何一点的最小光束辐照度不应低于最大辐照度的10%。

④紫外日光模拟器光源输出的维持和监测：每一试验部位在紫外曝光之前应使用经紫外日光模拟器光源输出分光光度计校验过的辐照计进行检查。

（6）SPF标准样品　标准防晒品由固定的标准配方配制而成，在SPF测定中起到方法学对照作用。在测定产品的SPF值的同一天时必须同时测定一种防晒标准品。防晒标准品主要有四种类型：P1、P2、P3、P4，相应的防晒标准值为4、13、15、4。

每次SPF试验至少使用一种标准品。使用低SPF值还是高SPF值的标准品取决于待测产品预计的SPF值。在样品预计值小于20情况下，可选用任何一种标准品；如果样品的预计值等于或大于20，则需要选用P2或P3作为标准品。

如果在一次试验中选用了高SPF值标准品，则不需要再用低SPF值标准品，即使试验所测样品中含有低SPF值产品也是如此。

（7）测试样品的涂抹剂量和方法　测定样品的使用量和涂抹的均一性对试验结果的误差有很大影响，因此遵守下列试验条款非常重要。

①室温条件：涂抹样品、紫外照射和MED观察均应在稳定的室内环境中进行，室温应维持在18~26℃之间。

②样品涂抹方式：

a. 涂抹样品之前，应使用干燥棉纱清洁皮肤；

b. 涂抹样品部位应使用皮肤记号笔标出边界，或使用不吸收材料制作的模板；

c. 样品涂抹面积应在30~60cm^2之间；

d. 用于测定MED_u的皮肤和涂抹样品用于测定MED_p的皮肤应尽量靠近，但间距至少为1cm；

e. 背部皮肤上涂抹样品和标准品的部位应随机分布以减少因不同部位皮肤的解剖学变异而引起的系统误差。

③样品用量：测试样品和标准品的涂抹用量应为（2 ± 2.5%）mg/cm^2。

④移样方式：对于液体类、乳液类、膏霜类和喷雾类产品，为了使样品均匀覆盖测试部位的皮肤，可用注射器或加样器将称出的样品分15滴或30滴（30cm^2或60cm^2）加在整个部位，然后戴上指套稍用压力将样品均匀涂抹。对于粉剂型产品，可使用药匙或手指将样品的分量以网格方式散布在受试部位皮肤上，轻叩样品并将其均匀涂抹。

⑤样品干燥时间（涂抹样品后曝光前等待时间）：样品涂抹之后应等待15~30min，然后进行一系列紫外线剂量的照射。

（8）紫外线照射　提前打开开关预热仪器10min以上，待仪器稳定后即可使用。在照射过程中应考虑以下几点：

①受试者体位：受试者可采用坐位或前倾位（粉质类产品只能采取前倾位）。涂抹样品、紫外线曝光和判定MED值时所采用的体位应保持一致。

②紫外线曝光剂量的递增幅度：对于未涂样品皮肤，紫外线照射剂量范围的中心可选用受试者皮肤预测的MED值或估计的MED值。以此值为中心，至少应包括五个曝光部位进行曝光，五点的曝光剂量按推荐的12%或25%呈几何递增；对于涂抹样品保护的皮肤，紫外线照射剂量范围的中心点可用未涂样品皮肤的预测MED值乘以产品估计的SPF值。同样，以此值为中心，至少应包括五个曝光部位进行曝光，五点的曝光剂量按推荐的12%或25%呈几何递增。

③去除样品：紫外线曝光之后，可使用棉纱浸沾卸妆水等轻轻擦去标准品和测试样品。

（9）MED评价程序　未保护皮肤、样品保护皮肤和标准保护皮肤的MED值应在同一天读取。

①MED值的读取时间：应在皮肤红斑形成的高峰期即紫外线曝光后16~24h间读取。

②MED值读取方法：用肉眼判断MED值。

③数据排除标准：出现下列情况之一时应舍弃试验数据：五个曝光部位均未出现红斑；五个曝光部位的红斑反应不随曝光剂量依次递增而出现随机缺失；五个曝光部位均出现红斑。

当上述情况发生在未保护皮肤或标准品保护皮肤上时，该受试者的所有数据均应舍弃。当上述情况仅发生在样品保护皮肤上时，该样品的试验数据应舍弃，而受试者的其他试验数据仍可选用。当一次试验中有多达5例（不含5例）以上的数据被舍弃时，该试验应被视作无效。

④MED值的表达：MED值应以能量单位（J/m^2或mJ/cm^2）或时间单位（s）来表达。

二、防晒化妆品吸光度值及SPF测定仪

利用仪器测定的方法进行体外试验也可以粗略估计防晒产品的防晒效果。常用的方法有紫外分光光度计法和SPF仪测定法。二者原理大致相同，即根据防晒化妆品中紫外线吸收剂和屏蔽剂可以阻挡紫外线的性质，将防晒化妆品涂在特殊胶带上用不同波长的紫外线照射，测定样品的吸光度，依据测定值大小直接评价防晒效果。SPF仪器法增加了特殊的软件程序，将测定结果及其他实验因素转换成SPF值直接显示。现将基本方法以及对仪器法的应用评价介绍如下。

（1）紫外分光光度法

①试验材料：石英比色皿、3M透气胶带（3MTransporeTMl527-3）。

②试验仪器：紫外/可见光分光光度计、双光束扫描（测试波长200~900nm）、分析天平、普通干燥箱。

③试验方法：试验方法主要有以下几个步骤：

a. 将3M胶带剪成lcm×4cm大小，粘贴在石英比色皿透光侧表面上。

b. 接通电源，预热分光光度计，设定UVB区检测波长为285nm、290nm、295nm、300nm、305nm、310nm、315nm和320nm。

c. 将贴有胶带的石英比色皿置于样品光路和参比光路中，调整仪器零点。

d. 精确称取待测样品8mg，将样品均匀涂抹在石英比色皿3M胶带上。

e. 将制备好的样品比色皿置35℃干燥箱中，干燥30min。

f. 将待测样品比色皿置于样品光路中，取另一贴有胶带的石英池置于参比光路中，分别测定UVB区设定波长的紫外吸光度值，然后取各测定数值的算术均数。

依次测定五个平行样品，如上法得出五个样品的均值，再计算五个样品均值的算术均数，即为该测试样品的吸光度。

④测试结果评价

吸光度值<1.0 ± 0.1，表示该样品无防晒效果。

吸光度值=1.0 ± 0.1，表示该样品具有低级防晒效果，适用于冬日、春秋早晚和阴雨天。

吸光度值>1.0，而<2.0 ± 0.2，表示该样品具有中级防晒效果，适用于中等强度阳光照射。

吸光度值>2.0，表示该样品具有高级防晒效果，适用于夏日阳光照射或户外活动、旅游等。

（2）SPF值仪器测定法

①试验材料：石英比色皿、3M透气胶带（3MTransporeTMl527-3）或人造皮肤或聚氯乙烯膜、SPF值标准品。

②试验仪器：LabsphereUV-1000S紫外透射率分析仪、分析天平、普通干燥箱。

③试验方法

a. 将3M胶带固定于特制的石英玻璃板（8.0cm × 7.7cm）上。

b. 精确称取待测样品，以2mg/cm²的用量将样品均匀涂抹在石英板3M胶带上。

c. 将制备好的样品置37℃干燥箱中，干燥10min。

d. 接通电源，预热仪器，测定样品的SPF值，每样品板测定点不得少于6点。

④SPF值计算：SPF值由专用软件计算而得。

三、防晒化妆品SPF值抗水性能测定

从防晒化妆品发展的历史来看，防晒产品具备抗水抗汗功能是一项重要的属性。由于防晒化妆品，尤其是高SPF值产品通常在夏季户外运动中使用，季节和使用环境的特点要求防晒产品具有抗水抗汗性能，即在汗水的浸洗下或游泳情况下仍能保持一定的防晒效果。为了达到这一目的，在研发产品配方时一般应尽可能减少亲水性乳化剂的使用，在不影响产品稳定性的基础上尽可能提高油脂的含量。此外还可以使用一些特殊的抗水性高分子如PVP220、多聚硅氧烷等，以提高产品的抗水效果。对防晒化妆品SPF值的抗水抗汗性能测定，目前以美国FDA发布的试验方法被公认为是客观合理的标准方法。所用主要设备为一室内水池，具有水旋转功能，水质应新鲜，符合美国FDA40CFR部分规定的饮用水标准，记录水温、室温以及相对湿度。

（1）对防晒品一般抗水性的测试　如产品SPF值宣称具有抗水性，则所标识的SPF值应当是该产品经过下列40min的抗水性试验后测定的SPF值。

①在皮肤受试部位涂抹防晒品，并按产品标签所示等待样品干燥；

②受试者在水中中等量活动20min，然后出水休息20min（勿用毛巾擦试验部位）；

③入水再中等量活动20min，结束水中活动，等待皮肤干燥（勿用毛巾擦试验部位）；

④按美国FDA规定的SPF测定方法进行紫外照射和测定。

（2）对防晒品强抗水性的测试　如产品SPF值宣称具有强抗水性，则所标识的SPF值应当是该产品经过下列80min的抗水性试验后测定的SPF值。

①在皮肤受试部位涂抹防晒品，并按产品标签所示等待样品干燥；
②受试者在水中中等量活动20min，出水休息20min（勿用毛巾擦试验部位）；
③入水再中等量活动20min，出水休息20min（勿用毛巾擦试验部位）；
④入水再中等量活动20min，出水休息20min（勿用毛巾擦试验部位）；
⑤入水再中等量活动20min，结束水中活动，等待皮肤干燥（勿用毛巾擦试验部位）；
⑥按美国FDA规定的SPF测定方法进行紫外照射和测定。

四、防晒化妆品UVA防护效果测定

随着消费者对UVA的防护认识的提高，UVA对人体皮肤的损伤是累积性的，因而，对UVA的防护功效评价也受到了重视，标识和宣传UVA防护效果或广谱防晒是防晒化妆品近年来重要的发展趋势之一。关于防晒化妆品UVA防护效果的评价问题，目前国际上尚未形成统一的标准方法，因此防晒产品UVA防护效果的标识宣传也多种多样。如以人体法测定的PFA值（Protection Factor of UVA）或PA+~PA+++表示法，以仪器法或关键波长法测定的广谱防晒表示法或广谱防晒等级0~4表示法，UVA防护星级评价系统等，其中以人体测定法较为常用并得到国际上多数国家的认可。

防晒化妆品UVA防护效果人体测定及表示法由日本化妆品工业联合会于1995年建立并作为标准发布，1996年1月实施。建立本方法的主要目的是对防晒化妆品UVA防护等级及其产品标识提供一种统一的测试方法，该方法的标准品配方见表16-1。

表16-1　　UVA测试的标准品配方

相	名　称	含量/%
水相	纯化水（purified water）	57.13
	丙二醇（dipropylene glycol）	5.00
	氢氧化钾（potassium hydroxide）	0.12
	EDTA-Na_3（trisodium edetate）	0.05
	苯氧乙醇（phenoxyethanol）	0.30
油相	硬脂酸（stearic acid）	3.00
	单硬脂酸甘油酯（glyceryl monostearate，selfmulsifying）	3.00
	十六/十八混合醇（cetearyl alcohol）	5.00
	矿脂或凡士林（petrolatum）	3.00
	三-2-乙基己酸甘油酯（glyceryl tri-2-ethylhexanoate）	15.00
	甲氧基肉桂酸辛酯（2-ethylhexyl-p-methoxycinnamate）	3.00
	4-叔丁基-4′-甲氧基二苯酰甲烷（4-tert-butyl-4′-methoxydibenzoylmethane）	5.00
	对羟基苯甲酸己酯（ethyl parahydroxybenoate）	0.20
	对羟基苯甲酸甲酯（methyl parahydroxyhenoate）	0.20

制备工艺为：分别称出水相中原料，溶解在纯水中，加热至70℃；分别称出油相中原料，加热至70℃直至完全溶解；把油相加入水相中，混合、乳化、搅拌和冷却。

上述方法制备的标准品，其PFA值为3.75，标准差（standard deviation）为1.0l。

测试过程中主要注意以下几点：

①选择受试者及试验部位：18~60岁健康人，男女均可。皮肤类型Ⅲ、Ⅳ型。试验部位选后背。

②受试者人数：每次试验受试者的例数应在10例以上，10例PFA值有效结果的标准误差（standard error）应小于PFA均值的10%。

③样品剂量：使用样品剂量约$2mg/cm^2$或$2\mu L/cm^2$。以实际使用的方式将样品准确、均匀地涂抹在受试部位皮肤上。

④样品涂抹面积：样品涂抹面积约$20cm^2$以上。

⑤等待时间：涂抹样品后应等待15min，以便于样品滋润皮肤或在皮肤上干燥。

⑥紫外线光源：应使用人工光源并满足下列条件：可发射接近日光的UVA区连续光谱；UVAI区（340~400nm）和UVAⅡ区的比例应接近日光中的比例（UVAⅡ/UVAI=8%~20%）；为避免紫外灼伤，应使用适当的滤光片将波长短于320nm及大于400nm的紫外线滤掉。

⑦最小辐照面积：单个光斑的最小辐照面积不应小于$0.5cm^2$（48mm）。

⑧紫外辐照剂量递增：进行多点递增紫外辐照时，增幅最大不超过25%。增幅越小，所测的PFA值越准确。

⑨读取最小持续色素黑化量（minimal persistant pigment darkening dose，MPPD）：MPPD的定义为：辐照2~4h后在整个照射部位皮肤上产生轻微黑化所需要的最小紫外线辐照剂量或最短辐照时间。

⑩PFA值计算方法：用式（16-2）计算：

$$PFA=\frac{MPPD_p}{MPPD_u} \tag{16-2}$$

$MPPD_p$：测试产品所保护皮肤的MPPD。

$MPPD_u$：未保护皮肤的MPPD。

测定样品的PFA值是所有受试者个体PFA值的算术均数。所有个体PFA值有效结果的标准误差（standard error）应小于PFA均值的10%。

UVA防护效果的标识方法：UVA防护产品的表示是根据所测PFA值的大小在产品标签上标识UVA防护等级PA（protection of UVA）。PA等级应和产品的SPF值一起标识。PFA值只取整数部分，按表16-2换算成PA等级。

表16-2　PFA值与PA等级换算

PFA值	PA等级	PFA值	PA等级
PFA值小于2	无UVA防护效果	PFA值为4~7	PA++
PFA值为2~3	PA+	PFA值8或8以上	PA+++

第五节　香波调理性能的评价方法

发用制品，特别是染发和烫发制品等对头发损伤严重，而护发制品则有保护和修复受损头发的作用，香波在清洁头发的同时也有护发的作用。如何评价发用制品对头发的损伤程度及保护、修复受损头发的能力，对合理选用发用制品相当重要。

香波、护发素等发用化妆品的功效评价一般主要集中在护发效果上。护发效果的好坏具体可以体现在以下几个方面：头发是否不干枯、没有静电；头发是否易于梳理；头发是否柔软、顺滑、湿润；头发是否没有飘发及乱发，易于整理及成型；头发是否有光泽；头发是否结实、不易断裂。

一、头发静电的测定

头发静电的多少是评价护发效果的一个很基本的要素。头发的静电测定有静电发束样品的电位及施加一定电压后测定头发放电速度两种方法，其中使用振动容量型电位计来测定电位比较方便。一般来说，经护发产品处理后的发束的带电压比只经洗发香波处理的发束要低得多，有时可达一半或三分之一程度，这种差异通过视觉比较也可以观察到。

二、头发梳理性的测定

（1）仪器测定法　头发在使用了二合一香波或护发素等发用化妆品后，其梳理性应有明显改进。头发梳理性的测定就是在头发干态和湿态两种状态下，通过测定机械梳子在梳理头发过程中所遇到的阻力及阻力的变化情况，来判断头发梳理性能的优劣。梳理力越小，则说明头发的梳理性越好。

头发梳理性的测定可通过使用张力计梳理性测定器来完成，其基本原理是测定梳过一定长度和质量的头发束所需的力。测试时将发束悬挂于负载槽中，将梳子安装在张力计的可动部分，然后测定其从上到下移动时所产生的力。测定头发梳理性时，可得四类有用的数据，即头发束的整体平均梳理力；除发梢外的发束主体平均梳理力；发梢处的峰值力；发梢处的平均力。一般来说，头发束的整体平均梳理力及发梢处的峰值力有较为广泛的应用。但也可根据具体目的不同来决定选用哪一个数据。

（2）感官测定法　香波（包括洗发膏、各类香波）在使用过程中人为的感觉很重要，因此，通常用感官评价香波的梳理性，具体方法如下（使用香波前先将头发用温水淋湿，以使用香波洗发时减少对头发的局部损伤）：

①涂布性：正确的洗发应采用二次清洗法：取洗发产品约3~5g于手心，用双手匀开并移至头上各部位并伴以按摩涂敷来清洗，手应明显感到涂布时产品容易均匀分散，无产品结团现象；第二次清洗是在上述操作后进行，用量为1~2g。因已完成第一次清洗，此次涂布极易，泡沫明显增多，手指清洗操作应由原来抓洗调整为搽抹按摩。

②漂洗性：好的产品不但易清洗干净，更要求容易漂洗干净，过水漂洗2~3次应基本无泡，手感不黏。

③湿梳性：洗好的头发擦干后，用梳子进行梳理，手感应适顺，不应有明显打结、难梳通的感觉。

④干梳性：头发干燥状态时梳理，手感应顺利，无不易梳通的感觉。

⑤洗后发质感觉：洗后头发有光泽、飘逸，但不可太蓬松，手感滑爽、柔软，无枯燥感。

三、头发柔软、顺滑性的测定

影响头发柔软、顺滑性的要素主要有两个，即头发表面的摩擦力及头发本身的刚度，这两个要素可通过两个相应的方法来测定。

（1）摩擦力试验　头发摩擦力的测试也可用张力计摩擦力测试仪进行，此方法同时可用于干发和湿发。原理是将一滑片与张力计可动部分相连接，测试时将一定规格的头发束平置于试样台上，将滑片置于头发上，然后用张力计拉动滑片使其滑过头发表面，测定拉动时所需要的平均力。

（2）纯弯曲试验　纯弯曲试验主要是通过测定头发的弯曲刚度用来评价其柔软性。本法使用纯弯曲试验机（KES-FBZ，Kato Tech.）按以下方法操作：取两只并列间隔1.1cm的夹子夹住断面几乎近圆形的头发100根，按0.5cm的间隔平行排列。用固定夹子夹住头发的一端，用移动夹子夹住另一端，以每秒0.5cm的速度弯曲至最大曲率2.5cm处，同时连续测定弯曲力矩。弯曲至最大曲率后，转移夹子直到回复到原来位置。可最后得到曲率-弯曲力矩曲线，从曲线斜率可求出弯曲刚度，从幅度可求出滞后幅度。

四、头发飞发、毛燥的测定

头发飞发、毛燥的测定可通过图像分析法来完成。图像分析系统由白色背景板、照明灯、样品夹架、高分辨率数码照相机和一台微机组成，其中样品夹架置于背景板和数码照相机之间。测试前将头发样品夹在夹架上，距离背景板约40cm，而离照相机的距离为80cm左右。测试时先对头发样品拍照，然后将所得图像输入微机，并使用相应的软件进行图像分析。通过此法可测出飞发、毛燥在整体头发中所占的比例。一般来说，护发效果越好，头发中飞发和毛燥的比例越小。

五、头发光泽的测定

头发的光泽是反映头发护理状态的一个重要标志，头发光泽可通过测量头发表面反射光的强度来测定，测试仪器有光泽计及光角计两种。越有光泽就说明头发的护理状态越好，反之则说明头发受损严重。

使用光泽计（gloss meter）可以对头发的光泽度进行粗略的评价。光泽计由光源和受光器组成。测试时光以一定角度对头发试样表面进行照射，由受光器在同样角度对光进行捕捉，然后，仪器根据反射光的强度自动推测出光泽度。但此种光泽计本是为了测定平整规则的表面上的光泽度而设计，而头发表面却呈圆筒状，在单一角度上的捕捉是有限的，大部分的光不能够检测出来，需要从不同角度对光反射进行测定，因此，光泽计的可应用性是有限的。

与光泽计不同，光角计（goniophotometer）则能够在相当大的角度范围内对光进行检测。这是因为它的可动式检测器可以按照事先设计好的路线而移动，从而比较完整地反映头发表面对光的反射。在检测范围内的反射光量的增加代表头发光泽的改善。通过对未经处理和经护发品处理的头发样品的比较，就可评价该产品对头发光泽的改善效果。

六、头发拉伸强度的测定

头发的强度与其受损的程度及护发化妆品的护理作用有很大的关系，头发的强度一般可通过应力应变的测试来评价。拉伸试验可在张力计上进行，测定头发的应力-应变曲线，从以下几方面来分析：测定屈服点处的应力；测定头发根部和发梢部的屈服点应力；测定头发伸长20%时的应力；测定头发断裂点的应力等。

此方法使用单根头发试验，因此在测试中需要一定的采样数，以保证测试的精确度。同时在一定数量的头发中，对于头发之间粗细不同而引起的偏差，必须加以校正和排除。另外，由于环境的温度和湿度对头发的力学性能有很大影响，此项测试应在恒温恒湿实验室内进行。

七、头发水分含量的测定

头发中水分含量的多少与头发的受损有一定的关系。一般来说，受损程度越高，头发中的水分越易流失。因此，头发水分含量的测定可以用作检测头发健康程度的一个方法。

头发水分含量的测定方法有许多，包括质量法、卡尔·费休法、热分析法、高频容量法、近红外线反射法、核磁共振法、动态蒸气吸附法（DVS）等，简单介绍如下。

①质量法：主要测量水分蒸发前后头发质量的变化情况。此方法操作简单、测量时间短。

②卡尔·费休法：是一种利用容量分析测定水分的方法，其原理是用碘氧化二氧化硫时需要定量的水参与反应，从而可以测定出加入样品的水分含量。此方法的主要特点是测量时间短。

③热分析法：通过测定样品的吸热发热量进而测定出加入样品的水分含量。此方法所用试样量少，同时可观察到水在头发上的结合状态。

④高频容量法：通过测定样品的电容量进而测定出加入样品的水分含量。此方法操作简便，可直接测定头发样品。

⑤近红外线反射法：通过测定在特定波长下近红外线的吸收量来测定样品水分的含量。此方法操作简便。

⑥核磁共振法：核磁共振法的原理是通过向头发样品发射脉冲磁场，当磁场取消时，测试样品的氢核（^{1}H）发出的磁信号，由于头发发出的磁信号比水发出的信号衰减快，从两者的差异即可通过一定的算法，换算出其成分的比例。此方法可观察到水的结合状态。

⑦动态蒸气吸附法（DVS）：通过测定蒸气压变化情况来测定样品水分的含量。此方法测试所用试样量少。

第十七章　化妆品的分析与检测

安全性、稳定性、使用性和有效性是评价化妆品的四大要素，对于化妆品的综合分析与评价主要包括：感官及稳定性检测、安全性评价、微生物检测以及重金属检测。

第一节　化妆品的感官及稳定性检测

一、化妆品的感官评价

化妆品中主要品种有护肤用品和洁肤用品，护肤用品多为乳化体系，而洁肤用品则是表面活性剂体系，针对不同种类的产品有不同的感官评价指标。

（1）护肤用品的感官评价　护肤用品的感官评价是通过对其使用性能的测定来评价的，膏霜、乳液类产品的性能评价主要包括以下几方面内容：

①铺展性：主要指产品在涂抹过程中是否容易铺展，是否会起白条现象；

②渗透性：指护肤产品在使用过程中其中的油脂、活性成分是否容易渗透进皮肤中；

③滋润性：指护肤产品赋予皮肤的滋润感；

④油腻性：指护肤产品在使用中没有过度的油腻感；

⑤粘起感：指用指头将膏体挑起时的难易程度及此时的膏体形状；

⑥直接使用性：指膏体在使用时以上各性能指标的情况；

⑦后期使用性：指膏体在使用10min以后以上各性能指标的情况。

针对以上各种性能的评价，要得到比较合理客观的结果，需要选择不同年龄、不同地区、不同皮肤类型以及不同性别的多数人群进行测评，运用数理统计的方法分析评价结果。不同的产品公司对产品可能会从不同的侧面来评价其使用性能，在评价产品的指标上也会有所不同。

（2）洁肤用品及洗发产品的性能评价　洁肤用品及洗发产品的性能评价主要有以下几方面：

①分散性：在使用过程中样品是否容易分散于皮肤、头发上；

②泡沫性：产品在使用中泡沫是否丰富、细腻且稳定；

③易冲洗程度：产品在使用后是否容易漂洗干净；

④紧绷感：洁肤产品在使用后是否有明显的紧绷感；

⑤脱脂性：产品使用后是否有过度脱脂现象。

二、化妆品的稳定性检测

（1）化妆品稳定性评价的实验条件

①在40℃下存放1个月、3个月、6个月，分别观察其是否分层或有浮油现象；

②在-5℃及40℃下循环存放3次，分别每次存放24h，即在-5℃存放24h后，在室温下存

放24h，再放入40℃恒温箱中存放24h，依次循环3次，观察其稳定性；

③在-5℃下存放1周，观察其稳定性；

④在300r/min下离心1h（乳液）、3000r/min下离心30min、10000r/min下离心10min。

（2）稳定性的判断　化妆品稳定性的判断主要通过以下方式进行：

①肉眼观察产品色泽、膏体亮度的变化情况；

②乳化粒子是否有泛粗现象，是否有分层；

③通过显微镜观察体系乳化粒子的变化情况，以及是否有晶体析出；

④测量不同温度、不同剪切速率下样品的黏度及流动性；

⑤未老化样品与老化样品的pH比较；

⑥通过挑战性实验考察防腐剂的防腐性能。

第二节　化妆品的安全性评价

化妆品是天天使用，甚至连续数年乃至十几年使用的化学用品，其安全性尤为重要，不允许有影响健康的任何副作用。评价化妆品安全性的方法涉及卫生学、毒理学和物理学等学科领域，而人体接触化妆品的主要部位是皮肤，由于化妆品的性能或使用者的身体素质等原因，皮肤有时也会发生化妆品中毒的现象。

化妆品中毒的具体表现有三种，即致病菌感染、一次刺激性和异状敏感性反应。

预防致病菌感染可通过对原材料、物料的消毒、产品的防腐和生产工艺上的灭菌加以控制。一次刺激性是由于原料中的某些杂质引起发炎，这可以通过使用高纯度的原料来解决。这种情况除少部分皮肤过敏者外，很少发生。由于长期使用同一产品，则其中的某一成分使皮肤产生抗体，异状过敏性反应就是这种抗体与化妆品中的抗原相反应而产生的，产生抗体的能力因人而异。

为了保证化妆品的安全性，防止化妆品对人体产生近期和可能潜在的危害，各国都制定了化妆品的相关法规。我国也制定了国家标准——《化妆品安全性评价程序和方法》（GB7919—1987），标准中规定了化妆品的安全性评价程序。

一、急性毒性试验

急性毒性，常被称为半致死量，记做LD_{50}，是FDA规定化妆品及化妆品组分的毒理指标之一，急性毒性试验（经口服或经皮肤渗透）一般可分为急性口服毒性试验和急性皮肤毒性试验。LD_{50}系指当受试动物经一次或24h内多次摄取大剂量化妆品或化妆品组分等试验物质后，因毒理反应而出现受试动物死亡的数目在50%时的试物质量，用试物质量（mg）和受试动物体重（kg）之比，即以mg/kg表示，并注明试物液摄取的途径、受试动物的种类、产源、性别、体重等。

LD_{50}指标受到世界各国化妆品界的高度重视，美国FDA将其列入评价化妆品组分的依据指标，主要原因如下：

①肤用化妆品虽不属口服物之列，但由于擦用后，可经皮肤渗透于体内而致中毒。

②唇部化妆品，因随食物而带入体内，被组织吸收进入血液循环，可导致中毒。

③眼部化妆品，因流泪或淌汗，经脸部皮肤渗入体内，可产生毒理反应。

④婴幼儿误食化妆品，可导致中毒死亡。

⑤化妆品涉及面广，男女老少皆用；应用频率高，护肤、美容均不可少，尤其当今化妆品种类繁多，化妆品新原料亦层出不穷地升级换代，就更需要LD_{50}的评价数据，以利配制前的正确选用，确保使用者的安全。

二、皮肤刺激性试验

皮肤刺激是指皮肤接触试验物后产生的可逆性炎性症状，用以皮肤刺激性试验（急性贴皮试验）的每种试验物至少要4只健康成年动物（家兔或豚鼠）。试验前24h，将实验动物背部脊柱两侧毛发剪掉（不可损伤表皮），去毛范围为左、右各约3cm×6cm。将受试物按剂量分组，均匀涂抹于动物背部等处后，用油纸和两层纱布覆盖，并予以固定，防止脱落而污染试验皮肤。

试验物质通常为液态，采用原液或预计人体的应用浓度；固态则将其研磨成粉状用水或合适赋形剂按1∶1浓度调制。取试验物质0.1mL（g）涂在皮肤上，敷用时间为24h，亦可一次敷用4h。在除去受试物后的1、24、48h时观察涂抹部位皮肤的反应。皮肤刺激性反应评价见表17–1，皮肤刺激强度的评价见表17–2。

表17–1　　皮肤刺激性反应评价

皮肤反应		积分	皮肤反应		积分
红斑形成	无红斑	0	水肿形成	无水肿	0
	勉强可见	1		勉强可见	1
	明显红斑	2		皮肤隆起轮廓清楚	2
	中等~严重红斑	3		水肿隆起约1mm	3
	紫红色红斑并有焦痂形成	4		水肿隆起超过1mm，范围扩大	4

表17–2　　皮肤刺激强度评价

强　度	分　值	强　度	分　值
无刺激性	0.0~0.4	中等刺激性	2.0~5.9
轻刺激性	0.5~1.9	强刺激性	6.0~8.0

皮肤刺激试验可采用急性皮肤刺激试验（一次皮肤涂抹实验），亦可采用多次皮肤刺激试验（连续涂抹14d）。通常在许多情况下，家兔和豚鼠对刺激物质较人体敏感，从动物试验结果外推到人体可提供较重要的依据。

三、眼刺激性试验

眼刺激试验是指眼表面接触试验物质后产生的可逆性炎性变化，即在停止置入受试物一段时间后，这种改变可以恢复原状。

在化妆品中，有许多都是在眼部周围使用，如眼影、眼线、洗发香波及染发剂等，它们很容易误入眼内，刺激眼粘膜引起眼发红、流泪及其他伤害。

受试动物为家兔，每组试验动物至少4只。试验前，受试动物的眼应无任何炎症和损伤。试验物质使用浓度一般用原液或用适当无刺激性赋形剂配制的50%软膏或其他剂型。

试验方法是将已配制好的试验物质溶液（0.1mL或100mg）滴入实验动物一只眼结膜囊内，另一只眼为对照。滴药后使眼被动闭合5~10s，记录滴药后6、24、48、72h眼的局部反应，第4、7d观察恢复情况。观察时应用荧光素检查角膜损害，最好用裂隙灯检查角膜透明度、虹膜纹理的改变。眼刺激性评价标准见表17–3。

表17–3　　眼刺激性评价标准

急性眼刺激积分指数（1、A、0、1）（最高数）	眼刺激的平均指数（M、1、0、1）	眼刺激个体指数（1、1、0、1）	刺激强度
0~5	48h后为0	—	无刺激性
5~15	48h后为<5	—	轻刺激性
15~30	48h后为<10	—	刺激性
30~60	7d后<20	7d后（6/6动物<30）（4/6动物<10）	中度刺激性
60~80	7d后<40	7d后（6/6动物<60）（4/6动物<30）	中度~重度刺激性
80~110	—	—	重度刺激性

按上述评价标准评定，如一次或多次接触试验物质，不引起角膜、虹膜和结膜的炎性变化，或虽引起轻度反应，但这种改变是可逆的，则认为该试验物质可以安全使用。在许多情况下，其他哺乳动物眼的反应较人体敏感，从动物试验结果外推到人体，可提供较有价值的依据。

四、过敏性试验

过敏性试验（皮肤变态反应试验）是以诱发过敏为目的而进行的诱发性投药，以确认药物的诱发性效果和过敏性。实验动物多数是豚鼠，每组受试动物数为10~25只。试样配成0.1%水溶液，从头部向尾部成对地做三次皮内注射。经一星期后，第8d用2cm × 4cm滤纸涂以赋形剂配制的试验物质，将其贴于注射部位，持续48h做封闭试验。

五、人体激光斑贴试验

皮肤的光变态反应是指某些化学物质在光参与下所产生的抗原体皮肤反应。不通过肌体免疫机制，而由光能直接加强化学物质所致的原发皮肤反应，则称为光毒反应。

动物选用白色的豚鼠和家兔，每组动物8~10只。照射源一般采用治疗用的汞石英灯、水冷式石英灯作光源，波长在280~320nm范围的中波紫外线或波长在320~400nm范围内的长波紫外线，光源照射时间一般大于30min，以确保试验物质有足够时间存留在皮肤内穿透皮肤。

激光斑贴试验是借用皮肤科临床检测接触性皮炎致敏原的方法，预测试验物质的潜在致敏原性。试验全过程应包括诱导期、中间休止期和激发期。受试人应无过敏史，试验人数不少于25人。

试验方法如下：将5%十二烷基硫酸钠（K12）溶液0.1mL滴在2cm×2cm大小的四层纱布上，然后敷贴在受试者上背部或前臂屈侧皮肤上，24h后将敷贴物去掉，皮肤应出现中度红斑反应。如无反应，调节（K12）浓度或再重复一次。

按上述方法将0.2mg试验物质敷贴在同一部位，固定48h后，去掉斑贴物，休息一日，重复上述步骤共四次。如试验中皮肤出现明显反应，诱导停止。

最后一次诱导试验，选择未做过斑贴的上背部或前臂屈侧皮肤两块，间距3cm，一块作对照，一块敷贴含上述试验物质0.2mL（g）的1cm×lcm纱布，封闭固定48h后，去除斑贴物，立即观察皮肤反应，24、48、72h，再观察皮肤反应的发展或消失情况。皮肤反应评级标准见表17-4、表17-5。如人体斑贴试验表明试验物质为轻度致敏原，可作出禁止生产和销售的评价。

表17-4　皮肤反应评级标准

皮肤反应	分级	皮肤反应	分级
无反应	0	浸润红斑、丘疹隆起、偶尔可见水疱	2
红斑和轻度水肿、偶见丘疹	1	明显浸润红斑、大小水疱融合	3

表17-5　致敏原强弱标准

致敏比例	分级	分类	致敏比例	分级	分类
（0~2）/25	1	弱致敏原	（14~20）/25	4	强致敏原
（3~7）/25	2	轻度致敏原	（21~25）/25	5	极强致敏原
（8~13）/25	3	中度致敏原			

第三节　化妆品的微生物检测

微生物可以利用其周围环境存在的各种物质进行生长和繁殖，化妆品的微生物污染仍是影响我国化妆品产品质量和安全性的一个重要因素。近年来，化妆品工业使用的天然原料和各种功能性添加剂日趋增多，产品很容易被微生物所侵蚀。微生物的侵蚀不仅可以引起产品变质，更重要的是对消费者的健康有所危害。随着科学技术和社会经济的发展，消费者的产品安全意识增强，化妆品防腐问题越来越受到重视，因此，对化妆品进行微生物检验是必不可少的。

我国颁布的化妆品卫生标准，是我国化妆品的卫生法规，公布了一系列微生物检验标准方法，包括化妆品微生物标准检验方法——总则、细菌总数测定、粪大肠菌群、铜绿假单胞菌、金黄色葡萄球菌五项标准（GB 7918.1~5—1987）。这些标准的实施，使我国化妆品的微生物污染状况有了明显改善。

一、化妆品中细菌总数的检测

化妆品中细菌总数是指1g或1mL化妆品中所含的活细菌数量。检测这个指标，就可判定化妆品被细菌污染的程度，从而可以了解和核查该化妆品所选用的原料、生产设备、生产工艺及操作人员的卫生状况，故该检测指标是对化妆品进行卫生学评价的综合依据。它是进行微生物检测中首先且必须进行的内容，通过检测得到的量化数据，立即就可断定该化妆品是否符合卫生标准。

（一）检验细菌总数的准备

（1）试样液的制备　在化妆品的微生物检测中，开始的工作就是试样液的制备。为了计数细菌个数，试样必须稀释，需要将试样配成1∶10、1∶100和1∶1000三种规格的稀释液。化妆品的品种很多，其溶解特性也不同。故在准备稀释试样液时，需按化妆品的剂型和溶解特性，选择确定稀释方法，如水溶性化妆品采用生理盐水稀释，油溶性化妆品是加入液体石蜡稀释。试样液的制备就是稀释试液的过程，其卫生要求高，要求在无菌的环境下操作，称量要准确，具体操作程序见标准检验方法。

（2）培养基的种类及作用　培养基是用人工方法，依据细菌生长繁殖所需的营养物质，适量配制而成的一种基质，用以人工培养作各种用途的细菌。依不同的目的要求，常用的培养基有：基础培养基、增殖培养基、鉴别培养基以及选择培养基。针对检测不同种类的微生物及不同的检测目的，选择相应的培养基。

培养基在检测微生物中的作用是：将待检试样液加至固体培养基中，经过一段时间培养后，在培养基表面出现单个的细菌集团，这个集团称为菌落。各种细菌在一定的培养基上有一定的菌落形态。细菌菌落的各种形状、大小、高起或扁平、表面的性质、光泽、色素的产生、边缘的形态等各有特点，能产生色素的细菌，菌落呈现不同的颜色，故可通过细菌菌落形态的识别进行细菌的鉴定；另外，一般认为，一个菌落是由一个细菌繁殖而成的，故可利用固体培养基上的单个菌落来分离细菌（纯种）和计算试样液中细菌的数目。

（二）检验细菌总数的操作及计数

在检测化妆品中的微生物时，由于化妆品大都是添加了防腐剂，抑制微生物的生长和繁殖，使化妆品可较长时间保存使用而不变质。这样在检验时，化妆品中的细菌等微生物都处于抑制状态（濒死或半死损伤状态），这不利于检测（活的）细菌总数。因此在检测时必须消除化妆品中的防腐剂，并注入培养基中，令细菌生长繁殖生成菌落，依菌落特征进行计数，从而得到化妆品中的细菌总数。由于化妆品中污染的细菌种类不同，每种细菌都有它一定的生理特性，培养时对营养要求、培养温度、培养时间、pH、需氧性质等均有所不同，在实际检测时，不可能做到满足所有细菌的要求，因此所检测的结果，只是在标准检测方法所使用的条件下（在卵磷脂、Tween-80营养琼脂上，于37℃培养48h）生长的一群嗜中温的需氧及兼性厌氧的细菌总数。

消除防腐剂抑菌作用的方法，有物理方法和化学方法。物理方法主要是稀释法、离心沉淀和薄膜过滤法；化学方法是在试样液中加入中和剂（化学制品），以中和防腐剂的抑菌效果，不同的防腐剂有不同的中和剂。标准检测方法中消除防腐剂除采用稀释等物理方法外，所使用的中和剂是Tween-80和卵磷脂。化妆品所使用的防腐剂品种很多，而标准方法中只采用一种中和剂。

（三）细菌总数的计数规则

选取菌落总数在30~300个之间的平皿为菌落总数测定的标准。一个稀释度使用两个平皿应采用两个平皿菌落的平均数，其中一个平皿有较大片状菌落生长时，则不宜计数，而应以无片状菌落生长的平皿作为该稀释度的菌落数；若片状菌落不到平皿的一半，而另一半中菌落分布又很均匀，则可计算半个平皿的菌落数后乘以2表示该皿的菌落数。

细菌总数的计数规则主要包括以下几方面：

①选择平均菌落数在30~300个之间的稀释度，细菌总数则以菌落数乘以该稀释度的稀释倍数。

②若有两个稀释度，其生长的菌落数均在30~300个之间，可计算出每个稀释度的细菌总数，若其比值小于2，则以该二细菌数的平均值为细菌总数；若该比值大于2，则以其中较小的为细菌总数。

③若所有稀释度的平均菌落数均大于300个，则以最高稀释度的菌落数乘以该稀释倍数（最大）为细菌总数。

④若所有稀释度的平均菌落数均小于30个，则以最低稀释度的菌落数乘以该稀释倍数（最小）为细菌总数。

⑤若所有稀释度的平均菌落数均不在30~300个之间，则以最接近30个或300个的平均菌落数乘以相对应的稀释倍数为细菌总数。

细菌总数一般采用两位有效数字，数字后面的零数常以10的指数来表示，如细菌总数280个/g可写为2.8×10^2个/g。

二、化妆品中粪大肠菌群的检测

粪大肠菌群是生长于人体和温血动物肠道中的一组肠道细菌，随粪便排出体外，约占粪便干重的1/3以上，故称为粪大肠菌群。受粪便污染的水、食品、化妆品和土壤等物质均含有大量的这类菌群。在化妆品中若检出有粪大肠菌群，即表明该化妆品已被粪便污染，这时一般该化妆品的菌落总数均很高。被粪便污染的化妆品中可能有肠道致病菌存在，经消费者使用等途径进入人体后，可引起肠道性疾病，故这种化妆品对消费者存在潜在的危险性。从对化妆品微生物污染状况检测表明，有三种微生物（粪大肠菌群、铜绿假单胞菌和金黄色葡萄球菌）容易引起化妆品的污染，其中以粪大肠菌群超标比例最高。

（一）粪大肠菌群的生化特性

粪大肠菌群不是细菌学上的分类命名，而是根据卫生学方面的需要，设定的一类与粪便污染有关的一组细菌。粪大肠菌群为一群需氧及兼性厌氧的菌群，呈革兰阴性反应，能在普通培养基上生长繁殖。其生化活动能力较强，能发酵多种糖类，产酸产气，其特点是能较快发酵乳糖。

粪大肠菌群在乳糖培养基中于37℃下进行培养，在24h内能使乳糖发酵产酸，还有甲酸解氢酶进行甲酸分解，生成氢气和二氧化碳，产生大量气体，这时，若加入伊红美蓝指示剂，分解乳糖所产生的酸（带阳电荷）与伊红相染呈紫色且有金属光泽，故常用此特性来鉴定识别粪大肠菌群。将粪大肠菌群接种于蛋白胨水培养基中，于37℃培养24h，粪大肠菌群能分解培养基中蛋白质的色氨酸，产生靛基质（吲哚），当与试剂（对二甲基氨基苯甲醛）作用后，形成红色化合物——玫瑰靛基质（玫瑰吲哚），此种反应在生化中称为吲哚反应。

（二）检测步骤

（1）发酵（产酸产气）试验　将试样液以无菌接种于双倍乳糖胆盐发酵管（其内放有倒置的小玻璃管，以收集气体）内，置44℃培养箱中培养24~48h。由于乳糖胆盐培养基是一种具有选择作用的培养基，其中胆盐具有抑制革兰阳性菌的作用。若观察到发酵管内不产酸（由酚红指示剂指示）、不产气，则报告试样为粪大肠菌群阴性，未检出粪大肠菌群，检测结束。若发酵管内产酸产气，则继续进行下列检测。

（2）鉴别培养　将产酸产气的发酵管内试样培养液接种到伊红美蓝琼脂培养基平皿上，置37℃培养18~24h；同时将该培养液接种到蛋白胨水中，置44℃培养24h。

（3）验证试验　对所检出的细菌需进一步验证其是否是粪大肠菌，验证方法有以下三种：

①菌落观察：在上述平皿培养基上，仔细观察菌落生长情况。大肠菌群在伊红美蓝琼脂培养基上其典型菌落呈深紫色、圆形、边缘整齐、表面光滑湿润、常有金属光泽，或呈紫黑色不带或略带金属光泽及粉色，中心较深的菌落。

②革兰染色、镜检：将以上典型的（或近似的）大肠菌群菌落进行革兰染色、镜检，若革兰染色呈阳性（紫色）反应，则报告粪大肠菌群呈阴性，未检出粪大肠菌群。若革兰染色阴性，检测还需进行下一试验以待进一步证实。

③靛基质试验（吲哚试验）：在上述已培养好的蛋白胨水中滴入靛基质试剂（对二甲基氨基苯甲醛试剂）进行靛基质反应，若液面呈玫瑰红色，呈阳性反应，则报告粪大肠菌群呈阳性，检出；若液面仍是棕黄色，则报告粪大肠菌群呈阴性，未检出粪大肠菌群。

综合分析以上所有测试结果，当发酵管内产酸产气，观察试液平皿上为典型粪大肠菌群菌落，并经革兰染色、镜检试验为阴性（-）及靛基质试验为阳性（+），则报告该试样液检出粪大肠菌群。

三、化妆品中铜绿假单胞菌的检测

铜绿假单胞菌（*Pseudomonas aeruginosa*）为革兰阴性杆菌，属假单胞菌属。它在自然界分布甚广，空气、水、土壤中均有存在，在潮湿处可长期生存，对外环境的抵抗力比其他菌强，抗干燥的能力也强。含水分较多的原料、化妆品易受铜绿假单胞菌的污染。铜绿假单胞菌对人类有致病力，常引起人体的眼、皮肤等处感染，特别是烧伤、烫伤及外伤患者感染上铜绿假单胞菌常使病情恶化，严重时可引起败血病，眼睛受伤感染后可使角膜溃疡并穿孔，严重可致失明。目前，该菌已是防止医院感染和药品、化妆品及水等必须严加控制的重要病原菌之一，我国化妆品卫生标准规定在化妆品中不得检出铜绿假单胞菌。

（一）铜绿假单胞菌的生化特性

铜绿假单胞菌是革兰阴性杆菌，有鞭毛，能在普通培养基上生长繁殖，为需氧及兼性厌氧类细菌。铜绿假单胞菌能代谢产生一种绿色的水溶性色素，使培养基变成绿色，引起化脓感染，脓液就常带绿色，因此又称为绿脓杆菌。

铜绿假单胞菌可分解葡萄糖；对明胶具有液化、溶解作用；能还原硝酸盐成为亚硝酸盐，并将亚硝酸盐分解产生氢气；铜绿假单胞菌具有氧化酶（靛基氧化酶），能将试剂（盐酸二甲基对苯二胺或四甲基对苯二胺）氧化成红色的醌类化合物；还可在42℃的温度下生长繁殖。铜绿假单胞菌的这些生化特性常用来作为分离和鉴别它的方法。

（二）检测步骤

（1）增菌培养　将试样液稀释，无菌操作加入SCDLP液体培养基中，置37℃培养24h，进行增菌培养。如有铜绿假单胞菌生长，培养基表面有一层薄菌膜，培养液常呈黄绿色或蓝绿色荧光。

（2）分离培养　从以上增菌培养液上的薄菌膜挑取培养物，划线接种于选择培养基——十六烷基三甲基溴化胺琼脂培养基（或乙酰胺琼脂培养基）平皿上，在37℃进行24h分离培养。该类培养基选择性强，大肠杆菌不能生长，革兰阳性菌生长完全受到抑制。观察培养基上所形成的菌落，典型铜绿假单胞菌菌落特征是菌落扁平无定型，向周边扩散或略有蔓延，表面湿润，菌落呈灰白色，菌落周围培养基常扩张有水溶性色素。

（3）验证试验　对所检出的细菌需进一步验证其是否是铜绿假单胞菌，验证方法有以下六种：

①染色镜检：取上述可疑为铜绿假单胞菌的菌落，进行革兰染色、镜检试验。

②氧化酶试验：挑取可疑菌落（同上）置于滤纸片上，滴加一滴新配制的5%二甲基对苯二胺试剂，15~30min内，出现红色至紫红色时，为氧化酶试验呈阳性；若不变色，为氧化酶试验呈阴性。

③绿脓菌素试验：取可疑菌落2~3个，置于绿脓菌素测定用培养基上，于37℃培养24h，加入氯仿、色素溶于其内后，加入盐酸，上层稀盐酸液内出现红色时为阳性，表示菌落中含有绿脓菌素。

④明胶液化试验：将可疑菌落的纯培养物，穿刺接种于明胶培养基内，置37℃培养24h，取出放入冰箱l0~30min，如有溶解，即明胶液化试验呈阳性；如凝固不溶，则明胶液化试验呈阴性。

⑤硝酸盐还原试验：挑出被检纯培养物，接种于硝酸盐胨水培养基中，置37℃培养24h，在培养基中的小倒管内有气体者，试验呈阳性，表明该菌能还原硝酸盐并将亚硝酸盐分解产生氢气。

⑥42℃生长试验：挑取纯被检物，接种于普通琼脂斜面培养基上，于42℃培养48h，铜绿假单胞菌能生长为阳性反应。

综合分析以上所有测试结果，被检试样液经增菌、分离培养后，观察菌落，对疑似铜绿假单胞菌菌落，证实为革兰阴性杆菌，且氧化酶试验、绿脓菌素试验都呈阳性，则报告试样检出铜绿假单胞菌；若其中绿脓菌素试验为阴性，但明胶液化试验、硝酸盐还原试验及42℃生长试验都为阳性，这时也报告测试物被检出铜绿假单胞菌。

四、化妆品中金黄色葡萄球菌的检测

金黄色葡萄球菌（Staphylococcus aureus）因能产生金黄色色素而得名。它为革兰氏阳性球菌，广泛分布于自然界空气、土壤及水中，可在人体皮肤、鼻腔、咽喉等处生存，耐热性强，对于干燥和紫外光的抵抗力亦较大，为一种致病菌。它可通过多种途径侵入机体，导致各种疾病并可引起皮肤或器官的多种化脓性感染（故它又名为化脓性葡萄球菌），我国化妆品卫生标准中规定在化妆品中不得检出葡萄球菌。

（一）金黄色葡萄球菌的生化特性

金黄色葡萄球菌菌体呈圆球形，直径0.8~1.0μm，常成堆排列成葡萄状，有时可单个、成双或成短链。它为需氧或兼性厌氧类细菌，在普通营养基上即可生长繁殖。它能在高浓度的食盐（质量分数7%~9%）中生长繁殖，能耐高达15%的食盐，利用此特性可与其他菌分离鉴别。它在生长繁殖过程中，在培养基上可代谢产生金黄色脂溶性色素，但也有变异菌株产生浅黄或白色色素。它能分解多种糖类，能分解甘露醇，产酸，还可液化明胶。它的另一个特性是能产生溶血素，可使血液培养基的红细胞溶解，在菌落周围产生溶血圈。金黄色葡萄球菌还能产生血浆凝固酶，能使抗凝的兔或人体的血浆发生凝固，其试验方法有两种：玻片法和试管法。葡萄球菌所产生的血浆凝固酶有两种，一种为结合凝固酶，这是结合在细菌的细胞壁上，直接作用于血浆中的纤维蛋白，使细菌凝成块状，玻片法试验的阳性结果是由此酶形成；另一种是在菌体内产生释放到菌体外，称为游离血浆凝固酶，它能使血浆中的凝血酶原变为凝血酶类产物，试管法的阳性结果是由此酶形成的。

（二）检测步骤

（1）增菌培养　将试样液稀释，无菌操作加入SCDLP液体培养基中，置37℃培养24h进行增菌培养，也可在含7.5%的氯化钠肉汤培养基中进行增菌培养。

（2）分离培养　从上述增菌培养液中，取1~2个接种环，划线接种到Baird-Pairker培养基或血琼脂平板上，置37℃培养24~38h。观察培养基所形成的菌落，血琼脂培养基的葡萄球菌菌落颜色鲜明，菌落较大（1~2mm），有溶血反应，菌落周围产生溶血圈，检出。

（3）验证试验　对所检出的细菌需进一步验证其是否是金黄色葡萄球菌，验证方法有以下三种：

①染色镜检：取可疑金黄色葡萄球菌菌落，进行革兰染色、镜检试验。

②甘露醇发酵试验：取可疑菌落接种到甘露醇发酵培养基中，培养24h，金黄色葡萄球菌能分解甘露醇，使培养基产酸。

③血浆凝固酶试验：分别进行玻片法和试管法试验，将待检菌落与滴加在玻片上的血浆和生理盐水研磨，5min内，血浆凝成块状或颗粒状，而盐水玻片上无凝固现象，这时玻片试验为阳性；试管法试验，需经24h培养，血浆凝固时为阳性。

综合分析以上所有测试结果，被检试样液经增菌、分离培养后，观察菌落疑似金黄色葡萄球菌，证实为革兰阳性葡萄球菌，且甘露醇发酵试验及血浆凝固酶试验均为阳性，即报告检出金黄色葡萄球菌；在检验金黄色葡萄球菌时，血浆凝固酶试验为主要指标。故若疑似菌落革兰阳性，不发酵甘露醇（甘露醇发酵试验阴性），但血浆凝固酶试验阳性，这时也可断定检出金黄色葡萄球菌。对疑似菌落，其革兰阳性，若甘露醇试验阴性，且血浆凝固酶试验阴性，这时可断定为未检出金黄色葡萄球菌。

五、化妆品中霉菌的检测

霉菌在自然界分布极广，土壤、水域、空气、动植物体内外都可生长霉菌，霉菌同人类的生产、生活有着密切的关系，它在食品、医药、农业等部门得到了广泛应用，但霉菌对人类危害愈来愈引起人们的重视。

化妆品的基质所富有的营养成分及酸碱度、温度等都适宜霉菌在化妆品中生长繁殖，化妆品的生产环境、生产设备、生产过程及产品都易受到霉菌的污染。据对部分化妆品的质量卫生检查表明，霉菌对化妆品的污染是相当严重的，霉菌污染所引起的化妆品霉变，是化妆品变质的一个主要原因，因此，在化妆品中霉菌的检测是很重要的。目前，对于化妆品中霉菌的检测，我国尚未制定统一标准，现仅介绍在化妆品中检测霉菌总数的方法。

（一）化妆品中的霉菌与培养基

“霉菌”不是微生物分类学上的名称，而是“丝状真菌”的统称，是真菌属真核微生物。霉菌菌体是由内分枝或不分枝的菌丝组成，霉菌的繁殖能力一般都很强，而且方式多样，包含了有性繁殖和无性繁殖。霉菌的形态各异，即使同一种霉菌在不同条件下培养其形态也有差异，因此，各种霉菌具有其标准的培养基，如青霉和曲霉标准培养基是察氏培养基，酵母菌标准培养基是麦芽汁，常以在这些培养基上形成的菌落来鉴定霉菌的种类。霉菌可产生多种毒素，如黄曲霉菌产生的黄曲霉素可引起实验动物致癌。与化妆品关系密切的霉菌有三种：毛霉、曲霉及根霉。

（二）化妆品中霉菌总数的测定

霉菌总数的测定是指化妆品试样在一定条件下培养后，1g或1mL化妆品中所污染的活霉菌的数量。依此测定，可判明化妆品被霉菌污染的程度及其一般卫生状况。我国化妆品卫生标准中还没有对化妆品中霉菌和酵母菌的总数规定控制标准，有的国家如阿根廷规定，在lg或lmL化妆品中霉菌和酵母菌不超过100cfu（菌落数）。

检测霉菌总数主要包括两步：首先准备好化妆品试样液，以无菌操作用稀释液将试液制成1∶10、1∶100和1∶1000的试样稀释液；取以上三种稀释度的试样稀释液各1mL分别注入灭菌平皿内，每个稀释度各用2~3个平板，在25~28℃于虎红培养基中培养72h。每天都应观察，见有菌生长就要及时计数以免蔓延生长而无法计数。

霉菌计数方法同细菌总数的计数方法。先数每个平板上生长的霉菌菌落数（如长有细菌不作计数），求出每个稀释度的平均菌落数。在报告结果时，选取平均在30~100个范围之内的菌落数乘以稀释倍数，即为每克或每毫升试样中所含的霉菌总数。结果报告为每克（毫升）含霉菌菌落数，以cfu/g（mL）表示。

第四节　化妆品的重金属检测

在化学中将相对密度大于5的金属称为重金属，可危害人体健康的重金属主要有：汞、砷、铅、镉、铜、锌、锡等，砷为非金属元素，从性质上常作半金属元素，而基于它的毒性，将它列入有害重金属范畴。这些重金属如果通过化妆品与皮肤接触渗入体内，将会危害人体健康，所以在化妆品的卫生检测中对重金属的检测是非常重视的。我国《化妆品卫生标准》对化妆品中的有害物质——汞、砷、铅、甲醇作了限量，并在《化妆品卫生化学标准检验方法：汞、砷、铅、甲醇》（GB 7917.1~4—1987）指定了检测标准。标准规定，对于汞、砷、铅的标准检验方法，可作为检验其他重金属时的参考。

一、砷 的 检 测

砷可通过呼吸道、消化道及皮肤接触等进入人体，对人体造成危害。砷化物进入人体后，可抑制巯基酶等而引起组织代谢紊乱、细胞死亡，对呼吸系统、消化系统、血液系统、神经系统等都造成危害，还能引起恶性肿瘤（肺癌、皮肤癌等）且有致畸作用。有机砷主要是对中枢神经系统有损害。我国化妆品卫生标准中规定其限量不大于10mg/kg。测定化妆品中含砷量的方法有二乙氨基二硫代甲酸银比色法和砷斑法，下面主要介绍二乙氨基二硫代甲酸银比色法。

（1）基本原理　二乙氨基二硫代甲酸银比色法的基本原理是：被测样品（化妆品）经消解或灰化后，其中的砷全部转变成五价砷，反应式为：

$$2As+3H_2SO_4 \longrightarrow As_2O_3+3SO_2+3H_2O$$

$$3As+5HNO_3+2H_2O \longrightarrow 3H_3AsO_4\text{（砷酸）}+5NO$$

$$3As_2O_3+4HNO_3+7H_2O \longrightarrow 4NO+6H_3AsO_4$$

此消解液中的砷酸经碘化钾和氯化亚锡还原成亚砷酸，亚砷酸再由锌与盐酸作用所产生的氢气还原为砷化氢气体，通过乙酸铅溶液浸泡的棉花去除硫化氢干扰，然后与溶于三乙酸胺-氯仿中的二乙氨基二硫代甲酸银（简写AgDDC）作用，生成棕红色的胶态银，移入比色皿中，在分光光度计上于波长515nm处测量其吸光度，从标准曲线上查出其试液的砷含量。上述系列反应的反应式为：

$$H_3AsO_4+2KI+2HCl \longrightarrow H_3AsO_3+I_2+2KCl+H_2O$$

$$H_3AsO_4+SnCl_2+2HCl \longrightarrow H_3AsO_3+SnCl_4+H_2O$$

$$H_3AsO_3+3Zn+6HCl \longrightarrow AsH_3+3ZnCl_2+3H_2O$$

$$AsH_3+6AgDDC \longrightarrow 6Ag+3HDDC+As(DDC)_3$$

（2）测试方法

①标准溶液的配制

a. 砷标准贮备液：称取干燥过的三氧化二砷0.1320g，溶于5mL氢氧化钠溶液（20%）中，加2~3滴酚酞指示剂，用1mol/L H_2SO_4溶液中和至中性后，加入10mL硫酸（1∶15），并用水定容至1000mL，混匀。此溶液含砷为0.1000g/L，贮存于棕色玻璃瓶中，记为溶液A。

b. 砷标准溶液：移取1.00mL砷标准贮备液置于100mL容量瓶中，加入1mL硫酸（1∶15），再加水至刻度，摇匀。此溶液含砷为1μg/mL，记为溶液B。

c. 二乙基二硫代氨基甲酸银（AgDDC）-三氯甲烷-三乙醇胺溶液：称取0.50gAgDDC，加入100mL三乙醇胺三氯甲烷溶液［3.0%（质量）］，使之溶解，过滤后置于棕色瓶中，0~4℃保存，记为溶液C。

d. 乙酸铅饱和吸收棉：将脱脂棉浸入乙酸铅溶液［10.0%（质量百分数）］，浸透后取出，压去多余溶液，使其疏松，然后在室温下真空干燥，或在30℃以下的烘箱内干燥，贮存于玻璃瓶中。

e. 氯化亚铜饱和吸收棉：将脱脂棉浸在氯化亚铜饱和溶液中，浸透后取出，压去多余溶液，使其疏松，然后在室温下真空干燥，或在60℃以下的烘箱内干燥，贮存于玻璃瓶中。

②测试步骤

a. 试验溶液的配制：称取5.00g样品置于50mL瓷坩埚中，加入10g硝酸镁，再在上面覆盖2g氧化镁。将坩埚在电炉上加热，直至炭化，移至550℃高温炉中灼烧至完全炭化。将其冷却后取出，加入5mL去离子水，再缓慢加入15mL盐酸，继而将溶液移入50mL容量瓶中，用盐酸洗涤坩埚，洗液并入容量瓶中，再以盐酸稀释至刻度，混匀，记为溶液F。

b. 标准曲线的绘制：移取0.00（空白）、1.00、3.00、5.00、7.00、9.00mL砷标准溶液B，分别置于锥形瓶中，向每个锥形瓶中加入去离子水至总体积为50mL，然后各加入8mL硫酸、3mL碘化钾溶液，混匀。将锥形瓶于室温下放置5min，再分别加入2mL左右氯化亚锡酸性溶液，摇匀后静置15min。

在测砷器管球连接部分放入少许氯化亚铜棉和乙酸铅棉，移入5mLAgDDC溶液于吸收管中。静置15min后，向每个锥形瓶中放入4g锌粒。反应发生1h后，取下吸收管，用三氯甲烷补足因挥发而减少的体积至5mL，混匀，转入1cm比色皿中，以空白试剂调节分光光度计的零点，在515nm下测定各吸收液的吸光度。以含砷量（μg）为横坐标，相应的吸光度为纵坐标，绘制标准曲线。

c. 测定：取溶液F 25.00mL置于锥形瓶中，然后按“标准曲线的绘制”的实验方法进行试验。

d. 计算：由标准曲线查出相当于试验溶液吸光度的含砷量，按下式计算样品含砷量：

$$W=\frac{m_1 V_1}{m_2 V_2} \tag{17-1}$$

式中，W——样品中砷的含量，mg/kg；

m_1——相当于试验溶液吸光度的含砷量，μg；

m_2——样品的质量，g；

V_1——样品最后稀释到的体积，mL；

V_2——测定时所取溶液的体积，mL。

二、铅 的 检 测

铅及其化合物均极毒，对所有生物均具有毒性作用。铅中毒能引起神经系统、血液系统、代谢和分泌系统、生殖系统等的病变。铅可由呼吸道、消化道或皮肤接触进入人体并蓄积在体内。当血液含铅量为0.6~0.8mg/kg时，会损害肝脏、肾等，引起慢性中毒。FAO/WHO将铅排在优先研究的有害金属的第三位。我国规定铅及其化合物为化妆品中禁用物质，在化妆品中的含量不得超过40mg/kg（以铅计）。但乙酸铅作为染发剂除外，其在染发剂中的含量必须不大于1.0%（质量分数，以铅计）。并在包装上注明含乙酸铅及注意事项。化妆品的卫生化学标准检验方法中规定化妆品中铅的检测方法有两种：火焰原子吸收分光光度法和双硫腙萃取分光光度法。

（一）火焰原子吸收分光光度法

（1）基本原理　样品经消解后，铅主要以离子存在于溶液中，当铅溶液雾化并引入原子化器后，金属元素变成原子状态，且处于基态。这些原子会吸收来自铅空心阴极灯发出的共振线而变成激发态，其吸收量与样品中铅含量成正比，在其他条件不变的情况下，根据测量被吸收后的谱线强度与标准曲线比较，即得出样品中铅的含量。

（2）测试方法

①试验溶液的制备

a. 湿式消解法：称取约1.00~2.00g样品置于消化管中，同时作空白。含有乙醇等有机溶剂的化妆品，先在水浴上或电热板上将有机溶剂挥发。若为膏霜型样品，可预先在水浴中加热使瓶颈上样品熔化流入消化管底部。在盛有样品的消化管中加入数粒玻璃珠，然后加入10mL硝酸，由低温至高温加热消解。当消解液体积减少至2~3mL，移去热源，冷却。加入2~5mL高氯酸于上述消化管中，继续加热消解，缓慢摇动使均匀，消解至冒白烟，消解液呈淡黄色或无色溶液，继续浓缩至1mL左右。将其冷却至室温后定量转移至10mL具塞比色管（如为粉类，则移至25mL具塞比色管）中，以去离子水定容至刻度。如样品液浑浊，离心沉淀后，取上清液进行测定。

b. 干式消解法：称取约1.00~2.00样品，置于瓷坩埚中，在小火上缓慢加热直至炭化。将其移入箱形电炉中，在500℃下灰化6h左右，冷却取出。向瓷坩埚中加入约2~3mL混合酸，同时作空白。小火加热消解，直至冒白烟，但不得干涸。若有残存炭粒，应补加2~3mL混合酸，反复消解，直至试样液为无色或微黄色，微火浓缩至近干。然后，将其定量转移至10mL试管（如为粉类，则移至25mL试管）中，用水定容至刻度。必要时离心沉淀。

c. 浸提法：称取约1.00g试样，置于消化管中，同时作空白。样品如含乙醇等有机溶剂，先在水浴中将有机溶剂挥发，但不得干涸。在盛有样品的消化管中加2mL硝酸、5mL过氧化氢，摇匀，于沸水浴中加热2h。冷却后将其加水定容至10mL（若为粉类样品，则定容至25mL）。如样品浑浊，离心沉淀后，取上清液备用。

②标准曲线的绘制：移取0.00（空白）、0.50、1.00、2.00、4.00、6.00mL铅标准溶液分别置于10mL比色管中，各加入去离子水至刻度。分别测定空白和标准溶液的吸光度。以铅标准溶液浓度为横坐标，吸光度为纵坐标，绘制标准曲线。

③样品铅含量的测定：测量湿式消解法、干湿消解法或浸提法等方法制得样品的吸光度，从标准曲线上查得样品对应的铅浓度，通过下式计算出实际样品的铅含量：

$$W_{(Pb)}=\frac{(m_1-m_0)\ V_1}{mV} \tag{17-2}$$

式中，$W_{(Pb)}$——样品中铅的含量，μg/g；

m_1——从标准曲线查得样品溶液铅量，μg；

m_0——从标准曲线查得空白溶液铅量，μg；

V——样品总体积，mL；

V_1——测定时样液取用量，mL；

m——样品质量，g。

（二）双硫腙萃取分光光度法

（1）基本原理　样品经消解后，在弱碱（pH为8.5~9.0）条件下，样液中的铅与双硫腙反应生成红色络合物，其色强度与铅离子浓度在一定范围内成正比（符合朗伯-比尔定律）。将其用氯仿提取后，用分光光度计比色测定，与铅标准液的标准曲线比较，即可得到样液的铅含量。如果有大量锡存在，会干扰测定，且本法不适于含有氧化钛及铋化物的样品。

（2）测试步骤

①标准溶液的配制

a. 20.0%（质量分数）柠檬酸铵溶液：将柠檬酸（分析纯）100g溶解于200mL重蒸馏水中，加2滴酚酞指示剂，用氨水调节pH为8.50~9.00（溶液成粉红色）。然后加入5mL双硫腙氯仿溶液［0.01%（质量分数）］，振摇分离出三氯甲烷层。重复此操作，直到加入双硫腙溶液不变色为止。用三氯甲烷（每次5mL）萃取残存在水中的双硫腙，直到最后加入三氯甲烷不变色为止，用重蒸馏水稀释至500mL。

b. 10.0%（质量分数）盐酸羟胺溶液：将盐酸羟胺分析纯20.00g溶于200mL蒸馏水中。

c. 双硫腙精制：取1.00g双硫腙，溶解于200mL氯仿中，将溶液移入分液漏斗中，加200mL氨水，摇动（此时双硫腙转入氨液）至不再变橙色为止。滴加盐酸（1∶1）于氨水和双硫腙混合液中，直至双硫腙完全析出为止。将析出的双硫腙用20mL三氯甲烷萃取3次。收集萃取液于另一分液漏斗中，放于通风橱中蒸去三氯甲烷，置于干燥器中备用。

d. 0.01%（mg/mL）双硫腙贮备液：精确称取10.00μg已精制的双硫腙，溶解于100mL三氯甲烷中，装入棕色瓶，置于冰箱中保存。

e. 0.001%（mg/mL）双硫腙操作液（现用现配）：将0.01%（质量）双硫腙溶液用三氯甲烷稀释10倍。

f. 铅标准溶液（1μg/mL）：称取0.1598g干燥的硝酸铅（分析纯）溶解于20mL硝酸（1∶1）溶液中，用蒸馏水稀释到1000mL，再精确吸取10.00mL上述溶液稀释到1000mL。

②标准曲线的绘制：吸取铅标准溶液0.00（空白）、1.00、2.00、3.00、4.00、5.00mL，分别放入125mL分液漏斗中，各用蒸馏水稀释至10mL，以下操作与样品测定相同。以吸光度

为纵坐标，铅含量为横坐标，绘制标准曲线。

③样品测试：称取5.00g样品（化妆品），放入坩埚中，加入10mL浓硝酸，放置电炉上炭化至无烟。将其移入温度为500℃的高温炉中，灰化至白色，取出冷却后加入HNO_3（0.1mol/L）稀释至10~50mL（稀释倍数依铅量而定）。

取出10mL硝化好的试液，放入125mL分液漏斗中，用蒸馏水稀释至20mL。加入2mL柠檬酸铵溶液［20.0%（质量分数）］和1mL盐酸羟胺溶液［10.0%（质量分数）］，摇匀后加2滴酚酞指示剂，用氨水调节pH为8.5~9.0，加入1mL氰化钾溶液［10.0%（质量分数）］，摇匀。同时做空白试验。在空白液中准确加入5.00mL双硫腙工作液［0.001%（质量分数）］，剧烈振摇1min，静置分层，将氯仿层滤入比色皿中，用721型分光光度计于510nm处，以空白调节零点，测定其吸光度，用下式计算样品的铅含量：

$$W_{(Pb)}=\frac{m_1}{m_2\times\frac{V_1}{V}} \tag{17-3}$$

式中，$W_{(Pb)}$——样品中铅的含量，μg/g；

m_1——从标准曲线查得的含铅量，μg；

m_2——样品质量，g；

V——样品稀释体积，mL；

V_1——测定时吸取试液体积，mL。

三、汞的检测

汞及其无机、有机化合物都具有不同程度的毒性，都可以透过皮肤渗入体内。因此，化妆品中汞的含量受到各国的高度重视，FAO/WHO将汞排在优先研究的有害金属的第四位，我国化妆品卫生标准中规定汞的限量为不得超过1mg/kg，用于眼部化妆品的防腐剂硫柳汞除外。汞中毒主要是由汞离子引起的，汞离子与蛋白的巯基络合形成金属蛋白，从而抑制了酶的活性，使人体的肾、肝等受到损害。汞盐可引起人体的急性中毒，对肾脏损害最大，可引起尿蛋白、血尿等，严重的可引起尿毒症甚至死亡。化妆品中汞的含量一般都很低，常用的检测方法为测汞仪法。

（1）标准溶液的配制

①30.0%（质量分数）氯化亚锡溶液：称取30.00g氯化亚锡（分析纯），加入少量水，再加2mL硫酸使之溶解后，加水至100mL。

②5mol/L混合酸：取10mL硫酸、10mL硝酸，慢慢倒入50mL水中，冷却后加水至100mL。

③汞标准溶液：精确称取0.1354g经过105℃干燥的氯化汞（$HgCl_2$，分析纯），加入混合酸使之溶解后移入100mL容量瓶中，并稀释至刻线，摇匀。用时精确吸取此溶液1.00mL，移入100mL容量瓶中，加混合酸至刻线，摇匀。此溶液含汞0.1μg/mL。

（2）标准曲线的绘制　精确移取汞标准溶液0.00（空白）、0.10、0.20、0.40、0.60、0.80、1.00mL，分别置于250mL锥形瓶中，各加5mol/L混合酸至10mL，然后倒入汞发生器内，进行样品测定。以汞含量为横坐标，测汞仪表头读数为纵坐标，绘制标准曲线。

（3）测试方法　称取1.00~5.00g样品，置于250mL圆底烧瓶中，加入25mL硝酸、5mL硫酸及数粒玻璃珠，接上标准磨口球形冷凝管，小火加热，同时摇动，回流消解2h（消解液呈微黄或黄色，若溶液出现棕色或变黑，可补加硝酸）。从冷凝管上注水10mL，继续加热回流10min，放置冷却，用预先润湿的滤纸过滤，除去固形物（必要时可冷却使蜡质析出），样液加水100mL。同时作空白。

精确吸取样品消化液10.00mL于汞发生器内，连接抽气装置，沿发生器内壁迅速加2mL氯化亚锡［30.0%（质量分数）］，立即塞紧瓶塞。开启仪器气阀，使汞蒸气经干燥进入测汞仪中。读取仪器上最大读数，用下式计算样品的汞含量：

$$W=(m_1-m_2)\frac{V_1}{mV_2} \tag{17-4}$$

式中，W——样品中汞的含量，μg/g；

m_1——被测样品消化液中汞的含量，μg；

m_2——试剂空白液中汞含量，μg；

V_1——样品消化液总体积，mL；

V_2——测定用样品消化液总体积，mL；

m——样品的质量，g。

参考文献

1. 裘炳毅. 化妆品和洗涤用品的流变特性. 北京：化学工业出版社，2004
2. 唐冬雁，刘本才主编. 化妆品配方设计与制备工艺. 北京：化学工业出版社，2003
3. 白景瑞，滕进编著. 化妆品配方设计及应用实例. 北京：中国石化出版社，2001
4. 顾莉琴，程若男等. 化妆品学. 北京：中国商业出版社，2000
5. 刘玮，张怀亮主编. 皮肤科学与化妆品功效评价. 北京：化学工业出版社，2005
6. Drew Myers著. 表面、界面和胶体——原理及应用. 第2版. 北京：化学工业出版社，2005
7. 钟振声，章莉娟编著. 表面活性剂在化妆品中的应用. 北京：化学工业出版社，2003
8. 李东光主编. 化妆品原料手册. 第2版. 北京：化学工业出版社，2006
9. 沈钟，赵振国，王果庭. 胶体与表面化学. 第3版. 北京：化学工业出版社，2004
10. 童利利，冯兰宾编. 化妆品工艺学. 修订版. 北京：中国轻工业出版社，1999
11. 阎世翔编著. 化妆品科学（上、下册）. 北京：科学技术文献出版社，1995
12. 裘炳毅编著. 化妆品化学与工艺技术大全（上、下册）. 北京：中国轻工业出版社，1997
13. 何曼君，陈维孝，董西侠. 高分子物理. 上海：复旦大学出版社，2000
14. 李明阳主编. 化妆品化学. 北京：科学出版社，2002
15. 李东光主编. 实用化妆品生产技术手册. 北京：化学工业出版社，2001
16. 王建新. 天然活性化妆品. 北京：中国轻工业出版社，1997
17. 徐燕莉. 表面活性剂的功能. 北京：化学工业出版社，2000
18. 中国洗涤用品工业协会科学技术专业委员会，中国日用化学信息中心. 常用洗涤剂配制技术. 北京：化学工业出版社，2003
19. 李东光主编. 洗涤剂化妆品原料手册. 北京：化学工业出版社，2002
20. 王培义. 化妆品——原理、配方、生产工艺. 北京：化学工业出版社，2004
21. 董银卯主编. 化妆品配方工艺手册. 北京：化学工业出版社，2005
22. K. 霍姆博格等. 水溶液中的表面活性剂和聚合物. 北京：化学工业出版社，2005
23. 光井武夫主编，张宝旭翻译. 新化妆品学. 日本国南山堂（株）. 北京：中国轻工业出版社，1996
24. 李东光，翟怀凤. 实用化妆品配方手册. 北京：化学工业出版社，2000
25. 吴可克. 功能性化妆品. 北京：化学工业出版社，2006
26. 董云发，凌晨. 植物化妆品及配方. 北京：化学工业出版社，2005
27. 董银卯. 化妆品工艺学. 北京：中国轻工业出版社，2005
28. 焦学瞬，贺明波. 乳状液与乳化技术新应用. 北京：化学工业出版社，2005
29. 宋健，陈磊，李效军. 微胶囊化技术与应用. 北京：化学工业出版社，2004
30. 梁治齐. 微胶囊技术及其应用. 北京：中国轻工业出版社，1999
31. 崔正刚，殷福珊. 微乳化技术及应用. 北京：中国轻工业出版社，1999
32. 梁治齐，李金华. 功能性乳化剂与乳状液. 北京：中国轻工业出版社，2000
33. 章苏宁，林嘉平等. 两亲性聚（*L*–谷氨酸–γ–苄基酯）–聚乙二醇接枝共聚物的自组装行为及载药性能研究. 高分子学报，2005，6：929~932
34. 李正惠，郑红蕾. 含磷酸单酯盐两性表面活性剂的合成和性能研究. 日用化学工业，2002，32（6）：9~12
35. 苏珊 A 艾利娅. 天然个人护理品趋势. 日用化学品科学，2006，29（6）：13~16
36. 罗超. 浅谈化妆品发展趋势. 日用化学品科学，2006，29（7）：11~13
37. 李光，刘振林，陈辉. 卡尔费休水分测定仪测定食品中水分. 中国卫生检验杂志，2006，16（5）：616~632
38. Wilhelm M，Zhao C L，Wang Y，Xu R，Poly（styrene–ethylene oxide）block copolymer micelle formation in water： a fluorescence probe study， Macromolecules，1991，24：1033~1040

39. 刘义，高俊. 化妆品用增稠剂，日用化学工业. 2003，33（1）：44~48
40. 李伟年. 2004年全球化妆品发展趋势. 日用化学品科学，2005，28（2）：6~9，22
41. 章朝晖. 乳化剂硬脂酸单甘酯的特性、制备和应用. 精细石油化工进展，2001，2（9）：32~36
42. 李红，黎四芳，蔡兰珍. *N*–月桂酰肌氨酸钠的合成与应用. 2004，5（3）：35~38
43. 葛虹，张之强，王军，邵华锋. *N*–脂酰氨基酸型表面活性剂的研究进展. 日用化学工业，2006，36（2）：94~98
44. 王学川，任龙芳，强涛涛. 表面活性剂及其在化妆品中的应用. 日用化学品科学，2006，29（5）：17~21
45. 刘仲荣，杨慧兰，吴燕虹，李雪梅. 化妆与化妆品概述. 中国美容医学，2005，14（1）：102~104
46. 刘纲勇. 洁面膏基础体系配方的研究. 日用化学工业，2002，4：50~52
47. 郑艳，蒲晓林，白小东. 烷基糖苷发展现状及新进展. 日用化学品科学，2006，29（5）：4~7
48. Thomas Blatt，PhD，Beiersdorf AG et al. CoQ10，a topical energizer for aging skin. Journal of the American Academy of Dermatology，2004，50（3）：76
49. K. F. DePolo. A Short Textbook of Cosmetology. Germany：Verlag fur chemische industrie，2000
50. 张秀芳，贺文英，常彦景，苏秀川. 几种中草药美白护肤化妆品的研制. 内蒙古农牧学院学报，1997，（12）：57~60
51. 蔡呈芳. 皮肤美白化妆品的进展. 临床皮肤科杂志，2004，33（6）：386~387
52. 张宝元，张玉珍，徐艳. 天然中草药美白祛斑化妆品. 2004，27（2）：31~34
53. 狄莹，石碧. 植物多酚在化妆品中的应用. 日用化学工业，1998，（3）：20~23
54. 刘宇红，李才广，彭金乱. 皮肤美白剂活性的化学评价研究. 精细化工，2000，17（3）：318~320
55. 汪昌国，金抒，李华山. 皮肤美白剂进展. 日用化学工业，2004，32（4）：56~60
56. 宋士军，李芳芳，岳华，尹智玮. 何首乌的抗衰老作用研究. 河北医科大学学报
57. 王亮，游冬青，陈杞. 红景天药理研究进展. 时珍国医国药，1999，10（4）：295~296
58. 关丽洁，戴学伟，冯积敏. 抗衰老药物的研究进展. Chinese Medical Research & Clinicl，2003，1（12）：54~55
59. 李卫，亓发芝. 皮肤衰老及抗衰老研究进展. 中国医学美学美容杂志，2004，10（1）：60~62
60. 董凯. 甘草抗衰老作用的研究. 牡丹江医学院学报，2004，25（3）：17~18
61. 黄雪丹. 国内外关于抗衰老研究的进展. 海南医学，2001，l2（12）
62. 姚超，吴凤芹，林西平，汪信. 纳米技术与纳米材料（VI）——纳米氧化锌在防晒化妆品中的应用. 日用化学工业，2003，33（6）：393~397
63. 谢尹勋. 硅油在洗发用品中的应用. 日用化学工业，1998，3：17~19
64. 章基凯，赵陈超. 化妆品用有机硅的现状及发展. 化学世界，1999，40（3）：115~118
65. 唐云志，刘学军，肖春明，杨芳. 聚维酮碘溶液配合酮康唑香波治疗头皮糠疹. 中华现代皮肤科学杂志，2004，1（3）：245~246
66. 吴靖. 醇（醚）型磺基琥珀酸单酯二钠盐的应用. 日用化学品科学，2003，26（4）：174~176
67. 巴琰，董良军，李宗石，乔卫红. 烷基磷酸酯盐表面性能的研究. 日用化学工业，2005，35（4）：259~261
68. 夏军涛，徐亚林，朱海洋. 聚合物调理剂的护发效果及其表征. 2006国际表面活性剂/洗涤剂论文集，2006：220~227
69 朱海洋，韦异，李华山，李青矾. 高效祛屑止痒剂——MinoxTMAD的性能及应用. 日用化学品科学，2004，27（5）：50~52
70. 马托尼扬（新加坡），耿涛. 丙烯酸聚合物改良香波和洁肤品的流变性及稳定性. 日用化学品科学，2002，25（3）：124~127
71. 王勤. 牙膏用沉淀二氧化硅的性质及其应用研究. 牙膏工业，2004，（2）：37~41
72. 尤芳雯. 国内外磷酸氢钙市场概况. 无机化工信息，2004，1：1~3
73. 徐春生. 碳酸钙在牙膏工业中的应用. 牙膏工业，2002，（4）：22~24

74. 李显波. 玉洁纯在牙膏中的防护作用. 牙膏工业，2006，（1）：50~52

75. 裘炳毅. 乳化作用及其在化妆品工业的应用（二）. 日用化学工业，1999，（3）：45~49

76. helly Corcorran，Robert Y. Lochhead，Tonya Mckay. Particle-Stabilized Emulsion：A Brief Overview，Cosmetica & toiletries：2004，119（8）：47~52

77. Obert Aveyard，John H. Clint，Tommy S. Horozov. Solid particles as emulsion stabilizers. Progr Colloid Polym Sci. 2002，121：11~18

78. R. H. Mullera，M. Radtke，S. A. Wissing. S olid lipid nanoparticles（SLN）and nanostructured lipid carriers（NLC）in cosmetic and dermatological preparations. Advanced Drug Delivery Reviews 54 Suppl. 2002，（1）131~155

79. S. A. Wissing，R. H. Muller. Solid lipid nanoparticles as carrier for sunscreens：in vitro release and in vivo skin penetration. Journal of Controlled Release，2002，81：225~233

80. Sylvia A. Wissing，Rainer H. Muller. Cosmetic applications for solid lipid nanoparticles（SLN）. International Journal of Pharmaceutics. 2003，254：65~68

81. 陆晔，周名权，吕小枫，翁康生，刘国星. 特殊用途化妆品的功效评价. 环境与健康杂志，2001，18（2）：121~124

82. 殷雷，李斌，蒋人俊，汤智凌，郑德芳. 美白添加剂美白效果的评价研究. 日用化学工业，1997，（3）：41~44

83. 刘超，郭奕光. 防晒产品抗水性效能的体外测定方法. 日用化学工业，2002，32（6）：65~68

84. 刘超，何学民，郭奕光，周莉，杜晶. 防晒产品抗紫外线效能的研究. 日用化学工业，1998，10（5）：40~43

85. R. P. STOKES，B. L. DIFFEY. A novel in vitro technique for measuring the water resistance of sunscreens. International Journal of Cosmetic Science. 1998，20：235~240

86. D. L. Damian，G. M. Halliday，R. STC. Barnetson. Sun protection factor measurement of sunscreens is dependent on minimal erythema dose. British Journal of Dermatology. 1999，141：502~507